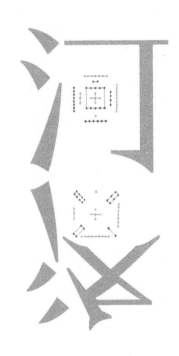

河洛文化研究丛书

河洛文化与台湾

中国河洛文化研究会　编

河南人民出版社

图书在版编目（ＣＩＰ）数据

河洛文化与台湾／中国河洛文化研究会编 . — 郑州：
河南人民出版社，2018.2
　（河洛文化研究丛书）
　ISBN 978 - 7 - 215 - 11340 - 4

　Ⅰ．①河… Ⅱ．①中… Ⅲ．①文化史—河南—文集
②文化史—台湾—文集 Ⅳ．①K296.1 - 53 ②K295.8 - 53

中国版本图书馆 CIP 数据核字（2018）第 027147 号

河南人民出版社出版发行
（地址：郑州市经五路 66 号　邮政编码：450002　电话：65788063）
新华书店经销　　北京虎彩文化传播有限公司印刷
开本 710 毫米×1000 毫米　　1/16　　印张 34.5
字数 420 千字
2018 年 2 月第 1 版　　　2018 年 2 月第 1 次印刷

定价：239.00 元

目　　录

河洛文化与河洛郎

河洛文化与台湾本土文化的融合

河洛文化与台湾民间习俗

河洛文化与海外华人文化

河洛文化与河洛郎

携手传承河洛文化，共同光大华夏文明

陈义初

2011 年 4 月 16 日在台北举办的第十届河洛文化学术研讨会上，我作了《河洛文化的起源、传承和发展》的演讲。今天，时隔四年，第十三届河洛文化又在台湾隆重举行。我今天发言的题目是《携手传承河洛文化，共同光大华夏文明》。

一、台湾四百年

为了论述方便起见，我先将台湾近 400 年历史的节点做一个归纳：

1603 年（万历三十一年），明代福建人陈第写《东番记》，这是有关台湾域情的最早文字记载——记载了当地原住民生活、生产和风俗习惯。

意大利传教士利玛窦所绘的地图上有了台湾岛屿的位置，但是没有标注地名。

1661 年（顺治十八年），郑成功收复台湾，并建立政权，沦陷于荷兰殖民主义者手中 38 年的台湾重新回到祖国怀抱。①

1683 年（康熙二十二年），郑成功的孙子郑克塽投降清王朝，清廷设台湾府。之后，到 1895 年的 200 年间，人口从 20 余万增加到 300 万左右，耕地面积增加十倍。

1895 年（光绪二十一年），清廷被迫将台湾割让给日本。

---

① 郑成功率部攻打赤嵌城（荷兰殖民者在台南所筑"王城"）前曾给荷兰殖民者在台湾的所谓总督揆一写信，要其投降，以免战火。信中说："台湾者，早为中国人所经营，中国之土地也。久为贵国所踞，今予既来索，则地当归我。"

1945 年(民国三十四年),第二次世界大战结束,台湾光复。国民政府派陈仪接收了台湾。

二、河洛文化在台湾

河洛文化起源于中原,但在我国南方不断发展壮大,其原因虽然很多,我感到最重要的有两个。一是历史上中原汉人多次大规模迁向江淮及其南方各地,在赣闽粤交界区域形成了庞大的客家民系,客家先民在带来先进的生产技术的同时,也传播了河洛文化。二是南宋时期,理学在南方广为传播,朱熹不仅集程朱理学之大成,而且其思想被统治阶级视为正宗,法定为科举考试的规定内容。这就使得河洛文化很快就遍及了大江南北及闽赣湘粤,并形成了闽南文化和客家文化。

闽南文化是中华优秀文化的重要组成部分,它是中原河洛文化在福建辐射、衍生和发展的结果。中国有八大方言,闽南方言和客家方言是其中最有特色的方言之一,它保留了许多唐宋元明时期的中州方言,因此,从一定意义上说,它们是地地道道的河洛文化的亚文化及其发展。

台湾离大陆最近的距离为 130 公里,如此之近,河洛文化对于台湾的影响怎么样呢? 这里首先要回答一个问题,就是从历史上看,为什么如此之近的岛屿,在 400 年前,移民的数量却是比较少呢? 我想,最重要的原因,还是受交通条件的限制。明代以后,中国造船业发达,航海技术领先于世界,加上国力雄厚,海外贸易得到较快发展,随着对外交往的频繁,中国的海外移民逐渐增加。郑成功的父亲郑芝龙,福建泉州南安人。郑芝龙早年曾在日本与侨民领袖、漳州海澄县人颜思齐一起从事海上贸易活动。明天启四年(1624),颜思齐因遭日本德川幕府的缉拿,率众乘船逃离日本,之后在台北笨港登陆。颜思齐见台湾地域辽阔,土地肥沃,山川秀美,决定在此发展,于是便派人从家乡漳、泉一带召募了 3000 多青壮年到台湾垦殖。从此,拉开了闽南人不断移居台湾的序幕。颜思齐对台湾的开发作出了重大贡献,被后人誉为"开台圣王"。颜思齐去世后,郑芝龙成了这批移台居民的首领人物。

郑成功作为郑芝龙的后代,收复台湾并建立了汉人政权后,在福建引起很大反响,20 多年间,大批漳、泉人士出于亲情与乡谊,成群结队渡海赴台求生存、谋发展,形成了闽南人迁台的多次高潮。沿海居民的迁台,大大促进了台湾的发展,无形中也加强了明郑的势力,以致清王朝不得不下令"迁界禁海"。

以泉州、漳州人为主的闽南人源源不断地迁之结果,使得整个台湾迅速的"闽南化",文化上的闽南化又促使形成了台湾社会及政权的汉人化,这样的政治格局不仅对西方殖民主义者由东南亚向北扩张起到了很大的阻止作用,也无疑使日本势力向南扩张缩小了空间。因此,闽南文化不仅对台湾的发展与进步起到了至关重要的作用,对东南亚及世界历史的发展所产生的影响也是十分巨大的。

1949年,随着一大批政治、军事、文化、教育等各界人士从大陆移居台湾,加之不计其数的历史文献、档案和文物在台湾收藏、展览与教育普及,使得中华优秀传统文化在台湾的复兴举世瞩目。这也使得今天两岸文化交流有了更多的共同语言、共同愿景和更加广阔的领域。我认为,所有这一切,也为台湾的河洛文化研究奠定了深厚而坚实的基础。

三、近年来两岸携手开创了河洛文化研究的新局面

海峡两岸1987年打破了隔绝状态,1993年成功举行了"汪辜会谈",肯定了"九二共识",1998年,两会领导人又举行上海会晤,开启了两岸对话的新局面。到大陆探亲、旅游,进行文化交流与合作的台湾同胞已达2000万人次。两岸民间的各种交流已成不可阻挡之势。

正是在这样的背景下,以河洛文化为纽带的文化交流活动在两岸之间也日益频繁。

一是第十届和十三届河洛文化学术研讨会分别于2011年和2015年在台湾召开。台湾的专家学者也数百人/次回大陆参加了从2004年开始召开的历届河洛文化学术研讨会。

二是台湾的专家学者还连续参加了从2008年由固始主办的"固始与闽台关系"研讨会和2009年开始举办的"唐人故里·闽台祖地"中国固始根亲文化节活动。

三是以河洛文化为主题的大陆参访团近年来已十余次访问台湾,并在台湾的大学(如升达职业技术学院)和有关团体就河洛文化举办了多次报告会和座谈会。

四是信阳市豫剧团《开漳圣王陈元光》剧组,2013 年 5 月 23—28 日赴台湾,分别在宜兰、南投、台中、高雄、台北演出五场,赢得了台湾观众的广泛好评。该剧组在 2014 年 5 月 28 日至 6 月 9 日再次赴台,在花莲、台南、南投、桃园、基隆、宜兰、新北和台北等地巡回演出 8 场,在台湾各地产生了强烈反响,引起了轰动效应,取得了圆满成功。

五是以中华侨联总会郑致毅秘书长为团长的"圣王公固始故居参访团"一行 54 人从 2014 年 8 月 19 日开始,历经固始、信阳、郑州、开封、洛阳、登封,新郑,7 天的时间行程 969 公里,对于中原大地进行了参观考察。中华侨联总会认为这样的活动应该常态化,以后将安排台湾的宗庙组织负责人分批到大陆中原参访。

四、两岸要共同努力、传承河洛文化、光大华夏文明

20 世纪七八十年代,台湾有过快速的经济发展,台湾人拎着一个小皮箱,走遍天下,招揽生意,推销"台湾制造",一时间台湾"钱淹脚目",①非常富庶和繁荣。大陆从 1978 年开始改革开放,经过三十多年的不懈努力,现已成为世界第二大经济体。

但是,在经济发展的同时,两岸都存在文化发展和价值观的问题。

台湾著名学者许倬云先生在 2015 年 3 月出版的历史新著《华夏论述》中说,历史上,从夏后氏到西周的三个阶段发展中,整个中国是一个"天下",没有边也没有界线,只有逐渐向远处扩散而淡化的影响力。这种影响力不一定是统治的权力,而是指因为文化交融而构成的一个新文化,其中包含各种地方文化,也将各种地方文化纳入中原文化,使"天下"的文化多元而渐变,共存而不排他。这样的一个核心,其放射的影响力终于形成了后世的"中国"。从许先生的这段论述中,我们可以体会到文化在"中国"形成和发展中所起到的巨大作用。河洛文化作为中华民族的核心文化,对当今文化发展的方向和人们正确价值观的形

---

① "钱淹脚目"是一句闽南话,也是流行的"台语",意为钱钞铺满地上,淹没了脚脖子,形容当时极为富庶。资料表明,20 世纪 60 年代以后台湾经济快速增长,国民人均收入 1950 年不足 100 美元,1973 年达 1400 美元,1979 年近 1900 美元,1988 年达 6200 美元。

成仍在起着"正能量"的作用。今天，现代科技的进步、交通的便利与经济的发展为海峡两岸携手合作提供了崭新的条件。因此，海峡两岸要携起手来，抓住机遇，通过传承河洛文化，光大华夏文明，在不断前进中寻求新的价值观念，在重新认识和借鉴西方科技文明的同时，将一些科学的理性观念融入华夏文明，融合并创造出适合于当今时代的新的价值体系，为中华民族的伟大复兴做出新的贡献！

（陈义初，河南省政协第九届委员会副主席、中国河洛文化研究会常务副会长）

河洛文化定位与功能的探索

刘庆柱

一、古代都城是古代历史的"社会主导文化"与"国家文化"的物化载体的集中体现

我们现在一般所说的古代文化涵盖的内容比较广泛,有属于"地域"的"文化",如"楚文化""齐鲁文化""燕文化"等;有属于"时代"的"文化",如"古代文化""春秋战国时代文化""中古时代文化"等;有属于"宗教"的"文化",如"佛教文化""道教文化""祆教文化""景教文化"等;有属于"族群"的"文化",如"羌文化""巴文化""百越文化""夜郎文化""滇文化"等;有属于"思想"的"文化",如"儒家文化""道家文化""法家文化""墨家文化""魏晋玄学""程朱理学"等;属于"政治"范畴的"王朝文化",如"夏文化""商文化""周文化""秦文化""汉文化""唐文化"等。先秦时代的不同"王朝文化",就是我们通常所说的"华夏文化";秦汉至明清时代的不同"王朝文化",就是我们现在通常所说的"中华民族"历史文化[①]。"华夏文化""中华民族"历史文化不属于哪个地域、哪个时代、哪个宗教、哪个族群、哪个思想、哪个王朝的特定文化。"华夏文化""中华民族文化"共同构成古代中国的历史文化,也就是古代中国的"国家文化"或国家的"社会主导文化",其与"地域文化""时代文化""宗教文化""族群文化""思想文化""王朝文化"的最大不同是,作为"国家文化""社会主体文化"的"华夏文化""中华民族历史文化"之核心理念是体现"国家至上""国家认同",并且它不是

---

① "中华民族"一词是近代学者梁启超先生 1902 年,在其《论中国学术思想变迁之大事》一文中最早提出来的,1905 年他又在《历史上中国民族之观察》中明确指出中华民族"自始本非一族,实由多数民族混合而成"。我认为从本质上说,"中华民族"就是中国各个民族的统称,也可以说"中华民族"相对"人"而言,就是"中国人"或"中国"的"国民"。

一代一朝的国家文化,华夏文化与中华民族历史文化共同构成"完整"的中国历史文化。

古代都城是古代历史的"社会主导文化"与"国家文化"的物化载体的集中体现。中国古代历史发展说明,都城从选址到建设是历代王朝之大事,所谓"卜都定鼎,计及万世"。历代都城建设均属于国家的"一号工程",从传说时代的"三皇五帝"到夏、商、周王朝,从秦、汉、魏、晋、南北朝至唐、宋、元、明、清帝国,其各自都城均为不同王朝的国家政治统治中心、经济管理中心、军事指挥中心、文化礼仪活动中心。杨鸿勋先生曾经指出:古代都城的"宫殿建筑是王(皇)权的象征。不论对哪个国家来说,宫殿都是一种特殊的建筑。……在中国它集中体现了古代宗法观念、礼制秩序及文化传统的集大成,没有任何一种建筑可以比它更能说明当时社会的主导思想、历史传统。"[1]3古代都城是其相应王朝、帝国历史的缩影,因此可以说中国古代都城是中国古代历史的缩影。从中国古代都城发展史可以看出,从夏商王朝到明清帝国,中国历史上不同王朝的都城的"最大公约数"是都城所体现的"国家至上"的政治理念、"礼仪之邦"的法治规范、"有容乃大"的开放传统与"和合文化"的精神信仰,它们是中华民族文化的不变遗传基因,也是中国历史上的"国家文化"与"社会主导文化"的核心。

二、古代都城文化与支撑"国家统一""政治认同"的河洛文化

豫西、晋南与陕西东部是中国古代文明起源与形成(即国家形成)最重要的区域,河洛地区是这一区域的核心地区,这一地区产生了中国历史上最早国家的夏商王朝都城:偃师二里头遗址、偃师商城遗址就诞生在这里,还有其后的西周洛邑、东周王城、汉魏洛阳城、隋唐洛阳城,以及广义河洛地区的郑州商城、安阳殷墟、宋开封城,它们所缔造的"都城文化"影响并决定着中国古代都城的基本历史进程。因此说以古代都城为核心的河洛文化成为"华夏文化"与"中华民族"文化的"核心文化","河洛文化"在时空两个方面均具备了"国家文化"特质的内涵。

历史文献记载夏、商、周、汉、魏、晋、北魏、隋、唐和宋西京均曾以河洛地区及其广义"河洛地区"建立都城,这些古代都城遗址20世纪以来被陆续考古发现:如20世纪20至30年代以来中央研究院历史语言研究所、中国科学院考古研究

所(1977年更名中国社会科学院考古研究所)在河南安阳考古发现的商代晚期
都城遗址——殷墟遗址①、20世纪50年代以来河南省文物考古研究院在郑州考
古发现的商代早期都城遗址——郑州商城遗址②、20世纪50—60年代以来中国
社会科学院考古研究所考古发现的夏代都城遗址——偃师二里头遗址③,此后
河南省文物考古研究所在登封考古发现的夏代早期的"王城岗城址"④、新密考
古发现的夏代中期的"新砦城址",学术界一般也认为有可能是夏代都城遗址⑤。
此外,20世纪50年代至今考古发现河洛地区及其中原地区古代都城遗址还有
西周洛邑(周初年洛阳之东都,历史上就存在"王城"与"成周"两城之说)和东

---

① 参见石璋如《小屯·殷墟建筑遗存》,历史语言研究所,1959年,台北;《小屯·北组墓葬》,历史语
　言研究所,1970年,台北;《小屯·中组墓葬》,历史语言研究所,1972年,台北;《小屯·南组墓葬
　附北组墓补遗》,历史语言研究所,1973年,台北;《小屯·乙区基址上下的墓葬》,历史语言研究
　所,1976年,台北;《小屯·丙区墓葬上》,历史语言研究所,1980年,台北。中国社会科学院考古
　研究所:《殷墟的发现与研究》,科学出版社,1994年。
② 参见河南省文物考古研究所编著《郑州商城:1953~1985年考古发掘报告》,文物出版社2001年;
　河南省文物研究所编《郑州商城考古新发现与研究(1985~1992)》,中州古籍出版社1993年。
③ 参见中国社会科学院考古研究所编著《偃师二里头:1959年~1978年考古发掘报告》,中国大百
　科全书出版社1999年;中国社会科学院考古研究所编著《二里头:1999~2006》,文物出版社2014
　年。
④ 参见河南省文物研究所、中国历史博物馆考古部《登封王城岗与阳城》,文物出版社1992年;北京
　大学考古文博学院、河南省文物考古研究所《登封王城岗考古发现与研究(2002~2005)》,大象出
　版社,2007年。
⑤ 见中国社会科学院考古研究所河南二队《河南密县新砦遗址的试掘》,《考古》1981年第5期;北
　京大学震旦古代文明研究中心、郑州市文物考古研究院编著《新密新砦:1999~2000年田野考古
　发掘报告》,文物出版社2008年;中国社会科学院考古研究所河南新砦队、郑州市文物考古研究
　院《河南新密市新砦遗址浅穴式大型建筑基址的发掘》、《河南新密市新砦遗址东城墙发掘简报》,
　《考古》2009年第2期;赵春青等《河南新密新砦遗址发现城墙和大型建筑》,《中国文物报》2004
　年3月5日;赵春青《新密新砦城址与夏启之居》,《中原文物》2004年第3期。

周王城遗址①、东汉及魏晋北朝隋唐洛阳城和宋开封城遗址等②。

古代都城作为"国家文化"和"社会主导文化"的物化载体，可以从其空间位置与布局形态等方面反映出来。

近一个世纪的考古发现揭示，中国古代都城遗址最早出现、形成于河洛地区的二里头遗址、偃师商城遗址及其广义河洛地区的郑州商城遗址、安阳殷墟遗址等。河洛地区或广义河洛地区也称为"中原""中州"，周公就根据夏商王朝以河洛地区为都城，提出洛阳是"天下之中"的政治理念[2]170，"择中立国"也就成为中国古代王朝建都的传统。

如果说都城是国家缩影的话，那么宫城就是国家的"政治中枢"。河洛地区自夏商时期的都城已经开始了以"宫城"为中心。二里头遗址的宫城遗址基本位于都城遗址中部，其北为祭祀（墓葬）区，其南为王室的绿松石器作坊与铸铜作坊遗址区，其西为一般墓葬区，其东为居住区。偃师商城遗址是目前考古发现较为"完整"的夏商都邑遗址，宫城在早期小城东西居中位置。二里头遗址、偃师商城遗址是中国古代都城中的最早宫城"择中而立"典型，它们所确立的范式一直为中国古代历代王朝都城之宫城所延续。

在王国时代，宫城的核心建筑是宫殿与宗庙，这时的宫城是"二元轴线"布局，即以宫殿、宗庙各自为系统的"轴线"，如二里头遗址的宫城遗址，其中以第一号宫庙建筑遗址与第二号宫庙建筑遗址为基点，形成宫城之内东西并列的两条南北向轴线；偃师商城的宫城遗址中，东西两部分宫庙建筑遗址，也是形成两

---

① 参见洛阳市文物工作队《洛阳北窑西周墓》，文物出版社，1997年；中国社会科学院考古研究所洛阳汉魏城队《汉魏洛阳故城城垣试掘》，《考古学报》1998年第3期。

② 参见阎文儒《洛阳汉魏隋唐城址勘查记》，《考古学报》第九册，1955年；中国科学院考古研究所洛阳考古作队《汉魏洛阳城初步勘查》，《考古》1973年第4期；中国社会科学院考古研究所编著《北魏洛阳永宁寺：1979～1994年考古发掘报告》，中国大百科全书出版社1996年；中国社会科学院考古研究所编著《汉魏洛阳故城南郊东汉刑徒墓地》，文物出版社2007年；中国社会科学院考古研究所编著《汉魏洛阳故城南郊礼制建筑遗址：1962～1992年考古发掘报告》，文物出版社2010年；钱国祥、刘涛、郭晓涛《汉魏故都·丝路起点》，《洛阳考古》2014年第2期；中国科学院考古研究所洛阳发掘队《隋唐东都城址的勘查和发掘》，《考古》1961年第3期；中国社会科学院考古研究所洛阳发掘队《"隋唐东都城址的勘查和发掘"续记》，《考古》1978年第6期；中国社会科学院考古研究所洛阳唐城队《洛阳隋唐东都1982～1986年考古工作纪要》，《考古》1989年第3期；中国社会科学院考古研究所洛阳唐城队《洛阳唐东都履道坊白居易故居发掘简报》，《考古》1994年第8期；丘刚主编《开封考古发现与研究》，中州古籍出版社，1988年；刘迎春《北宋东京城研究》，科学出版社，2004年。

条南北向轴线[3]。上述宫城的"二元轴线"形制基本与王国时代宫城相始终。进入帝国时代,从目前考古发现来看,西汉长安城的皇宫——未央宫中,已经是大朝正殿——前殿居宫城中央,但是我们注意到未央宫在汉长安城西南部,因此未央宫前殿并不是位于都城"中央"。这一情况的转变发生在汉魏洛阳城。近年来北魏洛阳城遗址考古发现说明,中国古代都城大朝正殿基本居全城中央,至少始于北魏洛阳城的太极殿遗址[4]。北魏太极殿遗址向南依次为"三号宫城正门"(可能为文献记载之"端门")、"二号宫城正门"(可能为文献记载的"止车门"或为"南止车门")、"一号宫城正门"(即历史文献记载的"阊阖门")、内城正门(宣阳门)、过洛河"永桥"、穿"四夷馆"与"四夷里"东西之间,南至"圜丘",这也就是北魏洛阳城的"中轴线",它开启了中国古代都城"中轴线"的"定型"新时代,此后为历代王朝都城所继承,如:东魏、北齐都城——邺南城的中轴线由位于都城东西居中与宫城中央的太极殿向南依次为端门、止车门、阊阖门、朱明门;隋唐长安城的中轴线由位于都城东西居中与宫城中央的太极门、嘉德门、承天门、朱雀门、明德门;北宋东京城的中轴线由位于都城与大内中央的大庆殿(大朝正殿)向南依次为大庆门、宣德门、朱雀门、南熏门;金中都的中轴线由位于都城与宫城中央的大安殿(大朝正殿)向南依次为大安门、应天门、宣阳门、丰宜门;元大都的中轴线由位于都城东西居中与宫城中央的大明殿(大朝正殿)向南依次为大明门、崇天门(皇城正门)、周桥、棂星门、丽正门;明代南京城的中轴线由位于宫城与皇城东西居中的奉天殿(大朝正殿)向南依次为奉天门、内五龙桥、午门、端门、承天门、外五龙桥、洪武门、正阳门;明北京城的中轴线由位于都城中央的皇极殿(大朝正殿)向南依次为皇极门、内五龙桥、午门、端门、承天门、外五龙桥、大明门、正阳门、永定门;清代北京城的中轴线由位于都城中央的太和殿(大朝正殿)向南依次为太和门、午门、端门、天安门、正阳门、永定门。自北魏洛阳城开启的都城以大朝正殿为基点形成都城中轴线,大朝正殿之前只有宫城、皇城(或曰"内城")、外郭城之"正门",没有其他建筑,使大朝正殿处于都城"居中""居高""居前"之"地位",从而使大朝正殿及其以此为基点形成的都城中轴线,体现出"国家至上"和"国家至尊"理念。当人们现在提出"北京中轴线"申报世界文化遗产时,应该知道这样一个关乎中华民族核心文化之源就在河洛地区的北魏洛阳城,就在河洛文化之中。

由大朝正殿"居中"及都城中轴线所反映的"中"之文化思想,在河洛地区都城文化中还有很多,比如都城的"一门三道"与"一路三涂"。从目前考古发现来看,"一门三道"制度仅仅限于都城,二里头遗址宫城之中的第一号宫殿建筑的庭院南门(正门)的"一门三道"是目前我们知道时代最早的。考古发现证实,这一制度在汉代全面实施,并成为此后历代王朝都城严格遵守的国家礼仪制度。"一门三道"突出的是"门"的"中道"至尊。汉魏洛阳城是中国古代都城中最早实行"一门三道"制度的都城之一①。当然到了中古时代的唐长安城的外郭城正门——明德门遗址[5]、宫城——大明宫正门——丹凤门遗址均为"一门五道"[6],从本质上来看"一门五道"更是突出"城门"的"中道"至尊地位。

古代都城与"一门三道"对应的"一路三涂",同样是突出"中涂"的至尊。《元河南志》卷二引陆机《洛阳记》记载:"洛阳城十二门,门有阁,闭中,开左右出入。城内大道三,中央御道,两边筑土墙,高四尺,公卿尚书章服从中道,凡人行左右道。左入右出,不得相逢。夹道种槐柳树。"在汉魏洛阳城遗址考古发现中,城内道路的"一路三涂"也得到证实[7]。

与河洛地区的古代都城的"中"对应的还有"方"之理念。偃师商城宫城的方形平面,开启了中国古代都城"崇方"理念,奠定了其后中国古代都城皇城(或内城)、宫城乃至皇室宗庙、社稷、明堂、辟雍、灵台、陵园、地宫等建筑的方形平面的先河,这些方形建筑的周围又设置了方形平面的院落。如商代中期的都城——洹北商城遗址平面基本为方形,边长约 2200 米[8];汉魏洛阳城的礼制建筑遗址中的灵台院落遗址东西 232 米、南北残长 220 米,灵台建筑基址东西 57~58 米、南北 49~50 米,灵台院落与主体建筑基址平面均近方形;明堂建筑遗址院落平面近方形,南北约 400 米、东西约 415 米,明堂中心主体建筑平面方形,东西 63 米、南北 64 米[9]。

河洛地区古代都城的"中"与"方"的空间平面形态,不只是一种建筑学上的"美感",也不是建筑物主人的生活之急需,中国古代都城之"中"的"空间"理念与"方"的布局形态是其"国家文化"、"社会主导文化"所体现的"国家至尊"的

---

① 参见中国科学院考古研究所洛阳工作队《汉魏洛阳城初步勘查》,《考古》,1973 年第 4 期及杨衒之《洛阳伽蓝记·序》。

物化表现形式。

古代先民关于"中"的这种思想,实际上是后来"中国""中华"之"中"的源头。"中"的理念不只是反映在都城选址方面,它是一个系列的思想,比如:都城的"择中立宫"、宫城之中的大朝正殿"居中"、都城城门的"一门三道"与"中门道"、都城道路的"一路三涂"与"中涂"、都城的"中轴线"等等,它们均通过"天子"与"国王"反映了国家的"中心"地位①。河洛地区这些都城遗址中所体现的以"中"为核心的文化,实际上属于一种"国家至上"、"国家至尊"的"政治文化",它们对其后的中国古代历史及其历代都城产生极为广泛而深远的影响。由都城在国家"择中而立",到都城"择中立宫",大朝正殿在都城与宫城的"居中"、"居前"、"居高",最后形成都城"中轴线",使"中"以最为重要的国家象征层面的文化基因再现出来,构成中华民族历史文化的不变基因,形成中国的"根文化",这是河洛文化之都城文化对中华民族的历史贡献。

古代都城的"方"是与"中"相对应的中华民族历史上的"政治文化"重要组成部分。"方"体现了东、西、南、北"四方","方"之核心为"中"。作为中国古代"四方"的"东夷""西戎""北狄""南蛮","四方"之中为"河洛"(或曰"中原")。河洛与"四方"融合为"方","方"为"地",地为"国","国"由东西南北中组成。正是"中"体现出对四方的"公允"与"四方"均等的哲理,是和合文化的凝练。"方形"平面还是"中"的至高无上基础,是都城"中轴线"、大朝正殿"居中"的空间保证。"中"又成为"四方"的"中心","中"是华夏文化、中华民族历史文化的凝练与升华,是多元一体的中华民族之"一体",是"国家"的同义语。河洛地区夏商王朝都城开创的"中"与"方"之理念,与华夏文化、中华民族历史文化相始终。

从以上所述河洛地区的古代都城文化可以看出,河洛文化就其本质而言是中国古代历史文化中的"政治文化"。从空间上说,河洛文化不同于古代各种"区域文化"、"族群文化"(如巴文化、夜郎文化、滇文化等),也不同于中国古代的"特定时期的地方性政治文化"(如楚文化、燕文化等);从时间上看,河洛文化不同于中国历史上的不同王朝的"政治文化",它不只是中国历史上某个特定王

---

① 参见《管子·度地篇》:"天子中而处。"《荀子·大略篇》:"王者必居天下之中,礼也。"

朝的"政治文化"。河洛文化应该是"国家"整体"文化",是历代王朝"政治文化"中的"最大公约数",是中国历史上不同王朝的共同存在的"国家文化"、"社会主导文化",可以说河洛文化是中国古代历史的"核心文化"或曰"根文化"。

三、河洛文化开启中国历史上多民族统一国家发展的新时代

中国是多民族统一国家,中华民族是多元一体的民族,河洛文化在多民族统一国家与多元一体中华民族历史发展中作出了历史性贡献。它们集中体现在以下三方面:

(一)鲜卑人的北魏孝文帝从平城(今山西大同)迁都洛阳,在继承传统中华民族历史文化基因之上,营建了北魏洛阳城。北魏洛阳城对其后历代王朝都城产生了极为深远影响,就中国古代历史的政治层面而言,它标志着中国古代历史上多民族统一国家发展到一个新的历史阶段[4,10],即多民族管理"自己"国家的阶段,使中华民族历史文化基因得以强化、深化。这为中古时代以后辽金元清王朝开创了中华民族的不同民族作为国家统治者,对"国家"的"政治文化"始终如一的"认同"树立"榜样"。

(二)河洛文化为中华民族发展作出历史性贡献,它们主要反映在以洛阳为国家中心,隋炀帝开凿的"人字形"大运河,这是一条"政治之河",是一条国家与中华民族发展之河。隋唐大运河的开凿,使以河洛地区为中心的东南与西北、南方与北方连为一体,使中国古代北方与东北地区作为中华民族一部分而进一步融合与发展。隋唐大运河作为中古时代以后,国家管理者、河洛文化传承者的辽金元明清王朝发展做出极为重要历史贡献,隋唐大运河成为中古时代以后契丹人的辽王朝、黑龙江女真人的大金王朝、蒙古人的元王朝和辽宁女真人的清王朝使国家保证统一的"高速公路",极大地促进了多民族对"国家认同"、对"中华民族认同"。

(三)河洛文化使中国各地的先进文化成为"国家文化"。春秋战国时代的诸子百家正是从四面八方汇聚"天下之中"的河洛地区,不论是齐鲁的儒家,还是楚地的道家等等,他们都是力图在河洛地区使自己的政治理念影响"四方"。洛阳的东汉太学熹平石经印证了作为"鲁国"的儒家学说如何通过河洛之地而成为国家文化经典、社会主导文化。另一方面,由河洛地区扩及中国广大南方的

"客家文化",使中国北方与南方融为一体。近代以来,随着以"客家人"为主的海外四千万"华侨"在世界各地的发展,又使河洛文化越来越成为"炎黄子孙"的精神家园。

　　作为社会主导文化的河洛文化的"有容乃大",在佛教文化的"汉化"与"汉式佛教"的形成方面,有着世界性历史意义。佛教作为异域的宗教,它在中国的第一个佛教寺院——白马寺,就建在东汉雒阳城。永宁寺作为国家大寺,营建于北魏洛阳城宫城正门之外、都城中轴线——铜驼街。而北魏和唐代的国家石窟,也都位于都城洛阳。由此可见,以古都洛阳为核心的河洛文化之有容乃大可见一斑,这种兼容并包的文化观念促进了中华民族辉煌历史文化的形成。

　　(原载中国河洛文化研究会会刊《中原文化研究》2005 年第 1 期,经作者同意转载于此)

　　(作者为中国社会科学院学部委员、研究员、中国河洛文化研究会副会长)

参考文献:

　　1. 杨鸿勋《宫殿考古通论》,紫禁城出版社,2001 年。

　　2. 刘庆柱《中国古代都城宫庙遗址的考古发现与研究》,中国社科院考古研究所编《二十一世纪的中国考古学——庆祝佟柱臣先生八十五华诞学术文集》,文物出版社,2006 年。

　　3. 刘庆柱《北魏洛阳城的考古发现与研究——兼谈北魏洛阳城在中国古代都城发展史的地位》,《中国史研究》(第 40 辑),中国史学会,2006 年。

　　4. 中国科学院考古研究所西安工作队《唐代长安城明德门遗址发掘简报》,《考古》1974年第 1 期。

　　5. 中国社会科学院考古研究所西安唐城队《西安市唐长安城大明宫丹凤门遗址的发掘》,《考古》2006 年第 7 期。

　　6. 中国科学院考古研究所洛阳工作队《汉魏洛阳城初步勘查》,《考古》1973 年第 4 期。

　　7. 中国社会科学院考古研究所安阳工作队《河南安阳市洹北商城的勘察与试掘》,《考古》2003 年第 5 期;中国社会科学院考古研究所安阳工作队中加洹河流域区域考古调查课题组《河南安阳洹北商城遗址 2005～2007 年勘察简报》,《考古》2010 年第 1 期。

8. 中国社会科学院考古研究所《汉魏洛阳故城南郊礼制建筑遗址:1962～1992 年考古发掘报告》,文物出版社,2010 年。

9. 刘庆柱《中国古代都城遗址布局形制的考古发现所反映的社会形态变化研究》,《考古学报》2006 年第 3 期。

河南的运台文物与迁台学者

程有为

河南省地处中国大陆腹地,台湾是中国东部的一座宝岛,很早以前两地就有文化交流与人员往来。清道光年间,怀庆府河内县(今河南沁阳)人曹谨调署台湾凤山县,在当地兴修水利,后升淡水同知。光绪年间,又有河南临颍人陈星聚调任台北知府,领导民众修筑台北府城,抵御法军入侵,死于任所。及至20世纪中叶,河南省的一批珍贵文物辗转运至台湾,一批河南学者也由大陆迁居台湾。河南的文物运台和学者迁台,不仅促进了台湾学术文化和教育的发展,也加强了台湾与河南的文化联系,为大陆改革开放后台湾与河南的文化交流提供了条件。

一、运台的河南珍贵文物

河南是中华民族的重要发祥地,从夏至宋,长期是全国政治、经济、文化的中心。据统计,河南的地下文物居全国第一位,地上文物居全国第二位。

河南不仅是全国的文物大省,也是中国现代考古学的诞生地。中国最早的田野考古始于1921年瑞典学者安特生对河南渑池仰韶村遗址的发掘。中国考古学家最早的考古发掘是1926年李济对山西夏县西阴村遗址的发掘。1928年至1937年的10年间,中央研究院历史语言研究所考古队在李济、梁思永、董作宾等人的主持下,对安阳殷墟进行了15次有计划的发掘,共发掘宫殿、宗庙建筑基址53座,窖穴296个,还有建筑础石、水沟和墓葬等,使尘封于地下的商代后期王室宫殿建筑基础重见天日,并出土十余万片刻字甲骨和大量的青铜器、玉器、石器和陶器。这一重大发现轰动了世界。

1931年浚县辛村西周卫国墓地被盗挖,次年河南古迹研究会由郭宝钧主持进行抢救性发掘。1932年刘燿又主持发掘了浚县大赉店新石器时代遗址,

1933—1934 年又发掘浚县刘庄、巩县塌坡和马峪沟、广武青台等新石器时代遗址。1935 年郭宝钧发掘汲县(今河南卫辉)山彪镇、辉县琉璃阁东周墓地。1936 年冬河南省古迹委员会李景聃等发掘商丘和永城造律台、黑堌堆、曹桥新石器时代遗址。

殷墟的发掘不但有重要的考古发现,而且建立了一套科学的考古发掘方法,使中国现代考古成为一门新兴学科。殷墟的"15 次发掘,收获颇丰。它还造就了一大批中国的考古学家,标志着近代考古学在中国的诞生。"①李学勤说:"现代意义的中国考古学的发轫,一般认为应以中国学者自己主持的田野考古工作为标志,这便要提到 1926 年清华研究院李济先生对山西夏县西阴村的发掘,以及 1928 年中央研究院历史语言研究所开始的殷墟发掘。"②

(一)河南运台文物的由来与重要价值

20 世纪中叶运台的河南出土文物,主要由三部分组成:一是民国时期故宫博物院接收北京明清皇宫中的河南文物,包括北宋开封宫廷的文物以及元明清时期征集、贡献至宫廷的河南文物,辗转运抵台湾后庋藏于台湾故宫博物院;二是抗战前 10 年中央研究院历史语言研究所考古队对安阳殷墟进行的 15 次发掘所获文物,大部分于 1949 年运至台湾,庋藏于台北中央研究院历史语言研究所;三是原河南省博物馆庋藏的文物,抗战时期辗转运至重庆,1949 年部分运至台湾,庋藏于台北历史博物馆。

在运台河南出土文物中,原河南省博物馆藏品归河南省所有。这批文物从出土地域及遗址墓葬区分,主要是"河南新郑、辉县及安阳出土的铜器、洛阳出土的先秦绳陶文、汉代绿釉陶、六朝舞乐俑、唐三彩,连同河南省文献等,共一千余品,约五千件。"③

1. 洛阳出土的历代文物

洛阳是中国的著名古都,地下埋藏着数量极为丰富的历史遗物。自清末修建汴洛铁路(后来延伸为陇海铁路)穿过洛阳故城和墓葬区,出土大量陶器(特

---

① 段振美《殷墟考古史》第 42 页,中州古籍出版社,1991 年。
② 李学勤《新郑李家楼大墓与中国考古史》,河南博物院、台北历史博物馆《新郑郑公大墓青铜器》第 8 页,大象出版社,2011 年。
③ 黄光男《河南省运台古物图录序》,载于镇州等编著《河南省运台古物图录》1999 年版,第 1 页。

别是唐三彩）、玉器、铜器,还有盗墓等各种途径获得大量文物,其中部分被河南博物馆收藏。

2. 新郑彝器

新郑彝器出自新郑李家楼的郑公大墓。1923 年 8 月 25 日乡绅李锐在家园凿井,发现铜器 4 件,掘得数十件。北洋陆军第 14 师师长靳云鹗至新郑巡防,劝说李锐将所得铜器交公,并派副官、参谋监督继续挖掘,10 月初挖掘完毕。新郑铜器出土后,北京大学、天津博物馆、中国古物研究社等单位竞相要求收藏。经河南省政府、地方官绅的争取,所得文物百余件悉数运至开封,由河南古物保存所保存,后来庋藏于河南省博物馆。

3. 安阳殷墟甲骨文物

1929 年 10 月,河南省政府派河南省博物馆长何日章赴安阳,招工发掘殷墟两个月。1930 年 2 至 4 月,何日章再次赴安阳小屯发掘古物。两次发掘所得文物部分运抵台湾。其中的一批甲骨,“本是河南省政府派何日章先生等至安阳,在中央研究院殷墟发掘期间招工自掘两次所得者……照原登记之档案共得‘甲文’二六七三片,‘骨文’九八三片,总计共得甲骨三六五六片。”[①]

4. 辉县琉璃阁墓地

20 世纪 30 年代,中央研究院考古发掘团和河南博物馆先后对河南辉县南郭琉璃阁以北为东周墓地进行 3 次发掘。1935 年冬,中央研究院考古发掘团发掘了琉璃阁墓地第 1 号积石积炭战国大墓和汉墓 8 座。1936 年秋冬,河南博物馆先后派遣许敬参、郭豫才对东周墓地甲、乙两座墓葬进行两次发掘,出土铜、玉、石、陶器等一千余件。1937 年春,中央研究院在琉璃阁进行了历时 3 个月的全面发掘,发掘商、东周和汉代墓葬 72 座,出土各类器物 2081 件。三次发掘出土文物均于 1949 年运台,保存在台北中央研究院历史语言研究所。

5. 书籍碑拓

河南运台书籍四十多种,有经学和史学著作、甲骨文字研究、金石考古以及工具书等,盖为河南博物馆自用书籍。碑拓主要是山东嘉祥武氏祠堂石刻画像

---

① 董玉京《河南省运台古物《河南省运台古物·甲骨文专集前言》,载于镇州等编纂《《河南省运台古物·甲骨文专集》,台北河南省运台古物监护委员会,2001 年版,第 4 页。

55 方,简称"武梁石刻",为汉代绘画之珍宝。

上述运抵台湾的河南文物,都是二十世纪二三十年代在河南安阳、洛阳等商、周、汉、唐王朝都城遗址墓地,或者郑、卫等诸侯国都城遗址墓地发掘所得的重要文物,它们大多是王室或者诸侯的重器,是国之瑰宝,有着极高的学术研究价值和艺术价值。

（二）河南文物的运台与清理保护

1937 年"七七事变"后,河南博物馆庋藏的文物精品共 68 箱辗转运至重庆。1949 年 11 月,国民党政府用两架飞机将其中的 38 箱文物运至台湾,寄存于台中故宫、中央博物馆联合管理处,由河南籍民意代表及有关人士共同组成"河南省运台古物监护委员会"负责监管。1956 年,台北历史美术博物馆（台北历史博物馆的前身）成立,"经洽准河南旅台人士之同意,交由该馆陈列,该项古物主权,仍为河南省所有,并由原管理人张克明协助保管。"①1956 年和 1985 至 1986 年间先后进行两次清理,结果均与原册相符。

1993 年 8 月 27 日,河南省运台古物监护委员会第九次会议通过改选,成立了以阎振兴为会长、于镇洲为主任委员的新一届委员会,并决定对古物进行清点。后该委员会与台北历史博物馆就清点工作达成共识:清点以全馆馆藏文物为范围,共同组成清点委员会,河南运台古物监护委员会阎振兴、于镇州、卢博文、杨祥麟、范功勤参与其中。文物清点于 1996 年 10 月 1 日开始,"对照原来移交清册,计有铜器、陶器、玉器、织锦、编磬、书籍、甲骨等七大类,总计 4999 件,分别如后:一、铜器:604 件。二、陶器:300 件。三、玉器:156 件。四、织锦:142 件。五、编磬:10 件。六、书籍;139 件。七、甲骨（残片）:3646 件（附雕花骨 1,石主 1）。"②

1997 年 7 月 23 日举行的河南运台古物监护委员会第十次会议决定出版《河南运台古物图录》及其《甲骨文专集》,于是将所有古物依照总编号、原编号、品名、数量、保存情形和备注诸项,登计造册并制表,再选其中精粹制成图片,并作简介。《河南运台古物图录》由阎振兴、于镇州、卢博文、杨祥麟、范功勤等合

---

① 台湾教育部门四五（社）字第七四 0 四号函令。
② 于镇州《河南运台古物现状概述》,载于镇州等编著《河南省运台古物图录》1999 年版,第 5 页。

作编纂;《甲骨文专集》由董作宾的哲嗣董玉京进行整理和摹写,分为摹写、拓片两部分。二书由王广亚出资分别于1999年4月和2001年7月刊印行世。

河南迁台贤达出于热爱家乡之情怀,主动监护河南迁台文物,进行清点,并出版图录以公之于世,其善举令人钦敬,受到各界好评。

河南大批出土文物运台,不仅充实了台北历史博物馆和台北故宫博物院的文物庋藏,而且其中的珍贵文物已成为镇馆之宝。藏于台北中央研究院的河南出土甲骨文物以及殷墟等地的发掘资料,为台湾学者开展考古、甲骨学和中国古代历史研究提供了良好的条件。

二、迁台的河南文人学者

(一)迁台的著名河南学者

1949年国民党政府从大陆迁台,河南的一些文人学者随之徙居台湾,其中最著名的有董作宾、石璋如、姚从吾、郭廷以和柏杨等。

董作宾(1895—1963),原名守仁,字彦堂,号平庐,河南南阳人。1921年在北京大学作旁听生,1923年入北京大学研究所国学门读研究生。1927年任国学门讲师,后任广州中山大学副教授。1928年任中央研究院历史语言研究所通讯员,先后随该所迁徙北平、上海、南京。抗战时期辗转迁居四川南溪五年。1944年任历史语言研究所代所长。1946年冬随所回迁南京。次年初赴美国任芝加哥大学客座教授,被评选为台北中央研究院首届人文组院士,回国任历史语言研究所专任研究员。[①]

董作宾是安阳殷墟发掘的倡导者,是"甲骨学四堂"之一。1929年至1934年间先后主持安阳殷墟的第1、第5和第9次发掘,参加第2、3、4、6、7次发掘。1933年发表《甲骨文断代例》,提出甲骨文分期的10个标准,并将殷墟甲骨文分为五个时期,使甲骨文研究走上全新道路。1945年发表的《殷历谱》是古史年代研究的重要著作。他选取安阳殷墟前9次发掘的近4000片甲骨文字,于1936年编成《殷墟文字甲编》;又选取安阳殷墟第13至15次发掘所得甲骨文18405片,编成《殷墟文字乙编》。"此书所收资料,超过《甲编》四倍以上,出土坑位简

---

① 参见严一萍《董作宾先生传略》,《甲骨学六十年》附录,台北艺文印书馆,1965年。

单明晰,内容新颖而且丰富,研究价值远在《甲编》之上。"①王宇信说:"董作宾是我国甲骨学和考古学的主要奠基者之一。"他"建立了甲骨文的科学研究体系,是甲骨学史上划时代的一代宗师。"②

石璋如(1902—2004),河南偃师人。1928 年考入河南中山大学(河南大学前身)文科,1931 年作为实习生参加安阳殷墟的发掘。次年到中央研究院历史语言研究所工作,参加安阳殷墟第 4 次至第 12 次发掘,主持第 13 至第 15 次发掘,被称作殷墟发掘的"活档案"。1937 年 11 月安阳沦陷,石璋如赴西北地区进行文物古迹调查。南京沦陷后,随历史语言研究所辗转至四川南溪。1945 年抗战胜利后,随历史语言研究所迁回南京。③

姚从吾(1894—1970),原名士鳌,字占卿,号从吾,河南襄城人。1917 年北京中华大学预科毕业,1921 年毕业于北京大学文科史学门,考取北京大学研究所国学门研究生。1922 年夏前往德国柏林大学留学,专攻历史学方法及蒙古史。后来任波恩大学东方研究所和柏林大学汉学研究所讲师。1934 年夏回国任北京大学历史系教授,主讲历史方法论、匈奴史及辽金元史。1936 年兼任该系主任。1937 年随学校南迁,任西南联大历史系教授兼主任。1946 年任河南大学校长。1949 年 1 月任故宫博物院文献馆馆长。

郭廷以(1904—1975),字量宇,河南舞阳人,早年就读于东南大学历史系。1928 年赴清华大学任教。之后任教于河南大学和中央政治学校,再后任中央大学教授兼历史系主任。1937 年出版《太平天国历法考订》。其《太平天国史事日志》是研究太平天国史的一部重要工具书。罗家伦的《序》说:"我相信这部书是截至现在止,研究太平天国的第一部大书,是将来写太平天国信史不可少的一部依据史。"④其《近代中国史事日志》,分为清末、民国两部分,亦于 1940—1941 年出版。

柏杨(1920—2008),原名郭定生,曾名郭立邦、郭衣洞,笔名邓克宝,河南辉县人,生于河南通许,先后就读于河南省立第四小学和辉县小学,1937 年投考河

① 郭胜强《河南大学与甲骨学》第 45 页,河南大学出版社 2003 年。
② 王宇信《甲骨学通论》第 338—341 页,中国社会科学出版社,1989 年。
③ 刘志庆《董作宾年表》,载郭新和主编《董作宾与甲骨学研究》,河南大学出版社,2003 年,第 222—234 页。
④ 郭廷以《太平天国史事日志》,台湾商务印书馆 1976 年 2 月第三版,第 1 页。

南省军政干部训练班,1948 年在沈阳筹办《大东日报》。

(二)迁台河南学者在台湾的辉煌业绩

董作宾 1949 年 1 月迁台后任台湾大学文学院考古人类学系教授,次年创办《大陆杂志》。1951 年任台北中央研究院历史语言研究所所长。1953 年底完成《殷墟文字乙编》下辑。1955 年 8 月赴香港任香港大学东方研究院研究员。1956 年编成《甲骨文字外编》。1958 年秋返台,继任台湾大学考古人类学系专任教授、台北中央研究院历史语言研究所甲骨文研究室主任。1960 年编印《中国文字》,共出版 10 期。其《中国年历总谱》上下编由香港大学出版。其《甲骨学六十年》全面系统地叙述甲骨文发现发掘、收集流传和研究的历史与现状,概述甲骨学的基础知识和基本理论,为甲骨学研究的发展指明了方向。

石璋如 1948 年底迁台,任台湾大学考古人类学教授。1959 年出版的《殷墟建筑遗存》被李济称作"一部极有分量的著作,一部耐人寻味的著作"①。他在台湾各地开展考古调查,在台北圆山及台中水尾溪等若干遗址首先发现并确认了文化堆积的层次,从而给台湾北部及中部地区的史前文化层序提供了可资比对的标尺,为整个台湾史前文化的年代学建立了良好的基础,被称作中国现代考古学的泰斗,台湾当代考古学的奠基者。他 20 世纪 70 年代写成了《殷墟墓葬》,80 年代至 90 年代对甲骨坑穴层位的整理与研究。其代表作有《殷墟建筑遗存》、《殷墟墓葬》、《骨卜与甲卜探源》、《殷代车的研究》、《小屯——安阳殷墟发掘报告》、《甲骨坑层》等。其主要成就是依据殷墟遗存及墓葬的研究复原地上的建筑物,并探求殷代的营造仪式、兵马战车的组织及宗法礼制等。1978 年成为台北中央研究院第十二届院士。

姚从吾 1949 年初迁台,任台湾大学历史系教授,创办辽金元史研究室。1958 年 4 月当选台北中央研究院人文组院士。他一生发表论文逾百篇,专著 6 种:《东北史论丛》、《耶律楚材西游录校注》、《张德辉岭北纪行校注》、《汉字蒙音蒙古秘史新译校注》、《丘处机年谱》、《余玠评传》。《东北史论丛》1959 年 9 月由台北正中书局印行,其《代序——国史扩大绵延的一个看法》,认为中国历史所以悠久、没有间断的原因由下列各种因素促成:一是文化的因素,二是地理

① 郭胜强《河南大学与甲骨文》,河南大学出版社 2003 年,第 192 页。

与物质方面的因素,三是民族智慧与哲学方面的因素,第四是历史的因素,而以文化的因素为主体。①

郭廷以 1949 年迁居台北,先后担任台湾大学和台湾师范大学教授。1955年初,受命筹建台北中央研究院近代史研究所,嗣任首任所长。他辛勤擘划,使近代史所成为一个深具学术影响力的研究机构。他倡导"口述历史",先后访问许多民国政治、经济、教育、文化各界重要人物。1968 年当选为台北中央研究院第七届人文组院士。次年赴美国讲学,遂长期滞留美国,完成《近代中国史纲》的著述。郭廷以依据丰富的史实立论,以重现历史原貌,是实证史学的卓越代表。著有《中国近代史》、《近代中国史事日志》、《近代中国的变局》、《近代中国史纲》等书。郭廷以重视近代中国的变局,即中国近代化的进程。其《台湾史事概说》1954 年 3 月由台北正中书局印行。该书《引言》说:"台湾之为中国之不可分的一部分,一如山东、河南,或福建、广东,是绝不容疑、而为人公认的,所不同的不过是地理上的分别,一为海岛,一为大陆而已。"②郭廷以是一代史学宗师,中国近代史研究的开山者之一,也是台湾许多史家进入近代史领域的领路人。

柏杨 1949 年到台湾,主要从事文学创作,创作小说、杂文,而以杂文成就最高。其杂文集主要有《玉雕集》、《依梦闲话》、《西窗随笔》、《牵肠挂肚集》、《云游集》等。1968 年因《大力水手》漫画入狱。狱中十年完成了《中国人史纲》、《中国帝王皇后亲王公主系录》和《中国历史年表》三部史学著作。其《中国人史纲》"与过去所有的通史都不相同。它把中国历史分为'神话时代''传说时代''半信史时代''信史时代'。不是以王朝或者其他范畴为单元,二是以'世纪'为单元"。③ 1979 年该书被列为对社会影响最大的十部书之一。1985 年出版《丑陋的中国人》后柏杨被列为台湾十大畅销书作者之一。

上述五位河南迁台学者,四位是台北中央研究院院士,是各个学术领域的大师,他们为台湾的考古学、甲骨学、历史学,特别是殷商史、辽宋金元史、中国近代史等学科建设和发展,对台湾的文化、教育事业,做出了巨大的杰出的贡献。

---

① 姚从吾编著《东北史论丛》,台北正中书局印行,1959 年 9 月初版,第 4—5 页。
② 郭廷以《台湾史事概说》,台北正中书局 1954 年 3 月印行,第 1 页。
③ 《柏杨历史研究丛书总序》,载台北《爱书》旬刊第 50 期,1977 年 9 月 11 日。

三、改革开放以来河南与台湾的学术文化交流

河南大批珍贵文物的运台和著名学者的迁台,对河南省的学术文化而言无疑是一种损失。同一个遗址、同一座墓葬出土的文物被分别收藏于两地或者多地,也给学术研究带来诸多不便。但从另一角度看,它有利于台湾文化教育事业的发展,也使台湾与河南两地的学术合作与文化的交流变得更为必要,更为顺畅。

自中国大陆改革开放以来,河南与台湾的学术文化联系日益增强:一是两地的文物部门进行合作,使一些散存两岸的文物得以珠联璧合;二是两地的学术界开展学术交流,促进了两地学术文化的繁荣与发展。

河南新郑李家楼郑公大墓出土铜器中的部分铜器精品运抵台湾,1956 年以后由台北国立历史博物馆保管,进行整理修复,成为该馆的镇馆重器,出版了《新郑铜器》专书和《馆藏青铜器图录》。[①] 但是郑公大墓青铜器分存于两岸,未能展现其原有完整的面貌。河南博物院与台北历史博物馆经协商,决定分工合作,共同进行河南郑公大墓青铜文物的整理与研究。《新郑郑公大墓青铜器》一书 2001 年 10 月由大象出版社出版。"此书收集整理了分散于海峡两岸的郑公大墓的青铜器,从其出土、收藏、离散过程,到全部器物的科学分类、定名、结集成册,以及对其源流、风格、演变的考订,包括对其出土环境和文化归属的多角度的研究"的成果。[②] 2002 年河南博物院和台北历史博物馆的学者又开始对河南辉县甲乙二墓的清理研究工作。《辉县琉璃阁甲乙二墓》一书 2003 年 12 月由大象出版社出版,辉县甲乙二墓出土文物得以完整面目重新面世。

30 多年来,河南和台湾分别举行的一些重要的学术会议,互邀对方研究人员参加,以加强两地的学术交流。由洛阳市和中国河洛文化研究会主办的河洛文化国际研讨会迄今已经举办 13 届,其中在河南省内举办 7 届,在台湾举办 2 届。在这些学术盛会的与会学者中以河南与台湾学者人数最多。1989 年 9 月

① 黄光男《新郑郑公大墓青铜器序言》,载河南博物院、台北历史博物馆《新郑郑公大墓青铜器》,大象出版社,2010 年。
② 张文军《新郑郑公大墓青铜器序言》,载河南博物院、台北历史博物馆《新郑郑公大墓青铜器》,大象出版社,2001 年。

中旬,中国殷商文化学会等单位在河南安阳召开"纪念殷墟甲骨文发现九十周年国际学术研讨会",邀请台湾学者出席会议。1999 年 8 月下旬,中国殷商文化学会与安阳市政府等单位在安阳召开"纪念甲骨文发现 100 周年国际学术研讨会",台北中央研究院历史语言研究所蔡哲茂、陈昭容等与会,董作宾之子董玉京回顾了董作宾与第一次殷墟发掘的种种轶事。2001 年 6 月"海峡两岸春秋郑公大墓青铜器学术研讨会"在台北历史博物馆举行,河南博物院等单位的河南学者出席会议。

    台湾与河南的学术合作和交流活动,增加了两地学界的相互了解和友谊,也促进了两地学术文化的繁荣与发展。

                        （作者为河南省社会科学院研究员）

河洛文化研究的当代意识

王永宽

　　总结河洛文化研究近 30 年的历程,已经取得的成就是应当充分肯定的。关于河洛文化研究的不足之处,毋庸讳言的是一直存在着较为突出的厚古薄今的倾向。近些年曾见到不少学者在相关的文章中或在相关活动的讲话中已经指出这一点。如 2007 年有文章指出:"就近两年来河洛文化研究情况来看,探讨古代的多,论述近代的少,涉及河洛文化的当今形态和定位者更少。"①2012 年有文章在论述河洛文化的历史分期问题时指出:"河洛文化不是尘封于历史岁月的化石,而是古今贯通流动不息的长河,任何抽刀断水的割裂与截取都需要警惕和反思。目前河洛文化研究存在的'厚古薄今'思想障碍,从河洛文化的历史分期即可管窥。"②我赞同这样的看法,并且认为,当今河洛文化研究应特别注意增强当代意识,使河洛文化研究更加贴近当代实际,在当前社会文化发展与文化建设事业中发挥更大作用。

　　本来,在学术研究领域,历史意识和当代意识是一个老话题。如今学者们都非常熟悉克罗齐的那句名言:"一切历史都是当代史。"③这话虽然说得有些极端,但是,许多听起来有些极端的判断性观点中常常蕴含着深刻的真理。对于涉及历史领域诸多问题的研究,学者必须具有鲜明而清醒的历史意识,包括正确的历史唯物主义观点、以文献与实证为基础的学术立场、严谨细致的治学精神等。同时,当代人的学术研究更必须具有当代意识,包括研究的范围向当代的延伸与拓展、研究的内容与当代现实需要紧密结合、研究方法吸取当代观念而不断更新

① 孙新萍《河洛文化研究刍议》,《洛阳师范学院学报》2007 年第 4 期。
② 刘保亮《论河洛文化历史分期的意识形态》,《河南科技大学学报》2012 年第 1 期。
③ 克罗齐《历史学的理论和实际》,中文译本,商务印书馆 1982 年,第 2 页。

等。而且,历史意识与当代意识又是辩证的统一,严格的历史意识并不排除当代关怀。从这样的认识出发来看待关于河洛文化研究的整体情况,我认为河洛文化研究的当代意识主要体现在如下四点。

一、以大文化观进行河洛文化研究

大文化观是 20 世纪加拿大著名思想家、文学评论家诺思洛普·弗莱(1912—1991)提出来的文化学的概念。弗莱在《创造与再创造》一文中对文化的定义为:"人不像动物那样直接与赤裸裸地生活在自然之中,而是生活在他从自然中构建出来的封套里,这个封套通常被叫做文化或文明。"[①]所谓大文化,是在此基础上对于人类学、历史学、语言学、心理学等各个领域予以广泛揽胜,使文化问题及其研究成为一种宏观叙事。这一观点在文化理论中已经产生了重要影响。近 20 多年来,弗莱的大文化观为当代中国学术界所接受,并得到创造性地发挥,用来论述文化研究及现实文化建设中的相关理论问题。如当代著名女作家池莉于 2007 年 3 月在接受记者采访时说,要建立大文化观,这是一种救国战略。

其实,所谓大文化观就是运用宏观世界的大视野、在历史时空的大范围内看待所研究的文化问题。这和中国古代文论中的"巨眼"法有相似之处。孔尚任的《桃花扇凡例》中说,观《桃花扇》剧"当用巨眼",这本来是指《桃花扇》的构思方法及阅读本剧的要领,后来也被引用到小说创作和小说鉴赏方面,如《红楼梦》第十五回的甲戌本批语,谓读者"当用巨眼"。如今我由此产生联想,可以说进行河洛文化研究也必须用巨眼,这巨眼就是大文化观。

从大文化观的宏观视角出发,对于河洛文化的认识应当进一步跳出历史时段和地理区域的局限。关于河洛文化概念的时段区限,学术界原来一般认为应是先秦时期河洛地区的文化,或者是北宋末期以前河洛地区的文化。今天如果进一步放大观照的视角,我认为不妨将河洛文化原定义的时段再往后延伸。人们认为北宋以后河洛地区的发生"文化衰败"或出现"文化塌陷",然而衰败与塌

---

① 见《诺思洛普·弗莱文论选集》,中国社会科学出版社 1997 年;又见《弗莱研究:中国与西方》,中国社会科学出版社,1996 年。

陷也是历史的文化现象。北宋以后的河洛文化不妨称之为后宋河洛文化或后河洛文化，或者按历史时期称之为明清河洛文化、近代河洛文化、当代河洛文化，对于后河洛文化以至于当代河洛文化也是需要加强研究的。关于河洛文化的地理区限，学术界一般认为应是以洛河与黄河交汇处的洛阳为中心的地区及周边地区，即南至伏牛山腹地、北至晋南、东至郑州、西至潼关这一地区。今天如果进一步放大观照的视角，我认为不妨将河洛文化原定义对于地理区域的限定再往外延伸，充分考虑到河洛文化在河洛之外地区的转移与影响的范围。如北宋以后在长江以南及粤闽一带逐渐形成的客家文化，实际是上河洛文化内涵的转移；从影响的层面来看，中原地区以外其他地域文化，如齐鲁文化、楚文化、燕赵文化、巴蜀文化等也都含有河洛文化的因素，中国各地甚至海外华人居住区域也都有河洛文化的落地生根。对于宋代以后乃至当代河洛文化在世界范围的转移与影响，也是需要加强研究的。

事实上，近20余年涌现出来的许多河洛文化研究论著，研究的深度与广度已经超越了狭义河洛文化的历史时段与地理区限，提出的观点已经具有大文化观的性质。今后对这一点的认识应当更加明确，增强运用大文观的学术自觉与理论自信，对于宋以后河洛文化的转移与影响，对于近代及当代河洛文化的新内容新特点更应加强研究，实现新的突破和超越。

二、以转换性思维进行河洛文化研究

所谓转换性思维，指的是要用发展的眼光审视研究对象，充分认识其内容随着历史的演进已经发生和正在发生着各种转换，因而研究者的思维应当着重关注与探寻这种转换的动态过程及其内在原因，研究的观念与方法也应当随之而进行必要的转换。我在撰写《河图洛书探秘》(河南人民出版社 2006 年版)一书时曾引用法国克劳德·列维—斯特劳斯的话说："一般被称为图腾的那种命名和分类系统的功能价值，来自于这些系统的形式特征；这些系统是一些代码，它们适于传达可以转化为其他代码的信息，同时也适于表达那些用不同于自己系统的代码接受下来的信息。"①从这一论述引发联想，可知河图洛书是中国远古

---

① 转引自特伦斯·霍克斯《结构主义和符号学》中文译本，上海译文出版社 1987 年出版，第 51 页。

时期具有图腾意义的代码系统,它无疑地也具有功能价值。这里重要的问题是"转化",即是说将河图洛书本来所传达的信息转化为其他代码的信息,或者用来表达不同于原来系统的代码所接受的信息。

根据这样的认识,我想到对于河洛文化整体的研究或者对于其中局部问题的研究,也应当充分注意其内容与形式的转化问题。当代所谓的河洛文化,不是一个内涵固定的、性质与特征一成不变的对象,河洛文化的产生与形成,本身是一个不断积累、发展与变化的过程,在这个过程中,新的东西不断产生并置换旧的东西。如果把河洛文化的概念定位为远古至北宋末河洛地区的文化,那么在这样的历史区间之内河洛文化也是在不断发展的过程中形成的。夏商周三代的河洛文化对于远古时期的河洛文化,唐宋时期的河洛文化对于六朝时期的河洛文化,显然都增添了许多新的内容。根据上述斯特劳斯的信息代码转化观点,可以说河洛文化在整体上是一个大的代码系统,河洛文化的各个组成部分则是一个较小的代码系统,随着历史的演进,旧时期代码系统的信息总是会不断地转化为新时期代码系统的信息。当然,旧的代码系统也不会完全被取代,它的许多基因会保留下来,在新的历史条件下融入新的代码信息系统,成为新的文化形态的组成部分。由此进行思维,把北宋以后的河洛文化表述为文化衰败、文化塌陷都不够准确,而应当看到原来的河洛文化在新的历史条件下转化为新的文化内容。

当代进行河洛文化研究,应当参照这样的转换性思维,深入探讨古代的河洛文化代码系统转化的过程与特点;深入探讨在当代新的历史时期,古代的河洛文化有哪些经过历史的淘洗而消亡,有哪些内容还以现实态的方式而存在着,有哪些内容已经转化为新的代码系统,有哪些内容可以发掘出来使之转化而融入当代文化的代码系统。由此而按照当代的文化需要和价值取向,对古代的河洛文化进行文化选择与文化整合,使之成为构建当代文化新的代码系统的有机组成部分。

三、以包容性精神进行河洛文化研究

包容性通常是指某社会个体或某个社会主体能够包容客体的特性。这一概念可转义应用于社会文化理论的各个方面,在当代人的思想观念中被赋予了新的内涵。2007年亚洲开发银行率先提出"包容性增长"的概念,这一概念也是联

合国千年发展目标中提出的观念之一。2011 年博鳌亚洲论坛开幕式上,中国国家主席胡锦涛的主旨演讲中提出"包容性发展";前不久的 APEC 各国领导人非正式会议上,习近平主席又讲了开放性与包容性问题。当代关于包容性的思想,其实正是古代中国传统文化中早就具有的文化思想,古代所谓海纳百川、有容乃大,正是典型的包容性思想观念,而这种包容性精神也是河洛文化的本质特征之一。

　　当代学术界所谓的河洛文化,本身就具有广泛的包容性。如果说,远古时期的河洛文化直至夏商周三代的河洛文化,主要是产生于河洛地区的本土文化,而其后从两汉、六朝到唐宋的河洛文化,已不完全是河洛地区本土产生的文化,而是在历史演进过程中不断吸收外来文化而使河洛文化变得厚实和复杂。所吸收的外来文化,从内容来看有原本不属于中原民族的异质文化:从文化生成的地域来看,有原本不属于中原的异域文化。如北魏孝文帝迁都洛阳之后带入的北方鲜卑等民族的文化,以及西方传来的佛教文化等,既是异质文化,也是异域文化,然而在传入河洛地区并同中原文化融合之后也发生变异而成为河洛文化的重要组成部分。河洛文化以及中华文化的包容性有两个突出的特点,一是兼收并蓄,二是求同存异,这使河洛文化表现为异彩纷呈的局面,也是河洛文化及中华文化不断具有新鲜活力和长久生命力的重要原因。

　　根据当代包容性发展的新理念,研究河洛文化应当体现这种包容性的精神。一方面要充分认识河洛文化的包容性特征,既理解河洛文化能够包容异质文化和异域文化,也应理解我国其他地域文化也包容有河洛文化的成分。河洛文化固然历史悠久、光辉灿烂,而其他地域文化也同样历史悠久,同样光辉灿烂。若过分强调河洛文化的辉煌而产生严重的文化自恋情结,甚至贬低或否定其他地域文化的成就,那就一定会背离科学与理性。另一方面,要以包容性精神看待日新月异的当代文化。历史上的河洛文化固然辉煌,那毕竟是已经逝去的昨天。若过分迷醉于辉煌的过去,那就会在新的形势下重蹈"国粹主义"覆辙。当代的文化发展与文化建设,应当像古代的河洛文化及中华传统文化那样具有新时代的包容精神,对于世界范围各种新文化兼收并蓄、求同存异,创造出更加灿辉煌的当代中华文化。

四、以汲取正能量为导向进行河洛文化研究

正能量(positive energy)一词原是物理学概念,当代也被引用来说明人文学科各方面的问题。英国心理学家理查德·怀斯曼从社会学文化学的角度对"正能量"一词的定义是:一切予人向上和希望、促使人不断追求、让生活变得圆满幸福的动力和感情①。当代我国在国家政治、意识形态及文学艺术等方面也时见提出要调动、激发、释放社会正能量,以此助推中国特色社会主义伟大事业健康发展。在学术研究领域,包括河洛文化研究,也要体现以汲取正能量为导向的精神。

中国古代文化的构成是非常复杂的,其中真理与谬误并存,精华与糟粕杂糅,这是学界共识的客观事实。当代对于继承古代文化遗产的基本态度,是古为今用,推陈出新,取其精华,去其糟粕,这也是学界共识的重要原则。对于河洛文化研究也应坚持这样的原则。古代的河洛文化是中华民族宝贵的文化遗产,尽管人们充分称赞它的历史悠久,称赞它的光辉灿烂,并且为拥有它而感到无比自豪与骄傲,但它并不是完美无缺的,而是同中华民族的其他文化一样,其中也有许多不好的东西,也有许多缺陷和遗憾。英国文化学家沃特森说:"没有一种文化比其他文化更为优秀。"②河洛文化也是如此。

今天进行河洛文化研究,对它不能只是唱赞歌,只是讲继承,也要充分认识古代河洛文化中包含的腐朽与糟粕,坚持历史唯物主义的学术立场予以批判的继承。说起批判,当代的研究者对于河洛文化也不应当只是注重于批判与否定,更不应当只是对于古代河洛文化中腐朽的僵死的或怪异的东西热衷于猎奇而津津乐道。科学的态度应当是着眼于当代的现实需要,以汲取正能量为导向,通过对于古代河洛文化的研究,发掘其中珍贵的宝藏,激活其中优秀的成分。从古代河洛文化中获取的正能量有益于当代中国的文化建设与和谐社会建设,有益于当今全国各民族的团结及中国与世界的文化交流,有益于当代社会新风尚的形成及国民素质的提高,由此而真正显示出当代河洛文化研究的现实意义。

(作者为河南省社会科学院研究员)

---

① 理查德·怀斯曼《正能量》一书的中文译本,李磊译,湖南文艺出版社 2012 年出版。
② C·W·沃特森《多元文化主义》,中文译本,叶兴艺译,吉林人民出版社 2005 年出版。

河洛生态伦理视野下的
大学生生态文明建设
——兼谈学生形成合理消费新风尚

崔景明

在《老子》的思想体系中,蕴含着深邃的人生伦理智慧。其中关于道家个人伦理、政治伦理、生态伦理及为人处世的哲学等,应用价值很广;尤其辩证思维,以弱对强,以柔克刚,玄妙无穷。"气候变化"已经成为全球的热门词汇。反常气候变化的主要原因是近代人类推崇大量生产、大量消费的观念,过多地使用化石(高碳)能源所造成的结果。为了实现人类与自然和谐共生的生存目标,人们必须改变现有的生活方式,养成合理消费的社会风尚,节约能源,保护生态。这已经成为当今人类的共同认识。

一、道家生态伦理思想综述

生态伦理学诞生在 20 世纪。但在中国,老庄道家及道教学者早就致力于对人与自然关系的思考并提出了一系列热爱自然、尊重自然和保护自然的思想,如他们主张道法自然,倡导与自然为友,欣赏和珍爱大自然。

1. 老庄"物我为一"的整体观念

王国维先生曾说:"我中国真正之哲学不可云不始于老子也。"诠释老子的智慧是中国哲学的一个研究探索方向。让老子智慧的滋润人们的心田,丰润人们的血脉,丰美人们的灵魂,从而转换形成为新的睿智。老子说:"天得一以清,地得一以宁,神得一以灵,谷得一以盈;万物得一以生,侯王得一以为贞。"①知常知和的平衡思想,老子说:"夫物芸芸,各复其根,归根曰静,静曰复命。复命曰常,知常曰明。不知常,妄作,凶。"②知止知足的开发原则,老子指出:"夫亦将知止,知止所以不殆。"③热爱自然的伦理情趣几个方面,它们集中地凸显了为道家生态伦理所特有的东方神韵以及恢宏智慧。

由于科学成为西方近代文化的主要崇拜对象,唯科学主义成为人类理性异化的另一种形式。"科学取代神灵成为现代生活中的救世主,技术万能信念深入人心。于是科学技术作为实际生产力被幻想成有百利而无一害的东西。最可悲的是人类因为追求科学技术进步而陶醉在'人定胜天'的自我中心幻梦之中。"④现在人们终于明白,从自然束缚下解放出来的人原来是能毁灭自然和自身的人。科学到底是什么?是人与自然的对抗工具吗?老子提出"以辅万物之自然而不敢为"⑤的主张,向往宁静安逸的田园生活。美国生态学家 B·德沃尔在《深刻的生态学运动》一文中也说:"人既不在自然界之上,也不在自然界之外,人是不断创造的一部分。人关心自然,尊重自然,热爱并生活于自然之中,……让非人的自然沿着与人不同的进化过程发展吧!"⑥

2. 老庄"知止知足"的开发原则

道家把人与自然的关系看成是雨水关系"母子关系",一旦科技应用于自然,无异于"涸泽而渔"杀父弑母之罪过。美国科学家卡普拉的《物理学之道》一书说:"在诸伟大传统中,据我看来,道家提供了最深刻并且最完善的生态智慧。在人与自然的循环过程中,个人和社会的一切现象和潜在两者基本一致。"⑦

《庄子·天地》其言曰:"吾闻之吾师,有机械者,必有机事,有机事者,必有机心。机心存于胸中,则纯白不备。……吾非不知,羞而不为也。"⑧19 世纪末当尼采向人们呼吁警惕"科学化"带来的无意义和愚昧时,众人都以为他是在说狂

---

① 《老子》第三十九章。
② 《老子》第十六章。
③ 《老子》第三十二章。
④ 葛荣晋《道家文化与现代文明》,中国人民大学出版社,1991 年第 233—264 页。
⑤ 《老子》第三十七章。
⑥ 转引自(美)R. T. 诺兰《伦理学与现实生活》,华夏出版社 1988 年第 454 页
⑦ 葛荣晋《道家文化与现代文明》,中国人民大学出版社,1991 年,第 257 页
⑧ 陆永品《庄子通释》,经济管理出版社,2004 年,第 176 页

话,到20世纪末,有识之士越发站到尼采的立场上来,也回到两千多年前老子的思想上来,人们不再对老子的超前智慧表示惊讶。上世纪60年代,美国人撰写的《寂静的春天》一书,引发人类的深层思考,老子道学哲学思想,其核心包括"道生万物"的本体论思想、"有无相生"的辩证法思想、"静观玄览"的认识论思想。

3. 老庄尊重自然的伦理意蕴

人怎样效法天地并以大地为法则呢? 南怀瑾在《老子他说》中指出:"人要跟大地学习很难。……人活着时,将所有不要的东西,大便、小便、口水等乱七八糟地丢给大地,而大地竟无怨言……我们人生在世,岂不应当效法大地这种大公无私、无所不包的伟大精神吗?"①在老子看来,人是天地自然的一部分,人应当法地则天,才能为自然界所接纳和认可。"万物负阴而抱阳,冲气以为和",阴阳的相互作用是生态变化的内在动力。

遵天道可使生态系统趋向平衡。现代生态学表明,各种元素的地球化学循环,水和大气的循环,各种食物链的能量转换,构成了生态系统的动态平衡。老子强调,天道自然无为,人道应顺从天道,惟道是从,自觉地维护生态平衡,保持与大自然的和谐。

二、道家生态伦理的现实意境

当世界进入科学快速发展时代,经济智力化,经济全球化。在这大巨变的年代,实现互利共赢,防止边缘化和被孤立。《老子》是其哲学基础,对21世纪的中国,具有既特殊又重要的现实意义。

1. 古代东方环境思想"天人合一,万物共存"

东方环境思想的代表,北宋思想家张载首先提出"天人合一"概念,"儒者则因明至诚,因诚致明,故天人合一"。其主要含义有人与神合一以及人与自然合一。虽然儒家的天人合一,彰显人文精神,道家的天人合一,彰显自然主义色彩,但它们共同主张人与自然同根同源,强调尊重自然和谐共生。其次,东方环境思想强调博爱众生,万物平等。西方早期的伦理只适于人间,70年代逐渐扩大到生态范畴。中国从商汤开始就把道德范畴扩大到生态领域。不仅仅局限在人与

① 南怀瑾《老子他说》,国际文化出版公司,1991年,第266页

人、人与社会之间,而是"泛爱众而亲仁"。再次,儒家强调有别而爱,"亲亲,仁民,爱物";佛家主张博爱,慈悲为怀;道家宣扬大爱,顺从自然,道法自然。最后,东方环境思想重视环境调和,保护环境。战国时期已有类似的环保法律"四时之禁"。主要内容有"不夭之生,不绝其长",尊重物种生存权;"养之有道,取之有时",顺应四季而调和万物;"取之有度,用之有节",控制人类利用自然的范围和程度。汉初名臣晁错说道:让德政普及,使得天上的飞鸟,地下的水虫草木等都为其蒙被,然后才能使得"阴阳调","风雨时",维持良好的生态秩序。这种试图以人为因素影响"天"的意志的主张,其实体现了比较开明的生态意识。①

有论者说,道在本体论上的无限超越性可作为宗教的终极信仰,成为理性的科学、哲学与非理性的宗教的交汇点,这在人类文明的发展中具有无与伦比的意义。道的学说使道家文化具有最高的超越性和最大的包容性。道的学说体现了人类文明的最高智慧,是中华民族最伟大的文化资源,也必将成为世界文明相互交融的凝聚点。②

道家思想所具有的特点,决定了其生态伦理将要在21世纪兴起,并对当代社会做出独特的贡献。第一,道家思想与自然科学关系密切,古代科学家如葛洪、张衡、李时珍等大多是通道人士,英国科学家李约瑟认为中国古代科学技术领先于世界,而道家思想的贡献最大。新中国经济发展较好的时期,往往与政府实行少干涉主义(无为而治)经济政策有关。第二,它与自然生态关系密切,道家思想主张道法自然,物我合一,保护生态环境。第三,它与人类自身的健康长寿与回归人性关系密切,道家与道教注重养生,主张返朴归真。

当今中国提出坚持科学发展观及构建台湾和谐社会,避免人们浮躁、奢华盲动之心;逐步建立协调机制;探求化解矛盾的方法。而《老子》一贯坚持自然发展观,最重视自然生态平衡和社会和谐,倡导的是"无为"提倡顺应客观规律,反对浮夸主观能动性,这与现今中国社会的需要是符合一致的。

2. 珍重物种生存权,构建有时代精神的新道学

中国社会科学院哲学所胡孚琛先生提出了一个新的道学体系,他认为新道

---

① 王子今《中国古代的生态保护意识》,《求是》2010年第2期,第46页。
② 胡孚琛　吕锡琛《道学通论》,社会科学文献出版社1999年,第64页。

学是解决当前全球各类严重社会问题的重要方法,会成为未来世界各国领导人的主导思想,是中华民族 21 世纪唯一可行的文化战略。他认为,新道学有八大支柱:天地人哲学,政治管理学,文艺审美学,医药养生学,宗教伦理学,自然生态学,丹道性命学,方技术数学。他提出"要创立有时代精神的新道学,并继承魏源、严复、吴虞乃至汤用彤、胡适、陈寅恪、王明、陈樱宁等人的道家传统,形成当代的新道家学派"。诺贝尔物理奖获得者、日本科学家汤川秀树认为,道家智慧可以帮助当代科学家产生重大成果。他在研究基本粒子时提出一种"空域"概念,也就是最小的不可再分的"空间量子",他认为,空域概念正是老庄哲学对我的想法所发生的成形影响的一种表现。

在美国,一些著名的企业与研究所运用中国道家"道法自然"、"无为而治"的理念进行管理,非常成功。如大名鼎鼎的贝尔 BELL 实验室,十数个世界第一的发明(如第一部电话机)都诞生在这里。如果有人问,这个研究所取得如此成功的管理之道是什么?该所负责人陈煜耀博士就会指着他的办公室墙上所挂的条幅说:"靠这个",条幅上写着四个字:"无为而治"。他认为,领导与被领导者的最佳关系,是自然、无为的关系。

《黄帝内经》是我国现存医学文献中最早的一部经典著作。《黄帝内经》强调"顺时"原则。"故阴阳四时者,万物之终始也,死生之本也,逆之则灾害生,从之则苛疾不起,是谓得道。道者,圣人行之,愚者佩之。"(《黄帝内经·素问》)。四季的阴阳变化是万物的起点和终点,是生死的根本。违背它,灾祸就会产生;顺应它,就不会患重病。懂得这个道理的话,就基本掌握了养生之道。聪明人遵从它,愚蠢人违背它。

三、以道家生态伦理指导台湾大学生生态文明建设

1. 坚持将大学生生态文明知识内化为自身素质和行为

早在两千多年前老子为我们描绘了一个理想的世界和人类的精神家园。他指出,生命的最佳境界是和谐,包括人与自然的和谐,人与人的和谐,身与心的和谐。如果我们运用道家的理念来管理国家、社会,以及自己的人生,那么该是怎样的美好景象呢?正所谓,以道修身,则身心和谐,以道处世,则人际和谐;以道治天下,则万邦和谐。

台湾高校开展生态文明教育,不仅可以帮助学生树立正确的生态文明观、改善高校生态现状,而且可以形成辐射带动作用,在全社会营造生态建设的良好氛围。当下倡导生态道德建设与养成合理消费的社会风尚对我们大学生来说有着非常重要的意义,它不仅关系着大学生的成长,而且对我们未来的生活就业有着非常重要的影响。另一方面也要因时而动,注重生态文明以太阳能、地热能、风能、海洋能、核能及生物能等可再生能源为核心的能源模式,正是低碳经济追求和倡导的核心技术范式。大学生要义不容辞地肩负起生态文明建设的历史使命,这也是时代赋予我们的神圣使命。生态文明建设,当代大学生必须从自身做起。

2. 坚持社会生活中的"简约"、"勤俭"原则

生态文明的核心是人,主要内容是人与自然、人与社会、人与人的和谐相处,让社会健康发展,让自然自由生长。人是生态文明的享受者,也应该是生态文明的建设者。每个人的行为习惯是否文明直接影响着生态文明建设的进程。马克思指出:"生产直接是消费,消费直接是生产……没有生产,就没有消费;但是,没有消费,也就没有生产,因为如果没有消费,生产就没有目的。"①一方面,生产是为了消费,产品只有在消费中才成为现实的产品。另一方面,消费是生产的原动力,经济运行由消费所驱动。鼓励消费是鼓励正常和必要的、有利于人身心健康和社会发展的消费,而不是鼓励浪费,不是要走向消费主义,不是容许拜金主义、享乐主义、奢靡之风的存在和蔓延。从经济发展的角度来说,它们如车之两轮、鸟之两翼,相辅相成、殊途同归。

第一,大学生立志做生态文明观念的宣传者。

大学生群体思维活跃,思想前卫,易接受新的思想和事物。要充分发挥和利用这个优势,加强生态文明观念的宣传,影响和带动周围群众和社会公众积极了解生态文明的基本内涵、历史背景、发展阶段、建设要求等,使他们深刻认识和理解生态文明在国家发展和民族振兴中的重要地位与作用,以及与自身学习、工作、生活休戚与共的关系。只有这样,才能使全民族、全社会发自内心地主动将生态文明建设融入到实际工作和生活中,投身生态文明建设大学生是生态文明

---

① 《马克思恩格斯选集》第 2 版,人民出版社 1992 年第 2 卷,第 9 页。

建设的实践者。①

第二,大学生积极做生态文明建设的实践者。

注重并倡导生态文明,建设美丽中国,应该从我做起,从身边小事做起、从现在做起。譬如,把生态文明理念融入大学校园文化营造的全过程,广泛普及宣传生态文明道德建设和可持续发展科学知识,把这些理念植根于每一位大学生的日常生活之中,以提升自己的生态道德素养。又如,倡导勤俭节约的风尚,营造并创建节约型校园。中国是一个人口大国,长期以来,"舌尖上的浪费"现象十分严重。调查显示,我国每年浪费食物总量折合粮食约 500 亿公斤,接近全国粮食总产量的 1/10,即使按保守推算,每年最少倒掉约 2 亿人一年的口粮;其中大学生倒掉的粮食可养活约 1000 万人。

2013 年 1 月,一群中青年发起的一项主题为"从我做起,今天不剩饭"的公益活动,很快被网民称为"光盘行动",得到广泛响应。大力提倡节约光荣,浪费可耻的思想理念,持续营造反对铺张浪费的校园氛围。大学生应积极响应,从我做起,拒绝"舌尖上的浪费",不留剩饭,节约粮食,并使之成为持久的自律行为。②

此外,大学生还应广泛开展绿色环保、生态建设、环境保护等实践活动,是生态文明建设的具体体现。在学习和实践中不断提高自身的本领,不断投身生态文明建设,用理论指导实践,以实践锻炼能力,将生态文明建设自然而然地融合和体现在实践中。节约纸张、废纸再利用、不随便乱扔废旧电池、节约水电、少用或不用一次性物品。提倡步行,骑单车,不使用非降解塑料餐盒,双面使用纸张,回收废纸,节约粮食,随手关闭水龙头,使用节约型水具,一水多用,随手关灯,使用节能型灯具,节约用电,拒绝过分包装,拒绝使用珍贵木材制品,尽量使用可再生物品。勤俭节约是低碳生活的一部分。地球供养人类生存的能力是有限度的。要学会量地球之能力而规范我们的行为,勤俭节约、量力而行。在日常生活中,要时常注意节水、节物、节能。节水以及节物,除了要适度少用以外,循环利用是关键所在。节能是低碳的一种手段,要思考在我家接待客人、做饭、洗浴、出

① http://image.baidu.com/.

② 王顺生《建设生态文明　铸就美丽中国》,《形势与政策》高等教育出版社 2013 年 8 月。

行、饮水、购物等方方面面的低碳措施。从身边做起,实践低碳生活方式。我们认为,当代大学生有理由也必须为勤俭代言,诚然,大学生在生活物质上的要求基本得到家里的大力支持,但这不是铺张浪费的理由。现实中我们可以看到,自习室空无一人而灯火通明、电脑无人使用却待机半天、呼朋引伴出门聚餐人去楼空满桌剩菜、学生餐桌用纸浪费、手机频繁更换等。因此,越来越多的大学生积极响应节约的号召,节俭观念逐渐浓厚。一些学也开始拼桌用餐,不少人采取"光盘行动","俭约 style"已风靡校园,从身边的一点一滴做起践行节俭。学习国学经典,发扬优良传统作风,已逐步成为当代大学生响应时代主流的最强音。

第三,大学生立志做避免透支未来及"超前消费"的宣传者。

中国传统的消费观是量入为出、有备无患。但现在有些大学生却信奉"今朝有酒今朝醉","花明天的钱,圆今天的梦",完全成了消费主义的忠实信徒,于是有了"月光族"、"负翁"等等。树立生态文明消费观是加快建设资源节约型环境友好型社会的基本要求。生态文明消费观是以适度消费为特征,以实用节约为原则,把人与自然放在同等的地位来思考,追求基本的生活需要,崇尚健康生活方式。树立生态文明消费观,要求促进全面发展的消费、形成以人为本的消费理念,注重公平的消费、形成和谐消费理念,倡导绿色消费、循环消费、低碳消费、形成资源节约环境友好的消费理念,以此改变人类自身的生活方式和思维定式,减少对自然不合理的需求,要加快城市快速公交和轨道交通建设,严格执行并适时提高乘用车、轻型商用车燃料消耗量限值标准,推进替代能源汽车产业化等,着力推进低碳交通。要大力宣传低碳消费理念和低碳行为好的做法,引导城乡居民转变消费观念。

第四,大学生立志做生态文明创新的推动者。

认真反思文化传统和流行的消费观,批判消费主义和享乐主义,既反对抑制消费的禁欲主义,也反对超过经济发展水平的过度消费,更反对影响身心健康、破坏人与自然和谐的奢侈浪费,树立"节俭消费""理性消费""健康消费""绿色消费"的理念。厉行节约,珍惜资源,倡导可持续消费、低碳和节能的5R绿色生活方式(即节约资源、减少污染(Reduce),绿色消费、环保选购(Reevaluate),重复使用、多次利用(Reuse),垃圾分类、循环回收(Recycle),救助物种、保护自然(Rescue Wildlife)。成书与东汉的早期道教经典《太平经》提出了"自粪"的概念,指动植物死亡之后重新返回土壤,为新的生命提供养分。这样的认识,类似今天循环经济的思想。但今天的生态文明建设具有更加鲜明的时代性。

大学生群体要发挥自身优势,在生态文明基本理念、主要内涵、建设方式等方面不断加以完善和创新,从而为人类文明的延续和人类社会的发展作出积极贡献。不干扰野生动物的自由生活,拒食野生动物,少使用发胶,不穿野兽毛皮制作的服装,少用罐装食品、饮品,认识国家重点保护动植物,不参与残害动物的活动,为身边的小动物提供方便的生存条件,少用室内杀虫剂,不滥烧可能产生有毒气体的物品等。同时还要及时制止或举报破坏环境和生态的行为。

第五,大学生立志做生态文明发展的引领者。

习近平同志曾经把理想信念比喻成共产党人精神上的"钙",没有理想信念,理想信念不坚定,精神上就会"缺钙",就会得"软骨病",就抵抗不了糖衣炮弹的攻击。因此,根治奢侈浪费,必须强化高校生态文明素质教育必须以实现内外转化为路径,即引导大学生将生态文明知识内化为生态文明素质,再将生态文明素质外化为生态文明行为.

青年运动始终是所处时代社会发展方向的先行代表。在当今社会,青年大学生不仅要成为生态文明的宣传者、实践者、推动者,更要成为生态文明发展的引领者。我们在提高自身的环保意识的同时,要积极关注新闻媒体有关环保的报道,利用每一个绿色纪念日宣传环境意识,阅读和传阅环保书籍、报纸,支持环保募捐,反对奢侈,参与环保宣传,做环保志愿者。

建设生态文明是维护全球生态安全、延续人类文明的必然选择。我们要做到建设生态文明,实现生态良好,维护和改善人的生存发展条件,建设生态文明,就要从我做起,从现在做起,从身边的点滴小事做起。大学生参与生态文明建设就是投身社会主义和谐社会建设,实质上就是投身全面小康社会的建设,同时也是在建设好美丽中国中贡献自己的聪明才智,这是非常有意义的。

(作者为合肥工业大学马克思主义学院副教授,硕士生导师)

陈星聚在台北经营述略

任崇岳

在我国近代史上，有不少人居官清廉，秉政爱民，抵御外侮，毁家纾难，誓死如归，表现了中国人民的铮铮硬骨。他们的高风亮节，足以风范后世，激励往来。在这个璀璨的星群里，清朝光绪年间的台北知府陈星聚便是其中的一个。

一、苦心孤诣经营淡水

陈星聚字耀堂，河南省临颖县台陈乡陈村人。嘉庆二十二年（1817）出生于一个普通农民家庭。道光二十九年（1849），33岁的陈星聚乡试中举，但却功名蹭蹬，直至同治三年（1864）才被任命为福建顺昌县知县，后来又调任建安（今福建建瓯）、闽县（今福建闽侯县）、仙游、古田县令。在任县令期间，他情系百姓，关心民瘼，政平讼理，弊绝风清，表现出了非凡的政治才能。同治十一年（1872）陈星聚因政绩卓异，被擢升为台湾府淡水同知。当时台湾尚未设省，台湾的官员多由福建调入。其时陈星聚已57岁，两鬓染霜，羸弱多病，但他还是于翌年八月携妇将雏，束装就道，渡过波涛汹涌的台湾海峡，来到了淡水。

淡水的治所在新竹县。新竹县自康熙二十二年（1683）始入清朝版图，次年设诸罗县，隶属台湾府。当时该地"农功未启，行旅鲜通，故犹以荒远视之"。①雍正元年（1723）诸罗县并入彰化，同时设置淡水同知，稽查北路，兼督彰化捕务。雍正九年（1731）又把大甲溪以北的刑名钱谷交由淡水同知管理，此时淡水同知的廨舍仍在彰化。乾隆二十年（1755）淡水同知始移至竹堑办公。淡水厅所辖之地"南自大甲，北至鸡笼（今基隆），绵长三百余里，自山至海，腹内所宽亦

---

① 连横《台湾通史》卷5《疆域志》，商务印书馆1983年，第87页。

四五十里,较诸台邑固自倍之".① 土地虽阔,人口却不多,闽、粤移民同治十三年是 24,646 人,约占淡水总人口的十分之一,其余的皆系土著。② 闽籍、粤籍移民畛域甚严,而移民与土著隔阂尤深,械斗之风,长年不息,如何治理这片番汉交错杂居的地区,是新来乍到的陈星聚面临的棘手问题。

为给淡水百姓营造一个适宜生活的安定环境,陈星聚大刀阔斧,推出了一系列有关国计民生的措施:

(一)编造保甲

同治年间,竹堑逐渐开发,闽、粤居民迁徙于此者络绎不绝,而海道又风平浪静,帆樯易通,闽、粤移民多聚集在一个村子中,比邻而居,好有个照应。村庄大者百余家,小者或三四十户,或五六十户不等。他们安定下来后,又呼朋引类,不断迁入新的人口,村子中人口遂倍于往昔。人数既多,"即不免有无业游民及异地匪棍混杂其间,若不严加稽查,则此种奸宄之徒,既恃原籍解保,莫从钤制,又恃海外踪迹无人深知,难保不乘闲生心,肆行无忌。此保甲一事所以行于从前者,易可而宽,而行于今兹者,虽难而不容或缓也"。③ 淡水所辖地域辽阔,虽有聚居之村落,实无连接之乡庄,山高林密,人烟稀少之地往往是罪犯的逋逃薮,为杜绝这种弊端,便须编造保甲。陈星聚表示:"编查保甲系为弭盗安良之善政,敝辖滨临□□,闽粤杂居,窝盗藏奸,尤难稽查,必须实力稽查,方免盗贼溷迹。"④因村庄间距离较远,道路崎岖,往返不便,编造保甲清册又须调查落实,因而短期内不可能访查周遍,加上有些村庄客籍居多,迁徙不定,这就更增添了编造保甲清册的困难。

尽管困难重重,但编造保甲清册之事又势在必行。陈星聚到任后,便着手经办此事,他不但多次督催,又躬亲下乡调查,但民间从未经过此事,无所适从,难免顾此失彼,不能朝举而夕成。直到同治十三年(1874)五月,陈星聚在办团练

① 连横《台湾通史》卷8《田赋志》,商务印书馆1983年,128页。
② 同治十三年(1874)淡水厅所辖地区闽、粤移民是:"闽籍五千二百三十五户,男六千五百七十二丁,女六千二百八十四口,幼孩九百零三口,幼女三千三百七十口;粤籍一千二百零一户,男一千五百六十三丁,女一千五百五十五口,幼孩九百零三口,幼女八百一十八口,委系现存实在户口之数(见台湾大学图书馆藏《淡新档案》12403.47号。嘉庆十六年淡水共有21万余人,至同治十三年,淡水人口至少应有25万人,外来人口只占淡水总人口的十分之一)。
③ 台湾大学图书馆藏《淡新档案》12403.42。(按《淡新档案》只有编号而无页数)
④《淡新档案》12403.58。

时,兼及编查户口,将以前未经造册之处,限令一律备送齐全,再行抽查比对,然后刷给门牌,以免挂漏。又几经督促奖励,编造保甲清册之事才算有了头绪。

(二)截定匪患

淡水辖地广袤,人口稀少,且山重水复,因此常有盗贼出没。淡水最著名的匪徒是吴阿来、吴阿富兄弟。吴阿来祖籍广东,世代务农,乃祖、乃父迁台后,依然以稼穑为业。吴阿来是泼皮无赖,纠集族众抢掠烧杀,无恶不作,官府多次缉捕,均未成功。光绪二年(1876)五月,惯匪吴阿富等掳抢扎厝,官兵闻讯追捕,将其击毙。陈星聚乘胜追击,募勇丁50名,又拨营兵50名,于闰五月二十日前往拿办,俘获匪徒林古安等3名。吴阿来见官兵势大,不敢恋战,遂遁入靠近少数民族居住的老鸡笼庄,把内山的水源截断,凭险顽抗,四出捕人。一时山中百姓人心惶惶,一夕数惊。内山有芎村、中村、土庄3个村庄,有村民上千人,因断了水源无法生活,派人向淡水厅告急。陈星聚当即“委大甲司许其棻勘验,甫至鸡笼山,吴阿来率众围之,大甲司走脱”。[①] 陈星聚知道吴阿来藏身之处地势险僻,易守难攻,于是与北右营游击乐文祥商定,携带炮火,添加兵丁,并号召各庄联丁,陆续齐集500余人,连日进剿,将老鸡笼匪巢捣毁,放出被掳人丁,所塞水源亦当即开通。吴阿来逃窜至新鸡笼庄,隔溪踞守,并聚众复出,欲夺回老鸡笼庄,遭到官兵迎头痛击,击毙匪徒2人,伤者无数。被俘匪徒供称,系吴阿来每月以洋银5元雇来抗拒官兵者。“斯时该处庄民以此次不为破获,则兵退复出,毒害更甚于前,环乞留师,愿为助剿”。[②] 陈星聚随即就近移请管带福锐新右营都司杨金宝带兵勇由铜锣庄进剿,毙匪多名,直捣鹿湖庄吴阿来老巢。匪徒猝不及防,惊骇四散,乡团立将匪巢焚毁,吴阿来势穷力蹙,逃窜至黄麻园一带。黄麻园在丛山之内,菁深林密,接近当地土著居住区,士兵骤难深入。陈星聚悬赏1000元,找到曾受吴阿来扰害、避居后山熟悉路径的庄民为向导,又由统领飞虎各军总兵吴光亮派守备吴三胜驰赴鹿湖,再选集庄丁百余人随同入山,将吴阿来团团围住。吴阿来困兽犹斗,负隅顽抗,庄丁有受伤者。陈星聚再发洋银500元,并

---

① 沈茂荫《苗栗县志》卷8《祥异考·兵燹》,《台湾文献丛刊》第159种,台湾银行经济研究室,1962年,第135页。

② 丁日昌《丁禹生(日昌)政书》下册《拿办匪犯员既请奖疏》,香港志豪印刷公司出版,1987年,第644页。

拨去子弹、药物,兵民协力终于攻破匪巢,将吴阿来擒获,押解市曹,枭首示众,淡南士民无不拍手称快。陈星聚因立功"以知府用,先换顶戴"。① 于是他从正五品升为从四品。

(三)改革陋俗

淡水厅地面广阔,文化落后,民风剽悍,其中有为非作歹者。陈星聚认为,这些坏人并非生下来就泯灭良知,之所以如此,那是父兄教育不力,地方官没有尽职尽责的结果。于是他抄录当地耆绅吕新吾所作《好人歌》张贴村头,劝民行善,敦风厉俗。歌词开头是:"天地生万物,惟人最为贵。人中有好人,更出人中类。我作好人歌,尔民请听记。"然后敦劝百姓讲忠信、孝悌,知廉耻,守礼义,遵法度,勤耕织,不赌钱,不嫖妓等等。② 好人歌全用俚语,读来琅琅上口,颇受百姓欢迎,在市井间阎之间广为流传,影响甚大。种田稼穑、引车卖浆者流固然喜欢《好人歌》,就是那些市井游手、流氓无赖之徒,受了《好人歌》的熏陶,浪子回头,改恶从善者也所在多有。陈星聚煞费苦心抄录的《好人歌》,收到了良好效果。

陈星聚公余之暇,喜欢去百姓中体察民俗民情。他发现农村中贫窭之家的女孩子在幼小时便卖给大户殷实人家作婢女,应该谈婚论嫁之时,主人却久留不嫁,使之服役终身。淡水所辖地区绅衿庶民之家畜养婢女,竟有 20 岁以上 30 余岁尚未字人者。究其原因,是因为台湾风俗,素来无人聘娶奴婢,亦不屑买来作妾,主人无利可图,便让婢女终身服役,至老不嫁。"甚有地方棍徒设计抱养女孩,名为苗媳,及长不为之择配,迫令为娼者,伤风败俗,尤堪发指"。③ 为改革此种陋习,陈星聚规定:凡绅士庶民之家,如有不让婢女婚配,致使其孤寡者,杖责80 下;如果绅士合伙开设妓院,引诱妇女藏匿其中或强行贩卖事发者,不论良人奴婢,不管已卖未卖,审讯得实,为首者将立即斩首,从犯则发往云南、贵州、广西、广东烟瘴蛮荒之地充军。又晓谕士绅军民人等:"尔等当思谁无子女,何忍令婢女独无伉俪之欢;谁无妻室,何忍令婢女独抱辱身之事。自示之后,凡婢女

---

① 台湾银行经济研究室编《清季申报台湾纪事辑录》,《台湾文献丛刊》第 247 种,台湾银行经济研究室,1968 年,第 652 页。

② 《淡新档案》12505.01。

③ 台湾银行经济研究室编《台湾私法人事编》第 4 章《亲子》,《台湾文献丛刊》第 117 种,台湾银行经济研究室,1961 年,第 647 页。

年至十八岁以上者,当念其服役有年,及时早为遣嫁,不得狃于积习,经久锢留,亦不得假以抱养苗媳为名,及长不为择配,迫使为娼。倘敢故违,经本部院访闻得实,或被告发,定即按例治罪,决不稍从宽贷,仍将婢女当官嫁卖,财礼入官。"①经过陈星聚刻意整治,淡水所属地区的那些士绅,谁也不敢恣意妄为,以身试法,禁锢婢女不嫁了。

（四）严禁赌博

淡水一向赌风甚盛,有花会、铜宝、摇摊、抓摊、车马炮、掷骰等项,名目繁多。花会多在僻静山乡,铜宝、摇摊则多在重门邃室之中,其余的均在城乡市肆,诱人猜押,无知者往往堕其术中,迷不知返。因债台高筑,穷极无聊而卖妻鬻子者有之,输钱相争而受伤酿命者有之,还有被索赌债而受人凌辱情急轻生者,更有家产荡尽,无计谋生,流而为匪者。且赌场内为盗贼藏身之所、混迹之区,地方因之多事,街巷为之不安,实为百姓一大公害。陈星聚莅任不久,便发现无论城乡均有赌场,游手好闲、市井无赖之徒麇集其中,严重败坏了社会风气,当即决定禁赌。他似了一张告示,命人在乡城张贴:

赏戴花翎特授淡水总捕分府陈为严禁赌博事……示仰阖属军民诸色人等知悉:尔等须知赌博最干例禁,无论何人,均不许开赌聚赌。自示之后,倘取仍前赌博者,一经察觉或被告发,定即照例分别军流枷杖,从重惩办。邻右、屋主、总保、差役有敢窝容徇隐,得规包庇,一并严拿究治,均不姑宽。此非寻常禁止之件,务在令出惟行,慎无视为具文,自贻伊戚。凛遵,勿违。特示。②

这是台湾历史上第一张禁赌告示,陈星聚的前任虽然也曾禁赌,但未发布过这样的告示。陈星聚的告示贴出后,很快便引起了福建各级官员的重视。巡抚部院要求陈星聚将禁赌告示"照抄多张,遍贴晓谕"。③陈星聚立即差人"分投驰

---

① 台湾银行经济研究室编《台湾私法人事编》第4章《亲子》,《台湾文献丛刊》第117种,台湾银行经济研究室,1961年,第648页。
② 《淡新档案》12502.20。
③ 《淡新档案》12506.03。

赴来往通衢,满浆实贴晓谕,毋致风雨损坏,仍取具乡、保总甲收管状,缴案备查"。①《淡新档案》中有一份陈星聚开列的所贴告示处所的清单,除了所有的村庄以外,城内衙门、军营、城门以及每条街巷里弄都贴有禁赌告示。同时又编出《戒赌俚歌》100 句晓谕四方,俾军民人等有则改之,无者加勉。

查禁赌博是一项长期艰巨的任务,百姓良莠不齐,禁赌也不可能毕其功于一役。陈星聚从同治十三年(1874)开始在淡水禁赌,虽然大见成效,但赌博还未绝迹。有的地方禁赌告示墨迹未干,通衢大市竟又有棍徒排列赌具聚赌,官来则远远有人躲藏,官去则棍徒复又明目张胆,肆无忌惮,任意赌博。还有一种赌棍,或藏密室之中,或居各家店后,贪夜聚赌,达旦不止。特别是大甲这个地方,还有不法之徒对禁令置若罔闻,开场聚赌。陈星聚通过查访得知,赌徒之所以有恃无恐,是因乡、保人等收受赌规,纵容包庇,才造成了赌博屡禁不止的局面。陈星聚对此非常愤怒,表示要严加惩罚:

> 示仰该对保、对乡人等知悉:尔等须知赌场一日不禁,贼风一时不息,民间一日不安。自示之后,大甲一带如再有棍徒开赌情事,不问而知,为尔等得规纵容,本分府唯有先毙尔等于杖下。古人云,一家哭,何如一路哭,本分府断不能为尔一二人而置生民涂炭于不顾也。②

光绪三年(1877)六月,皂役禀报,驻扎在竹堑的北右营内兵丁,公然邀集群党聚赌。陈星聚欲待要管,却是文臣管不了兵营,欲待不管,兵营又在竹堑境内,思索再三,便给北右营副总府一名武将写信,请他严禁在军营内赌博,然后两人会衔贴出告示,申明纪律,赌博之风得到了遏制。

(五)禁宰耕牛

陈星聚莅任淡水同知前,这里贩卖屠宰耕牛之风甚盛,因屠牛获利丰厚,不少引车卖浆者流纷纷改行屠牛。为了买到耕牛,不惜行贿兵丁、胥吏,买牛屠宰,致使被杀的耕牛越来越多。不少耕牛"鞭痕尚结,皮已入夫市廛,衔血未干,肉

---

① 《淡新档案》12506.05。
② 《淡新档案》12507.29。

遂供乎口腹"。① 各衙门的诉讼官司,一半与耕牛有关,偷牛成风,农夫之家十室有九家耕牛被偷。耕牛乃农业之本,倘无牛耕田,田园荒芜,百姓生活无着,势必造成社会动荡。陈星聚莅任后,便四处张贴告示,严禁私贩屠宰耕牛:

> 兹查城乡内外有种奸民,设灶私宰,公然售卖,棍徒接盗销赃,不一而足,无非地邻容隐,兵役得规包庇所致,亟应示禁查拿。除出示严禁外,合饬查拿。为此,票仰六班头役,迅协总保,责成按段稽查,带将保内设灶宰杀、贩卖耕牛各姓名,克日逐一开报呈送,不许一人遗漏,限半月内改业营生,倘敢故违,许即按名拿送讯究。仍勒令各地保及该差役,按季出具,并无容隐得规包庇各干结,禀报赴辕,以凭加结详报查核。②

淡水厅的官员也纷纷献言献策。一位下级官吏提出,应立碑刻石,保护耕牛,同时晓喻百姓周知,"庶村有耕牛,野无圹土"。陈星聚马上批示:"宰牛有干例禁,所禀亟宜举行。兹会同北右营游府剀切示谕,务交各处总保一体勒石,以挽颓风,而垂久远。"③为保护耕牛而立碑刻石,是台湾历史上旷古未闻的创举。

陈星聚保护耕牛一事受到了台湾府知府孙寿铭的重视,他除惩处渎职官员外,又提出牛墟陋规坑害百姓,也当勒石永禁,并请陈星聚设计出石碑样式,将碑模送台湾府立案。陈星聚接到通知,一方面将碑模样式送往福建巡抚、福建分巡台澎兵备道、台湾府察核外,一方面又行文给艋舺县丞、竹堑巡检、大甲巡检,"克日饬匠,即速勒石,立于署前,永远遵守"。④ 陈星聚为保护耕牛而立碑刻石,不愧是一位关心民瘼的官吏。

(六)平抑米价

淡水本属鱼米之乡,平常年份,风调雨顺,城乡殷实人家,均有稻谷存仓,市场上稻谷价格公道,即使是贫穷之家,也无乏食之虞。光绪元年(1875)十一月,陈星聚接到禀报称,竹堑城内米价突然上涨,上等米每元4.5斗,中等米每元4.

---

① 《淡新档案》12502.0.02。
② 《淡新档案》12502.21。
③ 《淡新档案》12502.0.02。
④ 《淡新档案》12502.0.14。

7斗,下等米每元5斗,每日递增,有加无减。陈星聚认为,淡水地区收成还算丰稔,何致米价骤增? 显系有奸商市侩人等从中囤积居奇所致。除派衙役协同各村调查外,又在米市、淡水厅衙门以及四城门张贴告示,禁止高抬米价。

竹堑米价昂贵固然有不法米商谋利心切、哄抬物价的因素,但也有其他原因。如大甲地方的第三、四保地方狭窄,溪多田少,收粟有限而又人口浩繁,以本地所收之谷养本地之民尚不宽余,而去年早晚二季稻谷少收,今年又值闰月,还须供应军营稻米,这些因素也促使了米价上涨。但是这些因素并非不可弥补,因为淡水连年丰收,各乡都有存谷,且无远商搬运稻米出境,米价突然上涨,当然不是正常现象,米商操纵物价显然是主要原因。于是陈星聚再出告示平抑米价,以济民食。他规定上等米每元3.8斗,中等米每元4斗,下等米4.3斗。又晓谕米商:"要知各业户有谷积存,自必身家殷实,今以平价发售之米粮,隐属接济贫民之义举。足食自无不仁之虑,济贫即是保富之媒,尔等其知之乎? 自示之后,倘再有为富不仁,藏米不粜,囤积居奇,定即择尤惩办,而刁棍恶徒若敢不照定价公平交易,硬欲短价强买,以及乘机抢夺,亦即立拘严办,决不姑宽。"①在陈星聚的不懈努力下,淡水地区的米价趋于平稳,贫窭之家不再为买不到平价米而忧虑了。

一波未平,一波又起。陈星聚刚刚平抑了米价,便有一些无耻奸商,见有平粜之米,冒称贫户,往往以一人而买一斗之粮,继而转手再买一斗,或者暗中联络数人,各籴一斗,以斗米而凑成石,即时转卖渔利。从此奸贩猬集,局面不可收拾,不论米市上有多少平价之米,顷刻间便抢购罄尽,贫窭之家因买不到平价米而叫苦不迭。陈星聚本欲平抑粜米以济贫民之厄,不料奸商横生枝节,购买平价之米,转手倒卖牟取暴利。他除差人查拿购买平价大米的奸商外,又晓谕各庄总理、地保:"编查实在贫民户口,造册填票,使各贫户先期领票,至粜米公所,照票发粜。"②凭票籴米使得那些浑水摸鱼的奸商无法再售其奸。当然,平粜也不能千篇一律,要因情况不同而异。如竹堑以南至大甲一路,米价尚平,民间可以按市场价公平交易,不须强制平粜。竹堑城及淡北艋舺等处米价昂贵,贫窭之家买

---

① 《淡新档案》14101.73。
② 《淡新档案》14101.82。

不起米,因此必须举办平粜。对于米价,陈星聚也经过再三斟酌,一定要定价公平,"于砻业之户碾米发粜者,不致过形吃亏,贫民之谋食升斗者,亦不致粒食维艰"。① 陈星聚考虑得真周到!

(七)处理教案

陈星聚任淡水同知期间,处理过几起非常棘手的涉教案件,这些案件都与英国侵略者有关。

第一起是新店教案。离艋舺 60 里之遥的新店有一座教堂,光绪元十月三十日陈星聚接到沪尾海关转来英国领事的交涉信,称本月十八日教堂被百姓捣毁,并欲殴打教民,要求地方官亲临弹压保护。陈星聚于二十日"早夜五点即时启行,二十一日早已至新店,该处寂静无声,相安无事。亲诣教堂,正值毕教士讲书谈教,会晤华教士,告以特来保护回沪。当据华教士面称:教堂并无滋事,在此安然何用保护,亦无庸回沪等语"。② 陈星聚又在现场查勘,教堂完好无损,只有紧邻教堂的一小间厨房被焚半边,为何失火,原因不详,但不是人为放火。英国领事说教堂被人纵火,是故意混淆视听。再查教民与百姓冲突原因,是因为一高姓卖药医生途经新店时,一刘姓人向其买药,高某到刘某家索钱,遇到教徒林某从中阻挠,从而发生口角,互相殴打,皆有伤痕,实与教务无涉。因高某外出谋生,临讯未到,林某也甘愿息讼,陈星聚除晓谕乡民今后不得滋事外,又照会英领事销案。英国驻扎淡北办理本国事务署副领事官两次照会陈星聚,对此案提出异议,认为他偏袒台湾百姓,但陈星聚是在充分调查的基础上作出的判决,因而理直气壮,英国领事无话可说。

第二起是三重埔教案。光绪二年(1876)五月中旬,陈星聚接到英国驻台湾领事的照会称,一位传教士从鸡笼(今基隆)回沪尾(今台湾淡水港)途中,路经三重埔地方,见一教堂所悬匾额破裂,教堂内的戒律 10 条也被扯坏,此案非寻常案件可比,除禀报驻京钦差大臣交涉外,须由地方官查明严办。陈星聚还未弄清事情原委,英国领事又送来第二份照会,内称三重埔礼拜堂内有学生正读书,还有义学先生与传教士夫妇,其妻已有孕,忽有淡水厅皂头役江九带领勇差兵民、

① 《淡新档案》14101.93。
② 中央研究院近代史研究所《教务教案档》第 3 辑第 3 册,中央研究院近代史研究所,1975 年,1473 页。

绅衿、地保及连庄义勇千余人冲入教堂,先毁圣匾、戒律,后毁拜堂,并打人致伤,要求严惩肇事者。最后竟将光绪二年写作先绪二年。陈星聚两次亲临现场实地勘查,而他看到的与英国领事所说大相径庭。在给英国领事的答复中,他说:"准经本庭查得三重埔地小民稀,民教本各相安,究竟闹事因何而起? 其所呈事由内开:差役、总爷、总理、绅衿、地保、义勇一千余人大叫放火,……并以光绪二年写为先绪二年。改写国号,语无伦次,究不知此单何人所呈,必得查明根由,方能拿办,当将查拿严办缘由照复在案。"①

正是有疑团在胸,促使陈星聚将案件继续梳理下去,不久便弄清了事件真相。

原来这次冲突是犯奸入教的淡水厅华人庄宗德一人挑起。庄宗德强奸 14 岁幼女被人擒获,他挣脱后连夜加入教会,次日又去被害人家吵闹,被害者家人拉住庄宗德至澳保处评理,不料突有庄之党羽数十人各执器械至澳保处打人毁器,陈星聚闻讯,当即差人将庄宗德拿获。庄之党羽将被害之家洗劫一空,且欲伺机劫夺庄宗德,官府不得不派多人押解。至三重埔教堂时,见教堂左右站立多人,恐怕劫夺犯人,遂匆匆而过,并未碰落匾额。陈星聚掌握了真实情况后,向英国领事表示:第一,庄宗德奸淫幼女一事已是不争事实,本厅"决不因其入教而例外苛求,亦不因教民而违例故纵"。第二,保护教民之正当权益,庄宗德犯罪与教务无干,须按中国法律究办。第三,三重埔教堂虽系小屋,但门外有院,院前有竹篱围护,非入篱内不能砸匾,押解庄宗德的差人并未进院,何来砸匾之事? 陈星聚不卑不亢,有理有节地把英国领事的无理要求顶了回去。英国人本想以此为由头寻衅滋事,不料却讨了一场没趣。

第三起是艋舺教案。英国传教士欲在艋舺地方草店街租民房传教,士绅百姓等认为此地临近考棚,欲将房屋改作公寓,以方便考生,英国驻淡水副领事要求陈星聚压百姓就范。陈星聚了解情况后,答复英国人说:"敝厅查教民与居民租地赁屋,两造均是华民,究与教士尚无交涉,中外同此一理。办理要在持平,如果所租店屋各出情愿,地方官不得阻止,若以各不愿租之屋而欲地方官勒令必

---

① 中央研究院近代史研究所:《教务教案档》第 3 辑第 3 册,中央研究院近代史研究所,1975 年,1465 页。

租,和约无此明文,即申明亦无此办法,自应租户退租,屋主还价,以清纠葛而免争端。"①陈星聚坚持租赁房屋须两厢情愿,作为地方官亦不能强迫,两次拒绝了英国领事的无理要求,表现出了一个中国地方官吏应有的铮铮硬骨!

二、营建台北功垂千秋

陈星聚在淡水同知任上恪守官箴,夙夜忧勤,百姓好评如潮。光绪四年(1878)福建举行大计,考核官员,保荐政绩卓异者 10 人,陈星聚即是其中之一。吏部打算把陈星聚调往别处,闽浙总督何璟给光绪帝上奏折,称台湾正当多事之秋,像陈星聚这样干练而又稔熟台湾事务的官员不可多得,仍应该留台,得到了朝廷批准。当时台北府刚刚设立,淡水厅撤销,陈星聚调任台湾府中路同知,奉命署理台北府知府。署理者,代理之谓也。

台湾的第一任知府是林达泉,此前任江苏海州(今连云港西南)直隶州知州。当时台北还是未经开发的不毛之地,交通不便,气候恶劣,与风光旖旎、物产丰饶的海州不可同日而语。外省官员皆视台湾为畏途。林达泉在台北知府任上仅 7 个月,便一病不起,他的府衙设在竹堑,从未去过台北。第二任知府是福建巡抚丁日昌荐举的向熹,也是从内地调往台湾的官员。为协调防务、矿务及修筑铁路,府衙暂设鸡笼(今基隆),他为时甚短便去职。第三任是赵均。他是台湾府知府兼台北府知府,以一身而二任。台湾府的府治在台南,从这里到台北羊肠鸟道,崎岖难行,且台南又政务丛脞,赵均也未去过台北。光绪七年(1881)二月,赵均丁母忧去职,闽浙总督何璟在给光绪帝的奏折里极力推荐陈星聚:"该员廉勤率属,慈惠爱民,在台年久。现代斯缺,循声卓著,舆论翕然,于海疆风土、民情极为熟悉,以之请补台北府知府,洵属人地相需。"②光绪帝允如所奏。陈星聚从光绪四年便代理台北知府,至此才名正言顺地成为正式知府。鉴于他的前任均未去过台北,他才是真正的台北首任知府。

(一)营建台北

"台北"之名始见于清初蓝鼎元所撰写的《纪竹堑埔》一文,但他说的台北系

---

① 中央研究院近代史研究所《教务教案档》第 3 辑第 3 册,中央研究院近代史研究所,1975 年,1528页。

② 台湾银行经济研究室编《台湾文献丛刊》第 247 种《清季申报台湾纪事辑录》,台湾银行经济研究室,1968 年,第 989 页。

指竹堑以北之台湾北部地区而言,并非指今日之台北市。最先提出设立台北府的是曾任两江总督、督办福建军务的钦差大臣沈葆桢。他在光绪元年(1875)给朝廷上疏说,福建省台湾府所属之淡水同知、噶玛兰通判二厅境地域辽阔,从噶玛兰厅至郡治台南须 13 日之程,无论是公事往来、科举考试、审理案件、处理百姓与教民冲突均甚不便,地方官"往往方急北辕,旋忧南顾。分身无术,枝节横生,公事积压,巨案迁延,均所不免"。① 因此,亟宜设立台北府,以解决这些矛盾。福建巡抚丁日昌也附和沈葆桢的意见,上疏朝廷说,因淡水、噶玛兰厅离郡治悬远,且"客民丛集,风气浮动,命盗等案层见叠出,提勘讼狱则疲于道途,考试生童则艰于跋涉,抚绥控驭在在为难,且该处煤矿方兴,良莠庞杂,而沪尾、鸡笼二口以为互市之区,洋商、教士之所麇集,尤须有所镇压"。② 必须另设台北府。清廷允如所奏,合并淡水同知、噶玛兰厅设立台北府;裁淡水同知一缺,析其地为淡水、新竹二县;改噶玛兰厅通判为台北通判,移至鸡笼(基隆),噶玛兰厅旧治添设宜兰县。

设立台北府已成定谳,但府治建于何处,却是意见纷纭。沈葆桢认为应选在艋舺:"艋舺当鸡笼、龟仑两大山之间,沃壤平原,两溪环抱,村落衢市,蔚成大观。西至海口三十里,直达八里坌、沪尾两口,并有观音山、大屯山以为屏障,且与省城五虎门遥对、非特淡、兰扼要之区,实全台北门之管(钥)。拟于该处创建府治、名之曰台北府。"③新任台北知府林达泉也认为台北府治应建于艋舺:"此处四山环抱,山水交汇,府治于此创建,实足收山川之灵秀,而蔚为人物。且艋舺居台北之中,而沪尾、鸡笼二口,实为通商口岸,与福建省会水程相距不过三百余里,较之安平、旗后,尤有远近安危之异。十年之后,日新月盛,臬道将移节于此,时势之所趋,圣贤君相不能遏也。"④而丁日昌则主张把台北府治建于鸡笼,他上疏说:"上年沈葆桢奏准将艋舺建设台北府城,臣此次亲往阅看,设郡之地系在一片平田,毫无凭借,似尚未得窍要。窃维鸡笼现虽荒僻,将来矿务一兴,商贾定

---

① 连横《台湾通史》33 卷《列传五·沈葆桢》,商务印书馆,1983 年,第 636 页。

②《丁禹生(日昌)政书》下册《台北所属厅县员缺照部章变通办理疏》,香港志豪印刷公司,1987 年,第 626 页。

③《台湾文献丛刊》第 29 种《福建台湾奏折·台北拟建一府三县折》,台湾银行经济研究室,1959 年,第 58 页。

④《台湾文献丛刊》第 130 种《台湾通志·林达泉传》台湾银行经济研究室,1962 年,第 492 页。

必辐辏,且有险可守,实扼全台形胜,距艋舺不过一日之程,似宜暂将新设台北府移驻于此。"①沈葆桢、陈星聚经过审慎研究,认为鸡笼濒临大海,地理位置偏僻,距淡水、宜兰路程较远,联系不便,把府城地址选在了艋舺与大稻埕之间的田野里。这里坦平如砥,地势开阔,便于勾画蓝图,应该说是建城的最佳方案。

由于种种原因,台北城稽迟至光绪八年(1882)一月才破土动工,其时66岁的陈星聚已是正式台北知府,筑城一事自然落在了他肩上。筑城最棘手的是经费问题。这笔钱本应由国帑支出,但清朝末年国势衰落,风雨飘摇,江河日下,清廷的日常开支尚是左支右绌,根本拿不出修城的银两。陈星聚只得贴出告示,号召百姓盖房:"至于造屋多寡,或一人而独造数座,或数人而合造一座,各随力之所能,听尔绅民之便,总期多多益善,尤望速速前来。"②但告示贴出后,绅民反应并不热烈。个中原因是,阮囊羞涩的百姓持观望态度,而有钱的士绅则认为:与其在这荒凉不毛之地投资建房,何如在喧闹繁华的港口城市兴业牟利?无奈,陈星聚只得发动缙绅富商捐款筑城,并指定林维源、陈霞林等14人为经理,负责筹款事宜。但筹款也是一波三折,阻力甚大。首先是有人抗缴建城工程款,据《淡新档案》记载,从光绪八年(1882)至十年3年期间,官府便发了8道催缴建城款的公文。更有甚者,一些人不仅自己抗捐不缴,而且煽动别人抗捐。其次是有人借机敛钱,贪污中饱。陈星聚都得事事躬亲,一一过问。当地的富绅开始还乐于捐输,但随着建设费用越来越多,陈星聚不得不加码派捐,一些富绅便借口拒捐。如林维源已捐过50万银洋,福建巡抚已豁免了他再为公益事业捐款的义务,陈星聚虽多次晓谕,他仍不肯解囊。陈霞林则要求"匀捐",即不管以前是否捐过,此次一律再分摊。陈星聚与台湾兵备道刘璈商议后表示赞同:"城工需费甚急,碍难再延,似未便以合郡之公偏加抑勒,兼以防务吃紧,需助孔多,只得凭公酌议,劝令淡水中上各户,仍照前案底册,一体匀捐,下户免派。惟林绅前案派捐一万三千二百元,应令照案加倍捐出二万六千四百元,以杜借口。新竹、宜兰只捐上户,其中下户皆免。仍由府出示晓谕。各绅均愿遵从,当面出具承捐期票。陈

_____

① 《丁禹生(日昌)政书》下册《改设台北府片》,香港志豪印刷公司出版,1987年,第641页。
② 《台湾文献丛刊》第152种《清代台湾大租调查书》第五章《地基租·其他契字》,台湾银行经济研究室,1963年,第923页。

绅亦愿加捐。林绅随由府取具加倍捐票呈验。"①在陈星聚的精心运筹下,筑城经费的筹集使用算是有了规范,没有人贪污中饱或抗拒不缴了。直到台湾富豪林维源、厦门人李春生率先醵资修建了"千秋""建昌"两条街道后,商户始联翩而至,开办商行、店铺,台北城的修建才得以顺利进行。

筑城经费虽有了着落,但仍有其他问题需要解决。一是台北城选定的地址原为水田,难以承载城墙、城门之重。即便是普通民户建房,也要夯实地基方可施工,遑论府衙、城墙!陈星聚不得不在预定城址上植竹培土,以期几年之后能承受城墙重压。因此光绪六年、七年先建了台北府衙、文庙和考棚,光绪八年一月才修筑城墙。二是建筑材料须从内地引入,"该处不产巨杉,且无陶瓦,屋材、砖甓必须内地转运而来,匠石亦宜远致"。② 就连筑城工匠也须从广东聘请。沈葆桢在一份奏折中说:"闽抚岑宫保(指福建巡抚岑毓英)于去年渡台督理桥工、城工,至今尚未内渡,已列前报。兹闻大甲溪之桥工,即用土民兴筑,亦可将就成事。惟台北府、县各城工,非熟手工匠,势难创建。缘城垣之高矮、城垛之大小,皆有度数,必须按地势以绘图,方能照图建筑也。去腊已札知府卓维芳赴粤雇觅匠人百余名,约定正月内到香港候船来闽。现闻宫保借己船局之'永保'轮船,准于二月朔赴粤装载匠人,往台赶紧兴工。"③基于上述几个原因,直到光绪十年(1884)十一月台北城才竣工。陈星聚宵衣旰食,为建城倾注了巨大心血。这座城全用石头筑成,"周一千五百有六丈,池略大之。辟五门:东曰照正,西曰宝成,南曰丽正,北曰承恩,小南曰重熙,面东、北两门又筑一郭,题曰'岩疆锁钥'。既成,聚者渐多"。④ 从此,台北人烟辐辏,熙熙攘攘,店铺林立,市肆繁荣,蔚为一大都市。光绪十一年(1885)台湾建省,光绪二十年(1894)台湾巡抚邵友濂将省会由桥孜图(今台中市)迁往台北,台北便成了台湾政治、经济、文化的中心。

(二)兴建学校

清朝统一台湾后,康熙二十二年(1683)台湾知府蒋毓英设社学二所教授蒙

---

① 《台湾文献丛刊》第 21 种《巡台退思录·禀复函饬调移山后勇营加招土勇并劝捐城工兼另劝林绅捐助防务由》(光绪九年十一月十一日),台湾银行经济研究室,1958 年,第 226 页。

② 《台湾文献丛刊》第 29 种《福建台湾奏折·请琅王乔筑城设官折》,台湾银行经济研究室,1959 年,第 24 页。

③ 《台湾文献丛刊》第 247 种《清季申报台湾纪事辑录·雇匠筑城》(光绪八年二月初七日),台湾银行经济研究室,1968 年,第 1050 页。

④ 连横《台湾通史》卷 16《城池志·台北府城》,商务印书馆,1983 年,第 329 页。

童,也称义塾。次年新建台南府、凤山县儒学。除了府学、县学外,康熙二十三年(1864)台湾知府卫台揆又建为文书院,从此莘莘士子有了读书求学之地。陈星聚主政台北后,对教育极为重视,先后创办了台北府学与登瀛书院。

台北府学在台北城内文武庙街,建造比台北城略早,由当时的台湾兵备道夏献纶与台北知府陈星聚督治其事,主要由陈星聚擘画,当地士绅十余人协办。"光绪五年(1879)兴工,七年(1881)主轴建筑仪门、大成殿及崇圣祠三殿告竣。八年(1882)再由台北士绅募捐招工继续完成礼门、义路、黉门、泮宫及万仞宫墙。终于在光绪十年(1884)全部完成"。① 登瀛书院也是陈星聚一手创立的,地址在台北府城西门内,光绪六年(1878)陈星聚借用台北府考棚而建。当时未建院舍,聘请宿儒陈季芳为院长,管理则由陈星聚负责。淡水佳腊人杨克彰满腹经纶,妙手著文,被艋舺士绅聘为塾师。陈星聚得知后,立即举荐他为孝廉方正。杨克彰因萱堂年迈,须他菽水承欢,固辞不就,使陈星聚惋惜不已。"登瀛书院为台湾北部规模最大之书院,为西南向建筑,前面有照壁及惜字亭一座。屋宇共有四进,第四进且为两层楼之建筑,清代用为藏书楼,屋顶为重脊燕尾歇山式,二楼四周有回廊,并护以栏杆,底层为拱廊"。② 台北府学与登瀛书院建成后,一时文风丕振。

在儒学和书院读书的士子大多数出身寒门,日常生活费用已是捉襟见肘,参加科举考试更是困难重重,如欲考举人,须得到省城福州应试,山水迢递,路远程赊,学子们无力筹措盘缠,无奈只得放弃考试。陈星聚得知后,立即捐薪俸2000元,"创登云会,以其收息补助赴福建省垣福州乡试之士子"。③ 他济困扶危的义举,至今还为人津津乐道。

(三)赈寡恤贫

陈星聚就任台北知府伊始,便把赈恤鳏寡孤独一事提上了议事日程,充分展示了一个关心民瘼的廉吏形象。

光绪五年(1879)陈星聚上书朝廷,请求设立台北、新竹两处养济院,收养鳏

① 台湾省文献委员会《重修台湾省通志》卷10《艺文志·艺术篇》。台湾省文献委员会,1997年,第978页。
② 台湾省文献委员会《重修台湾省通志》卷10《艺文志·艺术篇》。台湾省文献委员会,1997年,第980页。
③ 新竹市政府《新竹市志》卷首·下,新竹,新竹市政府,1999年,第154页。

寡孤独之人,很快得到批准。因新竹养济院在筹建过程中遇到了困难,推迟1年,台北养济院在当年便开工兴建。该养济院位于台北府治之艋舺,创办经费分官帑与士绅捐款两部分。养济院形式上由官府管理,但实际上并未设置正式员工,只从被收容者当中遴选能识文断字且身体较好者为头人,称主任或院长,管理具体事务,其待遇除了发给收容人员的零用钱外,每月再加1元作为兼职的报酬。救助办法"分为院内收容及院外救济两种。其院内收容定员为六十二人,院外救济三十八人,合计一百人。若对象超过一百人者,超过者须待有缺额才能补上,未补上之前不救济,其补缺是按登记先后次序为原则"。① 院外救济者每月每人发给白米2斗,银45钱;院内者除白米2斗外,年终发给衣服费白银1元,新年时抚台每人发50钱,布政使每人发20钱,台北府每人发10钱,合计80钱。病故者由官方发给丧葬费白银4元。

新竹养济院于光绪六年(1880)建于新竹城内,是陈星聚购买一个叫江阿模的民房,用作养济院之用,屋外墙门上还刻有"养济院,陈星聚建之"的石碑。院内定额为100名,院外若干人。若院内被收养者有人死亡,则由院外受助者中年龄最长之人递补。获救济者的待遇与台北养济院相同,经费也由官府与地方士绅合伙筹集。从发放的钱粮来看,被救济者已是衣食无忧,即使亡故,也能妥善地得到埋葬。陈星聚有此襟抱,真是难能可贵!

(四)整饬吏治

陈星聚勤慎清廉,恪守官箴,他不但自己率先垂范,也严格要求下属秉公办事,不得徇私渎职。陈星聚莅任之初,台北社会秩序不靖,命案重盗屡屡发生,而有些官员在处理案件时却漫不经心,敷衍塞责,致使有人蒙冤莫伸,有人则逍遥法外,递交上司的案卷往往被退回重审。陈星聚要求下属,将"未结旧案及现办新案,提集犯证,虚衷研鞫,讯录切供,确核例案,务使无枉无纵,犯供不致狡翻,罪名并无出入,庶可由司照转"。② 把罪犯的犯罪情节坐实,使罪犯无从翻供,是准确办案的基本前提。陈星聚要求下属对罪犯无枉无纵,体现了一个地方官认真负责的态度。

---

① 台湾省文献委员会《重修台湾省通志》卷7《政治志·社会篇》。台湾省文献委员会,1992年,第921页。
②《淡新档案》31204.39。

福建各地有自尽诬告图诈之风,而台北新竹尤甚。一旦发生此案,地方上便有大批人员出动,仅看验、抬夫、胥役等项,便得花费千缗有奇,少者也须百十缗,这些费用全由被告承担,而被告往往并非真正罪犯。发生一起自尽诬告命案,便有数家破产,或沦为乞丐,或衣食不给,啼饥号寒。陈星聚认为:"原告之不畏坐诬,胥役之敢于得费,非官纵之乎?"原告敢于诬告,下层官吏敢于明目张胆地收受钱财,这都是地方官纵容的结果。他表示,以后若再发现官吏收受贿赂,玩视民瘼,决不姑宽。他谆谆告诫新竹县令:"真正命案只许实告实证,不得择肥旁噬及续呈罗织无辜,违者分别究治。地方官多尽一分心,即百姓多受一分福。"①地方官多尽一分心,百姓即多受一分福,这话说得何等好啊!

台北盛产稻米,每年收获后,有关衙门便派人下乡征收赋税,经手之人称为书差。他们往往耀武扬威,借端讹诈蛊虿小民,弄得百姓叫苦不迭。陈星聚洞知其中弊端,行文给新竹知县说:"至该书差借端索扰一节,一面认真严禁,一面将各属书差是何姓名,勒令出具赴乡征收钱粮及词讼案件,暨相验命案,并无勒索滋扰各切结,按季送司稽核,俾该书差咸知炯戒。"②书差所到之处,当地要出具并无勒索滋扰证明,方可证明其清白,如此一来,那些书差便不敢胡作非为,搜刮民财了。

陈星聚在管理驿站、发展经济、扶持农业等方面也有建树,限于篇幅,此不赘述。

三、抵御外侮　以身许国

鸦片战争后,英、美、法、日等帝国主义纷至沓来,蹂躏我国东南沿海,宝岛台湾物产丰饶,自然也成了侵略者垂涎、觊觎的对象。光绪九年(1883)法国侵略越南,清廷下诏台湾为东南海疆重地,必须未雨绸缪,严加防备,命令驻扎在台南的台湾兵备道刘璈担负守土之责,同时命令两江总督左宗棠派兵增防台湾,归刘璈调遣,又命福建陆路提督孙开华率3营之兵办理台北防务。当时法国军舰游弋沿海,窥伺台湾,67岁的台北知府陈星聚当即鸠工庀匠,重修了淡水炮台,并

---

① 《淡新档案》31103.01。
② 《淡新档案》31103.01。

筹集款项,购置武器,招募丁壮,守御台北。

法国之所以处心积虑地攻打台湾,除了想占领一片地方,作为要挟清政府的筹码外,还有更深层次的原因。一是台湾孤悬海上,如果战端一开,大陆发兵支援,隔着台湾海峡,鞭长莫及,法国则船坚炮利,容易攻取。另外,福建、山东、辽东半岛等地,其他帝国主义国家已在那里划分好了势力范围,不便插手,而攻打台湾则不会遇到这一问题。二是想占领基隆。基隆是天然良港,可以停泊大型战舰,控制了基隆,就能控制西太平洋地区,是理想的军事基地。此外,这里还有丰富的煤矿资源,只要占领基隆,原料市场、劳动市场、商品市场都可轻易解决了,因此要千方百计攫取到手。

(一)基隆之战

光绪十年(1884)三月十八日,法舰一艘窜入基隆瞭望绘图,强行购煤,意在挑衅,清廷命令闽浙总督何璟严防台湾。五月二十六日,法舰再窥基隆,因战和未定,清兵未予阻止。闰五月四日,清廷以前直隶陆路提督刘铭传督办台湾军务,赏给巡抚衔。刘铭传于二十四日抵达基隆,二十八日驻台北府城。他见台湾兵力不足,守御薄弱,“奏台湾孤悬海外,非兵船不能设守,请饬两江总督迅调拨兵船来台备用”。① 但清廷没有答复。六月十二日,法国政府下达了“破坏基隆港防御暨市街并占领附近炭矿”的命令,法国驻中国舰队总司令孤拔把这一命令交给李士卑斯海军少将执行。法军于十四日向基隆清军守将苏得胜、曹志忠提出最后通牒,无理要求撤除基隆港之防务设施,限令次日上午 8 时交出炮台。清军不予理睬。十五日上午 8 时整,法舰向基隆炮台猛轰,清军当即还击。相持数小时后,炮台前壁与火药库被法军击毁,清军乃放弃炮台,并撤海滨各营,拟诱敌在陆上作战。法军遂由基隆东部的大沙湾登陆,占领了东侧高地,又派水雷队破坏了占领区内的所有清军炮台。

六月十六日下午二时,法军巡洋舰费勒斯号上的陆战队,向基隆城的街道搜索前进,占领大沙湾东侧高地的巴雅号战舰上的陆战队约 200 人也向清军曹志忠所据守之高地发起进攻。曹志忠沉着应战,一面命令士兵坚守阵地,一面率人迎击法军。亲往前线督战的刘铭传派兵袭击法军东西两侧。法军三面受敌,便

---

① 台湾省文献委员会《台湾省通志》第 2 册,卷首下《大事记》,众文图书公司发行,1971 年,第 99 页。

用巨炮助战,激战数小时,互有胜负。此时一支清军登山反扑,兵锋甚锐,直扑敌营,所向披靡,法军大败输亏,纷纷逃上战舰,狼狈离去,清军大获全胜。

基隆之战失利,孤拔率舰队调转船头,转而攻打福州。闽浙总督何璟、防务大臣张佩纶等畏葸不前,致使停泊在马尾港的十余艘舰艇被击沉,马尾船政厂也毁于炮火之中。法军得手后,再次将海战中心移往台湾。七月初九日,法舰迫向基隆,挂旗索战。十一、十二两日,法舰开炮猛攻,基隆守军也开炮还击,多次击中法舰,法舰不支,向沪尾方向败退。十四、十五两日,法舰转攻沪尾。"沪尾濒淡水河口,当河海要冲,为台湾北部最优良商港之一,同时亦系进攻台北府治之捷径"。[①] 沪尾守将孙开华、李彤恩以石船堵塞港口,法舰无法进港,只得离去。刘铭传得知沪尾告急,便增添炮勇百名,并亲自前往布防。但是凡来往沪尾的船只均被法舰拦截检查,不少轮船被迫回航,形成局部封锁局面,沪尾形势严峻。

八月十二日,孤拔率法舰聚泊台湾北部海面,欲进攻基隆、沪尾两地。清军的部署是,刘铭传自领重兵守基隆,提督孙开华守沪尾,兵备道刘璈守台南。基隆方面,十三日黎明,法军由仙洞东南海滨登陆,向仙洞西侧高地推进,清军百余人力战不支,高地陷落。法军得手后,转攻鸡笼塞,营官陈永隆、毕长和等率300人狙击,法寇不能前进,便自山巅抄袭清军,清军无地利优势,只得退入山口再战,双方互有伤亡,战至酉时(下午5—7点),双方鸣金收兵。沪尾方面,双方互相炮击,时沪尾沿岸为浓雾遮蔽,法舰无法命中岸上目标,其巡洋舰反为清军炮火击中。等到浓雾散去,清军便渐处劣势,其中的一个炮台因系新建,泥沙不坚,中炮即毁,另一炮台被法军击中,清军死伤数十人,炮台守将也受重伤,仍死战不退。法军也因兵少且又受创,不敢贸然登陆,战事呈胶著状态。

(二)尽忠报国

自中法开战以来,68岁的陈星聚为守卫台北,席不暇暖,夙夜匪懈,始终在前线督率丁壮杀敌。但令他想不到的是,战事正酣之际,刘铭传突然于光绪十年(1884)八月十四日晨从基隆撤军,次日基隆陷落。消息传来,全台大哗,有人说

---

① 台湾省文献委员会《台湾省通志》第2册卷3《政事志·外事篇》第2章《清代台湾对外关系之演变》,众文图书公司发行,1971年,第121页。

"刘铭传通敌,卖鸡笼",①而当清军撤退时,"商民罢市,聚众阻止",②可见群情之激愤。刘铭传是历史上早有定评的人物,不可能出卖鸡笼(基隆)。为何未败忽退?他自己的解释是:"不撤基隆,沪尾必陷,沪尾不保,台北必亡。"③有人附和这一说法,连横认为:"沪尾为台北要害,距城三十里,铭传虑有失,则台北不守,命撤军。"④《台湾省通志》一书也认为,刘铭传"甚感不力不敷分配,基隆、沪尾难以兼顾。而台北府城为统帅部所在地,军资饷械,均集于此,关系至重。基隆距台北较远,其间地形复杂,据险以守,可避敌舰炮火;沪尾离台北较近,道路亦较平坦,且有淡水河可航,该处炮台新造,尚未竣工,一有意外,立即危及台北府城,此时全军不战自溃,势必全局瓦解"。⑤ 基隆、沪尾是否难以兼顾?欲保台北,是否必须放弃基隆?守御台湾的清朝官员大多数不同意刘铭传的见解,陈星聚就是其中最有代表性的人物。

刘铭传撤兵后,陈星聚与基隆通判梁纯夫在给台湾道刘璈的禀报中说,光绪十年八月十三日午间有法国军舰 5 艘驶往沪尾,声言十四日攻击炮台,前敌营务处守李彤恩密报爵帅(指刘铭传)说,沪尾兵力单薄,无力守御。爵帅得知后,即传令拔营,离开基隆,仅留 300 人扼守狮球山。"卑府等查台北要口惟基、沪两处,基隆有狮球岭,天险要隘,较之沪尾尤易扼守,法人一过此岭,即可长驱直入。郡城空旷,四面受敌,万不能当其开花大炮。现卑府等已相率具禀,哭求大帅派重兵抢扎狮球岭以保郡城。"⑥基隆虽比沪尾容易防守,但若丢失了狮球岭,敌军便可长驱直入,因此应驻扎重兵防守,而刘铭传见不及此,仅留 300 人戍守,自然抵挡不住法人的兵锋,基隆很快陷落。陈星聚又建议:"南中安平(今台湾台南市西安平港)、旗后(今台湾高雄市高雄港)与斗六(今台湾云林县)等口,可以泊船之处,应请上紧设法防备。安平港内无扼守,惟恃炮台,见敌即轰,护台囊沙易

① 洪弃生《寄鹤斋选集》,《台湾全刊》第 304 种,台湾银行经济研究室编,1972 年,第 416 页。
② 台湾银行经济研究室编《法军侵台档》,台湾文献丛刊第 192 种,台湾银行经济研究室,1964 年,第 646 页。
③ 刘铭传《刘壮肃公奏议》10 卷《奏参朱守谟片》,台湾银行经济研究室编,《台湾文献丛刊》第 27 种,1958 年,第 422 页。
④ 连横《台湾通史》33 卷《列传五·刘铭传》,商务印书馆,1983 年,第 641 页。
⑤ 台湾省文献委员会《台湾省通志》第 2 册卷 3《政事志·外事篇》第 2 章《清代台湾对外关系之演变》,众文图书公司发行,1971 年,第 122 页。
⑥ 中国史学会《中法战争》第五册,上海人民出版社,1957 年,第 565 页。

塌,且一被轰散即灰尘眯目,不如改囊湿土,似便坚固。凡险要之处,均可设守,以御枪炮。乘此时布置,尚来得及。"他又预料法军在基隆得手后,必然往攻八斗,"即被抢得狮球岭,直入郡城,彼须先在沪、基两口设立榷税,候九月涌平之后,然后开船,分攻澎湖、安平、旗后等处,或由别口暗渡,决不肯径由陆路而南,致多阻碍"。① 陈星聚的建议具体而微,他料到法军在占领基隆后,绝不会由陆路南下,因为道路崎岖,沟壑纵横,易中中国军队埋伏,必走水路,而水战是法军的优势所在。即使走水路,也要在沪尾、基隆设立榷税,筹措军用物资,同时还得等到九月之后,海上风平浪静才能开船,进攻的目标是澎湖、安平、旗后,因此趁着这个间隙,应该未雨绸缪,抓紧修缮安平等处炮台。后来的事实证明,陈星聚的分析判断是正确的,可惜未为刘铭传采纳。

记名道台朱守谟、台湾兵备道刘璈、台北知府陈星聚3人反对刘铭传撤兵尤力,因此刘铭传"齰齿守谟,切齿刘璈,恶陈星聚"。② 钦差大臣左宗棠也为陈星聚鸣不平,上奏说:"知府陈星聚屡次禀请进攻基隆,刘铭传竟以无此胆识,无此兵力谢之。狮球岭为台北要隘,所有法兵不过三百,曹志忠所部士勇、客军驻扎水返脚一路者不下八、九营,因刘铭传有不许孟浪进兵之语,即亦不敢仰攻。且闻台北将领及土著之人,尚有愿告奋勇往攻基隆者,刘铭传始则为李彤恩所误,继又坐守台北不图进取,皆机宜之坐失者也。"③左宗棠的分析可谓切中腠理。因左宗棠是钦差大臣,刘铭传对他无可奈何,便将怨气都发泄到了陈星聚身上:"台北知府陈星聚,每见必催进攻基隆。臣因其年近七旬,不谙军务,详细告以不能进攻之故。奈该府随言随忘。绅士陈霞林并署淡水县知县刘勋,皆明白晓畅,见将士多病,士勇尚未募齐,器械缺乏,俱知不能前进。陈星聚除再催进攻外,复禀请进攻,臣手批百余言,告以不能遽进之道。该府复怂恿曹志忠进攻,并以危言激之。曹志忠一时愤急,遂有九月十四日之挫,幸伤人不多,未损军锐。敌于十五日即渡河耀兵七堵。陈星聚妄听谣言,谓基隆法兵病死将尽,又谓业已

① 中国史学会《中法战争》第五册《台北知府陈星聚·基隆通判梁纯夫就基隆退守情形禀报台湾道刘璈》,上海,上海人民出版社,1957年,第566页。
② 洪弃生《寄鹤斋选集》,《台湾文献丛刊》第304种,台北,台湾银行经济研究室编1972年,第416页。
③ 左宗棠《左文襄公奏牍·行抵闽省详察台湾情形妥筹赴援析》,《台湾文献丛刊》第88种,台湾银行经济研究室,1960年,第46页。

退走上船,故日催进攻。自十五以后,该府始自言不谙军务,不再妄言。"①在刘铭传眼中,陈星聚是个年迈固执、颠顸昏愦之人,不识时务,一味要求进攻,打乱了自己的部署。说陈星聚"年近七旬,不谙军务",显系偏激之语,试看他给台湾道刘璈的禀报中,建议加固安平港口的炮台,说得何等切中肯綮?作为守土有责的台北知府,他想兹念兹地要恢复失地,原无可厚非。刘铭传轻信李彤恩之言,从基隆撤军本是错误之举,但光绪十年八月二十日驻沪尾守军打败了法军,刘铭传便认为是从基隆撤军才赢得了沪尾大捷。尽管如此,刘铭传仍恐朝廷追究他基隆撤军之事,"复介李鸿章交欢醇邸左右,得醇亲王[奕譞]意,遂不问基隆事"。② 如果刘铭传理直气壮,又何须巴结权势熏灼的醇亲王奕譞!

光绪十一年(1885)一月,法军攻占澎湖,得手后又派军舰进攻浙江镇海海口,遭到清军炮击,未占到便宜。在陆战方面,法军一再败北。由于刘永福的黑旗军横亘在从越南北部通往云南的必经路上,侵越法军遂改变策略,进攻广西,结果在镇南关(今广西睦南关)遭到清军老将冯子材的迎头痛击,被歼千余人,余下的法军如惊弓之鸟,放弃谅山,狼狈逃窜。消息传至法国,引起了法国统治集团的激烈争吵,好战的茹尔·费里内阁因此倒台。西路的刘永福、岑毓英等也频传捷报。清政府本应一鼓作气,将法国侵略者逐出中国,却在这年四月在天津与法国签订了"中法新约",承诺越南为法国的保护国,给予法国在广西、云南通商的特殊权益,以后中国欲在广西、云南两省修建铁路,须聘用法国人。"投降主义者既不敢抗议法国吞并越南,又使法国侵略者打开中国西南边境大门的目的如愿以偿。由于侵略者在战场失利而没有提出赔款的要求,并答应从基隆和澎湖撤兵,这使投降主义者感到是在'面子'上已经很过得去了。"法军从这年五月撤离基隆,六月中旬撤离澎湖,台湾战事遂告结束。③

陈星聚在修台北城时,事必躬亲,夙夜在公,弄得"形神益惫,而城工一役经营尤久,饭食因以渐减。"他原打算修筑好台北城后,"乞疾引退",但城甫告竣,又值法军入侵基隆、沪尾,为国纾难,义不容辞,陈星聚又以"暮年劳顿之躯,当

---

① 刘铭传《刘壮肃公奏议》卷2《谟议略·覆陈台北情形请旨查办李彤恩一案》,《台湾文献丛刊》第27 种,台北银行经济研究室,1958 年,第 143 页。

② 洪弃生《寄鹤斋选集》,《台湾文献丛刊》第 304 种,台湾银行经济研究室,1972 年,第 416 页。

③ 胡绳《鸦片战争到五四运动》第十三章《中法战争和中日战争》,上海人民出版社,1982 年,第 512页。

军务繁兴之日,维持一载,力与心违,焦虑苦思"。①"中法新约",签订后,69 岁的陈星聚因积劳成疾,疽发于背,群医束手,百药罔治,终于乘鹤西去。他是循吏,是民族英雄,也是开发建设台湾的功臣!

（作者为河南省社会科学院研究员）

① 陈琢之(陈星聚子)《行述》,载陈朝龙、郑鹏云编《新竹县采访册》,《台湾文献丛刊》第 145 种,台湾银行经济研究室,1962 年,第 167 页。

洛阳出土唐《扶余隆墓志》及相关历史

田　丽

　　以河洛为中心的中原地区,是中国古代文化的核心地带。产生于这里的河洛文化,是中国古代文化的源头。河洛文化起源于史前,形成于夏商周,发展于秦汉魏晋南北朝,鼎盛于隋唐北宋。先进的河洛文化主要通过人口迁移、民族融合等形式逐渐传播到中华各地乃至周边地区。同时周边地区及少数民族的文化,也影响着河洛中心区中原文化的发展。河洛文化在与周边文化的相互交流中,互相渗透、互相影响、互相学习,共同奠定了先进的中华文明的基础。近百年来,河洛地区出土几方唐代百济贵族墓志,关于志主国籍生平与葬地、百济与唐的交往及战争等记述,可以证史和补苴文献的阙佚,是研究中古时期东北亚历史重要的古刻文献资料。

　　《扶余隆墓志》,1919 年出土于洛阳。新中国成立前存于原河南省博物馆(开封市),后藏开封市博物馆。1997 年 4 月调入河南博物院收藏。该志刻于唐永淳元年(682)十二月二十四日。志为正方形,长、宽均 59 厘米,厚 10 厘米。志文正书,26 行,行 27 字,无撰书人名。志首题在左,即志文之后,较为罕见,其志文仍自右向左写刻。志四侧面每面均刻线勾连花卉。石面少损,个别字残缺。

　　据志文记载,扶余隆,本为百济国(今朝鲜)人,百济太子。祖璋,百济国王;贞观年间,诏授开府仪同三司、柱国、带方郡王;父义慈,显庆年授金紫光禄大夫、卫尉卿。《旧唐书·东夷百济传》曰:"武德四年,其王扶余璋遣使来献果下马。七年,又遣大臣奉表朝贡。高祖嘉其诚款,遣使就册为带方郡王、百济王。自是岁遣朝贡,高祖抚劳甚厚。因讼高丽闭其道路,不许来通中国,诏遣硃子奢往和之。又相与新罗世为仇敌,数相侵伐。"

　　贞观元年,太宗赐其王玺书曰:"王世为君长,抚有东蕃。海隅遐旷,风涛艰阻,忠款之至,职贡相寻,尚想徽猷,甚以嘉慰!朕自祗承宠命,君临区宇,思弘王道,爱育黎元。舟车所通,风雨所及,期之遂性,咸使乂安。新罗王金真平,朕之藩臣,王之邻国。每闻遣师,征讨不息,阻兵安忍,殊乖所望。朕已对王侄信福及高丽、新罗使人,具敕通和,咸许辑睦。王必须忘彼前怨,识朕本怀,共笃邻情,即停兵革。"璋因遣使奉表陈谢,虽外称顺命,内实相仇如故。十一年,遣使来朝,献铁甲雕斧。太宗优劳之,赐彩帛三千段并锦袍等。

十五年,璋卒,其子义慈遣使奉表告哀。太宗素服哭之,赠光禄大夫,赙物二百段,遣使册命义慈为柱国,封带方郡王、百济王。"《新唐书·东夷百济传》中亦有记载,互有详略,但与志多吻合。

据《新旧唐书·东夷百济传》记载,贞观十六年,百济国王义慈与高丽联兵伐新罗国(今朝鲜中部及东南部),取四十余城,后又得十余城,新罗向唐朝告急,太宗下昭斥责百济。永徽六年(655),新罗又向唐朝告急,诉说百济与高丽、靺鞨取其北境三十余城。显庆五年(660),高宗诏左武卫大将军苏定方神丘道行军大总管,率左卫将军刘伯英、右武卫将军冯士贵、左骁卫将军庞孝泰发新罗兵讨伐百济,俘获其义慈及太子隆、小王孝演、伪将等58人送之京师,诏释不诛。并置熊津、马韩、东明、金涟、德安五都督府。至京师不久义慈病死,朝廷赠其"金紫光禄大夫、卫尉卿"。由此可知扶余隆是被俘后来唐的,但志中于此事则饰以"深知逆顺,奉珍委命,削衽归仁"之美辞,语词明显具有隐讳之意。

《百济传》又载,百济王义慈及扶余隆被俘入唐后,扶余璋从子福信与浮屠道琛据周留城叛,并迎遣使往倭国(今日本)迎故王子扶余丰为王。唐守将刘仁愿、刘仁轨等带兵讨之,历经数战,大败福信等军,扶余丰脱身而走,"伪王子扶余忠胜、忠志等率士女及倭众并降。百济诸城皆复归顺。孙仁师与刘仁愿等振旅而还。诏刘仁轨代仁愿率兵镇守。"志中所言"马韩余烬,狼心不悛,鸱张辽海之滨,蚁结丸山之域。皇赫斯怒,天兵耀威,上将拥旄,中权奉律。"即指此事而言。

《新唐书》又曰:"帝以扶馀隆为熊津都督,俾归国,平新罗故憾,招还遗人。麟德二年(665),与新罗王会熊津城,刑白马以盟。……乃作金书铁契,藏新罗庙中。"志中所谓"修好新罗"即指此事。对此《旧唐书》亦有记载。

百济战事之后,刘仁愿等人回唐,扶余隆曾被高宗送回朝鲜半岛,扶余隆俱新罗,畏众携散,也返回唐朝京师。仪凤二年(677),拜光禄大夫、太常员外卿、兼熊津都督、带方郡王,令归本蕃,安辑余众。但此时百济本地荒毁,渐为新罗所据,扶余隆害怕,寄居高丽而卒,百济遂亡。《新唐书》亦有记载,曰:"仁愿等还,隆畏众携散,亦归京师。仪凤时,进带方郡王,遣归藩。是时,新罗强,隆不敢入旧国,寄治高丽死。武后又以其孙敬袭王,而其地已为新罗、渤海靺鞨所分,百济遂绝。"而志中在"修好新罗"语后,言其"俄沐鸿恩,陪观东岳。勋庸累著,宠命日隆,迁秩太常卿,封王带方郡……屡献勤诚,得留宿卫"。后薨于私第,春秋六十有八,以永淳元年(682)十二月廿四日葬于洛阳北邙清善里。传中所载与墓志有异,各有详略。

奇怪的是,墓志铭在其"谥曰"后下空二字,说明墓志刻成直到下葬时,扶余隆的谥号也未议出,故缺谥号。

朝鲜曾为中国附庸,故葬埋在洛阳邙山的朝鲜人不少。据资料可知有北魏时的嬴州刺史王简、唐代平壤人泉男生、泉男产以及古朝鲜百济国王扶余义慈和其太子扶余隆,任唐武威大将军的百济人黑齿常之及其子黑齿俊等。此志所叙扶余隆的事迹,涉及唐代与百济两国之关系,具有重要的史料价值,并可补正史记载之阙误。

志文书法系学褚遂良之书体,略带隶笔,但结体流走,不甚整饬。此志在罗振玉《芒洛冢墓遗文四编》《河南博物馆馆刊》1936年第4集和1937年8月第11集等书刊中已有著录或考评文章,对研究唐代河洛文化中涉外关系有重要的参考价值。

【志文】

公讳隆,字隆,百济辰朝人也。元□□孙启祚,阳谷称雄,割据一方,□□(跨蹑)/千载,仁厚成俗,光扬汉史;忠孝立名,昭彰晋策。祖璋,百济国王;冲搇□(清)/秀,器业不群,贞观年,诏授开府仪同三司、柱国、带方郡王;父义/慈,显庆年授金紫光禄大夫、卫尉卿;果断沉深,声芳独劭。趋藁街而沐/化,绩著来王;登棘署以开荣,庆流遗胤。公幼彰奇表,凤挺环姿,气盖三/韩,名驰两貊。孝以成性,慎以立身,择善而行,闻义能徙。不师蒙卫而□/发惭工,未学孙吴而六奇閒出。显庆之始,王师有征。公远鉴天人,深知/逆顺,奉珍委命,削衽归仁。去后夫之凶,革先迷之失,款诚押至,襄赏荐/加,位在列卿,荣贯藩国。而马韩余烬,狼心不悛,鸱张辽海之滨,蚁结丸/山之域。皇赫斯怒,天兵耀威,上将拥旄,中权奉律。吞噬之算,虽/禀庙谋;绥抚之方,且资人懿。以公为熊津都督,封百济郡公,仍/为熊津道总管兼马韩道安抚大使。公信勇早孚,威怀素洽,招携邑落,/忽若拾遗,翦灭奸凶,有均沃雪。寻奉明诏,脩好新罗,俄沐/鸿恩,陪观东岳。勋庸累著，宠命日隆，迁秩太常卿，封王带方郡。公事君/竭力，徇节亡私，屡献勤诚，得留宿卫。比之秦室，则由余谢美；方之汉朝，/则日碑惭德。虽情深匪懈，而美灰维几。砭药罕徵，舟壑潜徙，春秋六十/有八，薨于私第，赠以辅国大将军，谥曰。公植操坚懿，持身谨正，高/情独诣，远量不羁，雅好文词，尤玩经籍，慕贤才如不及，比声利於游尘。/天不慭遗，人斯胥悼，以永淳元年岁次壬午十二月庚寅朔廿四日癸酉/葬于北邙清善里礼也。司存有职，敢作铭云：

海隅开族，河孙效祥，崇基峻峙，远派灵长。家声克嗣，代业逾昌，泽流？/水，威稜带方。余庆不孤，英才继踵，执尔贞懿，载其忠勇。徇国身轻，亡家/义重，迺遵王会，遂膺天宠。桂娄初扰，辽川不宁，薄言携育，实赖/威灵。信以成纪，仁以为经，宣风徼塞，侍跸云亭。爵超五等，班参九列，虔/奉天阶，肃恭臣节。南山匪固，东流遽阅，敢讬明旌，式昭鸿烈。/

大唐故光禄大夫、行太常卿、使持节熊津都督、带方郡王扶余君墓志/

附:《扶余隆墓志》拓片(参见《唐代墓志编汇》上)

(摄影:牛爱红)

(作者为河南博物院副研究馆员)

参考文献：

陈长安《唐代洛阳的百济人》,赵振华主编《洛阳出土墓志研究文集》,朝华出版社 2002 年 3 月。

中央研究院对殷墟科学发掘的贡献

郭胜强　李雪山

　　博大精深、源渊流长的河洛文化是中国 5000 多年历史上产生时间最早,生命力最强的文化,体现了中华文化的精髓,推动了中华文化的演进,对中华民族文化的形成、发展起到了不可替代的作用。河洛文化范围很广,涵盖中原。豫北地区以安阳殷墟为中心的殷商文化是 3000 多年前商王朝创造的我国奴隶制进一步发展繁荣时期的文化,在我国古代文明发展史上有着承前启后的重要的作用。殷商文化处在河洛文化圈的最北端,是河洛文化的一个重要分支,是河洛文化的传承和发展。

　　20 个世纪二、三十年代,中央研究院历史语言研究所从 1928 年到 1937 年,十年之间对安阳殷墟进行了十五次大规模的科学发掘,这是我国学者在独立自主的基础上对大型古文化遗址的首次发掘,其时间之久,规模之大,收获之丰富,在我国考古史上是空前的,在世界考古史上也不多见的。国外有学者曾这样认为,安阳殷墟发掘工作堪与苏利曼(Heinrieh Schliemam)的特洛伊(Troy)遗址发现媲美。因为这一不朽的发掘所得到的证据,使传说中的商朝成为信而可证的史实,正如苏利曼使希腊神话中的人物由虚构成为真实[①]。

　　殷墟科学发掘不仅标志着中国传统的金石学向近代考古学转轨、奠定了我国现代考古学基础,也使甲骨学建立在科学的基础上,为甲骨学的发展奠定了坚实基础。殷墟科学发掘发现了殷都的王宫区、平民居住区、手工业作坊区、殷王陵和众多的一般墓葬,并获得大量的青铜器、石玉器、陶瓷器、骨蚌器等珍贵文

---

① 郭胜强 李雪山《中央研究院对河洛文化保护和研究的贡献》,载中国河洛文化研究会 中华侨联总会编《河洛文化与台湾文化》,河南人民出版社,2011 年 4 月,第 692 页。

物,为彻底搞清殷墟的布局、进一步深入研究殷商的历史奠定了基础。

殷墟科学发掘培养了一批考古学家,为我国现代考古学的形成和发展奠定了基础。据胡厚宣的《殷墟发掘》、中国社会科学院历史研究所编著的《殷墟发掘与研究》等资料统计,在十五次殷墟发掘中,先后参加的人员有傅斯年、董作宾、郭宝钧、李济、斐文中、梁思永、石璋如、尹达、许敬参、马非百、胡厚宣、夏鼐、尹焕章、祁延霈、李光宇、潘悫、高去寻等40多人,后来他们大都成为海峡两岸考古学界的重要骨干。

原中央研究院历史语言研究所所长、北京大学代理校长、之后任台湾大学校长、著名历史学家、教育家傅斯年(1896—1950)是安阳殷墟科学发掘的决策人。1927年5月,国民党召开中央政治会议,蔡元培与李石曾、吴稚辉、张静江等共同提议建立中央研究院获得通过。11月,中央研究院正式成立,蔡元培任院长。时任广州中山大学教授兼文学院院长和历史系中文系主任、中山大学语言历史研究所所长、中央研究院筹备委员的傅斯年向蔡元培力陈语言文字及历史学的重要意义,建议在中央研究院设立历史语言研究所。1928年3月,中央研究院聘请傅斯年、顾颉刚、杨振声等筹建史语所,10月,中央研究院历史语言研究所正式成立,傅斯年以其卓越的学术成就和领导才能出任首任所长,并创办了《中央研究院历史语言研究所集刊》。

历史语言研究所的成立是中国近代学术发展史上的一件大事,标志着中国学术开始摆脱旧的传统,向着近代化的方向迈步。傅斯年主张历史、语言的研究要运用新材料,发现新问题,采取新方法。他认为近代历史学只是史料学,应当用自然科学提供的一切方法、手段来整理现存的所有史料;唯有发现和扩充史料,直接研究史料的工作才具有学术意义。他提出了在当时影响很大的两句口号:上穷碧落下黄泉,动手动脚找东西①。

中央研究院历史语言研究所成立之后首先开展的工作就是对安阳殷墟的科学发掘,这不仅反映了中国考古学和学术发展的趋势,也体现了傅斯年的远见卓识。在对殷墟正式进行发掘前傅斯年所长聘请董作宾到安阳进行先期调查,董作宾圆满完成了调查任务,得出了"甲骨挖掘之确犹未尽"的结论,提出了殷墟

---

① 郭胜强《董作宾传》,江苏文艺出版社,2010年1月,第34页。

发掘的意见和计划，并呼吁："甲骨既尚有留遗，而近年之出土者又源源不绝。长此以往，关系吾国古代文化至巨之瑰宝，将为无知之土人私掘盗卖以尽，迟之一日，即有一日之损失，是则由国家学术机关以科学方法发掘之，实为刻不容缓之图。"①

　　傅斯年很快批准了董作宾的报告和计划，决定对安阳殷墟进行发掘，并任命董作宾为发掘工作的负责人。经与中央研究院总办事处多次磋商，争取到1000块银元的经费，并报请蔡元培院长与河南督军冯玉祥司令联系，办理了护照证件等有关手续，然后才开始了殷墟的发掘。

　　傅斯年虽然负责史语所的全面工作，又有其它社会活动十分繁忙，但始终对殷墟发掘十分关心，及时应对处理殷墟发掘工作中遇到的各种问题。1929年秋季，在殷墟第三次发掘时因与河南地方政府发生矛盾纠纷，发掘工作一度停止。傅斯年得知这一情况后，马上转告研究院院长蔡元培并即刻来到安阳调解。傅斯年在河南拜会河南政界学界有关人士，到河南大学礼堂作学术报告，宣讲考古的意义和知识，并表示愿意乘殷墟发掘的机会，帮助河南省高校建立研究机构，为河南培养考古人才，共同促进河南省考古事业的发展。几经努力，河南省政府终于与中央研究院达成协议使发掘工作得以恢复。事后，傅斯年指着自己的鼻子风趣地对李济、董作宾等人说："你们瞧，为你们的安阳发掘，我把鼻子都碰坏了。"

　　原中央研究院历史语言研究所代理所长、中央研究院院士、美国芝加哥大学客座教授、台湾大学教授、著名历史学家、考古学家、甲骨学家董作宾（1895—1963）是殷墟发掘的开创人。董作宾就读于北京大学国学门研究所，曾在河南大学、广州大学等高校任教，是传统的国学学者。如前所述他首先到安阳殷墟先期调查，才有了殷墟的科学发掘。在第一次发掘结束后，从国外学成归来的李济参加了殷墟发掘并被任命为史语所考古组主任主持殷墟发掘。董作宾不计个人得失与李济密切合作，不断改良创新考古技术和方法，为殷墟的继续发掘奠定了理论上的基础，不仅把殷墟发掘推向了一个新阶段，还将中国传统金石学与西方

---

① 董作宾《民国十七年十月试掘安阳小屯报告书》，载《安阳发掘报告》1929年、第1册，又载《董作宾先生全集甲编》第3册，台北艺文印书馆，1977年11月。

考古学相结合,从而诞生了中国近代考古学。第七次殷墟发掘结束之后,董作宾开始集中精力对殷墟出土甲骨文进行整理和研究,但仍坚持视察指导殷墟的发掘工作,诚如石璋如在《董作宾先生与殷墟发掘》所说:"大家都知道,董作宾先生是殷墟发掘的开山,是殷墟发掘的台柱。前七次发掘每次必与,后八次的发掘,也常往参加。他向前走一步,殷墟发掘则向前迈进一步,并且扩大一次。"并且总结出董作宾参加殷墟发掘,"在业务上抢先的拿到了四个第一:第一个第一,是主持第一次安阳殷墟发掘。第二个第一,是第一次到洹北大规模发掘。第三个第一,是第一次租用民房作团址。第四个第一,是第一次任古物保管委员会监察委员。"①

殷墟发掘的实践使董作宾掌握了大量的第一手资料,从而使他在甲骨学研究方面取得突破性进展,在甲骨文资料整理刊布、甲骨文分期断代研究、甲骨学自身规律和基本问题研究、殷历的建构等方面均取得卓越成就,成为一代甲骨学大师。

原中央研究院历史语言研究所考古组主任、英国皇家人类学会名誉会员、中央研究院院士、台湾大学教授、历史语言研究所所长、著名考古学家、人类学家李济(1896—1979)是殷墟发掘的主持人。李济出身于书香门第,14 岁考入清华大学堂,1918 年毕业后被派往美国留学,先在克拉克大学学习心理学和社会学,1920 年转入哈佛大学攻读人类学,1923 年获得博士学位。回国后在新建立的南开大学讲授人类学。1925 年,清华大学成立国学研究中心,李济被聘为中心的人类学讲师,与当时已誉满全国的梁启超、王国维、陈寅恪、赵元任一起成为"清华五大导师",时年仅 29 岁,是研究院导师中最年轻的。1928 年冬,当他赴美国与弗利尔艺术馆商谈合作事宜回国途径广州时,会见了中央研究院历史语言研究所所长傅斯年。两人一见如故,李济认真听取了傅斯年介绍殷墟的情况,看了董作宾的有关报告深受鼓舞,当即接受了傅斯年的邀请,出任中央研究院历史语言研究所考古组组长。

之后他赶赴开封与董作宾会面,董细地介绍了前段殷墟发掘的情况和今后的打算,李济也谈到了自己对殷墟的认识和长远大规模发掘殷墟的初步设想。

---

① 石璋如《董作宾先生与殷墟发掘》,载《大陆杂志》第 29 卷 10、11 期,1964 年 12 月。

两人屈膝长谈充分交换意见,彼此都留下了很好的印象,开始了以后十余年,甚至是终生的合作。著名考古学家、美国耶鲁大学教授、台湾中央研究员院士、美国国家科学院院士张光直认为,中国近代考古学的奠基,有赖于两个条件:"一是传统金石学的发达;二是西方考古学理论和方法的传入。"金石学是近代考古学传入中国前,以古代铜器和石刻为主要研究对象的学问,研究对象是未经科学发掘零星出土文物或传世品,偏重于铭文的著录和考证,以证经补史为研究目的。金石学家需要具备深厚的国学基础,董作宾就是这样的传统学者。董作宾与李济的合作,表明中国传统学术文化与西方近代学术的进一步相结合,他们所制定的殷墟进一步发掘计划及计划的实施,表明中国传统的金石学向近代考古学转向的基本完成。

在安阳殷墟十五次科学发掘中,李济主持参加了其中的第2、3、4、6次发掘,以后由于忙于其他地区的考古发掘和史语所的搬迁及出国讲学等工作,就没有常驻安阳,但仍在发掘期间前去视察,作关键性的指导。为探寻殷商文化的来龙去脉,史语所考古组在李济的领导下,还分别与山东、河南省政府联合组成了山东古迹研究会,河南古迹研究会,在山东的历城、滕县、日照,河南的浚县、卫辉、辉县、巩县等地开展考古发掘,均取得显著成绩。

原中央研究院历史语言研究所研究员、河南大学教授、中国科学院考古研究所研究员、北京大学教授、著名考古学家、历史学家郭宝钧(1893—1971)是殷墟发掘的主将。郭宝钧1922年毕业于北京师范大学国文系,在河南省立南阳中学任教,后调至开封河南省政府教育厅任职。1928年他以河南省教育厅代表身份,协助董作宾先生首次的殷墟考古发掘,从此与殷墟结下不解之缘。1931年春殷墟第四次发掘时,他正式加入史语所考古组专业从事殷墟发掘。李济对他非常器重,曾说过郭宝钧是同仁中最不怕困难,最能想办法的人。

1931年秋天,在参加殷墟第五次发掘时,郭宝钧吸取了山东历城县龙山镇城子崖发掘城墙的经验,并且结合文献,首次提出殷墟"文化层内的聚凹纹"是版筑遗迹,推翻了原来"水波浪遗痕"的殷墟被水淹没说。这一见解,直接推动力后来对殷墟建筑遗址的大规模的发掘。他还提出殷人居住的两种形式,即地下的居穴及地面上的宫室,认为殷代末期是由居穴到修建宫室的过渡期,这对殷墟建筑基址的研究提供了具启发性见解。

郭宝钧分别主持了殷墟第八次及第十三次的发掘,在第十三次发掘中,他采用大面积深翻的方法,这不仅可研究遗址的层位关系,还可研究各种遗址的平面分布情况。这种方法是考古工作者结合殷墟发掘实际情况的首创,而非简单的从西方考古学中直接搬过来的。1950年春郭宝钧以年过半百之龄,重返安阳殷墟主持发掘了著名的武官村大墓。

原中央研究院历史语言研究所研究员,中央研究院院士、第十一届人文组评议员、著名考古学家、历史学家石璋如(1902—2004)是殷墟发掘的"活档案"。石璋如于1928年考入河南大学史学系。殷墟科学发掘引起河大师生的极大关注,学校邀请傅斯年和董作宾、郭宝钧等到校作殷墟甲骨文和文物考古知识的专题报告,更引起热烈的反响。为此,成立了以河大师生为主体的"河南古迹研究会",开展对河南古迹和地方史的研究,将安阳殷墟列为重点研究项目。不少师生都纷纷要求参加殷墟发掘,在这种情况下石璋如和刘耀等同学在河大史学系教授马非百(马元材)带领下以实习生的身份参加了殷墟发掘。1932年从河南大学毕业后,石璋如和尹达正式进入史语所。

石璋如第一次参加殷墟发掘是李济先生主持的殷墟第四次科学发掘,此后历次发掘他都无不参与。第十五次发掘,更是他亲自主持。在老一代参加殷墟发掘的考古学家中,他参加的次数最多,前后共有12次。完全可以说他的大半生时间都是和殷墟发掘相始终的,后来他也曾回忆说:"自民国二十年我开始参加殷墟发掘,直到民国二十六年,我从没离开安阳田野第一线。"[1]在长期的田野考古工作中,石璋如掌握了大量第一手资料,积累了丰富的考古实践经验,被誉为"殷墟发掘的活档案"。在殷墟发掘的最后阶段,即1936年3月—1937年6月的第十三、十四、十五次发掘中,他已经成为殷墟发掘工作的负责人。

原中国社会科学院历史研究所所长、著名考古学家、历史学家尹达(1906—1983),原名刘耀,是殷墟发掘的中坚力量。尹达16岁考入河南省汲县省立第十二中学(今卫辉市第一中学),后考入河南大学。1931年,学生时代的尹达就参加了安阳殷墟的科学发掘。河南大学毕业后进入中央研究院历史语言研究所为研究生、助理研究员、研究员,继续从事殷墟发掘。先后参加了殷墟小屯、后岗、

---

① 石璋如《殷墟建筑遗存·自序》

四盘磨、西北岗殷王陵的发掘,期间还到河南浚县辛村、辉县琉璃阁发掘了战国墓地,到山东日照发掘了龙山文化遗址。

1931—1934 年,尹达参加由梁思永主持进行的殷墟后冈遗址发掘,发现了"三叠层文化",以后他又亲自主持了这项发掘。后岗发掘在中国考古学发展史上具有划时代意义,第一次从地层学上确定仰韶文化、龙山文化和商殷文化的相对年代,使中国史前时期考古研究的水平大大地提高一步。后来,他在浚县大赉店遗址的发掘和安阳同乐寨遗址的调查中,也曾发现龙山文化叠压仰韶文化的地层关系,进一步证实中原地区两种原始文化的年代序列,是中国史前考古科学化的重要标志。

尹达曾与石璋如、祁延霈等人积极鼓动推进梁思永领导大家寻找殷代的王陵。于是确认洹水北岸侯家庄、武官村以北的西北冈王陵墓地,并于 1934—1935 年对该墓地进行发掘。三个季度,共计发掘 10 座殷代王陵以及上千座残杀"人牲"的祭祀坑,为殷代社会历史的研究提供了极为重要的实物资料。

1937 年抗日战争爆发后,殷墟发掘被迫中断。1937 年 9 月安阳沦陷前史语所考古组由安阳撤回南京,1938 年 12 月由傅斯年主持中央研究院向西南大后方迁移。史语所先后经长沙、昆明最后定居四川南溪李庄。这是一场历尽艰辛的大撤退,董作宾、李济、郭宝钧、梁思永、石璋如等精心护卫着甲骨文、青铜器等珍贵文物和仪器图书资料,跋山涉水辗转迁徙。在宜宾码头因驳船倾倒,装载图书资料的箱子落水被打湿,幸好及时打捞出来晾晒避免了损失。

在极为艰难困苦的环境条件下,史语所同仁坚持对殷墟资料进行整理研究,并取得了令世人瞩目的成绩。一批中国近代学术史上的不朽著作《殷墟文字甲编》、《殷墟文字乙编》、《殷历谱》、《甲骨文字集释》、《六同别录》等都是在这一时期完成的。

抗战爆发,安阳殷墟发掘停止,中央研究院历史语言研究所发生了二次分化。第一次史语所向西南大后方迁徙转移的途中,当经过长沙时遭日军飞机狂轰滥炸,激起人们的极大义愤,一部分考古学家投笔从戎,直接参加抗战。尹达、王湘、祁延沛等就是在这时奔赴抗日前线的。

第二次分化是在 1948 年年底,中央研究院迁往台湾时,李济、董作宾、石璋如、高去寻、许敬参等到了台湾,郭宝钧、梁思永、夏鼐、胡厚宣等留在了大陆。从此一水之隔,天各一方,分别了半个多世纪。2004 年,世纪老人石璋如以 102 岁高龄离世,至今当年参加殷墟发掘的老一代考古学家已都离开了人世。

(郭胜强,安阳师范学院甲骨学与殷商文化研究中心教授;李雪山,河南师范大学教授兼安阳师范学院甲骨学与殷商文化研究中心教授)

河洛郎与河洛文化传播

徐金星

"河洛郎"是一个光荣的、令人自豪的称谓,河洛郎对中华民族、中华文化,对河洛文化的传播和弘扬,作出了巨大的贡献。

一、关于"河洛郎"

围绕"河洛郎"这一称谓,不少研究者都作过解读。朱绍侯先生在《河洛文化与河洛人、客家人》一文中是这样阐释的:"河洛人,顾名思义就是指居住在河洛区域内,或指居住在河洛文化圈范围内的人……台湾人对由福建迁居台湾,而其祖籍在河南的人,称为'河洛人'或'河洛郎'……即凡是居住在河洛文化圈内的河南人,皆称为河洛人。"①像不少学界的朋友一样,我是很赞同朱先生关于"河洛人"这个界定的。

依据朱先生的界定,对于"河洛郎",我们可以从广义"河洛郎"、客闽台"河洛郎"二种不同角度来理解。

1.广义"河洛郎"。我们知道,汉族是中华民族的主体民族,也是世界范围内人口最多的民族,曾经为人类作出了重大贡献。而汉族的前身,则是华夏族。

《国语·晋语四》曰:"昔少典娶于有蟜氏,生黄帝、炎帝。"②有蟜氏生活在哪里?《山海经·中次六经》载:"平逢之山,南望伊、洛,东望谷城之山,无草木,无水,多沙石。有神焉,其状如人而二首,名曰骄虫,是为螫虫,实维蜂蜜之庐。"③骄虫即蟜虫,即蜜蜂,有蟜氏应是以骄虫即蜜蜂为图腾的氏族。根据《山

---

① 朱绍侯《河洛文化与河洛人、客家人》,《文史知识》1991 年第 3 期。
② 上海师范大学古籍整理研究所校点《国语》,上海古籍出版社,1998 年。
③ 郭璞注《山海经·穆在子传》,岳麓书社,1992 年。

海经》所记平逢山地望,炎、黄二帝母族有蟜氏,应即生活在今洛阳以及新安县、渑池县一带。

《山海经·中次三经》载:"青要之山,实维(黄)帝之密都。北望河曲,是多驾鸟;南望墠渚,禹父之所化,是多仆累、蒲卢。"①青要山,在今新安县,即"黄帝密都"所在。

《水经注·洛水》引《地记》云:"洛水东入于中提山间,东流汇于伊是也。昔黄帝之时,天大雾三日,帝游洛水之上,见大鱼,煞五牲以醮之,天乃甚雨,七日七夜,鱼流始得图书。"

《史记·五帝本纪》曰:"黄帝者,少典之子,姓公孙,名曰轩辕。"裴骃《集解》引谯周曰:黄帝为"有熊国君,少典之子也"。又引皇甫谧曰:"有熊,今河南新郑是也。"今日新郑市,即"黄帝故里"。黄帝族主要生活、活动于以洛阳、河洛为中心的中原地区,应当是可信的。

黄帝传颛顼,颛顼传帝喾。《史记·五帝本纪》曰:"帝喾高辛者,黄帝之曾孙也";"高辛于颛顼为族子"。张守节《正义》引《帝王纪》曰:"帝俈(喾)有四妃,卜其子皆有天下。元妃有邰氏女,曰姜嫄,生后稷(周先祖);次妃有娀氏女,曰简狄,生卨(契,商先祖);次妃陈丰氏女,曰庆都,生放勋(帝尧);次妃娵訾氏女,曰常仪,生帝挚。"这是说,商族、周族、帝尧,皆帝喾之后。

《礼祀·祭法篇》云:"殷人禘喾而郊冥,祖契而宗汤;周人禘喾而郊稷,祖文王而宗武王。"范文澜先生曾指出:"卜辞中证明,商朝认帝喾为高祖,祭礼非常隆重,帝喾可能是实有其人。"②

帝喾族就生活在以洛阳盆地为核心的河洛地区。《史记·殷本纪》云:"汤始居亳,从先王居。"《集解》引孔安国曰:"契父帝喾居亳,汤自商丘迁焉,故曰从先王居。"《括地志》云:"河南偃师为西亳,帝喾及汤所居,盘庚亦徙都之。"《史记·五帝本纪》集解引皇甫谧曰:"都亳,今河南偃师是也。"《水经注·汳水》阚骃曰:"亳本帝喾之墟,在《禹贡》豫州河洛之间,今河南偃师城西二十里尸乡亭是也。"

---

① 郭璞注《山海经·穆在子传》,岳麓书社,1992 年。
② 范文澜《中国通史》(一),人民出版社,2004 年。

　　1983 年,考古工作者在今偃师城西发现一座规模宏伟的商代城址,不少研究者认为,此即"汤都西亳"之城。

　　以上这些说明,帝喾一族就生活于河洛腹地,至今偃师市境内仍有村名叫"高庄"(古名高辛庄),当和帝喾居偃师有关。该村中关帝庙内保存有清代修庙碑两通,碑文中就有"帝喾都亳遗址"的相关内容。

　　夏族为黄帝之后,生活、活动的中心也在河洛地区。《史记·夏本记》曰:"禹者,黄帝之玄孙而帝颛顼之孙也。"《索隐》引《连山易》云:禹父"鲧封于崇,故《国语》谓之崇伯鲧"。《国语》又说:"昔夏之兴也,融降于崇山(即嵩山)。"

　　《史记·夏本纪》又曰:"十七年而帝舜崩。三年丧毕,禹辞帝舜之子商均于阳城(今登封告成)";"夏后帝启,禹之子,其母涂山氏之女也";"帝太康失国,兄弟五人,须于洛汭,作《五子之歌》"。

　　古本《竹书记年》载:"太康居斟鄩,羿又居之,桀亦居之。"《逸周书·度邑》载:"自洛汭延于伊汭,居易无固,其有夏之居。"《史记·孙子吴起列传》载吴起言曰:"夏桀之居,左河济,右泰华,伊阙(今洛阳龙门)在其南,羊肠在其北。"

　　偃师二里头"夏都斟鄩"的发现,以及 1975 年进行大规模发掘的登封王城岗遗址,都进一步证明了夏族先民、夏王朝以河洛地区为活动中心。

　　《史记·封禅书》曰:"昔三代之君(居),皆在河洛之间。"河洛地区是夏商周三代政治、经济、文化中心,是河洛人长期居住生活的地方。

　　民族是历史上形成的相对稳定的群体,一个民族一般具备共同语言、共同地域、共同经济生活、共同文化及心理素质等。"《山海经》《大戴礼记》等书记载古帝世系,不管如何分歧难辨,溯源到黄帝却是一致的。历史上唐尧、虞舜以及夏、商、周三代,相传都是黄帝的后裔"。按照左丘明、司马迁等古代史学大家的观点,五帝同根,三代同源。从黄帝开始,生活在以河洛地区为核心的中原大地的众多氏族、部落,在漫长的时期内,通过相互通婚、结盟、通商、战争等多渠道、多层面的交往过程,相互渗透融合,在语言、经济、文化、心理等等方面渐趋一致,最后形成了华夏族。

　　许慎《说文解字》云:"华,荣也","夏,中国之人也(这里的中国指以洛阳为中心的河洛地区、中原大地)"。至春秋战国时期,华、夏、华夏等作为民族名称,正式见于史籍。华夏族的形成,正是大秦帝国得以建立的重要条件之一。汉代,汉族形成。更后来的"中华民族"一称,则涵盖了我国境内的所有(56 个)民族。

2009 年 10 月,在河南省平顶山市举办的《第八届河洛文化国际研讨会纪要》指出:"以炎黄二帝为代表的中华人文始祖,包括伏羲、女娲、燧人、炎帝、黄帝、祝融、共工、少昊、颛顼、帝喾、尧、舜、嫘祖、仓颉等,他们是中华文明的发轫者,大都出自或主要活动于以河洛为中心的中原地区","可以说,作为炎黄子孙的中华民族的血脉之根在河洛故土"。

炎黄二族主要生活、活动在以河洛地区为核心的中原大地,他们就是早期的河洛人,而包括炎黄二族在内的河洛人,正是河洛文化的创造者,是形成华夏族的主体人群。从这层意义上说,全球范围内的炎黄子孙都可以,都应该称作河洛人(河洛郎)。

2. 客闽台"河洛郎"。客家人、闽南人(以及台湾人)"根在河洛",他们是河洛人(河洛郎)之苗裔,是名副其实的河洛人(河洛郎)。

曹魏咸熙二年(265),司马炎废魏自立,建立西晋,建都洛阳,是为晋武帝。武帝驾崩后发生的八王之乱、以及接下来的永嘉之乱、五胡人扰,加上自然灾害(如《资治通鉴》载:永嘉三年,"夏,大旱,江、汉、河、洛皆竭,可涉";永嘉四年,"幽、并、司、冀、秦、雍六州大蝗,食草木、牛马毛皆尽"),给洛阳、河洛和中原大地造成了极大灾难,广大汉人难以生存下去,纷纷南迁,形成我国历史上第一次中原汉人大规模南迁浪潮,这便是今日各地客家人、闽南人的第一批先民。

《晋书·王导传》说:"俄而洛京倾覆,中州士女避乱江左者十六七。"翦伯赞《中国史纲要》说:到达长江流域的至少有 70 万人,另有 20 万人没有到达长江,聚居在今山东境内。①《陈寅恪魏晋南北朝史讲演录》说:"南来的上层阶级为晋的皇室及洛阳的公卿士大夫。"②有资料称,当时大约有一百家大族南下,如晋武帝之婿王敦,王敦堂弟王导,卫瓘之孙卫玠,司州主簿祖逖等。其后,黄河流域又有多次中原汉人大规模南迁,而"在每一次北方人南迁的潮流中,河洛人都占绝大多数"③

据有关资料说,目前生活在我国南方各省(包括福建、台湾)及海外各地的

---

① 翦伯赞主编《中国史纲要》(上册),人民出版社,1983 年。

② 万绳楠整理《陈寅恪魏晋南北朝史讲演录》,黄山书屋出版社,1987 年。

③ 朱绍侯《河洛文化与河洛人、客家人》,《文史知识》,1994 年第 3 期。

客家人超过一亿之众。另有资料显示：闽南人，主要生活在福建、台湾以及东南亚地区，讲闽南话的人约计有五千万。

福建和台湾，隔海峡相望。从古代起，两岸就有了联系和交往。大约 400 多年前，福建人开始移民海外。清初，泉州南安县人郑成功收复台湾，大批闽南人随之迁台；康熙年间，福建水师提督施琅统一台湾，又有大批福建人迁台。

台湾现有 2300 万人中，原住民约占 2%，有研究者称，他们是古代大陆沿海百越族的后裔；"先住民"，即闽南人、客家人，在今日台湾居民中占到 85% 以上，这是台湾的主体居民。所谓本省人、台湾人，即指"先住民"，也即闽南人、客家人；所谓"台湾话"，即指"闽南话"，台湾人也称为"河洛话"。"新住民"则指 1949 年迁入台湾者，约占总人口的 12%。

二、河洛郎——河洛文化的传承者与传播者

从很早的古代起，由于天灾人祸、兵燹战乱、朝代更替、受封、任官、出征、出使、商贸等各种原因，就有不少河洛人远离故土外迁他方。他们迁徙至哪里，同时就把河洛文化传播到哪里。

夏商时期，河洛地区是中华青铜文化的中心。夏亡之后，"大批夏遗民从夏王朝的统治中心——河洛地区，向着南、北两个方向进行了大规模的移民，于是中原地区先进的青铜文化迅速地传播于四方，使得中国大地上，在商代出现了十分繁荣的青铜文明昌盛期"。①

作为夏商周三代王都的洛阳，也是全国教育的中心。夏都斟鄩有"庙堂大学"；商都西亳有右学、左学；周都洛邑有国学、乡学之设，有大学、小学之别，国学中的大学又有五学之设。春秋之前，学在官府。周公实行宗法、分封之制，制礼作乐，开创儒家学说。河洛文化传播到各方及蛮戎夷狄，对齐鲁文化、燕赵文化、晋文化、秦文化、荆楚文化、巴蜀文化、吴越文化等地域文化的形成和发展，产生了深远的影响。

东周时期，周王室发生多次王位之争，洛邑大乱。世代掌管王室典籍的司马

---

① 杜金鹏《二里头文化的传播与夏遗民的迁徙》，《河洛文化论丛》（第一辑），河南大学出版社，1990年。

氏离周到晋,后转赵、卫,再转至秦,王室典籍也随之扩散在各诸侯国。尤其值得提及的是,周王室王子朝曾将老子所管理的图书典籍抢劫一空,离周奔楚,这是当时东周文化、河洛文化最大的一次扩散、转移,也是一次大的传播。

周王室的学者因大乱而随之星散到各地讲学谋生,逐步沦而为"士",由"学在官府",逐渐变为"学在四夷"。由于原来在周王室任职的人员都掌握有一定的文化资源,各有所长,所以他们到各诸侯国后便开办各种私学。东周文化、河洛文化的扩散、下移和传播,促进了各诸侯国的"士"阶层逐渐形成儒、墨、道、法等各种学派。因此可以说,诸子百家的学术渊源均可上追至河洛之间。①

东汉之后,洛阳代替长安(今西安)成为陆上丝绸之路的东端起点,国家有关的政治、军事活动,使者、文化人、商人等沿丝绸之路西行,促进了河洛文化向西域的传播。

建都于今新疆吐鲁蕃东南的高昌国,在北魏孝文帝迁都洛阳后的第三年即太和二十一年(497),其王曾遣使朝贡,希求"举国内迁"。至鞠嘉在位时,每年遣使朝贡。至孝明帝时,鞠嘉遣使奉表称"自以边遐,不习典诰,求借《五经》、诸史,并请国子助教刘燮为博士",得到魏孝明帝的诏准。《北史·西域传》说高昌国"有《毛诗》《论语》《孝经》,置学官弟子,以相教授","文字亦华夏","风俗政令,与华夏略同",刑法、风俗、婚姻、丧葬也与华夏"小异而大同"。

《道德经》是我国传统文化的主要经典之一。据道宣所编撰之《集古今佛道论衡》载:"贞观二十一年(647),西域使李义表还奏称:东天竺童子王所未有佛法,外道宗盛。臣已告云:支那大国未有佛法已前,旧有得圣人说经(指老子《道德经》),在俗流布……。彼王言:卿还本国,译为梵言,我欲见之,……登即下敕,令玄奘法师与诸道士对其译出。于是道士蔡晃、成英二人,李宗之望,自余锋颖三十余人,并集五通观,日别参议,详覈《道德》。玄奘乃句句披析,穷其义类,得其旨理,方为译之。"

造纸术是中国古代的"四大发明"之一,曾经对人类文化的传播和世界文明的进步作出了巨大贡献。这是人类文化史上的大事,这里稍多加一些介绍。

人类记事、书写的工具和技术,有一个漫长的发展过程。最早的时候,人们

---

① 参见徐金星　吴少珉主编《河洛文化通论》第二十章,光明日报出版社,2006 年。

用结绳、刻木、堆石等方法记事。文字出现后,人们先用龟甲、兽骨,再用竹简、木简、缣帛等记事,都极为不便。再后来,人们在长期的社会实践中,逐渐知道捣碎的丝纤可以在竹席上成膜,进而知道麻类植物的纤维也可以成膜,这就逐渐出现了最早的原始的纸。到了东汉时的蔡伦,更把造纸术提高到一个崭新的阶段。

蔡伦,字敬仲,东汉桂阳(今湖南耒阳)人。东汉永平十八年(75),被召至洛阳宫中当太监。后逐渐由一名小太监升为中常侍、尚方令,掌管宫中事务,监造各种御用器物。

当时,京都洛阳的各个作坊中,有来自全国各地的一批能工巧匠。蔡伦和他们一起,总结西汉以来造纸的技术经验,利用廉价易得的树皮、废麻、旧布、破鱼网等作原料,经过反复实验,于东汉元兴元年(105)制造出一种物美价廉的纸张,受到汉和帝的高度赞赏。"蔡侯纸"以质量好、使用方便,很快在全国各地推广使用,逐步代替简、帛而成为最主要的甚至唯一的书写材料。邓太后封蔡伦为龙亭侯,食邑三百户。汉桓帝认为蔡伦造纸有功,命史官曹寿、延笃为蔡伦立传,收入《东观汉记》。[①]

造纸术的发明引发了一场书写材料的革命。大约在6世纪时,我国的造纸术传入朝鲜半岛和越南,后传入日本;8世纪传入阿拉伯,再传入欧洲各地,从而取代了埃及的纸草、印度的贝叶、欧洲的羊皮。"蔡侯纸"很快成为世界范围内主要的书写材料。

关于造纸术的西传,和一次有名的战争有关。天宝十载(751),安息节度使高仙芝统领大兵三万出击,兵至怛罗斯城(今哈萨克斯坦江布尔城南),遭遇大食兵,两军相持五天,因葛罗禄部众叛变,高仙芝军大败,率残兵数千乘夜逃回。就是这次战争,大食俘虏了众多包括有技能的唐人,如织匠、金银匠、画匠、造纸匠等。于是包括造纸技术在内的多种工艺技术从而西传。

造纸术之外,井渠法、印刷术、炼丹术、火药、炼钢术、指南针等也都先后通过丝绸之路传向了西方。

关于我国的数学,范文澜先生曾在《中国通史》中说:中国数学对天竺的贡献,最早可能是筹算制度促进了天竺位值制的诞生。唐代摩诃吠罗提出计算弓

---

① 参见《后汉书·蔡伦传》,中华书局,2005年。

形面积和球形体积的方式,据学者研究,明显地是因袭中国《九章算术》的。

关于我国的医学,亲历天竺等国的唐代高僧义净,就认为中国的药物、中国的针灸、诊脉都胜过天竺,人参、茯苓、当归、远志等神州上药,西域各国都没有。

西晋末"永嘉南渡",以及其后数次中原汉人大规模南迁,更是以空前的规模和深度,把河洛文化传播到了南方各省及海外广大地区。

高度发达的汉魏晋、隋唐宋文化,富庶美丽的河洛及中原大地,繁华热闹的京都洛阳、开封,都在南迁汉人、客家人、闽南人的思想上留下难以磨灭的印象,成为他们世代相传、取之不尽、用之不竭的精神力量。"白头宫女在,闲话说玄宗"(元稹《行宫》),"永怀河洛间,煌煌祖宗业"(陆游《登城》)。洛阳城,开封城,河洛大地,许许多多的人和事,是他们永远道不完、表不尽的谈资,那情景、那分量,远非明代由山西洪洞县的大槐树迁出一部分平民百姓可以同日而语!客闽台文化,包括思想学说、宗教信仰、文学艺术、民风民俗等都是与河洛文化一脉相承的。正是这些南迁汉人、河洛郎带去的先进文化和先进生产技术,极大地促进了长江流域等地区的社会经济发展和文化的进步。

河洛郎是河洛文化创造、传承、发展、传播、弘扬的承载者、担当者,河洛郎的精神和贡献,不但成就了河洛文化以及以河洛文化为根脉的中华民族文化,在世界古代文明中,成为唯一不曾中断的文化;而且她还昭示着,由今天的河洛郎,以及其后人一代一代地传承、发展下去,伟大的河洛文化,中华文化,一定会历久弥新,再创辉煌。

在这里,理应为"河洛郎"这一卓越、光荣的群体,高唱一曲"河洛郎礼赞"之歌!

(作者为洛阳市河洛文化研究会会长、研究员)

"河洛郎"的共同价值观

安　锋

一、"河洛郎"概念的演变

1. 河洛地区士庶的南迁

所谓河洛,指的是黄河、洛河。广义上的河洛就是以洛阳为中心的黄河中游、洛河流域这一广阔的区域,狭义的河洛就是洛阳。河洛文化是中华民族文化的源头,所谓"根在河洛"已经是华夏子孙的共识。历史上,以河洛地区为中心的中原汉族先民由于战乱等原因,不断南迁,学界认为较大规模的迁移有五次之多。河洛人的南迁,将先进的河洛文化带到南方及沿海地区,其后虽吸收了当地文化,如姓氏、风俗、信仰等,但仍保留了汉民族文化的鲜明特色。

2. "河洛人"与"客家人"的区别和联系

台湾人民有百分之八十是由东南沿海的闽粤地区迁徙而至的,而闽南人和客家人,又都是河洛人几经迁徙而最后到达闽粤的。可见闽、台等地的人民与河洛人民有着共同的血脉来源。

同是河洛地区南迁百越之地的移民,先到为"主",被称为"河洛人",后到为"客",被称为"客家人",其实祖根同源,本质上还都是"河洛人"。先到的"河洛人"多生活在滨海平原地带,现在被统称"闽南人",又分别称"台湾人""龙岩人""潮汕人""雷州半岛人""海南人"等。台湾则习惯称祖籍福建来的为"河洛人",来自广东的为"客家人",实际上广东潮汕也是"河洛郎",福建西部也有"客家人"。

3. 当代"河洛郎"概念的扩大和泛化

随着时代的发展,"河洛郎"概念更加泛化,代表人群更多。不少台湾人和海外华人都称自己是"河洛郎",使得"河洛郎"成为汉族在世界上分布范围最广泛、影响最深远的民系之一。另外一个方面,当今生活在河洛地区的人民是华夏子孙祖地和老家里的人,更是名正言顺的"河洛郎";新时代走出河洛散布全国、全世界的新移民,也都是"河洛郎",更使得"河洛郎"一词成为维系当代华夏子孙的精神象征和联系纽带。近年来全球"河洛郎"交流活动也在河洛地区广泛开展,"河洛郎"这个叫法因为古朴、亲切厚重、大气,在社交、文学、网络等等平台都被广泛使用,加上当代河洛学者们和地方政府的宣传推介,品牌效应初显,影响日益壮大。

二、"河洛郎"价值观的意义和形成过程

1. 价值观的形成和意义

价值观是基于人的一定的思维感官之上而作出的认知、理解、判断或抉择,也就是人认定事物、辨定是非的一种思维或取向,从而体现出人、事、物一定的价值或作用;在阶级社会中,不同阶级有不同的价值观念,同样,由于受不同文化的影响,人群、地域也都会形成一些共同的价值观。

我们当今的时代,华夏子孙遍布海峡两岸和世界各地,要想团结起来,增加凝聚力,助推民族崛起和振兴,不是靠强权,更不是靠经济就能解决问题的,更多的是需要人心的统一和梦想的引领。这时,则需要凝练"河洛郎"共同的价值观,以之达成海内外广泛认同,做大文化之力,形成文化软实力,构造出华夏子孙的强大精神内核。

2. "河洛郎"共同价值观是受河洛文化的影响

河洛地区是华夏文明的发祥地,河图洛书诞生于此,礼乐文明发端于此,儒释道三教肇始于此,帝都牡丹香飘于此,丝绸之路启步于此,二百姓氏缘起于此……长期文明的积淀,孕育了河洛大地普遍的价值标准。

细数河洛历史人物,伏羲、黄帝、大禹、周公、老子,以及后来的二程、杜甫、白居易等等,灿若星辰,他们的思想影响着一代一代"河洛郎"和河洛人家,这些价值观历经五千年风雨沧桑,祖辈亲传,筚路蓝缕,大浪淘沙,演变成熟,烙印在每个"河洛郎"心里,成为遗传密码,代代相传直到今天,也将继续传承下去。

三、"河洛郎"的共同价值观

梳理河洛文化中丰厚的思想文化成果,立足价值观形成和发展的历史脉络,结合海峡两岸和海外华人世界的价值传承,笔者将"河洛郎"的共同价值观总结为六个方面,即:以"根"为代表的家国价值观、以"中"为代表的中和价值观、以"礼"为代表的礼让价值观、以"易"为代表的自强价值观、以"范"为代表的向善价值观和以"鼎"为代表的统一价值观。

1. 以"根"为代表的家国价值观

河洛地区是华夏民族的主要发祥地,传说中的伏羲、炎黄、杜康、仓颉、大禹等均在这一区域生活,则自然也是华人姓氏的摇篮。当我们把中华姓氏史与河洛历史加以对照,就不难发现,无论是从姓氏的萌芽、产生,还是普及、定型、变迁,无不与河洛地区息息相关。河洛地区的轴心洛阳必定是中华姓氏的主要发源地,有 200 个姓氏源于河洛。

源于河洛诸姓的河洛人,植根于中原沃土,为故乡的繁荣与进步做出了积极的贡献,同时在历史的长河中又不断向外播迁,广及全国,进而又远徙海外,至今几乎遍布全世界。南方各地都有以洛阳命名的村镇和纪念性建筑,客家人在生活中仍然保留了许多中原人的生活习俗,客家人的堂前仍挂着"河洛先声""根在河洛""魂系中原"等思恋洛阳的堂训铭言,客家人都把洛阳当成自己的老家和祖根。

原本同一个祖先的族人分布在世界各地,甚至被区域同化。但这其中始终有一个"根"联系着人们,"根"源自于血缘关系和族姓文化,是一种剪不断的情思,也是亲疏观念的体现,在潜意识中,人们唤起对寻根的需求,渴望与族人紧紧相连,渴望在族人的大团体中感受关爱,也渴望"叶落归根"求得精神安宁。由此形成了河洛郎的寻根意识和根亲活动。

台湾世新大学学者戚嘉林认为:中国人的族谱除了联系其与先祖的绵延血缘关系,维系家族成员的宗亲关系,联系与原乡的同宗家族关系,甚至跨越省籍与外省同宗联结,进而孕育强烈的国族认同。① 由此可见,全球"河洛郎"由关心族姓起源,到关心河洛老家,发展到关心现在洛阳等城市的发展,延伸到对祖国的热爱和关爱,形成了富有浓郁河洛文化传统的"家国价值观",这正是华夏子孙绵延不断的凝聚力所在。

---

① 陈君《台学者:台湾中华姓氏文化烙印着对祖国的认同》;新华网;2014 年 06 月 22 日

2. 以"中"为代表的中和价值观

河洛郎有着对"中"的崇拜和独爱。"中"的字义为：中间，内里，半，中等，适中；中央，中心；中庸；是（中听、中用）；古代盛筹的器皿；通忠；姓氏。

河洛地区处在北纬30度到40度之间，这里能够看到的最明显的天象之一就是北斗星的绕极旋转，北极星为"天中"，黄帝族的图腾星就是北斗星，并以"斗为帝车"，这种天象给古代中国人的启示就是要在大地上建立一种四方环绕中央的社会结构。

《史记·周本纪》说："成王在丰，使召公复营洛邑，如武王意。周公复卜申视，卒营筑，居九鼎焉。曰：此天下之中，四方入贡道里均。"周公所言主要指洛邑在当时地理上是国家的中心地带，四方入贡远近皆宜。由此"中"的哲学观确立，成为华夏文明的重要思想，是"河洛郎""中"的价值观的雏形。后来周天子居住的河洛地区被称为"中国"，到如今更是演变成了国家的名字。洛阳方言里使用频率最高的词就是"中"，"中"的内涵和外延非常丰富，让人联想和感悟，可见"中"的价值观的强大影响力。

关于"中"，《中庸》中说："致中和，天下位焉，万物育焉。"到了北宋，著名理学家邵雍曾长期居住在洛阳，他曾有诗云"洛阳最得中和气，一草一木皆人看。"台湾学者曾仕强回到河南时曾说："我很喜欢'中'字，这是河洛话。我从来不用'绝对'这个词。不绝对赞成，也不绝对反对。世界上没有绝对的平等、民主，也没有绝对的言论自由。"①

中和之道，向来被视为"河洛郎"的道德哲学和生存智慧，是对宇宙万物、人生万象的一个基本的规律性总结，是价值观和方法论的统一体。"和"是价值观，表征的是事物存在的最佳状态，它所具有的中和、协调、平衡、秩序、协同、和合的性质体现了"河洛郎"根本的价值取向和追求。"中"是方法论，表征的是事物存在和发展的最佳结构、最佳关系和人的行为的最佳方式，进而成为"河洛郎"构建和调节主客体关系的最一般方法论原则。

可以说，正是"中和"价值观的传承，造就了华夏五千年文明，造就了一个不

① 王曦辉、梁宁、陈茁《管理学大师曾仕强：我是河洛郎　河南有家的味道》；《大河报》2013 年 10 月 14 日

中断的强大的东方文明,也给全球"河洛郎"绵延生存、为人处世以鲜明的文化印记。

3. 以"礼"为代表的礼让价值观

早在夏商时期,古代先贤就通过制礼作乐,初步形成一套管理制度,并推广为道德伦理上的礼乐教化,用以维护社会秩序上的人伦和谐。到周朝初期周公在洛邑"制礼作乐",是集礼乐之大成,形成了独有的文化体系,后经孔子和孟子"克己复礼",承前启后,聚合前人的精髓创建以"礼乐仁义"为核心的儒学文化系统,后被历朝统治者推而广之,得以传承发展至今。"礼乐文化"奠定了中国成为"礼乐之邦",也被称之为"礼仪之邦"的基础,是人类文明宝库里最灿烂的财富之一。

"河洛郎"以"礼"为代表的价值观是"礼让"。礼是价值观,让是方法论。孔子论述礼的时候说:"能以礼让为国乎?何有?不能以礼让为国,如礼何?"(《论语·里仁》)晋代葛洪的《抱朴子·诘鲍》中说:"衣食既足,礼让以兴。"《曲礼》曰:"道德仁义,非礼不成,教训正俗,非礼不备。分争辩讼,非礼不决。君臣上下父子兄弟,非礼不定。宦学事师,非礼不亲。班朝治军,莅官行法,非礼威严不行。祷祠祭祀,供给鬼神,非礼不诚不庄。是以君子恭敬撙节退让以明礼。"

礼让价值观包含四大原则:第一,"尊重"原则,要求在各种类型的人际交往活动中,以相互尊重为前提,要尊重对方,不损害对方利益,同时又要保持自尊。第二,"遵守"原则:遵守社会公德,遵时守信,真诚友善,谦虚随和。第三,"适度"原则:现代礼仪强调人与人之间的交流与沟通一定要把握适度性,不同场合、不同对象,应始终不卑不亢,落落大方,把握好一定的分寸。第四,"自律"原则:交流双方在要求对方尊重自己之前,首先应当检查自己的行为是否符合礼仪规范要求。

现代工商业科技文明过分重视物质利益,强调竞争,使得传统的"礼乐文化"受到商业世俗文化的冲击,已失去古典纯朴的的本质精神。但是,现代人越来越认识到"礼让"的道德价值,可以让社会和谐,让人际温暖,让内心幸福。传统的"礼乐文化"在今天成为更多人内心的呼唤,国学热的的兴起就是佐证,证明以"礼"为代表的"礼让价值观"能起到提升人类道德层次,使人们达到自我完善的作用,礼乐文明在数千年的中华文明发展史上产生了重大而深远的影响,至今历久弥新,将焕发其强大的新的生命力。

4. 以"易"为代表的自强价值观

《易·系辞上》说:"河出图,洛出书,圣人则之。"人文始祖伏羲氏在现洛阳市孟津县黄河边收龙马,得河图,所作八卦,就是后来《周易》的来源。"易"是发端于黄河的重要哲学思想,内涵丰富,其关于天人、人际、时空、形质、知行关系等的哲学思维,在中华民族五千年的文明发展史上,一直放射着耀眼的光芒。

《周易》说:"天行健,君子以自强不息。"按照孔颖达《正义》的解释:"'天行健'者,行者运动之称,健者强壮之名,'乾'是众健之训。今大象不取余健为释,偏说'天'者,万物壮健,皆有衰怠,唯天运动日过一度,盖运转混没,未曾休息,故云'天行健'"。"天行"就是"天道","健"就是健壮、运动不息;"天行健"是说天道日夜运行,四季交替,雷动风散,雨润日照,永不止息。"君子以自强不息",就是在这种天道启发下的人道的表现。也就是说,在"象传"的作者那里,赞美天道的目的就是为了打造和倡导一种理想的人格。天道运行一往无前,任何力量也无法阻挡。那么作为人来说,应该效法天道,充分激发自己的生命活力,树立奋发进取、自强不息的人生态度。

君子自强不息的精神表现出了历代"河洛郎"勇于进取、勇于开拓、勇于挑战自己的惰性的无畏气概。在社会发展的进程中,它起到了积极否定、革故鼎新的推进作用。《礼记·大学》中称赞"苟日新,日日新,又日新",《周易·革》也肯定:"天地革而四时成,汤武革命,顺乎天而应乎人。革之时,大矣哉。"

河洛郎秉承"易"的思想,将"天行健,君子以自强不息"作为价值观,在艰辛、苦难的命运面前不低头,不懈地奋斗,努力进取。

5. 以"范"为代表的向善价值观

我国商周时期河洛地区的劳动人民铸造青铜器大都用陶范,也就是模具,后来把人群中的榜样优秀人物称为"模范",就是把人群中的优秀分子制定成标准的"规格"和"尺寸",供众人去比照和仿效,可见"范"这样一种哲学思想的寓意,就是通过树立优秀的标准,宣传、教育、引导和约束大众去提高道德修养。

而"师范"则是"师之范",这个词语最早是东汉时期作为选任洛阳太学授业师资的标准而出现的。当时十分强调为人师者要"德行高妙,志节清白,经明行修",在能力上是"人师"、"经师"同求。此后,经过太学生的推动,这些成为当时品核公卿的标准,因而"师范"也即成为"士范"和"仕范"。汉代扬雄说,"师者,人之模范也","师范"又是"做人之范"。这一文化现象在发展中我们将其提炼为"师范精神"。可以说,这一精神源发于洛阳,成就于古代,光大于今天。

师范精神是以追求尽可能完美的人文素养养成为动力,是造就明德、有术、懂礼、有法之才的源头活水。程颐说"后汉人之名节,成于风俗,未必自得也,然一变可以至道"(《二程集》);及至明清时期,洛阳风俗"忠义叠见","民性安舒","士知向于诗书",展现出一幅河洛人"诗书传家"的良好社会风范。这正是师范精神的流波所及。可以说,"范"的精神源发于洛阳,"师范"精神大成于洛阳,以"范"为代表的向善价值观,启示当代华夏,见贤思齐,扬善弃恶,比学赶帮,崇尚公德。

6. 以"鼎"为代表的统一价值观

鼎,是青铜时代制作的烹煮食物的器物。后来相传夏初年,夏王大禹划分天下为九州,令九州州牧贡献青铜,铸造九鼎,象征九州,将全国九州的名山大川、奇异之物镌刻于九鼎之身,以一鼎象征一州,并将九鼎集中于夏王朝都城。从此九州就成为中国的代名词,以及王权至高无上、国家统一昌盛的象征。夏朝、商朝、周朝三代均奉为象征国家政权的传国之宝,西周时期周成王在洛阳主持定鼎大典,到了战国,楚、秦皆有兴师到周王城洛邑"问鼎"之事。后世帝王非常看重九鼎的权利象征与意义,亦曾屡次重铸九鼎,武则天在洛阳铸的九鼎规制宏大,后毁于战火。

河洛郎的价值观受"鼎"的世代影响熏陶,建构了"民族团结一统"的价值观。正如有人评价说:"大一统,是一种概念,一种拥有无限向心力的概念;大一统,是一种气魄,一种积极开拓奋发向上的气魄;大一统,是一种胸怀,一种兼收并蓄包容一切的胸怀;大一统,让我们的民族从分散归至凝聚,就算经历再多劫难,心中仍有一个祖国的轮廓。"

长期居住洛阳的老子主张以"一"为本,"道生一,一生二,二生三,三生万物"(《道德经》),这就是大一统的本体论。台湾学者曾仕强也说:"我把梦想分为三个层次,上梦是世界大同,中梦是两岸统一,下梦是家庭和谐。我想这也是两岸大多数中国人的梦想。"①河洛郎主张团结,凝聚,和而不同,民族一家,修齐治平,以"大一统"强大于世界。

根、中、礼、易、范、鼎,可谓河洛文化中六颗璀璨耀眼的明珠,这些理念传承给了"河洛郎"厚重、深邃的共同价值观体系。以"根"为代表的家国价值观、以"中"为代表的中和价值观、以"礼"为代表的礼让价值观、以"易"为代表的自强价值观、以"范"为代表的向善价值观和以"鼎"为代表的统一价值观,这六大价值观将在新的时代,不断发扬光大,泽被世界。

(作者为洛阳师范学院副教授)

参考文献:

1. 张新斌《解读河南文化的四个关键词》,《学习论坛》2010 年 2 月第 26 卷第 2 期。

2. 张继宏《河洛文化的基本人文精神与河南创业文化的重塑》,《理论月刊》2011 年第 6 期。

3. 徐金星《河洛文化:中国传统文化的源头与核心》,《寻根》2004 年 05 期。

4. 周全德《彰显中原伦理精神 构建河南和谐社会》,《学习论坛》2005 年 9 月,第 21 卷第 9 期。

5. 徐金星《河洛文化、汉人南迁及其有关史迹》,《洛阳师范学院学报》2005 年第 3 期。

6. 张文军《河洛文化的融合性——兼谈河洛文化与闽台的关系》,《中原文物》2003 年第 1 期。

7. 陈义初《根在河洛》,大象出版社,2004 年。

8. 张向东《河洛文化与河南人》,《社会科学家》2005 年第 2 期。

9. 刘加洪《客家优良传统的根在河洛》,《寻根》2010 年第 2 期。

---

① 王曦辉、梁宁、陈苗:《管理学大师曾仕强:我是河洛郎河南有家的味道》,《大河报》2013 年 10 月 14 日。

河洛文化与河洛郎

陈建魁

一

福建和台湾的姓氏人口相似性极强。如陈、林、黄、郑四姓的比例要高于全国,而且陈、林、黄都居于姓氏人口的第一、二、三位。

下面是福建、台湾及福建三个城市排名前 10 位的姓氏:

福建:陈、林、黄、张、吴、李、郑、王、刘、苏。

台湾:陈、林、黄、张、李、王、吴、蔡、刘、杨。

泉州:陈、林、黄、王、李、吴、张、郑、蔡、苏。

莆田:陈、林、黄、郑、吴、张、李、杨、刘、蔡。

福州:林、陈、黄、郑、王、张、李、吴、刘、杨。

再看下表:

	陈姓	林姓	黄姓	郑姓
全国人口排序及比例①	5(4.63%)	17(1.07%)	7(2.48%)	21(0.9%)
全国人口排序②	5	19	7	21
河南人口排序③7	89	18	20	
福建人口排序及比例一④	1(11.06%)	2(9.4%)	3(5.5%)	7(3.3%)

---

① 此项为袁义达 2006 年版《百家姓》排列顺序及比例。调查负责人、中国科学院遗传与发育生物学研究所袁义达研究员说,两年的调查涉及全国 1110 个县和市,得到了 2.96 亿人口的数据,共获得姓氏 4100 个。

② 此项为 2007 年 4 月公安部治安管理局根据对全国户籍人口的一项统计分析,排出的新的《百家姓》中的数据。

③ 此项为 2007 年 4 月公安部治安管理局根据对河南户籍人口的一项统计分析,排出的河南《百家姓》中的数据。

④ 此项为袁义达先生对福建 45 个县市进行抽样统计得出的数据。

	陈姓	林姓	黄姓	郑姓
福建人口排序及比例二①	1(11.51%)	2(10.17%)	3(5.64%)	7(3.25%)
台湾人口排序及比例	1(11%)	2(8%)	3(6%)	13(2%)

在福建和台湾,陈、林、黄、郑四姓中,陈、林、黄三姓均排在姓氏人口的一、二、三位,只有郑姓略有差异,福建的郑姓排第七,台湾的郑姓则排第十三位。在福建和台湾,有"陈林半天下,黄郑排满街"之说,就是闽台姓氏人口特点和生动写照。据统计,台湾人80%来自福建,20%来自广东,台湾和福建有姓氏人口上的特征极其相似也证明了台湾人多来自福建的历史事实。

二

台湾人多来自福建,那么福建人又是从何而来呢? 我们认为,福建主重要姓氏人口特征,即陈、林、黄排名前三、郑姓人口比例远高于全国平均水平,这种局面的形成,与中原陈、林、黄、郑四姓在历史上最早南迁入闽有极大的关系。

陈、林、黄、郑四姓都是起源于河南的姓氏,分别起源于河南的淮阳、卫辉、潢川、新郑。历史上,中原士民曾四次大规模南迁,而陈、林、黄、郑四姓为每次南迁都包括的姓氏,且是最早入闽的一批姓氏。陈、林、黄、郑四姓经过这四次南迁入闽,对当今福建、台湾人口姓氏特点的形成起到了举足轻重的作用。

西晋末年,中原士民第一次大规模南迁。唐林諝《闽中记》曰:"永嘉之乱。中原仕族林、黄、陈、郑四姓先入闽。"陈、林、黄、郑为最早入闽四姓。南宋泉州晋江人梁克家撰《淳熙三山志》记载:"爰自永嘉之末,南渡者率入闽,陈、郑、林、黄、詹、邱、何、胡,昔实先之……隋唐户口既蕃,衣冠始集。"其中也把陈、林、黄、郑列在最早入闽八姓的前列。乾隆《福州府志·外记》中引路振的《九国志》也有同样记载。今天中国大陆所形成的陈、林、黄、郑四姓在分布上南多北少的基本格局,其根源便是由此引发的。

唐总章年间,中原士民第二次大规模南迁。唐朝初期,陈政、陈元光父子带兵入闽平定"蛮獠啸乱",奉诏准建置漳州及属县。据统计,陈元光父子入闽所

---

① 此项为2006年3月21日《福建日报》报道的根据2005年福建1%人口抽样调查资料统计得出的数据。

带府兵将士与眷属共有 84 个姓氏,其中包括陈、林、黄、郑四姓。

　　唐代末年,中原士民第三次大规模南迁。唐朝末年,中原动乱,固始人王潮、王审知兄弟带领乡民义军入闽,除暴安民。昭宗诏授王审知福建威武军节度使。后梁太祖进封王审知为闽王。随从"三王"入闽,开发建设闽地的光州固始籍民五千多人。据《八闽祠堂大全》等资料记载,随从"三王"入闽的姓氏有 83 个。陈、林、黄、郑四姓也均在其中。

　　北宋末年,金军占领开封,中原士民第四次大规模南迁。在这次著名的"宋室南渡"过程中,大批皇亲国戚、官吏、平民向今天的浙江、福建、江苏、江西、湖南、广东等地迁移。陈、林、黄、郑四姓为官者与家属及四姓其他平民的许多人迁至福建。

　　陈、林、黄、郑四姓经过四次入闽,尤其是永嘉之乱后第一次入闽,对福建人口姓氏特点的形成起到了关键作用。唐代这四姓的两次入闽,又对这四姓人口在福建的持续增长创造了条件。明清以后,福建人许多渡海入台。现在的台湾人之先人有 80% 来自福建,这也使福建的姓氏人口特点带到了台湾。而在陈、林、黄、郑四姓的起源地河南,这几个姓氏所占的人口比例则大大低于福建和台湾,这就是历史上中原人南迁带来的后果之一。

三

　　当今,许多闽台人自称为"河洛郎",说明他们的祖先来自以河洛为中心的中原地区。他们自称为"河洛郎",还与魏晋南北朝时期门第之风的盛行不无关系。

　　魏晋时期实行九品中正制,天下大族地区按其出身分为九等,作为出仕和婚姻的依据。按"郡望"成为在新的历史条件下标志各家族社会地位高低的手段。

　　在漫长的历史发展过程中,有些家族由于世代居住某地,人才辈出,或由于战功卓著,而被加官封爵,荫及后世,从而积累了巨大的经济财富和文化威望,成为一地的豪门大族,这种家族由于在当地为人所仰望,故被称为望族。如南北朝至隋唐时期,范阳卢氏、清河崔氏、荥阳郑氏、太原王氏,就是当时北方的四大望族。在姓氏面前标以家族居住地,也就是当时行政区划之一——郡的名称,以表示其为此地的望族,即后人所谓语"郡望",郡望也因此就成了区别贵贱的标志与手段,它将同一姓氏中的豪门与寒门、士族与庶族区分开来。一般来说,小姓一般有一到几个郡望,大姓则郡望较多,如王姓有 21 望,张姓则号称 43 望。

郡望还成为国家选拔人才、任用官吏的依据,魏晋时代的"九品中正制"就是一种依赖郡望选拔人才的制度,因此,从魏晋直到隋唐,名门望族对自己在国家谱籍中的地位都十分在意,想方设法在其中占据显要位置。东晋和南朝时,王姓、谢姓为望族之最。那时北魏大将侯景归降南朝的梁,梁武帝封他为河南王,显赫一时。侯景想和王、谢通婚,梁武帝说,王、谢门第太高了,你还高攀不上,还是到朱、张以下的望族中去寻求吧!

北魏时官方为汉姓定谱籍,欲列四个望族于一等,当时"陇西李氏"得到这一消息后,派人快马赶到都城洛阳,想打通关节进入一等四姓,但还是让山东(函谷关以东)大姓范阳卢氏、清河崔氏、荥阳郑氏、太原王氏占了先,未能挤进前四位。或许是由于对此事一直耿耿于怀,陇西李氏的后代李渊创建唐朝后,太宗李世民命高士廉等人重修氏族志。高士廉分氏族为九个等级,把清河崔氏列为第一。太宗见了大怒,说:我们陇西李氏,贵为天子,难道还屈居崔氏之后吗?高士廉受到斥责,乖乖地把皇族列为第一,外戚列为第二,编成《大唐氏族志》100 卷,计 293 姓,1651 家。

因郡望与一个人的政治生活、沉浮得失、社会交往以及婚丧嫁娶等密切相关,故而受到时人的特别重视。魏晋南北朝时,记录氏族世系的"谱学"十分兴盛,而每个人不管官居何位、身在何方,都不得改变谱籍。南朝有个叫王泰宝的人,想冒充入琅玡籍而行贿,被人揭发,那受贿者——谱学世家传人贾希镜也险些被齐明帝砍了头。

东汉魏晋以来,士族大姓讲究门当户对,儿女婚事一直在小圈子内进行,耻与低级氏族结亲。东晋时,琅玡王氏与陈留谢氏这两大望族就相互通婚。而最为突出的,要数唐代时太原王氏、范阳卢氏、荥阳郑氏、清河与博陵崔氏、陇西与赵郡李氏这七大望族。元代王实甫杂剧《西厢记》,取材于唐代诗人元稹的传奇小说《会真记》(一名《莺莺传》)。剧中女主角崔莺莺的父亲崔相国、母亲郑氏都出自高门,而男主角张珙(张生)虽说父亲曾任礼部尚书,但以门第来说还是低了一截。因此张生向崔莺莺求婚,崔母自矜博陵望族而瞧不起对方门第。元稹安排的这两个姓氏成为小说情节的发展基础,使门第如一道难以逾越的藩篱,横在张生与莺莺之间。

唐高宗时,出身寒族的李义府官居宰相,想为儿子在这七大望姓中娶个媳妇,竟到处碰壁。李为此怀怨,便劝说皇帝下诏,禁止这七姓子女互相通婚。从此这七大高门自为婚姻以保持"血统"纯正的门路断绝了。然而这些望族人家不甘受此束缚,照样偷偷地议婚论娶,只因不敢公然冒犯天子诏令,便取消了车马送亲、执扇吹奏等一应公开热闹的排场,改为天黑后弄一乘花纱遮蔽的"檐子"(肩舆),把新娘抬到男家结婚。对此,唐高宗和唐文宗又追颁过禁止乘坐"檐子"的诏令,以免这些人家瞒天过海,但都只能有效一时,风头过后,又卷土重来。中唐以后,"檐子"迎亲居然成了一种有身份的标志,连七姓之外的人家亦有贪慕虚荣而学样的。迄至宋朝,前朝禁令一概废除,"檐子"送嫁转为公开,又嫌其简陋,遂刻意装饰,俗称"花檐子",以后再流变为花轿。这就是姑娘出嫁坐花轿的来历。由此看来,女子出嫁乘坐花轿也与姓氏之间不无瓜葛,而诸如纳妾收房、寡妇再嫁等婚姻活动不得乘坐花轿的禁忌,也由此衍生。

唐末及五代战乱,人事变幻无常。故至宋代以后,郡望才失去原先的许多实际意义。

北宋初年,钱塘老儒所编《百家姓》,以赵姓为首,这样,赵姓取代了唐代时的李姓成为天下第一姓。到了明代,朱元璋称帝,又得重排座次了。当时的翰林院官员吴沈主持编成了《皇明千家姓》,收有姓氏1968个,第一句为"朱奉天运",朱氏跃上首位。明亡后,清代的"爱新觉罗"氏取代了朱氏,康熙时以皇帝的名义编造了《御制百家姓》。但康熙皇帝是一个聪明人,他不屑在这些小事上争面子,且满族姓氏音译成汉字,字数多少不一。他为了笼络人心,表示尊崇"圣人"孔子、孟子,这本百家姓收有450个姓氏,其中复姓22个。开头几句是"孔师阙党,孟席齐梁,高山詹仰,邹鲁荣昌,冉季宗政,游夏文章",居然成为一篇琅琅上口的文章,但流传后世的,还是那本"赵钱孙李,周吴郑王"。

宋代以后,虽然郡望已没有太多现实意义,然历代的传统使南迁者不断加深了出自北方大族及河洛地区的意识,也在南迁者的心目中打上了"河洛"的烙印。

四

闽台人多自称"河洛郎"还和东晋与南朝设置的侨州郡县有关。

侨置者,每举东晋为侨置制度的开始。如顾颉刚、史念海两位先生在《中国疆域沿革史》①第十五章第二节中指出："元帝太兴三年以琅邪国过江人民侨立怀德县于建康,是盖此种制度之滥觞也";王仲荦先生则详述经过云:在元帝司马睿南迁时,琅邪人民随司马睿过江者一千多家,元帝在太兴三年(320)侨立怀德县于建康,以安置这些琅邪侨民。成帝司马衍咸康元年(355),又在江乘县(今江苏句容县北六十里)境内侨立琅邪郡,为了和北方的琅邪郡区别起见,称为南琅玡郡。北方的琅邪郡有临沂县(琅邪王氏就是这一县的人),于是南琅邪郡领邑下也侨立临沂县(在江乘界内),这可以算是侨郡县的创始。②

东晋十六国南北朝时代,南北各国纷纷侨置州郡县。什么是正规的侨州郡县?《隋书·食货志》云:"晋自中原丧乱,元帝寓居江左,百姓之自拔南奔者,并谓之侨人。皆取旧壤之名,侨立郡县[15],往往散居,无有土著";又《宋书·州郡志·序》:"自夷狄乱华,司、冀、雍、凉、青、并、兖、豫、幽、平诸州一时沦没,遗民南渡,并侨置牧司,非旧土也。"

由于上述之永嘉丧乱及东晋建立,黄河流域胡骑纵横,无宁静之土,南方则成为新的正统所在。于是中原百姓或所在屯聚、结坞自保;或纷纷为避兵之计,而以南渡江左者最多。《晋书·王导传》:"洛京倾覆,中州仕女避乱江左者十六七。"[7]长途跋涉,兵荒马乱,迫使人们要有组织地行动;老弱妇孺沿途死亡,父兄子弟希望白骨得到窆葬;道路之上,人们需要粮食、衣物与医药。此时,地方豪族与将帅固有的势力与影响就发挥了作用。

汉魏以来,多聚族而居,社会经济的基本单位是一个个名宗大族。当南北分裂之世,北人以笃于亲族之谊著称。《宋书·王懿传》:"北土重同姓,谓之骨肉,有远来相投者,莫不竭力营赡;若不至者,以为不义,不为乡里相容。"至于北土大族数世同居者,史传所载,更是屡见不鲜。江州的义门陈氏数十代同居,发展到5000余人,就是一个典型的事例。

按宗族系统是以家庭为单位组成的。由于各个家庭间亲疏贫富的不同,故宗族纽带并非怎样牢固。但在流徙过程中,则加强了一个个家庭间的联系,又使宗主与族人的关系愈加密切,发生主从关系;另外,一些没有能力自保的散户依

---

① 商务印书馆1938年版。
② 王仲荦《魏晋南北朝史》上册第五章第二节,上海人民出版社1979年。

附随行,也从而扩大了流徙集团。及至定居他乡,与土著主客相抗,欲求立足,保障安全,尤需倚仗宗主与集团的力量。于是宗主、豪族与所谓宗亲、乡党、部曲、门徒、义附等人群,遂逐渐结成为不可解散的、牢固的整体。由于侨流人口的迁徙与定居新地,基本上保持着乡族集团的形式,这就使得安辑侨流采取设立郡县的方法,比较简便可行;而就乡族集团置州郡县,也有利于保证这一集团内部组织的稳定性,符合大族、将帅及侨流人民的利益。

衣冠望族,桑梓情殷。南渡衣冠望族要求保持原郡望与侨置州郡县之间的关系自是理所当然。而这种与原居地之间的联系,使南迁群体有了一个共同的家乡——河洛,这便是河洛郎称谓缘起的又一个诱因。

（作者为河南省社会科学院河洛文化研究中心副研究员）

河洛文化与 21 世纪海上丝绸之路

赖进义

一、海上丝绸之路

中国古代的对外交通源远流长,内涵丰富。对于此一上下数千载、纵横几万里的交通历史,人们常常冠以各种绚丽多彩的形容词。最脍炙人口的自然是中西陆路交通史上最被艳称的"丝绸之路",也有另称"草原之路"、"绿洲之路"、"玉器之路"或"丝瓷之路"等等,大致指的皆为同一范围路线。

广义的丝绸之路指从上古开始陆续形成的,遍及欧亚大陆甚至包括北非和东非在内的长途商业贸易和文化交流线路的总称。它包括:传统的西北丝绸之路、约于公元前 5 世纪形成的草原丝绸之路、在宋初取代西北丝绸之路成为路上交流通道的南方丝绸之路以及后来几乎取代所有陆上丝路的海上丝绸之路。

所以,"海上丝绸之路"是中国古代与外国交通贸易和文化交往最终取代陆路丝绸之路的海上通道。若以台湾海峡为界,又可细分为东洋丝路及西洋丝路。东洋丝路由明州(宁波)出发,沟通韩、日及渤海周边。西洋丝路因为主要以南海为中心,起点从泉州到广州,所以又称南海丝绸之路。

大致上,海上丝绸之路最晚形成于秦汉时期,发展于三国隋朝时期,繁荣于唐宋时期,转变于明清时期,是已知的世界上跨洲际最为古老的海上航线。①

明初郑和下西洋时,海上丝绸之路发展到巅峰,郑和可说是海上丝绸之路最具代表性的人物,郑和下西洋也是历史上海上丝绸之路的最后、也最集大成的展现。郑和之后的明清两代,由于实施海禁政策,中国的航海业开始衰败,这条曾

---

① 以上丝绸之路论述皆参考自赖进义《"郑和航海图"与海上丝路关系》,2014 年 7 月 11 日第三届昆明郑和研究国际会议论文。

为东西方交往做出巨大贡献的海上丝绸之路,稍后先被阿拉伯与印度所垄断,再逐渐被西方人的新航路所取代。

西方历史学家把郑和下西洋的终结看成是"中国文明"本身在历史上的转折点。从此以后中国人变得更加"虚伪"和"堕落",重诗文、哲理、书画,而轻技艺、强身、政治与大海。永乐皇帝朱棣(1360—1424)的死标志着中华帝国一个辉煌时代的结束;风光的通商贸易,四海扬帆已成过去,蓬勃冒险犯难的精神湮灭,强劲的行动一去不返。军威日竭,禁海闭关日盛,一个伟大的文明几乎枯萎。

二、中国"一带一路"政策

2013 年,新任的中国国家主席习近平,一上台就提出要扭转这个几乎枯萎伟大文明的现况,重新恢复它历史的辉煌,这就是所谓的"中国梦"。只是,如何实践"中国梦"呢? 来个西域(成吉思汗)加西洋(郑和)如何?

2013 年年底到 2014 年年初习近平主席访问中亚五国与东南亚的马来西亚、印度尼西亚等国,沿途一直强调丝绸之路与郑和故事,一个"大政策"呼之欲出。

2014 年 3 月中国共产党十八届三中全会审议通过了《中共中央关于全面深化改革若干重大问题的决定》。这个《决定》提出,加快沿边开放步伐,允许沿边重点口岸、边境城市、经济合作区在人员往来、加工物流、旅游等方面实行特殊方式和政策。建立开发性金融机构,加快同周边国家和区域基础设施互联互通建设,推进丝绸之路经济带、海上丝绸之路建设,形成全方位开放新格局。[1] 这就是"一带一路"政策的宣布,也是实践"中国梦"的具体措施。

2014 年 11 月北京 APEC 会议,中国进一步宣布,在丝绸之路经济带将用400 亿美元成立"丝路基金",另一方面海上丝绸之路部分,将投资 500 亿美元成立"亚洲基础设施投资银行"(简称亚投行 AIIB),这是用"人民币"(RMB)代替成吉思汗的骑兵与郑和的无敌舰队,完成一个令人难以抗拒的梦想。

2015 年 3 月 28 日中国国务院发布"一带一路"正式内容,它正式名称叫《推

---

① 引自新华网 2013 年 11 月 15 日《中共中央关于全面深化改革若干重大问题的决定》,http://finance.ifeng.com/a/20131115/11093995_0.shtml

动共建丝绸之路经济带和21世纪海上丝绸之路的愿景与行动》,这个愿景与行动分为八个部分:一、时代背景;二、共建原则;三、框架思路;四、合作重点;五、合作机制;六、中国各地方开放态势;七、中国积极行动;八、共创美好未来。内容强调"一带一路"建设是一项系统工程,要坚持共商、共建、共享原则,积极推进沿线国家发展战略的相互对接。①

几乎同一时间,2015年3月底,"亚投行"创始国申请结束,共57国参加,台湾没申请成功,但与香港、匈牙利可申请成为普通会员,美、日未申请。不过,包括英、法、德、俄、印度等大国皆加入,尤其英国的入行,被视为背弃美国盟邦的代表。

中国政府估算,"一带一路"经过路线集中于新兴经济体和发展中国家,总人口约44亿,经济总量约21兆美元。"一带一路"不仅可以带动公路、铁路、港口、电网等基础设施兴建需求,也将拉动教育、旅游、文化、翻译、社会科学研究等人力资本训练需求。简单来说,"一带一路"关照面涵盖亚洲与欧洲,"一带一路"要运用新兴发展国家经济成长红利,带动中国经济进一步发展,顺便解决未来中国可能面临经济硬着陆的问题。②

所以,目前国际政、经学界,最热门的话题,就是中国的"一带一路"政策,这个世纪工程,如果完成,不仅可能实现"中国梦",说不定还可以让中华民族重返荣耀,甚至更胜汉、唐。"一带一路"如果完成,欧洲的经济可能复苏,所以有人称之为"中国版马歇尔计划"。目前以西方价值为主轴的国际政经规则与秩序,势必改写,华人在国际经贸舞台上将获得更多机会,21世纪真有可能成为华人世纪。③

但是,要完成这个愿景与行动,它必须成为中华民族共识,并且需要海内外世界华人共襄盛举,参与协助,以争取世界上其他民族的合作,大家共赴繁荣。

---

① 见新华网2015年3月28日中国国务院授权发布《推动共建丝绸之路经济带和21世纪海上丝绸之路的愿景与行动》,http://news.xinhuanet.com/world/2015—03/28/c_1114793986.htm
② 参见郑宇钦《欧盟视野下的一带一路》,2015年4月5日,台北《天下》杂志网页,http://opinion.cw.com.tw/blog/profile/303/article/2616
③ 同前注。

三、河洛文化与海上丝绸之路

要海内外世界华人共襄盛举,参与协助完成这个"一带一路"的愿景与行动,那就非借助已因历史上海上丝绸之路蓬勃发展的缘故,已随之普及于海上丝绸之路周遭国家与地区的河洛文化不为功。

河洛文化是中华民族文明的源头和主脉核心,中华文明因此成为人类大河文明中精彩的一支,它透过郑和下西洋,传播于海上丝绸之路周遭的国家与地区,原因无他,因为郑和下西洋走的就是前此可能已经走了十几个世纪的海上丝绸之路。河洛文化当然可能早于郑和下西洋时代便已传播海外,只是郑和下西洋的和平使者形象,更凸显出河洛文化在中华文明中的王道色彩。河洛文化在海上丝绸之路的历史上,因此曾经发光发热。

最晚形成于秦汉时期,发展于三国隋朝时期,繁荣于唐宋时期,转变于明清时期的海上丝绸之路,其周遭的国家与地区,没有一个地方,即使汉化、华化、河洛化而消失了其本身文化或成为中国殖民地,与后来西方文明抵达海上丝绸之路周遭的国家与地区的情况,形成明显的对比。

我们知道中原河洛文化启于于夏、商,成熟于周,发达于汉、魏、唐、宋,传承于其后历代中国,是历史上生活在黄河与洛水交汇流域的中华先民所创造的文化。不仅是中华文明的重要源头之一,在中华文明中更处于核心地位,甚至于可以说河洛文化孕育了中华文明。[①]

而河洛文化,或者就说中华文明,其核心精神,汉朝以后,即趋于儒家思想的仁爱王道价值体系。"王道"一词最早见于《尚书·洪范》,儒家代表人物孔子、孟子都是王道思想的推崇者,主张仁政,以德治国,仁爱服人,形成中华文化中核心价值所在的王道文化。王道文化在国家关系上以多元包容的态度来对待不同的国家、民族和文化,尊重弱小民族的经济发展规律,甚至进一步的济弱扶倾,希望提携后进,创造共存共荣。王道文化也主张在天、地、人结合下,追求永续发

---

① 杨海中《闽台文化根在河洛》,2005 年 2 月 7 日,原载中国文化网,引自网络,网址 http://big51.chinataiwan.org/twzlk/lsh/1368nyq/200803/t20080320_609380.htm

展,避免资源耗竭。① 海内外世界华人共襄"一带一路"盛举,协助争取世界上其他民族的合作,河洛文化的王道精神,将是最好的协助大家完成使命的说词。

中国发布"一带一路"愿景与行动中的"共创美好未来",正显示这种以多元包容的态度,尊重不同的国家、民族和文化的经济发展规律:

> 共建"一带一路"的途径是以目标协调、政策沟通为主,不刻意追求一致性,可高度灵活,富有弹性,是多元开放的合作进程。中国愿与沿线国家一道,不断充实完善"一带一路"的合作内容和方式,共同制定时间表、路线图,积极对接沿线国家发展和区域合作规划。②

以王道为核心的河洛文化,在沉寂了五六百年的海上丝绸之路,因中国的"一带一路"的愿景与行动,尤其对其中的,要重新恢复其兴盛与荣景,赋予它 21 世纪新生命与意义,自当扮演重要角色。河洛文化在 21 世纪的海上丝绸之路构建中,势将再展风华。

四、台湾的机会与挑战

对中国目前的"一带一路"愿景与行动,台湾在感情上当然乐观其成,但由于近年来的经济不振,岛内更忧虑的是,因为"一带一路"的效果,台湾经济进一步的被边缘化。尤其"亚投行"创始国申请加入的不顺利,两岸服贸协议由于政治因素的卡关,早该实行的台胞免签,其宣布整整落后美国对台免签二年半,观感与效果大打折扣。两岸关系似乎已非中国台面上优先甚或重要工作,台湾因此何须配合中国的大政策与大行动? 尤其,"一带一路"对台湾的利弊,实难预估。

台湾作为河洛文化在海外发展的深化范例,已逐渐形塑出一些独特性格,例如河洛文化的安土重迁已被海洋性的冒险犯难所转化。但台湾社会基本上仍是

---

① 黄俊杰《王道文化与 21 世纪大中华的道路》,刘兆玄　李诚主编《王道文化与公义社会》,第六章,台北远流出版社,2012 年 09 月 16 日。
② 见新华网 2015 年 3 月 28 日中国国务院授权发布《推动共建丝绸之路经济带和 21 世纪海上丝绸之路的愿景与行动》:"第八、共创美好未来"。

河洛文化讲究礼门义路,仁爱忠孝的敦厚社会。[1] 中华民族有机会重返荣耀,即使有风险,台湾应不会自外于这个大格局。

就历史上海上丝绸之路的发展而论,台湾以其地理位置的缘故,恰是东洋丝路与西洋丝路的分界点,这也是郑和下西洋,经由台湾海峡,却未以台湾为目的,登临近在咫尺的台湾之缘故。不过,明末茅元仪《武备志》最后一卷所收录四十四幅的"郑和航海图集",其第十页,明确的标示"平湖",也就是今之澎湖,让台湾有充分理由,说明其与海上丝绸之路肯定有其一定的关系。因为我们已知,郑和下西洋走的正是已经走了十几个世纪的海上丝绸之路。

台湾与海上丝绸之路的关系,无论从考古、历史、商品经济等等各个角度的研究,都还有许多可以努力的空间。只是,当下中国"一带一路"的机会与挑战扑面而来,台湾必须衡量,已逐渐空洞化的岛内经济情况,该借机扭转颓势,还是该划清界线,避免进一步向下沉沦? 这不是两难的决择,是攸关盛衰的国之大计。

韩国的积极作为,值得台湾参考。中国提出"一带一路"战略,以及亚洲基础建设投资银行的成立,成为 2015 年最受瞩目的国际大事之一。"一带一路"并没有韩国的份,但是韩国可不甘愿被排除在外,自己搞了一个"韩版一带一路",将韩国塑造成"一带一路"的起点。[2] 早自 2013 年底,韩国总统朴槿惠提出一个"欧亚倡议",要建设一条从韩国南部港口釜山出发,经北韩、俄罗斯、中国、中亚到欧洲的"丝绸之路快速铁路"(SRX)构想,希望打造一条从釜山到伦敦的14 天陆路物流网络,取代目前需要 45 天的海运。这个"欧亚倡议",目的在透过和中亚国家的合作,建立一条贯通朝鲜半岛、中国、俄罗斯、中亚,直到欧洲的交通网络,增进亚洲和欧洲的经济、物流和安全领域的合作,可说是"韩国版一带一路战略"。同时,藉此带动北韩开放门户,消除朝鲜半岛紧张局势,最后达成两韩统一。[3]

---

[1] 赖进义《河与海的交会～郑和下西洋对河洛文化传承与发扬的贡献》,中国河洛文化研究会及中华侨联总会编,《河洛文化与台湾文化》,页 419—427,郑州河南人民出版社,2011 年 4 月。

[2] See more at: http://www.cw.com.tw/article/article.action? id = 5069184JHJsthash.WdMGUYVi.dpuf。

[3] 辜树仁《没算我一份没关系我自己来韩国搭"一带一路"便车》,2015 年 7 月 15 日,台北《天下》杂志网页,http://www.cw.com.tw/article/article.action? id =5069184JHJ。

相对韩国的无中生有,搁置几十年,台湾连讨论都不敢的"海峡两岸隧道工程计划",①这条造价预估超过一千亿美金,台北可以直达伦敦,正好可以向"亚投行"申请,有望带动台湾经济起死回生的基础大建设,是否可以开始端上台面,让蓝绿两端的政治人物,以至两边的"总统"候选人,好好清楚明白的为它吵上一架!

河洛文化的王道色彩,让它在海上丝绸之路的历史上,奠定即使西力东渐也无法撼动、至今仍存在于例如"环南中国海周遭的华人经济圈",以至于世界各地的"唐人街",一种融入而非融化当地经济、文化等的力量,而又保存自己的文化特色。未来,它对台湾在"一带一路"中的机会与挑战,如何以王道迎横逆、柔弱凌刚强,也将扮演重要功能。

(作者为台湾中华郑和学会副理事长、新竹大学技术学院通识中心前主任)

---

① 亦称"台湾海峡隧道",参见维基百科说明 https://zh.wikipedia.org/wiki/台湾海峡隧道。

二十五年来河洛文化研究的回顾、反思与前瞻

——以郑州"河洛文化研究高层论坛(2014)"为中心

陈习刚

从 1989 年至今,河洛文化研究已经走过了二十五年多的发展历程,从以洛阳为中心的研讨活动,发展到以河南为中心,再到广东、台湾、江西、福建等地大型学术研讨会的举办,从进入学界的视野到成为一个重要的学术热点,河洛文化研究在组织机构、人才队伍、学术研究、文化交流等方面都取得了令人瞩目的成就,尤其是近 10 年来河洛文化研究的快速发展,大大扩大了河洛文化在海内外的影响。尽管如此,河洛文化的研究仍有许多问题值得认真思考和探讨,河洛文化研究有待进一步深化。因此,2014 年 12 月 6 日,中国河洛文化研究会、河南省社会科学院、河南省政协港澳台侨委员会在郑州市黄河迎宾馆联合主办了"河洛文化高层论坛(2014)——回顾反思前瞻",希冀站在高起点上的河洛文化研究承上启下,继往开来。

中国河洛文化研究会顾问、中共河南省委原书记、全国人大财政经济委员会副主任委员、中宣部马克思主义理论研究和建设工程咨询委员会主任徐光春,中国河洛文化研究会顾问、河南省政协原主席、全国政协教科文卫体委员会副主任王全书,中国河洛文化研究会常务副会长、河南省政协副主席邓永俭,中国河洛文化研究会常务副会长、河南省政协原副主席陈义初,中国河洛文化研究会副会长、中国社会科学院学部委员刘庆柱研究员、中共河南省委宣传部副部长王庆等领导出席了论坛并致辞。来自中国社会科学院、北京大学、河南省社会科学院、河南省政协港澳台侨委员会、郑州大学、河南大学、河南师范大学、信阳师范学

院、洛阳师范学院、洛阳理工学院、河南科技大学、安阳师范学院、洛阳市社科联、三门峡职业技术学院等单位的领导、专家学者和嘉宾 100 余人与会。代表们围绕"深化河洛文化研究"展开热烈研讨,取得了丰硕成果。

二十五年以来河洛文化研究的辉煌

从 20 世纪 80 年代后期开始的河洛文化研究,筚路蓝缕,到近三十年后的今天,可以说是硕果累累。特别是自 2006 年 2 月中国河洛文化研究会成立以来,在郭东坡、陈云林、杨崇汇等三任会长的领导下,河洛文化的研究工作取得了长足的进展。郭东坡是河洛文化研究会的首任会长,在他领导下,中国河洛文化研究会建章立制,奠定了发展基础,推动河洛文化研究出现了热潮。在陈云林会长领导下,河洛文化的影响力持续提升。全国政协原副主席张思卿、罗豪才、张克辉、陈奎元等研究会顾问也为此倾注了大量心血。

论坛上,与会专家学者从不同方面对二十五年以来,尤其是近十年河洛文化研究工作的进展进行了全面的回顾和总结。中国河洛文化研究会常务副会长、河南省政协第九届委员会副主席陈义初全面回顾了河洛文化研究工作近十年来的巨大进展,河南省河洛文化研究中心副主任陈建魁对河洛文化研究二十五年来的发展历程进行了简要总结。

概括地说,河洛文化研究二十五年来取得的巨大成绩主要体现在六大方面:

一是河洛文化学理性问题受到关注并取得了一定共识。关于河洛地域及河洛文化圈范围,河洛文化的概念、内涵及发展阶段,河洛文化精神及文化特性,河图洛书问题,河洛文化的历史影响及历史地位等有关河洛文化基本理论问题和重要专题问题,都为学者们所瞩目,并取得了较为丰硕的成果。关于河图洛书的研究,关于中原移民及客家人的研究,关于姓氏研究,关于河洛文化与赣鄱文化、岭南文化、闽台文化、台湾文化、客家文化关系的研究等河洛文化专题研究,都有深入进展。河洛地域文化的研究也有新进展,如一些学者在"河洛学"的提出与构建方面也进行了有益探索。

二是各级河洛文化研究机构和学会相继成立。如 2004 年 8 月,河南省成立"河南省河洛文化研究中心",2006 年 2 月 24 日,中国河洛文化研究会在北京正式成立,全国政协港澳台侨委员会主任担任会长,河南省政协副主席任常务副会长。这标志着河洛文化研究由分散的、缺乏组织联系的研究走向有计划和不断进行力量整合的阶段。中国河洛文化研究会现已形成"一委四省"联动运行机制,在全国性的社团组织中是一个创举。

三是豫、赣、闽、粤、台多方携手,并力推进了河洛文化研讨。现在河洛文化研讨会已从河南走向省外,不仅走出河洛文化的发源地河南,分别在广东、江西和福建举办了第九届、第十一届和第十二届研讨会,而且深入宝岛台湾,在台北举办了第十届研讨会,实现了里程牌式的跨越与突破。

四是河洛文化研究重大课题相继立项,一些创新工程也开始实施。

2006 年以来,已经有四个国家社科基金项目立项:2006—2008 年的《河洛文化的起源、传承与影响》、2009—2013 年的《河洛文化与闽台关系研究》、2012—2015 年的《河洛文化与华夏历史文明的传承与创新》和 2012 年完成的《河洛文化与民族复兴》。

洛阳师范学院为打造河洛文化传承创新区实施了河洛探源工程、产业工程、数字传播工程、丝路旅游工程、文化校园工程等五大工程。

五是河洛文化研究成果丰硕,已出版专著约 30 种,文集达 18 本,各类文集、报刊上发表论文上千篇。

较有影响的如徐金星、吴少珉主编《河洛文化通论》、程有为《河洛文化概论》、王永宽《河图洛书探秘》、杨海中《图说河洛文化》、李绍连《河洛文明探源》、史善刚《河洛文化源流考》等等。而 1994 年《文史知识》"河洛文化"研究专辑(7 篇)的出版也奠定了后来河洛文化研究的基本方向;2004 年《光明日报》"河洛文化研究"专栏所刊发李学勤、刘庆柱等学者文章(12 篇),影响深远;2006 年 2 月中国河洛文化研究会又在《光明日报》上发表了大型研究报告《河洛文化:连结海峡两岸的纽带》,影响海外。

六是河洛文化研究在增强中华民族的凝聚力和向心力、提升中华文化的软实力方面发挥了积极作用。在开展两岸文化交流、促进文化认同方面,河洛文化扮演着越来越重要的角色。如合办了"(台湾)2008 海峡两岸河洛文化论坛""(平顶山 2009 年)第二届'同根同源'豫台旅游高峰论坛""第二届中原(固始)根亲文化节暨 2010 年固始与闽台渊源关系研讨会"等;开展了多次文化交流和服务当地经济建设等活动,如 2012 年举办了"华夏历史文明传承创新区建设座谈会"、筹措 30 万元资金修复固始全国重点文物保护单位"陈元光祖祠"等,取得了多方面的研究成果和良好的社会效益,在学术界、社会上乃至海外都产生了广泛的影响。

二十五年以来河洛文化研究的反思

在回顾二十五年以来河洛文化研究的巨大成绩的同时,与会专家学者也对河洛文化研究中存在的诸多不足及问题进行了反思。

一是河洛文化的基础学理研究上有待提高。河洛文化研究的进程,受到经济诉求和政治因素的推动,而同时也受制于这些因素,其学术性有待深入。如河洛文化基本属性、具体内涵、主要特点等的研究尚缺乏较为全面、深入、准确的学理概括;研究的基础性工作不够扎实;研究成果尚缺乏系统的总结。

中国河洛文化研究会顾问徐光春在任职河南省委书记期间就很重视文化工作,曾大力支持河洛文化的研究,并在台湾发表了学术演讲。论坛上,他语重心长地指出,河洛文化的研究中有一些基本的问题需要引起重视,即河洛文化之"源(起源)"的研究、河洛文化之"脉(发展演变)"的研究、河洛文化之"形(具体形态、架构、表现形式)"的研究、河洛文化之"核(魂、核心、基本精神)"的研究、河洛文化之"位(历史地位)"的研究、河洛文化之"力(影响力、带动力)"的研究,还有一个就是河洛文化之"平台"的研究。

二是河洛文化人才建设上存在不足。研究队伍尚缺乏高水平的权威性领军学术带头人;研究队伍没有得到有效整合;研究基地建设尚缺乏人才群体的支撑。

三是河洛文化研究的前景尚不够明确,对于河洛文化的发展与创新研究没有引起足够的重视。专家们认为,河洛文化的研究已经走到第三个阶段:20世纪80年代中期到90年代初的自发性阶段;上世纪90年代中期到21世纪最初几年的经济诉求下的蓬勃展开阶段;2004年至今的社会经济发展与凝聚民族向心力两大需要驱动下的较为繁盛阶段。河洛文化研究的前景不够明确一方面表现在河洛文化研究还缺乏规划性,包括近期、中期、长期规划;另一方面表现在对河洛文化的发展与创新问题重视不够。

四是河洛文化的重点领域和重要专题研究不足,河洛文化的地域性文化特色研究不足。如河洛地区汉民族的形成、民族融合问题、中原汉人的北迁、河洛地区名人研究等等,有待深入探讨。河洛文化的具体内容缺乏"河洛"的地域性规定性,对河洛文化之所以为"河洛文化"的特殊规定性、地域性特征等问题,没有清晰的认识;河洛文化的特殊性与中国文化的一般共性没有作明确的区分。

专家们指出,河洛文化研究发展中存在的诸多不足与问题,也是与河洛文化研究发展的阶段相适应的。目前,河洛文化的研究整体上还处于初期发展阶段,还处于一种扩展规模、扩展认知的阶段,还处于一种拓展文化圈影响的阶段,它的发展需要新的动力和认知。

河洛文化研究的前瞻

河洛文化的研究要立足于河洛文化研究的初级发展阶段这种特征来制定规划,确定目标,实施举措。对此,专家学者认为要从以下诸方面推进河洛文化研究的发展。

一是要更为鲜明地为河洛文化定位和把握新时期河洛文化研究的历史使命。

中国河洛文化研究会副会长、中国社会科学院学部委员、考古所原所长刘庆柱研究员指出:河洛文化不只是一种纯粹的区域文化,而是一种国家政治文化,是中国传统文化的代表。一方面,"河洛文化研究支撑'国家统一'的'政治文化'认同":1.河洛文化就其本质而言是"中国古代历史文化中的'政治文化',这种文化与中国古代文明历史相始终";2.河洛文化是"古代中国国家'政治文化'的历史载体";3.河洛文化是"古代中国国家'政治文化'的'软件'——思想文化、人文文化物化载体之源"。另一方面,"河洛文化开启多民族国家形成的新时代":1.鲜卑人营建北魏洛阳城与北魏孝文帝的改革"开创了中华民族的不同民族作为国家统治者,对'国家'的'政治文化'始终如一的'认同'";2.河洛文化为中华民族发展作出了历史性贡献,这主要反映在隋炀帝以洛阳为国家中心所开凿的"人字形"大运河,大运河加速民族融合和认同,"使古代中国得以继续不断发展"。

河洛文化这种地位也决定了新时期河洛文化研究的历史使命之一进一步加强中华文明探源,促进两岸关系和平发展。因此,刘庆柱研究员认为:"'中国梦'的核心是国家复兴,而国家复兴最为重要的任务是国家思想的认同与政治的统一。河洛文化中蕴含着完成、实现'中国梦'的核心思想,通过河洛文化弘扬国家的认同、中华民族的认同是当前河洛文化研究的重要历史使命。"

二是进一步加强河洛文化基础理论性问题研究。

对各种已有的不同学术观点进行讨论和整合,争取在一些重大问题和重要观点上形成共识。组织学者开展集体攻关,对河洛文化研究的基本问题拿出权威的且宜于为更多学人接受的学术结论。

三是制定出河洛文化研究的近期、中期与长期发展规划,加强重点领域和重点专题研究。

河洛文化中的标志性文化及其对后世社会、当今社会的影响,河洛文化先秦古国史研究,河洛文化与周边各地域文化关系研究,河洛文化元典文化研究,河洛宗族文化研究,河洛文化历史考古成果的系统整理与研究,河洛文化中儒、佛、道等宗教性文献与碑刻材料的收集、整理与研究,等等,应是未来探讨的重点。

四是抓紧实施河洛文化与国家"一路一带"战略贯通工程和申报河洛文化生态保护区工程。

"丝绸之路"的成功申遗及国家"一路(21世纪海上丝绸之路)一带(丝绸之路经济带)"战略的实施,与河洛文化遗产保护、研究、开发、利用及文化学术交流紧密相关,必须抓紧编制河洛文化与国家"一路一带"战略建设贯通规划,推进河洛文化研究工作发展。

设立河洛文化生态保护区,科学制定文化生态保护区整体规划、确定重点区域进行整体性保护,加强非物质文化遗产名录及其代表性传承人的保护、与河洛文化相关的文物古迹的保护、与河洛文化相关的自然环境的保护,使河洛文化成为全球华人寻根活动中可以触摸到的鲜活载体,而不是停留在文献中或躺在图书馆的寂静文本。

五是把河洛文化研究与华夏历史文明传承创新区建设结合起来。

"华夏历史文明传承创新区"是中原经济区的重要战略定位之一,而在中原经济区的总体规划下,建设"河洛文化产业带",应成为华夏历史文明传承创新区建设的重要内容。河洛文化产业带,可设立在洛阳—巩义一线,在政府主导下,实行政府、学者、企业家的有机结合,其中可以再建设若干个河洛文化产业园,使河洛文化与经济发展、文化旅游等结合起来,形成良性互动。以"河洛文化产业带"为基础,策划海内外的"河洛文化游"一类的文化旅游和群众文化活动项目,形成文化产业,也可以为河洛文化研究提供研究基金。

加大洛阳文化开发力度。深入挖掘丝路起点、大运河、五大都城遗址等历史文化资源,大力发展都城遗址游、牡丹游、城市游、博物馆游等旅游产品;打造更多像登封少林寺禅宗大典、西安大唐芙蓉园里的"梦回大唐"那样具有震撼力的项目;把在世界历史上当年城市规模最大的汉魏洛阳皇城,部分发掘复原展示等。

六是加强河洛文化资料库、数据库建设。

整理出版河洛文献(中州文献)和考古文物资料等,加强河洛地区历史文献的搜集和整理出版。河洛历史文献整理中极为重要的就是宋以后历史文献的整理,尤其是大量的明清以及民国时期的方志文献。推出标志性成果,比如"河洛文化文献丛书"《河洛文化大典》等;同时,组织编写一批河洛文化的普及读物,唤醒广大民众对河洛文化的记忆,提高广大民众对河洛文化的自觉与自信。成立河洛文化博物馆。

七是加强河洛文化研究基地与研究平台建设。

中国河洛文化研究会要进一步发挥其最高学术团体的学术引领作用;吸纳学术界更多的主流学者参与河洛文化研究,使河洛文化研究成为学术界的热门学科;以河南省河洛文化研究中心为依托,吸纳各地的学术研究机构和学者,组织强大的学术队伍;洛阳是河洛文化的核心地区,也是河洛文化研究人才最为集中的地区,要充分发挥洛阳市研究基地和生力军的作用;建立河洛文化研究发展基金,以使研究具有可持续发展的坚实基础;创办一份以书代刊性质的学术杂志。

八是多渠道拓展合作交流与活动空间,进一步提升河洛文化在海外的影响力。

中国河洛文化研究会要加强与台湾及海外相关团体的联络、交流与合作,通过学术交流活动,增加两岸文化交流频次与提高合作力度,使更多的台湾专家、民众认识和了解河洛文化,凝聚两岸共谋民族团结和发展的力量。同时,要通过请进来,走出去的方式,以多种多样的形式和活动为载体,让更多的台湾、海外人士及华侨华人关注河洛文化,尤其使更多的年轻人关注河洛文化,提升他们对河洛文化的认知力,从而不断增强中华传统文化在世界上的影响力。如组织海内外有关学者到河洛地区进行实地学术文化考察、观光与交流等。

另外,关于河洛文化学术研讨活动形式、河洛文化研究方法、河洛文化传播内容和形式等方面,专家学者也提出了许多很好的建议。如中华炎黄文化研究会常务副会长张希清教授认为,在举办大型学术研讨会的同时,多举办一些小型、高端、专题、深入的学术研讨会或论坛。有学者提出以大文化观、转换性思维、包容性精神、汲取正能量为导向等进行河洛文化研究。

与会专家学者认为,回顾、反思二十五年来河洛文化研究的发展状况,目的是通过总结以往取得的成就,更加清楚地认识存在的不足,从而有针对性地提出解决问题的对策。大家深信,在全国政协关心、指导下,中国河洛文化研究会要同河南省社会科学院、洛阳师范学院等研究机构加强联系与协作,只要国内外专家学者及志士仁人团结一致,共同努力,河洛文化研究一定能够与时俱进,为推动民族优秀传统文化的继承与弘扬,促进海峡两岸和平发展,推进中华民族伟大复兴中谱写出新的篇章。

附识:本文的撰写参考了中国河洛文化常务副会长、原河南省政协副主席陈义初先生《河洛文化研究十年》、河南大学李振宏教授《大陆学界河洛文化研究的现状及问题》、河南省社会科学院杨世利博士《河洛文化研究高层论坛(2014)综述》(未刊稿)、河南省社会科学院李晓燕女士《二十年来河洛文化研究述评》、中国河洛文化研究会编《中国河洛文化研究会会刊》(特辑、特辑二)等论著,也吸纳了中国河洛文化研究会秘书处资深研究员杨海中先生所提出的宝贵修改意见,借此一并致以诚挚谢意!

(作者为河南省社会科学院历史与考古所副研究员)

一趟跨越时间与空间的
豫闽台河洛文化溯源行动

郑温乾

一、前言

台湾历史学家连横在所著的《台湾通史》一书序言中说："台湾固无史也。荷人启之,郑氏作之,清代营之,开物务成,以立我丕基,至于今三百有余年矣。""夫台湾固海上之荒岛尔,筚路蓝缕,以启山林,至于今是赖。顾自海通以来,西力东渐,运会之趋,莫可阻遏。……续以建省之议,开山抚番,析疆增吏,正经界,筹军防,兴土宜,励教育,纲举目张,百事俱作,而台湾气象一新矣。"

又说:夫史者,民族之精神,而人群之龟鉴也。代之兴衰,俗之文野,政之得失,物之盈虚,均于是乎在。故凡文化之国,未有不重其史者也。

连横指出,古人有言:"国可灭而史不可灭。……洪惟我祖先,渡大海,入荒陬,以拓殖斯土,为子孙万年之业者,其功伟矣!婆娑之洋,美丽之岛,我先王先民之景命,实式凭之。"

如今四面环海的台湾,处于东西交会之枢纽,多元族群及文化交融地带,有汉人闽南、客家族群,有南岛语原住民族群,以及近年从东南亚移入的新移民。台湾如今已成举世公认的"美丽宝岛",以闽南文化、客家文化、原住民文化、中国各省文化、东南亚各国文化汇聚,成为热门观光地区。

历朝历代的历史是一面镜子,除了照见过去,也照见未来。作者是来自漳泉地区的后裔。有生之年能为有关自身的历史文化寻根溯源,是每个人可以努力的方向。保存文化就是保存族群的灵魂。

作者相信人人都可做到:拨出一段空档时间,带着文化去旅行,循着历史的轨迹,抓住所知文化的脉络,为文化寻根,为自己的文化找到历史定位,也为自己职场上历史与文化教育找到研究的素材,此生才不会迷失在文化的洪流中,失去了方向。

本论文锁定此项目标,我们一行十三位志同道合,台湾土生土长的的文教界人士,抱着"为台湾的闽南文化寻根,为唐人后裔的河洛文化溯源"念头,2012 年暑假,前后十一天的时间,高高兴兴地从高雄启程,带着老祖先流传下来的河洛文化本质,去寻找原始祖先最早居住的黄河、洛水交汇地区,再从中原迁徙到闽南地区,以及最后落脚台湾的一趟同源异地文化体验。

回到高雄,我们为这段来回旅程超过 4,500 公里的经验下了这样的结论:受到快捷交通工具与资讯发达之赐,读了几十年的文化与历史书籍,思绪终于贯通。这样的文化溯源行动,前无古人,但希望后有来者。

二、豫闽台河洛文化的意涵

豫(河南)、闽(福建)、台(台湾)三地,为当今全球河洛文化的主轴;就像一棵大树,有树根与树头、树干、枝叶、花果。豫(河南)代表河洛文化的源头,也是创造河洛文化的根源。闽(福建)代表河洛文化从中原南迁后的大树干,主干由闽南展开枝干,将闽南的河洛文化散播到海外各地。台(台湾)代表闽南的河洛文化开枝散叶后,在台湾开花结果的一支最大枝干,这是河洛文化离开大陆在海外的创意地区,与四面八方文化融合后,将几千年来的河洛文化推向另一高峰。

台湾在传承河洛文化珍贵遗产方面,与中原、闽南的河洛文化相比较,有几项值得重视的特质:

(一)闽南语(河洛语)曾经是中原地带唐、宋时期的官方语言,如今"白话音"的闽南语成为在漳泉、台湾各地的基层方言,与国语(普通话)形成双轨制,台湾闽南语过去也称方言,现在是直称"台湾话"。除了国语之外,常用在非正式场合的对话,在客语、原住民语地区都能相互沟通。"文读音"的闽南语,在科举时代诵读三字经、千字文、四书、五经。以闽南语还原古文诗词、乐府音韵,文雅的声韵,如同时光倒流,现代人与李白、杜甫、岳飞、文天祥等人文章对话。

(二)台湾使用繁(正)体字,追溯到清代之前的私塾、学府汉学教育,始终如一。目前仍有许多汉语学者、社团、大学台语文研究所,以闽南语汉学作为正规研究领域,以汉字结合闽南语原音编写,重现唐宋文学作品,累积了丰硕的闽南语古籍汉学教材与现代文学创作成果,闽南语汉学渐呈显学。

（三）闽南语（或客语、原住民语、东南亚语）母语教学,在小学教育学程已纳入正规学习,行之多年。新的一代台湾人说闽南语（母语）、阅读闽南语教材,难不倒他们。

（四）其他,如清代随闽南移民传入台湾的宗教信仰、孔孟儒学、民间工艺、歌谣、饮食、生活习惯等术语,融入生活中对话,跨海到对岸闽南文化地域,已无差别。从台湾去厦门、漳州、泉州旅游,如同走在台湾街头,闽南语和普通话在当地沟通无碍。反之,从厦门、漳州、泉州到台湾旅游的闽南人,在台湾乡下说闽南语"嘛也通"。

三、打通豫闽台河洛文化的亲身体验与实践

1999 年 8 月底,作者率六人参访团从高雄凤山曹公庙启程,前往河南沁阳市曹公故里进行曹公文化寻根之后,开启了海峡两岸文化交流窗口,也逐年率参访团到河南各地名胜古迹考察,多次出席河洛文化研讨会与固始根亲文化节,会后继续在河南、福建闽南地区进行田野调查。足迹遍及河南省洛阳、渑池县仰韶文化遗址、偃师县二里头文化遗址、郑州大河村文化遗址、新郑市裴里岗文化遗址、河南博物院,福建省福州的闽王祠、漳州云霄县威惠庙、第三届海峡两岸开漳圣王文化节、福州海峡百姓论坛等活动。

初期由点而线,逐渐由线而面,终于能够抓住河洛文化、闽南文化、台湾文化的源流、脉络、差异、特质等。为此,作者在 2010"第二届海峡百姓论坛"上曾发表《漳州子弟在凤山建庙的故事》,2011 在"第十届河洛文化学术研讨会"上发表《河洛文化与台湾乡土文化寻根溯源——一位乡土文化工作者的河洛文化寻根历程》一文。

如何认识闽南文化? 说来话长,本文举个小例子。作者曾经在 yahoo 网站看到学生贴文:"我们学校老师要我们做闽南文化的报告,我需要有关于闽南文化的文化特色、历史、建筑、语言、食物……等。"

作者认为,要学生写这个题目,大学生可能从书籍、网站找到答案;若是高中以下学生,因一知半解,此题目非三言两语可以回答。但是热心的网友还是给了完整的答案,也顺便提供本段论文佐证台湾的河洛文化（闽南文化）,离开漳泉

原乡之后,也因地制宜,发展出自己的特色。摘录一小段如下:

(1)闽南人的生活背景及文化特色

闽南这一名称似乎甚为笼统,闽是福建的简称,而闽南则是泛指福建南部而已。实则一般所谓闽南乃指福建南部操闽南方言的诸县,包括漳州府属的龙溪、南靖、诏安、东山、平和、长泰、海澄、漳浦、云霄、华安、龙岩、漳平、宁洋等十三县。以及泉州府属的晋江、南安、惠安、同安、安溪、永春、德化、金门等八县和厦门一市而言。

闽南人大量移民台湾是17世纪以后的事,在台湾的移民开发史上占举足轻重地位。连横的《台湾通史》中说:"台湾固无史也,荷人启之,郑氏作之,清人营之。"正好说明了大陆移民到台湾的三次热潮。其中,不仅闽南人为多数,在移民史中扮演重要角色的人物也多属闽南人。闽南人移居台湾后,垦殖过程中,除恐惧生番侵扰外,还要担心遭毒蛇与病魔侵袭,痛苦之余,除了祈求神佛与香火保佑平安之外,几乎别无良策。而主要的寄托来自于福建南方的民间宗教信仰,并将其移植过来。闽南人的信仰包括着古代的自然崇拜、庶物崇拜和灵魂崇拜等原始宗教。也包括道教和通俗佛教等多神教在内,这些信仰多少受到儒家思想的影响。因此当这些宗教和思想累积混合以后,就构成了巨大的民间信仰体系。其中道教所占的比重最大,通俗佛教次之。

(2)闽南人的饮食特色

福佬人最重要的主食是米饭,包括稀饭和干饭,过去的穷人也用番薯佐餐。菜肴常用虾、蟹、鱼、贝一类的水产,以及依居住地季节性所产食材烹调,山产,蔬菜,鸡、鸭、鹅、猪、羊肉也用来入馔,而由于闽南文化过去是农村文化,牛肉一般不常吃,吃牛肉是受到来自广东的影响。

一般来说,闽南菜肴的花式不如粤菜,因此利用既有的食材尽量变化,像是用米做成米粉、汤圆就是一个例子。而较有特色的闽南菜肴有蟹肉油饭、蟹黄粥、清蒸虾、咸水虾、鱼丸、虾球等。基本上,闽南菜肴口味的特点是清淡,较不油腻,花俏也少。闽南人的早餐,常吃的是清粥,配上小菜、酱菜。由于过去的人并不富裕,闽南人在盛产期过后,就把过剩的材料加以干制,例如晒鱼干,或者加以腌制。不论是获得的海产或者菜类,就用各种方式尽量地利用、保藏。一般来说,菜肴的味道有一定程度的咸,而且以香味为主。

闽南人的特色食物:春卷、润饼、菜包、肉粽、四神汤、佛跳墙、五柳羹、蚵仔煎、菜脯蛋、红烧肉。其实,实地去闽南地区走一遭,上述菜肴在漳州、泉州小吃店都可以吃到,可能台式口味略占上风。这是台湾发展出来的特色,由此可见一斑,这也是河洛文化参访的真正目的。

四、豫闽台河洛文化一条龙的参访团

2012 年 8 月 5 日至 15 日共十一天行程,作者邀集台湾各地河洛文化工作者组团,借暑期实地溯源参访。主旨是:河南历史悠久、文化灿烂,是河洛文化的发源地,是中华文明和中华文化的重要发祥地。读万卷书,也行万里路,俾有助于个人教学或研究领域更上层楼。

河洛文化来到台湾,与原住民文化融合在一起。当今要为台湾文化寻根,河洛文化须从四百年前闽粤先民将闽粤、中原的文化带到台湾说起。现在我们溯源参访,就是要为台湾河洛文化寻根,找出历史肌理与脉络,并为台湾文创产业注入河洛文化活水。

本次专题"河洛文化历史溯源",将上溯七千年前的黄河、洛水地区华夏古文明新石器时代彩陶文物出土地的仰韶村,以及黄河流域中华民族的祖先,历经炎、黄始祖,夏、商、周三代而开创辉煌的中原文化,及所留下的文字与图形载体。实地探访河洛文化在仰韶村的新石器彩陶文明、安阳殷墟甲骨文遗址,以至河洛文化在各个朝代动荡的局势下,向南播迁的历史脉络,作实地的参访,并有四场与当地专家学者交流座谈,以共同的河洛文化交心,搭起以文会友的桥梁。

此次河洛文化参访行程得以顺利完成,特别感谢:中国河洛文化研究会(郑州)、沁阳市曹谨研究会(沁阳)、固始县根亲文化研究会(固始)、漳州师范学院闽台文化研究所、漳州《闽台文化交流》杂志社(漳州)等单位专家与学者的协助与指导,在参访地与在地专家与学者短暂的座谈交流,希望还有机会进行跨地的河洛文化交流。

"2012 暑假豫闽台河洛文化溯源参访团"研习营,走完十一天行程,作者做了分类,方便专家学者参考本文涵盖内容。(1)认识古都:郑州、洛阳、开封、安阳(与北京、西安、杭州、南京合称中国"八大古都",其中有四都在河南省)。(2)游历城市:河南省的郑州市、洛阳市、登封市、渑池县、安阳市、林州市、临颍

县、郾城县、沁阳市、固始县。福建省的福州市、晋江市、厦门市、漳州市、南靖县。
(3)考察历史人物:汉学宗师许慎、关圣帝君关羽、精忠报国岳飞、开漳圣王陈元
光、开闽王王审知、律学宗师朱载堉、开台延平郡王郑成功、宝岛禹王曹谨、台北
首任知府陈星聚。(4)馆院园居:河南省的有河南博物院、渑池县仰韶文化博物
馆、安阳殷墟博物苑、中国文字博物馆、洛阳周王城天子驾六博物馆、嵩阳书院、
许慎纪念馆、曹谨故居、沁阳市博物馆、朱载堉纪念馆、"红旗渠"纪念馆、陈星聚
纪念馆;福建省的有云霄县开漳历史纪念馆、开闽王王审知故居遗址、厦门郑成
功纪念馆等。(5)寺庙祠墓:洛阳白马寺、关林、登封少林寺、郑州城隍庙、开封
包公祠、大相国寺、沁阳市曹谨墓园、汤阴县岳飞庙、固始陈氏将军祠、固始云霄
庙;福州闽王祠、云霄县威惠庙、漳州将军山陈元光墓、漳州文庙、晋江安海镇龙
山寺祖庙、泉州天后宫。(6)文化地景:联合国教科文世界文化遗产洛阳龙门石
窟、联合国教科文登录世界地质公园神农山风景区、洛阳老城历史文化古街、丽
景门、太行山、郑州商城遗址、周易的发源地——羑里城、人造天河"红旗渠"、红
旗渠青年洞、五龙口渠首、北宋古石桥——小商桥、福州三坊七巷历史街区、漳州
将军山、南靖县书洋镇河坑土楼群、厦门鼓浪屿。(7)文化座谈:(1)中国河洛文
化研究会(郑州),(2)沁阳市曹谨研究会(沁阳),(3)固始县根亲文化研究会
(固始),(4)漳州师范学院闽台文化研究所、《闽台文化交流》杂志社。

五、对豫闽台河洛文化交流的建议

当文化议题沾上政治色彩,多多少少都会变了调;若是采取参访交流、观光
旅游的形式,则是平和亲切的气氛。各地文化都有同中存异的特色,值得借鉴观
摩。豫闽台河洛文化同根同源,脉络相连,各自适地发展,在地求生,难以切割
(切不断,理还乱)。

根据作者长期观察的心得,河洛文化有古迹名胜、历代名人、文化景观、特殊
地景、古都底蕴等在地瑰宝,采取参访交流、观光旅游的形式,创造三地共有的文
化旅游黄金品牌,是未来推广河洛文化的创新模式。

中国"八大古都",郑州、洛阳、开封、安阳四都在河南省。向西纳入西安,一
览汉唐盛世古风,如锦上添花。往东有山东曲阜孔子故里、邹城孟子故里与五岳
之首泰山在焉,与河洛文化接轨,不仅不冲突,而且是珠连璧合。

　　客家文化也是河洛文化的一环，台湾的客家族群人数众多，占第二位，保留着深厚的客家文化特色，与河洛文化一脉相连。发展多元化的河洛文化，是世界潮流，也是未来海峡两岸深耕豫闽台河洛文化的动力。河洛文化对内不仅需要溯源，也要寻找往外扩展的空间。谨以所行报告上述心得，以与莅会专家学者切磋。

　　　　　　　　　　（作者为台湾高雄凤邑赤山文史工作室负责人）

文化认同与世界视野

——河洛文化研究的现状、问题与推进举措

杨　波

认同问题是 20 世纪中期以来备受学界关注的综合性研究命题,其中尤以国家认同、民族认同和文化认同的关注程度最高。一般认为,"从历史认同的定义来看,认同是在时间变化中的认同"[1],"所有的认同都是在一定的时空系统中人们历史活动的过程和产物"[2]。在瞬息万变的全球一体化时代,"各民族、国家都在弘扬传统文化、夯实认同基础,以增强民族国家的凝聚力"[3]。河洛文化是中国传统文化研究的重要内容,河洛文化研究是传播和弘扬传统文化的重要阵地。自 1989 年召开首届河洛文化学术研讨会以来,中国河洛文化研究已经走过了 20 多个春秋,收获了累累硕果,但也存在着一些值得深思的问题。以下仅以中国河洛文化研究的现状、问题和走向三个问题加以探讨。

一、河洛文化研究成果多多

学术创新是学术研究的终极目标。20 多年来,中国河洛文化研究也一直体现着这种追求。1989 年至 1991 年,伴随着中国地域文化研究的兴起,洛阳历史学会连续三年召开河洛文化国际学术研讨会,围绕中国古代文明的起源、根在河洛、河洛人的南迁、河洛文化在中国古代文化中的地位等问题展开过深入的讨论,并于 1990 年在河南大学出版社出版了"河洛文化论丛"(第一辑),揭开了河

---

① 克里斯·洛伦兹《比较历史学理论框架的初步思考》,《山东社会科学》2009 年第 7 期。
② 韩震《论国家认同、民族认同及文化认同——一种基于历史哲学的分析与思考》,《北京师范大学学报》(哲学社会科学版)2010 年第 1 期,第 106 页。
③ 傅华《全球认同与民族国家认同》,《光明日报》2006 年 4 月 18 日,第 12 版。

洛文化大规模研究的序幕。而 1993 年由中华炎黄文化研究会、河南省炎黄文化研究会和巩义市政府联合召开的"炎黄文化与河洛文明国际学术研讨会",1994 年由洛阳市政府努力促成出版的《文史知识》"河洛文化专辑",则围绕河洛文化的区域划定、文化属性、历史地位、历史变迁、域外传播等学术问题进行了探讨,奠定了河洛文化研究的基本方向,也标志着地方政府对相关学术活动的有力支持。进入新世纪以来,特别是 2004 年 9 月"河南省河洛文化研究中心"的成立,2006 年 2 月"中国河洛文化研究会"的成立,明确赋予了河洛文化研究的政治属性,河洛文化的研究与传播逐渐成为热点。但是,从现有成果的整体研究情况看,河洛文化研究成果的学术水平并不尽如人意,无论研究的深度或者广度,还是学术视野和研究方法,都有待进一步的提升和开拓。就目前掌握的研究情况看,中国河洛文化研究表现出以下几个显著特点。

一是河洛文化研究队伍比较庞大。近些年来,河洛文化研究人数逐年递增,参会人员积极踊跃,形成了一批有既定方向、持续关注河洛文化的专业研究队伍。据不完全统计,1989 年第一届河洛文化国际学术研讨会,100 多位学者参会,提交论文 47 篇;2004 年,第四届河洛文化国际学术研讨会,150 多位学者参会,提交论文 93 篇;2006 年,第五届河洛文化国际学术研讨会,400 多位学者参会,提交论文 240 多篇;2009 年,第八届河洛文化国际学术研讨会,500 多位学者参会,提交论文 180 多篇;2014 年,第十二届河洛文化国际学术研讨会,近 200 位学者参会,提交论文 110 篇。

二是河洛文化研究成果数量惊人。2004 年以来,《光明日报》和《寻根》杂志先后开辟了"河洛文化研究"专栏,《中州学刊》、《洛阳师范学院学报》、《河南师范大学学报》、《南阳师范学院学报》、《中原文化研究》等学术期刊陆续发表了《河洛文化若干问题的讨论与思考》、《台湾文化与河洛文化》、《河洛文化与客家文化》、《河洛文化对东北亚地区的影响》、《河洛文化研究刍议》、《河洛文化与民族圣地》、《河洛文化研究的后现代反思》、《大陆学界河洛文化研究的现状及问题》等理论文章,《河洛文化通论》、《河洛文化概论》、《河图洛书探秘》、《河洛文化研究》、《图说河洛文化》、《河洛文明探源》、《河洛文化纵横》、《河洛文化源流考》、《河洛文化与中国易学》、《河洛文化与闽台文化》、《河洛文化与客家文化》、《河洛文化的对外传播与交流》、《河洛思想文化研究》《河洛文化与宗教》、

《中原移民简史》、《根在河洛》、《固始与闽台》、《汉唐间河洛地区经济研究》、《河洛文化与殷商文明》、《河洛文化与赣鄱文化》、《河洛文化与客家述论》、《河洛文化与闽南文化综论》等一大批研究著作在光明日报出版社、河南人民出版社出版发行，集中展示了近年来河洛文化研究的最新成果，表现出扎实的学术研究风气，成为国内地域文化研究的一大亮点。①

三是跨学科研究课题数量激增。河洛文化研究属于传统学科建设，前辈名家多，研究部门多，重点课题多，中年著名学者和后起新秀多，相关的研究成果自然增多。特别是近几年国家级社科项目和省级社科规划项目数量的扩大和资助强度的增加，直接催生了大规模的地域文化整理与研究、跨学科的综合性研究课题数量激增。

四是相关研究取得了阶段性共识。李晓燕《二十年来河洛文化研究述评》一文，从"河洛文化的地理范围"、"河洛文化的时间断限"、"河洛文化的性质地位"三个方面对河洛文化研究的重要收获进行了概括，并明确指出：河洛文化是以洛阳为中心的古代黄河与洛水交汇地区的物质与精神文化的总和，是中原文化的核心，也是中华传统文化的精华和主流。河洛文化以"河图""洛书"为标志，体现了中华传统文化的根源性；以夏、商、周三代为主干，体现了中华传统文化的传承性；以洛阳古都所凝聚的文化精华为核心，体现了中华传统文化的厚重性；以"河洛郎"南迁为途径，把这一优秀文化传播到海内外，体现了中华传统文化的辐射性。李振宏《大陆学界河洛文化研究的现状及问题》一文，则从"河洛地域及河洛文化文化圈范围"、"河洛文化的概念、内涵及发展阶段"、"河洛文化精神及文化特性"、"河图洛书问题"、"河洛文化的历史影响及历史地位"五个方面进行了概括，指出河洛文化的辐射面极其宽泛，产生了大量的研究成果，但也有一些研究课题多泛泛而论，在学理层面还不够深入。

---

① 关于河洛文化研究多年来的丰硕成果，可以参见张新斌《河洛文化若干问题的讨论与思考》（《中州学刊》2004 年第 5 期），李晓燕《二十年来河洛文化研究述评》（《东北史地》2011 年第 6 期），刘保亮《河洛文化研究的后现代反思》（《南阳师范学院学报》2012 年第 4 期），李振宏《大陆学界河洛文化研究的现状及问题》（《中原文化研究》2013 年第 2 期），以及历届河洛文化国际学术研讨会《会议纪要》等。

二、河洛文化研究过程中存在的问题

河洛文化研究方兴未艾,成果迭出,固然令人称道,但不容忽视的是也存在着制约其发展的瓶颈,如研究领域亟待开掘、创新突破成果较少、精品力作总体欠缺、学术价值和文化价值有待提升、个体研究低水平重复较多等现象,体现出重源轻流、重史轻文、重古轻今等倾向。

一是重源轻流,研究内容需要延展。从历年河洛文化研究学术研讨会提交的论文来看,相关的研究主要集中在河洛文化的地理因素、经济因素、政治因素、历史影响等方面,更多地强调河洛文化是什么、表现出哪些特征、具有什么特殊地位等内容,而对于河洛文化发展嬗变的深层原因、河洛文化与其他区域文化之间的关系、河洛文化怎样走向海外、河洛文化怎样实现资源整合、河洛文化怎样普及传播等问题,则亟需延展新的研究内容。

二是重史轻文,研究空间亟待开掘。长期以来,河洛文化研究存在着"重史轻文"的倾向,偏重于历史考古方面的实证研究,而对于传播河洛文化同样做出重大贡献的文学研究,其关注度远远不够,从历届河洛文化国际研讨会论文集的篇目、名称和数量就可见一斑。表面看来,是因为相关的研究机构以历史院所占绝对优势,深层原因还在于传统的学科分类观念,认为只有史学才能够客观真实地再现传统的文化,而文学则更偏重于故事情节的虚构和不切实际的想象。因此,必须尽快改变传统的史学观念和学科偏见,丰富河洛文化的研究空间。

三是重古轻今,研究视野需要拓宽。从学界对河洛文化研究的论文情况来看,探讨古代的选题居多,论述现当代的选题较少,涉及河洛文化的最新形态和当代定位者更少之又少。从学界关于河洛文化的历史分期来看,大多集中在宋代以前河洛文化比较兴盛的发展阶段,而对元明清以降的相关研究非常薄弱,至于当代河洛文化研究的价值意义,则更是流于书面表述而无实践操作的可能。细加考量,这一现象的产生与其历史传统有关,与宋代以前河洛地区国家政治文化中心的历史地位有关,与长久以来形成的皇权崇拜和话语表达习惯有关,与主流意识形态支配文化史书写的惯性思维和文化判断有关。

三、推进河洛文化研究的学术举措

河洛文化研究过程中存在的现实问题与消极现象已经持续了很多年,如果不尽快采取强有力的对应措施与科学手段,这种状况很可能还将在今后一个时期内继续存在,甚至会长期存在和恶性蔓延。当务之急,必须扩大学术视野,转变研究方法,明确研究走向,尽可能地从学术层面求取河洛文化研究的文化认同,审视过去,把握现在,面向未来。

一是把握研究态势。当前是推进河洛文化研究的重要机遇期。20世纪80年代前后,河洛文化研究高潮的掀起与当时国内国学热的兴起息息相关。进入21世纪,伴随着国内经济社会的快速发展和人们日益增长的精神文化需求,河洛文化研究得到从官方到民间的全面推进,迎来其发展历史上的又一个春天。首先,国家制定的文化强国战略,提出建设中华民族优秀文化传承体系,要把中国传承几千年的优秀传统文化推向世界。河洛文化是中国传统文化思想宝库中重要内容,其中蕴含着丰富的物质财富和精神财富,是新时期发展文化事业和文化产业的重要基础和有效载体。其次,改革开放35年来,中国经济持续高速增长,"中国模式"吸引全世界关注,中国文化亟需走向世界,才能进一步增强中国文化的世界影响力和学术话语权。[①] 面对如此深厚的历史背景和持续向好的文化环境,我们必须紧紧抓住这个有利时机,深入研究河洛文化的历史价值和当代意义,深入发掘其强大的凝聚力、吸引力和生命力。最后,中共十八届三中全会《决定》特别强调,要不断提高文化开放水平,扩大对外文化交流,加强国际传播能力和对外话语权体系建设,推动中华文化走向世界,这些与近年来一直倡导的建设独具中国特色的社会主义核心价值体系和哲学社会科学创新体系,做到体系创新、方法创新、观点创新,推动中国文化"走出去"等文化政策,为河洛文化研究的继续推进提供了重要的发展机遇和开阔的发展平台。这是当代河洛文化研究者光荣的历史使命,也是义不容辞的现实担当。

二是求取文化认同。人类是一种历史性的存在,人的认同问题必须从历史发展的角度去看。而文化认同则是人的社会属性的表现形式,是族群认同与国家认同的中介形式,与一个国家的政治生活密切相关。中华民族在漫长的历史发展进程中,各民族人民经过长期的密切交往,如征战、杂居、通婚、迁徙和融合等形式,逐渐形成了休戚与共、相互依存的汉民族,也形成了多元一体的文化格

---

① 参见杨庆存《国家观念与世界视野》,《江苏师范大学学报》(哲学社会科学版)2014年第1期。

局,这也是中国国家认同的历史基础。其实,无论是中国传统哲学中提出的"天下一体"的哲学理念,还是《三国演义》中传达的"天下大势,分久必合,合久必分"的政治观念,都是可以融入每个中国人血液中的文化基因。但正如金冲及先生所指出的那样:"中国北方汉族同北方少数民族基因相近的程度,超过了中国北方汉族同南方汉族基因相近的程度;同样,中国南方汉族同南方少数民族基因相近的程度,超过了中国南方汉族同北方汉族基因相近的程度。"①即便是同一民族内部或同一族群内部,也不可能是完全整齐划一的,而是同中有异、异中有同,必须在以后的研究过程中,通过共同的文化联系来建构多元一体的中华民族共同体意识,进而实现最大可能的文化认同和国家认同。

三是拓宽研究视野。开拓视野是从事任何学术研究都必须遵循的原则和方法。刘勰《文心雕龙》中所谓的"思接千载"、"视通万里","此盖驭文之首术,谋篇之大端",讲的就是这个道理。古往今来,无论是具有重大学术突破和重大文化意义的研究成果,还是具有强大社会影响力和学术生命力的成果,抑或是享有国际声誉的著名学者和成就卓著的学术巨匠,无不具有开阔的学术视野。当然,学术研究有其内在规律性,开阔视野也必须回归学术本位,必须自觉遵循学术规律和科学方法。只有开阔学术眼界,做好时间与空间、历史与现实、本国与世界、理论与实践、横向与纵向、单一学科与跨学科等方面的综合研究,才可能发现新问题、运用新材料、找到好角度、产生新见解、形成新结论,才可能做到学术研究的多维观照,填补学术研究的空白。

四是推进深度研究。"工欲善其事,必先利其器。"如果说拓宽学术视野是从事学术研究必须遵循的原则和方法,那么推进深度研究则是创新学术研究的途径和手段。学术研究选择的方法是否合适,决定着研究结论是否科学准确;学术研究采取的手段是否恰当,关系着研究目标能否实现。推进学术研究,必须立足现实,着眼长远,选取符合国家需要和社会需求的研究题目,理清河洛文化研究领域的前沿状况,以学术研究的创新和学术观点的突破为基本目标,使相关研究具有沟通过去、当下和未来的长远学术价值。

当然,文化认同的整合是一个长期复杂的动态过程。这个过程不是要消除

---

① 金冲及《中华民族是怎样形成的》,《江海学刊》,2008 年第 1 期。

各种文化之间的差异性,而是要使各种文化群体之间能够认同或遵从其统一性的要求,从而使其具有内在统一性的有机整体。在河洛文化研究现代化的进程中,如果能跨越以往学术研究的认知误区和观念迷雾,理性辩证地对待传统文化和文化传统,不断增强文化认同感和民族凝聚力,通过构建共同的文化基础和文化象征符号,推动河洛文化研究从历史的深处走向现实的舞台,从书斋研究走向社会普及,从囿于中原一隅走向整个世界,真正实现其学术价值和现实意义。

(作者为河南省社会科学院中原文化研究中心副研究员、博士)

河洛文化与台湾文化相关问题的讨论

张新斌

河洛文化讨论之初,便涉及到台湾或闽台。从讨论的开始,我们便发现两地学者对某些问题的认识是有差异的。如何理解这些差异,为什么会有这些差异,这也是深化河洛文化研究的重要内容。

一、两地学者关于河洛文化认知上的差异及其指向意义

1. 域内(河南等)学者关于河洛文化认识一致的观点:河洛文化是特定的地域文化。

学界对于河洛与河洛文化的界定,是早期研究的重点。程有为认为,"河洛文化是根植于河洛地区的地域文化。河洛地区是黄河中游干流与其支流伊洛河交汇的地区。这一地区古称'天下之中',是华夏部族和汉民族的中心区,也是历代封建王朝的腹里地区和都城所在地。"①不过,周文顺在较早前的表述是,"河洛文化是一个地域文化概念。'河',即中华民族的母亲河——黄河;'洛',即今黄河中段南面之支流——洛水;'河洛',泛指黄河与洛水交汇之流域。以今日地域之观面,她以中岳嵩山为中心,北迄邯郸以南,南接淮河之北,西达关中华阴,东至豫东平原。其主要区域,即今河南省境。'河洛文化'正是在这一土地上孕育、产生、繁衍的一种具有鲜明地方特色的区域性文化。"②以上的两种观点,最大的差别在于前者认可河洛文化的地域,是小于河南省,后者表述特定的范围时,则刻意强调"即今河南省境"。这实际上是初期研究者对河洛范围的另类认

---

① 程有为《河洛文化概论》,河南人民出版社,2007 年。第 1 页。
② 周文顺　徐宁生主编《河洛文化》,五洲传播出版社,1998 年。序第 5 页。

识,实际上大家都在刻意寻找河洛与河南、中原的地域异同。我在对诸多学者的研究进行疏理时认为,"河洛"有"洛阳一带说"、"河南周边说"、"北越黄河东达开封说"、"狭义中原说",并强调大家在研究时的共识是"河洛是离不开洛阳的"、"河洛是离不开黄河与洛河的",因此,我强调"狭义的河洛应该是洛阳与洛河交汇一带,广义的河洛严格说应该是郑州以西的丘陵区,即在潼关或函谷关以东,黄河以南、伏牛山以北的豫西丘陵地区。……广义的河洛也可以跨过黄河,而达到太行山以南的古南阳地区。"①我在该篇文章中刻意强调"河洛与中原即今河南的关系,从地域上讲是不能划等号的",也就是说,"河洛"并不等同于"河南"。关于河洛等地域之间的关系,徐金星等人认为,"广义中原的中心是河南省,河南省的中心是河洛地区,河洛地区的中心是洛阳平原,是洛阳。"②经过这么多年的讨论,河洛区域范围,其与河南、中原的区别,还是比较明确的,而且也应该成为共识。

2. 域外(台湾等)学者对河洛地域性的另类认知

值得注意的是,有关河洛的认知,从一开始,在域外地区尤其是闽台学者的眼中,对中原、河南、河洛之间,并没有明显清晰的界限。在我所归纳的,2004 年以前的台湾学界的认识中,他们认为:"广义而言,它(河洛文化)就是中原文化的泛称";"所谓河洛,其实就是中原","所谓'河洛',就是指的黄河与洛河,也就是今日的河南,广泛而言,也可以称之为'中原'"。③ 实际上,直到近年,在港台与海外还有这样的认识。香港廖书兰认为,"河洛文化是华夏文化也是中原文化",并认为"河洛文化是指以洛水和嵩山为中心,河南省西部和中部地区的文化,而今整个河南省地区可说都是河洛文化区。"④这里的表述既强调河南的"西部"与"中部",又强调"整个河南省",看似比较矛盾,但也反映了在域外研究者眼中,两者是没有差别的。香港何祥荣,则将位于豫北地区的"邶鄘卫风诗",列为"河洛地区的自然名物",⑤而三者则位于河朔地区的安阳、鹤壁、新乡

---

① 张新斌《河洛文化若干问题的讨论与思考》,《中州学刊》2004 年第 5 期。
② 徐金星　郭绍林　扈耕田等《河洛文化论衡》,中国文史出版社,2014 年,第 13 页。
③ 张新斌《河洛文化若干问题的讨论与思考》,《中州学刊》2004 年第 5 期。
④ 廖书兰《河洛文化与香港新界传统文化》,《河洛文化与台湾文化》,河南人民出版社,2011 年,第 412 页。
⑤ 何祥荣《从邶鄘卫风诗看＜诗经＞时代河洛地区的自然名物》,《河洛文化与台湾文化》,河南人民出版社,2011 年,第 46 页。

一带。江西施由明则将广义的河洛界定为黄河中下游地区。① 以上可以反映域外学者,对河洛文化认识与中原学者是有差异的。美籍华人学者杨泰鹏在认识河洛文化时,已经注意到河洛的地域分界,杨泰鹏认为,"河洛文化是中国古代河洛地区的文化,以洛阳盆地为中心,包括黄河中游潼关至郑州段的南岸,洛水、伊水及嵩山周围地区,包括颍水上游登封等地,概言之就是今天河南省的西部地区。……对河洛文化的广义理解,它可以作为中原文化的代表,因为它是中原文化圈中的核心文化。"②这里的中原文化圈,则是通常我们说的广义的中原文化。这也说明,多年的讨论,对于东南地区与海外学者的认识是有帮助的。不过福建的何池使用了"中原河洛"这个概念,以为"中原地域是中华文明的重要发祥地,河洛文化是中华民族的核心文化,在中国传统文化中属于主干地位。"③由此,中原与河洛成为一体,也就是"中原河洛地区"。

3. 关于两岸河洛文化地域认知的理解

在对河洛文化地域的认知中,内地学者,在 2006 年之前已渐趋一致。这就是目前在"河洛文化研究丛书"封底的一段话:"河洛文化是以洛阳为中心的古代黄河与洛水交汇地区的物质与精神文化的总和,是中原文化的核心,也是中华传统文化的精华和主流。"内地学者一般都是从地域文化的角度,去认知河洛文化,因此,特别关注地域的界线,河洛、河南、中原、中国,就地域而言,其边界是不一样的。也就是说,从地域文化角度而言,以上诸地域的文化是不能划等号的。但就轴心而言,上述诸概念的中心就是洛阳,以洛阳向外划圈,由河洛,再由河南、中原,最后到中国。中国是一个由小到大的概念,在早期文明阶段以及鼎盛文明阶段,其核心仍然是洛阳。

域外学界在河洛文化认知上与域内学界的差异,反映了他们从一开始,就是把河洛文化等同于中原文化,甚或当成中华文化的代表,至少是华夏历史文明的化身。"河洛文化也是河南的地区文化,是中原文化的一个组成部分,也是中原

---

① 施由明《论河洛移民与中国南方宗族》,《河洛文化与台湾文化》,河南人民出版社,2011 年,第 471 页。

② 杨泰鹏《台湾人就是河洛人,台湾话就是河洛话》,《河洛文化与台湾文化》,河南人民出版社,2011 年,第 213—214 页。

③ 何池《从河洛文化到闽南文化再到台湾主流文化》,《河洛文化与台湾文化》,河南人民出版社,2011 年,第 53 页。

文化的主流。"①这应该是讲的比较客观,而且河洛文化是"河南的地区文化",而不是"河南地区的文化",也就是说河洛与河南,是不能画等号的。"河洛文化是中华民族主流文化,是中华文化的根。"②就域外学者而言,河洛文化不同于一般的地域文化,更代表了中华民族的主流文化,是中华文化的根源所在。所以,在河洛文化讨论的过程中,域外(闽南地区、港澳台、海外等)学者在对河洛文化的认识时,较早时期将河洛文化与中原文化等同,其中的原因,除了在对具体的地域分辨,缺少更多的感性认识外,而是将以"河洛"为代表的"地域"文化,当成是中华传统文化的代表,甚至是"替代物",中华文化、华夏文明,可以与河洛文化、中原文化等同。这也许反映了两者认识上的差异,但也是核心文化的向心与凝聚所在。

二、河洛文化与台湾文化的联系的桥梁与关键点

1. 河洛文化是台湾的主流文化

河洛文化与台湾文化关系密切。杨泰鹏认为:"台湾地方文化与中原河洛文化有着深厚的不可分割的渊源关系,这已被作为中国人的台湾人与河洛人所认同。这也是中华文化在台湾强烈归宗意识的体现。"他得出的结论为"河洛文化是中华文化的根,台湾文化是河洛文化的果"③。有的学者在观察台湾文化时,是以族群的角度来研究台湾的文化构成的。台湾由原住民、本省人、外省人与客家人四大族群构成。其中本省人,实际上就是在 1949 年以前,尤其是自明末清初以来,由福建南部迁台赴海的"闽南人",台湾称之为"福佬人",又称"河洛郎"。本省人所占比例较大,但他们认可"闽南",更认可"河洛",所以在台湾"河洛"的称谓十分普遍,"河洛坊"、"河洛歌仔戏",这些都是笔者赴台访问时,所见到的招牌。客家人是台湾的第二大族群,他们是由中原南迁的士民的后裔,自称为"根在河洛",在台客家人以广东籍为主。1949 年前后赴台的大陆居民,河南人占第二,所以在台湾保留有豫剧团,以及河南同乡会等组织。反映了河洛

① 彭圣师《河洛文化与台湾文化》,《河洛文化与台湾文化》,河南人民出版社,2011 年,第 149 页。
② 杨泰鹏《台湾人就是河洛人,台湾话就是河洛话》,《河洛文化与台湾文化》,河南人民出版社,2011 年,第 213 页。
③ 杨泰鹏《台湾人就是河洛人,台湾话就是河洛话》,《河洛文化与台湾文化》,河南人民出版社,2011 年,第 213—220 页。

文化在台湾文化中的主体性。杨建杰在认同"'台湾文化'以河洛文化为主体，具有'中华文化共同性'"的同时，强调"台湾文化的特殊性"，这个特殊性，包括"南岛文化涵化"和"日本文化遗绪"，"'台湾文化'，笔者认为是在河洛文化的基础上，加上日本文化的遗绪，南岛文化的涵化所建构的。而不同时期的台湾文化，代表不同时期台湾住民留下的生活轨迹。不同族群的文化，代表各群族的尊严与信心。台湾文化是各族群共通、共享、共创的，应该是需要尽心尽识、维护、珍惜与关怀的。"①在这里台湾文化中的主体河洛文化，实际上是中华文化的代表，台湾虽历数磨难，但以河洛文化为代表的中华文化，依然是台湾文化的主流文化。

2. 河洛文化与台湾文化的关键离不开闽南

河洛文化与台湾文化的联系，有一个重要的桥梁，就是福建，尤其是闽南。闽南人与台湾主体居民的一致性，使得对于内地的学者而言，"闽台文化"是一个最完整最合适的表述。"河洛人是闽台人的血缘之祖，河洛文化是闽台文化的母体文化和根系文化，两者具有很多相同的文化特征，并蕴含着共同和共通的文化精神。"②闽台文化与河洛文化的共同性，表现有：两者都是有以儒家思想为基因的共同文化价值观和强烈的重文重德传统，都具有强烈的祖根意识和尊崇先祖的文化传统，以及强烈的自强不息、积极进取、勇于开拓的精神。"河洛文化作为中国传统文化中的核心文化，中华民族文化中的母体文化，同时也是中华民族和炎黄子孙的根。中原地区与闽台，祖国大陆与台湾，因为血缘之亲、宗族之亲，大家永远有'血浓于水'的骨肉感情和心灵之痛，而永远无法阻断。"③因此，河洛文化与台湾文化的联系，不能不谈闽南文化，河洛与台湾族群的关联，更不能漏掉闽南，从河洛到闽南、台湾，一条族群迁徙的轨迹，反映了中国人的苍劲奋斗的历史，反映了中华文化从中原向东南迁展，从大陆向海岛传播的文化复兴与辉煌。

3. 从中原到闽台的关键连结点：固始

闽台与河南的联系，离不开固始。固始，位于河南省的东南角，是当代河南人

① 陈建杰《"台湾文化"的构成要素：河洛文化、南岛文化及日本文化》，《河洛文化与台湾文化》，河南人民出版社，2011年，第197页。
② 饶怀民 阳信生《闽台文化与河洛文化的特征比较》，《河洛文化与台湾文化》，河南人民出版社，2011年，第205—212页。
③ 饶怀民 阳信生《闽台文化与河洛文化的特征比较》，《河洛文化与台湾文化》，河南人民出版社，2011年，第205—212页。

口第一大县。历史上,"'光州固始'作为一个较长时段的行政建置,尤其是唐代始有联称之名,因两次大规模的入闽活动,因而对闽台族谱文化与方志文化,有着深深的印痕。直到今天,'光州固始'已成为豫闽台一脉相连的纽带。它所体现的象征性、根亲性与神圣性,已深深植根于两岸三地地域文化之中,毫无疑问,在闽台人的心中,'光州固始'就是唐山,就是原乡,就是中原,是他们永远的根"①。

　　但是从严格意义的河洛的狭义与广义地域去认识,固始并不在河洛的范畴,朱绍侯提出"河洛文化圈应该涵盖河南省全部地区",②这样,固始就成为"河洛文化圈"的一部分。而在由中原士民南迁的三次大规模活动中,唐末固始人王潮王审知兄弟南迁在福建建立了闽国,王审知也被后人尊为闽王,王氏政权对福建的"河洛化"起到至关重要的作用,也奠定了福建文化繁盛的基础。再向前的唐高宗时陈政陈元光父子到闽南平定"啸乱",后就地屯垦,设置漳州,而陈元光被尊为"开漳圣王",直到现在还受到闽台两地民众的敬奉。陈元光也是光州固始人,尽管在他的里籍问题上有多种说法,但自明代以来,方志与家谱均认可陈氏为固始人。"'光州固始'不仅反映了南迁先民的籍贯地的真实性或大部分的可靠性,更多地反映了两地文化的纽带性,闽南文化中的中原血亲印记,是闽南文化对中原文化认同的具体体现。"③

　　实际上,闽南与中原的联系,始自西晋时期,以永嘉之乱"八姓入闽"为代表,在福建地方文献《九国志》,《三山志》和《闽中记》中均有反映,所谓八姓为"林、陈、黄、郑、詹、邱、何、胡"。这是福建与中原的最早联系,从"晋江"的得名,"洛阳桥"的建设,都可以看出,河洛文化对闽文化的联系和影响是直接的,而且时间比较悠长。

三、河洛文化与台湾文化的纽带与研究的深化

1."根在河洛":河洛文化与客家文化联系的重要根脉

闽南人与客家人,都是汉民族中的民系,但是他们都认可"河洛",闽南人号

---

① 张新斌《光州固始的历史文化解读》,《固始与闽台渊源关系研究》,人民出版社,2009 年,第 8—9 页。
② 朱绍侯《河洛文化与河洛文化圈》,《寻根》1994 年第 3 期。
③ 张新斌《河洛文化与闽南文化关系初论》,《黄河科技大学学报》2014 年第 3 期。

称"河洛郎",客家人称"根在河洛"。

客家先民的五次南迁活动,是客家学奠基人罗香林先生的《客家研究导论》的标志性成果。其中前三次为西晋末年"永嘉之乱",中原士民的南行;唐末黄巢起义时中原士民的南迁;自北宋末年至南宋金元入主中原时的中原士民南迁。这三批南迁的中原士民,构成了客家先民的主体,尤其是西晋末年的南迁,中心在中原,代表性地区是河洛地区。"从客家的家谱中,可以找到较多的西晋末年中原士民南迁的痕迹,无论是人口之众,还是姓氏之多,西晋末年的这次南迁活动,在客家历史上的影响是极为深远的。无论南迁者的身份构成多么复杂,但号称'衣冠大族',举族南迁,也只有当时的京城洛阳的皇室宗亲、达官贵族最具代表性。"①因此客家人"根在河洛",最具代表性的纪念地点是位于洛阳市区东北方向的汉魏洛阳城故址。

在宋元以前客家民系没有正式形成之时,东南地区客系族谱如《崇正同人系谱》所载相关的陈、方、许、谢、宋、庄、林、陈、张、黄等,他们都认同从"光州固始"而来,也就是说,在客家民系没有形成之时,福建与广东的客系与非客系姓氏,都是认同"光州固始"这个中原连结点的,也就是说"固始应为客系与非客系闽粤台移民的中原祖居地和集散地",②固始对客家文化,对台湾客家文化的影响也是不言而喻的。

2. 河洛文化与台湾文化连结的重要纽带

河洛文化与台湾文化连结的主要方面,我们曾提出以炎黄文化构筑两岸共同信仰的平台,以姓氏文化编织两岸血脉联系的纽带,以宗教文化拉近豫台民间交流的距离,以戏曲文化提升豫台文化交流的层级,以武术文化密切两岸人民交流的感情③共5个方面。这显然更多的关注的是具体操作层面的内容。在其后,我归纳为人文始祖纽带、姓氏根亲纽带、历史名人纽带、族群交流纽带和神灵

---

① 张新斌《试论客家先民首次大规模南迁纪念地的确立》,《河洛文化与闽台文化》,河南人民出版社,2008年,第196页。
② 张新斌《固始与客家寻根》,《客家与中原文化国际学术研讨会论文集》,中州古籍出版社,2003年,第101页。
③ 宋丽萍 张新斌《以中原文化引领豫台文化交流的方向》,《两岸关系》2009年第2期。

信仰纽带共 5 个方面。① 实际上,相关的纽带,还有一些,如研究闽南语、客家话与中原古音的关系,早在三十年前厦门大学的黄典诚教授便带领研究生,到固始、灵宝进行田野调查,进行相关的资料搜集。还有就是两地民间民俗民风的关联,也可以进行比较研究,两地武术文化的传承,所以除了以上的五个纽带外,还应有方言古语纽带、民俗民风纽带、武术功夫纽带等共八个纽带,均值得去探寻。

3. 河洛文化与台湾文化研究的深化

在河洛文化与台湾文化的纽带联系中,我们列出了八个,目前相关的研究,尤其是在姓氏、家谱的研究中,多有涉及。但总的来看,这些研究都仅仅浮于表面,没有深入的调研、跟踪,因此相关的研究看似相似,亟待深化。

一是要立足于课题式的研究。尤其是要深入豫闽台三地,进行家谱、寺庙、民风的民间寻访和体验,从前述 8 个方面,或更多的领域进行精细研究,使相关的研究,逐步深化。而且这种研究,应该是两岸三地的学者,共同组合,发挥各自的所长,在量化研究、比较研究上提供更多的依据,使研究的科学性有更多的提升。

二是要加强节会交流。利用中原的文化优势,在新郑黄帝故里拜祖大典上,邀请更多的港澳台与海外华人参加。在学术研究上,要在大会的基础上,增多一些小规模专题性较强的会议,通过专题研究,使研讨的问题逐步深化,同时也加强两岸交流,形成更多的合作伙伴。

三是要推动高校与研究单位相互交流。要让河洛文化研究不断深入,就要利用高校和科研单位这样的平台,加强两岸同类单位的合作与交流,共同研究相关课题,共同举办相关的讲座,使河洛文化研究,能够在学术单位扎下根,成为共同的研究目标,使河洛文化研究在学术殿堂占有一席之地,并在专业研究园地生根开花结果。

（作者为河南省社会科学院历史与考古研究所所长　研究员）

---

① 张新斌《以河洛文化为两岸交流文化纽带的思考》,《河洛文化与台湾文化》,河南人民出版社,2011 年,第 17—25 页。

河洛古语与河洛郎

傅万寿

古文朗诵,诗词吟唱,以今之音,读古之作常常觉得不押韵。带有韵尾 K. T. P 的入声已失落,原来的入声字归到阴阳平、上声、去声。本来读音不同的字,有许多变成同音。古代同韵的字,到了现代不一定同韵,致有古无去声,古无入声,浊上归去之说。考据其演化过程,探其源流可知,由于河洛话保存着古汉语语音和词语上的许多特点,被称为"古汉语的活化石",是极其宝贵的语言数据和历史遗产。

古音古文韵与诗合

《诗经·关雎》:"寤寐思服,辗转反侧。"《诗经·有狐》:"在彼淇侧,之子无服";"在彼淇梁,之子无裳"。《离骚》:"非时俗之所服,依彭咸之遗则"。《大戴·礼》:"始加昭明之元服,崇积文武之宠德"。《易经·震卦》:"震来,笑言哑哑,守宗庙社稷"。《仪礼》:"令月见日,始加元服,弃尔幼志,顺尔成德"。涯有四支韵,《古诗十九首》:"与君生别离,各在天一涯。"又有九阶韵,杜甫诗:"处处接金杯,烂醉是生涯"。还有下平声六麻韵,宋戴复古梅诗:"孤标粲粲压群葩,独占春风管岁华,几树参差江上路,数枝妆点野人家。冰池照影何须月,雪岸闻香不见花,绝似林间隐君子,自从幽处作生涯。"下平声十五咸韵,帆,"孤帆远影碧空尽,唯见长江天际流。"上声廿九赚韵,"战舰"。陈第《毛诗古音考序》曰:"时有古今,地有南北,字有更革,音有转移,亦势所必至。故以今之音,读古之作,不免乖刺而不合。""又易象左国楚辞秦碑汉赋,以至上古歌谣箴铭颂赞,往往韵与诗合,实古音之证也。"

《说文解字》读若直音

东汉许慎著《说文解字》,以文字兼声音训诂,形声"读若"皆与古音相准,七千六百九十七个形声字,声旁所组成的谐声系统,了解造字时的语音情况。八百三十条"读若"注音,反映两汉时期的音韵面貌。宋:从从木,读若送。雀:读与爵同。劭:勉也,读若舜乐韶;下基也,荐物之,读若箕同。瞿:读若句;读若郅。欥:读若忽。东汉末年,刘熙撰释名,车,声如居;舍,行者所属若居舍也。又有辟况,直音之方法,《吕氏春秋·慎行》:"相与私哄",哄读近鸿,缓气言之。顷音倾,某音某。远在先秦时代,汉语本身就有二合之音,如不可为"叵"。何不为"盍"。而已为"耳"。瓠芦为"壶"。能把音节分为声母韵母两部分,与反切的原理相似,但未能发展为注音工具。清儒顾炎武、陈澧认为反切起源于先秦的二合音,然许慎尚不知使用反切。

梵文十四字贯一切音

《隋书经·籍志载》:"后汉时有婆罗门书,能以十四字贯一切音,是即梵书入中国之始。"陈寅恪言:"天竺经声流行中土,历时甚久,上起魏晋,下迄隋唐,六七百年间审音文士,善声沙门亦已众矣。"僧众学习梵文,受到梵文字母启发,懂得辅音元音的拼音原理。唐末沙门守温考求《切韵》,参照梵文,创制汉语声母系统,三十字母宋人再增非敷奉微为轻唇音,娘为舌上音,床为正齿音三十六字母,以之上考古纽。其唐写本《切韵》残卷,八国联军时被盗,现藏法国巴黎国家图书馆,由刘复抄录回来。宋儒郑樵沈括等认为反切起自西域,是在梵文传入中国后产生,与二合音相辅相成。"切韵"时代,还没有字母的概念。《切韵》是参考诸家韵书编成,共五卷,隋陆法言撰,其祖先为鲜卑人步陆孤氏。

《切韵·序》:"欲广文路,自可清浊皆通,若赏知音,即须轻重有异。"王仁昫誉为"时俗共重,以为典范。"长孙讷言称之曰:"酌古沿今,无以加也。"

十五音贯河洛话一切音

韵者,天籁也,自然之节也,古代虽未有韵书,每有所作,以古音读之,无不悉合音节。自魏晋齐梁之后,始有韵书,如魏李登之《声类》、晋吕静之《韵集》、梁夏侯咏《四声韵略》、周思言《音韵》、李季节《音谱》。《隋书》载有《六朝韵略》、《续修音ույ决疑》、《纂韵钞》、《韵纂》,陆法言《切韵》。唐之《韵音》、《韵铨》,颜真卿之《韵海镜源》,孙愐补修《切韵》别成一书曰《唐韵》,梁周颙《四声切韵》,沈约《四声韵谱》,李泰据《唐韵》编为《五音韵谱》,神珙《五音圆图》,毛先舒《韵学通指》,声韵研究,极一时之盛。唐李涪言:"在切韵分属数韵者,诗既通谐,在古必为一。""凡中华音切,莫过东都。盖居天地之中,禀气特正,此指河洛言之也。"杨慎在《转注古音考》言:"亦知古韵宽缓之理"。明陈第着《毛诗古音考》,诗经古韵,用韵共一七一〇字,其中就有一六二二字的韵读,重见不计。并言"夫古今声音必有异也,故以今音读今,以古音读古,句读不龃于唇吻,精义自绎于天衷,确乎不可易之道也"。并撰有《戚林八音》,以之秘军声作八音以通语,为戚家军之口令。并以守温三十六字母约为十五音。在音韵学中,反切上字定其声,下字求其韵,十五音切音法却相反,上字求其韵,并分七调,下字定其声。十五字母:"柳边求去地,颇他曾入时,英文语出喜"。此十五音能贯河洛话一切音,与婆罗门书十四字贯一切音,前后辉映。柳:泥娘来。边:帮。求:见。去:溪。地:端定知。颇:滂。他:透彻澄。曾:精照。入:日喻。时:心邪审禅。英:影匣。文:并明微。语:群疑。出:清从穿床。喜:非敷奉晓。二十年前为此以地支配合三十六字成诗,易于记诵:"见溪群疑子中陈,端透定泥问丑寅,帮滂并明卯辰巳,精清从心午未申,斜影晓匣喻酉戌,来日知彻亥求真,澄娘非敷奉微照,穿床审禅守温胜"。

《广韵》之后讹舛相袭

《广韵》全称《大宋重修广韵》,在隋代陆法言《切韵》,唐代孙愐《唐韵》的基础上增订重修,是历史上第一部官修的韵书。《广韵》的声母系统,切语上字表是守温三十六字母。以明声类,确定该声类属于什么声母。上溯古音,下推今读,董同龢拟中古声母、韵母、声调流变与现代国语比较,作《广韵切语今读表》。陈澧著《切韵考》,实际上是"广韵考",因为没有看到《切韵》的各种残卷。其音系吸收南北方音和古音一些成分,研究古今音的变化发展,以《广韵》为基础,上溯古音。《广韵》是汉语语音史上做为承上启下的重要著作。当前研究音韵学者,是作为重点来研究。《广韵》之后,宋丁度奉敕编纂《集韵》,为一部集大成之韵书。《礼部韵略》为集韵简本,为应科举考试"奏合而用之",允许相近的韵可以合用。南宋平水刘渊,编了一部《壬子新刊礼部韵略》,分一百零七个韵,称为"平水韵"。因曾摄燕登的上声拯等二韵并入青韵上声迥韵减为一百零六韵。做律诗,选字用韵、四声平仄要遵守平水韵。金韩道昭《五音集韵》十五卷,善达声韵幽微,博览群书要旨,用卅六字母重新编排广韵集韵。宋末阴时夫著《韵府群玉》也是分一百零六韵。元熊忠《古今韵会举要》,分韵一百零七。熊忠,福建邵武县人,鉴于"音学久失,韵书讹舛相袭","援引浩博,足资考证,而一字一句必举所本,无臆断伪撰之处。仍存全浊声母和入声字"。为延续南方汉语的语音,实有莫大贡献。

全浊声母轻声化

《中原音韵》,元朝周德清著,此书是否真正代表中原语音之正,王骥德、吕坤、毛先舒有过讨论。其语音系统现象已改变,浊音清化。中古全浊声母普遍轻声化,浊上变去,全浊上声字全部变成轻声字,与中古的去声合流,入派三声,入声字分别派入阴声韵、平声阳、上声、去声之中,守温三十六字母非敷奉三母合并一类,音值为"F"。入声的存在与否?罗常培、陆志韦、李新魁、赵荫棠、宁继福、王力、董同龢都曾热烈讨论。清江永《音学辨微》曾言:"韵学谈及入声尤难,而入声之说最多歧未能细辨等列,细寻脉络"。入声字派入阴平;杀八鸭滴激忽失屋。阳平:实吉福叔博答竹节。上声:北索铁甲雪发乙尺。去声:玉仄力戚麦粕泣妾。清乾隆年间,蔡奭(字伯龙)纂著《古本官话汇解便览》,官话河洛话对照,讲官话者念入声字尤难。《王力文集》第四卷九十四页:"四声因受清浊之影响,大约曾有一度变为八声,后来浊音消失,但尚保存其系统,在北方音系里,入声已归入别的声调,上去已无清浊之分,只有平声还存着清浊的系统,命之为阴平阳平"。以河洛话为母语者,诵读吟唱,肯定本来就有八声,而不是"一度变为八声"。八音定诀,"东董洞啄、同动洞独"、"君滚棍骨、群近郡滑",此为潮洲、汕头之呼法。与雅俗通十五音,朱字十五音,增补汇音,黑字十五音,汇音宝鉴有别。虽为八音实际是七音,阴平、上声、阴去、阴入、阳平、阳去、阳入。清劳乃宣著有《等韵一得》,今南方之音,于去入之清浊,大率能辨,欲考清浊八声之全者,必参合诸之音乃能修也。

气得其中声得正

《中州音韵》(中州乐府音韵类篇),于万历年间变为《中原音韵问奇集》,著者王文璧,"沈潜书史,而不废音韵之学,今年九十矣,乃能取藏故本,大加订正,视故本为益精且详,以五闽宪金张公某甥也,属为梓行之"。晋江人蔡江,乡试第一,为中州音韵作序曰:"盖天地之中气在中国,中国之中气在中州,气得其中,则声得正,而四方皆当以是为的焉"。明王骥德着有《曲律》。对王文璧表相当敬意:"吴兴王文璧,尝字为厘别,近李(嘉兴)卜氏复增校,以行于世,于是南音正矣";"惜不能更定其类,而入声之龉舌尚仍其旧耳"。洪武正韵保留入声韵和全浊声母。杂揉古今韵书调合新旧主张。其因袭性保守性,易于保留旧时的语音特征,为十四世纪前后的读书音。宋吴棫福建建安人,出为泉州通判以终。著有《韵补》,是一部考求古音的专著。认为古人用韵较宽,可以通转。清顾炎武《音学五书》。炎武平生学问博洽,认为要读古书必须懂得古音,并说:"愚以为读九经自考文始,考古自知音始。以至诸子百家之书,亦莫不然。"批评沈约、周颙等人不该根据汉魏以来的韵文写成韵谱,以致古音亡失。根据先秦韵文来纠正。《古韵标准》为江永所著,批评顾炎武"考古之功多,审音之功浅"。又评"古人四声一贯"说:"入声与去声最近,《诗》多通为韵,与上声韵者间有之,与平声韵者少,以其远而不谐也。韵虽通,而入声自如其本音,顾氏于入声皆转为平、为上、为去,大谬。"江氏的批评是正确的,可惜后来还是依从顾氏之说。

河洛话活的语言

《十驾斋养新录》,二十卷,清乾隆年间钱大昕撰。大昕治学面广,博学多才,以前研究古音的人只注意古韵,钱氏则最先注意到古声纽问题。一、古无轻唇音;二、古无舌上音;三、古人多舌音;四、古影、喻、晓、匣双声。中古轻唇音声纽在先秦一律读作重唇。从谐音偏旁、异文、文字通假、方音、梵语译音等方面的比较,来证实"凡轻唇之音,古读皆为重唇"。语言活化石的河洛人,到现代讲读的还是重唇音。如古音"陟"如得、"直"如特、"竹"如笃。"古人多舌音,后代多变齿音,不独知彻澄三母为然也。"章炳麟发明"娘日二纽归泥说",黄侃发明"照二归精说",曾运乾发明"喻三归匣""喻四归定",在上古属同一声类据钱氏之理论而发明。《六书音均表》,清段玉裁著,古无去声说,以古黎语只有平、上、入声,汉语的声调完全有可能是从无到有,从少到多逐渐产生和发展起来的。此论颇多存疑,古文读去声所在多有。《声类表》清戴震撰,提阴阳入三分的理论,并以入声为阴阳通转的枢纽。《诗声类》清孔广森着。囿于方音,认为上古没有入声。《音学十书》清江有诰撰,书中声称,越是僻乡之处保留古音越多。起初主张古无四声,反复研究后,又认为古人实有四声。章太炎余杭人,著《国故论衡》,上卷探究语言文字的源流变化,不为细枝末节所限,其学说气象恢宏,蔚为大家。赞同钱大昕"古无轻唇音",提出古音"娘母日母归泥母"的主张,这在谐声、读若、声训等材料中有广泛的证据,是章氏对古音学重大的贡献。以上所列音韵学家,略述其流衍。尚乏系统之书,为之析其源流,明其体用分合。尤其在前清各家迭有争论,忽略活的语言,还有活的人会讲中原上古音河洛话。

动引广韵駃舌之诮

清雍正年间,曾命福建广东两省官吏,教导所属地方语音。《闽杂记》:闽中各县皆有正音书院。吾所藏乾隆版本《古本官话汇解》,即是官话河洛话对照书籍。《切韵》是现存最早韵书,隋文帝时,颜之推、萧该、陆法言等八人共论音韵,欲广文路。陆法言并集前人之大成,撰《切韵》,后孙愐补其阙疑,名曰《广韵》。决定古今音,不偏于古,亦不偏于今,宋之陈彭年所编《广韵》中,犹存《切韵》之旧韵。《切韵》兼存古音。陈寅恪认为《切韵》是隋唐时代的洛阳音。以河洛话求证上古音的瑞典高本汉,却认为是长安方音。洛阳、长安古皆属大中原地区。《王力文集》第十二卷:"切韵是闽海之音,是駃舌";"世之泥古非今,不达时变者众,呼吸之间,动引《广韵》为证,宁甘受駃舌之诮而不悔"。"如此呼吸,非駃舌而为何?不独中原尽使天下之人俱为闽海之音,可乎?"。南蛮駃舌乃孟子之斥许行;以此鄙夷河洛话,岂止污蔑上古音,更是荒谬。孟子生于公元前三七二年,九百多年后,综合古今南北语音的《切韵》书成。永嘉之乱南迁的河洛人,迄今仍以河洛话为母语,保留上古音。《孟子·滕文公篇》神农章:"今也南蛮駃舌之人,非先王之道,子背子之师而学之,亦异于曾子矣。"古闽原住民(蛮獠)现住华安县之新坪、高安、桂林,地处泉州安溪县、漳州长泰县与龙岩之间。现仍未汉化,然族群平等,应受尊重。二○一一年五月廿四日,台南成功大学台湾文学系举办"百年小说研讨会",曾为闽南话、台湾话引起激烈争论,后并诉诸法院。同年十一月一日,吾受邀至成功大学文学院公开演讲,以《闽南语与台湾话的纠结》为题,一百八十分钟缕述两者之间的连结,虽有一定的区别,其中又有联系,都是说河洛人讲的河洛话。其名称更有貉獠话、鹤佬话、福佬话、福建话等各说各话。

大地湾文化鸟鼠山

梁江淹诗:"福建是边土,何处是中原。"唐张籍诗:"北人避胡皆至南,南方至今能晋语。"顾亭林《音论》:"自五胡乱华,驱中原之人,入于江左,而河淮南北间,杂夷言,声音之变,或自此始。"《晋书·王导传》:"洛京倾覆,中州士女,避难于江左者,十之六七。"《东瀛识略》:"台民徙自闽之泉州、漳州、粤之潮州、嘉应州,其起居服食、祀祭、婚丧,悉本土风,与内地无甚殊异。"播迁来台的移民,以地缘或血缘而成的社会群体,民俗文化连带形成。具有汉民族文化的本质。随着南迁时间的早晚而有语言的差异,由重唇音轻化的过程,可知客家人也是河洛人。语言学家罗常培应用史传族谱和地方志的记载,找出客家几次迁徙的路线。黄遵宪在《人境庐诗草》有言:"方言足证中原韵,礼俗犹留三代前。"唐末与南宋末年大迁徙,海陆客家话与四县客家话依然是祖宗言。河洛语是古老之汉语方言,语文是人类世代智慧积累而成的精神财富,文化的结晶。传递人类文化讯息的承载体,构成人类最重要的文化环境。与思维、观念、和价值体系息息相关。河南固始为河洛话之语言活化石区。前河南大学校长王广庆所著《复音词声义阐微》、《复音互用发微》。田野调查搜集语句,有关人伦的恂督绝种,在台湾还在使用,新石器时代原始农业、农耕器具名称,刈草的艾、尽发翻土石犁,还是没有金属的时代用语。中华文明之源,大地湾文化位于渭水源头,渭源县鸟鼠山,现在的地图还印着鸟鼠山。《山海经》有记载,吾曾有联记之,"鼠无大小皆称老,足有前后分阴阳。"作为十二生肖之首的阐述。周祖谟教授言:"我们现在又能进一步从闽南方言中找到可靠的根据,与历史资料相证验。这都是据今可以证古的明显事例。今日方言的读音在调类上可以与韵书所注字音的清浊相应照,这就是可以据古以证今。"追溯古汉语源流,就得远溯及上古蛮荒开化历程,起于河洛之间的河洛族群,活跃于河济之海岱族群,荆楚地区之江汉族群,各族文化殊异,接触日久,渐以孕育成新文化。融合称为华夏民族。荀子言:"居夏以夏,夏即雅言。"夏商周三代雅言,是变化最少的一种汉语方言。雅言为华夏各国通用的普通话,"名定而实辨,言协而志通"。语文规范化既深入又广泛。《论语·述而》:"子所雅言,《诗》、《书》执礼皆雅言也。"

汉字是唯一自源系统

"天雨粟,鬼夜哭",为仓颉造字作书的传说。文字的出现,必然会给人类社会带来惊天动地、泣鬼神的变化,开启和创造人类的文明。社会发展需要有文字的记录。始于刻符记号,原始形态的符号留下一些最初的文化,如大地湾文化、大麦地文化、贾湖文化、大汶口文化。仰韶文化的半坡遗址陶壶是远古人类的器物。形体简单的符号是文字的起源。一八九九年,河南安阳小屯村出土的甲骨文,经孙诒让、王懿荣、王国维等研究,考知为最古老用于记事的汉字。小屯、龙山、仰韶三层迭压的殷墟,原称化龙骨药用的甲骨,竟是解开汉字来源之谜的关键。一九二六年中央研究院李济教授更以科学方法陆续发掘。不计重复有四千五百片以上。流散在国外,日本有一〇二三片,英国一六八七片;加拿大博物馆亦有收藏。甲骨文二千多个文字符号,已是成熟的文字系统,为历史最为悠久的文字。深沈博大,旺盛的生命力,人文景观,优美篇章为汉字所传诵。

自源他源文字系统迥异

古巴比伦泥版书,为古代西亚很多国家使用过的文字类型,由小楔形笔画组成的符号,在泥版上摁出。苏美尔楔形文字和古埃及象形圣书文字,结合创制腓尼基文字。希腊文字是借用腓尼基廿二个拼音字母,改造而成的音符文字。公元前八世纪,意大利埃特鲁斯坎人采用希腊字母,制成埃特鲁斯坎字母。后罗马人从埃特鲁斯坎人取得字母,传衍成拉丁字母,又称罗马字母。公元九世纪拜占庭教会西里兰教士,用希腊字母制定斯拉夫字母。希腊字母为欧洲各国文字之祖。其共同特点都是"他源"系统借用形拼音式的文字。与"自源"系统的汉字迥异。汉字是记录古汉语的书写符号。从文字的基础上、经过有声语言的中介,听到文字所反应的声音。本文探讨河洛古音及汉字由来,应用十五音切音法,就是学习河洛话的快捷方式。

音由心生,学十五音切音,如注音符号

研究闽南语者,言须依循《广韵》、《康熙字典》以正音。轻十五音切音法。言其韵部紊乱,发声送气不分。全浊上声置全浊去声,清浊混淆。《广韵》源于《切韵》,不知十五音约简之理。为免于误解"切韵是闽海之音,是龋舌","动引广韵为证,宁甘受龋舌之诮而不悔","如此呼吸,非龋舌而为何? 不独中原,尽使天下之下俱为闽海之音,可乎?"。河洛话非龋舌之语,孟子授徒讲的是雅言,河洛古音。两岸推行普通话,国语为通行语言已有共识。闽海之音是约七千万人之方言。闽南素有四海人文第一邦之称,正德皇帝誉之"海滨邹鲁"。深厚的文化积淀,真珠糜配凤眼鲑之佳话。《切韵》时代还没有字母的概念,只要声母相同的都可以互相用作反切上字,而同声母的字很多,《切韵》又是参考以前诸家韵书编成的,反切也是从各家韵书选出,所以造成不同的反切上字,表示同一个声母的现象。《广韵》四百五十二个反切上字,共系联出四十个声类。声类不等于声母,声类是反切上字的分类。三十五个声母中,全浊声母有十个:并定澄

从邪崇船禅群匣。到现代普通话中都变成清声母,全浊声母的清化,是现代普通话声母简化的原因。《广韵》有二百零六个韵,平声五十七,上声五十五,去声六十,入声三十四。一千一百九十个反切下字,归纳为二九三类,平声八十三类,上声七十六类,去声八十三类,入声五十一类。《广韵》声韵音位的构拟,只靠声韵系统进行理论上的拟测。依此拟测以上古音诵读左传等古文,不免诘屈聱牙。中文系毕业,职场退休后,犹视《广韵》为畏途,绝学。上古音专家郑张尚芳,著有《上古音系》,构拟二万字的上古音,中华吟诵学会二〇〇九年十月十三日在北京公演,同台演出各以上古音吟诵诗经。《康熙字典》所注反切,是根据唐韵、广韵、集韵、韵会、正韵五种韵书,也引用《玉篇》,《五音集韵》、《篇海》、《字汇补》等,查一个字,有各种反切音,有的是中古语音系统,有的是北方语音,尤其不同方言的杂揉,莫衷一是。《王力文集》第十三卷"康熙字典音读订误"言:"编者不懂反切的道理,由于各种韵书反切用字不同,不辨同异,以同为异,以异为同,造成音读混乱。""《康熙字典》编者不只一人,音韵知识水平不一,有的不懂三十六字母,清浊混乱,以方音乱正音"。诵读古文、要读通《广韵》,其书浩繁还须考据。寻求正音非专家莫办。语音演变所产生的古今价值观,各为其时代所用,没有什么优劣之分。常州吟调,现已列入联合国为世界非物质文化遗产。十五音切音法贯一切河洛音,音由心生,出于自然之声简单易学,就像小学生学习国语注音符号。声韵调俱备,更可以用自己母语腔调切音。不必再用罗马拼音像外国人讲河洛话。十五音切音,符合"诗既通谐,在古必为一,古韵宽缓,用韵较宽"之理。

吟哦成诵声入心通

朗诵古文,吟唱诗词,河洛话声、韵、调的独特性,吟哦成诵。精粹的语言,节奏和谐,"恬咏密吟,邃密深沈,声调铿锵,声入心通"。吟唱二十四字诀:抑扬顿挫,跌宕转折。收放迟疾,轻重虚实。偷取换歇,就气口舌。

应用十五音对比双声迭韵

李重华诗说:"迭韵如两玉相叩,取其铿锵;双声如贯珠相联,取其婉转。"杜甫诗:"一去紫台连朔漠,独留青冢向黄昏"。"朔"沽时第三声,"漠",沽门第三声,二字韵母同为沽,称为迭韵。"黄"公喜第五声,"昏",君喜第一声,二字声母都是喜此为双声。"支离东北风尘际,飘泊西南天地间","支离"是迭韵,"飘泊"是双声。"石上水",声母都是时;"天边烟",均为坚字韵。学习十五音,声韵对比变化,赏会自然之音,其独特性,节奏和谐押韵,以乐感文化建构深层台湾文化。共信传诵音调铿锵,风神隽永诗词古文,赓续宏扬源远流长的中华传统文化。

（作者为台北市台湾汉语研究会教授）

河洛文化的元典观念

杨海中

一、不同凡响的轴心时代

1949 年,德国存在主义哲学家 K·T·雅斯贝尔斯在他的《历史的起源与目标》一书中说,公元前 7 世纪到公元前 4 世纪,中国、印度、波斯、希腊等几大文明地区,几乎同时进入了理性思维时期,一批思想家的著述及其所阐解的精神文化,极大地影响了后世民族文化的发展与走向。"在公元前 800 年到公元前 200 年间所发生的精神过程,似乎建立了这样一个轴心。在这时候,我们今日生活中的人开始出现。让我们把这个时期称之为'轴心的时代'。"

轴心时代之所以不同凡响,最重要的有三点。

首先,它诞生了一批不同凡响的圣哲,如中国的周公、孔子、老子、墨子等;印度的优波尼沙、佛陀等,波斯(伊朗)的琐罗亚士德等;巴勒斯坦的伊利亚、以赛亚、耶利米等;希腊的荷马、修昔底德、巴门尼德、赫拉克利特、苏格拉底、柏拉图、亚里士多德等。这些圣哲以其无比的睿智及超凡的洞察力,对人类社会昨天、今天和明天进行了总结和预言,不仅使人们的思想豁然开朗,也使人们陷入了不解的沉思。

其次,也是最根本的,就是有史以来出现了特有"人类意识"的觉醒,也就是说,人类从此有了真正意义关于人的思想与观念。这种意识并不简单地意识到人的生理的存在,而且意识到他自身的特性。人正是通过各种各样的途径,以自身的个性,来与世界上其他事物发生联系,并获得自己的独特的存在价值……人类意识是人类历史和人类文化的重要影响因素,影响着文化和价值的形成。①

----

① 成中英等《中国哲学中的人类意识:结构与发展》,《江西社会科学》2004 年第 9 期。

再次,这些先哲们的思想所形成的文化传统影响了世界两三千年的发展,已经成为人类文化的主要精神财富。"人类一直靠轴心时代所产生的思考和创造的一切而生存,每一次新的飞跃都回顾这一时期,并被它重新燃起火焰。"①

由于文化具有的内在性与超越性,产生于轴心时代的很多文化观念直到今天仍顽强地影响着社会的发展,因而人们习惯地称其为元典观念或元典文化。

河洛文化是中华民族文化中的核心文化,其元典观念构成了中国传统文化的主干与主流,凸显着河洛文化的根源性和传承的连续性。

产生于轴心时代的天人观念、宗法观念、民本观念、通变观念、正统观念等是河洛文化中最具代表性的元典观念。

二、天人观念

在中华文化中,人与天的关系是最基本的思维路径,河洛文化的许多原创性思想观念正是从这里切入,为后世开拓了无限的思维空间。

(一)《尚书》的天人观念

《尚书》作为我国最古老的政治、哲学及人文思想典籍,全书无处不充溢着"天命"思想。夏王朝征讨有扈氏时,夏王就义正辞严地说:"有扈氏威侮五行,怠弃三正,天用剿绝其命,今予惟恭行天之罚。"(《甘誓》)商承夏制,故商汤灭夏时亦以"天"之名义讨伐,"有夏多罪,天命殛之"。(《汤誓》)周承殷制,尊天为至尊,称周灭商为"恭行天之罚",(《牧誓》)同时响亮地提出了"以德配天"的崭新命题,将"敬德"与"保民"联系在一起,明确提出,只有取信于民,才能取信于天。

(二)《周易》所反映的天人观念非常古老

"早在公元前二千五百年,中国人就开始了仰观天文、俯察地理的活动,逐渐形成了'天人合一'的宇宙观。"②"天人合一"的观念内涵深厚,由此产生的天道、人道、地道思想从此成为了中国传统文化架构的基石。

(三)孔孟的"天人观念"

"天人合一"观念是儒家思想的核心内容之一,故言儒必言"天人合一",言

---

① 雅斯贝尔斯《历史的起源与目标》,华夏出版社,1989年,第14页。
② 江泽民《增进友好 加强合作》,《人民日报》1997年11月2日。

"天人合一"也必言及孔孟。孔、孟将"天人观念"引入社会生活与政治生活,谈"天"时多谈及"人性",并赋予其丰富的"仁德"理念,将天性与人性相结合,从而使"天人观念"世俗化、道德化、政治化,极大地凸显了"天人观念"的人文精神,而使其宗教性色彩大大淡化。孔孟大力主张经世致用,重道轻器,不仅使"天人合一"观念与远古宗教观念拉开了距离,而且使"人道"的特色更加鲜明,大放异彩。

（四）道家及诸子的天人观念

道家的"天人观念"不同于儒家的世俗伦理,老庄思想中的"天"、"天道",无论指自然本身或者指自然而然之"道",在不少情况下,虽未直接言人,但却蕴含着浓重的人伦意蕴。不仅提出了"人法地、地法天,天法道,道法自然",（《道德经》第二十五章）还把"天"与"道"直接连在一起,称为"天道",并与"人道"并举,说明二者之异同与关系:"天之道,不争而善胜,不言而善应,不召而自来,繟然而善谋。"（《道德经》七十三章）"天之道,损有余而补不足;人之道则不然,损不足以奉有余。"（《道德经》第七十七章）在道家心目中,"天"有自然之天,天地万物之天,但万物都是"道",道无处不在:"天地与我并生,而万物与我为一。"（《庄子·齐物论》）庄子提出的"齐物、忘我、逍遥"的心灵解脱思想对魏晋以后的文学、美术、音乐创作产生了重大影响,以至至今还成为人们艺术审美情趣和评判作品优劣的审美原则。

在孔孟老庄影响下的诸子无不言天人关系,其中尤以荀子"制天命而用之"的人定胜天思想最为著名。

三、宗法观念

宗法观念是中国传统文化中的重要思想观念,由此不仅产生了周代的宗法制度,也从而形成了诸多与之相适应的宗法文化,如政治文化、伦理文化、忠孝文化、姻亲文化、谱牒文化、官场文化等。宗法观念不仅影响了周代社会的政治、军事与经济,对后世也产生了深远的影响,渗透于民族与百姓的生活之中,至今仍在发挥着显作用与潜作用。

产生于周代的宗法观念,其核心内容是以血缘关系的亲疏确定社会的尊卑地位。对其权威的表述是《礼记·大传》:"圣人南面而治天下,必自人道始矣。

立权度量,考文章,改正朔,易服色,殊徽号,异器械,别衣服,此其所得与民变革者也。其不可得变革者则有矣:亲亲也,尊尊也,长长也。男女有别,此其不可得与民变革者也。"以家族为核心的宗法思想,既是周王朝统治天下的原则,也是周代社会处理人际关系的准绳。

宗法制度与分封制度、礼乐制度相结合,共同建构了周代完整的政治与文化典章体系,使得周代初步实现了以德和依法相结合的社会治理模式,这一实践理性的思维方式,不仅表现出了一种自觉意识的清醒,而且在社会的治理上也具有一定的前瞻性。周人这一较高水平的理性精神、政治智慧、政权意识与组织能力,影响了其后中国历代的政治、思想与文化。

四、民本观念

"民本"即"民本位",与它对举的是"君本位"。由此可知,"民本"一词从其诞生的那一刻起,就是与"国家"的概念紧紧联系在一起的,是早期国家形态的政治产物和思想结晶。

(一)民本观念之源头

民本观念的源头在夏禹时代。据《尚书·皋陶谟》所记,舜认为治国最重要的是"在知人、在安民";禹非常赞成,认为:"知人则哲,能官人;能安民则惠,黎民怀之";皋陶进而发挥并总结说:"天聪明自我民聪明,天明威自我民明威。"作为民本思想的表述,最典型的话语当是《尚书·五子之歌》中的"民惟邦本,本固邦宁"。

"民惟邦本"不仅是民本思想之源头,更是民本思想之总纲。周公将"天命"与"德"的观念引入,进而提出"保民"、"教民"的为政理念,并与执政的实践相结合,不仅使"民本"思想的内容得到充实与完善,更加丰富,从而也使"民本"观念得以广泛传播,成为了全社会的共识。

(二)诸子的民本思想

1. 在诸子中,最早提出治国以民为本者为管子,其"政之所兴,在顺民心;政之所废,在逆民心"(《管子·牧民》)最为人所道。管仲的思想源于周公与太公,主张欲强国必先富民,"凡治国之道,必先富民。民富则易治也,民贫则难治也。"(《管子·治国》)管仲主张大力发展经济,藏富于民;他认为,对庶民百姓而言,"仓廪实则知礼节,衣食足则知荣辱",在此基础上再导之以礼、义、廉、耻,提高其素质;他断言:"四维不张,国乃灭亡。"(《管子·牧民》)

2. 子产是春秋时期最著名的改革家,其民本思想主要是富民、宽民、教民。他通过田制的改革使庶民有了田产;他通过铸刑鼎,以宽刑治民,提高了庶民百姓的生产积极性;他主张敬民顺民,不毁乡校,广开言路;他视民之利为上,通过"作封洫"、"作丘赋"以富民。孔子对子产为政重民非常赞赏,"及子产卒,仲尼闻之,出涕曰:'古之遗爱也。'"(《左传·昭公二十年》)

3. 孔子的民本思想不仅见于《论语》,也散见于《礼记》、《孔子家语》等文献之中。《论语》中,"人"字出现过213次,"民"字出现过47次。虽然孔子对"民"与"人"的概念有所区别,但在国家与"人""民"的关系上,在广义的"人"方面,二者之涵义则是相通的。《论语·宪问》载:"子路问君子。子曰:'修己以敬。'曰:'如斯而已乎?'曰:'修己以安人。'曰:'如斯而已乎?'曰:'修己以安百姓。修己以安百姓,尧舜其犹病诸?'"这里,"自己"、"人"、"百姓",除了其自身的含义之外,更明确的含义则是"人"的数量问题,也即"博施于民而能济众"(《论语·雍也》)之意。

孔子的民本思想突出表现为强调"爱民"。《礼记》曾记述过孔子与哀公的一次长谈,孔子对曰:"古之为政,爱人为大,所以治。爱人,礼为大,所以治礼。敬为大,敬之至矣。"孔子民本思想的另一特点是强调惠民和富民。《论语·子路》中的一段对话非常生动地反映了这一思想:"子适卫,冉有仆。子曰:'庶矣哉?'冉有曰:'既庶矣,又何加焉?'曰:'富之!'曰:'既富矣,又何加焉?'曰:'教之!'"。孔子民本思想的核心是为"为政以德"。他说:"道之以政,齐之以刑,民免而无耻;道之以德,齐之以礼,有耻且格。"(《论语·为政》)孔子不仅提出了"仁者爱人"之主张,还强调应当"泛爱众,而亲仁"(《论语·学而》),同时主张"有教无类",因此可以说,孔子的民本思想已具有了人道主义的因素。

4. 孟子提出民贵于君,将民本思想提高了一个新水平。他说:"民为贵,社稷次之,君为轻。"(《孟子·尽心下》)犹如晴天巨雷,振聋发聩,开君民关系思想解放之先河。孟子还将孔子"仁"的思想引入,提出"仁者无敌",强调治国必须行施仁政。在富民问题上,他不仅主张轻徭薄赋,还进而提出了"恒产恒心"说。这是对民本概念的新定位,凸显了民本思想与时俱进的时代精神和锐意进取的创新精神,客观地反映了社会发展及治理规律,故被世人称誉为"孟子定律"。

5. 荀子对民本思想的发展与贡献突出表现在三个方面。首先,以舟水为喻,肯定人民的力量无比伟大。他说:"庶人安政,然后君子安位。传曰:'君者、舟也,庶人者、水也;水则载舟,水则覆舟。'此之谓也。"(《荀子·王制》)其次,在政治上提出了"天之立君,以为民也"的命题。他说:"天之生民,非为君也。天之立君,以为民也。故古者列地建国,非以贵诸侯而已;列官职,差爵禄,非以尊大夫而已。(《荀子·大略》)第三,荀子从"欲利"的角度指出了富民的重要。他认为,人是有"欲利"之念的,这是人的一种本性,具有两面性,既可能"义克利",也可能"利克义";只要有正确的导向,"义"就可胜"利",其关键是"从士以上皆羞利而不与民争业"(《荀子·大略》),只要"上好义",一切就迎刃而解了。

6. 韩非子作为法家的代表人物,在如何富国、强国方面不赞成儒家"仁爱"之说,围绕法提出了重赏、重罚、重农、重战四策,极力主张以法治政。就"法"与"民"而言,他主张以法为手段,富民、安民、保民。他说:"故以法治国,举措而已矣。法不阿贵,绳不挠曲。法之所加,智者弗能辞,勇者弗敢争。刑过不辟大臣,赏善不遗匹夫。"(《韩非子·有度》)在我国思想发展史上,韩非子第一次明确提出"法不阿贵",从而使民本思想提升到了法律的层面,成为法家民本思想之精华。

7. 墨子主张"兼爱",时人从之者甚众,习之者甚伙,故韩非曰:"世之显学,儒墨也。"(《韩非子·显学》)孟子虽然极力批评甚至诋毁其为"邪说",但也不得不承认"兼爱"主张爱民,因而受到世人的欢迎:"墨子兼爱,摩顶放踵利天下,为之",(《孟子·尽心上》)从一个方面对墨子以"兼爱"为核心的民本价值观的利他精神予以肯定。另外,墨子提出"非攻"主张,是对历代"保民"思想的最大发展。

8. 老子提倡恤民爱民,以百姓之是非为是非。他说:"圣人无常心,以百姓之心为心。善者吾善之,不善者吾善之,德善。信者吾信之,不信者吾亦信之,德信。"(《道德经》第49章)他说:"我无为而民自化,我好静而民自正,我无事而民自富,我无欲而民自朴。"(《道德经》第57章)庄子也极力主张无为而治,他认为,理想的社会是自然而然发展的,而不是人为治理出来的。他认为统治者的"无为",有利于人民的"自化、自正、自富、自朴"。

民本思想作为一种观念,其肇于夏,成于周。在这一观念的影响下形成的"民本文化"可以简要概括为十种形态,即:畏民敬民,重民得民,为民保民,安民惠民,利民富民,养民教民,乐民亲民,知民顺民,忧民恤民,使民治民。作为元典观念,两千多年来,虽朝代更替,思想有变,然上自帝王将相,下至臣僚士庶,论及治世理政,富国强兵,多无出其畛域者。

五、通变观念

"通"与"变"是中国传统文化尤其传统哲学范畴中的两个重要的哲学概念与思想范畴。通变观念在我国虽然产生久远,但就这一概念的形成及文字表述而言,《周易》的"穷变通久"之说可谓开中国哲学通变观念之先河,为中国传统哲学的一个重要命题。

"通变",顾名思义,它既包括事物自身的变化与转化,也包括此物与彼物的相互联系、沟通与影响,同时也包括思维方式、逻辑判断与处世方略。"通变"是辩证思维、是智慧思维,其内涵深邃博大。中华民族在这一思维方式指导下,将其内涵不断扩大、延伸与丰富,产生了许多新的思想与精神,其中最突出的是探索精神、忧患意识、智慧意识与谋略意识。

(一)探索精神

中华民族的探索精神历史渊远,其最优秀的代表人物是被称为人祖的三皇之一的伏羲。《周易·系辞下传》载:"古者包牺氏之王天下也,仰则观象于天,俯则观法于地,观鸟兽之文与地之宜,近取诸身,远取诸物。于是作八卦,以通神明之德,以类万物之情。"伏羲对天、地、人及其相互关系进行了深入地、不懈地探索与研究,从中发现了一些有规律性的现象,并在此基础上画出了八卦,既"通神明之德",又"类万物之情。"

文王将八卦演为《易》。《易》以"变"作为最基本的观念和思维方式进行宇宙规律之探索,并认为"变"有三个特点。一是具有永恒性,"往来无穷谓之通","变则通,通则久";"无穷"、"久"就是永恒。二是具有阶段性:"阖户谓之坤,辟户谓之乾,一阖一辟谓之变","变化者,进退之象也"。三是具有连续性:变化是一个过程,开始可能只是个别的,或数量上的差别,连续不断的变化则会产生质的变化,故曰:"形而上者谓之道,形而下者谓之器。化而裁之存乎变,推而行之存乎通"(《周易·系辞上传》)。这就是说,变化虽然具有阶段性,但变化不会终止,而是推移往来运动。要探索不同阶段的变化并将其连贯起来,就是通。

(二)忧患意识

《易》的"变"、"通"观念之来源,是由于宇宙万事万物的变动不居、阴阳转化,吉与凶随时都在与人为伴:恶劣的自然灾害不仅会给人们造成灾难,甚至会毁灭人类;人际关系的恶化所造成的攻伐残杀使人不寒而栗;个人的德才缺失与不善处置也会使人跌入深渊。伏羲穷究天、地、人之变,探寻"三才"之秘以趋吉避凶,并画八卦寓其形,喻其理,预其变,以使人们趋吉凶。伏羲开中华民族忧患意识之先河。

(三)修德意识

如何趋吉避凶,消除忧患,《周易》认为人是可以大有作为的,就其基本路径而言,大致有二,一是积极探索天地及人世运行"变"的规律并掌握之、适应之;二是由于天地合德,人只要主动修德,也会得到大自然的保护和他人的善待。因而修德为人生之根本、生活之必须。"《易》之兴也,其于中古乎?作《易》者,其有忧患乎?是故《履》德之基也,《谦》德之柄也,《复》德之本也,《恒》德之固也,《损》德之修也,《益》德之裕也,《困》德之辨也,《井》德之地也,《巽》德之制也。"(《周易·系辞下传》)作为六经之首,《易》实为我国德育、德治之源。

(四)崇龙意识

在远古生产力极其低下的情况下,人们遇到的最大的自然灾害便是洪水与干旱。《诗经·大雅·云汉》中就有诅咒旱魃的句子:"旱既大甚,涤涤山川;旱魃为虐,如惔如焚。"于是,在人们的潜意识中便产生了一个神奇、强大、性情超迈、威力无穷、能够驾驭天空、大地与江河湖海的超自然之神的形象,并被人们命名为"龙"。中国古代神话中有许多关于龙的传说,如《山海经》中就描写了335座山有龙的行迹。同时,"太皞氏以龙纪,故为龙师而龙名。"(《左传·昭公十七年》)由此可知,龙从一开始并不是中华先民的图腾崇拜,因"龙"并非固有,而是中华先民对水的崇拜而创造出来的一个新的文化物象,并由新石器时期最初质朴的"原龙",发展为三代时期的"夔龙",再发展为春秋时期的"飞龙"。龙既有灵性,伏羲又为龙姓之族,于是,在《易》之《乾》卦中以龙之象寓理喻人,天人相通,描摹了潜龙、飞龙、亢龙等龙的形象,开中国人崇龙意识之先河。

六、正统观念（略）

河洛文化的元典观念构成了中华民族传统文化的主干与核心，对中华民族的形成与发展，社会的进步与繁荣，思想的建构与丰富，国家的兴旺与强盛，文化的传承与创新等，无不起着基础性与原动力的作用。因此，在全球经济一体化、文化多元化的今天，深入研究和弘扬河洛文化的人文价值，对实现民族的新振兴仍具有重要的现实意义。

（作者为河南省社会科学院副研究员）

河洛文化与现代科学

王志豪

数字由 1 到 10 是数学与科学的基础,而二进制的出现让我们看到了由 1 到 10 的原始样貌,当我们开始运用二进制的时候,利用一些方法,在过去 10 进制所没有的,如补数、位移……,这说明了应用不同的系统来处理(检验)一个问题的时候,可以得到不同的方法来解决问题,可以得到过去常用的方法所没有的结论,也就是说我们用中国的方法去检验西方的思维、科学、哲学,有可能看到事情的不同层面。0 与 1 的二进制产生了电脑,解决过去无法解决的问题,过去我们只重视西方的科学,把我们自己的东西忽略了,特别是指《易经》这个区块,我们非但没有研究而且还在不了解的情况下去定位《易经》在生活中的地位,这样是不是草率了,没有尽到维持文化传承的基本要求,这说明我们应该要深入的了解河洛文化,我提出这些,希望引起大家的共鸣。

现在的人把科学挂在嘴边,其实科学所能解释的事情极少,我相信有一天大家会发现中华文化博大精深。科学对于人与人之间、人与大地之间、人与自然之间所能解决的问题是狭隘的见解。所以,当科学发达之后,我们发现人们的生活并没有更快乐,反而人与人之间的关系、人与大地间的互动、人与自然间的问题更是达到了数千年来的最低点。比较起我们的祖父,我们的日子并没有比他们更快乐。

孔子在《易·系辞传》写了"大衍之数五十,其用四十有九。分而为二以象两。挂一以象三,揲之以四以象四时,归奇于扐以象闰。五岁再闰、故再扐而后挂。""天一,地二;天三,地四;天五,地六;天七,地八;天九,地十。天数五,地数五。五位相得而各有合,天数二十有五,地数三十,凡天地之数五十有五,此所以成变化而行鬼神也。"乾之策二百一十有六,坤之策百四十有四,凡三百六十,当期之日。二篇之策万有一千五百二十,当万物之数也。是故四营而成《易》,十有八变而成卦,八卦而小成。引而伸之,触类而长之,天下之能事毕矣。"当我看到这段文字时,让我深深地感动,难道在二千五百余年前孔子就知道了电脑为何物? 古之圣人竟然能够用文字写下现今电脑的原始码!

孔子在《易·系辞传》写了天一、地十篇,这是一段文字,但它同时也是一篇数理,底下这个表是二进位表,而这段天一地十写下的,用现代的科学解读,恰恰是这个二进制表格(表1)。

表1:二进制表

	8	4	2	1
1	0	0	0	1
2	0	0	1	0
3	0	0	1	1
4	0	1	0	0
5	0	1	0	1
6	0	1	1	0
7	0	1	1	1
8	1	0	0	0
9	1	0	0	1
10	1	0	1	0

表面上看起来这个表格与天一地十似乎没有绝对关系,但是若仔细回想孔子曾经说过"吾道一以贯之",我们将上表的1这列圈起来的时候(表2),我们会发现他是1010101010,以科学符号代表的话,1是正,0是负,是相对的,故以天代表正,以地代表负,再对应到左边的数字时,即是孔子所说的"天一,地二;天三,地四;天五,地六;天七,地八;天九,地十。"

表 2：二进制与天一地十对应关联表

	8	4	2	1
1	0	0	0	1
2	0	0	1	0
3	0	0	1	1
4	0	1	0	0
5	0	1	0	1
6	0	1	1	0
7	0	1	1	1
8	1	0	0	0
9	1	0	0	1
10	1	0	1	0

河洛文化是以河图、洛书所传达的讯息衍生出的文明文化,因为出现至今年代久远已经有些搞混了,到底哪个是河图、哪个是洛书已众说纷纭;但是,我们要清楚地明白它要传达给我们的是什么?

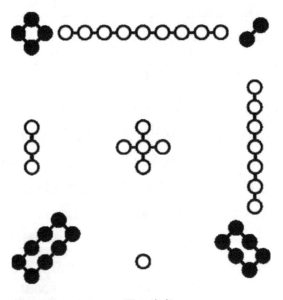

图 1：洛书

上图是古代的洛书,我们用现代的阿拉伯数字来表示即可形成下表(表3)九宫格。

$$
\begin{array}{|c|c|c|}
\hline
8 & 3 & 4 \\
\hline
1 & 5 & 9 \\
\hline
6 & 7 & 2 \\
\hline
\end{array}
$$

表3：洛书九宫格

假如我们将九宫格与"天一地十"关联起来，会产生什么样的结果呢？下面我们将"天一地十"以现代科学符号表示（表4）：

1	2	3	4	5	6	7	8	9	10
+	−	+	−	+	−	+	−	+	−

表4：天一地十以科学符号表示

因为九宫格只用了九个数字，所以10的这个数字我们先不管，将10这个数字去除后得到了下表（表5）：

1	2	3	4	5	6	7	8	9
+	−	+	−	+	−	+	−	+

表5：天一地十以科学符号表示

中国人说"阴阳合德"，西方的科学告诉我们同性相斥异性相吸。反观上表，数字1与9都是＋的符号，代表天、正、阳……也就是说它们是同性，但在九宫格中为什么1、5、9排成一行？2、8都是—的符号，代表天、正、阳……它们也是同性，但在九宫格中为什么2、5、8也是排在一起？这似乎与中国人及科学所说的不同，难道它就真的只是篇数学？

1	2	3	4	5	6	7	8	9
+	−	+	−	+	−	+	−	+

表6：分而为二以象两、挂一以象三

孔子《易·系辞传》曰"分而为二以象两、挂一以象三"，将其应用在上表（表6）后，得到了左边1、2、3、4，右边6、7、8、9两组数字，古人说："左阳右阴"，以西方科学符号表示"左＋右一",所以,我们将以 5 为中间分割的左边 1、2、3、4 及右边 6、7、8、9 两组的科学符号以"左＋右一"的方式分别的做逻辑运算,可以得到下表(表 7):

1	2	3	4	5	6	7	8	9
+	−	+	−	+ −	+	−	+	−

表 7:经逻辑运算后

从表 7 看来,1、9 代表的符号为 ＋、一,与中国人说阴阳合德及西方的科学告诉我们同性相斥异性相吸的理论是相符的,我们将九宫图与转换完成的符号放在一起,即可得到下图(图 2)

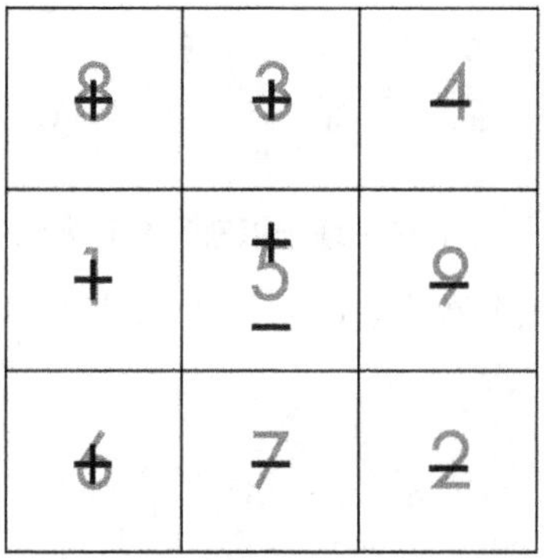

图 2:重新逻辑运算后的九宫图

仔细的看这个图将 ＋、一号各别圈起来后,会发现他又回到了一个 0 与一个 1(图 3)。

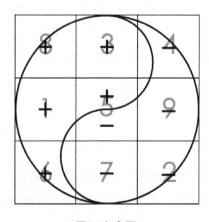

图 3:九宫图

经过这样的运算后,我们会发现九宫图与太极图是极其相关的,这也是为什么孔子在《易·系辞传》中提到了"河出图、洛出书、圣人则之"。子曰:"一阴一阳之谓道,继之者善也,成之者性也。仁者见之谓之仁,知者见之谓之知,百姓日用而不知。"现今河图洛书对人们的影响已经进入了"百姓日用而不知"的状态,举例来说:现在的数码相机在拍照的时候有一个辅助功能"井字线",它其实就是九宫格,为什么要应用九宫格呢? 因为这样在拍照的时候能让摄影者很快地找到易动平衡捕捉出和谐的画面。另一个应用是我们的书法。记得小时候在写毛笔字的时候,不论是字帖或是习字本上都画着九宫格或米字格,当时的师长们都是告诉我们按着字帖相对应的位置来临摹,加上笔法就可以写出漂亮的字,但是到底是谁写了第一份的字帖? 其实中国的文字是讲究平衡美学的文字,在古代人民运用前面所说的九宫图将数字分阴分阳取得平衡这就是美学的基础概念,再以《易经》演化文字,形成了我们现在所使用的文字。而我们的书法便在这样的概念下设计出来的(图4)。

图4:中文字与九宫格

子曰:"书不尽言,言不尽意",河图洛书所能应用的范围是无量的,现在我所提出来的只是其中的一小部分,希望能借此文章抛砖引玉,引发大家的共鸣一起探讨河洛文化与现代科学的应用,而不是让它继续沉睡在中华文化的洪流里。

(作者为金门华龙酒厂股份有限公司经理)

河洛文化与台湾本土文化的融合

晚清台湾北部地区的敬惜字纸风俗

李　乔

　　敬惜字纸是中国古代传统习俗之一。古人认为,文字是神圣和崇高的,凡写有或印有文字的纸张不可随意丢弃践踏,不可糊窗包物、擦拭物品或与其他废物混杂,而需收集后丢入专门用于焚烧字纸的惜字塔(又称惜字亭、敬字亭、圣迹亭等等)中焚化,并定期举行盛大祭祀仪式,将字灰送至大江大海。

　　台湾作为一个以闽粤移民为主体的社会,风俗习惯深深植根于中华传统文化,加之闽人有"好巫尚鬼"的传统,敬惜字纸风俗传至台湾后,很快被接受并得以传播,其兴盛程度已超过了大陆。清末在台湾,举凡衙署、学校、城地、街庄所在,无不设惜字亭,所有大小废弃字纸尽行收集炉亭之内,予以焚化。日本人佐仓孙三在描述割让之后在台湾的见闻时说:"官衙及街上,处处以炼瓦筑小亭,形如小灯台,题曰'惜字亭'。收拾屋外及路上所遗弃字纸,投亭火之,可谓美风矣。"①

一、晚清台湾北部地区的敬惜字纸风俗

　　佐仓孙三所言不虚,即便是开发较晚的台北地区淡水厅,清朝末期敬惜字纸的风俗也很普遍。各地都修建有惜字亭,如嘉庆二十五年(1820)淡水厅芝兰堡神农宫首事林世恩、陈埔邦、何家泮、曹添花、郭寅衷、吴意川等人鸠集资金建置

---

　　① (日)佐仓孙三《台风杂记》,台湾文献丛刊第107种,台湾银行经济研究室,1961年,第10页。

敬字亭于现在士林神农宫,并立碑以记其事。① 同治十一年(1872),海山堡潭底庄文炳社儒士于济孜宫前募建圣迹亭一座,亭上门额刻有"圣迹"二字。② 同治十三年(1874)十一月,八里坌堡首事邓合源、徐萃如、余文成等监生与生员共同于新庄义学明志书院前立敬字亭一座。③ 光绪元年(1875),庠生邓观奇、廪生邓逢熙、生员杨凤池倡建圣迹亭于龙潭陂之乌树林,以黄龙蟠、古象贤、杨凤翔董其事,而黄龙蟠为总理,杨凤池撰勒碑记,嵌于亭左。碑中记曰:"龙潭等处,蔀屋鳞居,人文鹊起,父兄重根本之学,子弟多彬雅之风,同善既录敬字之文,师长亦严惜字之训。"④到清朝末年,淡水厅境内的惜字亭已相当普遍,仅在树杞林(今新竹县竹东镇)一地,就有六所惜字亭,《树杞林志·典礼志》载:"敬圣亭,一在龟山顶、一在复兴庄、一在月眉蛇仔崙、一在九芎林街尾、一在九芎林高枧头、一在树杞林街尾。"⑤

同治、光绪年间,淡水厅辖内敬惜字纸的风俗已相当盛行,"村氓妇孺,皆知敬惜"字纸,每逢子、午、卯、酉之年都要举行隆重的送字纸活动。同治《淡水厅志》载:"堑城尤敬惜字纸,每届子、午、卯、酉年,士庶齐集,奉苍颉神牌祀之;护送字灰,放之大海。灯彩鼓乐,极一时之盛云。"⑥光绪《新竹县志初稿》称:"其(新竹县)俗,尤敬惜字纸。雇工沿途收拾,付火焚灰;遇子、午、卯、酉年,装贮竹箱,盛陈香花,鼓乐护送大海。亦一时盛事也。"⑦光绪《苑里志》云:"其敬惜字纸也,于每届子、午、卯、酉之年,奉仓颉神牌祀之;护送字纸灰投之大海,鼓乐喧阗,送者繁有徒。此前时历来之惯例也。"⑧苗栗县每五六年、或七八年要举行送字灰活动,光绪《苗栗县志》称:"若夫敬惜字纸,不让堑城。或五六年,或七八年,士庶齐集,奉苍颉神牌祀之;护送字灰,放之大海。衣冠整肃,锣鼓喧天,极一

① 邱秀堂编著《台湾北部碑文集成·敬字亭碑记》,台北市文献委员会,1986 年,第 146 页。
② 林衡道编著《台湾胜迹采访册》,台湾文献委员会,1977 年。
③ 邱秀堂编著《台湾北部碑文集成·敬文亭碑》,台北市文献委员会,1986 年,第 175 页。
④ 邱秀堂编著《台湾北部碑文集成·圣迹亭碑记》,台北市文献委员会,1986 年,第 119 页。
⑤ 林百川纂辑《树杞林志》《典礼志·祠庙》,台湾文献丛刊第 63 种,1960 年,第 65 页。
⑥ 陈培桂纂辑《淡水厅志》卷十一《风俗考》,台湾文献丛刊第 172 种,台湾银行经济研究室,1963 年,第 297 页。
⑦ 郑鹏云　曾逢辰纂辑《新竹县志初稿》,卷五《考一·风俗·闽粤俗》,台湾文献丛刊第 61 种,1959 年,第 175 页。
⑧ 蔡振丰纂辑《苑里志》,下卷《风俗考·士习》,台湾文献丛刊第 48 种,台湾银行经济研究室,1959 年,第 81 页。

时之大观云。"①淡属树杞林等地,则是每十年举行一次祭祀仓颉,恭送圣迹的活动,《树杞林志》载:"文林阁诸绅士,前亦窃效丁祭之仪。牲用大牢、猪、羊及牲醴、果品、香楮等物,随时所有,不拘常品。但期以十年一祭,选择吉日,不拘逢丁;自甲申年一祭,至甲午年又一祭。祭毕,即恭迎圣迹,鼓乐齐备,逐队挨游,以示各庄人等咸知敬重斯文之意。"②

　　随着印刷技术的迅速发展,图书出版变成一件很容易的事情,或者说是轻而易举的事情,数十卷的图书几天就可以印完,人们获得书籍的难度大大降低,同时,对字纸、书籍的敬畏、珍惜之情也渐渐淡化。《淡新档案》对晚清时期台湾北部地区亵渎字纸行为做了描述:"今世之人,往往轻字纸如弁髦,视字纸犹敝屣,或弃于粪土,或辱于泥涂,乡中路上,满地遗文,巷口街头,任人践踏。"此外,随着商品经济的发展,商家亵渎字纸行为越来越普遍,"杂货包皮,恒盖字号;什物里面,惯用标名,甚至瓦砾题诗,瓷器刻画,赌具有字……解包裹而旋掷,用器数而何珍,出入漫不加意,随处皆亵字之辜"③。文字常被印于包装纸上甚至商品上,更有甚者将文字印于祭神的金箔之上,"金银纸铺,假标名以图利,上下四旁填满不空,一方纸箔千款字章,致人焚化,委弃乎污秽之地,飘零乎践踏之区";"造卖金银纸箔,刊印字号标名,或遗于污秽路旁,或焚于不洁之区,字灰飞散飘零";"奸商肆出,或造敬神金箔,或造祀鬼银纸,字迹堆满四处散售,因而焚于污秽之区,字迹飞散,甚且卖于炉户之手,字灰陶镕"。"布庄迭印字号,在于裹布外皮,奸商蝇头射利,洗之不净,弃之不忍,贱售染房,遇染鸟色,发卖村愚,莫知底细,裁作妇女裙裤,其秽辱有不可明言者。其银纸迭盖字号在于妆成纸面,或堆烧于路旁,与粪土同其践踏,或送终于棺内,与腐肉共其沈埋,有妊妇临盆致死,亦用银纸入棺,藏在死尸左右,其污秽亵渎之罪,更难于启口者"。

二、士绅阶层:维护敬惜字纸风俗的中坚力量

　　台湾士绅深受儒家思想熏染,文字在他们心中无比神圣,字纸不可遗弃亵

① 沈茂荫纂辑《苗栗县志》,卷七《风俗考(番俗附)·风俗》,台湾文献丛刊第159种,台湾银行经济研究室,1959年,第113页。
② 林百川纂辑《树杞林志》,《学校志·祀事》,台湾文献丛刊第63种,1960年,第54页。
③ 以下引文未标明出处者均出自《淡新档案》第12503、12512两案。

渎。"扶世教而正人心,著典章而垂法守,上达朝廷,下遍草野,诗书、契眷一切大小非字,无以为功,是字为圣贤之遗言,万古不能易,一画不可污也","字为天壤之至贵,亦造化所至宝,宇宙间不论富贵贫贱,一举一动非字不行","字为天地之灵机,古今之至宝,圣贤之面目,义理之本源,不惟朝敷治理,士取科名,有赖乎字,即农商工贾,杂艺末技,亦不能离乎字也。字之有功于世,有益于人,书之于纸,固宜尊重敬惜,以报字利也","正体象形配三才而立,极而敬惜宝重,较五谷而犹珍",在他们看来,文字与人们工作生活息息相关,比五谷都重要。

当地士绅对敬惜字纸风俗有着极高的热情,他们除出资修建惜字亭,还亲自捡拾字纸,如监生郑崇和"籍金门,设教于淡,因家焉……洎家渐饶,粗粝如恒。不亲势要人,尤敬惜字纸,不以口角伤人,待亲族恩义备至"①。通霄(今苗栗县通宵镇)人张农佑终身虔诚敬惜字纸,"极敬惜字纸,携囊收拾,至老弥勤"②,"遍游乡里,收拾字纸贮积(养真)寺之廊庑间,多则与绅士协理虔送。今年八十余,其身所能到处,犹杖行收拾不倦。敬圣迹之诚,乡人咸称焉"③。士绅们还号召大家一起敬惜字纸,出钱出力恭送圣迹。光绪八年壬午文林阁诸同人所撰《恭迎圣迹小启》曰:"兹我一堡,虽山僻村墟,亦既聿崇文化;幸际太平盛世,自当重按文风。搜蝌文于凤泊,尽付鸿炉;出鱼篆于鸡埘,应归鸥渚。是以我同人捐题缘金,恭迎圣迹。凡所经过之处,预须打扫清洁,毋得亵慢。若有神心敬圣、乐意增光者,或鼓乐、或旗队,各随所好;或诗意、或景阁,任展所长。总祈各庄殷绅人等,各宜踊跃,各尽诚敬,懍遵约束。"④

当台湾士绅看到种种亵渎文字的行为的时候,痛在心里,为了阻止这些行为,他们积极行动起来,筹集资金刊刻禽鸟花木等印,换回商铺手中的字戳;道旁设置字纸篓以收集字纸;设立村规民约劝人敬惜字纸。新竹县城举人吴士敬就"邀同众绅,鸠资刊刻禽鸟花木,邀集众铺,在文昌宫各领花印",生员苏敏、卓云

① 陈培桂纂辑《淡水厅志》,卷九(中)《列传二·先正》,台湾文献丛刊第172种,台湾银行经济研究室,1963年,第270页。
② 蔡振丰纂辑《苑里志》,下卷《志余·纪人》,台湾文献丛刊第48种,台湾银行经济研究室,1959年,第116页。
③ 沈茂荫纂辑《苗栗县志》,卷六《古迹考(寺观、园亭附)·寺观》,台湾文献丛刊第159种,台湾银行经济研究室,1959年,第112页。
④ 林百川纂辑《树杞林志》,《文征·文》,台湾文献丛刊第63种,1960年,第117页。

汉等也"鸠资雇工在文昌宫刊刻禽鸟花木等印,邀集各铺领换",台竹二保新埔街监生张济川"邀友胡陈源共事,自刻花木鸟兽印色,遍游各处,向铺户换□字印招牌,并多设竹篮,悬挂道旁,立出告白,劝人拾盛。每月巡取三次,执回亭炉然化"。在张济川等人制定的告白规条中,劝诫士农工商各行各业敬惜字纸,并详细列举了各种严厉禁止的亵渎字纸的行为。

他们希望通过自己的努力,让社会风俗得以净化。然而,士绅们的行动和倡议并没有得到商铺们的响应,他们依旧我行我素,"众金银铺胆敢仍蹈前愆","诸金银纸铺故违禁令,将所易花印,弃置不用,仍以字模印盖发行";有的甚至变本加厉,"各金银铺户等违抗宪示,故违王章,仍造印字金银,翻刻字标,较前更甚,践踏蹂躏,日以万计"。对于这些亵渎文字的行为非常气愤,士绅们"相率再三婉劝,胆竟将前领换之花印四处掷毁",无奈士绅只好求助官府加以禁止。

光绪六年(1879)五月二十八日,新竹城内举人吴士敬同诸绅士禀请知县出示严禁贩卖印字之金银纸箔。

光绪六年十二月十三日,生员苏敏、卓云汉及众绅士禀请知县饬差拘惩违抗宪示,故违王章,仍造印字金银,翻刻字标的谢缄、蔡俊、许枋等暨各金银铺户等,并出示严禁贩卖印字金纸。

光绪八年正月,台竹二保新埔街监生张济川、贡生蔡景熙、职员潘清溪、陈朝纲等士绅为不敬字纸,有伤风化,上书朝廷,提出多项惜字、敬字的具体措施:"求惜字良规,颁行天下,到处出示勒碑,使乡村街市,置挂篮篓,见字随手收贮,候载满携烧。其灰另有新罂藏好,或迷放清流海中,或择埋净土地下。责成各处绅士,就其本地余存公款,端雇拾字一二人,常行巡检,并着总保,五日鸣锣,谕众看顾字纸篮篓,以免怠废。"

光绪八年七月初十日,举人吴士敬,生员林照熙、彭梁材等上书知县签差拘拿以字模印盖污秽字迹者。同年十二月初十日,举人吴士敬再次与廪生陈叔宝、陈朝龙等禀请知县签差拘惩迭示不遵,慢圣污亵之玩户。

光绪十五年,宜兰县觉善社宣讲董事生员苏朝辅、贡生吴时亨、生员林昌祺、童生徐有孚等禀请示禁秽亵字迹,"布庄有印字号于布皮,银纸有印字号于标头者,改换花鸟人物,其字号另用结纸妆于内标"。

三、地方官员：维护敬惜字纸风俗的坚强后盾

清代地方官员多是通过科举途径进入仕途的，儒家思想对他们有很深的影响，对文字的重要性有着清醒的认识，因此，在对待敬惜字纸风俗是持赞成态度的，在推动敬惜字纸活动中也是积极的。

地方官员参与敬惜字纸活动的最直接方式就是发布谕令。这些谕令中既包括地方官员主动发布的，如光绪十七年九月，新竹知县沈茂荫发布谕令，要求街庄绅士开导各铺户等敬字惜字："该绅士等务须开导各铺户，所有贩卖金银纸簿及草纸香包糕饼各款，标号改用花木禽鸟印记，并设立惜字，雇人捡拾废纸，及沿街道旁多置纸篓，随弃随拾，以免污亵。"同时，他还于城乡街市张贴告示，晓谕百姓敬字惜字："字为圣迹，宜敬宜惜；践踏秽弃，有干阴律，普劝吾民，勿污勿蔑，破磁废纸，有字必拾，毋以糊窗，毋以裱壁，士农工贾，同宜警惕，倘敢不遵，天谴酷烈，特此告诫，其各凛悉。"

对于上级官员要求敬惜字纸的函件，地方官员多能不折不扣的执行。同治十三年三月十七日，台湾知府周懋琦再次移文陈星聚，申明通饬严禁寿金焚亵。陈星聚在接到周懋琦的文书后，于三月廿七日发布告示，要求所辖各铺户如有贩卖金簿，不准刊用寿字，并以三个月为期限，违者从严究办。文曰："尔等如有贩卖金箔，不准利用寿字，自示之后，以三个月为限，如果限后再有售卖前项寿金者，定即从严提究，决不姑宽，其各凛遵，毋违。特示。"告示措辞严厉，足见陈星聚对治理亵渎文字不良习俗的决心。

升任台北知府的陈星聚，督促所属厅县官员敬惜字纸，严禁污秽字迹。光绪九年二月初六日，福建台湾兵备道刘璈函告台北知府陈星聚，要求按照上级官员批示精神，敬惜字纸，认真办理，勿使告示风雨飘零。二月廿九日，陈星聚即致函新竹知县徐锡祉，要求所属各铺地保如有谕示颁到，应造具木板悬挂，以免污秽字迹，他强调说："此系惜字善举，该县务须认真查办，慎弗具文视之，是为至要。切切。"四月初四日，新竹知县徐锡祉谕饬中港、城内、大湖口、吞霄、后垄、大甲等地总保，以后如有谕示颁发，应造具木板悬挂，以免污秽圣迹。文曰："嗣后如有谕示颁发实贴，着即造具木板满浆实贴，如有标条门联飘堕，亦即随时查检焚化，俾重圣迹，其各凛遵，毋违。"

光绪九年四月二十七日,福建布政使沈保靖致函台北知府陈星聚,要求按照闽浙总督何璟的要求对亵渎文字的行为加以禁止。陈星聚接到沈保靖的来函后,高度重视,随即于五月十五日行文所属厅县,要求各地"即便遵照,认真晓谕示禁,毋违"。六月廿九日,新竹县四城门、署前、北门街等处贴出知县周志侃的告示,要求各商铺以后"如有贩买枕头而书年分字号者,务须改用十二形肖、花朵,即他项器物,亦为以此类推,改换花样,不准再行书字,致滋秽亵,倘敢故违不遵,定即查提究办"。

光绪十三年四月十七日,台北知府雷其达札饬新竹县示谕禁止秽亵字纸。闰四月初十日,新竹知县方祖荫出示所属铺户军民人等,如有贩卖枕头及金银纸箔香包糕纸等项器物,务须改用花鸟等项绘形,不许印写字号,以免污秽字迹。

光绪十六年九月廿九日,台北知府雷其达札饬新竹县,严禁草纸印写字号,以免污亵字迹。光绪十六年十月十四日,代理新竹知县沈茂荫出示所属铺户军民人等,严禁在草纸上印盖招牌,银纸箔香包糕妙纸等项,不准印写字号,以免污亵字迹。

更多的谕令则是接到地方士绅严禁亵渎字纸的请求发布的。光绪六年六月廿二日,新竹知县施锡卫针对吴士敬等人严禁贩卖印字之金银纸箔的请求,在主要地段贴出告示,警告所属铺户人等,如有贩卖金薄,务须另刊禽鸟花木为记,不准再刻寿字店号,以免污秽字迹。光绪七年四月初一日,新竹知县施锡卫针对生员苏敏、卓云汉等禀请拘惩造印字金银、翻刻字标的请求,再一次出示各处严禁贩卖刻印寿字店号之金箔。

光绪八年正月二十七日,福建巡抚岑毓英对台竹二保新埔街监生张济川请求将惜字良规,颁行天下,到处出示勒碑的要求批示:"仰该监生等自行设立惜字,雇人捡拾废纸,并于沿街多置纸篓,随弃随拾,免致污秽"。二月初一日,新竹知县徐锡祉谕令监生张济川等应自行设立惜字,雇人捡拾废纸,免致污秽。

光绪八年七月廿二日,新竹知县徐锡祉针对举人吴士敬等恳请签差拘拿以字模印盖,污秽字迹者的请求,特示各处铺户人等,如有贩卖金银纸箔,及贡香糕饼店,不准以字模印盖,以免污秽字迹。十二月廿四日,针对举人吴士敬再次恳请签差拘惩迭示不遵、慢圣污亵之玩户的请求,新竹知县徐锡祉差值役立传违禁污蔑字迹之顽户赴县,以凭责惩。光绪九年七月,代理新竹县正堂周志侃再催庄海立即严提各顽户赴县,以凭责究。

光绪十五年五月廿六日,针对宜兰县觉善社宣讲董事生员苏朝辅、贡生吴时亨、生员林昌祺、童生徐有孚等恳请示禁秽亵字迹的请求,台北知府雷其达札饬新竹县,出示严禁秽亵字迹。光绪十五年十月十一日,新竹县知县方祖荫出示各铺户军民人等,不准在布皮、银纸香包、糕纸等器物印写字号,以免秽亵字迹。

虽然地方士绅与官员在维护敬惜字纸风俗中做出了不懈努力,但从光绪十七年九月新竹知县沈茂荫所说"常见有市侩奸徒造卖金银纸簿,及草纸香包糕饼等款,皆刊印字号标名,或遗于污秽路旁,或焚于不洁之区,字灰飞散飘零,种种轻亵,指不胜屈"的情况看,敬惜字纸风俗离现实生活渐行渐远的趋势已难以阻挡。

（作者为河南省社会科学院研究员）

关于"开台王"颜思齐人物形象的新发现

汤漳平

被誉为"开台王"的颜思齐,由于其在明末垦殖台湾时所作出的杰出贡献,一直受到史学界的关注。但由于其生平史料流传下来的极少,因而史学界至今仍争论不休,或以为他和传说的晋江海商李旦是同一人,或认为颜氏是李旦在对外贸易中的重要助手,有的人则甚至提出历史上并无颜思齐其人,他只是李旦的一个化名而已。对此何池先生曾撰写《明代海商李旦和颜思齐》一文(《闽台文化交流》2012 年第 2 期)对此作出澄清。笔者以为其文中所论甚为详实。尽管在史料中有人将二者混为一谈,或加以猜测,但多为道听途说或臆断之言,不足为训。近日笔者有幸读到清代漳州的章回小说《五虎闹南京》,其中有部分章节的内容涉及颜思齐。适值"颜思齐暨台湾开发史学术研讨会"召开之际,谨作此文,以供参考。

一

《五虎闹南京》系漳州市芗城区档案馆近期影印面世的一部清代章回小说,原系冯水国先生个人藏书。全书六十三回,其正文题名《台湾外志·绣像五虎闹南京传》,"厦门新民书社印行";该书还有续篇,题为《最新台湾外志后传·绣像五虎将扫平海氛记》,厦门新民书社印行,厦门文德堂石印发,上署"宣统元年仲冬印刷",也是六十三回。从该书的正、续篇题名看,应该是受江日升的《台湾外志》影响而演义出来的作品。既然续篇刊行于清末宣统元年(1909),则上篇的刊行绝不会晚于此时。

与本书同时刊行的还有《大明忠义传》四十二回、《明季拾遗竹芦马》三十回。此次影印时,编者将上述四部书合并整理影印,并为之取名《稀见漳州传统章回小说汇刊》。看到这些作品,我由衷地高兴。因为不久前笔者完成的《河洛文化与闽南文化综论》一书,在撰写有关《文学艺术》一章时,能够找到的明清闽南出现的小说史料,长篇小说仅有江日升的《台湾外志》和无名氏所作的《平闽十八洞》。笔者感觉这一情况似不太正常。因为从明清时代起,英雄传奇,公案、世情小说,神魔、志怪类文学作品大量出现,在经济与文化发展十分迅速的闽南,小说史资料却如此稀少,实在让人感到难以理解。此次发现的见于漳州地区的小说便有四种,在一定程度上弥补了这方面资料的不足,相信对它的进一步认真整理和研究,将能从中发现许多有价值的研究课题来。

二

《五虎闹南京》与《五虎扫平海氛记》两书,前既冠以《台湾外志》之名,直言这两部小说是从江日升之作演义而来的。熟悉漳州历史文化典籍的张大伟先生为这套丛刊作了序,并明确指出:

> 漳州民间传说中,俗称甘辉等五人为'上(顶)五虎',称蓝理等五人为'下五虎'。上下五虎将传奇故事脍炙人口,至今流传。南明时期,台湾海峡上演了一场反清复明的大剧,在漳州历史舞台上有一大批叱咤风云的乱世英雄轮番登场,上下五虎将是具有典型性的文学人物形象。上下五虎将传奇故事发生的时间与清江日升《台湾外志》相同,从明天启年间至清康熙二十二年,即史称南明时期。江氏《台湾外志》一书被学术界认为是'一部富有史料价值的用小说体裁写成的作品',它的价值在于'不但可以据以考证南明,尤其是台湾郑氏的史事,并可在书中找到一些别处所不易探索到的资料','由于写台湾的书以此书最为翔实可信,故其史料价值却远远在小说价值之上'。相比而言,《台湾外志》是南明历史演义,而作为'台湾外志后传'的上下五虎故事,则可说是英雄传奇。有兴趣的读者不妨取来一起阅读,相互补充,或许可以对南明历史有更加生动、更加完整的了解。"

他同时还对小说所具有的地方特色作了概括性的分析,值得我们在研究时加以注意。不过本文所关注的则是书中涉及颜思齐这一人物形象的相关内容。

虽然这两部书前均冠有《台湾外志》之名,然而细读书中内容,却发现有不少地方与《台湾外志》中的描写有许多不同,《五虎闹南京》中颜思齐形象便是如此。在此书中,"五虎"是指漳州人甘辉、万礼、陈魁奇、陈典、陈豹五人随从郑成功北伐南京的传奇故事,这五人也是漳州民间传说中的"上五虎",其时间跨度是从明天启年间(1621—1627)至南明永历十三年(1659),即郑成功北伐的时间。在本书中,颜思齐是郑氏集团崛起时最重要人物之一,但其活动时间主要在前半期,即郑成功之父郑芝龙时期。书中颜氏主要活动有几个阶段:

一、日本长崎时期:叙述颜思齐在裁衣店内结交朋友之事,但只是寥寥几句而已:"时有一豪杰,乃是福建漳州海澄县人氏,姓彦(颜)名思齐,为人好结交,多智亦精武艺。又有漳州陈勋、陈纪、裴纪等十余人,常与芝龙在裁衣店内宴饮,通宵达旦。"其后发生的矛盾主要是郑芝龙与日本国的官员之间争强斗胜,郑氏打掉日本要员(番相撒里吉)两颗门牙,引起日本官员激愤并准备报复留居当地的唐人,于是颜思齐建议众人一起乘船逃出日本。

二、出逃之后在商议后续行动时,郑芝龙主张各自回乡,"以图仕进"。但颜思齐曰:"'不可。目今朝廷气数将尽,奸佞当权,贪得无厌,我们难受奸臣挟制,如今不如在海面抢劫度日,以待朝廷招安。'众人咸称有理。"(卷一,第一回第2—3页)

三、拥立隆武帝。在南明弘光朝失败后,清军大举南下,郑芝龙表示愿意寻访明室后裔以承大统,但不知有谁能替他表达心意。此时,颜思齐向他举荐黄道周。于是,郑芝龙便写了一封信,备办一份礼品,交由颜思齐带给黄道周,于是黄道周与郑芝龙共同拥立隆武帝在福州即位。(卷一,第四回第11—12页)

四、招收英雄好汉。郑芝龙在接受招抚之后,为壮大实力,派遣颜思齐返乡招揽英雄,于是颜思齐先后招揽了贩私盐的刘亨、惯偷林拔萃、开赌场的陈魁奇等,其中陈魁奇后来还大受重用,成为郑成功五虎将中的首虎兵马大元帅。(卷一,第12—33页)

五、赴日本接回郑成功。第十三回写郑芝龙受封后,思念妻儿,于是派颜思齐带兵前往日本,请求日本国王将其妻儿送回中国。日方便先让郑成功同颜思齐一同回国。(卷二,第3页)

书上有关颜思齐的活动,至其接郑成功回闽之后,再无交代。从上述的几次活动中,我们所见到的颜思齐与江日升笔下的颜思齐,在情节与内容上均有很大不同。这种差别主要表现在以下几个方面:

一是地位不同。我们知道,在江氏的《台湾外志》中,颜思齐是这个海上集团的首领。无论从其年龄、经历、气质与人品等方面看,在日本时,他成为二十八人集团的首领是理所当然的事,而郑芝龙年纪最轻仅二十岁,比颜思齐小十六岁。但是在《五虎闹南京》中,仅开头简略交代颜思齐的情况,以大量篇幅讲述郑芝龙在日本的奇遇,提升其地位,说他娶了日本国王御弟的独生女,从而成为郡马,能随意在日本皇宫中进出,甚至与其丞相相互斗气等等,而后来之所以在日本呆不下去,起因也在这里。两相比照,《台湾外志》突出的是颜思齐,用了有近六千字的篇幅。而《五虎闹南京》中突出郑芝龙的奇遇,颜思齐只是开头简略介绍,不过数百字篇幅。

在日本受挫之后,众人决定赴台等待时机。《台湾外志》将开台事业分为两阶段:第一个时期是颜思齐当首领,进行安排、立下在台根基,只是他赴台不久,便因狩猎染上伤寒病,很快便离开人世,年仅36岁(1589—1625)。其后方有众人拜郑芝龙为盟主,以接替颜思齐。而《五虎闹南京》书中则除开头介绍众人在颜思齐家中聚会、喝酒,并不提及结拜兄弟及推颜思齐为首领之事。而是写在郑芝龙闯祸后,众人不得不仓皇离开日本到台湾澎湖安顿,郑芝龙与众人以投掷圣筊的方式确立首领。其他人"或掷一下即破,或掷至二三次方破",惟有郑芝龙连掷十二个圣筊不破。"于是郑便被立为首领。此后颜思齐就成为郑芝龙的部将。不过在立郑芝龙为首领的方式上,此书与《台湾外志》的描述是相同的。

二是结局不同。《台湾外志》中,颜思齐到台不久,因与众人上山打猎,饮食不节,不慎得了伤寒去世,时为天启五年秋九月(1625),英雄早逝,壮志未酬,确实令人叹息。但《五虎闹南京》书中,却无此内容,而是写颜思齐随郑芝龙一起,为之招罗人才,在复明的行动中并承担了重要任务,如面见黄道周,促成黄郑共同拥立唐王朱聿键举旗抗清复明大业;后又前往台湾,迎回郑成功,成就了郑成功此后的半生事业。从这些情节的设置而言,颜氏在此书中依然是一位有影响力的人物形象。但是,其他各种书籍中至今未见到这些情节的记载,如拥唐王称帝福州的事是发生在1645—1646年间,以其年龄推算,此时颜思齐应有50多岁了。这显然和其现存的年龄记载有出入。

诚然,《五虎闹南京》既为说书者(闽南谓之"讲古")所为,那么他是可以根据自己故事情节的需要重新调整安排人物的。然而这种调整一般都不会过于离奇。尤其是《五虎闹南京》属于历史演义的小说,漳人写漳事,至少对人物的背景应有较多的了解,那么为什么书中颜思齐的故事和《台湾外志》所记大有不同。这里我们不妨比较一下《台湾外志》中所记载的接回郑成功一事。《台湾外志》载,郑成功自日本回闽,是其七岁之时:

> "崇祯三年庚午夏五月,芝龙因忆火光中之异,修书遣芝燕驾船往日本,迎接翁氏及其子回来。"(第35页)

芝燕到日本后,日本国王尚未作出决定是否送还翁氏及其子,郑芝龙才有了第二次行动:"'可觅画师画我形图,驾统无数艨艟,旌旗飞扬,军威雄壮。令芝鹗带好汉六十名,明盔亮甲、器械坚利,乘此南风尾过去,声言若不依允,即欲兴师前来。'鹗领命,行八昼夜到日本。"(第35页)

当然其结局是日方送回其子郑森(郑成功),此时,郑成功只有七岁。

很显然,《台湾外志》的相关记述是比较符合历史事实的。

三

《五虎闹南京》等一批清末民初闽南章回小说的出现,丰富了闽南文化的研究视野。透过作品中的故事情节和人物描写,让我们对那一时代的社会生活、风俗习惯、审美情趣等有了更深入的了解与认识。

当然,作为民间讲古艺人的话本,这些作品虽兼有历史演义的性质,但并不可真正当作历史事实来研究,其中有一些情节分明是虚构的,而且也有不少糟粕的成分。如书中有多回涉及"男风"的描写便是如此。因此本书的《前言》中认为"是旧小说迎合市井文化趣味的文学现象",自然是不足为训的,但由此也让我们看到当时社会生活中的另一面。不过把郑成功也写成沉溺于"男风",甚至溺爱两位男宠,施琅因误伤其中一位而激怒郑成功,招致革职与满门灾祸之事,则应属胡编乱造。书中附有评语,指出《台湾外志》对引发此事件的不同叙述,并认为"若论郑王,不贪酒色,乃人中之龙,岂肯交黄、吴二少友之事。"小说中的编说是为了"醒目好看,读者勿信"。(卷四,第四十九回第10页)

相比之下,这部书中对颜思齐所作的情节更改,虽在开始时没有突出颜氏在日本及开台期间的首领作用,但作者却有意让他又多活了二十多年,并亲历抗清复明与迎回郑成功母子等重大事项,在关键节点上都为郑氏集团出谋划策,起到了决定性作用。不知作者是何创作意图,或者是对其短暂人生的感慨而希望他能有更多的作为?或是采自民间另有关于颜氏生平的其他传说?这究竟出于何种原因,倒可引发更多的思考。令人遗憾的是书中没有写出颜氏的结局。

看过此书,笔者认为《五虎闹南京》中对颜氏这一人物形象的描述可有几方面的解读:一是它可以从侧面反映出当时在闽南,尤其是在颜的故乡,应流传着诸多与他相关的传说,这些传说虽说与史料记载有出入,但却也可以增加对这一人物的了解,至少对一些人认为历史上并无颜思齐是一个反证。二是在相关情节上,如果说书中其他众多人物,包括"五虎"在内都有着许多缺陷和问题,如嗜赌、偷盗等,但却找不出有对颜思齐从人格、人品到举止行为有何可非议之处。这样正面的人物形象,是否也代表了家乡民众对他的充分肯定。

《五虎闹南京》等一批闽南民间文学的发现,值得闽南学者关注和研究、整理。笔者此文仅从一个历史人物形象,结合传统记载谈点看法,亦以为可有抛砖引玉之效。

（作者为闽南师范大学教授）

论河洛文化与闽南文化的渊源传承

李汇洲

河洛文化与闽南文化是两种典型的地域文化类型,从空间分布上来看,前者是华夏文明的源头,根植于河洛地区,后者主要分布在东南沿海,二者相距千里;从时间跨度上来看,前者发源较早,二者之间存在传承关系。这两种各具特色的地域文化在当今受到广泛的研究和关注,但闽南文化在文化的认同与共识中却受到地域概念的限制,导致了其他地区同质文化的质疑。因此,有必要深入探讨河洛文化与闽南文化的渊源和传承关系,使闽南文化在一个更广泛和开放的文化内涵上得到认同。

一、闽南文化认同的地域局限性

闽南文化是以地域命名的文化,要弄清楚闽南文化的概念首先要知道“闽南”的地理范围。作为地理概念的“闽南”一词最早见于韩愈的《唐故中散大夫少府监胡良公墓神道碑》:“使人自京师南走八千里,至闽南两越之界上,请为公铭。”此处的闽南应为粤闽交界处,历经朝代更迭,“闽南”一词的定义也不断地发生变化,直至今天,“闽南”通常指厦门、泉州、漳州三地,而闽南文化也特指这三个地区的特色文化,闽南方言是形成这种文化的基础和载体。

文化和语言是人类聚居的产物,但不以固定的区域为范围,除了这三个地区,闽南文化和语言还广泛地分布在其他地区,国内如龙岩、潮州、汕头、海南和台湾等,国外则以东南亚为主的闽南人聚居区等。据统计,在我国境内约有闽南文化同质人种 5000 多万人,占汉族人口的 4.6% 左右。在全球范围内约有 8000 多万人。在这些地区和人口之间,流传着与闽南文化本质相同的文化与语言,它们可能是由于移民、战争或其他原因,由原来居住在厦漳泉等地的闽南人传播到此。因此地域概念明确的闽南文化并不能代表该文化的全部范围,这种称呼也越来越受到其他地方同质文化群体的质疑,这也不利于闽南文化的发展与传承。

"文化是人类活动极其活跃的内因子,可以无限地广泛地渗透与传播,尤其是那些具有强大生命力的民系文化很难会受制于某个文化区域的局限,而是能够广泛地与不同文化交融在一起……故大凡有更大发展的人种、民族和民系,多数都能超越地域局限使用和构造自己的文化概念,成为跨区域跨国界的具有世界意义的普遍文化内涵。"①这也是探讨河洛文化与闽南文化渊源传承,解决闽南文化认同局限性的价值所在。

二、河洛文化与闽南文化的历史渊源

河洛文化是根植于河洛地区的文化,是中原文化的源头与核心,对华夏民族传统文化的形成、发展以及传播,具有基础性的作用和影响。狭义的"河洛"指洛阳,广义的"河洛"则指"以洛阳为中心,东至郑州、中牟一带,西界华阴、潼关一线,南以汝河、颖河上游的伏牛山脉为界,北跨黄河以汾水以南的晋南、河南的济源、焦作、沁阳一线为界"。② 由此可见,广义的河洛地区在一定程度上代指中原,这里孕育了我国最早的文明和国家,是华夏文化的摇篮,并在数千年里占据着政治、经济、文化等方面的中心地位。近年来,学界对河洛文化形成了基本的共识,即"河洛文化是以洛阳为中心的古代黄河与洛水交汇地区的物质与精神文化的总和,是中原文化的核心,也是中华传统文化的精华和主流。河洛文化以'河图'、'洛书'为标志,体现了中华传统文化的根源性;以夏、商、周三代文化为主干,体现了中华传统文化的传承性;以洛阳古都所凝聚的文化精华为核心,体现了中华传统文化的厚重性;以'河洛郎'南迁为途径,把这一优秀文化传播到海内外,体现了中华传统文化的辐射性"。③

闽南人有时又被称为"河洛人"或"河洛郎",这是因为闽南人大部分是中原地区南迁的河洛人后裔。河洛与闽南,地域相距遥远,但作为两种地域文化,二者关系极为密切,历史上闽南人主体的形成,主要来自于三次移民活动。

---

① 陈水德《河洛文化兼容闽南文化的主导研究方向》,《龙岩学院学报》2007 年 8 月第 4 期。
② 薛瑞泽《河洛地区的地域范围研究》,《洛阳师范学院学报》2005 年第 1 期。
③ 《河洛文化研究丛书》,封底语,河南人民出版社,2006 年。

　　第一次始于永嘉之乱,西晋末年,"永嘉之乱"使中州洛阳城的世家大族遭
受重创,幸存的中原士民举族南迁,形成了中国历史上重要的移民潮。《九国
志》云:"晋永嘉二年(380),中州板荡,衣冠始入闽者八族,林、陈、黄、郑、詹、邱、
何、胡是也。"以上八姓,在福建的传说中号称"开闽八姓"。《三山志》中也记载:
"永嘉之乱,中州板荡,衣冠入闽者八族,陈、林、黄、郑、詹、邱、何、胡是也。""八
姓入闽"开启了"河洛郎"南迁的序幕。在历代族谱中也可以窥测汉人南迁的痕
迹,如唐代欧阳詹的文集中收录的《杨公墓志铭》曰:"其先关右弘农人,永嘉过
江,公自始迁之祖若干代处于闽越。"《郑公墓志铭》云:"其先宅荥阳,永嘉之迁,
远祖自江上更徙于闽。"①这说明唐代文献中已有汉人入闽的记载。当时入闽的
贵族主要集中在泉州的晋江流域,南宋祝穆《方舆胜览》中记载:"晋江,在县南
一里,以晋之南渡,衣冠士族避地者多沿江以居。"清道光《晋江县志》专门讲到
晋江的得名与晋末中原衣冠南渡有关,尤其是还有"洛阳江"、"洛阳桥"。从总
体上说,此次南迁的河洛人数量不多,但是带来了中原地区先进的文化和技术,
在语言、宗教、生产和生活方式等方面对闽地原住民产生了巨大的影响和改变,
河洛文化也自此在闽南地区生根发芽,为闽南文化的形成奠定了基础。无论是
直接迁入,还是时间不长的转迁,均反映了"'八姓入闽'的传说,与中原士民在
西晋末年南迁的史实相吻合,他们虽然不可能如族谱所说均为'衣冠大族',但
其移民的时间与福建设置'晋安郡'的时间相吻合,因此也预示着中原先进文化
开发福建的开始"。②

　　第二次移民的标志性人物是"开漳圣王"陈元光。唐总章二年(669),闽南
"蛮獠"啸反,高宗令归德将军陈政率府兵前往治理。陈政病逝后,陈元光代掌
父业,一方面打击进犯的蛮族流寇,另一方面设置漳州,就地参与闽南的开发,他
上表设置漳州,并担任漳州刺史,努力发展生产,入闽开漳四十余年,偃武修文,
施行惠政;劝农务本,通商惠工,兴修水利,屯垦安民,传播中原文化和农耕技术,
使漳州地区获得了较大的发展,被后世誉为"开漳圣王"。此外,为了抚慰跟随
他南下将士的思乡之情,陈元光命所率固始将士,就地安家,与当地居民相融合,

---

　　① 欧阳詹《欧阳行周集》(卷四),上海古籍出版社,1993 年,第 25、27 页。
　　② 张新斌《论固始寻根》,《中州学刊》2002 年第 3 期。

为漳州的发展奠定了坚实的基础。

第三次移民浪潮是以王氏兄弟入闽为标志。唐末,为了躲避黄河流域的战乱,光州固始人王潮、王审知兄弟率领光、寿二州的士民,南迁福建,这在福建地方史上有重要的地位。王氏兄弟入闽见于《资治通鉴》等正史,在地方史志中也有较多记载,当时跟随王氏兄弟南下的将士及其家属共计约4万多人,"仅仅这一批的北方移民,可能就占了唐代福建总人口的1/5！尤其值得注意的是,王潮、王审知兄弟入闽以后,首先占领泉州、漳州达五年之久,然后才攻下福州,可见,他们之中的大多数人应定居在泉州、漳州。从泉州的族谱来看,当时确有许多人是随王潮与王审知南下的。"①王氏兄弟在福建执政期间,政令通达,民生不断改善,而此时的中原还饱受战乱侵扰。在福建,王潮、王审知不但鼓励农商、整肃吏治、广揽人才,而且还通过向后梁、后唐等中原王朝进贡建立良好的关系,使福建有一个稳定安全的外部发展环境。王氏政权"不称帝而进贡中原在政治上的好处是:其一,强国找不到侵略的借口;其二,一旦外敌入侵,可以得到吴越及中原王朝的支持"。② 对中原核心文化的靠拢也使其政权保持了一定的正当性。王审知死后,王氏族裔建立了闽国,时间虽不算长,其内部也有政变、战乱,但总体上保持了中原文化的格局,也为后世福建的崛起奠定了扎实的文化基础。

除了以上三次较大规模的移民,由于天灾或者战乱,中原地区的河洛人陆陆续续往东南沿海迁移,带去悠久深厚的中原文化,历经千百年与当地的族群、文化相互融合,形成底蕴深厚而又独具特色的地域文化,闽南文化正是在这种历史背景和积淀中形成的。

三、闽南文化对河洛文化的传承与发展

闽南文化是河洛文化南迁后与闽南地区当地土著文化长期交流融合的成果,既有对河洛文化的传承,也有自身特色。"河洛文化是正统文化、原创文化,是几千年中国封建社会主导下的主流文化。闽南文化是移民文化,是移民过程中本土文化、垦殖文化、海洋文化与河洛文化的混血儿。"③两种地域文化在语

---

① 徐晓望《闽南史研究》,海风出版社,2004年,第22页。
② 徐晓望《福建通史》(第二卷),福建人民出版社,2006年,第90页。
③ 刘福兴《河洛文化与闽南文化之比较》,《商丘师范学院学报》2006年,第6期。

言、思想、宗教信仰以及社会风俗方面有明显的传承关系。

语言是文化传承的主要载体,闽南方言是全国八大方言之一。闽南话是一个古老的语言系统,保留了很多古吴语、古楚语以及中原古汉语的特点,还保存了许多古汉语的词语,因此闽南方言被学术界称为"语言的活化石"。"中原汉语对闽南方言的形成和发展产生了决定性的作用,这是不言而明的,但是,中原汉语并非完全替代闽南土著语言,闽南方言也绝不是中原汉语在福建地区的简单变化。闽南方言的形成与北方汉民入迁开发的历史进程相伴随,与中原语言保持着千丝万缕的历史联系,并呈现出不同时期汉语的层叠性表征。"①由于闽南方言中还保存着很多中原上古语音,现在很多学者通过对闽南语和河南方言的对比研究,窥探河洛上古音的面貌。

儒家思想文化是中华文化的正统,也是河洛文化的核心。北宋时期,形成了以二程"洛学"为代表的理学。二程,为程颢(1032—1085)即明道先生,程颐(1033—1107)为伊川先生,二人是亲兄弟,为今河南嵩县人。他们受业于周敦颐,以"理"(天理)为哲学体系的最高范畴。到了南宋,由朱熹光大,形成"闽学",在儒学发展史上的"程朱理学"具有标志性意义。朱熹(1130—1200),生活在南宋时期,师承李侗,但李侗的老师为罗从彦,罗从彦的老师为杨时,杨时则为程颐最得意的弟子之一,也是"程门立雪"典故的主角。虽然朱熹"是江西婺源人……(但他)生于福建,他的学派后人称为'闽学'"②。闽学,是朱熹在继承、发展二程思想,对北宋以来的理学思潮进行了一次全面总结的基础上,建立起的一个客观唯心主义思想体系。由于统治者的提倡和推崇,朱熹学说在全国极为盛行,曾在明、清两朝作为主流思想占统治地位达数百年之久。闽南文化深受河洛文化影响,尊儒重道之风颇盛,直至今日闽南地区有些乡族公约对乡民还有一定的约束力,不少地区还保留有宗祠祭祀活动,这些都是儒家"慎终追远"思想的体现。但闽南文化的尊儒重道与河洛地区又不完全一样,由于开发较晚,且靠近海洋,闽南地区的文化有自由、开放的一面,保留了古代闽越文化的海洋人文精神,更加具有探索性和冒险精神。

---

① 林枫　范正义《〈闽南文化述论〉》,中国社会科学出版社,2008 年,第 94 页。

② 任继愈《中国哲学史》(第三册),人民出版社,1964 年,第 231 页。

　　闽南文化对河洛文化的继承还表现为民间的神祇崇拜。古代闽越之地,巫术盛行,有较为久远的"尚巫"传统,在闽南的地方信仰中,有很多把来自中原的名人奉为神灵的事例,如张巡。张巡(708—757)为唐代邓州南阳人,安史之乱时,他在雍丘抗敌,后转战宁陵,死守睢阳(今河南商丘)。尤其是睢阳保卫战,阻杀叛军数万,有效地遏止了叛军南下的势头,成为南方和平的守护神。宁德、德清、仙游、建阳、泰宁、建瓯、建安的东平王庙,长乐的睢阳庙,建安的龙城庙等等,都主祀张巡,可见张巡被奉为闽台两地的保护神。其次,还有陈元光。如前所述,陈元光奏请设置漳州,故有"开漳圣王"之称。龙溪、仙游有威惠庙,福安有威惠王祠,福清有灵著王庙等,台湾有南投陈将军祠、台北惠济宫、云林福兴宫、新竹广济宫,均祀陈元光。同样王审知因开闽而著称,被誉为"开闽圣王",因此闽县建有忠懿王庙,昭安有昭利庙等。王审知为福建的发展做出了较大的贡献,"随着王审知地位在闽人心目中不断提高并被崇拜为'八闽人主',原有的闽越诸王信仰逐渐被王闽诸王信仰所覆盖"。① 闽南地区民间以这些来自中原的人物为祭祀对象,一方面突出了这些人对闽南地区发展所做的重要贡献,另一方面也体现了两种地域文化的交流融合。除此之外,由于闽南地区海上交通发达,对外贸易兴盛,也吸收了很多外来文化,如佛教、伊斯兰教、基督教在此地都有发展。而闽南文化结合自身海洋文化的特点,形成了独特的宗教文化信仰,如保生大帝、妈祖等。

四、结论

　　闽南文化与河洛文化虽是两种不同类型的地域文化,但二者都发源于中华传统文化。河洛文化是闽南文化的根基,由移民于闽南的中原河洛人散播在这块土地上,并在当地的自然、人文环境中经过长时间的融合发展,最终形成了闽南文化,二者实为同质文化。闽南文化中也保留了古闽越文化和外向的海洋文化,不同于正统河洛文化的重农抑商、安贫乐道等思想,闽南文化形成了自由开放、农商并举的精神。文化的形成都离不开相对稳定的地域范围,但文化的传播又具有超越地域、无限传播的特点,这就必然超出原先的地域范围,因此以地域

---

① 林拓《文化的地理过程分析——福建文化的地域性考察》,上海书店出版社,2004 年,第 193 页。

命名的文化就具有认同上的局限性。如客家文化这种超越地域性的概念,就更能代表不同地区和更广范围内的同质文化,更有利于文化之间的联系与认同。因此,在闽南文化的基础上,深入认识与河洛文化的渊源传承关系,对于闽南文化在更广阔的范围内得到同质文化的认同具有较高的学术价值和现实意义。

（作者为湖北省社会科学院副研究员、博士）

日据时期台湾人民的抗日活动

李玉洁　黄庭月

1894 年,日本为了掠夺中国的领土和财富,乘慈禧太后六十大寿之际,悍然发动了甲午战争。当时的满清政府专横跋扈、腐朽透顶、不堪一击,故一战而败。次年,满清政府与日本签订了《马关条约》,赔偿二亿两白银,把台湾割让给日本。从 1895 年日本人占领台湾,直至 1945 年归还,日本霸占台湾整整五十年。台湾人民饱受日本蹂躏的五十年,也是台湾人民反对日占的五十年。本文仅就日据时期台湾人民遭受到苦难以及台湾人民的抗日活动进行研究,以正于学术界的同仁。

一、甲午战争惨败与奇耻大辱的《马关条约》

1868 年,日本推翻了幕府政治,发动明治维新,成为一个资本主义国家。而狭小的国土、贫乏的资源,不能满足迅速增长日本国力的需要,于是到中国掠夺财富,就成为日本贵族统治者锁定的目标。

日本明治天皇号召,自天皇、大臣、民众皆自己出资捐款给政府,进行全国性的集资,集全国之财力,更新海军设备,准备向中国开战。

当时,慈禧太后即将庆 60 寿辰,挪用海军经费,修建颐和园,极尽豪华奢丽。康有为在《康南海自编年谱》中说:"时西后以游乐为事,自光绪九年经营海军,筹款三千万,所购铁甲十余舰,至是尽提起款筑颐和园,穷极奢丽,而吏役辗转扣克,到工者十得其二成而已。于是光绪十三年后,不复购铁舰矣。败于日本,实由于是。"①颐和园是为慈禧太后过 60 岁寿诞而修建的。为了建筑这座颐和园耗费了大量的白银,挪用海军衙门的军费而修建的,致使中国海军的军舰、器械落后,不能及时更新。

最近有人提出,说慈禧修建颐和园没有用那么多银子,修颐和园连同做寿一共用了 1000 多万两。难道 1000 万两还少吗? 为修筑颐和园,清廷不仅挪用了几百万两的海军军费,而且命全国各省认筹银子。如广东认筹 100 万两,两江 70 万两,湖北 40 万两,四川、直隶各 20 万两等。为做 60 大寿,"从西苑到颐和园,沿途扎彩亭、彩棚,每五步一座,植花奏乐演剧"。当有人提出,战事紧急,颐和园工程是否稍缓。慈禧太后竟然说:"今日令吾不欢者,吾亦将令彼终生不欢。"②

光绪二十年(1894 年)9 月 12 日,日本乘慈禧做寿之良机,挑起了甲午海战,"日知今年慈圣盛典,华必忍让。"西太后最终竟然在甲午战争发动之后,在大连陷落、旅顺危急的情况下,继续举行了她豪华奢丽的 60 大寿的庆典,表现出了封建专制统治者极端的自私、无能、专横跋扈、视国家人民如私产和置国家人民利益于不顾的反动本质。在这种情况下,中国在 1894 年甲午战争中的惨败是必然的。西太后的行径与日本国发奋图强、实行富国强兵的政策形成了鲜明的对比。

1895 年,慈禧太后、总理衙门大臣奕訢派以李鸿章为全权大臣赴日谈判,于1895 年 4 月 17 日,签订了卖国屈辱的《中日马关条约》。条约共十一款,主要内容有:割让辽东半岛、台湾和澎湖列岛给日本,赔偿军费二万万两;开沙市、重庆、苏州、杭州为商埠,日商可在各埠设工厂;日军暂驻威海卫。

《马关条约》割让辽东半岛给日本的条款,损害了俄国在东北的利益。于是俄国联合德、法出面干涉,迫使日本同意以三千万两银子赎回辽东半岛,中国又以白银赎回了辽东半岛。而台湾和澎湖列岛从此被日本整整占据 50 年。日本拿到割地和赔款,完成了日本的原始资本积累,使其经济迅速发展,而中国从此一蹶不振。

---

① 康有为《戊戌变法·康南海自编年谱》,《中国近代史料丛刊》(四),上海人民出版社 1957 年,122 页。
② 王芸生《六十年中国与日本》第二卷,生活·读书·新知三联书店 1980,192 页。

二、台湾人民与全国一道坚决反对割让台湾

《马关条约》签订的消息传到国内,朝野哗然,国人难以面对着割地赔款的奇耻大辱。是时,以康有为为首的1300多名正在京城考试的举人们听到这样的消息,联名向光绪皇帝上书要求拒和、迁都、变法、再战。因当时举人们到京城考试是坐公车,因此康有为等人的上书又称为"公车上书"。书云:

> 中国四万万人无贵无贱,当今日在覆屋之下,漏舟之中,薪火之上,如笼中之鸟、釜底之鱼、牢中之囚,为奴隶、为牛马、为犬羊,听人驱使、听人宰割,此四千年中二十朝,未有之奇变。加以圣教式微,种族沦亡,奇惨大痛,真有不能言者也。[①]

中国割台湾于日本,时任广东巡抚马丕瑶闻此,"愤懑不能自己",上奏《力阻和议折》。他在奏折中说:

> 台湾久为日本所垂涎,亦为各国所眈视……一旦割归日本,遑论泰西各国群起纷争,即台南北各属忠义民团,亦必揭竿而起,将与倭人不共戴天,胜负何常,众怒难犯……人谓'倭人恃李鸿章为内援,李鸿章恃倭人为外援',由今观之,诚不诬也。臣僻守南隅,愤懑不能自己……此次电信到粤,粤人无不怒目裂眦,思食李鸿章、倭奴之肉,欲得而甘心焉。[②]

一时拒和、再战的呼声在中国大地上响起。

台湾人民闻讯后,更是悲愤交加。他们"不服闭市,绅民蜂拥入署(巡抚衙门),哭声震天……士勇数十营,誓愿与战,撤时断不肯缴军装。日人登岸,民必歼之。"[③]

"时台湾举人会试在北京,上书都察院,请止,不听。绅士亦群谋挽救。逢

① 周谷城《中国通史》(下册)康有为"保国会演说辞",上海人民出版社,1957年,1086页。
② 李玉洁《辛亥女革命家刘马青霞评传》,科学出版社,2012年,17页。
③ 康景崧《致军务处台民不服割地恐激他变电》,《中国通史参考资料》,中华书局1980,472页。

甲为首,函电力争,皆不报。"①

台湾人民还在《抗战檄文》中,痛斥李鸿章等卖国贼:

> 我台民非如当李鸿章、孙毓汶(兵部尚书),力主签订《马关条约》)、徐用仪(军机大臣)无廉耻,卖国固位,得罪于天地祖宗也。我台民父母妻子、田庐坟墓、生理家产、身家性命,非丧于倭奴,实丧于贼臣李鸿章、孙毓汶、徐用仪之手也。
>
> ……我台民与李鸿章、孙毓汶、徐用仪不共戴天,无论其本身,其子孙,其伯叔兄弟侄,遇之船车街道之中,客栈衙署之内,我台民族出一丁,各怀手枪一杆,快刀一柄,登时悉数歼除,以谢天地祖宗、太后皇上,以偿台民父母妻子、田庐坟、生理家产、性命;无冤无仇,受李鸿章、孙毓汶、徐用仪之毒害,以为天下万世无廉无耻,卖国固位,得罪天地祖宗之炯戒。②

台湾巡抚唐景崧电奏清廷曰:

> 割台,臣不敢奉诏。且王灵已去,万万民骇愤已极,势不可遏,朝廷已弃之地,无可抚慰,无可约束。日人到台,台民抗战,臣不能止。臣忝权台抚,台已属日,即交缴办法,仍用台抚之衔,不特为台民笑,更为日人笑也。如必割台,唯有乞请迅简大员,来台办理,此外尚有一线可冀挽间,伏乞圣照熟思。揆今时势,全局犹盛,尚属可为,何至悉为所索。列圣在天之灵,今日何回克安,臣不胜痛哭待命之至。③

其时,台湾年轻诗人易顺鼎(1858—1920)在《请罢和议疏》中,也痛陈割地的危害,怒斥李鸿章、李经芳父子的无耻卖国行径。他写道:

> 伏思割地一事,尤为万不可行……父母虽穷,尚不忍轻鬻其子,国家未

① 连横《台湾通史》卷三十六《列传八》《丘逢甲列传》,广西人民出版社,2005年,544页。
② 《台湾人民抗战檄》,《中国通史参考资料》,中华书局,1980年,473页。
③ 连横《台湾通史》卷三十六《列传八》,《唐景崧列传》广西人民出版社,2005年,549页。

麼，独何忍遽弃其民，坐使海隅苍生，自我而化为他族……英法垂涎台湾，俄人蓄谋辽东，岂伊朝夕；况各国狡焉思逞之计，贪得无厌之怀，谁不欲拓境开疆，因时取利。今见倭人以一举手一启口之劳，而得地如此之多，获得如此之厚，虽云无故，亦必生心。倘群起效尤，则中国虽大，恐一日之间，可以瓜剖立尽，然此犹他国也……且辽东、台湾并割于倭，臣以为穷倭之兵力，不能及此，充倭之始愿，亦未尝及此……盖倭力不及此，而李鸿章之力能及此；倭愿不及此，而李鸿章之愿早及此矣。抑微臣更有不忍看，又不忍不言者。李鸿章之奸，尚不及其子李经芳之甚。李经芳前充出使日本大臣，以己资数百万，借给倭人购船饷，其所纳外妇，即倭主睦仁之甥女……假使凭依城社，窃据津途，张邦昌、刘豫之事，不难立见。①

李鸿章之子李经芳所娶的日本老婆，就是日本国主睦仁的外甥女。他依靠权势，窃据重要职位，做出了宋朝张邦昌、刘豫那样卖国求荣的事来。

易顺鼎除上书反对割地外，还两赴台湾协助黑旗军刘永福抵御日寇占领。他表示不惜为保卫台湾而战死沙场。他在《寓台感怀六首》之六中写道："马革裹尸归故里，招魂应向日南州。"②表达了保卫国土而甘洒热血的誓死决心。

三、日本对台湾的蹂躏及台湾人民的反抗

日本人霸占了我国台湾之后，在台湾的掠夺、烧杀、奸淫，爱国文学家钱振锽《名山续集》卷四《简大狮传》记载：

"我闻倭始至台，下令'借用'妇女，逐其民而居其室，不许哭。一老妇，七十九岁，大哭，倭以非法杀之。闻一人谤倭，则塞巷而屠之。法令烦密，民一举手足，辄犯禁。两人途语，则逻者来听。凡事靡不税，屋开一牖（you窗）亦税之。我中国赋于台岁百万，倭赋于台岁二千万有奇，台民不服。倭者至，多自称寄籍（原籍大陆而寄居在台湾），日夜望中国恢复。华民渡海

---

① 《中国近代文学大系·散文集》(3)，上海书店 1992 年，482—485 页。
② 《中国近代文学大系·诗词集》(1)，上海书店 1991 年，717 页。

者,偶与之谈,台民无弗流涕。嗟乎! 嗟乎!'一人横行于天下,武王耻
之。'(语出《孟子·梁惠王下》)凡我中国之人而尚有人心乎? 其毋忘台民
之仇矣!"①

据其记载,当时台湾有一抗日首领简大狮,在厦门被捕之后曰:"倭淫虐妻
妹,皆死焉。"②简大狮之妻、女、嫂、母尽遭残害和蹂躏,台湾同胞遭受了巨大的
灾难。

著名作家曾朴(1872~1935)在长篇小说《孽海花》三十三回中说:

> 满清政府早把我们和死狗一般的丢了! 我们目前和日本打仗,原是台
> 湾人自争种族的存亡,胜固可贺,败也留些悲壮的纪念,下后来复仇的种子。
> 况且这回日军到处,不但掳掠,而且任意奸淫,台中妇女全做了异族纵欲的
> 机械。③
>
> 日兵一到,在休战时间,第一件事,当然是搜寻妇女取乐,补偿他们血战
> 之苦,番女中稍有姿色的全被掳去。④

日本人占领台湾之后,奸淫烧杀、无恶不作,激起台湾人民的激烈反抗。
《马关条约》签署之后,台湾官员多奉旨内渡,回到内地,时唐景崧为台湾巡抚。
唐景崧在爱国志士丘逢甲的支持下,领导台湾抗击日本。"而景崧尚留,誓与台
湾共存亡。逢甲乃议自主之策,众和之。五月朔,改台湾为民主国,建元永清,旗
用蓝地黄虎。奉景崧为大总统。分电清廷及沿海各省,檄告中外,语甚哀痛。当
是时,义军特起,所部或数百人数千人,各建旗鼓,拮抗一方。而逢甲任团练使,
总其事,率所部驻台北,号称二万,月给饷糈十万两。"⑤

唐景崧于是通电各省,宣布台湾独立。电文曰:

---

① 《近代散文选·简大狮传》,上海古籍出版社,1985,57 页。
② 王杏根《"莫忘台湾简大狮"—钱振惶著"简大狮传"校注琐记》,《上海师范大学学报》1982 年第 4
期,60 页。
③ 曾朴《孽海花》三十三回,解放军文艺出版社,2000 年,413 页。
④ 曾朴《孽海花》三十三回,解放军文艺出版社,2000 年,420 页。
⑤ 连横《台湾通史》卷三十六《列传八》《丘逢甲列传》,广西人民出版社,2005 年,544 页。

　　日本欺凌中国,大肆要求,此次马关议款,赔偿兵费,复索台湾,台民忠义,誓不服从,屡次电奏免割,本总统亦多次力争。而中国欲昭大信,未允改约,全台士民不胜悲愤。当此无天可吁,无主可依,台民公议自主,为民主之国。①

　　丘逢甲(1864—1912),台湾苗栗人,得知清廷有割台之议,即刺指血书"拒倭守土",招集士绅联名电争,继而倾家财作兵饷,训练义勇,抗击日军;与日寇血战20余日,终因弹尽粮绝被迫内渡。在他离开台湾时悲愤地写道:"宰相有权能割地,孤臣无力可回天。"②到大陆后,他仍以收复台湾自励。丘逢甲有《春愁》③诗云:"春愁难遣强看山,往事惊心泪欲潜。四万万人④同一哭,去年今日割台湾。"⑤他在《庐山谣答刘生芷庭》中写道:"生作愚公死精卫,谓海可塞山能移。"在《送颂臣之台湾》之六写道:"十年如未死,卷土定重来。"⑥诗中表现了诗人对台湾沦为异域的惆怅,也表现出收复台湾的生死不渝的决心。

　　唐景崧与丘逢甲御侮失败之后。军中幕僚吴彭年以一介书生,提数百之旅,出援台中,鏖战数阵,最后以身殉国。吴彭年曰:"吾与台事毫无责守,区区寸心,实不忍以海疆重地,拱手让人。"经过数年之后,有义士为吴彭年负骨还归故里,"发穴时,衣带犹存,血痕尚斑斑也。至粤,其家居顺德,唯一老母,发已白,妻前逝,遗二孤,俱幼。家无余资,但依亲友以存"。⑦

　　刘永福的黑旗军和当地义军联合,与日军在苗栗大甲溪发生了激烈的战争,黑旗军和义军取得了辉煌的胜利,杀得日寇遗尸遍野。著名作家曾朴(1872—1935)在长篇小说《孽海花》三十三回"保残疆血战台南府"中描述了大甲溪战斗。台湾有一个坚决不与清廷合作、反对清廷的"一个垂鬟丰艳美貌女子"郑姑

---

① 连横《台湾通史》卷三十六《列传八》《唐景崧列传》,广西人民出版社,2005年,549页。
② 《岭云海日楼诗抄》上海古籍出版社,1982,147页。
③ 丘逢甲《岭云海日楼诗抄·春愁》台北大通书局印行,1960年,26页。
④ 诗中的"四万万人",亦有云"四百万人,台湾人口合闽粤籍四百万人也。"
⑤ 《岭云海日楼诗抄》,上海古籍出版社,1982年,26页。
⑥ 《岭云海日楼诗抄》,上海古籍出版社,1982年,24页。
⑦ 连横《台湾通史》卷三十六《列传八》《丘逢甲列传》,广西人民出版社,2005年,548页。

姑。她是郑成功的后人,善武功,通兵法,英勇善战,是传说中的女英雄;她还训练了一队土著"番女"队伍。她与黑旗军和义军约定,佯与一个日本军官成婚,准备在婚礼上歼灭日寇。"结婚"之日,郑姑姑所在村庄民众用下了毒药的酒菜招待日本人。酒过数巡,吃过饭的鬼子呼喊腹痛。这时忽然灯灭,郑姑姑拔出匕首,刺向日本军官。"郑姑姑率领了一大队亲练的蛮学生,刀劈枪挑,杀人真如刈草。一刹那,死尸枕藉满庭。""大约来赴宴的百余人没有一个幸免。"①这时黑旗军将领吴彭年率领军队赶到,日本鬼子也闻讯前来,这里发生了激烈的战斗。日本鬼子退到大甲溪,在黑旗军的打击下,赶快上船,"落水的和中弹的不计其数",黑旗军取得巨大胜利;而郑姑姑却悲壮殉国。大甲溪之战表现了台湾人民英勇与日寇血战的悲壮场景。

黑旗军将领刘永福领导台湾人民抗日,他发誓曰:"日本要盟,全台竞割,此诚亘古未有之奇变。台湾之人发指眦裂,誓共存亡,而为自主之国。本帮办则以越南为鉴,迄今思之,追悔无穷。顷顺舆情,移驻南郡。本帮办亦犹人也,无尺寸长,有忠义气,任劳任怨,无诈无虞。如何战事,一担肩膺,凡有军需,绅民力任。誓师慷慨,定能上感天神。惨淡经营,何难徐销敌焰。"②

刘永福领导台湾人民英勇抗战,给驻台日军以沉重的打击,在接济久绝、粮饷殆尽的情况下,刘永福坚决不投降,阵地失陷后乘船离开,回到大陆后为碣石镇总兵。

台湾抗倭将领简大狮领导台民抗倭一年多,失败后逃到厦门,被腐败的清政府地方官员逮捕,因落入日军之手而壮烈牺牲。钱振锽《名山续集》卷四《简大狮传》记载:

> 光绪乙未,我割台湾予倭。台民简大狮与倭力战年余,至厦门,为当事所获。大狮供:"倭淫虐妻妹,皆死焉。予之战,不敌,故至此。我反倭,非反大清也。今为中国官吏所杀,无恨。若以我予倭,则死不瞑目。"当事者

---

① 曾朴《孽海花》三十三回,解放军文艺出版社,2000 年,422 页。
② 连横《台湾通史》卷三十六《列传八》《刘永福列传》,广西人民出版社,2005 年,550 页。

竟缚大狮献于倭,置极刑。后其弟简大度复与倭战,亦败。①

钱振锽有诗赞简大狮曰:

痛绝英雄洒泪时,海潮山涌泣蛟螭。
他年国史传忠义,莫忘台湾简大狮!②

这里,诗人满怀义愤怒斥清汉奸的无耻,歌颂简大狮的英勇与悲壮,并相信将来国史上一定会传颂简大狮的忠义。

从广东迁居台湾的吴汤兴,"及闻台北破,官军溃,裒旗纠旅,望北而誓曰:'是吾等效命之秋也。'众皆起。遂与生员邱国霖、吴镇沈等募勇数营,就地取粮、富家多助饷。架一橹,置大鼓其上,有事击之以闻,立法严明。当是时,徐骏起于苗栗,姜绍组起于北埔,简精华起于云林,所部或数百数千人,汤兴皆驰书合之"。③ 吴汤兴联合徐骏、姜绍组、简精华等人竖起了抗日的大旗。

《台湾通史》卷三十六《列传八》《吴汤兴列传》记载:

1895 年 7 月 5 日,"日军涉大甲溪,破葫芦墩,略台中。拣东堡庄豪林大春、赖贸豫设国姓会,集子弟千人,拒战于头家厝庄。庄人林传年少,精火器,潜伏树上,应弹而踣者二十余人,终被杀,放火焚庄。彭年檄彰化知县罗树勋赴援,相持一日夜,日军复至。台中遂破。初七日,彭年誓师,分署各队,以场兴、徐骧合守八卦山。越二日黎明,日军攻山,别以一队扑黑旗营。汤兴拒战,徐骧亦奋斗,而炮火甚烈,不能支。汤兴阵没,其妻闻报,亦投水死;徐骧奔台南,彭年战死山麓,黑旗将士多歼焉。"

1895 年 7 月 15 日,"日军大队猛攻树仔脚,诸军开壁出,互杀伤,徐骧复从间道夹击,乃退据北斗,以是不能越溪而南。方是时,风雨暴作,山水泛

---

① 王杏根《"莫忘台湾简大狮"—钱振惶著〈简大狮传〉校注琐记》,《上海师范大学学报》1982 年第 4 期。
② 引自任亮直　文淑慧《雪泥鸿爪集》,中国国际文化出版社,2013 年,94 页。
③ 连横《台湾通史》卷三十六《列传八》《吴汤兴、徐骧、姜绍祖、林昆冈列传》,广西人民出版社,2005 年,545 页。

滥,黑旗诸军辄乘夜奇袭。海丰仑人陈赣番谋内应,以防备严,未敢动。彰化诸军攻围久,弹药将罄。八月初六日,荣邦誓师决战,中弹死。义成再进,亦殊伤。十三日,日军大举,以击三发之营。徐骧、精华援之,相战数日,弹丸尽,退于他里雾。日军复迫之,徐骧方食,趣诸军出。回顾曰:'骧今得弹丸千,犹足以持一日夜,顾安所得者?'奋刃而前,左右数十人从之,欲伏险以击,中弹踣,跃起而呼曰:"丈夫为国死,可无憾!"诸皆受伤莫能兴。云林复陷,嘉义亦破,而林昆冈起焉"。①

这支抗击日本的民众武装,转战北浦、新竹、彰化、台中、台南等地,与日军鏖战三个月之久。最后吴汤兴、昆冈及其长子、朱乃昌、杨泗洪等,为了保卫自己的家乡国土,壮烈牺牲,又奏出了一曲英雄的赞歌。

在保卫台湾的战争中,台湾土著居民付出巨大的牺牲。

著名的台湾南庄事件就是台湾土著部族与日本人的战争。是时,台湾土著部族赛夏人部落首领日阿拐,拥有清朝六品军功和监生荣衔,对日本在台湾的烧杀抢劫非常不满。1902年7月6日,日阿拐率领赛夏人,联合泰雅人、汉籍佃户大约500人,对抗由步兵、炮兵、工兵、宪兵、警察部队组成的1080名日本军队及数量众多的当地乡勇,双方激战三个月,日军死22人、伤36人,原住民战死者10人。当年11月17日,双方约定在南庄谈和,日本宪兵竟在会场埋伏机枪,等原住民谈判代表抵达时突然进行围杀。结果,包括鹿场社头日逮鹿在内的8人当场被害,16人侥幸逃脱。②

1910年5月下旬,日本人出动两千兵力,前往芁芁山镇压台湾泰雅人对日军的反抗活动。双方展开激烈的肉搏战,泰雅人的勇猛使日军无力招架,后来日军又调来山炮、机枪、地雷,以猛烈的炮火才镇压了泰雅人。③ 台湾阿美人藏匿在七脚川,抗日达六年之久。1913年,日军3384员军警,企图征服新竹五峰乡霞喀罗四社的泰雅人,结果战事胶着了整整13年,日军连续开辟两条横越高山、

① 连横《台湾通史》卷三十六《列传八》《吴汤兴、徐骧、姜绍祖、林昆冈列传》,广西人民出版社,2005年,546页。
② 陈杰编《台湾原住民概论》,台海出版社,2008年,178页。
③ 陈杰编《台湾原住民概论》,台海出版社,2008年,180页。

深入部落的军事道路,依然无法获胜。其中霞喀罗警备退路全长 53.6 公里,沿途平均每 2.3 公里就设置一座警所,警所密度之高,在台湾历史上空前绝后。①

台湾人民在太鲁阁、浸水营、雾社等多地发动抗日的战争。1915 年,花莲布农人部落奋起抗战。部落头人拉荷·阿雷带领他的四个儿子和亲友先后与日寇斗争了十七年,拉荷·阿雷一共砍下侵略者的头颅 60 颗,不愧是抗日的老英雄。②

日本占领台湾五十年,台湾同胞英勇反抗了五十年。台湾同胞冲天的英雄豪气和不屈不挠的爱国精神将永垂青史,万古不朽。

(李玉洁,河南大学历史学教授;黄庭月,河南财经政法大学外语学院副教授)

---

① 陈杰编《台湾原住民概论》,台海出版社 2008 年,182 页。
② 陈杰编《台湾原住民概论》台海出版社 2008 年,185 页。

论客家人的家国情怀

陶　谦　王军胜

客家是汉民族的一个支系,是传承古代汉族因素最多的族群,故客家人祖祖辈辈都"自诩为汉族的正宗"。史实告诉我们,千百年来,"客家虽自中原南迁,然其重道德、重义气、重礼节、重理智",以及其坚守的吃苦耐劳、不畏艰难险阻及独立奋斗的中原汉民族气质未因时代的变化而改变,也未因地理环境和人为的意志而变迁。他们始终如一地"保留了古老的汉族文化传统",在社会宗法制度、文化习俗、宗教信仰崇拜、风水堪舆等诸多方面仍类于旧时中原。[①] 从这一点讲,是世界上任何民族或族群无可比拟的。身份认同是一个民族得以持久生存、世代繁衍的基础;文化认同又是一个民族或族群得于立足天下、永葆家国情结之保证。散居于世界各地的客家族群及其"属民"——客家人,就是这样一个群体、这样一些人的组合。他们无论漂泊到哪里、无论在什么国度里谋生,都坚定不移地强调自己是炎黄子孙、是华夏子民,祖籍在中原。几千年来,亲情、乡情、家国之情萦系在他们心中,并成为他们共同的记忆。

在此笔者不禁要问,是什么力量让其浓浓的华夏色彩的文化基因在客家人中代代相传呢? 回答只有一个,就是客家认同的中原传统文化基因——家国情结在起着重要的作用。

一、身份认同

长期以来,对客家文化的研究多集中在客家民系的形成、客家民俗民风、宗

---

① 关于中原的定义有狭义、广义说。狭义中原说指今河南省,广义中原说概指整个黄河中下游流域。

教信仰崇拜以及祖根探源等方面。在众多研究成果里,虽也有过客家"土著说""夏家说""塞外民族说""基因说"等诸多论见,但认同较多、关注较集中的仍是"中原说"。就是说,客家祖源地在中原、客家族群是中原汉人的一支、客家人就是中原南迁汉人,这一点是学界乃至客家族群的普遍共识。如清末嘉应州(今广东梅州)人黄遵宪在《梅水诗传》序中说:"此客人者,来自河洛……而守其语言不少变。余尝以为,客人者,中原之旧族,三代之遗民,盖考之于语言、文字,益自信其不诬也。"20世纪50年代,著名客家研究大师罗香林先生在其《客家源统考》一书中也指出:"客家是中国民族里的一支,他们的先民,就是因为受了边疆部落侵扰后的影响,才逐渐自中原辗转迁到南方来的。"①

　　既然客家族群来自于中原,那么其文化特征必然与古中原文化有其相同和近似之处。冯秀珍在《客家研究中的若干基本问题指导》一文中就认为,"客家传承古代汉族因素最多可以从以下三句话来举证:客家语是古代汉语的活化石、客家人自诩为汉族的正宗(客家传承了汉魂)、客家保留了古老汉族的文化传统"②。我们权且对此论点是否全面不加评论,但在现实中,我们确实看到客家族群在社会宗法制度、文化生活习俗、宗教信仰崇拜、风水堪舆等诸多方面仍保留着旧时中原之传统,这是毋庸置疑的事实。难怪在台北历史博物馆举办的"客家文物展览会"介绍上就有"客家虽自中原南迁,然其重道德、重义气、重礼节、重理智、性刚强,仍具古风,保存汉族血统,最为纯粹。语言风俗习惯,犹是中原遗风,其守重礼节道义、好学问讲伦理,均表现为中原民族气质。唯几经离乱,披星戴月,更养成其坚韧卓绝、耐劳、耐苦、独立奋斗之精神……"这就进一步说明,客家族群从形成虽历经沧桑,但共同的记忆始终伴其左右,并在传承中,生根发芽,发展壮大。

　　另外,在我们与客家人接触中,也常常听到这样一些话:"我们是炎黄子孙"、"我们是龙的传人"、"我们的根在河南、在河洛"。这些话不仅表明客家人对祖国、家乡的认同,更是客家人对其祖源地中原汉族后裔的身份认同。所以,当一些否定客家人为中原南迁汉族移民的奇谈怪论,如"土著说""误会说""心

　　① 罗香林《客家源流考·绪论》,见《客家研究》第一集。同济大学出版社,1989年,第4页。
　　② 冯秀珍《客家研究中的若干基本问题探讨》,见福建出版发行集团,福建省教育出版社,2013年版《首届石壁客家论坛文集》,第16页。

理学说"出现时,就有许多客家学者和客家人挺身而出,批驳这些无稽之谈。例如,福建省客家研究联谊会会长林开钦先生就说:"认同汉族客家民系,是客家的核心问题。"华南理工大学客家研究所所长谭元亨教授也呼吁客家研究要"高擎'中原说'的旗帜"①。也正是客家族群及其漫游在世界各地的客家人对自己的身份有共同的认同,所以多年来"寻根热"可谓此起彼伏,一浪高过一浪。特别是大陆改革开放以来,数以万计的客家游子携亲带友回到祖国、回到朝思暮想的家乡寻根谒祖,祭拜先人,不仅了却了他们多少年来的夙愿,而更表明了他们对家国的情怀,对自己是中华民族儿女的自信和骄傲。正如国民党前主席吴伯雄先生在 2012 年 11 月 22 日参加梅州市首届客家文化节时所言:"我们可以选择朋友,也可以选择夫妻伴侣,但有一点我们没有办法选择,那就是祖先。"(见《客家人》2013 第 1 期)。这一字千金之语,代表了所有客家人的心声。

二、文化认同

客家文化博大精深,它承继了中原汉民族优秀的传统文化,并在其发展中不断创新,成为当今中华传统文化华彩篇章中的重要组成部分。纵观客家发展史,其文化特色无不带有中原故土文化的烙印。虽然他们在语言、民俗民风、宗教礼仪等诸多方面与祖地中原有某些变化,但其文化主体和基础仍未偏离中原文化基因。

首先,对中原传统儒家文化的认同。儒家文化是中华传统文化的核心,也是古中原地区的主体文化。在以孔子为代表的儒家文化中,"人本思想"是其文化的核心,而孝道又是其灵魂,俗话说"百善孝为先"。对此,有学者就认为"孝是德之根本,是长善之基,铸品之要",不仅要求人们要孝亲、孝长,而更要孝国、孝社会、孝自然。② 儒家的孝文化传承数千年而不衰,其根本原因是做人之本,立国之本。在客家谱牒中,孝道文化处处彰显。如从吴来林《从若干谱文(图)看石壁客家祭祖习俗》一文中我们可以看到,在凡例、族规族法中,"孝祖宗"、"谨祭祀"、"以孝为本"等是其主要内容,成为客家族人道德规范的标准及行为准

---

① 见《客家魂》总第 20 期(2014 年),21 页。
② 王廷信 崔大华《孝道文化与社会和谐》第 1 页,大象出版社,2011 年。

则。再如康熙己末年所修《郑氏二修族谱·序》曰:"人之有祖,如木之有本、水之有源也。然非谱牒以示后,孰知本源之所自哉? 宋濂云:'三世不修谱,等之不孝'……是谱之作也,以教孝也。孝莫大于尊祖,尊祖莫大于敬宗,敬宗莫大于合族。"又如《大埔黄氏宗谱·江夏最要家训》"敦孝悌"条曰:"孝悌为百行之首。凡为人子弟者,当孝顺父母、和睦兄弟,不可忍灭天性,以卑凌尊,望吾族之孙,宜敦孝悌于一家。"再如梅县《温氏族谱·家训六则》曰:"孝顺父母,和睦兄弟,严端品,崇俭戒奢,公明息讼,积德绵后。"①以上所举之例均与客家祖源地古中原的传统儒家文化之要求有大同之处,由此可见客家族群对中原文化因素的认同。

其次,对中原传统民俗民风文化的认同。许多资料显示,虽然客家民俗种类繁多、内涵丰富,但千百年来与众多土著族群或民系相融合形成的绚丽多姿、古朴淳厚的客家民俗文化仍带有浓厚的中原传统文化色彩。也就是说,中原古老的文化仍是客家民俗的传统符号。如客家人的传统信仰与中原河洛地区的汉族信仰一样没有西方文化因素,客家人普遍崇信佛教与道教是其共同点。自古至今,我们在客家人聚集的粤、闽、赣地区仍可看到大量佛道寺观的存在。然不同的是,客家人除了供奉如来佛祖、观音菩萨、玉皇大帝、城隍老爷、太上老君、土地爷、财神爷以及民间固有的孔圣人、关帝爷、三山国王等神祇外,因劳作,社会经济活动的变化等诸多因素,在许多地区又盛行"妈祖"、"降仙姑"等神祇的崇拜。这些神祇崇拜融自然崇拜、多神崇拜与祖先崇拜于一体,形成了多姿多彩、无所不包的祭祀信仰民俗。但我们也看到,客家人敬奉神灵,除了避免禳灾,与大自然和谐相处,还有一点是与古中原是一样的,那就是追求形形色色的功利,如求财、求官、求好运等等。这种带着有浓郁世俗宗教色彩的神祇崇拜,正是传统社会绝大多数国人的宗教信仰观。

再如客家民居建筑。客家民居建筑文化是客家人在千百年的历史长河中创造出来的最具客家文化特色、最具代表性的文化之一。其中,不同地区的客家人根据自身所处自然环境、人文环境而创造发明出来的客家围屋,当是古今中外民居建筑的瑰宝。按照黄崇岳、杨耀林两位专家的调查研究,客家围屋大致可分

① 上述举例均引自钟文典总主编的《广西客家》一书.

为:闽西的方形、圆形土楼,赣南的口字、国字形土围子,粤北的四角楼、碉楼,粤东梅州的围龙屋,以及带有碉楼的围龙屋、杠楼、圆围、丰圆围、八角围、多角围和方、圆土楼,还有粤中云阳、深圳的城堡式围楼、围村等。客家这些特色建筑的形成与其生存有关:作为外来移民,客家人为了生存,不仅要防范野兽的侵袭,而更要防范本土族群的袭扰和盗匪的伤害,因此不可能再沿袭中原故地单门独院的生活,而以群体性生活的围龙屋和围楼而代之。但我们对这些特色居民建筑考察后发现:虽然其建筑风格形式结构上与中原建筑有天壤之别的差异,但在建筑理念及一些风格上仍存在诸多雷同之处。如客家传统民居建筑非常讲究风水,从选址到设计施工,再到入伙安居,客家人在事前都要请风水先生定位。从今天的科学认知来看,可能有不少地方是故弄玄虚,是迷信观念在作祟,但"背山面水"、"负阴抱阳"的选址观,"象天法地"的设计理念及"天人合一"的人居境界思想,无不有科学的一面。其实,客家的这种做法,也是古中原人所遵从的。

当然,客家族群及客家人对中原文化的认同还表现在语言、艺术、岁时节令、祭祀等诸多方面,在此不一一列举。一句话,客家人十分崇尚慎终追远,对中原文化的认同,一直是客家人的终生追求。

三、客家人的家国情怀

客家人自认为汉族正宗。龙的传人,这在气势磅礴的大型交响诗篇《土楼回响》、原生态客家风情歌集《土楼神韵》、新歌剧《土楼》,以及由国家一级编剧赵爱斌根据福建宁化学者刘善群先生所撰小说《葛藤凹》、由八一电影制片厂等多家单位联合摄制改编的32集电视连续剧《大南迁》中均有突出展现。在这些剧中,不仅反映了北方汉人南迁的艰辛,描绘了客家民系孕育和民族融合的历史过程,而更多地是展现了客家人"不忘祖宗言"、崇文尊道、敬祖爱国传统文化美德和披荆斩棘、艰苦创业、四海为家的家国精神。

翻阅客家历史,我们可以发现,自古至今客家人对家乡、对祖国都怀有深厚的感情。特别是每当外夷入侵家乡故土之时,客家人就会舍小家、护大家,不惜生命,挺身而出保卫自己的故国故土。如宋代著名理学家、教育家和诗人杨时虽官居高位,但一生谋国计民生。北宋末年,当金兵大举入侵中原之时,面对朝上朝下一片妥协之声,他却多次上疏朝廷,陈述抗金主张。据史料记载,短短四年时间里,他不顾个人得失和安危,先后向宋帝上疏七次力排"靖康合议",建议罢黜投降派代表人物张邦昌、诛杀卖国贼童贯。虽然他的这些政治主张未见成效,但其爱国怀乡情怀却流芳至今①。再如文天祥,开庆元年(1259)当蒙古军大举入侵鄂州(今湖北武昌)时,面对宦官董宋臣迁都主张,他陈请理宗力斩董宋臣,并上疏防御之计。恭帝德祐元年(1275),面对元兵疯狂东进,他亲率军兵,组织抗争。后受朝廷派遣,赴敌营谈判时被拘。脱逃后,他自通州(今江苏南通)南下福建坚持抗元斗争,但不幸的是,1278 年在五坡岭(今广东海丰北)被俘。鉴于其名,元以高官厚禄劝其投降,但不为其所动,"认为自己是宋朝的'状元宰相',必须一死以尽'忠'"。刑前,他挥笔题诗"人生自古谁无死,留取丹心照汗青。"(《过零丁洋》),可见其高尚的品格,执着的爱国之情。

像杨时和文天祥这样的爱国爱乡的客家人,在中国近现代史上更是比比皆是,如太平天国的洪秀全、民主革命家孙中山、廖仲恺,以及新民主主义革命和社会主义建设时期的朱德、叶剑英、刘少奇等无不都是客家人的楷模。他们不怕牺牲,敢作敢为的高尚品德,以及爱国爱乡的无私情怀,实为客家"强颈"精神的代表。

当然,我们也不会忘记散居在世界各地的客家子孙。他们虽身居异邦,但心怀乡国。每当祖国遭遇危难之时,他们都会全力以赴或以各种形式支援家乡。较为典型的当为抗日战争时的滇缅大动脉保卫战。有关资料显示,为捍卫祖国的尊严,狠狠打击日本侵略者,数以千计来自泰国、马来西亚、新加坡、印度尼西亚等国的海外客家赤子 3193 人积极应征入伍,更有许多人慷慨解囊捐资捐物,积极支援家乡的抗日斗争。在残酷的斗争中,有许多热血青年血洒故土,魂丧丘野,其舍小家护大家的爱乡爱国壮举却从未间断。所以,日本著名学者山口县造在其《客家与中国革命》一书中说道:"没有客家人,就没有中国的现代史。"英国传教士坎贝尔(George Campbe)也赞扬道:"客家人确是中华民族最显著、最坚强有力的一派,他们的南迁是不愿屈辱于异族的统治。由于他们颠沛流离,历尽艰辛,所以养成他们爱族爱国的心理、同仇敌忾的精神,对中华民族前途的贡献,将

① 肖胜龙《杨时精神与客家精神》,《客家魂》总第 20 期,2014 年第 52 页.

一天大似一天,是可以断言的。"①

当然,客家族群及其子孙的家国情怀还表现在许多方面,限于篇幅,不能一一列举,但客家人在特定历史时期谱写的壮丽赞歌,永远是当今中华儿女学习的榜样。

(陶谦,黄河科技学院《黄河科技大学学报》编审;王军胜,黄河科技学院新闻中心主任、副教授、博士)

---

① 刘焕云《弘扬客家文化,促进民族复兴》,《首届石壁客家汉坛论文集》第285页,海峡出版发行集团、福建教育出版社,2013年。

论台湾的洋务运动

张　忠

　　台湾虽然号称是中国的第一大岛,无论在地理位置还是国防战略上都具有异常重要的地位,但历史上长期孤悬海外,政治、经济和文化比之大陆较为落后,其民众最初"不通人世,土番雏结,千百成群,裸体束腰,射飞逐走,"①后来虽然有所进步,但仍然显得有些落后。今天台湾的经济高度发达,与其发展史上的洋务运动是分不开的。

一、洋务运动开展之原因

　　近代已降,台湾因其地势险要,物产丰富,且由于远离祖国大陆而管辖松懈,导致一些国家对其觊觎不断。1867年,美国"罗佛"号船只在台湾南部琅峤附近触礁沉没,船上十多人被高山族人所杀。美国驻厦门领事李仙得率领美国海军到琅峤寻衅,被当地人击退。美国再派海军将领贝尔率两艘军舰入侵,副舰长马肯率陆战队在琅峤登陆,被高山族民众击毙,美军不得不退出。②

　　1874年,日本在美国的支持下,以1871年两艘琉球贡船遇风浪漂至台湾、54名船员遇难为由,发动了大规模的侵台战争。由陆军中将西乡从道率领3000余名侵略军,分乘数艘军舰,大举进犯台湾。日本发动的这次侵台事件,由于遭受到台湾爱国军民的顽强抵抗,加上当时疾疫流行,日军大部染疾,最后失败了。③ 1884年,法国发动了更大规模的中法战争,并把夺取台湾作为其最大的侵略目标。当时任法国内阁总理的茹费理就说:"在所有的担保品中,台湾是最良

---

① 连横《台湾通史·序》上商务印书馆,2010年。
② 李侃　李时岳　李德征　杨策　龚书铎《中国近代史》,中华书局,1994年,第169页。
③ 李侃　李时岳　李德征　杨策　龚书铎《中国近代史》,中华书局,1994年,第169页。

好的、选择得最适当、最容易守、守起来又是最不费钱的担保品。"①所以在 1884
年 8 月 5 日法国海军首先发动了对台湾基隆的攻击,只是在进攻基隆失败以后,
才在 8 月 23 日发动了马江之战。当法军在马江一役中摧毁了福建海军后,又在
10 月初再度进攻台湾,并占领了基隆达 5 个多月,占领澎湖达 2 个多月。② 接二
连三地入侵事件,使清廷认识到台湾已经危机四伏,不得不求变。

　　当时,台湾土著群众不断反抗清廷的统治,起义此起彼伏,更加使清廷捉襟
见肘,疲于应付。清廷认识到"台湾疫重兵疲,民穷变亟。防广则营皆散扎,勇
不练而岂能精;口多则敌易纷乘,险无定而何能扼! 饷将竭而备仍虚,寇已深而
谋未定。日本及小吕宋逼近台疆,蓄锐养精,机深意险。若不未雨绸缪,速将轮
路、电线、练兵、购器、开矿各事分投速办,诚恐猝然有变,非仅止于虚声恫吓而
已"。③ 可见在台湾举办洋务已经成为政府迫在眉睫之事。而且清廷进一步认
识到"铁路、电线相为表里,无事时运货便商,有事时调兵通信,功用最大"。认
为台湾"路远口多,非办铁路、电线不能通血脉而制要害,亦无以息各国之垂
涎"。④ 举办洋务关系到台湾的生死存亡。在达成共识的情况下,清廷在台湾开
展了相当规模的洋务运动。

二、洋务运动的内容

　　台湾的洋务运动主要是由沈葆桢、丁日昌、刘铭传三位清廷大员负责实施
的,因此有必要分开叙述。

　　沈葆桢可谓是台湾洋务运动的创始人。1874 年,日本进犯台湾牡丹社,沈
葆桢被任命为钦差大臣,办理台湾海防事务。他到台后,即着手增兵设防,如增
调淮军精锐武毅铭字军十三营六千五百人入台,筑建临海炮台,安放西洋巨炮
等。他认识到日本对台湾的威胁很大,因此积极聘请西人用外国之法训练中国
军队,以防患于未然。他聘博郎来台组织和训练陆军,以改善台军之战斗力;聘

①　中国史学会《中法战争》,上海人民出版社,1957 年,第 529 页。
②　李侃　李时岳　李德征　杨策　龚书铎《中国近代史》,中华书局,1994 年,第 178—180 页。
③　《总理各国事务衙门奕䜣等议奏丁日昌等筹议台湾事宜请旨遵行折》,《台湾文献史料丛刊》第
　　278 种《清季台湾洋务史料》,台湾大通书局印行,出版时间不详,第 19 页。
④　《总理各国事务衙门奕䜣等议奏丁日昌等筹议台湾事宜请旨遵行折》,《台湾文献史料丛刊》第
　　278 种《清季台湾洋务史料》,台湾大通书局印行,出版时间不详,第 18 页。

请歌嘉驾驶轮船"凌风"号开往澎湖,请其教育和训练台湾水军;聘请都步阿在台湾训练台湾陆军的洋枪队,使其成为台军的一支劲旅。[1]

他从"台洋之险甲诸海疆,欲消息常通,断不可无电线"的认识出发,奏请架设陆上及海底电线,以便台湾府与台湾南部、台湾与大陆之间的讯息迅速传达。为此他建议先从福州陆路架设一条电线到厦门,再由厦门埋设海底电缆直通台湾。[2] 然而,他不久便由福州船政局调任两江总督,其建议也就成了一纸空文。

沈葆桢还积极筹划开采台湾的矿藏。1868 年他派船政局的煤铁监工法国人都蓬到台湾去调查基隆煤矿,了解煤矿的储藏和开采价值,后因开采尚需时日,缓不急济而罢议。19 世纪 70 年代初,英国发生了空前未有的"煤荒",煤价陡增 60%—100%,有时竟达一倍以上。[3] 因此沈葆桢决定开采基隆煤矿,以增加财政收入。他在 1875 年派英国矿师翟萨前往基隆勘探。经过勘探采样,发现基隆煤矿不但煤层厚,达 1.2 米以上,而且"成色甚佳","质坚亮且轻,能耐久烧,并少灰土",堪"与外国上等洋煤相埒","洵称好煤"。[4] 但可惜还未及开采他便调离。

不久,著名洋务派代表人物丁日昌调任福建巡抚,主持台湾的洋务运动。他从 1877 年开始,开展了一系列的洋务活动。

他继承了沈葆桢的事业,决心开采基隆的煤矿。得清廷批准,基隆煤矿 1878 年正式投产,当年产煤 1.6 万吨,次年产煤 3 万多吨,1880 年达 4.1 万多吨,1881 年 5.4 万多吨。[5] 煤矿的开采不仅增加了台湾当地的财政收入,而且也为国内提供了优质燃料。

丁日昌还准备开采台湾的油矿。1877 年,他组织开采基隆煤矿时发现了后垅油矿,原油从十余处小石窟中自然喷出,每天约百十余斤。清廷准奏勘探后,由原轮船招商局总办唐廷枢主持,聘任了两名美国技师进行钻探。但是,由于后

---

[1] 《总理各国事务衙门奕訢等议奏洋将博郎等奖励片》,《台湾文献史料丛刊》第 278 种《清季台湾洋务史料》,台湾大通书局印行,出版时间不详,第 3 页。
[2] 《总理各国事务衙门奕訢等奏请饬下沈葆桢等妥筹办理闽台电线折》,《台湾文献史料丛刊》第 278 种《清季台湾洋务史料》,台湾大通书局印行,出版时间不详,第 1 页。
[3] 《马克思恩格斯全集》第 18 卷第 117 页。
[4] 孙毓棠《中国近代工业史资料》第一辑下,科学出版社,1957 年,第 587 页。
[5] 孙毓棠《中国近代工业史资料》第一辑下,科学出版社,1957 年,第 591 页。

坨地方地质结构复杂,当钻探到 394 英尺深时,出现了泥土崩塌,钻探机又断在了井里,一时难以修复,加上当时"疾病流行","钻探队全都染上了病";①而且,后坨地方交通不便,河床太浅,不能通行和停泊船只,开采出来的原油无法运至海边,更何况当时中国还没有炼油厂,即使开采出来原油也不能提炼。于是,折腾了一个多月的后坨油田的钻探工作就此结束,中国试办的油田终于夭折。

丁日昌继承沈葆桢的想法,希望完成电线的铺设。1877 年,他将丹麦大东公司拟在福州至厦门间架设的电线移到了台湾,架设了一条从台湾府城台南至安平和旗后的电报线,全长 95 里,后便由于经费不足而停顿。②

丁日昌极力想在台湾筹建铁路。他在 1877 年年初陈述洋务运动的奏折中,罗列了修建铁路的十大好处。获清廷批准后,他将从上海外商手中赎回而拆毁的沪淞铁路器材运到台湾,准备在台湾铺设。然而不久,却因病离职,他的这"一切措施也都停顿了,他的继承人并没有继承他的衣钵"。③

继承丁日昌事业的是台湾巡抚刘铭传。这时一则台湾已设立行省,较原先归属福建具有了更大的行政权力,巡抚可以充分利用这些行政权力开展洋务运动;同时刘铭传又是当时洋务派中的激进分子,对于举办洋务极其热心。早在 1880 年,他就上奏清廷以北京为中心修建四条铁路,他是近代中国主张大规模修建铁路的第一人。他还主张"变西法,罢科举,火六部例案,速开西校,译西书以励人才"。④ 他的这些思想主张与后来以康梁为代表的改良派的思想主张已很接近。所以,他一到台湾就立即兴起了一股革新运动,将台湾的洋务运动推向了高潮。在他抚台的短短 6 年中,仅工矿企事业就兴办了十几项,为台湾的近代化,"树立了规模,奠定了基础"⑤。

刘铭传在台湾主办的洋务项目主要有以下数端:

1. 创设台湾机器局。这是刘铭传为加强台湾防务而兴办的一家军事工厂。原来台湾的防军共有后膛枪 1 万余枝,可是没有自己的弹药工厂,一旦这些后膛洋枪所配备的子弹用完,就将"子尽则枪废弃",须重新购买新的洋枪,这不但在

---

① 《捷报》第 21 卷,第 519 页,1878 年 11 月 28 日。
② 《捷报》第 21 卷,第 549 页,1878 年 12 月 5 日。
③ 《台湾文献史料丛刊》第 27 种《刘壮肃公奏议》卷上,台湾大通书局印行,出版时间不详,第 18 页。
④ 郭廷以《甲午战前的台湾经营》(中),《大陆杂志》第 5 卷,第 18 页。
⑤ 连横《台湾通史》下,商务印书馆,2010 年,第 445 页。

财政开支上很不经济,而且容易贻误军机,所以刘铭传就任台湾巡抚后首先就兴办了这家军事工厂。至1886年春,已建成"正侧各屋"厂房117间,军械所73间,并继续建造制造各种炮弹的"大机器厂、汽炉房、打铁房"等,基本满足了驻台清军对各种新式枪炮弹药的需求。

2. 兴建淡水大稻埕商埠。这是为发展台湾商务,扼制外国侵略而兴建的近代化商业都会。早在1858年签订的《天津条约》中规定开放台湾(台湾府治台南)和淡水,至于淡水是指淡水厅治还是淡水河,由于参与签订条约的清朝官员昏馈无能,不谙外交事务,未作具体说明。虽然一般人都理解为淡水厅治,可西方列强为了扩大其侵略权益,竟曲解为包括艋舺、大稻埕在内的整个淡水河流域。刘铭传为了维护国家主权,抵制西方列强的扩大侵略,同时也为了发展正当的对外贸易,便利用大稻埕"濒河而居,可通航行"的交通条件,作为商埠,他与台北知府陈星聚一起动员富商林维源、李春生出资,建造千秋、建昌二街,作为交易市场,又邀江、浙商人集资白银5万两,建造石坊、西门、新起各街道,作为商贾民居,并修建马路行马车,掘井汲水作自来水,将大稻埕建成具有近代化的新兴商业城市,吸引了大批外商。

3. 创办轮船公司和邮政。自台湾开放以后,外国轮船便接踵而至,其中特别是英商德忌利士洋行,开辟了台湾与大陆、香港的定期航班,垄断了台湾的轮船航运业。"客货繁忙,获利至厚。"[1]其间清朝虽然也派了几艘轮船参与台湾的航运,但无法与外商轮船竞争。刘铭传为了打破外商对台湾航运业的垄断,于1885年创办了轮船公司,奏请清廷调拨了飞捷等3艘轮船,以后又购买了8艘,并短期租用了1艘,来往于台湾各港及上海、厦门、香港和东南亚各港口之间,从而使台湾的轮船航运业获得了迅速发展。1888年,刘铭传还在台湾创办了邮政总局,在全台各地遍设邮站,"以绿营兵勇为站兵,从事公文私信的递送",[2]并与上海、福州、厦门等地的海关邮政部门取得联络,由南通、飞捷两艘邮轮定期来往,平均每月出入的邮件达一万三四千件,且单独发行邮票,比清廷邮政总局的正式开办还早9年。

---

① 周宪文《台湾经济史》,台北开明书局,1930年,第314页。
② 周宪文《台湾经济史》,台北开明书局,1930年,第301页。

4. 修建台湾铁路。丁日昌在台湾修建铁路的抱负没有实现,刘铭传则付诸了实施。1887 年,他奏准清廷,在台湾设立铁路总局,计划筹资 100 万两,修建一条纵贯台湾南北的铁路,旋因商贾观望不前,只募得 30 万两,只得改为官办。先建台北至基隆段,1888 年又开始从台北向南修建,至 1893 年已至新竹,全长92.5 公里,为当时台湾最大的工程之一。可惜的是后因经费匮乏而停工。

5. 兴建基隆港。基隆虽然是天然良港,由于长期淤塞,已不宜轮船停舶,为了振兴工商,发展对外贸易,刘铭传于 1887 年决定疏浚基隆港,以林维源为总办,测量港道,填平海岸,建造车站和码头,并建筑市廛,连接车站,工程十分浩大,直到刘铭传去职时,尚未竣工。刘铭传本来还要建造安平港,可惜未及开工,因病去职而工程遂告停顿。

此外,刘铭传还继续完成了台湾电报线的架设,将陆线自台南一直架设到台北、基隆和沪尾,贯通台湾南北,同时又铺设了安平至澎湖、沪尾至福州的海底电缆,水陆两线全长 700 公里。他还开办了电报学堂和中西学堂,培养电报、机器制造、煤矿、铁路等洋务人才。1887 年,刘铭传又在台北开办了电厂、安装了电灯,"凡巡抚、布政各署、机器局及大街点之"。[①] 1888 年,他又开办了伐木局,用机器锯木,并于各港湾建造了灯塔等等。同时,他还积极筹办台湾石油、机器制茶厂、机器制砖厂等等,但因种种原因尚未成功即已去职。

三、对台湾洋务运动的评价

19 世纪七、八十年代,台湾洋务运动取得了一定进展,并带动了整个台湾经济的全面发展,将台湾经济推向了近代化的进程。但台湾的洋务运动有其自身的局限性,和大陆各省一样,都是由地方长官倡导创办起来的,然而大陆洋务运动在进入七、八十年代以后,已从 60 年代的官办形式,进入以官督商办和官商合办为主的形式,而台湾的洋务运动则仍然以官办形式为主,只有少数几个企业是官督商办和官商合办的形式。这导致台湾洋务运动的发展水平与大陆相比不是太高。

造成这一结果的原因有二。

---

① 连横《台湾通史》下,商务印书馆,2010 年,第 445 页。

一是由于台湾是一个经济落后的后开发区，"土地初辟，横绝大海，往来多险，仕宦惮之"，①内地官员除非不得已者，都不愿到台湾任职，即使去了也不愿在台湾久任久居。清廷在康熙三十年（1691年）规定："台湾各官自道员以下，教职以上"，一律"三年俸满即升"，内调大陆。雍正七年（1729年）又进一步规定台湾各级官员任满二年半即内调，而且规定都不准携带眷属，只有年逾40而无子嗣的人才能携带眷属。因此，台湾地方的封建地主势力较小，资金积累也少。即使有些大陆人士在台有所积蓄，也都只想满载而归，不愿在台湾经营。

二是台湾对外开放较迟，直到19世纪六十年代初期，才根据《天津条约》的规定，相继开放了台南、淡水、打狗、基隆四个通商口岸，外国资本主义经济势力才真正地进入台湾，这就比大陆迟了20年。而且当时台湾人口稀少，市场不大。外国资本主义侵入台湾的目的主要是为了掠夺台湾的土产资源茶、糖、樟脑、煤炭等，所以当年台湾的对外贸易，出口远远大于进口。当年参与台湾贸易的也只有21家外国洋行，外国资本主义在台湾的经济势力，远不如在大陆那么大，所以西方国家除英、德两国以外，也都没有在台湾设立领事馆。

由于对外开放迟，外国在台湾的经济势力比较小，这就导致了台湾作为中外贸易的中间媒介的买办商人发展不很成熟，人数少，力量小，资金的原始积累也较小。

大陆洋务运动中官督商办和官商合办的商股投资者主要是官僚地主和买办商人，而台湾当时的封建地主和买办商人的资金积累都不大，而且即使有了一定的积累，由于台湾形势险要，投资的风险较大，这必然要影响到他们的投资意向。而且，这时大陆官督商办、官商合办和商办企业也都发展起来了，吸收了一部分台资，分散了台湾富商的投资方向，如长期经营台糖出口的陈福谦，"凡中国新式公司，皆认巨股"。②李鸿章当年创办上海机器织布局时，就吸收了不少台商资金，并专门以台湾药局王尔聘的台字号册作为向台商招收股金和代发存根的代理机构。③至于大陆的富商和官僚地主，由于台湾投资的风险较大，就更少向台湾投资了。这一切都严重地影响了台湾官督商办和官商合办企业的招股工

---

① 连横《台湾通史》上，商务印书馆，2010年，第102页。
② 连横《台湾通史》下，商务印书馆，2010年，第707页。
③ 1880年7月22日《申报》。

作。所以台湾洋务运动的企业大都以官办形式为主。

　　而且,由于台湾海防形势的地域原因,清廷也不希望在台湾发展官督商办和官商办合办企业,担心华商与外商合谋或外商冒充华商有碍台湾的防务和安全。1890年,刘铭传因基隆煤矿在中法战争中破坏严重,恢复困难,呈请官商合办,就遭到清廷的严厉申斥,说"显有冒充影射情事","更于海防大有关系",①而不得不仍改为官办。

　　然而就以官办的形式来说,当时清朝财政面临崩溃,一系列的战争赔款和军费开支已经压得它透不过气来,经常靠举借外债以渡难关,哪有更多的款项用来兴办洋务企业,有许多洋务项目即因经费困难而被迫取消,有的工程进行到一半即因资金不足而被迫停工。1877年丁日昌在台湾架设的电报线和后来刘铭传建造的台湾铁路都是由于经费不足而被迫停工的。虽然在刘铭传任台湾巡抚时,对台湾的赋税厘金进行了全面整顿,使台湾的财政收入从原来的90多万两增加到440多万两,②最高时达450万两,为台湾洋务运动提供了相当的资金,使台湾洋务运动较为顺利地发展到高潮,但官办不是近代企业发展的主要方向,最终限制了洋务运动的进一步发展。

　　而且,官办形式容易将官府衙门中的腐败风气带到企业中,造成企业的衙门化和官僚化,造成企业经营管理上的混乱与腐败。当然,由于刘铭传等人的厉精图治,台湾洋务运动中的官办企业,一般说来要比大陆的官办企业要好一些,但腐败现象也在所难免,基隆煤矿即是突出的一例,不仅行政管理上十分混乱,贪污盗窃也十分严重。

　　本来在基隆煤矿开办之时,福州船政大臣和福建巡抚任命广东题奏道叶文澜为基隆煤矿的督办。可此人亦官亦商,在厦门有着很大的生意,不能长期驻台视事,便委派一名代办赴台视事,可该代办见督办不去,自己也不去,同样也委派一名代办,代理代办见代办不去,自己也走开了,使得基隆煤矿"长期没有个负责人"。③ 而且该矿每个高级经理人员都可以派一名私人代表到矿任职,造成矿厂充满冗员,开支大增,而无人管事。于是各级经管人员上下其手,贪污盗窃,给

　　① 《台湾文献史料丛刊》第193种《清德宗实录》,台湾大通书局印行,出版时间不详,第8页。
　　② 周宪文《台湾经济史》,台北开明书局,1930年,第365页。
　　③ 孙毓棠《中国近代工业史资料》第一辑下,科学出版社,1957年,第589页。

矿厂造成严重的亏损。1882 年 1 月,从矿厂运往基隆的煤,两次即亏损 8480 石,一次发运 19850 石,而基隆港只收到 16550 石,一次发运 9010 石,基隆港只收到 3430 石,"一转移间一月之内,耗至八千余石之多"。① 刘铭传也曾指出:"基隆煤矿创由官办,积习太深"。②

　　自然,我们不能因为台湾洋务运动存在有这样或那样的局限,就否定了台湾的洋务运动。我们认为,台湾洋务运动仍然具有重大的历史意义,它将台湾从经济落后的后开发地区,推向了近代的新时期,只是由于清朝腐败无能和甲午战争的失败,使得丁日昌、刘铭传等人花费了多年心血而兴办起来的台湾企业,1895年以后变成了日本帝国主义的战利品。

　　　　　　　　　　　　（作者为洛阳师范学院河洛文化研究中心教授）

---

① 刘敖《遵批整顿煤务察》,摘自《巡台退思录》,《近代中国史料丛刊》续编第 85 辑,台湾文海出版社,1981 年,第 25 页。
② 《台湾文献史料丛刊》第 27 种《刘壮肃公奏议》卷 8,台湾大通书局印行,出版时间不详,第 29 页。

台湾文化对河洛文化的继承和发展

黄　莹

　　河洛文化是华夏文明的重要源头之一。河洛文化形成于先秦时期,成熟于两汉魏晋南北朝时期,鼎盛于唐、宋时期,作为一种汉民族的核心文化以其巨大的辐射力,影响全国。由于历史战乱的原因,秦汉以后,中原汉人逐渐南下,其中的河南籍占大多数;从西晋开始,中原汉人开始大规模的南迁到福建等地;直至两宋,因北方战乱等原因而不断迁徙入闽的中原汉族移民,逐渐成为当地社会的人口主体。在长达8个世纪的中原移民持续迁徙过程中,闽南地区不断贮存和传承着河洛文化。明末清初,大陆出现了三次向台湾移民的高潮,人员大多数来自闽粤沿海,尤以泉州、漳州为最,他们又叫"闽南人",而这些闽南人十有八九是河南迁去的河洛人的后裔,所以也称"河洛郎"。闽南人移民台湾,又把河洛文化带到台湾,使河洛文化得到更广泛地传播。因此我们说:客家人、闽南人、台湾人根在河洛;客家文化、闽南文化、台湾文化源于河洛文化。

　　台湾文化对河洛文化的继承,较多地体现在雅文化上,其核心、精髓和根柢,还是河洛文化,如重教尚礼、祖述炎黄、姓氏文化等。同时,台湾文化吸收了很多的地方因素而有所发展,保留了较多的闽越遗风,在海洋文化、民间信仰、饮食文化等方面有着鲜明的特色。闽南和台湾不仅受到河洛文化的影响,在当地自然环境等因素的影响下,也受到海洋文化的影响,文化内涵更趋丰富,形成了独具特色的文化形态。

一、对河洛文化的继承

　　历史上大批中原汉人的南迁,在中国南方形成了一个特殊群体——客家。寓居于赣南、闽西、岭南的客家人从河洛地区带来了先进的农业、手工业技术和悠久而深厚的文化传统,如伦理、教育、礼仪、宗亲、语言等等,历千载而至今沿袭如初。唐代陈元光、王审知等大批固始人入闽,其后裔又四散迁居闽、台、粤各地,这不仅促进了这些地区人口的繁盛,社会的快速发展,而且直接推动了河洛文化在这些地区的传播和发展,对这些地区人文环境的构建、人文素质的提升、民族精神的培育和社会文明程度的提高,都产生了巨大而深远的影响。明末清初闽、粤沿海一带的移民大量迁徙到台湾,移民中之大部分是祖籍河洛地区南迁的客家人。由此可见,台湾文化如同闽南文化一样,均根系于中原,导源于河洛。时至今日,众多的闽台人心系中原,正是因为血缘同脉,宗亲同里,文化同源。①河洛文化中的许多核心特征,如重教尚礼、祖述炎黄、姓氏文化等方面,在闽台地区得到了继承。

（一）重教尚礼

河洛地区是中华民族古老的生息繁衍之地。远古时期的炎帝、黄帝在河洛地区创建了早期的华夏文明;先秦时期的老子、庄子、墨子、商鞅、韩非、苏秦等河洛人士著书讲学,形成了"百家争鸣"的局面;此后,河洛地区又成为汉代经学、魏晋玄学、隋唐佛学、宋明理学的发源地。渊源久远、博大精深的河洛文化,作为一种源文化、母文化,对客家文化、闽南文化和台湾文化留下了深刻的印记。

儒家文化的内涵是极为丰富的,仁、义、礼、智是其基本内容,而"耕读传家"、"重教尚礼"则是在教育方面的具体表现。儒家学派重视教育在社会发展中的作用,认为教育与经济政治密切相关。"庶—富—教"是孔子提出的治政大纲,通过良好的教育教化民众,形成美俗良风,才能取信于民。孔子曾说"行有余力,则以学文"。德的外在表现则是"礼"、"仁",这也是儒家思想的核心。重教尚礼的传统在中华传统文化中得到了很好的继承,河洛文化历来也倡导"耕读为本"、"诗礼传家",其核心和灵魂是正统的儒家文化。宋代二程开创的"洛学",其思想核心就是高扬孔孟儒学的精神,强调道德原则对个人和社会的意义,注重内心生活和精神修养。二程一生培养了大量弟子,遍及当时的中原、吴越、闽赣各地,"洛学"以后与朱熹的"闽学"结合起来,成为中国封建社会后期官

---

① 安国楼《河洛文化及其与台岛文化的渊源关系》,《华北水利水电学院学报》(社会科学版)》2012年第 2 期。

方哲学中的正统,程朱理学成为了官方统治思想,重教尚礼成为整个宋明理学一以贯之的精神线索和灵魂。由于统治者的提倡和推崇,朱熹学说在全国极为盛行,在明、清两朝作为主流思想占统治地位达数百年之久。台湾地区深受中原移民的儒家传统的教化,如康熙统一后的台湾,仅"十余年间,声教大通,人文骎骎蔚起,即深山邃谷文身黑齿之番,皆知向风慕学"。高拱乾《台湾赋》中也提到:"人无老幼兮,衣帛食肉;惟占籍而半为闽人兮,故敦厚亦渐而成俗。"

　　闽南地区深受河洛文化传统的影响,尊儒重道之风颇盛。如深圳龙岗罗氏鹤湖新居堂联写道:"愚孝友恭启迪后人昭世德,诗书礼乐缵承先诸振家声。"广东省蕉岭县淡定村培远堂(丘逢甲故居)楹联曰:"西枕庐峰东朝玉笔山水本多情耕读渔樵俱适意,南腾天马北渡仙桥林泉皆胜境同藏出处尽随心。"台湾文化也继承了河洛文化中的重教尚礼传统。台湾的客家人总是将自己看做中原贵族后代,坚守自己的传统和文化。在明清时期的移民迁徙中,随着大陆士子文人的不断汇集和本土教育的大力发展,以系统化的儒家思想为核心的中华传统文化在台湾渐成体系,提高了台湾民众的文明水准。同时也形成了崇文重教、尊崇礼教的重要的文化传统。

　　(二)祖述炎黄

　　炎帝和黄帝是中华民族的人文始祖,中国人往往也自称为"炎黄子孙"。根据古史记载,河洛地区是炎帝和黄帝所代表的部落集团活动的区域,以后就形成了华夏各族。黄帝的后裔颛顼、帝喾以及尧、舜等作为部族首领,在河洛地区形成了许多邦国,孕育、衍生出众多的姓氏家族,包括了后代主要中华姓氏的百分之九十以上。所以后世人们在追溯自己的祖先时,往往祖述炎黄。福建、台湾各家族孜孜而求于家族的血缘渊源,标榜各自的郡望、堂号,体现了闽台人民对于中原炎黄文化的追寻。因为尽管各家族的血缘可能混杂着中华众多民族的血液,但他们都认同于炎帝、黄帝。这种对中华民族始祖炎黄二帝的共同认同,正是闽台家族文化的精神实质之一。《国语·晋语》记载:"黄帝以姬水成,炎帝以姜水成。成而异德,故黄帝为姬,炎帝为姜。"闽台地区的柯蔡二姓有联宗习俗,据称柯氏为周太王古公次子仲雍之后,蔡氏为周太王少子季历之后,均出自姬周,相互认同。姬姓即为黄帝的后代。认同于姬周氏为祖先的闽台姓氏,当不下一百种。还有闽台的烈山五姓联宗,即许、纪、吕、高、卢五姓联宗,同出于周代的姜太公,姜太公即为炎帝的后代。因此,我们从闽、台两地的家族组织及其活动中,既有一姓一族的活动,还有数姓、数族甚至数十姓的联宗活动,这种数姓及数十姓的联宗活动,便是以这些姓氏同出一源为依据的,提起自己的祖先时,都祖述炎黄。

台湾人自称是炎黄子孙,每年都有很多人组团来大陆祭祀炎帝陵和黄帝陵。在郑成功收复台湾之前台湾人早已祭祀炎帝,据说现台湾的炎帝庙就有 130 多座。虽然数千年来中国的姓氏血缘变迁不定,数百年来闽台的宗族社会亦时有动荡,但闽台两地的家族溯源,始终确信自己是炎黄的子孙,这正如台湾潘氏宗亲会在举行敬祖恳亲大会上恭颂的敬祖文所说:"惟我潘氏,轩辕之裔,受封之日,玄帝是启,建国高阳,继都帝丘,大弘疆字,历传千秋……协和万邦,彝伦攸序,穆穆在天,至德无私,育我蒸民,子孙由之。商出简秋,周启姜娠,万姓一家,中华之源。种族一体,人类之先,无中无外,一气浑然。念兹祖德,和睦无间,本为同体,何事烽烟!"近年来,台湾各界成立了"中华宗亲谱系学会",电视台曾采访台湾诸大姓的代表人物,大家的共同认识是:"各姓始祖均为炎黄子孙"。大家的共同愿望是:"回大陆拜祭共祖——黄帝陵","各姓宗亲会,各族代表共同祭共祖黄帝。"①台湾亲民党主席宋楚瑜大陆之行的第一站就选择到黄帝陵祭拜,共行 13 个鞠躬大礼,他激动地说:"我们不必去验 DNA,就晓得在台湾,不分河洛人、客家人和外省人,我们的文化、血缘都是本于同一血脉。"②台湾人把炎帝称为"五谷之王——神农大帝",庙中炎帝神农的形象全部为赤足,身披树叶,手持一串稻穗。台湾地区的神农大帝肩腹披树叶编织的衣物的形象,与洛阳龙门三皇洞中的石刻像非常相似,这也从侧面印证了台湾文化受到了河洛文化的影响。③ 民众自觉地对始祖炎帝进行祭祀,纪念他首创农业的伟大功绩。这种认同炎黄为始祖,主张"根在华夏、情系故土"的精神理念,成为许多台湾人的共识。台湾文化对炎黄二祖的认同感和追寻意识,正是中华民族数千年来历经磨难而坚贞不屈的祖源同根的精神所在,已经成为一种溶化于大陆和台湾人民血

① 杨国桢 陈支平《闽台家族对炎黄文化的追寻》,《中华文化与地域文化研究——福建省炎黄文化研究会 20 年论文选集(第四卷)》,2011 年版。
② 张道晔《跨越国界的"寻根"之旅》,《对外大传播》2005 年第 5 期,第 49—51 页。
③ 萧河《闽台信仰、民俗与河洛——河洛文化与台湾文化(四)》,《中州统战》1999 年第 2 期。

缘之中的民族文化精神。

（三）姓氏文化

河洛地区是华夏先民的主要发源地之一，也是中国姓氏的重要发源地。河南是中国姓氏发源地最多的省份之一。据专家考证，当今中国常见的 100 个大姓中，有 70 多个姓发源于或有一支发源于河南。台湾的姓氏是中华姓氏的一部分，这些姓氏均起源于祖国大陆。在许多台湾汉族人的族谱中，都可以看到这种记载。台湾俗语"陈林半天下，黄郑排满街"，而福建则有"陈林满天下，黄郑排满山"之誉。另外也有"陈林李许蔡，天下占一半"之说。根据学者们考证，陈、林、黄、郑等姓氏的根源都在河洛地区，这已是不可争的事实。台湾前八大姓中，其中陈、林、黄、郑等姓氏的根源均可推至河洛地区——陈姓源于河南淮阳；林姓源于河南卫辉；黄姓源于河南潢川；郑姓源于河南新郑；张姓、吴姓出自河南濮阳；李姓出自河南鹿邑；王姓出自河南卫辉、洛阳；蔡姓出自河南上蔡、新蔡。1988 年，台湾出版了《台湾族谱目录》，收录 200 多姓和万余谱牒，究其家族开基祖，大部分来自中原河洛。"台湾省文献委员会"主任林衡道声称，台湾共有 1694 个姓氏，户数在 500 户以上的 100 种姓氏，据族谱材料记载，其中有 63 姓的祖先是来自河南光州固始的河洛人。[①] 还有许多台湾居民的家谱上都有根在河洛的记载。中原河洛是华夏民族的发祥地，生长在台湾和海外的每一个炎黄子孙可以说与河洛文化有着深厚的血缘、地缘、史缘上的联系。

台湾许多姓氏都有自己的家谱，并且成立了自己的宗亲会，这与河洛文化中重视亲情、重视血缘关系、重视同宗同族的民族凝聚力意识完全相同。作为中华古文化源流之一的河洛文化，对港澳台同胞、海外侨胞有着强大的吸引力和凝聚力。河洛地区还是客家人的重要祖居地。近年来，河南举办了郑氏、刘氏、张氏、林氏等姓氏文化节以及世界姓氏联谊大会等十余次，许多台湾同胞怀着激动的心情回乡拜祖。河南省的学者专家们，还对起源于河南的 70 多个姓氏进行专门研究，对每一个姓氏单独汇编成册。这些基础性研究工作，使寻根文化有了可依托的载体。[②] 许多港澳台同胞、海外侨胞回到家乡寻根，加深了对祖国及同宗、

---

① 萧河《闽台姓氏与河洛——河洛文化与台湾文化（三）》，《中州统战》1999 年第 1 期。
② 叶晓楠　邓清《河洛文化的凝聚力》，《人民日报》（海外版）2005 年 5 月 23 日。

同祖、同文、同缘的认可。

二、地域文化的发展

自然资源的优劣直接影响着生产力发展水平的高低和文化生成的早晚。地理环境通过对生产力的影响而对社会发展产生推动或延缓作用,而且它对社会文化的许多特质也有重要影响。如早期长江流域的先民为巢居或半巢居,而河洛地区先民出现的是半穴居。丹纳曾在《艺术哲学》一书中指出:"一个民族永远留着文化乡土的痕迹。"中国古人也说"居楚而楚,居越而越,居夏而夏"(《荀子·儒效》),民族的发展在很多方面受到自然环境的影响,例如经济方式、区域政治、民族性格、地域文化等。原居内地的中原民众来到台湾后,其自然环境有了很大的变化,善农耕的汉民与原熟悉海洋环境的当地人的融合,使他们有了征服海洋的技能和智慧,形成了新的地域文化——台湾文化。

(一)海洋文化

河洛地区是中国最早产生农耕经济生产方式的地区之一,河洛文化本质上是一种农耕文化。同时也形成了浓厚的大陆地区农耕文化特征——淳朴民风、安土重迁、顾家恋乡、安贫乐道、求安稳等保守观念。但海洋地区的民族却具有截然不同的文化特色。梁启超在《地理与文明之关系》中说:"海也者,能发人进取之雄心者也。陆居者以怀土之故,而种种之系累生焉。试一观海,忽觉超然万累之表,而行为思想,皆得无限自由。彼航海者,其所求固在利也。然求之之始,却不可不先置利害于度外,以性命财产为孤注,冒万险而一掷之。故久于海上者,能使其精神日以勇猛,日以高尚。此古来濒海之民,所以比于陆居者活气较胜,进取较锐。"自唐五代以后在福建沿海的对外贸易,在闽地港口持续地进行,使闽南人在一千多年的时间内,融黄色农耕文明与蓝色海洋文明于一体,从而凸显了自己独特的地域文化特色。① 闽南人的一部分逐渐迁徙到台湾,也使得台湾文化具有海洋文化的精神气质。

明清时期私人海上贸易的兴起,一开始就带有违法走私的性质,亦商亦盗的特点十分明显。再加上明清时期福建沿海人多地少,农耕不足以养家糊口的困

---

① 徐晓望《闽南史研究·前言》,海风出版社,2004年版。

窘,许多闽南人不得不挈妻携子移居于台湾以及海外,谋求开拓发展。早在明初,闽南人便已较多出国定居。郑和下西洋时,闽南人有不少人随其出国而居留不回。到了明代中后期,随着私人海上贸易的发展,闽南人移居东南亚的人数日益增多。到了清代,闽南人移居海外已成为民间谋生的一种习惯。① 闽南人大量移至新居住地后,也将他们的这种特性带到其播迁的地区。② 在闽南族群身上,那种"爱拼才会赢"的精神,正是其族群性格的体现,开拓进取、敢于冒险犯难,使他们具有开拓新局面的勇气,而且一旦到达新的播迁地,他们便把故乡的生活习惯、民间信仰、思维方式与语言一并带去,在新播迁地克隆一个自己熟悉的生活环境,作长期定居的打算。③

进入台湾等地的闽南客家人大部分是在明清时期渡海到台湾拓荒的。他们披荆斩棘,凿井辟田,终于把一片蛮荒之地化为海上乐园。大海的波涛也造就了台湾人,形成海洋文化特色,具有向外开拓、冒险进取的精神。海上航行,波涛汹涌,气候瞬息万变,条件十分艰难。只有勇敢地把握方向,排除随时可能发生的艰难险阻,才有可能到达胜利的彼岸;只有与风浪奋力搏击,才会有收获的成功和喜悦。台湾文化中的开拓拼搏精神正是台湾人在生活实践中产生的。

(二)民间信仰

明清以来,随着大量闽粤居民迁徙台湾,把民间信仰也带到了台湾。台湾的民间信仰,虽深受河洛文化的影响,经过几百年的发展,也逐渐有了自己的特色,形成了当今台湾民间信仰多元一体的基本格局。

闽、客移民渡海来台时,大多迎请海神、故乡地方神祇,分灵事奉。由于移民渡海需面对莫测的海象变化,到台垦殖后,因水土不服,瘟疫四起,又须与台湾原住民及不同的垦殖团体,争夺土地、水源、商业利益等等,迎奉原乡而来的神祇,成为移民的精神认同,并逐步发展为无所不能的地方守护神。台湾民间庙宇众多而且香火旺盛,所崇拜的神祇种类繁多而且以人物崇拜居多。据统计,台湾民间信仰有近 300 种神祇,其中前 20 位神祇的寺庙占了总数的 83% 以上。妈祖、保生大帝、清水祖师、开漳圣王、广泽尊王、开台圣王等神祇的位置明显靠前。台

---

① 庄国土《闽南人文精神特点特点初探》,《东南学术》1999 年第 6 期,第 50—55 页。
② 石奕龙《闽南文化、闽南人文化、下南人文化的辨识》,《东南学术》2011 年第 4 期。
③ 汤漳平　许晶《闽南人与客家人》,《寻根》2009 年第 6 期,第 131—137 页。

湾地区的民间信仰,传播最广、影响最大的莫过于妈祖信仰了。早在郑成功收复台湾之时,泉州人就在台湾建立了台南天妃宫,后来又在鹿港建立鹿港天妃宫。施琅收复台湾,完成祖国统一大业后,曾向康熙奏报,认为"泉州神女天妃显灵,协助平台有功"。翌年,泉州的"天妃"升格为"天后",施琅就在台南建造大天后宫。其后,又在台中、嘉义、淡水、彰化等地,建造了从泉州天后宫分灵出去的天后宫多座。因为台湾是个海岛,妈祖又是海上救苦救难的"女神",所以有妈祖庙800多座,信众1100万以上。

台湾民间神祇大多被赋予海洋文化的特色,神通广大,能救助海难。一般来说,神近乎人,其神力是有限的,每个神祇的职能都有比较清楚的界限。但在台湾,不少从大陆搬迁过来的神祇都被赋予了海上救苦救难等方面的职能,这与台湾地区四面环海的自然地理环境有着天然的关系。险恶的台湾海峡因为受季风影响,海水流速强,漩涡大,海面环境恶劣,一向有"黑水沟"的称号。往来船舶一旦陷入漩涡,不是触礁沉没就是随波漂流,不知去向。即使是侥幸登到岛上,大多数人也因为不适应那里的水土而生病致死。为了摆脱各种恐惧不安,渡海的移民只能祈求和依靠神明的保佑,因此迫切需要能平息海难、驯服波涛、治病救人的海神的保佑,因而台湾人的民间信仰神明大多都被赋予了"入海能搏浪救生,进山能扶伤治病"的职能。很多原本从中原河洛地区传来的神明,也在台湾地区海洋性特点的基础上,有了新的职能。例如关公原本为军神(或兵神、武神、财神),传入闽粤等地后变成了无所不能、无所不管的保护神,奉祀到台湾后也同样神通灵验,在台湾为数众多的神明中处于靠前的位置,受到广大民众的奉祀。又如城隍,本不是海神,可是在沿海一些地方,人们出海前都向城隍祈求平安。又如海上保护神妈祖在台湾民间信仰中的地位及影响更是远远超过了妈祖的故乡福建。这些都是移民为了适应新的环境所做的权益性调整。①

(三)饮食文化

"饮食"看似简单,但它蕴藏着十分丰富的文化内涵。曾有人说过,"中国的文明史,很大部分体现在饮食文化当中"。闽台饮食文化是中华饮食文化多元一体结构中独特的一元,既带有根源于中原的河洛文化的深刻烙印,也体现了本

---

① 唐金培《台湾民间信仰的区域特色与河洛渊源》,《寻根》2012年第2期。

地海洋文化的特征。

　　台湾饮食文化以福建闽南饮食文化为主,但又结合了中国大陆各地的饮食特点,形成丰富多彩的饮食文化。梁实秋先生曾说:"台湾地区之饮食本属闽南系列,善治海鲜,每多羹汤",这也许是因为台湾的先民大多是从福建的漳州和泉州移民而来。因此我们很容易在台湾早期的饮食文化中看到闽南的地方风味。① 由于海产的丰富,台湾人最喜吃的是海鲜。

　　闽台两地的自然地理条件类似。福建地处大陆东南,面临东海和台湾海峡,气候温暖湿润,四时瓜果不绝,有条件种植双季水稻。而一水之隔的台湾省,同属海洋性气候,原生植被与福建相差无几,而土地则较福建肥沃,生产和生活的生态条件与福建十分相似,许多物产、用品都是从福建输入。闽台食谱广、杂和特别钟情于海鲜和野味的饮食偏好,是与依山面海的生态环境密切相关的。由于地处亚热带,高温季节长,流汗消耗体力较多,需要及时补充容易吸收的食物,因此闽台居民对汤羹和粥品特别讲究,同时偏爱清淡爽口的菜肴。种种食俗,都体现着亚热带滨海生活的特色。②

　　闽地菜肴擅长利用既有的食材尽量变化。以闽南为例,用米做成米粉、汤圆就是一个例子。较有特色的闽南菜肴有蟹肉油饭、蟹黄粥、清蒸虾、咸水虾、鱼丸、虾球等。闽南菜肴口味的特点是较清淡,不油腻,花哨也少。台湾人的饮食习惯也与此类似。人们一日三餐,或一粥二饭,或二粥一饭,同时也用糯米制成糯米糕、糯米酒、糯米面的汤圆等等。台湾本土并不产麦,只能依靠从大陆输入,故而面食在台湾并不如米食普及。酒以自酿的米酒为佳,村中也用红薯酿酒。移民也饮用大陆北方的高粱酒、绍兴的花雕酒。嫁娶之时,宴席上往往有特制的红色酒,取其吉利之意。食鱼肉、食猪肉则更为普遍。一般盛宴上以烧小猪、土产鱼翅、鸽蛋等为珍味。台湾岛水果资源丰富,又是蔗糖产地,所以蜜饯种类极多,有不少名产。槟榔可以消食去湿,据说有"辟瘴"之效,因此也颇得移民的喜爱;既可以用篓叶、石灰裹食,也可以削去槟榔枝梢的皮切丝炒肉,称为"半天笋"。台湾居民的其他日常副食也非常近似于闽南。除了故乡风味的菜肴、小

---

① 林明德《味在酸咸之外——台湾饮食文化鸟瞰》,《广西民族学院学报》2002 年第 4 期。
② 池进　童一心　陈秋萍《闽台饮食文化关系探源》,《中华文化论坛》2008 年第 3 期。

吃,移民也带来了福建一带"食补"的习俗。每逢春夏之交(半年节)、秋冬之际,总要以中药、"四神"(莲子、芡实、山药、茯苓)炖食鸡鸭或猪肚等,作"半年补"或"养冬"。

在台湾,除了能享受到传统的中华美食外,还能品尝到独步全球的各色小吃。台湾小吃很有特色,造就了台湾人生活中最具代表性的饮食文化。例如"蚵仔煎"、"炒米粉"、"万峦猪脚"、"大肠蚵仔面线"、"甜不辣"、"台南担仔面"、"棺材板"、"烧仙草"、"筒仔米糕"、"花枝羹"、"卤肉饭"等等,都是独具台湾风味的名食小吃。台湾继承了中华美食的传统,但又由于历史发展的不同路径,形成了今日丰富多彩的性格,也体现出台湾文化的开放与多元。

总之,历史上河洛地区的中原人南迁,成为福建汉族居民的主体,使得河洛文化深深植根于福建,并随着福建人的足迹传播到台湾及东南亚各地。口头、家谱世代相传的"根在河洛",成就了闽台人深厚的河洛文化情结。[①] 我们在论及台湾文化与河洛文化的关系时发现,台湾文化既有对传统河洛文化的继承;又有在新的地域环境下适应性地发展。一方面,河洛文化对闽台地区文化传播产生了重要影响。台湾的主体人群,其重教文化根、炎黄民族根、姓氏宗族根都深植于河洛文化之中;河洛文化的基因、民族的血脉在台湾根深蒂固;另一方面,台湾文化虽源于河洛文化,然而在其发展过程中,在地域环境的影响下,吸收了很多的地方因素,也融入了闽南文化等精神特质,在海洋文化、民间信仰、饮食文化等方面有着鲜明的特色,充满了活力。

(作者为湖北省社会科学院楚文化研究所助理研究员)

---

① 中国闽台缘博物馆《河洛:闽南人的原乡——新郑诸侯国青铜珍宝泉州礼巡》,《东方收藏》2010年第1期。

河洛与台岛的祭祀文化论

孙君恒　温　斌

祭祀是中华民族的传统文化之一。中国乃礼仪之邦,礼就体现在祭祀之中,并且是"吉礼"(拜天地、祭祖先、敬鬼神、朝宗庙等)。河洛和台岛地区同源同宗,都为炎黄子孙,祭祀基本模式和内涵相同,也有细节上的差别,可谓大同小异。台湾祭祀进行巡游是常见的。例如,关公巡游有声有色,走遍大街小巷,但是在河洛文化中心区域,并不多见。台湾民间习俗在诞辰、庙会祭典前夕都会举行出巡仪式,具有扫除恶煞安定人心的作用,如在夜间出巡则称为"暗访"。神明出巡时各社区庙宇、行业都会聘请艺阵游行。艺阵大多是业余性质的社团组织,由社区民众组成,在闲暇之余学习各项民俗技艺,作为休闲娱乐,如逢庙会节庆则代表地方庙宇出阵游行,借以参与公共事务。本文根据实地观察,结合信息资料,拟对河洛与台岛的黄帝、孔子、岳飞的部分祭祀内容和环节,进行一些说明。

一、祭祀黄帝

河洛地区祭祀黄帝,以黄帝故里河南新郑三月三(轩辕生日)和陕西黄陵清明节祭祀黄帝为盛。黄帝祭祀的基本程序,是通过敬献花篮、祭品、恭读祭文、乐舞告祭等项内容进行,赞美祖先的功德,展示祖国的悠久历史和灿烂的文明,祈求今天和未来的好运。近些年,新郑三月三轩辕祭奠和黄陵清明节祭祀,内容丰富,有声有色,电视媒体现场直播,得到海内外华人赞扬。

台湾沿袭大陆三月三祭祀轩辕,叫敬祖节,是一件很隆重的事。祭祀黄帝,把黄帝当成神灵来祭祀,庄严肃穆的气氛中,追思先民们创造文明、造福子孙。"中国大陆早就有祭黄帝陵的大典,台湾岛内没有黄帝陵,也没有黄帝庙,不过每年台当局皆会循例举办遥祭黄帝陵的典礼,以示不忘本。"①

　　台湾同胞更向往到河南新郑、陕西黄陵,参加地道的大陆黄帝祭祀,故每年都有代表团积极参与。两岸都是炎黄子孙,同根、同源、同脉。作为炎黄子孙来祭祀黄帝很有意义,也是弘扬中华文化的责任,需要未来一代一代的传承下去,以继承祖先遗志,奋发图强,继往开来,进一步增强民族情感和文化认同,凝聚民族力量,增强民族团结,振奋民族精神,激励爱国热情,构建和谐家园。

　　台湾同胞们多次到新郑参加黄帝祭拜大典,态度十分虔诚,前来的祭拜团体组织工作非常周到,管理有序,井井有条。他们高举团队旗帜,标明为炎黄子孙、龙的传人,并着统一标志服装,显得特别庄重。

　　台湾祭祀黄帝的祭文,也有自己的内涵和风格。他们将黄帝生活的地方当做家,祭祀黄帝故里是"回家",非常亲切,感情真挚。例如《1994年台湾中原大学祭祖团祭文》曰:"如今都头角峥嵘的回家来,回家来证明我们没有辜负祖先的期望,回家来印证祖先优秀的传承。"②再如《1990年台湾胜大庄文化艺术祭祖团祭文》,十分精炼,话语铿锵有力:

　　　　志仁谨此敬颂中国——
　　　　尊贵! 雄伟! 荣耀!
　　　　并愿全体中国人——
　　　　永沐春风! 快乐安祥! 天真无邪!
　　　　我永远以身为中国人为荣! 尚飨!③

　　再如,《1995年台湾"和平小天使"访问团祭文》,表达了天真儿童们的爱国之心,我们很愿意全文引用:

　　　　我们背负着历史的承诺及跨世纪的荣耀,在台湾一片混乱、价值观念混

---

①　陈琴富《台湾少数民族与轩辕黄帝》,《台声》2015年第8期。

②　《1994年台湾中原大学祭祖团祭文》,http://www.huangdi.gov.cn/content/2013—06/26/content_9617908.htm.

③　《1990年台湾胜大庄文化艺术祭祖团祭文》,http://www.huangdi.gov.cn/content/2013—06/26/content_9617504.htm.

湑之际,带领51位天真无邪的和平小天使来到这里,虔诚地向孕育我们炎黄子孙的轩辕黄帝灵前告祭:我们深深期盼两岸晦暗、紧张、不安定的关系,能尽速挥去,并期望籍由两岸和平小天使青少年朋友的交流,能多一些了解,少一些误解;多一份扶持,少一份责难;让我们一同放下历史不幸所造成的成见,培养下一代炎黄子孙都能礼让互助,相互尊重,一同携手同行迈向和平、共生、繁荣、希望的二十一世纪。全国小天使们诚挚地祈求、祝祷,因历史因素而分裂的中华民族能早日统一,共促发展与繁荣。"①

台湾同胞在黄帝陵种植"思源之树",很有创意,十年树木、百年树人相辅相成。2015年台湾"原住民"青年组团参加轩辕黄帝公祭大典。活动的当天,这些来自台湾"原住民"青年代表在"思源林"中种下了属于自己的小树苗,希望清明的雨水浇灌这些"思源之树"苗壮成长。能够带给这些来自宝岛台湾的"原住民"青年更多的美好回忆,让华夏文明的烙印深入他们的文化血液,让五千年的历史福音陪伴他们成长。台湾原住民代表们表达了他们的祝福,并用朗润的歌声寄托对"根"的追忆,对"源"的诉说。

这些年,每逢清明节,台北忠烈祠便举行中枢遥祭黄帝陵典礼。马英九就亲自主持过2009年四月三日遥祭黄陵大典,打破了1949年以来最高长官遥祭黄陵的纪录。过去六十年來,这种例行化的公祭黄陵仪式都是由"内政部长"主持。

台湾轩辕黄帝拜祖大典筹委会2015年4月21日(农历三月三日),于台北市中山堂举办"乙未年轩辕黄帝拜祖大典",由亲民党主席宋楚瑜担任主拜官。大典以"同根同祖同源,和平和睦和谐"为主题,参照迎神、初献礼、亚献礼、三献礼、赐福礼、送神等古礼进行,彰显中华民族博大精深的宗族礼仪;现场安排《黄帝阵》等表演,重现黄帝大战蚩尤的历史场景,传递"炎黄子孙不忘本,两岸兄弟一家亲"的信念,携手共创中华民族的美好未来。2015年拜祖大典最大的亮点是,河南新郑黄帝故里与台湾台北市中山堂广场同时同拜黄帝,两岸以现场直播

---

① 《1995年台湾"和平小天使"访问团祭文》,http://www.huangdi.gov.cn/content/2013—06/26/content_9618049.htm.

的方式,同步播出。该大典另一大亮点,更加体现互动性,少林功夫小子现身在拜祖大典外广场,他们用九条奔腾的巨龙欢迎五湖四海龙的传人"回家"拜祖,把少林元素融入黄帝文化。

台湾的轩辕教,是集哲学、科学为一体的新兴宗教,由国民党员王寒生先生创立。轩辕教奉轩辕黄帝为宗主,以"继轩辕黄帝道统,恢复中国固有宗教"、"启发中华民族魂"为目的,总部称为"黄帝神宫"。轩辕教现有 21 个宗社,教务人员 150 余人,教徒约 20 万人,遍及台湾全岛。轩辕教信仰"昊天上帝",它以"继轩辕黄帝道统,恢复中国固有宗教"、"启发中华民族魂"为目的,以中国传统道德中的"尊天法祖"为信条。该教授每年举行三次大典:元月元日祭天,三月三日黄帝圣诞,九月七日黄帝升天,皆须斋戒,行三献礼。① 轩辕教各"宗社"经常开展纪念轩辕黄帝活动,每年都要在"黄帝神宫"举行大型的祭祀轩辕黄帝活动。②

河洛和台岛黄帝的祭祀,无论是官方或者是民间,都比较重视,公祭普遍,民祭盛行,都属于最高规格的祭祀。由于台海的隔离,台岛大多数老百姓只能遥祭黄帝,他们更渴望到黄帝当年生活的大陆,亲自参加黄帝出生地、安葬地举办的祭祀黄帝轩辕的大型活动。

二、祭祀孔子

大陆祭孔,首推山东曲阜孔子故里,为中原地区典范。

台湾沿用大陆古礼,对至圣先师孔子的祭祀,历来十分重视。早期祭孔大典,分春秋两季举行,目前有的地方仍然如此。台湾祭孔仪式过程中所用的乐曲、所表演的佾舞,都是参考明朝南雍志的《文武图谱》及明朝李文藻的《类官礼乐疏》而制定的,乐器为周制宋式,所用服饰参考宋明式样用新法裁制而成。据称,这套祭孔仪式是台湾"教育部"1968 年邀"内政部"等单位,聘请相关学者组成"祭孔礼乐工作委员会"研究而得。

---

① 轩辕教,http://baike. baidu. com/link? url = gDJn5WEYt7 ＿ 565dHQV6qR0QLH—1v2WZ1i5g9lmMyUtlDPeUpxp76mgkxydviKthVnogroEawWE—9S8jMuN406a.

② 台湾轩辕教再次组团参加清明公祭黄帝典礼,ravel. cnwest. com/content/2014—03/31/content_10942190. htm.

当今,台湾以每年农历九月二十八日孔子诞辰纪念日为教师节,各地孔庙都会举行隆重的祭孔典礼。台北市孔庙保存着目前最完整的三献古礼祭典,祭奠依循 37 项古礼,历时 100 分钟,场面壮观,庄严隆重,彰显尊师重道的内涵。台湾有十二座孔庙,最大的一座是位于台北圆山的台北孔子庙。祭孔大典这天,要举行隆重而庄严的仪式,不仅学校的师生都要参加,各级的政府官员也要全部出席,以示尊师重教。

官方主办。2014 年台北市各界纪念"大成至圣先师"孔子诞辰 2564 周年释奠典礼在台北市孔庙举行,马英九亲临上香。据报道,马英九是 1949 年以来首位亲自参与祭孔的台湾领导人。台湾"中央社"报道,马英九致词表示,"国家的命脉在文化,文化的传承靠教育",今天纪念孔子,除了怀念孔子对文化民族的贡献,很重要的是发扬孔子的教育理念。孔庙大殿匾额上写着"有教无类,因材施教",不管学生的阶级、贫富、愚智,只要有上进心,都可教育,这是两千年来的优秀教育传统,让中华文化绵延不绝。

台湾祭孔形式多种多样,寓教于乐。2014 年台北民政当局制作了"论语束袋",现场发给学生,鼓励他们勤学励志。台南孔庙是台湾最早的孔庙,被誉为"全台首学",每年都举办春、秋二次祭孔典礼,其中九月二十八日的秋祭更是隆重。台南孔庙还开展了"孔庙文化节"系列活动,包括展览、讲座、雅乐表演等。

祭孔仪式结束后,还要举办"过聪门"、"拔智慧毛"等活动,这是一项最受民众喜爱的习俗,参与程度很高。男女老少一拥而上,抢拔黄牛头上的"智慧毛",经过"聪门"时再顺手摘下葱苗,象征智慧增长。这些习俗让古老的祭孔典礼变得活泼有趣。另外,有些地方在举行祭孔仪式的同时还会"顺带"帮青少年办成年礼。

民间校祭。近年来,各种校园祭孔活动也成为时尚。校园祭孔由于不需要赴公共场合"集体展示",加上活动参与性、自主性都很强,因此往往有更多现代元素,反而更受年轻人的欢迎。台《联合报》报道称,高雄师范大学 2014 年 9 月 24 日在该校孔子铜像前举办校园祭孔活动,为吸引更多学生参与,仪式不仅特别增加 QQ 版孔庙及人偶,还安排外籍学生表演相声"子曰"。除此以外,校方首度请老师编摇滚八佾舞,上演"孔子也疯狂",传统严肃祭孔变得充满青春活力,让学生们大呼过瘾。台南市私立兴国高中 2014 年的校园祭孔中,校长亲自给每个学生右手虎口处"点朱砂、开智慧",祝福学生未来在考试中考出好成绩,颇受学生欢迎。

2014年嘉义市孔子2564周年祭拜大典也很有独特风格。在六佾舞及古乐声中,由市长黄敏惠行献礼。为了突破传统,市府自去年起开放女学生加入六佾舞行列,以显示性别平等。佾生由北园初中男女学生担任;礼生由市府员工及替代役男担任;乐生由侨平小学、兰潭小学生担任。祭孔仪式在钟鸣鼓声下启扉、启帏、迎神,并以大羹等古式祭品为祀礼,三牲则以面制的牛、羊、猪替代。在静谧肃穆的气氛中,引赞导引正献官及分献官向孔子及诸先圣先贤行上香礼,接着奠帛爵行初献礼、恭读祝文、行亚献礼、终献礼,仪式庄严隆重。为了阐扬尊师重道的精神,嘉义市首次邀请师铎奖教师邱琼暖担任分献官,代表全市教师向孔子致敬。仪式在正献官饮福受胙后,礼生彻馔、送神,接着由司祝者捧祝文与帛恭送燎所火化,掩帏、阖扉、撤班后礼成。礼成后由幼狮童军教育事务基金会的童军分送智慧糕、智慧笔,民众也排队领取,不再出现昔日争拔"智慧毛"的画面。①

台湾各地祭祀孔子,都有新创意。如2014年高雄市祭孔突破传统祭祀,以文创祭孔,民众可以扮古人体验六艺,活动古今融合,活灵活现。"旗遇孔夫子祭周游列国趣",为全台首创"八佾周游列国舞"揭开序幕。中国古代的教育中的礼、乐、射、御、书、数等六艺,让民众亲自体验。小朋友在家长陪同下,玩射箭、背经书、弟子规拼图等;民众与家人穿上古装相互行礼,并在古色古香孔庙背景下留影,新鲜有趣。②

三、祭祀岳飞

为缅怀民族英雄岳飞,大陆各地建有很多岳庙。如河南汤阴岳庙、开封朱仙镇岳飞庙、杭州岳飞庙,还成立有岳飞思想研究会。台湾有40多所大小不一的岳飞庙宇,并成立有"台湾岳庙联盟"。台湾岳飞文化组织,包括台湾泰安旌忠文教公益基金会、台湾岳庙联谊会、台湾南投武庙、宜兰碧霞宫、嘉义大谭精忠

---

① 台湾举行祭孔大典,民众领智慧糕笔,http://www.chinanews.com/tw/2014/09—28/6638088.shtml.

② 台湾各地祭孔循古礼也有新意,http://www.taiwan.cn/plzhx/hxshp/whshh/201409/t20140929_7506081.htm.

庙、台南后壁旌忠庙等。

宜兰县各界在碧霞宫纪念岳武穆王,是台湾祭祀岳飞的代表与典型。2009年3月11日为岳武穆王906年诞辰日,宜兰县学童扮岳家军,持斧盾,跳佾舞。宜兰碧霞宫以三献古礼祭拜,在编钟伴奏下,岳家军跳四佾舞,合唱《满江红》、《武穆颂》,"乐奏景颂之章!"上午10时,碧霞宫的岳武穆王诞辰纪念大典开始,钟鼓齐鸣,香烛、寿礼、猪羊牲礼分列,县长吕国华担任正献官,"内政部"参事温源兴代表马英九颁赠"忠烈昭垂"匾额。"待从头收拾旧山河……朝天阙!"官员分别担任祝寿官、分献官,在礼生引领下,以三献古礼祭拜,大家参与合唱《满江红》、《武穆颂》,重现气概山河的壮阔气氛。三献古礼,搭配古乐;迎神时,乐奏"景颂之章";进馔时,乐奏"荐颂之章";行初献礼时,乐奏"清颂之章";亚献礼、终献礼时,乐奏"咸颂之章"。担任伴奏的宜兰高商,还特别以古乐器编钟伴奏,显得格外隆重。祝寿流程将近一个半小时,十分严谨,让与会者也感受到民族英雄的精神永留人间的意义,更吸引文化工作者到场观摩记录,见证圣典。①

河南与台湾岳飞文化交流频繁。2012年4月,汤阴县岳飞庙、杭州西湖岳王庙,分别与台湾南投县日月潭文武庙缔结两岸岳飞庙友好联盟,并且赴台参加"两岸岳飞庙缔结友好联盟"活动。台湾台南后壁区岳王庙(下茄苳岳王旌忠庙)是台湾历史悠久的岳武王庙,也是嘉义、台南交界附近六地区民众的信仰中心。当地习俗认为,有"歹腰饲"、"歹教饲"的小孩,抱来庙内认岳飞当义父,就可获岳武穆王忠义精神的庇荫,平安长大,因此庙方拥有广大的"契子粉丝团"。大陆岳飞第28代孙岳朝军率领河南汤阴、浙江杭州岳王庙成员参观台湾岳飞庙,后壁区岳王旌忠庙则发起"岳王契子团"迎接"岳王子孙团",在庙前彼此相见甚欢。岳朝军说,大陆岳飞庙较注重岳飞思想文化传承,台湾的岳飞庙比较有宗教色彩,但保存的岳飞传统礼仪比大陆完整。后壁区岳王旌忠庙的签诗不仅让信徒求签问卜,还具有净化人心的功能。岳飞的精忠报国故事代表着中华文化,岳飞思想就是华人传统美德的浓缩,在大陆借着岳飞研究中心推广到各地,在台湾则借由宗教力量包装岳飞忠孝节义思想传达给信徒,达到同样效果。②

---

① 《联合报》2009年3月12日。
② 岳飞第28代子孙访台,称两岸弘扬岳飞思想效果一样,http://www.chinanews.com/tw/2012/03—31/3788751.shtml.

　　2014 年 5 月 7 日,台湾宜兰岳王庙参访团一行 17 人,在主任委员林向荣带领下来到河南汤阴岳飞庙,进行文化交流。参访团一行祭拜了民族英雄岳飞,并向岳飞庙赠送了《宜兰县文武二圣祭祀专辑》、岳武穆王文化节锦旗、岳武穆王 910 年诞辰纪念祝寿文、岳武穆王磁带光盘等相关资料。林向荣表示,岳飞尽忠报国精神被世人敬仰,台湾各地有多座岳王庙,每年农历二月十五(岳飞诞辰日),都会举行盛大的祭祀活动。汤阴是岳飞故里,希望以后多加强交流,互相学习,共同弘扬岳飞精神。①

　　发扬光大岳飞文化,形式不拘一格,方式方法则异曲同工。2014 年 8 月,"岳飞文化周"在台湾举办。岳飞书法研讨、岳飞诗歌诵读、岳家拳展示、岳飞文化交流论坛同时进行。随着"岳飞文化周"活动的隆重举办,宝岛掀起一股"岳飞文化热"。大陆的岳飞思想研究会、重庆市岳飞文化交流协会的组团参与,更让两岸岳飞文化交流得以不断深化,并取得积极成果。两岸岳飞文化交流,说明了对民族英雄岳飞爱国精神的共同崇拜。②

　　寻根祭祖、伟人和英雄崇拜,是台湾最为突出的传统文化现象之一。台湾很多人认为有主宰人生吉凶祸福的神,所以需要祭祀、祈祷。善神是守护与赐福之神,是祭祀与祈祷的对象。台湾的大陆移民对河洛文化有直接的继承,原住民也越来越认同河洛文化的祭祀(祭祀黄帝、孔子、岳飞等)。他们往往从台湾飞回大陆,踊跃参加黄帝、孔子、关公、包公、岳飞等祭祀。通过祈天祭祀,调和五行并与神灵沟通,这是台湾祭祀文化至今历久不衰原因之一,有的已融入民众生活,成为社会常态的一部分。③

　　(孙君恒,武汉科技大学教授;温斌,武汉科技大学研究生)

---

① 吴素红　何苗台《湾宜兰岳王庙来汤阴岳飞庙参观访问》,http://www.tylyw.net/show.php? id = 610.

② 台湾宝岛再掀岳飞文化热,http://tieba.baidu.com/p/3231744386.

③ 刘焕云《台湾客家祖先崇拜与坟墓祭祀文化之研究》,《客家研究辑刊》2008 年第 1 期。

台湾豫剧　根在河洛

宋全忠

　　台北文献委员会 1971 年编印的《中原文化与台湾》一书指出：台湾居民之食、衣、住、行、风俗习惯、宗教信仰、语言文字、社会组织、戏曲文化，莫不与中国大陆相同，是则台湾与中国是同为一体，而与中国文化是无法分离的。还指出，台湾光复之后，随着国民政府迁台，平剧、豫剧、川剧、粤剧等陆续传入，呈现了多样的色彩。这里在谈及戏曲文化时提到"豫剧"。豫剧 20 世纪 40 年代末传入台湾，直到 1990 年两岸才开始交流，连袂演出，河南演员跨过了海峡，"台湾同胞听到了久违的乡音"。相互交流推动了豫剧的发展，也填补了豫剧发展历史上的一个空白。

一

　　"黄土厚，黄土黄，黄土地长出了梆子腔"。豫剧，也叫河南梆子、河南高调、河南讴、靠山吼，诞生于明末清初。其来源一说是明代秦腔、蒲州梆子先后传入河南同当地民歌小调结合而成，二说由北曲弦索调直接演变而成，三说因其音乐伴奏用枣木梆子击节而得名。豫剧最早的传授者有蒋门、徐门两家。蒋门在开封南面的朱仙镇，徐门在开封东面的清河集，都曾办过科班。后在开封一带形成祥符调，在商丘一带形成豫东调，流入洛阳的一支发展为豫西调；流入漯河的一支被称为沙河调。1952 年在中南局戏剧会演中，由戏剧家、河南代表王镇南先生建议，得到与会专家们的赞同，正式改名为豫剧，与京剧、评剧、越剧、黄梅戏并称为中国五大剧种，成为河南的文化财富和名片。豫剧重唱善唱，唱腔旋律优美，吐字清晰，朴实感人，突出了河南的语言特点，说哭就哭，说笑就笑，接近生活，平民化，大众化，雅俗共赏，将浓郁的乡土文化表现达到了极致。豫剧在 300 年的历史中，流行区域有两个扩张时期，一次是抗日战争时期，豫剧进入西北地区和安徽北部、苏北、鲁西南、冀南等地区;第二次是20世纪50年代到60年代初,豫剧又先后进入四川、西藏、新疆、山西、东北、台湾等。据不完全统计,在全国22个省市区,共有239个专业豫剧团队,台湾豫剧团为其中之一。

台湾豫剧是由"台湾豫剧开山祖师"、"台湾豫剧皇太后"、"国宝级艺术大师"张岫云女士带去的。张岫云女士1929年出生于河南临颍县岗张村,8岁接受豫剧启蒙教育,16岁时以"万丽云"的艺名在郑州、开封、漯河等地巡演,并一炮走红。1942年,她曾与洛阳市著名豫剧表演艺术家马金凤在安徽同台演出,对马金凤的唱念做打留下深刻印象。1949年国民政府从大陆撤退时,她和丈夫、河南遂平人李久涛随国民党将领黄杰率领的部队、眷属三万多人从广西进入越南,1950年三月移至西贡(今胡志明市)西南迪石省的一个县富国岛。身处异域,生活单调,为了凝聚士气,舒缓思乡情绪,抱着对家乡戏的一腔热忱,她创建了"中州豫剧团"。虽然刚开始困难重重,剧场因陋就简,但由于张岫云女士的演出精湛,风靡全军,使所有的官兵常年都浸淫在忠孝节义的高台教化之中,她也因此被誉为豫剧皇后。

1953年6月,张岫云女士率领中州豫剧团随部队"转运回台"在高雄港登陆。没想到剧团是,成员被零星分配到海陆空三军各康乐中心。她不甘心剧团就此烟消云散,为活跃部队文艺活动,提高官兵士气,保存中原文化,在海军陆战队司令部秘书、河南扶沟老乡吴凤翔的鼎力支持下,经过上下奔波,特别是数度北上,由于得到了蒋经国先生的声援,豫剧团方得独以留存。当时蒋经国详细了解情况之后说:"豫剧不管在军中也好,在社会也好,都非常受欢迎。大家喜欢看,就把他留下来吧,经费由我想办法解决"。与此同时,她还从部队各单位争取到琴师赵径高、王学仁,生角魏成钧、旦角兼编剧杨桂发、拉板胡的李世海、秦贯伍等。她们根据海军陆战队队歌"海上策飞马,滩头建奇功"的精神,在原中州豫剧团的基础上,于1953年9月25日成立了"飞马豫剧团"。当时,剧团在高雄左营桃子园的条件很差,即使后来搬入军港南码头后,也仍是一切因陋就简,如服装道具用的还是原中州豫剧团的旧箱底。第二年5月开始环岛劳军演出,首场在左营兴隆大剧院,一连公演五天《贩马记》。在张岫云女士领衔主演的感召下,场场轰动,官兵热情异常。在各地乡谊的热情拥戴下,更是场场爆满,盛况空前。崭新的编剧,脱俗的音乐,精致的包装,经得起36万地道河南及河南周边山东、河北、陕西、山西、安徽、湖北等在台乡亲和台湾祖籍河南的闽南人、客家人、河洛郎的检验。由于开局良好,赞誉之声不绝于口,因此,1957 年得以在台北阳明山介寿堂为蒋介石夫妇及军政高官演出豫剧《凯歌归》、《杨金花夺帅印》。蒋从头看到尾,连声称好,给剧团犒赏三万元。台北的成功演出使飞马豫剧团犹如长了翅膀,很快在台家喻户晓,她本人也成了一块金字招牌。马英九当选台湾地区领导人后,第一次就给剧团拨款四百多万新台币。

为求中原文化的长久发扬,培养更多豫剧人才,张岫云女士这时亲自向台湾海军总政治部副主任吴宝华面陈培植人才的计划,得到同意后,开始招生培训。第一期于 1960 年正式开训,学员有王海玲、潘海英、刘海燕、李海雯、郭海珊等一批"海"字辈学员,最小的七岁,最大的 13 岁,住的仍是砖瓦平房,睡的是大通铺,雨天在竹棚中听课,晴天在空地上练功。每天早上 5 时起床,先练两个半小时武功,九时早餐,十时上学科课程,有国语、数学、史地、常识等。午休一个半小时,下午两点再练武功两小时,四时吃晚饭。晚上七时学戏,九时宵夜,半小时后就寝,周而复始。老师始终只有一个,那就是张岫云女士,这时她任剧团副团长,身兼演出、教授和行政三大任务。演出时唱、做俱佳,教学时更生、且倾囊相授,言传身带,处处表率,一丝不苟,先后培养出了"宏、扬、中、原"四届学生,每年演出 400 多场,并确立了"弘扬中原文化,传承豫剧新声"的发展目标。张岫云女士为此荣获台湾首届"民族艺术薪传奖"和"亚洲终身艺术成就奖",2011 年 9月第二届中国豫剧艺术节组委会授予"豫剧艺术终身成就奖"。她的蕴藉深厚、刚柔相济的艺术风格被豫剧大师常香玉赞为"有真功夫,宝刀不老",著名戏剧作家杨兰春赞她"创造了豫剧的奇迹"。1965 年至 1986 年二十年间,张岫云女士退休离开豫剧团,王海玲等第一批学生挑起了重担,一天到晚带领大家忙于排练和公演。关于排练,由于缺乏老师,主要靠听大陆广播的豫剧,而且还不敢光明正大地听,只能是在私下里听。偷听到一点唱腔就珍贵的不得了,赶快把它录下来,再编新戏的时候,就把这些偷学到的唱腔用上。这是该团学习豫剧最艰苦、最漫长阶段。后来,有不少河南豫剧唱片、录音带、录像带经香港以及日本等地辗转带到台湾,他们如获至宝,就跟着边听、边看、边学习,创造性地整理与补充成大戏。如把常香玉的《十八里相送》、《楼台会》改编成《梁祝奇缘》等。第一次看到原乡的豫剧,当时大家的兴奋之情外人是无论如何也体会不到的。

1986年年底,有鉴于教育培训的需要,王海玲等又将张岫云女士请回队任教。古有明训,严师出高徒,戏剧尤然。有了名师、天份,再加上坚毅地苦练,演员个个出类拔萃,看看第一期培训的学生非凡的成就即可证明。当今豫剧文武双全的王海玲女士可谓典范。据陪着豫剧队一路走来的吴凤翔老先生介绍:"王海玲八岁进入飞马豫剧团,早期因嗓子受伤,唱功不好,乃终日苦练武戏有成,苦练武功的结果,嗓子竟然也跟着复原了,练就了一身文武双全,终成戏剧女后。"王海玲14岁即担纲演出《花木兰》,亦文亦武的表现在部队中一鸣惊人。17岁演出《杨金花夺帅印》,深受蒋夫妇赞许。她为了一出剧目能成功、按时演出,经常既当主角、又跑龙套当配角,十分感人。33岁荣获台湾戏剧皇后荣耀。2000年获颁第六届全球中华文化艺术薪传奖的传统戏曲奖,同年还荣获中国文艺协会颁赠第十届戏曲表演奖章和台湾"第四届文艺奖戏剧类得主",先后应邀到中山大学、中正大学、交通大学、艺术学校开讲座,如"梆声千里艺文讲座"、"戏说台湾梆子"等。

从1953年到1996年历时四十余年,一直都隶属部队的飞马豫剧团,随着时代的变迁,军中阶段结束,于1996年1月1日起改隶台湾教育部门,"飞马豫剧团"易名为"国光剧团豫剧队"。改隶后豫剧队的成立,不仅是对其致力于弘扬中原文化、传承豫曲新声的最高肯定,更是拓展豫剧艺术、向国际舞台伸展的一次最佳契机。此后,豫剧队汲取、借鉴大陆豫剧演出与制作经验,先后排练演出了豫剧《花木兰》、《大祭椿》、《红娘》、《抬花轿》、《香囊记》、《三打陶三春》、《猪八戒大闹盘丝洞》和新编历史剧《曹公外传》、《妈祖》、《郑成功与台湾》、《廖添丁》等。为台湾的戏剧文化环境增添了璀璨炫丽的光辉,谱写了台湾戏剧史的新篇章。2008年3月,"国光剧团豫剧队"又改名为"台湾豫剧团",成为唯一和台湾京剧、歌仔戏平起平坐、并驾齐驱的剧团。当年6月,和河南省豫剧二团联袂在北京"海峡两岸艺术周"上演出了新编豫剧《慈禧与珍妃》和《清风亭上》。同时与郑州市豫剧院联袂演出了歌颂明代河南沁阳籍人、台湾凤山知县曹谨的《曹公外传》和原台北知府、河南临颍人陈星聚的《台北知府》。2001年出版了台湾第一张豫剧学习光盘《戏说豫剧——梆子戏在台湾》,主要内容有四部分:一是豫剧的由来、渊源,豫剧陈派、常派、马派、崔派、闫派、张派等流派;二是梆子戏在台湾——关于豫剧队、点将录,豫剧皇后张岫云、王海玲精华戏曲片段;三是技艺传承——豫剧音乐、基本身段、基本武功;四是幕前幕后——戏曲小百科、学习活动设计、观摩与评比等。

纵观台湾豫剧一甲子的变迁历程,如果说台湾豫剧奠基者、开拓者是张岫云女士,那么发扬光大传承的功劳就是王海玲女士,由于她们心血的投入,才有今天台湾豫剧的不断发展。台湾豫剧的发展可分为五个时期:20世纪50年代为奠基期,主要演出传统老戏以抚慰河南籍和周边省籍赴台军人和乡亲的思乡情绪。20世纪60年代为整编期,豫剧开始有意识地"京剧化",雅化剧本,删除河南方言词汇、俚俗语,身段与音乐也向京剧学习。70年代为转型期,这个时候豫剧开始融入台湾社会,演员与演出性质都有大的变化,重新编排传统老戏,继续走京剧化、精致化的路线。80年代为兴盛期,豫剧逐渐成为台湾表演艺术的重要资产,豫剧不再强调京剧化,而是向内深掘,寻找自身活泼、乡土之特色,并在此基础上进行精加工处理。20世纪90年代以后为创发期,这个阶段台湾豫剧开始回归到自身艺术的本质层面。

二

为进一步探讨两岸"根"文化和豫剧的传承与发展,促进两岸文化交流,促进两岸豫剧艺术繁荣,2001年起,举办海峡两岸豫剧发展论坛,从2002年起,引入"河洛文化"的内容。"河洛"指黄河中游以黄河与洛河相交汇形成的夹角地区,泛指以嵩山、洛阳为中心的河南、河内、河东等广大地区。这里是中华民族最古老的繁衍生息之地,更是中华文明诞生的源头之地。2010年4月,第七届海峡两岸河洛文化暨豫剧发展理论研讨会在台北召开。来自海峡两岸的20多名专家学者围绕河洛文化的特征及当代意义、中原传统文化的传承与发展、两岸的豫剧交流与合作、两岸当代豫剧发展的异同、豫剧在台湾的发展、台湾豫剧皇后王海玲的表演艺术等议题进行了研讨。大家认为,深受河洛文化滋润的豫剧,既是河南的代表剧种,也是台湾的主要剧种之一,由于在两岸一脉相承,已经成为豫台之间文化交流的重要载体。目前台湾除了台湾豫剧团外,演出豫剧的还有张岫云女士组建的台北市豫剧改进会、台北捷音豫曲剧团、刘海燕豫剧团、台北市社教馆豫剧推广班等,使豫剧在台湾根深叶茂。究其原因,概为台湾豫剧传承的是中华文化绵延不绝的信息,对众多台湾同胞来说,豫剧在很大程度上就代表着故乡,聆听一次豫剧就是心灵与故乡的一次亲密接触。

两岸的豫剧交流与合作始于20世纪90年代,由点成线,由线成面,不断加深,大大拉近了两岸豫剧团队的距离。其中1990年起为单向交流时期,1991年7月台北豫剧改进会一行40人曾到河南平顶山演出,同年8月有"台湾豫剧第一小生"之称的台北婕音豫曲团刘海燕与河南著名豫剧表演艺术家王清芬一起在郑州演出《抬花轿》;从1993年起为双向交流时期,郑州市豫剧院一行40人曾到台北演出;从2001年进入合作时期,河南著名表演艺术家、编导、导演、作曲家、舞美师马金凤、耿玉卿、罗云、石磊、罗怀臻、李树建、姚金成、虎美玲等40多人先后赴台在编剧、导演、编腔、配乐、演出方面直接参与,有的就是量身定制,如帮助排演了《武后与婉儿》、《秦少游与苏小妹》、《慈禧与珍妃》、《拜月亭》、《刘姥姥》、《春秋出个姜小白》等剧目;河南豫剧作曲家耿玉卿为王海玲主演的《王魁负桂英》等八部戏作过曲,同时双方联合打造了新编历史剧《曹公外传》。2009年,两岸合作剧目还走向国际舞台。当年九月,河南专家组与台湾豫剧团合作,完成移植莎翁名剧《威尼斯商人》为豫剧板《约束》,赴伦敦参加第四届英国莎士比亚双年会,演出获得很高评价。2010年河南台湾月活动期间,两岸合作,在豫台两地共同举办"两岸戏曲展演周"活动,郑州豫剧院除演出《台北知府》、台湾豫剧团除演出两岸艺术家共同编排的《约束》、《花嫁巫娘》外,还合作演出《曹公外传》,商丘市豫剧院还赴台演出《花木兰》、《睢阳忠烈》、《李香君》等。尤其《曹公外传》,情节清晰而富有戏剧张力,通过对原台湾凤山县令河南沁阳人曹谨兴利除弊、勤政为民、造福百姓,宁可丢"乌纱帽"也要为当地修坝引水、极具悲悯情怀的为民形象的塑造,表现了联结两岸、贯通古今的亲民情怀,呼喊一种与当今社会所倡导的执政为民一脉相承的民本思想和责任意识,具有深刻的历史意义和现实意义。在二度呈现上,该剧以韵味醇厚的豫剧声腔与交响化的音乐效果相融合,以台湾风情与诗化的舞美灯光相融合,令人耳目一新。这是一次两岸艺术家观念碰撞的过程,也是两岸艺术风格交融的过程,更是不同地域文化的融合过程。《曹公外传》的演出,一改台湾豫剧以往的热烈、泼辣、不拘小节的外向品格,而呈现出含蓄、内敛、深沉、凝重的风格。《中国戏剧》杂志主编、戏剧评论家赓续华观看后认为,《曹公外传》将豫剧当代人文情怀和戏曲现代化理念作为创作起点,敏锐捕捉到了当下的时代精神和审美趋向,贴近民众,完成了由传统戏曲向现代戏曲的华丽转身,是豫剧现代化美学理念的实践,堪称

"走向现代都市的中国豫剧"。更为可喜的是,通过对曹公这个人物的讴歌,将河南和台湾紧密地联系在一起,充分说明海峡两岸人民同根同源、血脉相连、心心相印。与此同时,台湾豫剧团肖杨玲、谢文琦、孙仪婷等七位豫剧优秀演员正式签约加盟由河南戏曲家协会等单位主办的"叱咤中原——河南戏剧演员排行榜"。2012 年 4 月 5 日至 5 月 5 日,台湾以"传艺、献丑"为主题举办第四届传统表演艺术节,邀请河南豫剧名家陈安福、金不换、范静、索海燕等抵台和台湾豫剧团演员合作在台北、宜兰、桃园、新竹、台中、高雄等地轮番演出经典戏曲"丑角"喜剧,让民众体验"无丑不成戏"的滑稽魅力,同时走进台湾五所大学讲座戏曲知识,向台湾大学生进行戏曲推广活动。已是第四次到台湾传艺的陈安福,前三次赴台主要是为台湾培训豫剧演员,这次是应邀在艺术节上表演,他和范静合作演出常派名剧《红娘》"书馆报信"一折,索海燕和台湾豫剧团演员殷冠群合作演出陈派名剧《宇宙锋》"装疯"一折,金不换表演牛派名剧《十八扯》,范静和台湾豫剧团演员张翊生合作演出常派名剧《花木兰》"思亲"一折,陈安福和索海燕合作演出传统名剧《清风亭》"认子"一折。陈安福在演出结束后,还到高雄为台湾豫剧团赶排《唐知县审诰命》;5 月下旬金不换又率鹤壁豫剧团再次赴台与台湾豫剧团联合巡回演出《唐知县审诰命》和《卷席筒》。使双方合作规模不断扩大,层次不断提升,交流成果日趋丰硕,极大地丰富了豫剧的文化内涵,为弘扬同根同源的豫剧文化,促进两岸豫剧繁荣发展起到了重要作用。特别是台湾豫剧,既有母体的属性,也有水土的属性。大陆豫剧的母体,为台湾豫剧提供了取之不尽、用之不竭的艺术资源,通过和河南戏曲界交流,从豫剧的原乡吸取营养丰富自己,不仅保持了传统豫剧的乡土气息和地道的传统风格,而且有了很多创新和接近现代戏剧的东西,不仅赢得了观众的支持,也赢得了很多专家、学者支持。台湾豫剧与大陆豫剧同源,但已独成一家,它在台湾的生存、成长、发展、壮大,看似偶然,实则必然,不仅梆弦不辍,薪火相传,而且唱响了亚、欧、美三大洲,以强大的艺术魅力征服了不同时代的海内外嘉宾的心。

　　2012 年 9 月河南省豫剧三团团长汪荃珍带领全团演员观摩了台湾豫剧团的新编豫剧《刘姥姥》,她惊讶于台湾豫剧团近年来取得的极大进步。她说,虽然台湾豫剧团在某些方面与河南的豫剧团有差距,但他们在传承创新、团队培养、市场运作、敬业精神等方面都值得我们学习。汪荃珍说:"这次来台湾,我们收获颇多,希望两岸的豫剧文化交流能够长长久久。"

2013 年 9 月 23 日晚,由台湾豫剧皇后王海玲与台湾京剧小生曹复永领衔主演,台湾知名编剧施如芳创作,河南著名作曲家左奇伟担任音乐设计的台湾豫剧《花嫁巫娘》在河南艺术中心为河南观众带来了新颖的看戏体验。这出戏触碰了戏曲中少有的神话故事,讲述花帕部落女子媚金与外族男子相爱却遭到部落长老阻挠,最终两人双双殉情的故事。别致的少数民族服装、话剧式的舞台演绎,大大开启了观众对豫剧的想象力。

2013 年 10 月 21 日至 30 日,台湾传统文化艺术中心和台湾豫剧团邀请济源市海峡两岸文化交流演出访问团到台湾树德科技大学演出了现代豫剧《王屋山的女人》,同时携手台湾艺术家在高雄科技大学、凤山开漳圣王庙、佛陀纪念馆大觉堂进行"梆声扬千里——豫剧之夜"交流演出,共演出了传统剧目《穆桂英挂帅·出征》等五段折子戏,万余名台湾观众共同感受了豫剧艺术的魅力。

2014 年 4 月 9 日、10 日,作为第三届中国豫剧节的最后一台参赛剧目,由台湾豫剧团排演、"台湾豫剧皇后"王海玲主演的《刘姥姥》在河南省人民会堂上演。豫剧《刘姥姥》改编自《红楼梦》中"刘姥姥进大观园"的章节。在台湾知名编剧刘慧芬的巧妙布局下,该剧通过刘姥姥三进荣国府的故事,对曹雪芹笔下的刘姥姥进行了新的诠释,塑造了一个仁慈、正义、睿智的刘姥姥形象,弘扬了自强不息、坦荡做人的主题思想,充满了荒诞和讽刺意味。该剧新奇的舞台设计和喜剧化的表演让人感受到了台湾豫剧界在发展豫剧上所做的努力。台湾豫剧团著名演员萧扬玲、刘建华、朱海珊等将豫腔豫调拿捏得十分到位。演出过程中笑声、掌声不断,广获好评。

河南豫剧教育家陈安福从 1999 年开始多次赴台湾进行戏曲文化交流活动,曾先后给台湾豫剧团排演了《鞭打芦花》、《唐知县审诰命》、《包龙图坐监》等大戏和多个折子戏。2014 年 11 月 15 日应台湾传统艺术中心和台湾豫剧团邀请,赴台进行为期两个月的戏曲文化交流活动。主要为台湾豫剧团排演豫剧传统戏《杀宫》。该剧是一出能够很好地展示老生、帅旦、青衣等行当表演技巧的老戏,剧中有甩发、水袖及在椅子上表演的朝天蹬、卧鱼等高难度表演。

三

梆子声声辞旧岁,海峡两岸相见欢。2015 年 2 月 22 日至 24 日,河南豫剧院青年团在春节期间带着新版经典豫剧《穆桂英挂帅》奔赴祖国的宝岛台湾,参加"两岸青年戏曲人才交流暨 2015 新春联演"活动,在高雄市、台南市、台中市等地巡演,向台湾同胞献上了来自中原的一份新年礼物,也展示了河南豫剧新军的崭新风貌。新版经典豫剧《穆桂英挂帅》是豫剧大师马金凤的代表剧目,在尊重经典的基础上进行了一些创新,但在唱腔、舞台、灯光、乐队等方面仍保持原汁原味。演员们虽然年轻,但非常投入,一举手一投足十分到位,美妙的唱腔,严谨的台风,精彩的武打,传统的舞美设计,让台湾观众看到了河南青年豫剧演员的功底,掌声不绝于耳,场场爆满。与此同时河南豫剧院青年团还为台湾同胞演出了《小商河》、《抬花轿》、《闹天宫》、《徐策跑城》等折子戏专场,并与台湾豫剧团同仁深入研讨豫剧在新时代如何更好地发展,不仅扩大了豫剧在台湾的影响,而且使年轻演员亲身感受到了台湾豫剧人这份可贵的坚守精神。有"激动帝"之称的台湾著名戏剧评论家赵明甫激动地说,这次青年团演的《穆桂英挂帅》足够震撼台湾戏曲界。青年人演出了群戏的精彩,为台湾人展现了"唱、念、做、打"的魅力。"河南豫剧人才的成长令人羡慕。"

在位于高雄市左营区的台湾豫剧团内,一副"今天我以豫剧队为荣,明天豫剧队以我为荣"的对联非常吸引人。据了解,这副对联存在已经 30 多年了,当年台湾老一辈豫剧家经常在这副对联前排戏、说戏,这种精神支撑着台湾豫剧人走到了今天。

在河南豫剧演员们眼中,每次赴台不仅仅是演出,更是深入学习交流的好机会。《王屋山的女人》男主角李国智总结在台的所见所闻,深情地说,我们每场演出中间换场观众也不离席,等待他们的除了掌声还是掌声。"尊重与遵守,素养与礼节,自由与秩序,民风与市貌,很多都值得我们学习。"还说,观摩 62 岁的台湾豫剧皇后王海玲老师表演的《白蛇传·盗仙草》,让他久久不能忘却。"一个 62 岁的老太太竟然把一个 26 岁的小姑娘演绎得活灵活现。她的演唱风格,她的表演功力,都展现了她一生对戏剧的执着与衷情。"

从 1953 年到 2015 年,豫剧走进台湾已经 62 年。从 1991 年开始,两岸豫剧界的交流已经超过了 100 次,河南到台湾辅导台湾豫剧团的主创人员达 36 人,为台湾豫剧团排出了 24 部大戏,使这支在台湾扎根 62 年的豫剧队伍不断壮大。台湾新任豫剧团团长彭宏志表示,台湾豫剧团的成长和发展,离不开河南各级领导和同仁的大力支持。我们在向河南豫剧界学习的同时,也在根据台湾的实际情况不断地进行创新,努力传承着豫剧这一华夏文明的文化遗产。台湾豫剧团已经在台湾扎了根,奠定了台湾豫剧与歌仔戏、京剧三足鼎立的舞台地位。但台湾豫剧的母体在河南,在河洛,随着两岸文化交流越来越频繁,我们期待着与河南省豫剧界有更多的合作。台湾豫剧皇后王海玲说,台湾有不少豫剧戏迷,还包括一些青年人,观众的平均年龄为 40 岁左右。豫台亲戚之间多走动,互相借鉴、提高,对豫剧发展大有裨益。

（作者为河南省人民政府外事侨务办公室原处长）

参考文献:

台北市文献委员会《中原文化与台湾》,中原文化出版社,1972 年。

从史前研究看河洛闽台岩画的陆桥连接

——兼谈河洛闽台岩画的产生时代

周兴华　魏淑霞

河洛岩画、福建岩画、台湾岩画的产生时代及其分布关系是一个很值得深入探讨的问题。

河洛岩画的发现最早见载于殷商时期,殷商王朝(前 1600 年—前 1046 年)将当时发现的远古岩画作为殷商伐夏的天命符瑞。伪《尚书·中候·洛予命》说:"天乙在亳,夏桀迷惑,诸邻国襁负归德。东观乎洛,陈三分沉璧,退立,容光不起。黄鱼双跃,出跻于坛,黑鸟以雄随,鱼亦化为黑玉,赤勒曰'玄精天乙受神符。伐桀,克,三年,天下悉合。'"所谓"黑玉""赤勒"的"神符",就是说在黑色的岩石上绘制着红颜色的岩画符号。从这段记载描述的情况看,殷商时期在洛水边发现了一块黑色的鱼形石头,上边用红颜色勾勒着图画,这实际上就是殷商之前的远古时代遗存下来的一幅彩绘岩画。殷商王朝将洛河边发现的这幅彩绘岩画假托神意,解读为"玄精天乙受神符。伐桀,克",把这幅彩绘岩画与殷商伐夏联系起来,作为殷商伐夏必获成功的天授符瑞制造舆论。这则记载表明,殷商时期洛水边就发现了其前远古人类遗留下来的岩画。1988 年,刘俊杰发现了河南具茨山岩画,为古籍记载河洛地区遗存有远古岩画提供了现代例证。具茨山岩画属河洛岩画的分布范围。有研究者依据"周原黄土"与岩画的叠压关系判定具茨山岩画"形成于距今约 4000 年前"(高林华编:《具茨天书》国际炎黄文化出版社 2009 年)。

古代福建岩画的发现最早见载于唐代张读的《宣室志》,唐代古文学家韩愈曾将其释读为"天公"责戮蛟螭之诏令。北宋《太平广记》引《宣室志》说:唐元和二年(810 年),韩愈首见漳州仙字潭岩画:"(漳州)石壁之上,有凿成文字一十九言……后有客于泉者,能传其字,持至东洛",韩愈"见而识之",释读其文曰:"诏赤黑视之鼍鱼天公畀杀牛人壬癸神书急急"。韩愈当时将仙字潭岩画错释为"天公"之诏令,但其产生于神秘的古代自不待言。20世纪80年代以来,福建华安县、漳浦县、东山县、长泰县、龙文区、龙海市、诏安县等地又新发现了许多岩画。有研究者认为,福建仙字潭等岩画属于殷商时期或新石器中晚期的遗物。

台湾岩画系长荣大学高业荣教授1978年首次发现于高雄万山。万山岩画(台湾学者称岩雕,大陆学者所称的岩画包括史前岩雕及摩崖壁画)的产生年代,高业荣教授依据岩雕图像与排湾族、鲁凯族的族源信仰、木雕纹饰、麒麟文化、琉璃珠、古陶壶及其原始风俗进行综合推测,将其推测在公元一世纪,约当西汉末年;考古学家刘益昌先生估计约在距今1500年左右(高业荣著《万山岩雕》2011年12月再版)。

为了论述简便,我将河南河洛地区现今发现的具茨山等岩画称之为河洛岩画,将福建古今发现的岩画称之为福建岩画,将台湾现今发现的万山岩画称之为台湾岩画,将福建岩画与台湾岩画统称之为闽台岩画。

一、从古籍记载看河洛闽台岩画的史前属性

河洛闽台岩画的产生时代,从中国古籍记载中可见其发端。

中国岩画最早产生于什么时代?近现代学术界众说纷纭。我通过古代文献研究,发现中国汉代学者郑玄(127—200年)即已知道岩画产生于中国三皇之首的燧人氏、伏羲氏时代,是原始人类凿刻、绘画在岩石上的图画"书籍",距今已有数万年的历史。

中国是世界上最早记载和研究岩画的国家。据中国古代文献《太平御览·易通卦验》载:"燧皇始出,握机矩表计冥图,其刻曰:'苍渠通灵。'""宓牺方牙苍精作《易》,无书以画事。"汉代经学大师郑玄注释说:"矩,法也。燧皇也,谓燧人,在伏牺前,作其图谓之计冥,时无书,刻石而谓之耳,刻曰苍精渠之人能通神灵之意也""宓牺时质朴,作《易》以为政令而不书,但以画其事之形象而已。"宓牺即伏羲氏。燧人氏、伏羲氏时代,中国文字、纸张均未产生。所以,郑玄所说的"刻石而谓之"的图书,只能是现今所说的刻制类史前岩画;郑玄所说的"无书以画事"的图画书籍,只能是现今所说的绘画类史前岩画;郑玄所说的"画其事之形象而已"，就是我们现今所见的刻制、绘画类的各种动物、人物、抽象符号等岩画。

郑玄关于中国岩画产生于三皇五帝时代的卓见为众多中国古籍记载所证实。

《周礼·秋官·外史》说："三皇无文，五帝画象。"三皇五帝时代没有文字、纸张，人类表情达意使用"画象（像）"的办法。"画象（像）"即指在物体上凿刻或绘制图画，这就是"三皇五帝之书"。《周礼·春官》说："外史……掌三皇五帝之书。"依其记载，当时"外史"负责管理三皇五帝时代的图画"书籍"。

唐司马贞《补史记·三皇本纪》载："太昊庖牺氏，风姓，代燧人氏继天而王。母曰华胥，履大人迹于雷泽，而生庖牺于成纪。蛇身人首，有圣德。""大人迹"即大脚印岩画，遗存于华胥氏之前。"蛇身人首"指画像。

《路史·疏仡记》载：黄帝"乃命沮诵作云书，孔甲为史。执青篆记，言动惟实……"

《韩非子·五蠹》、《吕氏春秋·君守》、《世本》均载：黄帝臣"仓颉作书。"

《世本》载："史皇作图"，宋衷注说："史皇，黄帝臣也，图为画物象也"。张澍粹注引《易卦通验》说；"轩辕子苗龙，为画之祖"。

史皇即仓颉，仓颉"作书"即"作图"。"作图"即"图为画物象也"，"图"者，绘画也，图形也，摹拟也，即描绘出人、动物或事物的形象。所以，史载"仓颉作书"，几千年来片面地解释为仓颉发明了我们现今所使用的文字，这与史载不符，是误读误解。实际上，所谓"仓颉作书"，许慎《说文序》解释说："仓颉之初作书，盖依类象形，故谓之文……文者，物象之本"，是指仓颉用绘画人、动物或事物的形象表情达意或记事。在纸张尚未发明的三皇五帝时代，"仓颉作书"只能是在岩石、骨角、木板、皮革、陶器上刻制、绘画图形，此即我们现今所见所说的岩画类图画符号。所以，古籍记载的"蛇身人首""沮诵作云书"、苗龙"为画之祖"、"孔甲为史"皆与"仓颉作书"含意相同，均指在物体上凿刻或绘制图画。仓颉、沮诵、苗龙、孔甲等代表了一个刻制使用岩画等图像的时代，即一个用岩画等图像记录或表达思想、语言的时代。汉代学者郑玄将此类岩雕、岩画称之为三皇五帝时代"刻石而谓之"的"图书"，此"图书"即图画"书籍"。所以，史前岩雕、岩画是中国文字产生之前最早的"图书"，也是人类最早的"图书"。

郑玄所说的产生岩画的燧人氏、伏羲氏时代,相当于现代考古学上的旧石器时代晚期,距今在三至四万年前。郑玄关于中国古代文献记载燧人氏、伏羲氏时代中国即有刻制、绘画类岩画的观点,与现代旧石器考古中出土的许多刻画类图画符号的性质完全一致,与经考古发掘证实的欧洲著名的阿尔塔米拉洞穴岩画属旧石器文化的断代完全一致,与距今三、四万前的旧石器时代中国宁夏大麦地、贺兰山冰川擦痕打破岩画的发现完全一致。郑玄在距今2000年左右就已提出中国岩画产生于旧石器时代的这一卓越观点,是中国古代学者对世界岩画研究的重大发现,是对人类文明探源和重建人类史前史做出的伟大贡献,对现代研究岩画的产生时代及其功能作用具有划时代的世界意义。

根据中国古代文献记载的岩画产生时代,尚需探寻河洛闽台岩画产生时代的古代文献依据。

河洛岩画产生时代的文献记载。具茨山岩画是河洛岩画的典型代表。据文献记载,具茨山所在的新郑、新密、禹州等地,是原始社会时期黄帝族系活动的地区。对这一地区的岩画,《水经注校》溲水条明确记载:"溲水出河南密县大隗山。大隗即具茨山也,黄帝登具茨之山,升于洪堤上,受神芝图于黄盖童子,即是山也。"黄帝登具茨山之时,中国文字、纸张均未产生,其所受的"神芝图",只能是遗存于黄帝之前的"刻石而谓之"的图画了。《路史·发挥一》载:《三洞叙目》云:上古时代的图画书籍,"字似符篆,藏在名山,多不具足,惟峨眉山备有之……晋武帝时,南海太守晋陵鲍靓于元康二年(292年)二月二日登嵩高石室,见古三皇文,皆刻石为字……然观三皇经文,虽号三坟,多是符架等事。"《史记·封禅书》载:"昔三代之君,皆在河洛之间,故嵩高为中岳",晋戴延之《西征记》载:"嵩高山,东太室,西少室,相去七十里。嵩高,总名也",嵩高即今河南嵩山。晋武帝时期,南海太守鲍靓在嵩高石室(即洞穴)所见的"古三皇文"是"刻石"而为之的"符架"图书,即符号类史前岩画。《三洞叙目》明载晋南海太守鲍靓在嵩高石室所见为"古三皇文",何谓"三皇"?旧题汉伏胜(生)撰《尚书大传》以燧人、伏羲、神农为三皇,东汉应劭著《风俗通义》以伏羲、祝融、神农为三皇,王符著《潜夫论》说:"世传三皇五帝,多以为伏羲、神农为二皇,其一者,或曰燧人,或曰祝融,或曰女娲,其是与非未可知也。"后世多以燧人、伏羲、神农为三皇。由是可知,今河南嵩山具茨山等河洛岩画产生在以燧人氏、伏羲氏、神农氏为代表的三皇时代,约当考古学上的旧石器时代晚期至新石器时代初期。

闽台岩画产生时代的文献记载。东晋葛洪《抱朴子》载:"昔黄帝东到青丘,见紫府先生,受三皇内文,以劾召万神。"黄帝时代的"青丘"在什么地方?《山海经·海外东经》载:"朝阳之谷,神曰天吴,是为水伯……其为兽也,八首人面,八足八尾,皆青黄。青丘国在其北,其狐四足九尾。"郝懿行云:"《尔雅》云:'山东曰朝阳(释山),水注谿曰谷(释水)'。""山东"指太行山以东的沿海地区。青丘国在朝阳之谷水神天吴岩画的北面。水神天吴的图腾画像是八首人面,八足八尾,这描述的分明是人面兽身的岩画类怪兽图像,此类图像在现今发现的中国岩画中有之。《逸周书·王会篇》:"青丘,海东地名",服虔注:"青丘国在海东三百里。"青丘国"在海东三百里",当系东海岛屿。汉东方朔《十洲记》载:"长洲一名青邱,在南海辰巳之地。地方五千里,去岸二十五万里。上饶山川,及多大树,树乃有二千围者,一洲之上专是林木,故一名青邱",此处青邱即长洲,传言在中国南海中。《淮南子·本经训》载:"杀九婴於凶水之上,缴大风於青邱之泽",高诱注说:"青邱,东方之泽名也。"《晋书·天文志上》载:"青丘七星,在轸东南,蛮夷之国号也",按星野划分,青丘为中国东南地区的蛮夷之国。从以上古籍记载及前贤注释看,青丘指的是中国东南沿海某一地区或大海中的某一岛屿,今闽台地区属之。《云笈七签》卷六载:"黄帝东到青丘,见紫府先生,受三皇内文大字,以劾召万神。"所谓"三皇内文"、"三皇内文大字"即晋鲍靓在嵩高石室(即洞穴)所见的"古三皇文"一类的"刻石"而为之的"符架"图书,亦即岩刻类图画符号。《抱朴子》指明这类岩刻类图画符号("三皇内文"、"三皇内文大字")是三皇时代的遗物,这说明闽台岩画亦产生在以燧人氏、伏羲氏、神农氏为代表的三皇时代,约当考古学上的旧石器时代晚期至新石器时代初期。

关于台湾岩画的产生时代,有几则记载可供推测。台湾学者杨宜静先生说:万山1号岩雕名为"孤巴察峨"。"孤巴察峨"是一块大石头,万山语意为"有花纹的石头",它所呈现的正是台湾原住民的岩石雕刻艺术①。据此,"孤巴察峨"的原意是指凿刻在石头上的"花纹",从现今所见,这就是指凿刻在台湾万山石

---

① 花莲师范学院民间文学所　杨宜静《孤巴察峨传说探析》台湾长荣大学岩画学术交流参访论文集 2005／07

头上的岩雕符号。无独有偶,我国纳西族的东巴图画文字,纳西族叫做"色究鲁究",纳西族语的原意就是指"刻在木石上的痕迹",也即刻在木石上的图画符号。我认为,这里的所谓"刻在木石上的痕迹",恰好是准确地指明了东巴图画文字来源于纳西族地区远古木画、岩画的事实。

台湾万山岩雕的"孤巴察峨",云南纳西族东巴图画文字的"色究鲁究",追根溯源,其流传至今的原意最早载于相传为夏禹、伯益所作的《山海经》。《山海经》的原始版本是图画汇集,辑录于中国汉文字产生之前的史前时代。对《山海经》中这类图画资料的来源,郭璞说:"游魂灵怪,触像而构,流形于山川,丽状于木、石者,恶可胜言乎?"郭璞说《山海经》的各种图画符号"流形于山川,丽状于木、石者"与台湾万山岩雕的"孤巴察峨"、云南纳西族东巴图画文字的"色究鲁究"含意完全一样,均指原始社会刻画在"山川""木石"上的岩画。这种现象,我国古代学者早有觉察。汉代刘歆认为,《山海经》"出于唐、虞之际",为禹、益所作。《论衡》、《吴越春秋》、《颜氏家训》也都持此看法。也有学者认为《山海经》成书不会那么早,因为他们说"唐、虞之际"没有文字,所以成不了"书"。其实,据古籍记载,最早的"书"不是文字,而是图画。如果把最早的《山海经》视为刻绘在山崖木石的图画符号之汇集,则原本《山海图》"出于唐、虞之际"也就不足为怪了。

台湾高山族至今还遗留着表现为原始时代的图画符号。高山族是台湾省境内世居少数民族的统称,包括排湾人,布农人等。他们没有本民族的文字。近年来,在布农人和排湾人中,发现有类似绘画的"图画文字",这就是布农人的记事历板和排湾人的绘画木板。布农人加奈多文社的头目特劳马克劳帮,曾根据其父老的记忆,刻画一种历板。板为桧木的,长三尺、宽四寸,刻着绘画记事,在刻纹中填以锅墨。排湾人齐库湾部落的大酋长家内,有一块高五尺、宽四尺半的木板,有五十多个刻画,大都是人与动物,多数是同形绘画的重复。细加归类,实际上只有十四种不同的图形,每个图形表示的意思是:1.土人盛装持刺枪,头戴羽饰,穿上衣。2.小孩骑鹿。3.土人盛装,右手持刀。4.土人戴羽直立。5.土人猎获敌首,抓发提首。6.土人饰鸟羽,横枪于肩。7.土人戴羽饰盛装。8.土人两手持敌首。9.土人左手持木棒。10.牡鹿。11.小鹿。12.麇之牡仔。13.儿童戴羽饰。14.帽。这些图画,在部落中被视为圣物,似为赞美祖先历史的刻画,但无人能加以确切解释。这种写实的图画线条简单,很少曲线,象征意义很浓厚,对同一事物常使用同样的线条与图形。高山族的图画表意还不是文明时代的象形或标音文字,它只属于原始时代的图画语言或表意符号。这些木板被视为"圣物",其图画符号和岩画图像类似。

从东巴图画文字"色究鲁究"的原意就是指"刻在木石上的痕迹"看,纳西族东巴义图画义字的图像符号源于我国云南的史前岩画;从万山岩画"孤巴察峨"的原意就是指凿刻在石头上的"花纹"看,布农人的记事历板和排湾人的绘画木板上的图像符号源于万山岩画"孤巴察峨"。郭璞对《山海经》中的图画来源于古代"丽状于木、石"上的木画、岩画的解说,与"孤巴察峨"的原意就是指凿刻在石头上的"花纹"、与"色究鲁究"的原意就是指"刻在木石上的痕迹"的解说如出一辙,可谓异代同声,完全一样。汉代刘歆认为,《山海经》"出于唐、虞之际",为禹、益所作。据此,台湾万山岩雕的产生时代亦应在夏禹、伯益之前的史前时代。现将万山岩画的年代推测在公元前后或距今 1500 左右①,窃以为失之偏晚,容当商榷。

二、从考古资料看河洛闽台岩画的史前环境

(一)河洛岩画遗存的史前环境

现代中原地区史前考古发现的实物证据,为探讨具茨山等中原岩画产生时代的环境提供了大量的佐证材料。出土遗物证实:河南自古就是原始人类繁衍生息之地,遗存有丰富的原始文化。1978 年在河南南召县云阳镇发现的古人类白齿化石,证明距今四五十万年前以河南为中心的中原大地就有人类活动。二十世纪 20 年代在河南渑池县发现的仰韶文化、30 年代在河南安阳发现的后冈龙山文化、六、七十年代在河南发现的许昌灵井遗址、裴李岗文化、80 年代在河南发现的杏花山、小空山、大空山洞穴遗址,河南舞阳贾湖遗址出土的骨笛和刻有契刻符号的龟甲等,这些都证明从旧石器时代到新石器时代,中原地区就一直有人类居住生活,采集狩猎,文化繁荣昌盛。由此可见,具茨山等中原岩画的产生时代与古代文献记载、石器时代的考古资料是一致的,可以互相印证。据河南

① 高业荣著《万山岩雕》2011 年 12 月再版。

具茨山岩画的发现、调查者介绍,具茨山地区遗存有许多大型的不规则独石、叠石、石圈、石棚等巨石遗迹,其中叠石和石棚便是史前人类遗迹,有些巨石上还刻有凹穴等岩画。新郑、禹州、方城、泌阳、叶县、淇县等地发现大量的此类刻有岩画的巨石遗迹证明,史前人类确实在这里繁衍生息过,巨石遗迹是他们留下的物质遗产,岩画是他们留下的精神遗产。

（二）福建岩画遗存的史前环境

福建岩画在漳州发现的最多,漳州遍布史前遗存。考古资料显示,1987 年在东山岛海域浅海中捞取的古人类左肱骨化石,距今有 1 万年之久,鉴定为"东山人"。1988 年在清流县沙芜乡狐狸洞发现了一枚古人类下臼齿化石,距今 1 万年,鉴定为"清流人"。1989 年发现的漳州莲花池山旧石器遗址,经科学发掘,出土了大量的中小型尖状器、刮削器和砍砸器等。据漳州博物馆负责人介绍,莲花池山遗址下层文化在距今约 20 万年前的旧石器时代,上层文化距今约 1.3 万年—0.9 万年,该遗址把古人类在福建生活的历史推至 20 万年前。1999 年 9 月至 2000 年 1 月,福建省组成联合考古队,对万寿岩灵峰洞和船帆洞进行了抢救性发掘,出土了 800 余件石核、石锤等石制品和少量犀牛等动物的骨、角器以及一批哺乳动物化石。经铀系法测年,这一文化堆积距今已有 18 万年左右。2009 年至 2012 年,福建省文博部门对漳平奇和洞遗址先后进行了考古发掘,出土了一批重要的遗迹与遗物。遗迹包括旧石器时代晚期人工石铺活动面、灰坑等,新石器时代早期房址、灶、火塘、柱洞、灰坑等;遗物包括人骨、打制石器、磨制石器、陶器、骨器、动物化石、煤矸石、动物骨骼、螺壳等。据福建博物院考古所专家介绍,奇和洞遗址的年代距今 17000 年至距今 7000 年,是一处旧石器时代、新石器时代过渡时期至新石器时代早期文化的洞穴遗址。① 大荟山岩画附近的港头村笔架山发现了石锛、石镞,福建岩画与石器遗址、遗迹毗邻。漳州及其毗邻地区遍布的旧石器、新石器遗址、遗迹证明,距今 20 多万年至一万年左右,福建地区一直有史前人类在这里繁衍生息,包括岩画在内的遗迹与遗物便是史前人类留下的物质与精神印记。

（三）台湾岩画遗存的史前环境

在台湾已发现并可以断定属于旧石器时代的古人类遗址有两处:一处是台

① 李珂《漳平奇和洞遗址》,《福建日报》2013 年 2 月 24 日。

南左镇人遗址;另一处是台东长滨乡八仙洞遗址。1970 年夏,台湾考古学家在台南县左镇乡菜寮溪发掘到一片灰红色的古人类头骨化石,经鉴定是一个年约 20 岁的男性青年顶骨,属晚期智人,年代与山顶洞人相仿,距今约三万至二万年,这是目前所知最早的台湾居民。1968 年底,考古学家还在台东县长滨乡八仙洞发掘出大量打制石器和骨角器,其形制与大陆南方许多旧石器时代的遗物,特别是与湖北大冶石龙头、广西百色上宋村等地出土的石器完全一致。经鉴定,它们大约是 15000 年前(一说 50000 年前)旧石器时代晚期的遗物,被称为"长滨文化"。① 万山岩雕区还遗存有石板屋工寮遗址,据考察者说,万山岩雕场所"从无祭祀行为,亦与部落中的生活、相关禁忌无关",这应是古人类的生活遗址。

三、从地史变迁看河洛闽台岩画的陆桥通道

福建最古称为"闽"。《山海经·海内南经》载:"闽在海中,其西北有山。一曰闽中山在海中。"清代历史学家吴任臣说:何乔远《闽书》曰:"按谓之海中者,今闽中地有穿井辟地,多得螺蚌壳、败槎,知洪荒之世,其山尽在海中,后人乃先后填筑之也(袁珂《山海经校注》)。"吴任臣的海峡"先后填筑"说不懂地史变迁,但其"穿井辟地"之所见却见证了台湾海峡沧海桑田的陆桥连接。

据林观得教授著《台湾海峡海底地貌的探讨》,现在东山陆桥在海平面之下四、五十米,几万年之前,古海面降至海平面以下一百三十米,东山陆桥那时露出海面九十米。这便是古时连通闽台的文明之桥。尤玉柱教授主编的《漳州史前文化》说:"福建和台湾两省,隔海相望,史前时期两地就存在着极为密切的关系。这种密切的关系是由于它们有着相同的地理条件、相同的地质条件、史前时期多次连为一体,以及远古人类通过陆桥频繁来往诸因素所决定的。""闽台之间早期人类的往来和文化的交流,主要是通过'东山陆桥'完成的。"

台湾本岛的考古发现,也有力地证实"东山陆桥"的存在。在台湾的第四纪地层中,曾发掘许多哺乳动物化石,如东方剑齿象、剑齿虎、中国犀、古鹿、野牛、野猪等化石。这些都是同时期古漳州一带乃至华南地区常见的古动物。台湾的

---

① 徐博东、张明华《台湾传统文化探源》商务印书馆 1996 年 12 月

六十四种兽类、各种淡水鱼类、植物类,大多与大陆同谱系区系。这些都说明台湾和大陆本为同一古陆,本有陆地相通,动植物本是生存活动于同一圈层。"东山陆桥"正是古动物古植物跨越海峡的通途。台湾臧振华教授在关于台湾、澎湖史前文明考古报告中说,在迄今四至五千年期间,台湾海峡出现海退期,又露出陆桥,陆桥"上面有浅滩、沼泽及河流……这时候台湾海峡上的人群活动颇为频繁。"

中国历史学家翦伯赞在《台湾番族考》中说:"台湾的番族(原住民),是百越族的支裔。这种番族之占领台湾,不在宋、元之际,而在遥远的太古时代。"1929年,中国人类学家林惠祥在台湾考察和试掘台北圆山新石器时代遗址。此后,他在福建多次进行新石器时代遗址的调查和发掘。经过类型学的对比研究,他说:"台湾的新石器文化有一点地方特征,但从大体上看,却是属于祖国大陆东南一带的系统";"台湾新石器时代人类是东南区古越族的一支"[1]。中国民族学家凌纯声先生说:"台湾土著族至少可以说多数是在远古来自中国大陆,来自古越人"[2]。台湾人类学教授李亦园先生指出:"目前所知,第一批从中国大陆迁到台湾的移民,是所谓'长滨文化'的主人,他们从中国大陆南方迁到台湾的年代约在距今五万年前,或甚而更早的时代[3]。"福建及其毗邻地区遍布的旧石器、新石器遗址、遗迹为有关古人类从大陆途经东山陆桥进入台湾的推断提供了科学根据。

台湾岛内最早的人类,目前已知是距今二至三万年前的"左镇人",其生活年代属旧石器时代晚期。"左镇人"来自何方?据海洋地质专家研究:台湾东侧,海底坡度以一比十急降,离岸二十公里处的海深达四千米。台湾距离世界其它大陆的海面,远远超过到中国大陆的距离。即使在大冰期海面下降百多米,台湾东侧仍是深不可测的太平洋,二至三万年前的人类绝不可能跨越它。所以,"左镇人"的唯一来路是大陆。台湾考古人类学教授宋文薰先生曾经做出台湾旧石器文化"一定是经由华南传进的"推断。

台湾"左镇人"、"长滨人"活动在一至三万年前台湾海峡还处于冰期陆桥的

① 《台湾石器时代遗物的研究》1955 年,《中国东南区新石器文化特征之一:有段石锛》1958 年。
② 凌纯声《古代闽越人与台湾土著族》,《学术季刊》,台北 1952 年。
③ 李亦园《人类的视野》上海文艺出版社 1996 年。

时代,当时台湾与大陆连在一起。"左镇人""长滨人"和许多大型哺乳动物,经过长途的艰难跋涉,从大陆通过"东山陆桥"移居台湾。许多学者认为,"左镇人"和"长滨人"是首批从中国大陆迁台的移民。我认为,未来的考古发现不排处台湾还有更早的移民。

汉许慎《说文解字》"闽,东南越,蛇种。"民俗学家发现,台湾原住民的许多重要义化特征与大陆南方古越族人相同或相似,如:蛇龙崇拜、断发纹身、"干栏"屋居、"凿齿"习俗、杀犬以祭、悬棺崖葬等等。

由上可知,以岩画为代表的台湾史前文化产生于闽台大地末次冰期结束之前,当时的华夏原始人类通过东山陆桥"徙居台湾创造了岩画等史前文化。

末次冰期结束后,台湾与大陆之间才由陆桥变为海峡。

四、从考古类型学看河洛闽台岩画的一体性质

河洛岩画以河南省具茨山岩画为代表。据报道,1988 年以来,在河南省禹州市具茨山峡谷中发现了 3000 余处史前岩画,分布范围可达 400—600 平方公里。

经调查者多年整理归类,具茨山岩画大致可分为两类:一类是表示具体形象的岩画类,如"男女人物形象"等,此类稀少。另一类是表示抽象的岩画,此类占绝大多数。表示抽象的岩画类,可分为圆形凹穴(杯状穴)、方穴、网格、沟槽、线条和不规则线条符号等。其中圆形凹穴所占比例最大,约达 90% 以上。圆形凹穴分为单凹穴、双凹穴和多凹穴,前二种较少,后者居多。多凹穴以两排各 6 穴组成,多数两排对称排列,有的还在相对的两凹穴间用沟槽连接,也有少量 3 排成列的,各 6 圆穴组成 18 圆穴;还有 6 排各 6 穴组成 36 圆穴的;也有 2 排各 12 穴组成 24 圆穴的;另有环圆形凹穴,又称为"梅花状"凹穴,即中间有一大凹穴,周围环布多个小凹穴,其亚形还有在小凹穴周围加刻一周阴线进行装饰,使其犹如花朵。还有米字形"网格"类岩画,回字加斜线形、"车"字形、三角框加十字形、方框加十字形、长方形加米字形、圆形框加五角星形等等。还有一些斜向排列的线条,长短不一,曲直不同。①

---

① 高林华编《具茨天书》,国际炎黄文化出版社 2009 年 3 月。

从总体上看,河洛岩画的主题图像是以圆形凹穴(杯状穴)为基础的各种抽象图形,主要有单凹穴、双排凹穴、梅花状凹穴、散状凹穴,还有圆圈、方形凹穴、棋盘状网格、线条、符号、人形等图像。抽象图形多,具象图形少。

福建岩画以漳州岩画为代表。20世纪80年代以来,经中外学者调查研究,漳州史前岩画的数量已经远超过50幅,主要分布在九龙江、鹿溪、漳江东溪流域,从华安到诏安,构成一条延绵数百公里的弧形的史前岩画分布带。

唐代张读的《宣室志》记载的福建漳州仙字潭岩画以抽象符号为主。20世纪80年代以来福建又新发现了许多岩画。华安境内散布着蛇形、动物、蹄印、星宿等多种岩画。漳浦县佛昙镇大荟山发现蹄印、女阴、星象、蛇形等岩画。东山县东门屿发现太阳纹岩画群。长泰县枋洋镇发现蛇形岩画,龙文区云洞发现脚印岩画,龙海市太武山发现脚印岩画。诏安县龙山发现脚印岩画、溪口村发现蛇形、圆穴岩画、马坑山发现线条、符号岩画。[①]

从总体上看,福建岩画的主题图像以圆形凹穴等抽象图形为主,主要有小圆穴、同心半圆形、太阳、月亮、星象、棋盘形、脚印、蹄印、线条、符号、蛙人、人面像、女性生殖器、蛇形、鱼似鸟形等。

台湾岩画以万山岩画为代表。截止2008年2月,万山岩画已发现4处14个岩画点。据高业荣教授著《万山岩雕》,台湾万山岩画主要有杯状坑(即大陆学者描述的"凹坑""凹穴")。凹点(即大陆学者描述的"圆点"或"敲凿麻点")。重圆纹(即大陆学者描述的"同心圆")。圆涡纹、蛇纹(即大陆学者描述的"螺旋纹""龙纹""蛇纹")。云纹(即大陆学者描述的"云纹")。水流纹(即大陆学者描述的"水流图"、"水利图")。栏栅纹(即大陆学者描述的"栏栅纹")。足掌纹(即大陆学者描述的"足印"、"脚印"、"大脚印")。人头像(即大陆学者描述的"人面像"、"人头像"、"类人首",人头圆涡结合纹,大陆学者将其统归入母体岩画"人面像"中)。全身人像(即大陆学者描述的"人形像")。"老鹰"(两岸学者称谓相同)。

从总体上看,台湾岩画的主题图像以圆形凹穴(杯状坑)等抽象图形为主,主要有杯状坑、散置凹点、密集凹点、啄坑(麻点)、同心圆、重圆纹、圈状纹、漩涡

---

① 《神秘史前岩画遍布漳州山海之间》,泉州网2012—11—6。

纹、椭圆纹、点状纹、菱形蛇纹、曲折纹、直线纹、网状纹、方格纹、矩形纹、倒三角纹、"目"字纹、"王"字纹、L纹、人像纹、蛙形人像、人脸纹、高耸装饰物的人头、足掌纹、长长的曲线。其中有规律排列的杯状坑、点状纹很有特点。

从考古类型学的比较研究来看,河洛岩画、福建岩画、台湾岩画均以抽象图形为主,海峡两岸三地的圆涡纹、重圆纹、足印、蹄印、网纹、曲线、人头、人面、人像等同类岩画相同、相似,特别是有规律排列的圆形凹穴、点状纹更是具有考古类型学上的一致性。由此可以推测,河洛岩画、福建岩画、台湾岩画在产生时代、创作主体、图像类型、文化内涵、艺术风格、凿刻工具、传播路线诸方面具有一体性质。

五、结论

从古籍记载看,河洛闽台岩画产生在中国文字产生之前的以燧人氏为代表的三皇五帝时代;从考古资料看,河洛闽台岩画所在地处于旧石器至新石器时代的史前环境中;从地史变迁看,华夏原始人类在闽台大地末次冰期结束之前通过"东山陆桥"成为台湾最早的原住民;从岩画类型学看,以抽象图形为主的河洛闽台岩画存在着考古类型学上的一致性。

史前研究证明,创造河洛岩画、福建岩画的原始人类在旧石器晚期通过"东山陆桥"徙居台湾创造了史前岩画,使河洛闽台岩画在产生时代、图像造型、文化内涵、雕刻工艺、刻制工具、遗存环境诸方面具有相同、相似的一体性质。

(周兴华,宁夏文物局原副局长、副研究员;魏淑霞,宁夏中卫市教育局教研室教研员)

略论台湾地域文化的特征

张显运

台湾是中国领土不可分割的一部分。历史上台湾与大陆就有着较为密切的联系。早在三国时期,吴国国君孙权派卫温到达台湾,台湾当时称"夷州",隋唐时期,隋炀帝曾三次派人到台湾,台湾当时称作"流求",元朝时期,中央政府设置澎湖巡检司,负责管辖澎湖和琉球(台湾);1624 年,荷兰殖民者侵占台湾,称台湾南部的安平港为"Tavovan"(台窝湾),台湾逐渐成为这一南部港湾的通称。[①] 1662 年,郑成功收复台湾,1684 年,清朝设置台湾府,隶属福建省。

另外,从地形地貌上看,台湾也是祖国不可分割的一部分。台湾以山地为主,其山脉呈东北——西南走向,和大陆的山脉走向完全一致,考古学家还在台湾西部发现了许多在大陆曾经存在过的动物化石,如剑齿虎、犀牛、剑齿象、野牛、大角鹿等,说明远古时期台湾本就是大陆的一部分,地质学家们研究,在远古时期,台湾和大陆有过几次连接与分离,最后一次是在 5000 年前左右。[②] 台湾都是中国领土神圣不可分割的一部分,台湾文化和中国传统文化是同源同根文化,即中国传统文化是源头,是根;台湾文化则是支流与枝叶。两者有很多相同之处,但不可否认的是,由于台湾长期和大陆在地理上的分离,四面环海,逐渐形成了独居特色的、鲜明的地域文化。

一、文化与地域文化

在探讨这个问题之前,我们首先搞清楚两个概念,一是什么是文化,二是,什

① 陈碧笙《台湾地方史》,中国社会科学出版社,1982 年版,第 8 页。
② 徐鲁航　薛军力《台湾文化的形成与特点》,《汕头大学学报》2006 年第 4 期,第 42 页。

么是地域文化。

"文化"一词如何定义,众说纷纭。《周易·贲卦》里说,"关乎天文,以察时变;关乎人文,以化成天下。"汉代刘向《说苑·指武》中言道:"凡武之兴,为不服也;文化不改,然后加诛。"这里文化显然是两个词,即"文"、"化",其含义就是用古代的礼仪制度去教化世人。可见,古代文化一词和今天我们所谈的文化有很大的区别。

那么,什么是现代意义的文化呢? 文化一词,在英文中对应的单词是"culture",其含义是"耕作"、"培养"、"修养"、"培植"之意。它是 19 世纪由日本人翻译过来后引进中国的。英国人类学之父泰勒在《原始文化》一书中曾这样定义文化:"文化或文明,乃是包括知识信仰艺术道德法律习俗以及包括作为社会成员的个人而获得的其他任何能力、习惯在内的一种综合体。"在这里泰勒仅仅是对文化概念的描述。1973 年《苏联大百科全书》给文化下了这样一个定义,文化是"社会和人在历史上一定的发展水平,它表现为人们进行生活和活动的种种类型和形式,以及人们创造的物质财富和精神财富。"上海辞书出版社 1989 年出版的《辞海》将文化分为广义和狭义之分:"从广义上来说,指人类社会实践过程中所创造的物质财富和精神财富的总和。从狭义来说,指社会的意识形态,以及与之相适应的制度和组织结构。"华中师范大学教授王玉德先生在《中国传统文化新编》一书中指出"文化是人类社会历史实践过程中所创造的物质财富和精神财富的总和,它包含三个层面:物质层面、精神层面和制度层面"。

综合以上古今中外的学者对文化的界定,我们不妨这样来理解文化,凡是打上人类烙印的东西都可以称之为文化。文化包含三个层面,即物质、精神和制度层面。当然,文化因分类的角度不同,会形成不同类型的文化。如,从时间分类上讲,有原始文化,古代文化,近代文化,现代文化;从空间角度讲,有东方文化,西方文化,海洋文化,大陆文化;从社会层面上讲,有贵族文化,平民文化,官方文化,民间文化,主流文化,边缘文化;从经济形态方面,又有牧猎文化,渔盐文化,农业文化,工业文化,商业文化之分。总之,文化的分类可谓林林总总,蔚为大观。

文化是一个宏观的概念,各个地方由于不同社会结构和经济发展水平、语言、宗教信仰、民俗等,又会形成各具特色的地域文化。那么,什么是地域文化呢? 地域文化一般是指"特定区域源远流长、独具特色,传承至今仍发挥作用的文化传统,是特定区域的生态、民俗、传统、习惯等文明表现。它在一定的地域范围内与环境相融合,因而打上了地域的烙印,具有独特性"的地方文化。在中国古代,由于各地生态与地理环境的不便,交流的阻隔,很多地方的人们长期处于与世隔绝的状态,导致了地域文化的形成。如,河洛文化、齐鲁文化、三秦文化、湖湘文化、燕赵文化、闽台文化等。

台湾岛地处祖国的边陲,南北狭长,四周流域广阔,北回归线恰好横穿岛的中部偏南地区,从气候上看,属于热带、亚热带气候,高温、多雨、多风。从地形上看,台湾多山地、少平原,平原和盆地仅占山地的五分之一。台湾省是一个岛屿省份,岛屿众多,海岸线长。仅台湾本岛海岸线就有 1566 公里,包括了东部、北部、西部与南部等四个不同海岸。加之地处祖国的边陲,孤悬在海中,在古代经济发展较为落后,交通不便的情况下,岛上居民主要以农耕、打渔、牧猎为生,长此以往,形成了独具特色的海洋文化、牧猎文化和农耕文化。尽管如此,一个地方的地域文化除受自然地理环境的影响外,还与一定的社会经济、移民、战争、殖民统治等多种因素息息相关。比如,"移民数量占强势时,或在政治经济方面占强势,外来文化将取代本地文化;移民数量少,没有经济社会地位,本地文化将被保留,移民将接受当地文化;土客相当,两种文化相互融合,形成新文化"。① 台湾地域文化也是如此,呈现出出多元化的特征。

二、台湾地域文化的特征

风格迥异、各具鲜明特色的地域文化,不仅是源远流长的中华文化的有机组成部分甚至是精华部分,而且是中华民族的宝贵财富。地域文化的发展既是地域经济社会发展不可忽视的重要组成部分,又是地方经济社会发展的窗口和品牌、也是招商引资和发展旅游等产业的基础性条件。尤其是现在,各地为了发展旅游业,更是突出与强调当地独具特色的地域文化。

(一)多元文化:以河洛文化为核心

台湾地域文化的主体成分是河洛文化、客家文化、闽南文化与西方文化。在

① 郝备《西部地区的文化冲突与法律调适》,《政法学刊》2013 年第 4 期,第 41 页。

长期的历史演变过程中,台湾文化兼收并蓄各种文化的有益成分,逐渐形成了极具地方特色的台湾乡土文化,丰富了中华文化的内涵。就台湾地域文化本质而言,它是河洛文化的一种自然延伸和发展,与祖国大陆同属于一个不可分割的文化系统。

"昔三代之居,皆在河洛之间"。① 以洛阳为中心的河洛地区,不但最早跨入文明时代,而且在以后的数千年里,长期是我国政治、经济、文化与交通的中心。正因为如此,河洛文化在中国传统文化中占据着重要地位。诚如戴逸先生所言:"河洛文化是中华文化的重要源泉之一,而且长期以来出于领先地位,说它是源泉,因为黄河是中华民族的摇篮,是中华民族文化的重要发祥地。河洛文化历史悠久,影响深远,七八千年来一直延续不断,前后相接,形成一个连绵不绝的文化发展系列。"②

作为河洛文化圈,实际要超过河洛区域范围。朱绍侯先生指出"河洛文化圈应该涵盖目前河南省全部地区,东与齐鲁文化圈相接,南与楚文化圈相接,西与秦晋文化圈相衔接,北与燕赵文化圈相衔接。究其实质,河洛文化就是狭义的中原文化。广义的中原文化应该包括齐鲁、秦晋、燕赵等文化。"③

历史上,河洛地区的居民因多种原因迁至福建等沿海地区,又由福建向台湾迁徙,河洛文化随人口转迁传至台湾,深刻影响了台湾文化的形成与发展。据研究考证,河洛地区的居民向台湾地区大规模的人口迁徙有 5 次,通常是由中原地区迁到福建,再由福建迁往台湾。明朝以前为第一次移民热潮,从福建迁往台湾的少则数人,多则数千人,以开发澎湖列岛和台湾北港为主。明朝崇祯六年(1628),郑芝龙在福建巡抚熊文灿的支持下,召集福建沿海饥民数万人,"人给银三两,三人给牛一头,用船载至台湾",让他们定居下来,开垦荒地,④形成第二次移民热潮;第三次移民为郑成功收复台湾后,福建人民大规模移居台湾,据史学家估计,当时有 20 余万闽南人前往台湾,他们主要分布在台湾西部地区。⑤;第四次为 1684 年清政府设置台湾府,隶属福建省,由于地缘、血缘密切关系等原

---

① 《汉书》卷 25 上《郊祀志》第五上,中华书局,1962 年。
② 戴逸《关于河洛文化的四个问题》,《寻根》1994 年第 1 期。
③ 朱绍侯《河洛文化与河洛人、客家人》,《文史知识》1994 年第 3 期。
④ 连横《台湾通史》卷一《开辟纪》,商务印书馆,1983 年,第 9 页。
⑤ 林仁川等《闽台文化交融史》,福建教育出版社,1997 年,第 33 页。

因,闽南人前往台湾持续不断,几乎遍布全岛;第五次为抗战胜利后,闽南人再次兴起移居台湾的热潮。据不完全统计,从 1946 年到 1949 年短短的 4 年时间里,就有 177 万大陆人移居台湾,其中大量是闽南人。①

大量移民的播迁,使得台湾文化和河洛文化血脉相连,一脉相承。如,族群同宗,血脉相连;语言同系,文字相同;礼仪同承,民俗相近;宗教同源,信仰相通。② 正因为如此,台湾文化的核心就是河洛文化,河洛文化就是台湾文化的根。著名语言学家、厦门大学教授黄典诚先生 1981 年 4 月 22 日在《河南日报》发表的《寻根母语到中原》一文中曾提到,"寻根起点是闽南,终点无疑是河南"。他还深情地吟咏道:"河洛中原是故山,永嘉之乱入闽南。谋生更遍南群岛,击楫全收淡水湾。莫谓蛮人多缺舌,须知母语在乡关。寻根不是寻常事,唤取台胞祖国还。"目前台湾的人口是 2300 万,其中 80% 台湾居民能使用闽南话。③ 高绪观先生在《台湾人的根——八闽全鉴》一文中说:"台湾人文礼俗,源于中土,相袭入闽,举凡信神拜佛、敬天祭祀、婚丧喜庆、衣冠礼乐、四时年节,以及习俗人情,皆是祖宗流传而来的。"道光年间,曾到过台湾的官员丁绍仪在《东瀛识略》一书中说:"台民皆徙自闽之漳州、泉州,粤之潮州、嘉应州,其起居、服食、祭祀、婚丧,悉本土风,与内地无殊异"。显然,台湾文化根在河洛,台湾文化无论在物质层面还是精神层面都来源于河洛文化。

一些台独分子企图否定台湾文化和河洛文化的这种渊源关系。李登辉声称,台湾受到中国大陆、西欧和日本文化的影响,中国文化对台湾文化并未有最浓厚的影响。他认为台湾文化和日本文化更为接近,二者都可说属于"混合文化"。④ 台湾师范大学庄万寿教授曾指出:"必须切断与中国文化的脐带,让台湾文化独立发展,可是当人们推展台湾文化活动时,又会发现越是追寻本土,越是'中国',如南管、北管、乱弹、傀儡,都来自大陆;连独立发展的歌仔戏,也难与来自大陆的传统戏剧无关,而才子佳人的戏目,亦皆唐山的故事。此外,文学作品,现代的也难摆脱五四白话文运动的影响,古典的旧诗文,更是唐山的对象。这些

---

① 林明江《海南台湾比较与发展》,海南出版社,1995 年,第 221 页。
② 《徐光春在台湾中国文化大学演讲"河洛文化"》,华夏经纬网,2009 年 12 月 18 日。
③ 刘景芝《从文化习俗看两岸同源》,《人民日报》2000 年 8 月 24 日。
④ 《李登辉对日本媒体称中国文化对台湾无最浓厚影响》,中新社网站,2002 年 11 月 5 日

矛盾,令人懊恼不已。一般简单的解决方法是把它分为文化中国及政治中国,台湾对文化可以认同,对政治不能认同。但这样是十分肤浅空泛的说法。"①虽然他们主观上不承认台湾文化和大陆文化这种血脉相连、唇齿相依的这种关系,但最终懊恼的发现,不管在台湾文化的任何方面,无论是文学、艺术还是语言,台湾文化都来自于河洛文化。

当然,不可否认,由于长期的孤悬海外和殖民统治以及和周边国家的贸易往来,台湾文化不可避免地也深受其他异族或异国文化的影响。如台湾的土著居民平埔族、泰雅等这些语言属南岛语系的族群,这种语言属于太平洋居区住民的语言:如印度尼西亚、马来西亚、菲律宾、波利尼西亚等地民族都属于这一语系。另外,明清以前台湾土著中,还有一种体型矮小的黑人,现在台湾小黑人已经绝迹,但在菲律宾、马来西亚丛林里还有存活,所以台湾原住民有一部分从马来西亚、印度尼西亚、菲律宾等地迁徙而来,②使得台湾文化又带有东南亚文化的特点。

西方文化也是构成台湾文化的一个分支。近代以来,随着西方列强的入侵,以及台湾沦为日本的殖民地,台湾文化遭到了欧风美雨的冲击,西方文化已成为台湾多元文化中的一部分,特别是新生一代,他们没有上一代的文化包袱,在中西文化的碰撞中,对西方文化有比较完整的了解,并从中认识到西方文化的某些优势,很自然地对西方文化产生一定的兴趣和情感投射。这种情感投射至今仍在持续,并在全球化、网络化和社会商业化的情景中得到加强。③

纪舜杰曾说:"台湾的多元文化应该包含中国文化,中国文化也可以丰富台湾的文化内涵,但是中国文化不能成为台湾的主体文化,其文化原因为台湾需要一个可以清楚自我认同和他人辨认的文化,在历经西方和日本殖民后,台湾的文化内涵早已脱离中国文化的全盘控制,加上台湾在现代化的程度上一直是超越中国,在文化位阶上即使我们不自大地认为我们是在上层,也不可以自卑地认定自己是位于其下方。"④纪先生的说法存在两方面的错误:一是他否定了台湾文化中河洛文化的根源性。我们前面提到,台湾文化无论在宗教信仰、民俗、文字、

① 庄万寿《中国论》,台北玉山社,1996年版,第95—96页。
② 卫惠林《台湾土著族的分类》,《台湾丛谈》,幼狮文化公司,1988年。
③ 庄礼伟《百年来台湾文化的源流、属性与变迁》,《东南亚研究》2005年第3期,第89页。
④ 纪舜杰《认同的力量——政治力与非政治力的作用》,见施正锋主编《台湾国家认同》,台"国家展望文教基金会",2005年,第75—76页。

语言、礼仪等方面无不受河洛文化的深刻影响，甚至和河洛文化别无二致，这一点诸多学者已经讲过；二是，纪氏对台湾地域文化的看法未免有点夜郎自大。

综上所述，台湾文化的主流和核心是河洛文化，虽然受到了欧风美雨的浸润，但西方文化在台湾文化中并未有上升到主导地位，依然难以改变其根在河洛的本质。

(二)双重性格：海洋文化与大陆文化

台湾文化具有双重性格：即海洋文化和大陆文化。所谓海洋文化，就是和海洋有关的文化；就是缘于海洋而生成的文化，也即人类对海洋本身的认识、利用和因有海洋而创造出来的精神的、行为的、社会的和物质的文明生活内涵。"台湾故东番之地，越在南纪，中倚层峦，四面环海，荒古以来，不通人世"[①]显然，四面环海的地理位置，使台湾文化具有一定的海洋性特征。在此，需要说明的是台湾文化具有一定的海洋性特征，不是说其就是完全的海洋文化，其实台湾因在历史上，尤其是明朝以前和祖国大陆以及其他国家交往不多，几乎处于与世隔绝的状态，加之境内多山和分布有零星的平原，所以台湾文化又具有一定的大陆文化的品格，即以农耕文明和牧猎文化的特征。如明万历三十一年(1603)，陈第在《东番记》上记述："东番人不知所自始……种类甚蕃，别为社，社或千人，或五、六百，无酋长，子女多者众雄之，听其号令。性好勇，喜斗……邻社有隙则兴兵，期而后战，疾力相杀伤，次日即解怨，往来如初，不相雠(仇)……交易，结绳以识。无水田，治畲种禾……族又共屋，一区稍大，曰公廨；少壮未娶者曹，居之。议事必于公廨，调发易也……居常禁，不许私捕鹿。冬，鹿群出，则约百十人即之，穷追既及，合围衷之，镖发命中，获若丘陵，社社无不饱者。"显然，在明朝以前，台湾地区经济比较落后，很多地方还过着一种较为原始的，"治畲种禾"、围捕鹿群的生活，种植庄稼和狩猎。近年来，一些台独分子叫嚣台湾文化是海洋文化，而中国文化则是大陆文化，二者不仅有本质的差别，而且有先进与落后的区分。大陆文化以农立国，安土重迁，民族观是内向的，所以是封闭的、保守的；海洋文化开放、自由、进取，又自谦自卑，所以是求新的、求变的。[②] 这种分法是站

---

① 连横《台湾通史》，商务印书馆，1982年。
② 李永炽等《台湾主体性的建构》，"李登辉学校"出版，2004年，第62页，转引自陈孔立《"台湾文化民族主义"的构建》，《台湾研究集刊》2013年第5期。

不住脚的。其实,无论台湾文化还是大陆文化都具有双重,甚至多重性格。台湾一些民进党人就曾指出,台湾文化带有大陆性与海洋性双重性格,既不完全属于海洋,也不完全属于大陆文化。关于台独分子的谬论,厦门大学教授陈孔立先生在其《"台湾文化民族主义"的构建》一文中已进行了驳斥,[①]此不赘述。

(三)移民文化

不可否认,台湾是一个移民省份。在 17 世纪以前,台湾原住民主要为阿美族、排湾族、泰雅族、布农族、赛夏族、邵族、噶玛兰族等。主要分布在花莲县、台东县、桃园县、屏东县等县市,人口 52 万余。[②] 17 世纪以来,随着清朝统一台湾,福建、广东大量移民移居台湾,中华文化成为台湾的主流文化,中国传统文化具有包容性,原住民文化逐渐被先进的中国传统文化同化,原住民文化日益式微。

台湾是一个多灾多难的省份,先后历经了西班牙、荷兰、日本的殖民统治,西方殖民者侵占台湾期间,也先后将其本国的文化移植到台湾。如荷兰人占据台湾,对原住民采取所谓教化政策,将罗马字拼音法引入台湾。日本侵占台湾后,对台湾文化实行灭绝政策,以野蛮的手段在台湾推行大和文化,强制台湾民众改日本姓名,信仰日本神明,穿和服,写日文,讲日语,唱日本歌曲等。台湾光复后,日本强加给台湾的大和文化遭到扫荡,但大和文化中的雕塑、建筑、绘画、音乐被吸纳,成为台湾文化的一个重要元素。所以台湾文化又具有典型的移民文化的特征。尽管如此,台湾文化的价值判断与社会习俗仍大多以中国的儒家道德标准为主,打上了深深的中国传统文化的烙印。

综上所述,台湾地域文化从构成上看是以河洛文化为核心的多元文化;从文化品格上看,兼具大陆文化和海洋文化的双重性格;从来源上看,受外来文化的影响很深,又具有典型的移民文化特征,但这种移民文化打上了深刻的儒家文化的烙印。

(作者为洛阳师范学院河洛文化研究中心副教授、历史学博士)

---

① 参见陈孔立《"台湾文化民族主义"的构建》,《台湾研究集刊》2013 年第 5 期。

② 《百度百科·台湾原住民》。

客家音乐文化的渊源与嬗变

边秀梅

一、前言

　　客家是我国汉族的一个特殊民系,由于战争、灾难、瘟疫及自然灾害等原因,客家先民大规模的从中原向南迁移进入赣闽粤偏远的山区聚居。由于交通的不便,使得客家音乐以原生态的音乐形式得以保留。客家音乐源自于客家民众的生产生活,是反映客家民众的思想感情的音乐。现如今,在多元文化的冲击下,各种传统音乐文化的发展均面临着不同的机遇和挑战,而客家音乐千百年来在民间自流自放,正处于濒危的边缘。音乐学家温萍教授认为:“客家音乐亟待保护并传承。”那么,如何保护和传承客家音乐文化便成为当下亟待解决的问题。世界上任何一个民族的传统音乐,都有其历史发展渊源。因此,本文将客家音乐文化作为研究对象,阐述其内涵、渊源和嬗变,意在促进客家音乐文化的承传、创新和发展。

二、客家音乐文化的内涵

　　“客家音乐”是客家民系(或族系)的特色音乐品种的称谓,是流传在客家地区为客家民众喜爱的民族民间音乐。“客家音乐文化”概念的提出,是在原有基础上对涵义的提升和扩大,理论基础源于民族音乐学——音乐文化人类学的方法论:音乐中的文化和文化中的音乐是相生相关、互为表里、互动转换的不可分割的统一体。客家音乐文化是客家文化的重要组成部分,是地域文化,也是一种移民文化。

　　客家音乐是客家文化的重要构成部分,也是我国民族民间音乐体系的重要构成部分,它是中原音乐与当地畲族、瑶族音乐的有机融合,是客家人独有的民间音乐。客家音乐可以概括为客家山歌、客家汉乐、客家筝曲、客家锣鼓、舞狮、船灯舞、采茶戏、五句板等。客家先民生活在赣闽粤交界的山区,唱山歌是客家居民表达思想情感的重要手段,经过长期的流传、演化,客家音乐中形成了一系列从形式、内容、音调到演唱风格上丰富多姿,独具特色的客家山歌。客家山歌是客家人在长期的劳动实践中创作出来的文化艺术珍品,它既保留了客家祖居地———中原的文化神韵,又有华南文化的异彩。

三、客家音乐文化的渊源

任何文化都有其自身发展的历史,客家音乐也一样。中原移民把中原汉族音乐传播到了客家地区,才逐渐形成了客家音乐。我国研究民间歌谣的先驱之一钟敬文先生通过对客家山歌的音韵和双关语进行研究推断,客家山歌可以溯源于南朝江南民歌。谢重光教授认为,客家山歌的渊源可追溯到《诗经·国风》及荆楚民歌、南朝吴歌的传统,但近源主要来自包括畲、瑶在内南方少数民族的音乐文化。[①] 客家作为汉族一个庞大的民系共同体,人口众多,分布地域辽阔,形成的历史悠久。自西晋以来,中原移民先后多次向南迁移到赣南、粤东、闽西的客家地区,历经了长达千余年的时间,在漫长的迁移历程中,中原人口迁移促进了南北物质文明和精神文明交流发展的同时,促使中原移民音乐与赣、粤、闽三省交界山区里的土著音乐的有机结合,形成了独具特色的、丰富多彩的客家音乐文化。所以就有了这样的说法:"有太阳的地方就有中国人,有中国人的地方就有客家人,在有客家人的地方就流传着客家音乐。"从客家音乐的起源与流变,种类与分布来说,可以归纳为:"歌随人走"。客家先民在迁移的过程中,移民迁徙与移民音乐传播处于同步进行的状态,因此,客家音乐乃是移民文化的产物。

四、新时期客家音乐文化的嬗变

客家音乐作为一种社会文化现象,适应生存是其文化的本质。客家音乐文

[①] 谢重光《客家山歌文化渊源新论》,《福州大学学报(哲学社会科学版)》2007 年第 9 期第 5—11 页。

化的发生与发展,不可能是孤立的,必然与其所处的环境有着密切关系。换句话说,对客家音乐文化的渊源进行研究,应该考虑其所处的外部环境。内因是事物发展的根本原因,外因是事物发展的必要条件。分析其发展的原因,其一,客家音乐与本土音乐的有机融合。客家音乐的起源是古代中原音乐,在客家民系形成的漫长历史过程中,来自中原的汉民把包括中原音乐在内的汉文化,逐步传播到赣、闽、粤毗邻的广大客家地区,并与本土音乐进行有机的融合。经长期的流传、演化,形成了一系列从形式、内容、音调到演唱(演奏)风格上丰富多彩、独具特色的客家民间音乐。其二,客家音乐来源于劳动和生活,是客家先民的内心思想和情感的反映。中原移民文化与本地土著文化相融合,并长期的受到社会生活、社会实践所形成的方言、风俗和人们的审美情趣的影响。例如,客家山歌起源于中原古代民歌,是客家民众在荒山原野、田园茶山中眼见耳闻,即兴作词随口哼唱的山歌。其三,反映客家先民民俗、精神情操的客家民歌,在信息化和多元文化的影响下,与现代音乐文化相互交流和相互借鉴。

(一)客家音乐文化的交融性

赣闽粤边区的客家居民与土著的畬族、瑶族等少数民族聚居在一起,他们的共同之处是爱唱山歌。中原的客家音乐必然会与土著音乐发生矛盾和碰撞,经过长时间的学习和交流,最后逐渐达成中原移民与当地原住民土著少数民族之间的音乐融合。因此,在客家山歌中常常包含有土著民族山歌的因素,在土著民歌山歌中也可以看到客家山歌的影子,有时两者竟融合得难以分辨的现象是屡见不鲜的。

(二)客家音乐文化的地域渐变性

客家音乐文化具有延续性与多样性的特点。对客家音乐进行追源溯流,可以发现客家民歌与中原民歌有着一定的渊源关系,但存在一定的地域差异。地域文化对音乐的影响,是自古以来的一种自然的音乐文化现象。客家民系分散在我国大陆和台湾以至海外许多地区,但其主体是在赣、闽、粤三省交界的聚居地。这一大片土地经过千余年的演化,形成了自成一体的音乐文化板块。生存并活跃在这个文化板块上的客家音乐,历经漫长岁月的磨砺和流变,逐渐形成客家音乐。客家音乐种类多样,形态各异,同时又具有鲜明的地域性,与不同客家地区的方言、文化、风俗相结合,共存共生。所以同为客家音乐,不同地域、不同族系所流传的音乐文化均有所不同。因此,中原音乐是"根",客家音乐是"叶"的说法,是有一定道理的。

（三）客家音乐文化的开放性

在信息化和多元文化的影响下,客家音乐的开放性体现在两个方面,即各地移民传播的多向性和对各地音乐的宽容度。客家音乐先辈罗九香主张,对传统乐曲赋予新的艺术生命,才能长盛不衰。罗九香先生所演奏的《山水莲》,有独到的神韵,在演奏手法上,罗九香还善于吸取其他乐派的演奏手法来充实自己。比如,他运用山东筝派中的大指小关节轮音来丰富客家筝传统八度轮音的技法。现在,也有人用罗九香先生演奏的《出水莲》筝曲版本,改编成合奏曲。2008 年在广西博白县举行的"博白客家山歌演唱大赛"①上,《博白是个好地方》采用了博白客家山歌原生的曲调与唱法,观众的反应一般,但是新创作的客家山歌,采用歌词演唱上的客家话和现代流行歌曲曲调的完美结合,博得观众喜爱。另外,还有一些新创作的客家山歌采用了剧情表演、快板念白、音乐伴奏的歌词方式,较原生态的、相对单一的客家山歌显得丰富多彩。庞博②将作品《客家山歌主题变奏曲》,运用西方音乐变奏曲的形式与中国传统民间变奏手法相结合,进行了十次风格各异,奇趣盎然的变奏。

五、客家音乐文化的发展与保护

（一）客家音乐文化的发展创新

温萍③认为:客家音乐的发展同样需要新理念、新思维、新方法。创新山歌是在继承传统山歌的基础上,充分地运用多种素材和各种手法,进行全面的发展、创新和演绎,使它成为鲜活的,独具特色的新山歌。对于客家音乐的创作,则既要保留原生态的内容,也要与时俱进,创编出更多适应时代潮流的精品。创作手法提倡多样化,并根据乐曲的内容、形式和实际效果,既可吸收西洋音乐形式来丰富客家音乐,也可根据客家音乐自身的形态特色进行发展、改编。

---

① 曾婷婷《博白客家山歌演唱大赛与政府在场》,《非物质文化遗产研究》2009 年第 3 期第 113—114 页。

② 庞博《对客家山歌文化传承与创新的新尝试》,《吉林省教育学院学报》2013 年第 7 期第 1—3 页。

③ 温萍《致力客家音乐研究　推动民族文化传承》,《星海音乐学院学报》2013 年第 4 期第 101—106 页。

（二）发挥学校教育、科研的功能

大众的普及教育，是保存客家音乐的基础。对客家音乐的保护和发展可以从对大众的普及教育、中小学的课堂教育、高等院校的专业教育三个方面来开展。学校是教书育人的场所，可以充分的发挥学校的三大功能：教书育人、传承文化和科学研究，将客家音乐引入大中小学的教学课堂。高校是培养人才的场所，可以通过师徒单传、口传心授等传统的传承方式，培养客家音乐的人才。例如素有"大古元音"遗韵之称的中州古调、汉皋旧谱，经中原客家先民带入广东之后，千百年来在民间自流自放，濒临淹没。客家音乐先辈、一代宗师何育斋先生以毕生精力进行搜集考订，系统地整理出中州古调、汉皋旧谱乐曲六十首。他的弟子罗九香先生，继承先贤遗志，把这些"大古元音"带进音乐院校，并通过各种宣传媒介广为弘扬，使"大古元音"遗韵犹存，后继有人。著名客家筝大师和客家三弦大师的罗九香先生，是一位客家音乐名家，被誉为"一代宗师"，对客家古筝的艺术造诣较深，在国内外为传播客家古筝做出了较大的贡献。罗九香先生对音乐的贡献，在于他塑造了客家音乐的神韵。他把客家人乃至中华民族的传统美德融入音乐之中，刻意在古筝、三弦等乐器上，塑造出感人至深的神韵。同时，学校也是传承客家音乐文化的场所，可以通过建立客家音乐博物馆，收集和保存客家音乐的文物资料，提倡"请进来，走出去相融合"方式，把民间艺人请到现代化课堂对学生传艺，利用现代传媒技术为研究保留下各种资料。

科学研究是一种创造性活动。高校人才济济，在科研方面拥有较强的实力和优势，充分发挥高校教师、专家的特长优势，有计划、有目的、有组织的开展专题研究和系统研究（包括客家音乐教学方面的研究），可以为客家音乐有效保存与发展奠定坚实的理论基础。通过对客家地域特色的民间音乐元素进行提炼，创作大量具有特色的音乐作品进入专业音乐创作领域。借鉴西方音乐成功的理论和教育体系，完善客家音乐的理论体系，健全客家音乐的教育模式。

（三）市场化开发

可以充分挖掘开发潜在的市场价值，让民间音乐文化通过多种方式多种渠道进入文化市场。客家音乐来源于客家民众的休闲文化，具有广阔的群众基础。把客家音乐融入市场，走"通俗音乐"的发展模式，是保存客家音乐文化的一个有效途径。结合旅游文化恢复民俗活动，借助休闲旅游的平台，将"原生形态"

传统客家音乐通过营销传播出去,招揽游客,把"原生形态"的传统客家民间歌舞,制成音像制品作为一种旅游文化的纪念商品等,宣传和保护客家音乐。定期组织开展形式多样的客家音乐会和民间音乐表演赛。

六、结论

客家音乐是流传在客家地区为客家民众喜爱的民族民间音乐,是一种社会文化现象。我们应该挖掘客家音乐文化的内涵,研究客家音乐文化的渊源和嬗变,加强客家音乐文化的保护和传承,以使其具有更加感人的魅力和更加旺盛的生命力。

（作者为赣南师范学院科技学院副教授）

参考文献：

1. 边秀梅　姜苏卉《客家山歌和畲族民歌的比较研究》,《赣南师范学院学报》2013 年第 5 期。

2. 温萍《客家音乐文化概论》,上海音乐学院出版社,2007 年。

3. 王文章《非物质文化遗产概论》,文化艺术出版,2006 年。

4. 梁　珈《客家山歌的结构探究》,《神州民俗》2012 年总第 184 期。

5. 陈天国《谈罗九香先生对客家音乐的贡献》,《星海音乐学院学报》2003 年第 3 期。

6. 梁艺红《试论客家音乐文化的传承》,《嘉应学院学报（哲学社会科学）》2011 年第 6 期。

河洛文化对客家山歌的影响

姬亚楠

　　客家人根在河洛。随着中原人大规模南迁,河洛文化被带入南方,逐步形成既体现中原文化特质又独具华南文化特色的客家地域文化,"由河洛地区扩及中国南方地区的'客家文化',使中国北方与南方融为一体"①。其中,客家山歌是客家文化的典型代表。客家山歌根在河洛,在大规模南迁中被完好的保存下来,并不断发展、创新,形成了享誉海内外的文化形态。

一、客家山歌与河洛文化的关系

　　晚清诗人黄遵宪在《送女弟》中言:"中原有旧族,迁徙名客人。过江入八闽,辗转来海滨。俭啬唐魏风,盖犹三代民。"②证实了客家先民由中原辗转迁徙至赣、闽、粤各省,并完好地保存了中原地区的文化传统。此外,从考古发现和历代研究看来,客家的礼祀建筑、宗法礼制、铜器铁器、服饰用品等都带有鲜明的中原汉文化印记。

　　客家山歌亦不例外,它是中原文化南迁过程中,逐渐形成的珍贵的文化艺术瑰宝,"它既保留了客家祖居地——中原的文化神韵,又有华南文化的异彩"③,集中体现了河洛文化对周边文化的影响,反映了客家人对自然环境、社会环境的认识和看法。客家先民的祖居地河洛地区,是中华民族文化的发祥地,远古时期就已流行民歌。学界研究表明:古代民歌大都是山歌,早在周朝就诞生了我国第一部诗歌总集《诗经》,其中十五国风共160篇,是从各地广泛收集筛选的民歌。

---

　　① 刘庆柱《河洛文化定位与功能的探索》,《中原文化研究》2015年第2期。
　　② 黄遵宪著　钱仲联笺注《人境庐诗草笺注》,上海古籍出版社,1981年,第29页。
　　③ 刘佐泉《客家历史与传统文化》,河南大学出版社,1991年,第279页。

到了汉朝,设立了掌管音乐的机构"乐府",专门收集各地民歌,称为"乐府民歌"。这个制度一直延续至魏、晋、南北朝。从西晋到西汉,民歌由四言体向五言体过渡,至东汉时期,五言体已成定型,七言体已开始兴起。也就是说,客家先民在南迁之前,在他们中间就已经流行民歌了。客家先民举家南迁之时,随身带走中原文化,他们操着中原方言,唱着中原民歌,正如黄遵宪在《己亥杂诗》中言:"筚路桃弧展转迁,南来远过一千年。方言足证中原韵,礼俗犹留三代前。"① 客家先民在南迁过程中,经受着天灾、战乱、伤病、饥饿等重重考验,披荆斩棘、筚路蓝缕,客家山歌自然成为客家先民艰苦生活的精神调剂品,他们以歌声或配合艰苦的开荒劳作,或排遣内心的苦闷,或向远处的伙伴传达信息。当山歌在空旷的山谷里响起时,客家人感到前所未有的轻松、愉悦。客家山歌与河洛文化之间的关系主要表现在以下三个方面:

第一,从主题内容上看,客家山歌与中原民歌一脉相承。《诗经》是我国第一部诗歌总集,是中原民歌的代表。《诗经》里的十五国风,是从各地采集而来的带有地方色彩的华夏族民间歌谣,"客家山歌,被称为有《诗经》遗风的天籁之音,自唐代起唱出了一千多年的历史,闽粤台湾,湘赣川滇,都可以听到耳熟能详的客家山歌的旋律"②。客家山歌与民间歌谣一样,通过唱的形式表达出来,表现人民反抗剥削压迫的愿望和对劳役、兵役的痛苦与反感,对统治阶级丑恶行径的揭露以及反映妇女婚姻与命运。如《魏风·硕鼠》运用比兴的手法,将统治阶级比作"硕鼠",蚕食着劳动人民的果实,反映了劳动人民对剥削阶级的反抗和对自由幸福生活的向往。客家山歌中不乏对劳动人民辛勤劳作的歌颂以及对美好生活的向往,如《烧炭歌》:

> 新打窑斗肚里空,先开窑门后开窗,保佑今年炭价好,尽心打扮嫩娇容。
> 烧炭阿哥系苦凄,每日上山砍树枝,做倒炭树入窑肚,日夜有闲烧树枝。
> 烧炭阿哥苦凄凄,五更做到日落西,入炭好比熏老鼠,出炭就会火烧须。
> 烧炭阿哥唔怕乌,炭子一卖钱就有,炭子运到潮州府,爱蓝爱乌尽你掳。

---

① 黄遵宪著 钱仲联笺注《人境庐诗草笺注》,上海古籍出版社,1981 年,第 810 页。
② 廖小凤《论客家山歌的和谐之美》,《农业考古》2012 年第 3 期。

客家山歌语言朴实生动、铿锵有力，讲述了烧炭工作的劳累与艰苦，但即使如此，劳动人民仍对未来的充满了希望，"烧炭阿哥唔怕乌，炭子一卖钱就有，炭子运到潮州府，爱蓝爱乌尽你捒"，一切的付出就变得有意义。

此外，爱情诗在《诗经》中占有较大比重，生动地表现了男女间的爱慕之情，如《召南·摽有梅》表达了女子唯恐青春易逝而急于求偶的热切心情，真挚动人。客家山歌在继承传统诗歌特征与技法的基础上，吸收了大量南方本土山歌，将两者巧妙地融合在一起，因此，客家山歌在表现男女思慕之情时，既真挚自然，又大胆泼辣，如：

> 思想阿妹千百翻，一日唔得一日完，上昼唔得下昼过，下昼唔得日落山。

第二，从艺术形式上看，客家山歌与中原民歌一脉相承。南朝民歌大多收录于《乐府诗集》，曲风委婉柔美、清新自然、浪漫多情。如南朝民歌《子夜歌》：

> 宿昔不梳头，丝发披两肩。婉伸郎膝上，何处不可怜。
> 自从别欢来，奁器了不开。头乱不敢理，粉拂生黄衣。

这首民歌感情真挚、细微动人，昔日女子长发披肩，娇媚可人，如今别离后，梳妆盒不再打开，头发凌乱也不去打理，任凭香粉撒落在旧衣上。精妙的描写、细腻的铺陈充分体现了南朝民歌的特点。

南朝民歌语出自然、明朗巧妙，客家山歌深受其影响，不仅继承了汉乐府曲牌衍化生成的古韵遗风，而且随着转徙融合了不同地域的艺术特色，曲风不仅委婉动人，而且大胆果敢，有的山歌甚至加入歌者的人生思考，如：

> 拈柴爱拈山布惊，唔贪好烧只贪轻，连妹爱连十七八，唔贪人貌贪后生。

在客家地区，客家人都知道将"山布惊"当柴是燃不起强烈火焰的，是不被当作燃料使用的，但歌者运用它年年发新枝的特点来比喻恋人年轻为上的恋爱观。这首山歌感情质朴、真诚，切合客家人朴实、勤劳的民风民俗。

第三,从表现手法来看,客家山歌多采用赋、比、兴,这与《诗经》的表现手法相似。赋、比、兴作为传统技艺,是自《诗经》以来中国诗作大多采用的表现手法。笔者以"兴"体诗为例,分析客家山歌与《诗经》的关系,如《王风·采葛》:

> 彼采葛兮。一日不见,如三月兮。
> 彼采萧兮。一日不见,如三秋兮。
> 彼采艾兮。一日不见,如三岁兮。

《采葛》以"彼采葛兮""彼采萧兮""彼采艾兮"起兴,表达男女之间"一日不见,如隔三秋"的思念之情。在客家山歌中,有与《采葛》表达相同主题的作品,如:

> 龙眼脱壳眼肉圆,一日晤见似三年,三日晤曾见到妹,伤风感冒都齐全。

在这首山歌中,男子因看到龙眼肉圆,想到情人不在眼前,悲从中来,咱们之间的感情是那么的深厚,"一日晤见似三年",触景生情、伤心难耐,于是伤风感冒都来的了身上。

中原民歌(《诗经》《乐府诗集》)反映了社会现实的方方面面,客家山歌亦如此,无论从主题内容、艺术形式,还是表现手法,客家山歌都与中原民歌相似,表达了客家人对劳动人民的赞美、对幸福未来的希望以及对美好爱情的向往。另一方面,对客家山歌的源流进行考证可知"客家山歌最初的源头是我国古代的《诗经》,《诗经》之后的楚辞、汉赋、乐府诗,及唐诗、宋词、元曲,乃至南北朝至明清的大量民歌,是其形成过程中的新的源头或干流、支流,其中大都来自中原地区、江淮地区等地方的民歌"[①]。综上所述,客家山歌与河洛文化有着密切的关系,一脉相承。

二、客家山歌凸显河洛文化的特质

客家山歌之所以能够较好的保存下来,发展乃至生生不息,究其原因在于客

---

① 邓育文《客家山歌源流新探》,《艺术百家》2011 年第 4 期。

家山歌与河洛文化有着密不可分的关系,正如美国人类学家克拉克洪所说的:"一个社会要想从以往的文化中完全解放出来是根本不可能的,离开文化传统的基础而求变、求新,其结果必然招致失败。"①客家山歌完好地保存了其母体文化——河洛文化的优秀特质,并在此基础上不断求新求变,形成了既具有河洛文化特质,同时兼具客家文化新鲜元素的文化样式。"客家山歌好像一面镜子,全面、深刻地反映了客家的社会历史、时代生活和风土人情,表达了客家人的思想感情和审美心理。"②客家山歌在凸显河洛文化特质方面,表现为以下几点:

第一,乡土情结浓厚的劳作山歌彰显客家人"移垦社会"文化形态。

"'移垦社会'由客家人迁徙移民的历史和开荒拓土的生活方式所形成,其根基深植于中原农耕文化的原野"③,客家先民由河洛地区迁徙至赣、闽、粤各省,即使在南迁转移中也要坚持躬耕陇亩的传统,即使在山间、丘陵中也要开疆拓土。"中国自古以来就是一个典型的农业社会,而农业生活的特点,在于定田而定居,世世代代生活在同一块土地上,无天灾人祸则少迁居。对于生于斯而长于斯的人,对自己的乡土人物有无限的眷恋之情。"④这种乡土情谊古已有之,从奴隶社会"家"的观念的形成,到封建社会"乡里""乡党"观念地深入发展,乡土情谊成为维系人与人之间感情的纽带,成为中华民族抵抗外敌的精神支柱。客家先民为躲避战乱,一次次背井离乡,长途转徙,但都不曾忘记祖先、忘记传统,"在移居的时候,每家都到郊野发掘其祖先的墓地,把骸骨盛在一个所谓金罂里,由家中的男人背着,妇女则肩挑其他一切用品"⑤。每到一个新地方,客家人都要重新安葬先人,祭祀、拜祖成为客家人重要的日常生活,因此流传了许多祭家神、寨神的祭祀歌,以及其他仪式的歌曲。如《招魂曲》:

---

① R. Ward. "Japan:The Continuity of Modernization", in L. Pye and S. Verbaed:Political Culture and Political Development University Press,1965. 转引自麻国庆《社会结构和文化传统——费孝通社会人类学思想述评》,《广西民族学院学报》2005 年第 3 期。

② 刘佐泉《客家历史与传统文化》,河南大学出版社,1991 年,第 285 页。

③ 樊洛平《客家视野中的女性形象塑造及其族群文化认同——以台湾客家小说为研究场域》,台湾研究集刊,2008 年第 1 期。

④ 刘佐泉《客家历史与传统文化》,河南大学出版社,1991 年,第 204 页。

⑤ 韩素音《客家人的起源及其迁徙经过》,见邱菊贤《韩素音研究文集》,香港天马图书有限公司,2001 年,第 192 页。

亡魂、亡魂,终魂、终魂,生莫欢来死莫愁,且从生死问因由。

六十花甲从头算,世上几多白了头?也有胎中就夭折,也有对岁离娘休。

青山绿山水莹莹,眼前不见古时人,山中也有千年树,世上难逢百岁人。

…………

邻舍离别,日久思量。叔侄离别,无商无量。六亲离别,各住村庄。朋友离别,少写书行。父母离别,难保恩养。子女离别,刀割心肠。夫妻离别,拆散鸳鸯。兄弟离别,手足分张。姊妹离别,裙衩分行。子嫂(妯娌)离别,少讲言章。

客家先民每一次转徙都需重新收拾行囊,每一次转徙都需为先人重新安葬,对亡魂的敬畏是他们专注于招魂的根源。不断转徙给客家人留下了深切的痛,却更加深了客家人对家乡故土的思念。因为热爱家乡故土,客家人秉持、发展了河洛人的刚毅、果敢,在民族危难之时,无不表现出大无畏的民族气节,不惧生死、挺身而出,表现出忠君报国的民族情怀。

这些客家先民经历千百年的向南移民生活,不断与陌生的环境抗争,逐渐形成了吃苦耐劳、不畏艰险、发愤进取的文化特质。客家人即使远离故乡,仍坚持民族品格,不向任何困难屈服,他们彼此肝胆相照、守望相助。客家人无论走到哪里都不忘劳作,"逢山必有客,逢客必住山",他们向山地和丘陵迈进,从事着最艰苦的劳作,开垦新的土地。在长期劳作过程中,客家人吃苦耐劳、团结互助、开拓创新,形成了昂扬向上、积极进取的精神风貌。客家人热爱劳动,在劳动中喜唱歌,因此诞生了一系列悠扬动人的反映客家人工作生活的山歌,《十二月耕田歌》《采茶歌》《伐木歌》《牧牛歌》《织布歌》《打石歌》《挑担歌》《撑船歌》等。如《采茶歌》:

春水滴茶茶发芽,姊妹双双去采茶,大姊摘多妹摘少,摘多摘少爱回家。
清明摘茶正当时,摘了一皮又一皮,日里摘来夜里擦,目又睡来肚又饥。
谷雨摘茶茶叶黄,家家户户莳田忙,莳得田来茶又老,摘得茶来秧又黄。

　　客家人依山而居，仍不忘农业生产，开垦土地、辛苦忙碌，"日里摘来夜里擦，目又睡来肚又饥"，没日没夜、又困又饿，也不偷懒休息，只为赶上采茶的好时节。

　　第二，浓情蜜蜜的山间情歌彰显客家人敢于追去浪漫爱情的精神文化形态。

　　情歌是客家山歌的典型代表，表达了客家男女敢于追求美好爱情的愿望，传达着青年男女之间的柔情蜜意。客家情歌继承了《诗经》中爱情诗的特点，委婉动听、浪漫柔情。《关雎》《溱洧》《静女》《野有蔓草》《蒹葭》《击鼓》《风雨》《柏舟》等都是《诗经》中描写男女之间爱情的佳作。从客家先民的迁徙史看，他们多向高山密林、人迹罕至之处挺进，人与人之间的联系多通过唱歌，青年男女之间想要面对面交流、绵言细语来互诉衷肠则更是一件艰难的事。因此，青年男女便唱起山歌，传达彼此间思慕、相思之情。山间情歌分为独唱山歌和对唱山歌两种。

　　独唱山歌为一人所唱，有时随口哼唱几句来调剂自我心情，一般为一首歌一个主题，如《情歌》：

　　　　因为冇米割青禾，因为冇船正下河，因为冇双来连妹，问妹有心向郎么？
　　　　若爱摘花入花园，哥爱恋妹早开言，世上只有藤缠树，唔曾见过树缠藤。
　　　　阿妹人品哥喜欢，心想开言口又软，自古只有船靠岸，唔曾见过岸靠船。
　　　　阿哥斟茶双手端，妹子心里唔敢当，哪有杖棍倒头使？哪有河水流江上？
　　　　汶水过河唔知深，唔知老妹那样心？万丈深潭难打底，海底捞针真难寻。
　　　　一树杨桃半树红，哥系男人胆爱雄，连妹爱哥先开口，妹子开口脸会红。
　　　　既食妹茶领妹情，茶杯照影影照人，连茶并杯吞落肚，十分难舍妹人情。
　　　　你爱交情只管交，切莫交到半中腰，洗衫就爱长流水，晒衫就爱长竹篙。
　　　　新打戒指九连环，一个连环交九年，九九还归八十一，还爱同妹十九年。
　　　　倒竹爱倒硬头黄，一皮篾青一皮囊，一皮竹壳包一节，哪有一妹恋两郎。

　　从字里行间可以看出，这是一首求偶的情歌。情歌中，男子正单身，"因为冇双来连妹,问妹有心向郎么?"男子爱恋着女子,想要表达对阿妹的爱慕之情,却又羞于开口,经过鼓励,男子终于鼓起勇气表达了内心的喜爱之情。阿妹接受了男子的求爱,并叮嘱"你爱交情只管交,切莫交到半中腰",表达了阿妹的坚贞和执着。

再比如女子鼓励男子大胆表白的山歌:

> 莲花开在塘中间,有心采花莫怕难,有心恋妹莫胆小,要想吃酒就开坛。
> 妹子敢说郎敢当,青草不怕六月霜,轮船唔怕大海水,战马岂怕机关枪。

这首山歌中的女子,有心仪的对象,看到男子半信半疑,不敢上前表示爱意时,便唱起山歌鼓励男子要大胆、主动地追求爱情,在言语之间透露了无限的智慧。

对唱山歌是一种你方唱罢、我方登台的演唱方式,男女之间通过对唱,细诉衷情,或传达相思、爱慕之情,或传达提醒、警戒之意。客家男女往往尽情倾唱、直抒胸臆,大胆中透露着含蓄,含蓄中蕴含着智慧,如:《千嘱》:

> 女:千嘱万嘱嘱亲哥,亲哥恋妹莫恋多。苏木煎膏因色死,石榴断枝因花多。
> 戴着笠麻莫擎遮,爱恋一伎就一伎。一壶难装两样酒,一树难开两样花。
> 男:妹子叮嘱我记挂,决心不向别人家。爱学凤凰成双对,唔学黄蜂乱采花。
> 好花一朵满园香,好茶一壶透心凉。好酒一杯晕晕醉,好妹一个够情长!

这首《千嘱》表达了男子即将离开家,女子通过举例告诫男子莫恋其他女子,"苏木煎膏因色死,石榴断枝因花多"。男子亦向女子表示"爱学凤凰成双对,唔学黄蜂乱采花",表达自己忠心不二。

第三,披露封建陋习的现实山歌反思河洛地区的劣质文化。

客家文化在吸收、借鉴河洛地区的优质文化的同时,不免受到劣质文化的影响。客家人用山歌的方式表达了对河洛劣质文化的反思。首先,批判封建陋习对劳动人民的戕害,反映了劳动人民在艰苦的环境中受到的压迫与剥削。如《婢女叹》:

做人婢女真苦情,日里冇闲夜冇眠,食尽几多馊粥饭,长年着件烂衫筋。

《婢女叹》通过描写劳动人民的日常生活状态,刻画了劳动人民缺衣少食的悲惨生活,"食尽几多馊粥饭,长年着件烂衫筋",劳动人民通过山歌表达了对压迫者和剥削者的控诉。除此之外,《穷人叹》《长工歌》《农民苦》等山歌都表达了相同的主题。

其次,揭露封建恶俗对妇女的残害,表达人们对妇女悲惨命运的叹息。"在客家地区就有聘婚娶、招赘婚、童养媳、等郎妹……以及花顿妹、换亲、纳妾等婚姻形式。"[1]这些封建习俗对女子的伤害极深,黄遵宪在《山歌》中写道:"嫁郎已嫁十三年,今日梳头侬自怜。记得初来同食乳,同在阿婆怀里眠。"[2]在不公平的社会制度和残酷的封建习俗中,年轻女子葬送了青春、断送了梦想、牺牲了幸福。刘善群认为童养婚之俗可以追溯到三国以前[3]。童养媳习俗是随着客家人南迁从河洛地区带到客家地区的风俗习惯,指的是有子嗣的家庭抱养别人家的女儿为儿媳,抚养到适龄后,与本家儿子成婚。童养媳从小离开亲生父母,寄养在别人家,食不饱、穿不暖,甚至会受到谩骂、毒打。如《童养媳》中描述了童养媳悲惨的命运:

对岁离娘卖畀人,六岁打柴受苦辛,七岁落田学耕种,九岁㑊担冇时停,目汁洗面汗洗身。

做童养媳苦啾啾,食着冇来打骂有,三更半夜思想起,气难平来恨难休,只怨爷哀咁糊涂。

如果说童养媳的生活悲惨,那么等郎妹的日子可谓苦不堪言。等郎妹是指

---

① 刘善群《客家礼俗》,福建教育出版社,1995 年,第 44 页。
② 黄遵宪著　钱仲联笺注《人境庐诗草笺注》,上海古籍出版社,1981 年,第 59 页。
③ 刘善群《客家礼俗》,福建教育出版社,1995 年,第 47 页。

在男家尚无子嗣之时,就从别家抱养女孩来作为儿媳来抚养,以此希望能将郎等来。较之童养媳,等郎妹将命运压在一个未知数上,若有幸男家得一男孩,不管年龄相差几何都要完婚,若"等郎"夭折,等郎妹需被迫与公鸡拜堂成亲,守一辈子寡;若不幸等不到郎,等郎妹的去留问题则由男方家决定,或将其变卖给其他人家,或作为女儿招婿上门。客家人用山歌的形式,反映了这一婚俗陋习:

> 十八妹子三岁郎,夜夜要我抱上床,睡到半夜思想起,不知是儿还是郎。
> 十八娇娇三岁郎,半夜想起痛心肠,等到郎大妹又老,等到花开叶又黄。

由这首山歌可知,等郎妹在十五岁时,男家才得一子。十五岁的年龄差距致使他们之间更像母子而非夫妻。等郎妹即使等到"等郎"长大成婚,逝去的年华又怎能弥补?

此外,贞操观对客家妇女的荼毒很深。传统观念中的贞操观对客家文化产生了巨大的影响,客家妇女在贞操观的约束下,恪守"本分",宁愿为了一块贞节牌坊不惜牺牲一生的幸福。如《寡妇苦》:

> 口渴难上嘅条岗,肚饥难过四月荒,守寡妹子难过日,锁匙难带家难当。
> 托盘冇底样搬扛,米升冇底样般量? 十八妹子来守寡,塘里冇水鱼难养。
> 床头食饭床尾眠,冇人有厓咁苦情! 日里唔敢问人嬲,夜里冇只痛肠人!
> 十五唔敢看月光,过年唔敢着新装,心中有话冇人讲,一生孤枕守空房。
> 紧想紧真紧难捱,想来想去到鸡啼,怕听人家郎喊妹,怕看堂前祖宗牌。
> 松树再高冇粘天,贞节妇人冇变仙,观音虽然得了道,还在南海受香烟。
> 六月难过当昼心,守寡难过五更深,唔想贞节牌坊竖,只愿嫁郎结同心。

正值花样年华的女子却要守寡,内心的苦闷可想而知,"心中有话冇人讲,一生孤枕守空房"。这样的生活不是女子想要的,"唔想贞节牌坊竖,只愿嫁郎结同心",但现实却将她打入深谷,逃脱不了终生守寡的命运。

第四,哭嫁歌彰显河洛地区婚姻文化特征。

哭嫁是客家文化的一种独特形态,"起源于母权制向父权制过渡时期,是女性对从夫居婚姻制度的反抗",父权制建立后,女性从统治地位变为被奴役地位,她们在相当长的时期内进行了反抗,争斗的焦点集中在婚姻居住制问题上①。女性在这场权力争斗中失败,失去了从妻居的特权,转向出嫁从夫居。父权社会遗留下来的出嫁从夫居的要求,使得女子必须离开原本居住的地方,远嫁到男方居住地,内心充满了对父母养育之恩的感激、对自身不幸命运的哀伤、对逝去美好生活的缅怀以及对即将到来的新生活的迷茫。到了封建社会,女性受到政权、族权、神权、父权等压迫,身体和精神都饱受煎熬。这种封建落后的婚姻制度,随着客家先民的南迁带到了客家地区,客家女子在出嫁前夕唱起哭嫁歌,通过新娘与亲人倾诉离别,深刻揭露了封建婚姻制度的罪恶,强烈抨击了封建宗法制度和伦理道德。客家女子哭唱的时间长短不定,有提前三五天,也有半个月、一个月,更有甚者三个月,刚开始哭唱断断续续,结婚的前一天晚上到第二天上轿,这段时间是哭嫁的高潮,并且必须按照传统礼仪进行。哭嫁歌内容多样,主要有哭爹娘、哭哥嫂、哭姐妹、哭叔伯、哭陪客、哭媒人、哭梳头、哭祖宗、哭上轿等。如哭父母:

> 天上星多月不明,阿爸为伢苦费心,阿爸恩情说不尽,提起话头言难尽。
> 女儿错为菜子命,枉自爷娘费苦心;伢今离别爷娘去,内心难过泪淋淋!

在这首哭父母中,出嫁女将比作"菜子命",枉费了父母对自己的养育之恩,如今要离开父母,内心的伤感油然而生,泪水连连。哭嫁歌在传承过程中反映着客家的风俗与伦理,是传统婚俗的具体表现。在以男权为中心的社会,女子处于被奴役的地位,女子出嫁后与父母见面的机会则会少之又少,于是在出嫁前夕,客家女子便将内心的痛苦与感慨通过山歌的形式唱出来,情感真挚、声调悲哀、催人泪下。

综上所述,客家山歌发源于河洛地区,是在河洛文化的基础上发展演变而

---

① 彭胜宇《论哭嫁习俗的起源》,《贵州民族研究》1990 年第 2 期。

来,体现着河洛文化的精神内核。

三、结语

　　客家先民抛弃了安土重迁的传统思想,踏上南迁的征程,这种由北向南的转徙史,既推动了河洛文化由北至南的传播和发展,也促成了独具地域特色的客家山歌的诞生。客家山歌是客家人对河洛文化的群体性文化记忆,是具有特定文化内聚性和同一性的群体对自身历史的经验性记忆。漂泊异乡的无根感并未阻断他们对家园故土的思念,却更加深了他们对根脉、族源的热爱。客家山歌在继承河洛文化的基础上,创造性地借鉴、吸收赣南等地的文化形态,同样,客家山歌又以独特的地域色彩,完成了其对民族历史的群体性建构。客家山歌独特的文化功能,在"情感沟通、文化传递和族群认同等方面发挥了独特的作用"①。对客家山歌与河洛文化的关系进行更深入、系统的研究,对于进一步保护客家文化、丰富和弘扬中国传统文化有着重要的价值。

(作者为河南省社会科学院助理研究员)

---

① 严奇岩《"宁卖祖宗田,不卖祖宗言"的文化解读》,《天府新论》2007 年第 2 期。

论河洛文化在台湾的早期传承

施由明

　　台湾虽然是中国的一部分,但由于其与中国大陆隔海相望的特殊地理位置,其开发和文化的发展晚于中国大陆其他地域。台湾的开发过程,也就是其社会经济文化的发展过程。其文化的特点是传承了中国传统文化,特别是中国传统文化的核心与精华,即河洛文化,这是为什么台湾许多老一辈人自称是"河洛郎"的原因。对于台湾如何传承河洛文化,本文试对台湾开发的早期,也即其社会经济文化发展的早期如何传承河洛文化作些探讨。所谓早期,也就是指明后期和清代,因为台湾是在这个时期开发和发展起来的。1895 年至 1945 年台湾被日本殖民者占领,史称"日据"时期。1945 年日本投降后台湾回归中国,社会经济文化进入了另一个发展时期。

　　在探讨本文提出的这个问题之前,我们必须先清楚明清时期的河洛文化是一种什么样形态的文化。本人曾在多篇文章中谈到过:河洛文化其早期形态是一种有地域特色的文化,即具有河洛地域特色的文化,但由于河洛地区是中国国家早期的政权所在区,如洛阳为九朝古都等,所以,河洛文化在其早期就是国家文化。自汉武帝"罢黜百家,独尊儒术"之后,以儒家文化为核心的河洛文化更成为了国家主流文化,也即是中国传统文化的核心文化,演化与传承至明清时期,河洛文化就是中国传统文化中的核心文化,以儒家文化为核心,包括道家文化。台湾开发的早期,传播到该地域的河洛文化也就是中国传统文化的核心文化。

一、移民:传承河洛文化的根

　　文化是由人来创造,也是由人来传承和发展。河洛文化之所以能在台湾地域传播、传承和发展,是由于开发台湾的人,即形成台湾人口基础的人是河洛文化或者说是中国传统文化中的核心文化培养、教育或熏陶出来的。

关于台湾的开发和移民史,已有许多研究,如尹章义先生的《台湾开发史研究》①,曹树基先生所著《中国移民史》第六册②等,都对台湾的开发和移民均作过详细的研究。这些研究表明,台湾的开发历程是伴随着移民,主要由漳州、泉州、厦门等地的闽南人及粤东客家人移民而发展起来的。对于从明后期至1895年的300多年间,大陆之民是如何移民与开发台湾,因已有详细的研究,本文不再赘述。本文想要强调的是,无论是漳、泉、厦等的闽南人还是粤东客家人,亦或闽西客家人,也无论其文化水平高低,他们的骨子里,也即他们的思想情感都是河洛文化的精髓,如儒家的孝悌、仁义等,这也是其先辈们在大陆时传承着的河洛文化的核心思想、价值追求、道德标准、伦理观念和世俗精神等,移民台湾后同样世代传承着汉民族文化的这些思想精华,他们或通过文化教育,或仅仅是潜移默化,口传心授,行为引导,这一代潜移默化下一代,文化之根由此薪火相续不断。所以,中国传统文化熏陶出来的移民带去了中国传统文化的骨髓,即思想、道德、情感、信仰、价值观念等。

明清时期中国大陆移民台湾的人口主要是福建闽南人、粤东客家人和闽西客家人等,特别是以漳泉厦的闽南人为主,这些区域都是自晋代以来的中原移民进入区,特别是唐代和宋代的几次北方战乱大移民,不少中原人口进入闽粤,与土著人口融合形成了中国汉民族中的“福佬民系”(即闽南人)和“客家民系”。这两个民系文化特点就是传承了河洛文化,又各有地域特色。③

正是由于台湾的人口基础是闽南人和客家人为主,中国传统文之根——河洛文化才得以在宝岛代代传承与光大。

---

① 台湾经联出版事业公司1989年版。

② 福建人民出版社1997年版。

③ 关于河洛文化与闽南文化之关系,可参见张新斌《河洛文化与闽南文化之关系初论》,载《黄河科技大学学报》2014年5期;刘福兴《河洛文化与闽南文化之比较》,载《商丘师范学院学报》2006年第6期等。关于河洛文化与客家文化之关系,可参见施由明《论河洛文化在江西客家社会中的传承与演变》,载2007年第6届河洛文化国际研讨会论文集《河洛文化与殷商文明》,河南人民出版社2007年版;陈榕三《闽台与客家历史渊源关系研究》,载《闽台关系》2012年第3期等。

二、国家权力:强化与确立河洛文化为台湾社会主流文化

文化的形态是由多方面因素的综合作用而形成的,如地理环境、生存方式、外来文化的影响等。台湾原住民人口不多但面积(约 3.6 万平方公里)颇大。据一些学者们估算,17 世纪中叶荷兰占据台湾时,全岛大约有 10 万土著人口。由于有空旷的土地,明代后期和清代大陆到台湾的移民,不必与原著民混居,基本上是以聚族而居的"原乡重建"方式来构建原家乡的布局、居住形式、生活方式、生活习惯等,即依其闽南和粤东的原乡生活方式而定居来。① 所以,原乡的文化如语言、风俗、思想观念、饮食习惯、服饰等都"原乡式"的保留了下来,这些对形成台湾主流文化都起了重要作用。然而,确立一个地区主流文化的决定性因素还在于国家权力的引导和强制推广。因为国家权力可以通过设置行政机构来推行国家的制度,可以设立教育机构来推广和强化国家的主流文化的传播,可以设置官员选拔制度来引导人们的社会价值追求,还可以通过建立一系列的社会设施来引导人们的信仰趋向。

中原文化在由北向南传播的过程中,国家权力曾起过重要作用。从秦始皇统一中国后设立郡县制,到西汉初朝廷增设郡县,地方行政官员通过强有力的行政措施去推动广大南方地区百越民族的生活方式、生产方式、社会习俗和思想观念的改变,以及汉朝廷及地方官员在地方建立儒学教育机构,使广大的南方百越地区确立了儒家文化作为主流文化。②

河洛文化在台湾的传承并成为台湾社会主流文化的过程中,移民们原乡式重建聚居方式、生活方式、生产方式、礼仪、习俗和思想观念等,对传承河洛文化的根起了重要作用。然而,国家权力在确立中华文化或者说河洛文化为社会主流文化的过程中起了关键作用。

在明郑时期(1661—1683),郑氏政权利用行政力量大力推行明朝的政治、

① "原乡生活方式"是由台湾学者施添福先生在《清代在台汉人的祖籍分布和原乡生活方式》一书中首次提出来的,此书由台湾师范大学地理学系 1987 年版,系《地理学研究丛书 15 号》。另外,可参见台湾学者潘朝阳《从原乡生活方式到中华文华主体性》一文,载《台湾研究集刊》2005 年第 1 期。
② 可参见施由明《论中原文化在赣都地域的早期传播与影响》,载《黄河科技大学学报》2007 年第 4 期。

经济制度,引进大陆先进的科学技术,创立台湾的儒学教育,从而奠定了中华文化为台湾主流文化的基础;郑氏政权基本上是在台湾重建的明朝统治体制、文化和教育等体制。①

　　1883 年清朝统一台湾后,于 1684 年设台湾府,隶属福建省,下设诸罗、台湾、凤山三县,后行政设置不断增设调整,从二厅四县到三厅四县,至 1885 年设立台湾行省。②

　　清政府在台湾的府县官员对台湾的治理,也是原乡式复制了大陆府州县厅的治理模式,修建文庙、武庙、城隍庙,设府学县学、行科举考试进行儒学人才培养等。以诸罗县(今嘉义县)为例,从康熙五十三年(1714)周钟瑄主修、陈梦林编撰的《诸罗县志》的记载可知,其县署机构设置一如大陆之县署机构,有县署、典吏署、参将署、守备署、县公馆、仓廒等,县之下以坊里、保、庄、社为基本区划结构;③更主要的是,作为引导社会风尚的祀典同样一如大陆府州县,首先是建有文庙,"释奠先师也",祀有孔子、孟子等诸多先圣之牌位;其次是社祭坛,祭祀社、稷神祇,即祭祀土地神和谷神;设山川坛祭祀风雨雷电之神,祈求风调雨顺;建城隍庙,祭祀城市守护神;这些与大陆的府州县一样的设施和基本活动,是一种文化的复制,是大陆州县的城市文化在台湾原乡式重建。④

　　对文化的传承,更为重要的载体是学校。清政府统一台湾后,一如大陆的州县,在府州县建有官办的儒学,其学制和学校规制和内地学校完全一样,有明伦堂、文昌祠、有四贤(颜子、曾子、子思子、孟子)赞勒石学宫,学宫之左有卧碑等。⑤

　　国家通过府州县的行政权力,强化和确立了台湾地区的主流文化,也就是以儒家思想为核心的中国传统文化或者说河洛文化为台湾社会的主流文化。所以,河洛文化在台湾传承过程中国家的行政权力起了关键作用。

────────────

① 关于明郑时期台湾儒学的发展过程和概况,可参见秦四霞《明郑时期台湾儒学的创立及其内涵研究》,福建师范大学 2008 年硕士毕业论文,载中国知网。
② 参见古琳晖《清代台湾行政区划变迁考略》,载《台湾研究》2005 年第 2 期。
③ 康熙五十三年《诸罗县志》卷之二《规制制·衙署》,《中国方志集成·台湾府县志集①》,第 343—347 页。
④ 康熙五十三年《诸罗县志》卷之四《祀典》,《中国方志集成·台湾府县志集①》,第 358—366 页。
⑤ 见康熙五十三年《诸罗县志》卷之五《学校》,《中国方志集成·台湾府县志集①》,第 367—379 页,

三、宗族:将河洛文化贯彻到基层民众

中国从宋代兴起的庶民宗族,到清代已发展得体制完备,特别是在中国南方普遍以宗族为基本社会结构单位,[①]宗族势力强大。宋以来的中国庶民宗族,对以儒家文化为主体的国家文化贯彻到基层社会起了非常重要的作用。宗族通过祠堂祭祖、通过族规、通过宗族教育、通过族中长者和乡绅的典范引导,将儒家的思想文化贯彻到宗族中每一个人的思想和行为举止中。[②]

台湾的宗族的形成同样是由移民原乡式复制了其移出地漳、泉、厦和粤东等地的宗族模式。但台湾宗族的发展过程与其移出地有所不同,在明后期和清前期雍乾之前的康熙年间,渡台开拓者多为独身一人,由一人发展成家族,再到宗族就需要较长时期,只在一些开发得较早的地区,如明郑时期的台南,在康熙年间已有一些大家族。前述康熙五十三年所修《诸罗县志·人物志》中记载就有四世或五世同堂的大家族。台湾开发的早期,宗族往往不是由血缘来组成,而是以地缘及同姓氏来组成。直到雍乾时期两度放开移民后,闽粤一些迁移者才携带家眷至台,从而使台湾的宗族较快地发展起来。宗族发展与建设可从修谱、建祠到祭祖、订族规、设族产表现出来。乾嘉以前移民台湾的多为农民,文化水平不高,缺乏编修族谱的能力,但到道光以后,台湾的移民们为修谱而到大陆祖籍地抄谱及派人回祖籍地祭祖成已习为常事。据学者统计,台湾中央研究院等有关机构和美国犹他州家谱学会共存有一万余种台湾大大小小各种类型的家谱。[③]

台湾的宗族在体制与形态上复制了大陆移出地宗族体制和形态的同时,同样复制了大陆移出地的宗族文化,如祭祖、订族规、宗族教育等。以康熙五十三年的《诸罗县志》卷之八《风俗志》中的"祭祖"记载为例,完全是大陆宗族祭祖的"原乡式"复制:"凡祭,于大宗,于春分,于冬至,祭毕饮福,台无聚族者,同姓

---

① 关于明清南方的宗族的兴起,可参见施由明《论河洛移民与中国南方宗族——以江西为中心的历史考察》,载2011年第九届河洛文化国际研讨会论文集《河洛文化与台湾文化》,河南人民出版社,2011年。

② 关于宗族是如何将儒家文化贯彻到社会基层,本人在《试析清代江西宗族的自治机制——以万载辛氏为例》一文中,以江西万载辛氏宗族为例作过论述,载《江西社会科学》2008年第2期。

③ 参见许明镇《论台湾地区编谱、藏谱的现状与未来》,《福建社会主义学院学报》2010年第3期。

皆与焉。家祭,于忌晨,于元旦、清明五日,中元、除夕主未祔者更于冬至。泉人日中而祭,漳人质明而祭。泉人祭以品羞,漳、潮之人有用三牲(鸡肉鱼)者,未免太简,盖沿海屯落间有此故,至台亦相沿耳。……祭惟元旦、除夕五日,余皆无之。清明祭于墓,尽日潦倒而还。无忌晨,凡祭极丰,不过三牲,口诵祝辞,遍请城隍、土地诸神,云祖先不敢独食也。夫侪祖先于神而并之,祖先能安坐而食乎?亦惑矣。"①

同治十年《咸丰淡水厅志》卷十一《风俗》记载:"清明日士女持纸钱备牲醴以祭先茔曰扫墓。……(七月)十五日城庄陈金鼓旗帜迎神、进香,或搬人物男妇有祈祷者著纸枷随之,凡一月之间家家普度即盂兰会也,不独中元一日耳。……冬至日则米丸祀先。"②此记载台湾的清明、中元、冬至三个时序的祭祖与在大陆闽南祭祖是基本一致的。

由此可知,台湾的宗族作为一个群体,如同大陆的宗族一样,在将河洛文化贯彻到基层过程中起了重要的促进作用。

在台湾开发的早期即明清时期,河洛文化除上述三种主要方式在台湾的传承外,还通过吸取原著民子弟进入官办学校,通过移民与原著民的经济来往、通婚等,逐渐影响了原住民,这虽不是河洛文化在台湾的主要传承方式,但同样起到了传播河洛文化的作用。

(作者为江西省社会科学院研究员、《农业考古》杂志主编)

① 《中国地方志集成·台湾府县志集①》,凤凰出版社,1999 年,第 422、423 页。
② 《中国地方志集成·台湾府县志集②》,凤凰出版社,1999 年第 459 页。

略论儒学在台湾的传播

吴　涛

儒学作为中国传统文化的核心内容,在台湾文化之中占据着十分重要的地位,研究儒学在台湾的传播,对我们全面认识台湾文化发展的历史规律而言,也是非常重要的。

一、郑氏政权时期儒学的传播

台湾自古就是中国领土的重要组成部分,但是儒学真正在台湾地区开始传播,则是从郑氏据台时期开始的。

1661 年,民族英雄郑成功率军赶走了荷兰侵略者收复台湾,沦陷三十多年后的台湾重新回到祖国怀抱。之后郑成功开始全力经营台湾,欲将其建设为反清复明的根据地。郑成功英年早逝,郑氏集团全部退守台湾。

郑氏据守台湾前后不过二十多年的时间,但对于儒学在台湾的传播而言,意义重大。这二十多年,可被看成儒学在台湾播种的阶段。

儒学在台湾的发展,首先得益于郑氏统治集团的大力提倡。随着郑氏集团在台湾统治的稳固,统治集团也开始重视文教事业的发展。1665 年,陈永华就向郑经建议修孔庙,建学校。起初,郑经以为修孔庙,建学校,并非紧急要务,似乎可以暂缓。而陈永华则指出,只有兴建学校,才能推行教化,才能培养人才,进而世运昌隆。于是,台湾正式建立了孔庙和学校,孔庙落成之时,郑经亲自前往举行释奠礼,观者如堵。

之后,郑氏集团开始在全台推广学校教育,要求各村社建立学校,聘请中原儒生为教师,教授儒家经典。随着学校教育体系的建立,郑氏集团也开始举行科举取士。天兴、万年两县,每三年举行一次考试。优秀者被选拔到承天府参加更高一级的考试。最终,经过层层选拔的优秀人才被任命为政府各级官员。正是由于政府的大力提倡,才出现了"台人自是始奋学"(连横《台湾通史》卷11)的局面。

其次,追随郑氏退守台湾的大陆士人,对儒学在台湾的传播起到了非常重要的作用。郑氏据台,奉永历为正朔,一些不甘于臣服满清的中原士人纷纷渡海来到台湾。这些人往往具有比较高深的学养,他们来到台湾以后,或是课馆授徒,或是以笃行教化乡里。"避难诸缙绅,多属鸿博之士,怀挟图书,奔集幕府,横经讲学,诵法先王,洋洋乎,济济乎,盛于一时"。①

退居台湾的大陆士人中,对儒学传播贡献最大者为浙江沈光文。沈光文在南明弘光帝时曾被任命为太常博士,后来流寓台湾,前后近三十年,终老于台湾。沈光文靠教授生徒为生,其与一些中原士人结成"福台新咏"诗社,相与唱和。沈光文还著有《台湾舆图考》、《草木杂记》、《流寓考》、《文开诗文集》等著作。正是这些饱学之士的薪火相传,才使得儒学得以在台湾落脚生根。

二、清代儒学的传播

1683年,年仅十二岁的郑克塽降清,台湾正式归入清朝。清朝统治者设立了台湾府,隶属福建省。1885年,撤府设省,独成建制。至1895年甲午战败,清政府在台湾的统治前后二百一十多年。这是儒学在台湾得到了全面普及的阶段。

在这一时期,儒学的发展,首先还是得益于学校教育体系的健全。清朝是中国古代科举制度最为完善的时期,与科举制度相伴生的还有一整套的学校教育制度。清政府取得台湾治权的1683年,台湾知府蒋毓英已经开始在台湾兴办学校。两年后,台湾府学正式成立,由福建省派一名教授负责学校事务。台湾各县也相应办起县学,设教谕、训导各一名。

不过,明清时期的所谓官学,并不负责实际的教育之责。明清时期的官学所承担的主要责任是考试,每县的学校里有一定名额的生员。考取县学生员称为秀才,秀才具备参加省级乡试的资格。乡试中举,可以参加由礼部举行的会试。

---

① 连横《台湾通史·学校志》。

会试取中,参加由皇帝亲自举行的殿试,即为进士。清政府统治台湾之初,无论是府学还是县学,生员数额都十分有限。后来,逐渐增加。

官学虽然不直接承担人才培养的责任,但是通过考试可以起到对教育的引领作用。当时科举考试的内容是儒家经典,形式则是作八股文章。于是,民间教育自然也就以儒家经典为主。儒学正是通过这种途径开始在台湾大规模普及。

其次,自从郑成功收复台湾以后,台湾本土民智渐开,一些开明乡绅也都大力提倡儒学教育,私塾开始在各地大量兴建,各地还纷纷建立起一些有影响的书院。

明清时期,无论是启蒙教育,还是更高等的教育,都是由民间自行承担的。尤其是启蒙教育,在很大程度上依赖于地方乡绅的支持。大陆民众渡海之后,往往聚族而居,它们在生活安定下来以后,也开始关注于幼童教育,大量私塾在各地普遍建立起来。在这些私塾之中,首先是教孩子们《三字经》、《百家姓》、《千字文》等启蒙字书,通过这些蒙学教材,儒家所倡导的基本理念得以宣传普及于社会大众之中。之后,由教授讲解朱熹的《四书集注》。接下来要学习的是《诗经》、《尚书》、《周易》和《左传》,同时还要学习八股文的写作。大体上需要十年左右的时间,才能达到参加科举考试的程度,"十年寒窗"并非虚言!不过,真正能读完十年者并不多,而能在科举考试中谋得出身的就更少了。

明清两代也是中国古代书院发展的顶峰时期,各地都纷纷建立起书院。这些书院往往聘请名儒担任山长,注重高层次儒学人才的培养。清时期台湾地区的书院也经历了从无到有的兴衰过程。清廷入台的第二年,知府卫台揆就在台湾建起了第一座书院:为文书院。据不完全统计,清代台湾的书院超过23座,分布于台南、云林、屏东、彰化、苗栗、台北、基隆、澎湖、新竹、宜兰、嘉义、凤山等县。可以说全台各地都建有书院。

在所有这些书院之中,影响最大者当数台南海东书院。海东书院清康熙五十九年(1770)由台厦兵备道梁文煊创建,为当时台湾规模最大的书院,并一度被改为科举考试的考棚。乾隆四年,台湾重建考棚之后,海东书院得以恢复。次年巡道刘良璧捐俸倡修,贡生施士安慨捐学田近1000亩,以田租充当书院日常经费开支。当时的学政杨二酉奏准朝廷,比照福建省直辖之例,以府学教授来负责书院的教学。之后,巡道刘良璧和觉罗四明先后两次为海东书院制定学规,加强对书院的管理。海东书院最兴盛的时候,有房屋一百多间。学者薛士中、俞荔、董文驹、施琼芳、施士洁、杨希闵、吴文溥、谢颖苏等人先后担任海东书院山长,其中施琼芳、施士洁是台湾仅有的父子进士。清末著名保台志士丘逢甲、"公车上书第一人"汪春源、著名诗人许南英、郑鹏云等人都先后就读于海东书院。这些书院的存在,对儒学在台湾的发展起到了非常重要的贡献,极大地提升了台湾地区的儒学水平。

再次,一些在台湾任职的中原士人,公务之余对儒学的大力提倡也促进了儒学的普及。清政府入台之初,在台湾设一府三县。后来随着台湾地区社会经济的发展,台湾地区的行政机构设置日趋于完善。1727 年,设台湾道,辖一府四县二厅。1885 年,台湾设省,辖三府十一县三厅一直隶州。在这些行政机构中任职的,大多为中原士人。这些中原士人,都具有着很高的儒学素养。他们在公务之余,往往能够大力提倡儒学的教育和普及。

清乾隆年间,河北文安人陈玉友先后出任台湾同知、台湾知府等职。他在任职期间,始终把文教当作要务,每到一地,都不忘兴办学校。他曾主动带头捐资修复崇文书院。书院建成后又继续带头捐资,帮助青年学子完成学业。清道光年间,河南沁阳人曹谨曾经在台湾淡水任职,任职期间兴利除弊,受到乡民爱戴。曹谨十分重视文教事业的发展,支持开设私塾,广泛刊印儒家典籍。对于勤奋善学的青年,曹谨总是能够给予各种奖励。在曹谨的带动之下,淡水地区的儒学有了很明显的发展进步。清朝第一任台湾巡抚刘铭传更是重视文教的典范,亲自兼任台湾学政。对扶持台湾地区文教事业的发展,可以说是不遗余力,史称"其所以奖励科举者至矣"!

正是这些中原士人前赴后继的不懈努力,才使得台湾地区的儒学获得了长足的发展。也正因为儒学在台湾的广泛传播,更加紧密了台湾与祖国大陆的文化联系。

清代台湾儒学的发展,表现为重伦理道德的宣扬普及,儒家所倡导的一些伦理观念,开始成为台湾地区民众日常生活中基本的伦理准则。尤其是忠孝观念深入人心。这也是台湾民众在民族危机时刻,不断涌现大量爱国志士的重要原因;也是后来虽然经历了日本 50 年殖民统治,而依然对中华民族有着强烈认同的重要原因。

三、当代儒学的传播

自 1895 年台湾被日本占领到 1945 年台湾光复,台湾经历了 50 年的殖民统治。在日据期间,殖民者着力对台湾民众进行奴化教育,试图割裂台湾与中国的文化联系。50 年间,台湾儒学的发展遭到重创,只有个别地区在小范围内不绝如缕。

1945 年台湾光复之后,台湾地区儒学发展开始重新起步。1949 年中原鼎革之后,国民政府退踞台湾时,有一批文化精英到台湾,其中就有不少新儒家的知识分子。新儒家知识分子的到来,使得台湾成为当代儒家发展的重镇。

作为新儒家的重要一员,方东美早在 1948 年就已经开始在台湾大学讲学。此后三十年间,方东美始终没有放弃讲学和著述。1976 年,以 77 岁高龄完成《中国哲学之精神及其发展》。方东美不仅好学深思,而且诲人不倦,奖掖后学更是不遗余力。成中英、傅佩荣、郭文夫等知名学者,都出自于方东美之门。

新儒家第二代的翘楚、熊十力高足徐复观于 1949 年来到台湾,先后在港台多所大学任教,直至生命最后时刻,尚不忘讲学著述。1980 年,已经查出身患癌症,仍为夏威夷大学所举办的一次学术会议提交了五万字的论文讨论程朱之间的异同。徐复观到台湾后,始终笔耕不辍,留下数百万字的著作,内容涉及经学、史学、文学、哲学等,如《政治与学术之间》、《中国人性论史·先秦篇》、《两汉思想史》、《中国思想史论集》、《中国思想史论集续编》、《公孙龙子讲疏》、《儒家政治思想与民主自由人权》、《周官成立之时代及其思想性格》、《中国经学史基础》、《中国艺术精神》、《石涛研究》、《中国文学论集》、《中国文学集续编》等,用著作等身来形容徐复观并不为过,时至今日徐复观的诸多著作仍不断被重印。

熊十力的另一重要弟子牟宗三也于 1949 年到台,先后任教于东海大学、台湾师范学院、台湾大学等。相对于徐复观之偏向史学,牟宗三的学术旨趣明显倾向于哲学。牟宗三对于宋明理学的研究,使得新儒家的理论体系趋于成熟。而且在新儒家中,牟宗三最早提倡道统之说,他主张要由儒家的内圣开出新的外王。不仅接续宋明理学的道统,而且还尝试为儒学拓展出新的宏基,试图将儒家传统的道德教化之学与现代文明的科学、民主相融合。牟宗三的弟子也是遍布海内外各地。

同样是熊十力的弟子,唐君毅于 1975 年来到台湾,任台大客座教授一年。唐君毅虽然来台湾时间要少于徐复观和牟宗三,但他对台湾儒学的发展也有非常重要的贡献。最终,唐君毅选择台湾作为自己最后的魂归之所。唐君毅、牟宗三、张君劢、徐复观四人联合发表的《为中国文化敬告世界宣言》,代表了一大批学人的文化立场,在台港地区以及海外,产生了比较广泛的影响。

钱穆从不以新儒家而自居,但在谈论新儒家时却是一个绝对不能忽视的学者。钱穆虽然更多以一个历史学家的身份而被人们记忆,但其对当代儒学的贡献,也是不容忽视的。1967 年,钱穆以归国学人的身份来到台湾,一直到 1986年 92 岁高龄告别杏坛为止,其间讲诵弦歌不辍。钱穆一生著述颇丰,总计超过千万言,晚年目盲还口授《晚学盲言》等作品。钱穆更是一生以授徒为业,孜孜不倦,培养人才之多,影响之巨,当代学人少有其匹,严耕望、余英时等都是其高足。

正是这些新儒家学人们的到来,改变了当代中国的文化版图,改变了台湾的文化面貌,促进了台湾地区当代儒学的发展。

同时,退守台湾后的国民党当局,出于标榜"正统"的需要,大力提倡中国传统文化,发起中华文化复兴运动,创办中国文化大学等等。这些举措,客观上也对台湾当代儒学的传播与发展起到了一定的促进作用。

(作者为洛阳师范学院历史文化学院副教授)

参考文献:

1. 连横《台湾通史》,中华书局,1983 年。
2. 赵尔巽《清史稿》,中华书局,1977 年。
3. 黄克剑主编《现代学术经典·方东美卷》,河北教育出版社,1996 年版。
4. 李维武《徐复观学术思想评传》,北京图书馆出版社,1999 年。
5. 颜炳罡《牟宗三学术思想评传》,北京图书馆出版社,1998 年。
6. 汪学群《钱穆学术思想评传》,北京图书馆出版社,1998 年。
7. 宋仲福　赵吉惠等《儒学在现代中国》,中州古籍出版社,1991 年。

台湾兰阳平原的漳州遗风

高双印

一、前言

台湾与福建仅一衣带水之隔,两岸之间的交流互动必然很早,从台东"长滨文化"发掘的遗物中证明,旧石器时代台湾与华南地区的人类活动息息相关。史学家梁家彬在《台湾通考》中认为,台湾原住民实为百越族的一支;张松的《台湾山地行政要论》中也说,台湾原住民与闽粤人的祖先相同;可见台湾原住民来自于闽粤,乃是不争的事实。

台湾东北角有一块溪水冲积的扇形平原,西、北、南三面为崇山峻岭所环抱,东面濒临波涛汹涌的太平洋,与台北盆地、花东纵谷隔绝,自成一个独立的地理体系,这里自古为原住民噶玛兰族聚居之地,过着鱼猎的原始生活,清嘉庆元年(1796),始有漳州人吴沙率众入垦,后继者蜂拥而至,辟良田,筑土围,形成以漳州人为中心的鱼米之乡。嘉庆十五年(1810)纳入版图,置噶玛兰厅,设官治理;光绪元年(1854)升格为宜兰县,历经日本五十一年统治,漳州遗风至今不衰。郭廷以在《台湾史事概说》提到:"宜兰的开发,可以看作台湾开发史的典型。"以宜兰作区域性的研究,可具体而微的了解漳州遗风为豫、闽、台关系传承的纽带。

二、漳州的开发

根据新石器时代遗迹,三千至八千年前便有人类在漳州一带活动;三国时代,东吴孙权曾派兵闽地讨伐"山越",汉人随之而来;晋朝八王之乱,五胡乱华,中原板荡,汉人大量南迁于此。唯唐朝初年以前,朝廷鞭长莫及,漳州仍被视为王化未沾、民性凶悍,蛮獠蛇豕的"七闽"之地。总章二年(669),河南光州固始人陈政、陈元光父子,率中原五十八姓三千六百人,来"地极七闽,境达百粤"的蛮獠之区平乱,陈政见"江水如上党之清漳",名之为"漳江",一则可抚慰中原南征将士思乡之情,一则希望这些将士能在此建立新的家园。陈政死,陈元光以子代父职,对于当地王化未开的少数民族,以抚代剿,乱事平定之后,开屯列戍于漳江之北,且耕且守。鉴于连年征战"兵革徒威于外,礼让乃格其心",况且"诛之不可胜诛,徙之则难以屡徙",若要长治久安,"其本则在创州县,其要则在兴庠序"。垂拱二年(686),陈元光上疏周官七闽,宜增为八闽,在地广人稀的泉、潮之间另建一州,以"漳州"为名,诏准之,并受任为刺史。他厉行法治,建立社会次序;开发土地,鼓励农耕;振兴教育,传播文化,短短二十年间,使原本"疑非人所居"的"蛇豕之区"的蛮荒地带,一变而"无桴鼓之声,号称治平"。首任漳州承事郎丁儒曾为诗《归闲二十韵》以赞:

> 漳北遥开屯,泉南久罢屯。归寻初旅寓,喜作归乡邻。好鸟鸣檐竹,村黎爱慕臣。土音今听惯,民俗始知淳。烽火无传警,江山已净尘。天开一岁暖,花开四时春。杂卉三冬绿,嘉禾两度新。俚歌声靡曼,抹酒味温醇。锦苑来丹荔,清波出素鳞。芭蕉金剖润,龙眼玉生津。蜜取花间液,柑藏树上珍。醉宜薯蔗沥,睡稳木棉温。茉莉香篱落,榕阴浃里堙。风雪偏避地,风景独推闽。辞国来诸属,于兹缔六亲。追随情语好,问馈岁时频。相访朝和夕,深忘越与秦。功成开炎域,事定有闲身。问赋聊随和,才名任饮沦。呼童多种植,长为此方人。

由诗中可知漳州建州后,农产富庶,民风淳朴;军民融洽,官员赋闲,一片太平安乐的世外桃源景象;漳州人为感念陈元光的丰功伟绩,尊之为"开漳圣王",凡漳人所到之处,皆建庙奉祀,台湾的开漳圣王庙便多达五十余座。

三、漳州人过台湾

漳州从陈元光设治之后,由于带来了中原先进的农业技术,奠定良好的经济基础,历经宋、元、明、清的开发建设,而成为远近知名的富庶之乡。漳州与台湾隔海遥遥相对,漳州人很早便渡海来台,拓垦土地,辟建田园,至清代达到最高峰。民间自动自发组织起来开垦荒地,是开发台湾的最大特色。先民们荜路蓝缕以启山林,要克服恶劣的自然环境,因地缘关系发展建立的拓垦组织应运而生,把分散的人力、物力、财力集结起来,有效的运用在拓垦事业上。其形式大抵分为垦首制:即少数有经营能力的业主与多数无经营能力的佃农,合作开垦土地,互惠互利。股份制:即由二人以上出资共同经营拓垦事业,股份制能有效集结分散的人力和财力,进行大规模拓垦,对台湾的开发,影响深远。结首制:此与前二者最大的不同,是结首由大家共同推举,其权利义务均等。这种以同乡关系发展出来的拓垦组织,最能齐心协力,风雨同舟,在艰难的环境之中,创造出一片新天地,把漳州祖籍地聚落社会的生活方式,在台湾复制与再生,形成全台湾许多"小漳州"为特色的地区,把漳州传统的风俗习惯、信仰神祇、文化艺术、乃至语言腔调都带到台湾并保留了下来。

台湾的漳州人有多少? 根据日本占领之初所作的《台湾在籍汉民族乡贯别调查》,台湾当时汉族人口的总数为三百七十余万人,漳州人占百分之三十五点二,约一百三十余万人,其在各个时期的杰出人物,灿若星辰,而第一位大量招徕移民到台湾开拓者,首推颜思齐。思齐生性豪爽,仗义疏财,明万历年间,遭官宦欺凌,愤而逃亡日本,广结豪杰志士,声名大噪,为平户当局任用为头目。天启四年(1624),因不满德川幕府的统治,密秘参与日本民间的造反行动,事败,与郑芝龙等分乘十三艘船出逃,经琉球抵达台湾北港靠岸,见土地肥沃,乃遣人回漳州故里,招募为生活所困之青壮者三千余众,展开台湾有史以来最大规模的移民拓垦行动。为解决大量移民生产、生活上的物质需求,他挑选一批有航海经验者,展开与大陆之间的海上贸易,农商并举,财富迅速累积,可惜英年早逝。颜思齐死后,郑芝龙继之,在颜的基础上发展,纵横睥睨,俨然东南海上霸主,惜清初遭诱降被杀;其子郑成功驱逐台湾的荷兰人,高举反清复明旗帜,虽壮志未酬而殁,然而却引进大量漳州移民。清领台湾,康熙年间纳入中国版图,追根究底,皆颜思齐首开之功。

四、吴沙拓垦兰阳平原

台湾地处亚热带,气候温和,草木繁盛;它是由欧亚大陆板块与菲律宾板块挤压隆起而形成,南北纵向的中央山脉,最高点—玉山,海拔3852米,是东北亚第一高峰。中央山脉把台湾分成东西两大部分,西部较为平缓,经无数河川冲刷,成为丘陵起伏的盆地、平原,很适合耕种,又隔台湾海峡与大陆福建相对,得地理之便,所以汉人较早前来拓垦。东部山势陡峭,仅由菲律宾板块挤压隆起的海岸山脉,与中央山脉相夹形成的花东纵谷,勉强可以耕种,且濒临波涛汹涌的太平洋,海陆交通皆所不便,汉人较迟到达拓垦。此外,在台湾东北角由兰阳溪冲积而成的兰阳平原,三面环山一面临海,与东西部皆所隔绝,自成一个地理体系,为原住民噶玛兰族聚居之地,过着原始的鱼猎生活

明天启四年(1624)荷兰人占据台湾南部,欲垄断海上贸易,西班牙不甘示弱,自吕宋派兵经巴士海峡,沿台湾东海岸到达东北角(三貂角)登陆,再北上进占社寮岛(基隆市和平岛),并筑城为根据地;听说噶玛兰产金、银、米、谷,派兵自苏澳登陆加以占领,影响力日增,且控制了台湾北部的海上航道,震撼了南部的荷兰人。崇祯十五年(1642)荷兰人率舰北攻基隆,西班牙人投降,结束其十七年的占领。荷兰人也向往噶玛兰的金银、米谷,组成一支远征队,进行探勘,并沿海岸形势,观察、测量绘成地图,准备长期攫取天然资源,直到明永历二十年(清顺治十八年)郑成功规复台湾,五年后,兵分两路扫荡北部,荷兰人才在兰地绝迹。

汉人何时在噶玛兰活动?根据《宜兰县志》记载,早在西班牙占领噶玛兰时期,就曾借汉人之力接济粮食,通商殖民,可见明末便有汉人涉足兰地。诸罗县志载,噶玛兰各社(番人)夏秋划蟒甲(独木舟)载鹿脯、通草、水藤与汉人互市,汉人亦用蟒甲载货以入,证明清康熙年间,兰地已有汉番交易。乾隆三十三年(1768)漳州人林汉生寄居淡水,见噶玛兰沃野三百里,可辟良田万顷,率众移垦,不幸遭番民杀害,虽然失败,然而已开汉人入兰拓垦的先河,而漳州人吴沙继之。

吴沙于清乾隆三十八年(1773)自漳州渡海来台,最初在淡水为人执役,并不适意,乃转往淡水极北之三貂另谋发展,这里为“番界”,一山之隔的噶玛兰,被清廷视为化外之地,进行“封山”,严禁汉人越界,以免肇事,但汉人以盐、糖、布匹,到“番社”换取鹿皮、鸟兽等山产交易,利润优厚,禁不胜禁。吴沙因“通番市”,很快便累积了大批财富,更因他肯仗义疏财,对“民穷蹙往投者,人给米一斗,斧一柄,使入山伐薪抽藤自给,人多归附”,从而建立了群众基础,便在三貂开垦。日久,见兰阳平原面积十倍于三貂,乃有率众前往拓垦之念,唯私垦是犯

法之事,所以迟迟不敢行动,直到乾隆五十一年林爽文之乱,淡水同知徐梦麟知三貂吴沙素得汉番信赖,惧吴沙与林爽文合流窜入内山(噶玛兰),授予防堵之责而羁縻之,事后,因功封"承信郎",大大提高吴沙在官民间的地位。经过一番准备,吴沙罗致垦民一千余人,其中包括保护垦民安全的武装勇士二百余人,懂得番语的"番割"二十三人,并得到淡水富豪柯有成等人的经济赞助,于嘉庆元年(1796)九月十六日海上大潮,乘船自三貂出发,在噶玛兰之北(今头城)登陆。吴沙之众筑土围为据点,引起原住民哆啰哩远社的惊恐,双方发生械斗,杀伤惨重,吴沙弟吴立且战死。吴沙见武力斗争终非善策,改用和平手段,适番社流行天花传染病,吴沙乃出方施药予以救治,番民感激,奉吴沙为神人,自愿献地酬谢他,不到一年辟地数十里,而闻风接踵而来者日益增多,吴沙每人皆助饼银,任耕其地。唯私垦是犯法之行为,嘉庆二年(1797),吴沙到淡水厅申请垦照获准,并给予"吴春郁"义首印戳,使其便宜行事,这时吴沙正式出单招佃,漳、泉、粤人蜂拥而至者五、六万人,漳州人实居其九,泉、粤人仅占一成。

五、兰阳平原的漳州遗风

　　嘉庆三年(1798),吴沙积劳成疾而病逝,由他的子侄继承其志业,唯经营形态已由点状、带状进入全面性的开发。由于清廷一向视宜兰为"化外",嘉庆十五年(1810)才由台湾知府杨廷理奏准,将宜兰纳入版图。兰地的漳州人占十分之九,无论语言、礼俗、戏剧、神祇信仰的漳州遗风,至今犹存,兹概述如下:

　　一、语言。台湾方言系由漳州语、泉州语、客家语移植而来后,彼此混杂、交融发展而成。宜兰因地形封闭而保留了完整的漳州语,根据日人所著《新选日台言语集》所述:"盖世上所谓'台湾话'者,实指漳、泉二语而言也,虽然,纯粹之漳州音,除在宜兰始能闻及";《宜兰县志》也分析说:"本县之代表语言为漳州语,其与泉州语及厦门语虽同属厦门音系之语言,但其韵与泉、厦二语颇有出入,而与国语(普通话)尤大有别,其组织单纯,概以声母与韵母结合而成",故日常用语或俗谚多发鼻音,如筷子为"箸",汤匙为"调羹",时候未到为"艾罗个",事情无头绪为"未胶里罗",懂得引饮水思源为"吃果子拜树头"等等,不一而足。

　　二、文风。陈元光唐朝初年开漳,带来中原的文治教化,降至明代,文风大盛,嘉靖漳浦旧志载:"读书之家无问贫富,每岁首各延师受业,虽乡村数家亦有师";计明代三百年间,漳浦一县进士及第的便有一百四十五人。宜兰设治之初,委办知府杨廷理即创办书院,为发扬闽学宗师杨龟山及朱子之道统,名为"仰山书院",落成时特作诗志喜:"龟山海上望巍然,追溯高风望宋贤。行媲四知敦榘范,道延一线合真传。文章运会关今古,理学渊源孰后先。留语诸生勤努力,堂前定可兆三鳣"。宜兰自此家弦户诵,人文荟萃,盛清沂《台湾史》说:"淡兰义风为全台之冠,乃岁,科童试厂考时,淡属六、七百人,兰属四、五百人。"兰地文风鼎盛,其来有自。

三、戏剧。吴沙开兰时,带来漳州芗江盛行的锦歌小调,它是移民们于垦荒劳动之余,唯一的娱乐,把家乡留传的民间故事如《陈三五娘》等,编成歌词,边唱边跳,以慰思乡之情。渐渐结合"南曲"乐器的伴奏,又增加了身段、台步,服装,并由平地广场移到台上表演,剧目涵盖忠臣、孝子、英雄、豪杰等内容,剧情愈演愈生动,是民间喜庆节日不可或缺的场景。到了清末,已发展成兰阳地区特有的乡土文化艺术——歌仔戏,其后则风靡到全台湾,如今,更推广到海峡两岸及全球华人世界。

四、信仰。根据宜兰县政府1979年的寺庙调查,宜兰县的开漳圣王庙有20座,占全台湾开漳圣王庙的百分之38.3%,其他漳州籍的次要神祇,如三王公、广惠尊王、辅顺将军、敌天大帝的寺庙,各占全台湾同类寺庙的半数以上;而泉州人所供奉的清水祖师、广泽尊王、保生大帝;客家人所供奉的三山国王,比起台湾其他各县市,都是最少的,恰与祖籍漳州的人口结构相一致。县内部分地方称武圣关公为协天大帝,是宜兰漳州人聚集处才有的现象,显然使得全国性的神祇也染上地缘色彩。

五、礼俗。世《宜兰县志》载,"台人之礼俗,实导源于中夏"。以服装而言,兰俗昔时男子短衣、袖宽约五六寸,妇女荆钗布裙、大都缠足,十岁孩儿常不穿裤,简朴之风,皆来自漳州。以居处而言,宜兰旧时普通人家住宅,多从漳州形式,瓦屋木架砖墙,屋脊之上立骑马弯弓之瓦偶曰"蚩尤",状甚威猛,又于巷口立"石敢当"以镇不祥,杉材、砖瓦皆来自漳州。以岁时行事而言,例如农历过年贴春联,端午包粽子,中秋庆团圆,除夕蒸年糕,几与漳州无异。以婚嫁大娶而言,旧时悉依漳州古制进行,即纳采、问名、纳吉、纳征、请期、亲迎六礼,礼成,三日庙见(祠堂祭祖),以次拜公婆等长辈,十二日女方迎婿会亲,燕饮毕,夫妇同归。他如丧葬、生育、寿诞、祭祀等等,名目繁多,无法备述。

六、民族精神的传承与发扬(代结论)

清廷甲午战败,割让台澎,台民义不归日,纷纷揭竿起义,武装抗日行动,此起彼落。日军在澳底登陆,自北而南进军,沿途遭义军节节抵抗,至年底才攻占台南；正当日本得意洋洋宣布全台平定之时,宜兰义士林大北却纠合义民展开袭击,一举收复头城、礁溪、罗东等重要市镇。同时引发连锁效应,台北、新竹义军蜂起响应,日军被迫从本土增派混成第七旅团、第二师团补充兵力,在苏澳登陆驰援反攻,林大北义军血战月余,被擒身殉,兰民男女老幼惨遭杀害者三千余人,其悲壮堪与牺牲三千万军民之八年抗战,前后辉映。之后,进士杨士芳见武力抗暴徒劳无功,发起筹建岳飞庙,为避日人耳目,取名"碧霞宫"。其闽南宫殿式建筑,古色古香,岁时祭典,遵循古礼,其为原汁原味的中华文化遗风,延续迄今而硕果仅存之例。尤其《碧霞宫庙歌》所体现的"尽忠报国"之心,"还我河山"之意,也与八年抗战"壮志饥餐胡虏肉"不谋而合。凡此,皆来自漳州人对中原文化,对民族精神的传承与发扬,故未因日据时期厉行"皇民化"之策而改变。今年欣逢抗战胜利及台湾光复70周年,第13届河洛文化研讨会在台湾召开,意义重大；借此机会,谨以宜兰碧霞宫庙歌(见附录),见证历史,展望未来,进一步搭建豫、闽、台河洛文化交流的桥梁,以共同迈向海峡两岸和平统一的坦途。

附:碧霞宫庙歌

大哉岳公,崇祀碧霞宫,平生文武通,报国心情重,尽义、尽节、尽孝、尽忠,威寒敌胆,气压奸雄,挥戈收失地,誓志捣黄龙;遗恨绵绵莫须有,英风凛凛,满江红。

伟哉岳王,呵护我兰阳,馨名万古芳,庙貌千秋壮,献花、献酒、献帛、献香,众意尊崇,虔诚敬仰,见贤愿思齐,当仁应不让,国家命运臻隆盛,民族精神,永发扬。

(作者为台北师范学院退休教授,宜兰县河南同乡会理事长)

参考文献：

1. 周钟瑄《诸罗县志》。

2. 高拱干《台湾府志》。

3. 宋增璋《台湾抚垦志》。

4. 连横《台湾通史》。

5. 盛清沂《台湾史》。

6. 高诸观《台湾人的根》。

7. 沉定均《漳州府志》。

8. 魏荔彤《漳州府志》。

9. 陈汝咸《漳浦县志》。

10. 文献会《宜兰县志》。

11. 陈培桂《淡水厅志》。

12. 柯培元《噶玛兰志略》。

13. 陈淑均《噶玛兰厅志》。

14. 林万荣《宜兰史略》。

15. 吴秀玉《开兰始祖—吴沙之研究》。

16. 宜兰县各界祭祀民族英雄岳武穆王诞辰三献礼。

洛阳话与闽南话及日本语

——一脉相承的渊源关系

黄英湖

　　古代的洛阳话和现在的闽南话,以及海外的日本语,这三种在时间和空间上都相距甚远,貌似互不搭界的语言,却存在着一脉相承的渊源关系。这是一件令许多人都觉得惊奇、有趣,并且难以理解的事情。本文将分别从这些语言形成的历史入手,理清它们之间的相互关系,对这种一般人觉得不可思议,但却在现实社会里真实存在的事情,进行一些寻根溯源式的探讨。

一、我国古代的“普通话”及其历史演变

(一)我国古代“普通话”标准音的基础在洛阳

　　我国地域辽阔,人口众多。由于地理、历史等因素的作用,古代许多地方都形成差异甚大的各种方言,如春秋战国时期,吴、楚、齐、秦等封国都有各自的语言。但是,语言学专家研究认为,当时也有一种区别于各地方言而全国通用的“普通话”。这种民族的共同语言以洛阳音为标准音,相当于现在以北京音为标准音的普通话。2007 年 4 月 20 日,《光明日报》以《洛阳读书音:中国古代的“普通话”》为题,发表了对中国社会科学院语言研究所研究员郑张尚芳的专访文章,探讨了普通话的源流。郑张尚芳从事音韵学研究已有 50 多年的历史,是国内语言学界古音韵研究的权威,汉语古音学说有代表性的八大家之一。

　　郑张尚芳研究员说,中国早就有民族的共同语言,也就是当时的“普通话”,只是各个时期的称呼不同:秦称“雅言”,以后叫“正音”,到明代叫“官话”。它们都是历朝历代各自通用的“普通话”,是跟民间口语相对应的官方语系,为办公读书之用。孔夫子的弟子 3000 人来自全国各地,他教书就用“雅言”,《论语》

书中说,孔夫子"诗、书、执礼皆雅言也"。至于"雅言"更古老的来源,郑张尚芳研究认为,夏朝太康以后建都洛阳,洛阳地区的语音自然成为全国的标准音,那时的"雅言"就是夏言。殷商的都城也在洛阳周边,在语音上承袭夏言。周朝的文字又是向殷商学习的。所以历代"雅言"标准音的基础都是在洛阳一带,教育、办公都要求学标准音,这从上古、中古一直沿袭至近代的"官话",历时4000多年。

(二)洛阳标准音在不同时代的变化

不过,郑张尚芳研究员认为,我国古代"普通话"的标准音,也在不同时代发生了一定的变化。如唐、宋、明等朝代,都城都不是洛阳,其都城的语音对标准音会有某些影响。但由于这些地方的标准音也是源于洛阳,最多只是出现某些官话支派,音系核心基础本是一个,那就是古代的洛阳音。所以,历代"普通话"标准音的基础,始终是在中原洛阳一带。

另一方面,洛阳标准音自身也是在不断变化的,南北朝—隋—唐各不相同。但是,不管洛阳音如何变化,各代都认为洛阳"居天地之中,禀气特正",就是说,在古人的心目中,洛阳居天地之正,语音也为天下之正统,人们都推崇当时的洛阳音为标准音,各朝和各地的"普通话"语音都要向洛阳音靠拢。所以,从历史记载来看,唐代以后,宋、元还都以当时的洛阳音为标准音。明初的《洪武正韵》,同样标榜"以中原雅音为定"。直到清朝中期以后,官话的标准音才向北京话转移。

郑张尚芳研究员还认为,所谓以洛阳音为标准音,是说历代都以当时的洛阳读书音,即太学里教学采用的语音为标准音,而不是洛阳的方言口语。① 不过,笔者认为,这种"洛阳读书音"肯定不会是一种无源之水,就像飞来石一样从空中降临到洛阳城中,而应该是在洛阳方言口语的基础之上形成发展起来的。所以,这两种语言应该不会有太大的差别,就像普通话与北京人日常生活所讲的方言口语一样,只是两种源头相同,相差不会太大的语言。

---

① "清朝以前普通话源自'洛阳话',朗读古诗韵律更美",见2007年4月22日《中国新闻网》。

二、古代汉语在闽南话中的存留及其原因分析

（一）闽南话——古代汉语的活化石

闽南话是流行于福建南部厦门、泉州、漳州三市和闽西龙岩等地的方言，其中保留了许多唐代乃至先秦、两汉时期的中原古汉语成分。如古代纸张发明之前，人们都把文字书写在竹片上，串连起来卷轴成"册"。读书就是打开这一册册的竹简进行阅读，被称为"读册"。而在现在的闽南话中，人们仍说读书为"读册"。"鼎"是秦汉之前人们对煮东西炊具的称呼，它是商代青铜器出现后常见的一种生活器皿。《说文·片部》："鼎，三足两耳，和五味之宝器也。"秦汉之后被改称为"镬"，最后又成为现在的"锅"。中原汉人南迁入闽后，也把"鼎"这个称呼带入福建，并且一直沿用至今。稀饭是南方人喜欢的一种饮食，在古代被称为"糜"。以后，它称呼也逐渐演变成"粥"、"稀饭"，可现在的闽南人仍称稀饭为"糜"。另外，闽南话称嘴巴为"喙"，《说文·口部》："喙，口也。"称泥土为"涂"，《说文·土部》："涂，泥也。"说跌倒为"跋"，《说文·足部》："蹟，跋也。"

在闽南话中，还保存着不少盛唐时期的语言，如闽南话的"教示"这两个字，一般是指长辈对晚辈的教导和训示。而在唐代元稹的《估客行中》，就有"父兄相教示，求利不求名。"闽南话称床为"眠床"，而在唐代李延寿的《南史·鱼弘传》中，就有"有眠床一张，皆是蠮柏。"闽南话称儿媳妇为"新妇"，儿女亲家等亲戚为"亲情"。而据《唐语林》卷四中所载，唐文宗要为庄恪太子选妃，对宰相说："朕欲为太子求汝郑间衣冠子女为新妇"，"朝臣皆不愿与朕做亲情，何也？"

类似这样的例子还有很多：如闽南话说太阳为"日"，说中午为"昼"，说晚上为"冥"，说走为"行"，说跑为"走"，说害怕为"惊"，说晒为"曝"，说香为"芳"，说吃为"食"，说黑为"乌"；并且称你为"汝"，称筷子为"箸"，称眼睛为"目"，称稻谷为"粟"，称糯米为"秫"……。这些都可以从东汉人许慎所编的《说文解字》和其它古籍中，找出许多佐证的例句。①

另外，闽南话中还保存一些与现代汉语语法相反的"中心语＋修饰语"构词

---

① 参见李如龙　姚荣松《闽南方言》，福建人民出版社，2008 年 8 月。李如龙《福建方言》，福建人民出版社，2000 年 4 月。

方式,如"鸡母"、"菜花"、"人客"、"药膏"、"鱼干"等等,以及古代汉语所用的"底"、"着"、"斗"、"无"等虚词,和"未""不"、"乎"、"尔"、"耶"等语气词。由于篇幅所限,在此不再进行详细的论述。因此,闽南话是一种古老的语言,被誉为中国语言的活化石,用闽南话朗诵唐诗更押韵,更朗朗上口。

(二)闽南话中古汉语存留的原因分析

学术界研究认为,闽南话是以河南移民带入的古代汉语——洛阳话为主,并且吸收一些福建土著闽越族语言,以及古代吴国、楚国乃至阿来伯等海外移民的语言后,而在闽南地区形成的一种地域性方言。方言专家李如龙先生的《福建方言》书中认为,"中原汉人入闽显然带来了比原住民及吴楚人更高的文化,正是这种文化上的优势,使得中原的汉语成了闽方言的主要成分,而原来的闽越人的语言以及古吴语和古楚语都退属次要成分了。"他还认为,闽南话是在唐代中期"定型"的,并且定型后一直流传至今,没有发生太大的改变。[①] 所以,闽南话中才会存留许多盛唐乃至秦、汉时期的古代汉语,成为我国语言的活化石。

为什么闽南话能在唐代中期定型后一直流传至今,而没有发生太大的改变?这与福建独特的地理、历史环境有很大关系。

首先,福建偏处我国的东南边隅,在地理上不但远离洛阳、西安和北京等历代政治中心,而且也远离中原和长江中下游平原这些古代的经济中心。宋代之前,福建的人口也不多,经济、社会和文化等方面都比较落后。这些因素都使福建不会成为改朝换代等政治动乱时的兵家必争之地,也没有发生那种人民死亡相藉,被迫纷纷向外逃亡,致使千里无人烟的大规模残酷战争。

其次,从我国的地形图上看,福建是一个隆起于东南地区的台地,自成一个独立的地理区域。福建与江西、浙江两省的交界处,都被武夷山、洞宫山和鹫峰山等延绵不断的高山所屏挡。在生产力低下的古代,陆路交通十分不便,海路又尚未畅通,要进入福建是比较困难的。这种交通不便的地理环境,也使北方的战争和社会动乱,一般都不会波及到福建境内。

再次,福建的地形西高东低,境内河流大多发源于闽赣交界的武夷山脉和中部的戴云山脉。相对于黄河和长江而言,福建的闽江等河流都显得比较短小,径

---

① 李如龙《福建方言》,福建人民出版社,2000 年 4 月,第 31,27—29 页。

流量也不大。而且,福建素称"东南山国",境内地形以丘陵和山地为主,河谷平原仅占土地面积的 5%,民间素有"八山一水一分田"的说法。仅有的福州、莆田、泉州和漳州这四个沿海小平原,也大多是在浅海滩涂上人工围垦而成,最大的漳州平原也只有 566 平方公里,①相对于华北和长江中下游等北方平原而言,也是显得十分狭小。福建这样的地形地貌,使之不会产生黄河泛滥时那样大面积的水涝。即使是江河决口发生洪灾,大水也会很快就流走消失,人们稍避一时即可回家。而不会像广袤的北方大平原那样,江河泛滥后即成千里泽国,久涝难退,人们不得不远走他乡。

由于上述这些原因,长期以来,福建社会都显得比较安宁和稳定。人们迁居到一个地方后,往往能长时间在那里生活下去,从肇基始祖开始,延绵数十代进行繁衍和发展,几百甚至上千年地守着同一方土地而不必挪动,从而形成庞大的宗族。因此,在闽南和福建各地,聚族而居的单姓村庄,甚至周围十几乃至几十个村庄都是同一开基祖先的大姓巨族比比皆是。这样长期安宁、稳定的社会环境,以及在同一地方一直衍传下来的宗族,都很有利于语言的稳定和长期存留。

另一方面,福建社会从宋代开始,就已经出现人多地少的人口过剩问题。变得狭小的生产和生活空间,也使进入福建的北方移民逐渐变少了。类似东、西晋之交的"八大姓入闽",以及唐初陈元光父子,唐末王审知兄弟带兵南下时,那种由大批北方入闽人口带来的中原汉语对当地语言所产生的巨大影响,也就不再在福建社会出现了。也就是说,北方已经演变了的语言不再对福建产生影响了,唐代中期闽南话"定型"后,也就不再发生太大的变化。这就使闽南话成为一种守旧的语言,也成为和中原汉语差异比较大的方言。所以,由河南移民带来的古代洛阳话,就得以在闽南保存了下来,时至今日,类似"读册"、"鼎"、"糜"等古代汉语,仍一直在闽南人的日常生活中使用着。

而反观福建人祖先的迁出地中原河南,却由于地处我国的政治和经济中心,区域位置十分重要,历来成为各派政治势力逐鹿中原时,都要反复拉锯争夺的战略要地,致使那里一再发生尸横遍野、血流成河的惨烈景象,大量的居民为了逃避战乱,纷纷被迫迁徙到相对安稳的南方。如在西晋末年,不长的时间内就连续

---

① 陈及霖《福建经济地理》,福建科学技术出版社,1986 年 5 月,第 1、4 页。

发生了"八王之乱"和"永嘉之乱",造成洛阳一带"流尸满河,白骨蔽野"。明朝建立后,朱元璋曾把大批的山西居民强制迁移到河南等地,以填补那里因元末惨烈战争而大量减少的人口,因而产生了把大小便称为"解手"的心酸典故,以及"要问我家在何处,山西洪洞大槐树"的凄凉民谣。

另外,从地形地势看,陕西和河南、河北等中原地区地势平坦。陕西的八百里秦川和河南、河北一望无际的广袤大平原虽然土地肥沃,十分适合农业耕种,使那里成为中华文明的发源地。可是,这种平原广大的地形地势,也容易使它容易出现历史上曾一再发生黄河决口泛滥后成为千里泽国的景象,迫使人民不得不大量逃亡他乡,造成荒芜人烟的悲惨景象。据说现在的开封城底下,就埋藏着七座的开封古城,都是历史上黄河泛滥后被冲垮淹没的旧城遗址。曾经由于焦裕禄而闻名的河南兰考县,就是因为历史上黄河多次决口留下 11 条故道,形成大面积的盐碱地和遍地流沙。直到 20 世纪 60 年代焦裕禄到任时,那里的人烟仍然比较稀少,虽然地处华北大平原,可全县 1800 平方公里的土地面积却只有36 万人口。

总之,历史上一再发生的战火或水患,造成中原人民一次次地大规模逃亡,也致使河南的居民一茬又一茬地进行了更换,那里的语言也随之发生了变化。晋、唐时期大批移居福建的河南人所带来的古代中原汉语洛阳话,反而在他们的故乡失了传。现在的河南话与闽南话,已是两种几乎完全不同的语言。

三、闽南话与日本语的相似性及其原因探究

（一）中国文化向日本的跨海传播

在近代之前的漫长历史长河里,中国在政治、经济、文化和社会等方面的发展,大多时候都领先于日本,并因此而长期成为日本敬佩和仰慕的榜样。日本民族是个善于学习的民族,他们不但通过派人招募和聘请等办法,引进中国的各种人才东渡日本,传授先进的农业、制陶、纺织等生产技术和手工工艺,以及雕塑、绘画、文书、诗歌等艺术文化;[①]而且还派遣许多人员前来中国,学习那些他们认

---

① 关于日本如何招募和聘请中国人才,详见黄英湖《早期中国向日本的移民及其影响》,载魏楚雄陈奉林主编《东方外交史中的日本》,澳门大学,2013 年 10 月。

为先进和有价值的东西,然后将其一一移植到日本,加以改造和应用。在我国的隋、唐时期,日本就先后向中国派出 10 多批"遣隋使"和"遣唐使"。这些官方使者带领许多留学生和学问僧,一起前来学习中国的各种文化。他们回国后都大力传播中国文化,并且建立各种模仿唐朝的政治和社会制度,使日本的政治、经济和文化等方面,都受到中国的很大影响。

在思想、制度、工艺、技术等中国文化跨海传播的同时,中国的方块汉字也被传入日本。把这种文字系统地引入日本者,为一位叫王仁的中国人。据《日本书纪·应神记》中记载,应神天皇听说王仁很有学问,就专门指派 3 名臣属前往朝鲜半岛迎请。应神十五年(西晋武帝太康六年,公元 285 年)春二月,王仁带着《论语》十卷,《千字文》一卷来到日本。天皇让太子菟道稚郎子拜他为师,向他学习各种中国典籍。王仁也在那里定居下来,成为日本的"书首",就是从事文字工作的"书人"之首,负责与中国往来文书的起草和翻译工作。汉字也随之系统地东传到日本,日本政府开始使用汉字作为记录文书的文字。因此,王仁成为第一个系统地在日本传播汉字的人,被日本人尊为"书首"的始祖。

汉字的传入加快了中国文化在日本的传播,从圣德太子以来,日本的贵族一般都能书写中国六朝风格的汉文和汉诗,创作于 8 世纪的日本首部汉诗集《怀风藻》,就是其中著名的代表作。公元 720 年,日本还出现用汉字编写的史书《日本书纪》。唐代到中国学习的学问僧空海和尚回国后,模仿中国汉字的草书制定了平假名。另一留学生吉备真备也取汉字的偏旁,制定了片假名,成为日本的文字和拼读音标,"自此,日本才有了自己的文字。"①因此,日本和朝鲜、越南一样,也都使用像形的中国方块汉字,成为东亚中国文化圈的 4 个国家之一。

(二)闽南话与日本语的相似性及其释惑

闽南话与日本语,这是两种分处不同国家,并且在地理区位上相距甚远的不同民族语言。所以,在一般人的认知里,它们之间应该不会有什么互相关联的东西。可是事实上,日语中的不少词语,却与闽南话有相近乃至相同的发音。仅在以假名"せ"起头的日本语中,就可以找出不少和闽南话发音基本相同的语词,如:西方(せいほぅ)、设备(せつび)、先祖(せんぞ)、先天(せんてん)、前途(ぜ

_____

① 韩国磐《隋唐五代史纲》,人民出版社,1979 年第,第 246 页。

んと)、世界(せかい)、世間(せけん)等等。另外,武器(ぶき)、労働(ろうどぅ)、運動(ぅんどぅ)、天気(てんき)、電気(でんき)、道理(どぅり)等许多语词,闽南话和日本语的发音也基本是相同的。而制度(せいど)、税务(ぜいむ)、说明(せつめい)、先見(せんけん)、先生(せんせい)、農夫(のぅふ)、濃霧(のぅむ)、電波(でんぽ)、天国(てんごく)、堂堂(どぅどぅ)等许多语词,闽南话和日本语的发音则是相近的。只要我们翻开《日汉人词典》查阅,类似的情况比比皆是。①

日本语中的许多词语,为什么会与闽南话有相近乃至相同的发音?

前已述及,中原河南的洛阳在古代一直都被视为天下之中心,那里的洛阳"读书音"也一直成为中国古代的官话,就像现在的普通话一样,是一种有别于各地方言的全国通用语言。空海和尚和吉备真备等日本人前来中国所学习的汉语,必然就是这种唐代的中国官话——洛阳读书音。在制定平假名和片假名用以拼读引进到日本的汉字时,他们所采用的标准读音,也必然会是其在中国所学习的官话洛阳读书音。因此,唐代的中国官话洛阳读书音也被他们带到日本,成为那些已变为日本文字的方块汉字的标准读音,并且保存下来直至今日。

而闽南话是以河南移民带到闽南的洛阳话为主,在融入一些闽越及吴、楚等语言后形成的方言。它在唐代中期"定型"后,由于福建特殊的地理、历史环境而被保留至今,没有发生太大的改变。因此,闽南话的主体成分和日本语一样,都是盛唐时期的洛阳话,它俩犹如一棵大树上分叉出去的两根枝丫,来源都在同一个树身上,彼此之间存在着亲缘的关系。

总之,在唐代分别被传播到闽南和日本这两个地方的洛阳话,在各自成为闽南话和日本语之后,又都被保留下来直到现在。由于这种历史上的亲缘关系,这两种语言在许多词语的发音上,就存在着相似乃至相同之处了,这应该就是对这种奇特现象的最合理解释。

(作者为福建省社会科学院研究员)

---

① 福建其它地区的居民也和闽南人一样,大多是河南等北方移民的后裔。他们所说的闽东、闽北等方言,同样也是以河南移民带来的古代中原汉语——洛阳话为主,并且吸收一些闽越土著和吴、楚等语言后形成的。所以,这些方言和闽南话有一部分是相通或近似的,它们也可能会像闽南话那样,存在着一些发音和日本语相近乃至相同的语词,这个问题有待既懂日本语又懂这些方言的学者去验证。

慎终追远　不忘己出

——台湾抗日诗歌之中华传统家国情怀管窥

萧　成

　　台湾除了原住民之外,大多为大陆汉民族的移民,有闽南人、有客家人。闽南人自称"河洛人",讲的是"河洛话"。"河洛"一词出自《史记》,指中原黄河洛水一带。这种来自中原的记载,在台湾许多家谱、族谱上都可以看到。而且台湾的许多墓碑上,颍川、泗水、陇西等,也并不是闽南漳、泉一带的地名,而是北方一带的地名。中原汉人自"永嘉之乱"而南向播迁到闽粤各地,而后形成了客家,之后渡海来台。客家人视中原为"原乡",闽粤人将中原大陆亲切地称为"唐山"。河洛地区的移民南迁闽台之后,也将中华民族发祥地河洛地区的"家国"文化传统传承、流播到了新的居住地。对中华民族而言,家国关系始终是"天下兴亡,匹夫有责"。个人与国家不是单纯的从属关系,而是母子般饱含养育深情和血缘色彩的生命归宿。漫漫 50 年的台湾抗日史,展示了最强烈的民族归属感。因为他们身上不仅有一根无法挣脱的血缘纽带,更重要的是这种"慎终追远不忘己出"的民族传统文化烙印在民族灵魂上。换言之,以河洛为中心移民至闽粤的百姓,始终存在着叶落归根、归葬"唐山"与重返"原乡"的文化情结。

　　以史鉴今可知,中华民族上下五千年的历史中,虽曾于元、清两次少数民族入主而终于发展至今,即因具有强大民族文化凝聚力,从而形成了一股巨大民族认同感与归属感,因而"慎终追远不忘己出"的家国文化情结也屡屡闪现在中国文学之中不绝于缕。1895 年《马关条约》的签订,腐败的清廷把祖国宝岛台湾割让给日本,从此台湾骨肉同胞在侵略者的铁蹄蹂躏下,痛苦地呻吟、挣扎和反抗了整整半个世纪之久。在这风雨如磐的岁月,台湾爱国诗人丘逢甲、洪弃生、连横、许南英、赖和等,伤时感世,忧国忧民,写下了许多悲壮雄浑、洋溢着强烈爱国主义精神和传统中华文化家国情怀的诗篇,深刻"反映全体台湾民众的共同意愿;那便是推翻日本人的殖民统治,获得解放和自由,重归祖国的怀抱"。① 由于日据时期台湾抗日诗歌中这一"慎终追远不忘己出"的家国文化情结与爱国主义情怀表现得特别鲜明和突出,我们可以从以下四个方面来具体观察和领会。

一

抒发国土沦丧的愤慨,怒斥卖国贼的无耻罪行,这是台湾抗日诗歌中"慎终追远不忘己出"的传统中华家国文化情结与爱国主义精神的第一方面表现。乙未之年,割台凶耗传出,台湾同胞"若午夜暴闻轰雷,惊骇无人色,奔走相告,聚哭于市,夜以继日,哭声达于四野"。② 许多人抗议示威,发布檄文,声讨清政府的卖国行径。当时台湾人民将抗战檄文张贴于彰化府的府衙大门上,坚定地表达了"誓不服倭、抗战到底"的决心,同时愤怒声讨李鸿章等卖国贼:"我台民与李鸿章、孙毓汶、徐用仪不共戴天,无论其本身、其子孙、其伯叔兄侄,遇之船车街道之中、客栈衙署之内,我台民族出一丁,各怀手枪一杆,快刀一柄,登时悉数歼除……以为天下万世无廉无耻、卖国固位、得罪天地祖宗之炯戒!"③当时台湾许多爱国诗人也挥笔疾书,严厉鞭挞卖国贼。这些情境在台湾爱国诗人的笔下得到了淋漓尽致的反映。唐赞衮的《悲台湾》:"千里金汤沦异域,竭来白日暗无光";许南英的《如梦令·别台湾》:"望见故乡云树,鹿耳鲲身如故。城郭已全非,彼族大难相与,归去归去,哭别先人庐墓"等作品,深刻反映了台湾同胞对祖国神圣领土沦为异域的无比哀痛。

> 春愁难遣强看山,往事惊心泪欲潸。四百万人同一哭,去年今日割台湾。

这首诗是台湾著名爱国诗人丘逢甲为纪念台湾割让一周年而作的,因台湾割让在春暮,所以题为《春愁》。作者回忆往事,痛定思痛。一年来为了护台救国,他曾"刺血三上书",驰电清廷,宣告"台湾士民,义不臣倭";同时毁家纾难,

---

① 叶石涛《台湾乡土作家论集》,台北远景出版社,1979 年,第 3 页。
② 江山渊《徐骧传》,《小说月报》1918 年第 9 卷第 3 号。
③ 此"讨李鸿章檄"的内容引自网页 http://www.huaxia.com/zl/tw/dsj/00002788.html。

组织义军抗日,在弹尽粮绝的情况下,才被迫离开抗敌的前线。作者内渡后眼见山河破碎,故土沦为敌手,百感交集不禁潸然泪下。"四百万人同一哭,去年今日割台湾",即集中反映了台湾人民悲愤填膺、同仇敌忾的爱国怀乡的深厚家国情怀。此外,许南英的《和陈仲英观察感时示诸将原韵》:"茫茫谁似济川舟,费杀筹边已成楼。已撤屏藩资广岛,那堪保障督并州";张秉铨的《哀台湾》:"皮如已失毛焉附,唇若先亡齿必寒。我是贾生真痛哭,三更拊枕泪阑干"。这两首诗不仅形象地说明了台湾地理位置重要,割让给日本后,祖国东海失去了天然屏藩,而且清醒认识到日本侵略者贪得无厌,占领台湾后必然得陇望蜀,将继续觊觎江浙,垂涎闽粤,充分表达了作者对外寇侵凌,国难日深之忧心如焚感情。

二

讴歌爱国志士英勇抗敌的光辉业绩和为国捐躯的牺牲精神,这是台湾抗日诗歌中"慎终追远不忘己出"的传统中华家国文化情结与爱国主义精神的第二方面表现。日本侵略者残酷的杀戮和压迫激起了台湾同胞的强烈反抗。他们发出了"我君可欺,而我民不可欺;我官可玩,而我民不可玩","与其生为降虏,不如死为义民"怒吼,[①]这也是台湾同胞钢铁般的誓言,"宁愿人人战死而失台,决不拱手而让台",抱定"众志成城,有死无二"的决心,"人自为战,家自为战",[②]展开了持续不断、轰轰烈烈的反抗斗争。在1895年反割台的武装抗日斗争中,彰化八卦山战役是最可歌可颂的。抗日义军首领吴汤兴牺牲前作《闻道》一诗明志:

　　闻道神龙片甲残,海天北望泪潸潸。书生杀敌浑无事,再与倭儿战一番。

这是抗日义士决心"临危受命",誓与日寇血战到底的真实写照。诗人林南强因抗日身陷囹圄,却威武不屈,奋笔疾书《吊吴汤兴茂才》一诗:"三户英雄竟若何,吴公近事感人多。草间持梃长酣战,夜里量沙独浩歌。看月有年皆带甲,

---

① 王国璠　邱胜安《三百年来台湾作家与作品》,台湾时报出版社,1977年,第28页。
② 同上,第31页。

迥澜无力且凭何。累累丛葬磺溪路,策塞荒山未忍过。"热情赞扬了吴汤兴壮烈牺牲,高度评价了抗日义军那种"楚虽三户必亡秦"的昂扬斗志所产生的巨大激励力量。此外,许南英《吊吴季篯参谋》与吴德功《延陵季子歌》,也都通过凭吊英雄或缅怀烈士,表达对抗日志士捐躯报国的无限钦佩之情。当时,许多诗人还对爱国将领的抗日行动给予充分肯定。刘永福曾任"台湾民主国"大将军,是抗日精锐部队黑旗军首领。他"忠肝义胆,誓不以寸土之地轻让敌人",率黑旗军与日寇进行了艰苦卓绝斗争。杨文藻诗《闻刘渊亭军门台南内渡》热情颂扬刘永福了"舍死忘生,抗击倭寇,卫我中华"的崇高爱国主义精神。杨文萃在《书愤》中既严厉谴责屈膝投降的"误国群奸真是贼",又赞扬刘永福坚韧不拔的抗敌意志,"独喜将军刘越石,海天重返鲁阳戈"。一褒一贬,是非分明。台湾抗日烽火从来没有熄灭过,自1895年起,台北农民抗日领袖简大狮又"聚众万余"与日军"血战百次",终于惨遭杀害。诗人钱振煌饱含对烈士深情写下了:"痛绝英雄洒泪时,海潮山涌泣蛟螭。他年国史题忠义,莫忘台湾简大狮。"台湾同盟会会员罗福星在抗日运动中被捕入狱,在狱中赋《祝我民国词》言志:"青年尚武愤精神","莫怕日本大和魂";"枪在右肩刀在腰","背井离乡赴瀛山";英勇就义前还留下了脍炙人口的名句:"杀头相似风吹帽,敢在世中逞英雄",充满了高昂的爱国主义精神和奉献牺牲情怀。

三

全面揭露日本帝国主义者惨绝人寰的法西斯暴行,同情处于水深火热之中的同胞,这是台湾抗日诗歌中"慎终追远不忘己出"的传统中华家国文化情结与爱国主义精神的第三方面表现。日寇占领台湾后,骄横残暴,视台湾同胞为奴隶牛马。政治上残酷压迫,疯狂镇压;经济上横征暴敛,巧取豪夺;思想上进行愚昧、奴化的"皇民化"教育;妄图把台湾经营成专供自己恣意享乐的"天堂"与进攻中国大陆的桥头堡。仅1898—1902年的4年间,就有11900多个抗日志士死在侵略者的屠刀之下。这种血腥镇压所造成的惨象激起了台湾爱国诗人的无比愤慨。毛乃庸的《赤嵌城——哀台民也》可谓揭露敌人惨无人道屠杀暴行最有代表性的诗篇之一。

赤嵌城头鬼夜哭,白骨如山压城麓。炮雷一轰城门开,长须虾夷海上来。

虾夷得意肆荼毒,日日刮金还刮粟。……横行淫掠复何堪,轻则拘囚重诛戮。

城中碧血化青磷,城外狐狸饱残肉。天寒日暮哀遗民,北望神州泪盈掬。

诗人怀着强烈的忧国爱民的正义感,愤怒控诉了日寇的滔天罪行,抒发了对沦于水深火热中骨肉同胞的无比哀痛,真可谓"声声似诉台民苦"。台湾著名爱国诗人洪弃生在日据时期的创作格调悲壮苍凉,其中对日寇残暴的血泪控诉是他作品表现的最主要的内容。他的《老妇哀》和唐代诗人杜甫的《石壕吏》以及韦庄的乐府诗《秦妇吟》可以相媲美。作品通过一个老妇人的哀吟,控诉了倭兵的残暴,"出门逢老妇,白发蓬压眉。倭兵蹴之行,哀哀泣路歧。乞食不得饱,眼泪垂作糜。问妇何所苦?呜咽不成辞。有室无可归,残年丧子儿。一家八九人,遭杀不胜悲。"他的《田野即事》则是一组新的"悯农诗"。其中有一首这样写道:

去年雨烂苗,今年风残稻。坡塘处处干,水租征更早。野田莹如龟,无禾亦无草。

农民畏出门,坐饥成枯槁。妇孺啼于床,牛羊号于皋。粒米贵如珠,况乃乏刍藁。荷锄何处施?悠悠望有昊。

作品给读者展现了一幅幅血迹斑斑的图画。后人评论:"弃生的诗,大抵多系三台掌故……日人横暴之状,民生疾苦之深,都以沉丽之笔触写出来,信乎不愧诗史。"[①]台湾新文学的奠基者赖和在《吾民》诗中也揭露了日寇政治和经济的双重压迫,使台湾同胞的生活饥寒交迫,走投无路。"剥尽膏脂更摘心,身虽苦痛敢呻吟。忍饥粜谷甘完税,身病惊寒尚典衾。终岁何曾离水火,以时未许入山林。艰难幸有天怜悯,好雨兴苗滴滴金。"台湾同胞既受殖民者苛政的蹂躏,又受瘴疠的毒害,苛政使瘴疠毒上加毒,逼得民不聊生。诗人许剑渔的《苦疫行》

---

① 王国璠　邱胜安《三百年来台湾作家与作品》,台湾时报出版社,1977年,第34页。

在揭露苛政和瘴疠交相侵凌方面,可谓淋漓尽致,入木三分:"不幸生此世,苦疫甚苦贼。苦贼犹可避,苦疫无处匿。"诗人因感家国离乱,沧桑倏变,因此"咏物、怀人、哀时、感事,无不蕴蓄精微,淋漓尽致,恺恻沉痛,情见乎辞。"①

四

尽情抒发台湾同胞眷怀故土,思念骨肉团圆,期盼祖国统一之情,这是台湾抗日诗歌中"慎终追远不忘己出"的传统中华家国文化情结与爱国主义精神的第四方面表现。爱国诗人丘逢甲在武装抗日失败内渡后,积愤难平,梦寐以求雪耻复土。他常对后辈说:"台湾同胞四百万,尚奴于倭,吾家兄弟子孙当永念仇耻,勿忘恢复。"②[8]他不仅把长子丘琮改名为"念台",以示永远不忘故土台湾,而且在弥留之际,还留下"要面向南方安葬","我忘不了台湾"的遗言。他的《往事》诗云:

往事何堪说,征衫血泪斑,龙归天外雨,鳌没海中山。
银烛尘诗罢,牙旗校猎还。不知成异域,夜夜梦台湾。

不仅回顾过去的战斗历程,而且响亮地喊出了台湾同胞的心声——"夜夜梦台湾"。经过抗日护台的洗礼,丘逢甲的思想也有了很大提高,他晚年作品的爱国主义精神更加昂扬,如"未报国耻心未了,枕戈重与赋无衣"(《病中赠王桂山》),"沉郁雄心苦未灭,他年卷土傥重来"(《春感次许蕴伯大令韵》),均表露了作者立志"斩尽仇头再升天"的气概。这些作品"激楚苍凉,有渔阳三挝之声,又如飞兔腰褭,奔放绝足,平日执干戈、卫社稷的气概,腾跃纸上"。③ 近代著名诗人柳亚子曾在《论诗六绝句》中赞扬丘逢甲之诗是:"战血台澎心未死,寒笳残角海东云。"许南英内渡后,身在大陆心系台湾。他的"一掬思乡泪,松楸弃祖茔"(《台感》),以及"家山洋海隔,乡梦又重来"(《寄台南诸友》),都寄托了深厚的思乡爱国之情与怀友恋亲之意,表达了长期遭受日本殖民者蹂躏的台湾同胞,对亡国痛和遗民苦的切肤之感。他们决心化悲愤和渴望为力量,为收复故土竭

---

① 同上,第76页。
②[8] 丘逢甲《岭云海日楼诗钞》,上海古籍出版社,2009年5月,第122页。
③ 江山渊《丘沧海传》,见《岭云海日楼诗钞》,上海古籍出版社,2009年5月,第84页。

忠尽智,催鼓助力。如连横的作品善于通过咏史寄情于怀念,托思于现实。他的《重过怡园晤林景商》诗云:

拔剑狂歌试鹿泉,延平霸业委荒烟。挥戈再拓田横岛,击楫齐追祖逖船。

眼看群雄张国力,心期我党振民权。西乡月照风犹昨,天下兴亡任仔肩!

全诗强烈地表达了继承郑成功遗志,完成统一祖国大业的决心。当国家民族处于危亡之际,民众盼望出现叱咤风云,力挽狂澜的英雄人物,率领大家缚长龙,斩鲸鲵,收故土。这种感情,反复见之于许多台湾诗人的笔底。丘逢甲《剑花》咏道:"英雄愧说郑延平,目断残山一角青。何日天戈再东指,誓师海上更留铭",期盼如郑成功那样的英雄再现,率领大军重新光复台湾。林痴仙在《春日杂感》、连横在《过平户岛吊郑延平》中亦均如饥似渴地希望早日"重生不世才","神鲸再跃波",驱逐外敌收复故土。赖和于 1941 年年底因反抗日本侵略者被捕入狱,但身陷囹圄仍坚持不屈不挠的斗争,于狱中作《夕阳》诗云:"日渐西斜色渐昏,炎威赫赫竟何存? 人间苦热无多久,回首东方月一痕",即使眼前"风凄雨冷",但抗日斗争的火种从来不会熄灭。赖和此诗不仅对台湾光复满怀着"无穷希望",而且还给日寇敲响了末日的丧钟,不久之后的 1945 年 8 月 15 日,日本帝国主义无条件投降,台湾终于重归祖国怀抱。很显然,赖和的作品确实能"以冷静的思考,注视着台湾的历史苦难和社会现实,以怜悯的心怀,忍看苍生含辱,以不屈服的意志,奋斗不懈,为台湾的作家树立了典范,也带引了日据下台湾新文学的拓展方向。"[①]

日本侵略者殖民统治台湾的 50 年,也是台湾同胞奋起反抗、浴血斗争的 50 年,其间始终闪烁着台湾同胞"慎终追远不忘己出"的传统中华家国情结。他们惊风雨、泣鬼神的爱国主义精神和前赴后继的牺牲情怀成为了中华民族抗日解放运动不可缺少的一环。台湾抗日诗歌不仅继承和发扬了我国古典诗歌的现实

---

① 林边《忍看苍生含辱》,李南衡编《赖和先生全集》,明潭出版社,1979 年 3 月,第 4 页。

主义精神,在中国近代爱国运动史和近现代文学史上谱写了光辉灿烂的篇章,而且由于诗人深深植根于社会和历史的土壤里,国难当头之际,毅然投笔从戎,英勇杀敌,甚至为国捐躯,所以他们不但是诗人,同时也是真正的抗日志士。时值第二次世界大战胜利与台湾光复 70 周年之际,我们重温这些洋溢着炽热的爱国主义精神与深厚的"慎终追远不忘己出"的传统中华家国情结的诗篇,对于传播中华传统文化,民族复兴与促进台湾早日回归祖国仍然有现实意义。

(作者为福建省社会科学院研究员)

两岸客家人在台湾抗战历史上的
重要贡献

刘加洪　蓝春新

　　从 1895 年清廷割让台湾到 1945 年抗战胜利,日本殖民者占据和统治台湾长达 50 年之久。这其间,两岸客家人始终高举民族主义和爱国主义的旗帜,不屈不挠,坚持不懈地反抗日本殖民侵略,为维护祖国领土完整作出了重要的贡献,充分体现了两岸客家人血肉相连、血浓于水、割舍不断的亲情。两岸客家人的抗日事迹,将永远铭刻在台湾人民的心中,永远铭刻在中国人民抗日战争的纪念碑上。纵横历史,本文拟从以下几个方面略作论证。

一、先知先觉、忧国忧民的忧患意识

　　所谓忧患意识,就是一种"以天下为己任"的社会责任感,一种对国家和民族的前途和命运可能遭遇到的困境和危难而自觉关心的意识,并由此激发奋斗图强,战胜困境的决心和勇气。忧患可以兴邦,"生于忧患"、"为国分忧"的爱国主义传统,增强了中华儿女的危机感和使命感,使中华民族永远保持着生机和活力。

　　丘逢甲,祖籍嘉应州镇平(今广东蕉岭),1864 年生于台湾苗栗县铜锣湾。丘逢甲的青少年时代,正是兵连祸结的多灾多难之秋。国家的前途,民族的命运,时时萦绕在他心头,内忧外患,令他担忧,促他思索,使他奋发。史载:其"尤感国家民族之患。由是,益留心中外事故,西方文化,慨然有维新之志"[①],其爱国忧民情感不同程度地融入了洋务派所提倡的图强自救的思想。他在台湾先后

————————

① 广东丘逢甲研究会《丘逢甲集》,岳麓书社,2001 年,第 975 页。

写成《穷经致用赋》、《全台利弊论》等卓有远见的文章,受到台湾各界有识之士的器重,初显了他忧国忧时的宽广胸怀和为国为民的强烈愿望。1895 年 4 月,割台的消息传来,全台哗然,怒斥国贼,誓死守台。丘逢甲率全台绅民电奏曰:"桑梓之地,义与存亡,愿与抚臣誓死守御。"①表示为了保家卫国,愿与官兵誓死守护台湾,其忧国忧民、爱国爱台之情,情真意切,溢于言表。5 月,丘逢甲等创议成立"台湾民主国",抗击日寇侵占台湾。

　　1894 年中日战争爆发后,广西灌阳客家人唐景崧被任命为台湾巡抚。鉴于台湾的严峻形势,他曾经积极策划防务,认为"日人鸱张北洋,而其志未尝一日忘台湾。时时游弋,测探海道,顾台湾防备无异临敌"②。对日本侵略台湾的意图看得非常清楚,对台湾面临的前途命运忧心忡忡。《马关条约》签订后,他反对割让台湾,并积极筹措抗敌。广东钦州(今属广西)客家人刘永福,受命率领黑旗军驻守台南。台北沦陷后,刘永福向台湾同胞发出联合抗日的号召:"自问年将六十,万死不辞。……愿合众志成城,执梃胜敌;在我坚心似石,弃职以为……惟军民共守,气味最贵相投;淮楚同仇,援助岂能稍异? 本帮办亦犹人也,无尺寸长,有忠义气;任劳任怨,无诈无虞。"③正是这种忧国爱民的情怀,促使刘永福不顾六十岁高龄,率黑旗军赴台北,后又奉命驻守台南,并先后在潮汕、台湾等地招募新兵,将黑旗军扩充至八营,决心为保卫台湾血战到底。于是,全岛人民展开了英勇的武装反割台斗争。

　　以丘逢甲、刘永福为代表的两岸客家人,他们一生都贯穿着忧国忧民的忧患意识。这种忧患意识,就是能正确认清形势,始终保持清醒的头脑和奋发有为的精神状态,是中华民族的生存智慧,是促进国家进步、民族振兴的催化剂和动力源。在国泰民安时期,能使人们居安思危,保持警惕,防患于未然;在国家多事之秋,能使人们正视危难,承认差距,立志变革创新,能鞭策和激励中华儿女百折不挠地为国家的振兴而拼搏。

---

① 连横《台湾通史》(上),台北黎明文化事业股份有限公司,2002 年,第 144 页。
② 连横《台湾通史》(上),台北黎明文化事业股份有限公司,2002 年,第 141 页。
③ 中国史学会《中日战争资料丛刊》(六)《刘永福盟约书》,上海人民出版社,2000 年,第 451 页。

二、一马当先、抵御外侮的昂扬斗志

坚决抵御外侮、捍卫主权独立和领土安全,这是秉持民族大义的一种历史重任,是每一位中华儿女应有的一种民族品格。客家人灵魂深处始终蕴涵着不妥协、不受辱、不甘被奴役的反抗精神,怀有强烈的爱国主义情愫。因此每当民族危难、国家危亡之时,客家人总率先挺身而出,担当匹夫之责,奋勇抵抗,义无反顾,冲锋在最前列。

甲午战争刚一爆发,丘逢甲决心投笔从戎,保家卫国。于是到处"奔走呼号",很快便组建了一支近万人的台湾义军。经费不足,他倾家财以为兵饷;兵员不足,他四处奔波,广泛动员,号召台湾人民"人自为战,家自为守"。《马关条约》签订后,丘逢甲联名上书责问朝廷:"和议割台,全台震骇"。在一个多月时间里,丘逢甲"刺血三上书,呼天不得直"①;要求废约再战,其爱国之情,无以言表。在日本侵略军大举进攻台湾的时候,挺身而出,率领台湾义军与入侵者展开了殊死的战斗,在新竹、台中一带转战月余。最后终因寡不敌众,丘逢甲怀着"能强祖国则可复土雪耻"的强烈愿望,挥泪内渡大陆。

广西钦州客家人刘永福,在甲午战争爆发后,受命率领黑旗军,驻守台南,在苗栗、彰化和嘉义等地联合义军,始终战斗在抗击日军的第一线。他的抗日护台,正是中国人民不甘屈服于日本侵略者的民族精神的充分展现。直到 1895 年 10 月 19 日,日军大举进攻台南,刘永福见大势已去,仰天捶胸,呼号痛哭说:"我何以报朝廷,何以对台民!"②无奈内渡大陆。

苗栗客家人吴汤兴、徐骧、姜绍祖,组织父老乡亲,编成客家义军,成为保卫台湾最坚强的队伍。他们跟日军殊死战斗,在台湾中南部的新竹之战、尖笔山之战、苗栗之战、大甲溪之战、八卦山之战、嘉义之战、台南之战、曾文溪之战中,每一次都打得日军落花流水、尸横遍野,使日军闻风丧胆、草木皆兵,每走一步都要付出沉惨代价。后来由于寡不敌众,义军首领先后以身殉国,台湾最终失守。但英雄们的事迹却感天动地,催人泪下。徐骧临死前还大声高呼:"中华、中华,我

---

① 丘晨波《丘逢甲文集》花城出版社,1994 年,第 260 页。
② 包恒新《台湾知识词典》,福建人民出版社,1987 年,第 52 页。

所至爱。大丈夫为国捐躯,死而无憾!"他们用鲜血染红了抗日的旗帜,用生命谱写了护台的诗篇,充分表现了抗日英雄的一片赤子之心、爱国热忱。

在抗击日军入侵台湾的行列中,台湾南部还活跃着一支由客家人组成的"六堆"义军。他们组织性强,防守严实,骁勇善战,给日军以坚决抵抗和沉重打击,以至日本的报纸也发出了"六堆粤族义军英勇无比,难于取胜"的哀叹①。史载:"义勇兄弟也越战越勇,时及正午全庄尢一个中弹,火海沸腾血肉如风雨,硝烟朦胧天日俱昏……"。"这个神圣的牙城也被烧成光秃秃的焦土,堪称寸草不留。于今长兴庄被称为'火烧庄',其来由也在此"。②"六堆"义军的事迹真是使天地为之震惊,鬼神为之哭泣。

以徐骧、"六堆"义军为代表的两岸客家人,面对强大的日本侵略者,为了守护台湾这块土地,不惜牺牲个人利益,甚至是生命。他们一马当先、奋不顾身、舍生忘死的精神面貌,可圈可点,可歌可泣;他们保家卫国、赴汤蹈火、视死如归的光辉事迹,撼天动地,沁人心肺。他们救亡图存、挺身赴难、前赴后继的英雄故事,表现了两岸客家人不畏强暴的英雄气概和抵御外侮的坚强意志,是中华民族再创历史辉煌,实现伟大复兴的力量源泉。

三、战斗不已、为国献身的反抗精神

为国而战的献身精神,是指为祖国和民族的利益贡献自己一切直至生命的自我牺牲精神。它表现为将自己的利害、荣辱置之度外,为祖国兴盛而忘我奋斗,为拯救危亡而英勇献身。当国家、民族面临挫折和灾难的时候,客家人往往能够激发出异常坚强的意志,表现出威武不屈、敢于牺牲的英雄气概。

在日本占据台湾的50年间,台湾人民的抗日烽火始终没有停息过,台湾客家人,亦始终没有放下手中的武器。新竹客家人胡阿锦,在日本占领台湾后,他联络台北陈秋菊,宜兰林李成等各路义军,从三面包围台北市,深坑、士林、沪尾、枋桥(今之板桥)、锡口(今之松山)、瑞芳、金包里(今金山)、海山口、罗东等处的民众皆群起响应,对刚刚在台湾建立统治的日寇造成了沉重打击。屏东客家

---

① 叶炳辉《台湾客家人》,《台声》1986 年第 9 期,第 164 页。
② 钟孝上《台湾先民奋斗史》,台湾文艺社发行,1983 年,第 285—286 页。

人林少猫,于1896年聚众数百人于台南凤山城南凤岭起兵,竖起抗日大旗,转战数年,队伍迅速扩大至数千人,经常在凤山、阿猴(今之屏东)、潮州、阿里港(今屏东里港)、东港、下淡水溪等地袭击日军,极大的鼓舞了台湾人民的斗志,沉重地打击了日寇的殖民统治。1902年,最终因寡不敌众,弹尽粮绝,血战而死,以身殉国。林少猫抗日达7年之久,是这一时期坚持抗战时间最长也是最杰出的义军领袖。

祖籍嘉应州镇平县(今广东蕉岭),随祖父来到台湾苗栗的客家人罗福星,受同盟会委派于1913年3月奔走于台中、台北、台南、苗栗等地,发动民众,布置起义计划。他曾两次被捕,但斗志不灭,最后于1914年3月3日被日本侵略者处死。遇害前曾索纸笔作绝笔书曰:"不死于家,永为子孙纪念;而死于台湾,永为台湾同胞纪念耳!"①受罗福星之感召,台中客家人陈阿荣聚集数百人建立抗日组织,事败被捕入狱,英勇牺牲,被称为"南投事件";台中客家人张火炉,以铁砧山、罩兰为据点,组织武装力量,起义抗日,不幸事败,被捕遇害,被称为"大湖事件";台南客家人李阿齐,宣传抗日,准备起义,因泄密而失败被处死刑,被称为"关帝庙事件"。苗栗客家人赖来,组织80多人起义,夜袭日人东势支厅,于战斗中中弹身亡,被称为"东势角事件"。②抗日事件的不断发生,使得日军狼狈不堪,惶恐不安,终日提心吊胆。

抗日战争爆发后,两岸客家人,为驱逐日本侵略者,舍生忘死,赴汤蹈火。他们组织抗日救国队伍,身先士卒,血洒大地;他们在日本侵台过程中,战斗不已,不怕牺牲。他们在日寇牢笼里临危不惧,忠贞爱国,宁死不屈;他们在日军屠刀下从容不迫,惨遭杀戮,血荐轩辕。在苗栗、新竹、桃园、屏东、彰化、凤山、诸罗等客家人较为集中的县份,到处都有客家人保家卫国、驰骋疆场的高大身影,到处都有客家人为国捐躯、血染山河的感人事迹。③这些无名英雄,客家乡亲,在国难当头之际,挺身而出,不顾身家性命,为拯救危亡而奔走呼号,浴血奋战,这充分地表现了他们大无畏的英雄气概和崇高的爱国主义精神。台湾抗日斗争与大

---

① 赖雨桐《蕉岭客家人移民开发台湾略述》,《中国客家民系研究》,中国工人出版社,1992年,第45页。
② 陈运栋《台湾客家人物名录》,《客家人》,台北联亚出版社,1978年,第408页以后。
③ 刘加洪《试论客家人在护台御敌、维护统一的历史贡献》,《台湾研究》2001年第2期,第61页。

陆抗日战争紧密结合在一起,直到胜利,迫日投降为止。

以林少猫、罗福星为代表的两岸客家人,在台湾沦陷,日寇横行的恐怖下,敢于为台湾同胞争取自由权利而死,虽死犹荣。他们不畏强敌、杀身成仁、从容就义的爱国主义精神和崇高品质,始终为广大两岸同胞所怀念。他们面对强权,大义凛然、坚贞不屈、视死如归,这是爱国主义道德觉悟的最高境界,是中华民族世代相传并不断发扬光大的光荣传统,是我们中华民族历经数千年风浪而巍然屹立的精神支柱。

四、维护统一、光复台湾的坚强意志

当日本侵略者把罪恶的魔掌伸向我神圣的领土,从祖国母亲的怀抱中强行霸占台湾的时候,收复台湾、完成祖国统一大业,便成为中华民族的根本利益之所在,炎黄子孙梦寐以求的共同愿望。客家人明大体、识大理,为了祖国的统一,民族的尊严尽心竭力,无私地奉献出自己的青春智慧和宝贵年华。

丘逢甲一生爱国爱乡,为维护民族利益奋斗不已。正是由于爱国精神的驱使,他在日本侵略军大举进攻台湾的时候,挺身而出,写下了人生悲壮而光辉的一页;在内渡前夕,他百感交集,悲愤地写下了《离台诗》六首,其中写道:"宰相有权能割地,孤臣无力可回天"。"卷土重来未可知,江山亦要伟人持。"内渡后仍念念不忘台湾,"四百万人同一哭,去年今日割台湾";"不知成异域,夜夜梦台湾","十年如未死,卷土定重来";[1]临终前,仍嘱咐家属葬须向南,"吾不忘台湾也",[2]对不能收复台湾而死不瞑目。这些充分表达了他发奋驱仇复土的悲壮情怀,渴望台湾回归祖国怀抱的强烈愿望。

1919年,在"五四"运动的直接影响下,台湾青年纷纷成立进步团体,进行民族主义思想的启豪宣传。1927年3月,广东中山大学等校的台籍学生在四川乐山客家人郭沫若等人的影响下,建立广东台湾革命青年团,发表了《告中国同胞书》,呼吁:"勿忘台湾,台湾乃中国之台湾,民族乃中国之民族,土地乃中国之土

---

① 丘晨波《丘逢甲文集》花城出版社,19942年,第4—6页。
② 吴宏聪 李鸿生《丘逢甲研究》,广东人民出版社,1997年,第57页。

地。"①于是,台湾各种农会和工会组织如雨后春笋般建立起来,台湾客家人纷纷加入这些组织。

与此同时,台湾客家人以利笔做刀剑、用文字做武器,极力反抗日本对台湾人民的欺压。台湾文艺的反日统治成为文学主流,涌现出一大批才华横溢的新文学知名作家,创办了不少进步的文艺刊物。新竹客家人吴浊流,原籍广东蕉岭,他的作品具有鲜明的反对奴役、争取独立和自由的立场和政治倾向,充满着强烈的民族意识、时代精神和热烈的爱国情感,代表作有抗战前夕的长篇小说《亚细亚的孤儿》等②。他的作品对新一代客家人产生了重要的影响,如屏东(原籍广东梅县)人钟理和,写出了代表作《原乡人》;桃园人钟肇政,发表了《浊流三部曲》;屏东人钟孝上,撰写《台湾先民奋斗史》等。

1937 年"七七"事变爆发后,日本殖民者强化对台湾的法西斯统治,强制推行"皇民化运动",报刊禁止使用中文,公共场合禁止讲中国话。针对日本殖民者实行奴化教育,很多客家人开办了"书房"、私塾和私立学校,广大师生不顾禁令,偷偷上课,教师用客家话讲授汉文,抵制奴化政策,保卫中华文明。爱国进步的知识分子也不甘屈服,往往采用隐晦、曲折的手法,与日本殖民者的文化钳制政策和所谓"皇民文学"巧妙周旋和斗争。说唱劝世文的小提琴家苏万松,著名山歌手兼采茶戏演员阿玉姐、梁阿才等,还有人组织了演民族传统的正音京戏班子"宜人园"③。他们用客家话、京腔演唱《三国演义》、《封神榜》、《包公案》等,在传承和捍卫中华文化、在启发和鼓舞台湾同胞的民族意识和爱国精神方面,都起了积极作用。

抗日战争爆发后,许多台湾客家人不顾生命危险,潜回大陆,同祖国人民一道抗战。如六堆佳冬乡萧家子弟萧道应秉持先祖遗志,于 1940 年春天携妻潜赴大陆,投入祖国的抗战行列。留在岛内的广大同胞,也同日本侵略者进行了顽强的斗争,用实际行动支援祖国的全面抗战。他们在台湾组织了中华会馆、抗日救国会等社团,或者积极进行宣传收复台湾,瓦解敌军,协助抗战等方面的工作;或

---

① 《广东台湾青年革命团敬告中国同胞书》,张瑞成《台籍志士在祖国的复台努力》,台北,近代中国出版社,1990 年,第 10—11 页。

② 包恒新《台湾知识词典》,福建人民出版社,1987 年,第 325 页。

③ 叶炳辉《台湾客家人》,《台声》1986 年第 9 期。

者身先士卒,洒血疆场,跟日本侵略军进行了殊死的战斗。他们有的在日寇牢笼里大义凛然,忠贞不渝,宁死不屈;有的在日军屠刀下惨遭杀戮,以身殉国。他们为祖国的抗战事业,为台湾的回归祖国,付出了巨大的牺牲,作出了重大的贡献。

台湾被日本帝国主义者侵占的 50 年,也是台湾人民进行抗日斗争的 50 年,更是护台御故、维护统一的坚强意志和爱国精神充分展现的 50 年。两岸客家人在台湾抗战历史上的重要贡献,是先辈们留给我们的宝贵精神财富,充分挖掘这些精神,可以增强我们的爱国爱乡情感,为中华民族的团结繁荣和实现祖国的统一大业,为中华民族伟大复兴的中国梦,做出自己应有的新贡献。

（刘加洪,嘉应学院教授;蓝春新,嘉应学院副处长）

清代台湾地方的河南籍官吏

梁留科　毛阳光

在明清时期台湾的开发过程中,大量来自福建漳、泉等地的福佬人与客家人成为台湾早期移民的先驱和主流,他们为台湾的经济和社会发展立下了筚路蓝缕的开创之功。在清廷对台湾的统治过程中,大量外省籍官员委派入台,对早期台湾的政治运行,经济的发展,民众的教化,社会的稳定都起到了重要的作用。这其中,河南籍官员是外省籍官员中重要的一部分。以往对于河南籍官吏的关注,主要集中在曹谨、陈星聚几位知名人物身上。[①] 实际上,在清朝对台湾统治的时期内,台湾各地都有一些来自河南籍的官吏,他们任职的地方、职务虽各不相同,但对台湾社会的发展都起到了重要的作用。这在台湾方志、文集等地方文献中多有记载。笔者认为,对这一群体做一系统的梳理,彰显他们在早期台湾发展与社会进步过程中所起到的重要作用,对全面深入了解与认识台湾是大有裨益的。

一

清廷康熙二十二年(1683)平定台湾之后,采取了闽台合治的方略,台湾隶属福建行省。[②] 设分巡台厦兵备道(后改分巡台湾道),此为台湾最高行政机构,置台湾府,领台湾、凤山、诸罗三县。其中台湾知府,负责本府所属四县的行政事务,监管兵饷、盐政。另设台湾海防同知,专司稽查鹿耳门海口兼督台湾、凤山、

---

① 杨海中《台北首任知府陈星聚》,《闽台文化交流》2009 年 1 期;任崇岳《台北知府陈星聚治台功绩》,《中州学刊》2014 年 9 期;李建兴《清代循吏曹谨宦台前后之行绩考述》,《中州今古》2003 年 4 期。杨艳华《曹谨台湾事迹补论》,《漳州师范学院学报》2013 年 3 期;张新斌《清代曹谨生平及其闽台宦迹探论》,《闽台文化研究》2014 年 2 期;陈隆文《循吏曹谨事迹研究》,《乾陵文化研究》2012 年刊。

② 尹全海《历史上中央政府对台湾的管辖方式之演进》,《湖北社会科学》2009 年 6 期。

诸罗三县捕务。而府首领官经历,辅助知府处理政事,兼掌刑狱。台湾、凤山县、诸罗县知县,总领全县事务。其下设县丞、典史。县丞负责地方钱粮与征税,典史负责县区监察与刑狱。各县还在诸港口设置巡检,负责地方治安及稽查来往船只,缉捕。负责台湾教育事务的则有台湾府学教授、台湾府学训导,诸县则有训导和教谕。武官则有总兵、副将、参将、游击、都司、守备、千总、把总等。

雍正元年(1723),从诸罗分出彰化县,增设淡水厅,置淡水海防同知,稽查北路兼彰化县捕务。五年,增设澎湖厅。改原巡检为澎湖通判,稽查船只,管理钱谷。之后,台湾的地方行政建制和官员设置又多有变化。

乾隆五十三年(1788),清廷在平定林爽文之后改诸罗为嘉义。嘉庆十六年(1811),增葛玛兰厅。光绪元年(1875),建台北府,增设恒春县、新竹县、宜兰县,基隆厅。光绪十三年(1887),台湾升为行省,建台湾布政使司,领台湾府、台北府、台南府,台东直隶州,埔里社厅、澎湖厅、基隆厅,台湾、彰化、云林、苗栗、安平、嘉义、凤山、恒春、淡水、新竹、宜兰十一县。①

而台湾地方官员的选任,基本按照清代官员的设置和职级。根据清代的回避制度,在台湾地方官员的选任上,文职官员都为外省人,考虑到台湾民众大多由福建泉、漳等地迁移而来,为了语言交流的方便,儒学教授和儒学训导等教育官员使用福建及台湾本地人。而武官的选任则没有那么严格,也可以使用福建及台湾本地人。

然而,毕竟台湾孤立东南海上,距离辽远,有才干的官员缺乏的问题很快显现出来。康熙三十一年,任分巡台湾道的高拱乾在上奏中就指出:"惟是地当险远,人乏兼才;内地各道,类皆循谨安静。虽于现任之职守无忝,然求其文武兼资、措施各当,使兵民咸畏威怀德而无虞陨越者,实难其选。……今台湾为边海要地,台厦道一官膺文武之寄,安戢兵民、抚绥地方,责任綦重;当亦久在圣明睿鉴中矣。……台湾一区远处海外,道员监司其地,有整顿地方、抚戢兵民之责;必须智果练达、才堪肆应者,方克有济。"②为了鼓励外省官员赴台任职,清朝按照"台湾官员三年即升"的原则,在台官员升迁较快。同时,打破内地官员"三年一

①《清史稿》卷七一《地理志·台湾》。
②《台湾府志》卷十《艺文志》。

换"的惯例,允许在台官员满六年方能调任。① 正因此如此,才使得大量外省有才能、有胆识的官员赴台任职,成为促进清廷对台湾统治的前驱。

二

清代,台湾一地有大小官员一千五百多人,浙江籍人最多,福建、广东籍人次之。河南籍官员虽然不算最多,但也是其中重要的组成部分。根据台湾文献资料,清代台湾河南籍官员的任职情况如下:

姓名	籍贯	任职情况	资料来源
孙鲁	河南祥符人	康熙六十年署台湾海防同知。康熙六十一年任诸罗知县。雍正四年台湾知府	《重修福建台湾府志》卷十三;《新竹县志初稿》卷四《职官表》
王作梅	河南河内人	雍正二年任台湾海防同知	《重修福建台湾府志》卷十三
陈星聚	河南临颍人	光绪四年署台北知府,光绪七年任台北知府	《台湾通史》卷三四
程文炘	河南商城人	乾隆五十七年任新庄县丞。嘉庆三年、六年、九年回任。乾隆五十八年六月署台湾知县。五十九年十月复署,嘉庆四年三月复署,八年三月又署。嘉庆十一年署淡水同知。	《续修台湾县志》卷二《县官》;《淡水厅志》卷八《文职》
周作洵	河南商城人	嘉庆五年二月任台湾知县。	《续修台湾县志》卷二《县官》
张琮	河阳人	康熙四十八年任台湾县丞	《重修台湾县志》卷九《职官志》
刘埔	河南许州人	乾隆二年任彰化知县	《重修台湾府志》卷三《官秩》
吴士元	河南光州人	乾隆十九年六月署彰化知县	《彰化县志》卷三官秩志文秩
王增镎	河南永城人	乾隆六十年六月署彰化知县	《彰化县志》卷三官秩志文秩
刘耀林	河南项城人	道光二年任淡水同知。	《淡水厅志》卷八《文职》

---

① 何绵山《试论清代福建省治下台湾官员的选任》,《福建广播电视大学学报》2014 年 4 期。

姓名	籍贯	任职情况	资料来源
曹谨	河南河内人	道光十七年正月二十五日任凤山知县。道光二十一年任淡水同知。	《凤山县采访册》戊册 《淡水厅志》卷八《文职》
周式濂	河南濬县人	同治十年署淡水同知。	《淡水厅志》卷八《文职》
陈星聚	河南临颍人	同治十二年任淡水同知。	《淡水厅志》卷八《文职》
袁锡山	河南新蔡人	嘉庆十三年署新庄县丞	《淡水厅志》卷八《文职》
王增鐏	河南永城人	乾隆五十一年任新庄巡检，五十四年回任	《淡水厅志》卷八《文职》
吴士元	河南光州人	乾隆十七年三月任凤山知县。	《凤山县采访册》戊册
白鹤庆	河南怀庆人	道光二十一年七月初一日代理凤山知县，二十二年正月二十二日卸	《凤山县采访册》戊册
叶维荣	河南商丘人	雍正十年任凤山县丞	《重修福建台湾府志》卷十三
秦师韩	河南人	道光十年八月十九日署凤山县丞,十一年六月初四日卸。	《凤山县采访册·戊册·职官》
王淮	河南光州人	同治元年闰八月十六日署下淡水巡检,三年十二月十四日卸。同治三年四月二十七日署凤山县丞,四年三月十七日卸	《凤山县采访册·戊册·职官》
姚法唐	河南祥符人	康熙二十三年任澎湖巡检司巡检。卒于官	《重修福建台湾府志》卷十三
耿胡	河南柘城人	康熙四十五年任澎湖巡检司巡检	《重修福建台湾府志》卷十三
王櫂	河南睢州人	乾隆二十四年五月任澎湖海防通判	《澎湖厅志》卷六《职官》
彭谦	河南夏邑人	嘉庆十九年正月任澎湖海防通判	《澎湖厅志》卷六《职官》

续表

姓名	籍贯	任职情况	资料来源
陈治国	河南禹州人	康熙三十二年任佳里兴巡檢司巡檢	《重修福建台湾府志》卷十三
邢继周	河南淇县人	雍正十一年任彰化县典史	《彰化县志》卷三《官秩志·文秩》
李尔和	河南永城人	乾隆五十年二月任彰化典史,五十五年九月任猫雾捒巡检,署彰化县丞	《彰化县志》卷三《官秩志·文秩》
侯天福	河南密县人	康熙五十二年任凤山典史	《凤山县采访册·戊册》
阎炘	河南新郑人	道光十八年正月二十四日署葛玛兰通判	《葛玛兰厅志》卷二中《职官》
崔相国	河南汝宁府人	康熙四十七年任台湾总兵	《重修福建台湾府志》卷十四《武职》
李大训	河南人,四川籍。	康熙二十四年任澎湖水师左营游击	《澎湖厅志》卷六《武职表》
郝富有	河南人	同治十三年署竹堑北路右营游击	《新竹县志初稿》卷四《职官表》
袁绍从	河南人	光绪十三年署竹堑北路右营游击	《新竹县志初稿》卷四《职官表》
马嵩魁	河南邓州人	同治九年署大甲中军守备	《新竹县志初稿》卷四《职官表》
赵广	河南商丘人	康熙二十七年任澎湖水师右营中军守备	《澎湖厅志》卷六《武职表》
郑瑱	河南祥符人	康熙四十三年任澎湖水师右营中军守备	《澎湖厅志》卷六《武职表》
马怀仁	河南人	康熙三十二年任镇标左营守备	《台湾县志·武备志》
陈月	河南开封府人	康熙二十三年任镇标中营千总,卒于官	《澎湖厅志》卷六《武职表》
高腾	河南开封府人	康熙三十一年任镇标中营千总	《澎湖厅志》卷六《武职表》
刘启凤	河南开封府人	康熙四十四年任镇标中营千总	《澎湖厅志》卷六《武职表》
李作舟	河南祥符县人	康熙二十七年任道标守备	《澎湖厅志》卷六《武职表》
王国柱	河南归德府人	康熙三十三年任道标把总	《澎湖厅志》卷六《武职表》

从上表可以看出,在清代台湾地方官吏中,河南籍官员既有文官,也有武职,许多人长期在这里任职,多次迁转,熟悉当地情况。如陈星聚就被评价为"廉勤率属,慈惠爱民,在台年久。现代斯缺,循声卓著,舆论翕然,于海疆风土、民情极为熟悉"①。

<h3 style="text-align:center">四</h3>

综观有清一代,尽管河南籍官员数量并不很大。然而,这些河南籍官员在任职期间,在兴利除弊,教化民众,安定地方,抵抗外侮等方面都有所作为,为台湾的经济和社会的发展做出了巨大的贡献。

曹谨在道光十七年任凤山知县。他在地方大兴水利工程,"乃召集绅耆,召巧匠,开九曲塘,筑堤设闸,引下淡水溪之水,以资灌溉,为五门,备蓄泄。公余之暇,徒步往观,杂以笑言,故工皆不怠。凡二年成,圳长四万三百六十丈有奇,润田三千一百五十甲。其水自小竹里而观音,而凤山,又由凤山下里而滂溢于赤山里,收谷倍旧。民乐厥业,家多盖藏,盗贼不生"。此后,该工程由台湾知府命名为"曹公圳",以彰显曹谨的功绩。"已而大旱,溉水不足,复命贡生郑兰生、附生郑宜治晓谕业户,捐资增凿,别成一圳,名新圳,而以前为旧圳,润田尤多。"②在任期间,他"亲巡行境内。问疾苦,诘盗贼,剔弊除蠹,顺民之欲"③。

王作梅在任台湾海防同知时勇于革除积弊。"时厦门有商艘往来澎岛,与台湾小船偷运接盘米谷,名曰'短摆'。"王作梅了解到情况后,立刻捕捉偷运船只,并将与其勾结的官吏治罪,及时禁止了偷运之风。此时,台湾提标哨船二十余艘经常往来台湾进行贸易,号为"自备哨",在出入海口时,不经过有关部门的查验。王作梅又多次上奏禁止此事。而此时,非法移民偷渡台湾的情况也非常普遍,王作梅秘密派人抓获了为首的客头詹望、黄老二人,狠狠地惩处了他们,也使得当地偷渡风气为之改观。④

清代的淡水地区贩卖屠宰耕牛之风甚盛,百姓因屠牛获利丰厚,不少引车卖浆者流纷纷改行屠牛,以至出现了田地荒废的弊端。陈星聚上任之后,四处张贴

① 台湾银行经济研究室编《清季申报台湾纪事辑录》,台湾银行经济研究室,1968 年。
② 连横《台湾通史》下册,商务印书馆,1983 年。
③ 《曹谨墓志铭》,《新中国出土墓志·河南》下册,文物出版社,1994 年。
④ 范咸《重修台湾府志》卷三《列传》。

告示,严禁私贩屠宰耕牛,并刊刻碑石加以说明,及时扭转了这种不良风气。淡水当地还存在着士绅买来婢女,不予婚配,使其服役终身的不良风气。更有甚者,有些恶棍抱养女孩,名为苗媳,等到女孩长大也不为婚配,而是迫令为娼。针对这些地方陋习,陈星聚痛下禁令:凡绅士庶民之家,如有不让婢女婚配,致使其孤寡者,杖责80;如果绅士合伙开设妓院,引诱妇女藏匿其中或强行贩卖事发者,不论良人奴婢,不管已卖未卖,审讯得实,为首者将立即斩首,从犯则发往云南、贵州、广西、广东烟瘴蛮荒之地充军。最终使得这些陋习得以纠正。陈星聚在台北知府任上,更是营建了台北城。他发动当地士绅捐款筑城,很好地解决了经费问题,最终建成了我国历史上最后一座砖石结构的府城,并在第二年的抗击法军入侵发挥了重要作用。

针对台湾当地文化落后,民风剽悍的情形,他们还大兴文教,移风易俗。曹谨在淡水期间,"日以兴文教,崇实学,为淡人士倡。朔望必诣明伦堂,宣讲圣谕,刊《孝经》、小学,付蒙塾习诵。公余之暇,每引诸生课试,分奖花红"①。淡水有学海书院,由于经费缺乏,长期建设而未完工。曹谨捐出自己的俸禄,最终使书院得以完工。他还增设乡村的私塾,"淡之文风自是盛。"陈星聚则在淡水期间,抄录当地耆绅吕新吾所作《好人歌》张贴村头,劝民行善。敦劝百姓讲忠信、孝悌,知廉耻,守礼义,遵法度,勤耕织,不赌钱,不嫖妓等等。《好人歌》全用俚语,读来琅琅上口,颇受百姓欢迎,故而在市井闾阎之间广为流传,对改变当地风俗起到了积极的作用。他在台北知府任上,将台北考棚改为登瀛书院,聘请台北府儒学教授陈季芳为院长;同时捐助俸银,资助那些无钱参加乡试的举子,从而为台湾当地培养了大量人才。

孙鲁在台湾任地方官期间以"明白历练"著称。康熙六十年,阿里山、水沙连各番社乘乱杀通事发动叛乱。时任诸罗县令的孙鲁多方招徕,"示以兵威火炮,赏以烟布银牌。十二月阿里山各社土官母落等,水沙连南港土官阿笼等就抚。"及时消弭了当地隐患。② 曹谨在淡水期间,当地漳州、泉州移民之间的械斗与仇杀相当严重。曹谨得知情况后,立刻前往制止。并留驻在当地二月之久,

① 连横《台湾通史》下册,商务印书馆,1983年。
② 黄叔璥《台海使槎录》卷六《北路诸罗番七》。

"集耆老,陈利害,斗稍息。治民以宽,而非法必罚,猾胥土豪屏息莫敢犯。"①他还"行保甲,练兵勇,清内匪,而备外侮。"林树梅在《清庄记程》、《团练乡勇图》中则记载"曹明府治凤于荒乱之余,思所以绥靖斯民,必为驱除奸匪。"道光十六年十一月,他们从坤头凤山新县城出发,开始清庄的军事行动。在途经番薯寮时,因系盗匪出没之地,曹谨特在此操兵示威。并把《孝经》、乡约分发给当地百姓。此次清庄行动,历时约六日。曹谨带领军士历尽艰险,既对荒山僻野处的村民施以教化,又对匪徒施以武力,从此庄盗寝息,起到了安民靖边的作用。② 他还"编渔舟,禁接济,设哨船,逻海上。……镇道嘉之。"③而陈星聚在担任淡水同知期间,也勘定匪患。派兵将为害一方的匪首吴阿来、吴阿富兄弟铲除,当地百姓拍手称快。④

鸦片战争期间,曹谨所在的淡水厅也是英军进犯的主要地区。"英吉利兵舰犯鸡龙口,瑾禁渔船勿出,绝其乡导,悬赏购敌酋,民争赴之。敌船触石,擒百二十四人。屡至,屡却之。明年,又犯淡水南口,设伏诱击,俘汉奸五,敌兵四十九人。"⑤ 在抗击外侮方面,台北知府陈星聚也不遑多让。他在三重埔教案和艋舺教案的处理上,不卑不亢,据理力争,维护了国家的利益。光绪十年八月中法战争期间,法军攻击基隆不克,转而攻击沪尾。陈星聚亲临沪尾前线,督率丁壮奋勇杀敌,三天四夜未曾回到府衙。并做好了全家老小殉国的准备。他们身先士卒,终于赢得了最终的胜利。

正是由于他们的爱民如子,以身作则。使得他们受到了当地百姓的爱戴。曹谨离任时,"士民攀辕涕泣,祖饯者数千。""淡人念其遗爱,祀德政祠。而凤人亦建祠于凤仪书院内,春秋俎豆,至今不替。"⑥王作梅也是如此,"至于律己爱民,台之士民至今犹传颂不衰云。"⑦曹谨、陈星聚都得以名列《台湾通史·循吏传》,说明了后世对他们丰功伟绩的认可。清代在台的河南籍官吏虽然数量不

---

① 连横《台湾通史》下册,商务印书馆,1983 年。
② 杨艳华《曹谨台湾事迹补论》,《漳州师范学院学报》2013 年 3 期。
③ 连横《台湾通史》下册,商务印书馆,1983 年。
④ 沈茂荫《苗栗县志》卷 8。
⑤ 赵尔巽《清史稿》卷 478《循吏三》,中华书局,1977 年。
⑥ 连横《台湾通史》下册,商务印书馆,1983 年。
⑦ 范咸《重修台湾府志》卷三《列传》。

多,而且由于史料的缺乏,致使许多人的事迹湮灭无闻,但他们为台湾早期的开发和建设做出了应有的贡献,历史功绩不可磨灭。

(梁留科,洛阳师范学院院长、教授;毛阳光,洛阳师范学院河洛文化国际研究中心主任、副教授)

闽台旅游发展的优势及建议

秦艳培　朱　静

作为海西经济区的重要组成部分,福建与台湾的区域旅游发展也获得了越来越多的重视。为促进旅游业的发展,2004 年 4 月,福建省旅游局提出要把福建旅游业的发展和海西经济区这一战略相结合,2008 年大三通时代到来,开启了两岸旅游双向往来的新时代,2010 年海峡两岸达成了意义深远的《海峡两岸经济合作框架协议》,表明两岸经济合作与发展迎来了制度化的新时代,福建和台湾旅游业的合作拥有了更宽广的平台[①]。闽台旅游发展持续向好的趋势,吸引着众多学者对深化闽台旅游发展建言献策。陈锦阳认为"大三通"的正式启动为促进海西旅游圈旅游业的发展提供了新的机会,但也出现了不少问题,如建设的重复性、竞争的恶性化、对旅游资源利用不充分等[②];祖群英认为福建和台湾应抓住海西经济区建设的机会,将优势充分发挥出来,加强合作,使合作的内容更有深度,合作的水平进一步提高[③];李金荣认为 ECFA 框架协议达成之后,福建和台湾旅游业的合作同时面临着机遇和挑战[④]。本文拟在已有研究的基础上,探析闽台旅游的发展优势和障碍因素,并对未来发展提出建议。

一、闽台旅游发展的五缘优势

隔海相望的福建和台湾,发展旅游业拥有地缘、血缘、文缘、商缘、法缘的独

---

① 李金荣　张向前《ECFA 框架下闽台旅游业合作研究》,《华东经济管理》2013 年第 27(8)期,第 17—20 页。

② 陈锦阳《海峡西岸旅游圈的构建》,《科技情报开发与经济》2009 年第 19(28)期,第 123—124 页。

③ 祖群英《闽台文化旅游产业发展问题研究》,《中共福建省委党校学报》2012 年第 4 期,第 110—116 页。

④ 李金荣　张向前《ECFA 框架下闽台旅游业合作研究》,《华东经济管理》2013 年第 27(8)期,第 17—20 页。

特优势,闽台旅游业的发展已经成为区域旅游业发展的重要领域,国家相关政策也十分支持闽台旅游的发展,这都为闽台旅游向纵深发展提供了较好的条件。

(一)闽台独特的地缘优势

福建与台湾地理位置相近,福州市与台湾本岛之间的最小间距为126千米,距台湾管辖的金门、马祖更近。从福建省的沿海港口来看,其与台湾各主要港口的海上航线的间距均是比较近的。厦门与澎湖的间距为189千米,与台中相距223千米,与高雄相隔306千米;福州的马尾与基隆相距276千米;泉州南安石井与金门的间距为5千米,泉州惠安崇武与台中相隔133千米;莆田秀屿与台中相距133千米;漳州的漳浦与澎湖相距181千米;漳州东山与澎湖相隔178千米,与高雄相隔315千米[①]。地理位置的接近为闽台旅游的发展提供了较大的便利。

(二)闽台浓重的血脉关系

福建作为享誉中外的侨乡,牵引着海内外众多闽籍华人的思乡之心,而福建与台湾的血缘关系是非常紧密的。自宋元以来,大陆许多汉族人口迁到台湾。关于此方面的史料记载,最早出现在连横《台湾通史》,其中《开辟记》里载到“及唐中叶,施肩吾始率其族,迁居澎湖”[②]。目前在有着2300万人口的台湾,将近80%的居民祖籍地在福建南部,他们都以自己的方式延续着闽南文化。因此,每年都会有众多台胞来福建拜谒先祖。

(三)闽台深厚的文化渊源

由于从大陆移居到台湾的人民,主要来自于福建泉州、漳州以及广东惠州、潮州和嘉应,所以台湾人民的风俗习惯和宗教信仰与大陆福建、广东两省相似度很高。虽然日本在殖民统治期间想尽办法实行民族同化,但遭到台湾同胞的愤然抵制。20世纪中叶后继续传承着大陆人民的风俗习惯和宗教信仰。妈祖文化在福建和台湾有着广泛的传播,妈祖文化的摇篮就在福建省莆田市的湄洲岛,如今,每年都会有大量台胞来到福建湄州妈祖庙进行朝拜。

① 陈健平《基于两岸“三通”初步实现的闽台旅游合作发展研究》,《福建师范大学经济学院》2009年第1期。

② 林仁川《大陆与台湾的历史渊源》,文汇出版社,1991年,第26页。

（四）闽台久远的商业往来

福建和台湾的商贸往来由来已久，历史上，从福建迁居到台湾的汉族人民不断地把先进的手工业技术带到台湾，带动了台湾的经济发展。在清代，福建和台湾的"郊商"贸易往来十分频繁，在闽台有不少的人专门从事两地商业往来，如今台湾鹿港清代泉郊会馆旧址还保持着当年的风貌。当时福建和台湾主要通过海运进行贸易往来，泉州和鹿港来往对渡十分频繁，致使鹿港当时有"小泉州"之称。

（五）闽台相循的法律渊源

从福建和台湾之间的政治法律关系来看，自从宋代在台湾成立行政机关，到1885年台湾单独建省时，台湾均由福建管辖[①]。在我国的宋朝时期，澎湖由福建泉州管辖；元代在澎湖成立巡检司，划归福建管辖。虽然台湾在1885年建省，但依旧被称为"福建台湾省"，闽台两地在政治法律方面仍有着密切的联系。

此外，海峡西岸经济区的构建为闽台旅游发展提供良好政策背景。海峡西岸经济区这一重要的战略构想于2004年1月由福建省委和省政府共同提出。该经济区主要以福建省为中心，东西南北分别可以辐射到台湾岛、江西省等内陆地区、珠江三角洲以及长江三角洲，很显然，该经济区的成熟发展必将有利于加强台湾与福建的经济联系和人员往来。海峡西岸经济区的建设也得到了国家层面的高度重视，2006年，扶持海峡西岸经济区的发展被列入了国家"十一五"规划纲要中，而真正标志着海峡西岸经济区发展成为国家战略是在2009年《关于支持福建省加快建设海峡西岸经济区的若干意见》的发布之后。由此可见，作为海峡西岸经济区中心的福建，在国家重点支持海西建设的背景之下，必将携手台湾，共同推动闽台旅游业发展到新的水平。

二、闽台旅游发展的现状分析

近年来，福建和台湾的旅游发展呈现出良好的势头，台湾已经发展成为福建最大的境外客源地，特别自2008年台湾开放大陆游客赴台旅游的政策后，大陆

---

① 赖侦锵　周富广《基于闽台旅游合作的福建旅游业发展的探讨》，《当代经济》2007年第2期，第20—21页。

游客为台湾旅游业发展带来新的动力,闽台的旅游合作不断加强,来往的交通网络日渐完善。

(一)台湾已为福建最大的境外客源地

福建省有着发展对台旅游得天独厚的优势条件,随着闽台交流的不断扩展,台湾同胞赴闽旅游的人数也快速的发展起来。从表1可以看出,2007年,台湾同胞赴闽旅游的人数为801587人次,在福建省接待的入境游客人数中所占的比重是最小的,当年福建省共接待入境游客人数2687453人,而台湾同胞的所占比重仅有29.8%。但在2008年,台胞赴闽旅游的人数超过了港澳同胞,达到了984761人次,占当年福建省接待入境游客人数的比重为33.6%。当年由于金融危机的影响,外国人赴闽旅游人数明显下降,台湾游客的增加对福建入境旅游人数的保证可谓起了极有分量的保障作用。2009年,台湾游客的数量超过了外国游客,达到了1234255人次,占当年福建省接待入境游客人数的比重为39.6%,台湾开始成为福建省最大的境外客源地,发展至2012年,台湾游客的数量首度突破了两百万大关,占当年福建接待入境总游客人数的42.8%。由此可见近年来台湾同胞已发展成为福建省接待量最大的境外游客。

表1　2007—2012年福建省接待的入境游客人数(单位:人次)

年份	合计	外国人	台湾同胞	港澳同胞
2007	2687453	1007969	801587	877897
2008	2931908	986440	984761	960707
2009	3120348	978350	1234255	907743
2010	3681353	1152748	1569186	959419
2011	4274232	1400156	1850715	1023361
2012	4936738	1670078	2111586	1155074

资料来源:《福建统计年鉴》(2013)。

(二)福建是大陆游客到台湾旅游的重要桥梁

2008年12月15日两岸人民期盼已久的海运直航、空运直航、直接通邮的"大三通"正式开启,自此大陆居民赴台旅游者比肩继踵。由图1可见,大陆居民到台湾旅游的人数在2008年为329204人次,低于美国、港澳、东南亚和日本赴台游客人数,但在2009年,大陆赴台游客人数就达到了972123人次,已经超越港澳游客人数并接近日本游客数量,发展至 2010 年,大陆已经成台湾最大的客源市场,当年大陆赴台游客数量为 1630735 人次,2013 年,大陆赴台游客人数更是达到了 2874702 人次,远远超过了日本赴台游客数量。而福建省在大陆游客到台湾旅游的过程中起到了重要的桥梁作用。据相关数据显示,2012 年福建省总共接办大陆居民赴台申请 275112 人次,占当年全国赴台申请总人数的 10.4%。此外福建省还接办了台湾居民往来大陆通行证件七万多本、签注四十多力人次,也位于大陆省份的前列①。

(三)闽台旅游合作不断加强

随着福建和台湾旅游业发展的不断成熟,闽台的旅游合作也不断加强。首先,2005 年,第一届海峡旅游博览会在厦门举办,截至 2013 年已成功举办了九届。在 2013 年的第九届海峡旅游博览会上,福建省牵手吉林等大陆 13 个省、市、自治区,与金、马、澎一起向外界公布了数十项旅游方案,这些方案为海峡两岸人民的旅游往来提供了更多的便利,这也是海峡两岸的旅游人士第一次携手向外公布旅游政策。其次,民俗文化节事旅游丰富多彩。如关帝文化旅游节、闽台陈靖姑民俗文化旅游节、妈祖文化旅游节等,这些节事活动的开展均有利于增进福建和台湾人民之间的情感交流。最后,闽台旅游发展方案越来越多样化。两岸目前不仅有"两门"线路(厦门、金门),也有"两马"线路(马祖、马尾),在两岸不断推出优惠政策的背景下,福建作为对台通道,前景十分乐观。

(四)闽台旅游交通网络不断完善

福建省拥有最多元的对台旅游方式,不仅有海上直航、空中直航等交通网络,目前福建省还大力发展对台邮轮旅游。两岸"小三通"自 2001 年 1 月启动以来,为两岸旅游业的发展提供了十分便利的渠道,13 年来"小三通"航线之一的厦金航线客运已突破千万人次,通行班次增多,转接交通及通关也越来越便利;2008 年 12 月两岸"大三通"得以实现,目前从台北松山机场乘周末包机可直抵厦门高崎机场,单程飞行时间只需 1 小时 30 分钟;在邮轮旅游方面,自"海峡号"2011 年 11 月 30 日直航台中后,2013 年 10 月"平潭—台北"航线已经正式开

---

① 燕寒寒《福建居民赴台湾自由行申请数量位居大陆第一》,[EB/OL]. http://travel. ce. cn/jd/201302/20/t20130220_24127885. shtml,2013—02—20/2015—03—20.

通,实现了平潭与台北的"一日生活圈"。2014年,福建省大力支持邮轮旅游,从厦门港出发的航线中有半数以上通航至台湾。

三、深化闽台旅游发展的障碍因素

闽台旅游发展前景广阔,但是也存在一些障碍因素,主要有以下四方面。

（一）台湾旅游行业制度与大陆存在较大差异

因为大陆与台湾都有着自己的旅游景区评定标准与品牌名称,而且两岸的景区指示和导游系统也有着不同的标准,这必然会给游客带来一定的困惑。比如,大陆地区依据"星级"标准将酒店划分为五个等级,而台湾则采用"梅花"标准来评定饭店等级。在旅行社方面,大陆地区分为国内、国际旅行社,台湾则分为综合、甲种、乙种旅行社。

（二）对闽旅游限制较多

现在大陆居民到台湾本岛旅游依然存在着配额制的限制,不仅手续繁冗复杂,而且有不少限制,即到台湾旅游要办理《大陆居民往来台湾通行证》、《台湾入境许可证》。办理《通行证》需要《大陆居民往来台湾地区申请审批表》、近期正面二寸免冠彩色照片、出入境证件数字相片采集回执等,且要到户口所在地公安机关入出境管理部门办理,办理时长为15个工作日。台湾相关部门规定,《入台证》办理时需要出团游客交纳高额的押金,且交纳订金一千元。如果游客被拒签的话,不仅不退订金且要收取一定的手续费,此外还要有学生证、退休证明以及申请表、审批表等文件,退休人员也得出示三个月前五万元银行存款的原始单据。

（三）闽台旅游发展面临强劲的外部竞争

2008年12月15日,两岸"大三通"终于得以实现,便利的政策掀起了两岸旅游合作的热潮,福建省以外的其他省份均获得了与台湾开展旅游合作的机会,尤其是闽台地处长江三角洲和珠江三角洲之间,而长江三角洲与珠江三角洲不仅是我国经济实力最强的地区,旅游业的发展也比较成熟,知名度较高,这为闽台旅游的深入发展提出了难题。

（四）福建旅游业发展水平有待提高

目前福建省的高档酒店和优质旅行社数量较少且布局不均。据福建省旅游局的官方数据显示,目前福建省共有五星级酒店66家,四星级酒店253家,三星级酒店 402 家,且五星级酒店主要集中在厦门、泉州和福州,三地分别有 28 家、18 家、11 家五星级酒店,共占全省五星级酒店数量的 86%①。由此可见,福建省五星级酒店数量偏低且分布严重不均,而福建省在旅行社方面有着与五星级酒店相似的情况,这种现状将会影响福建省旅游业的健康发展。此外福建旅游在全国的知名度比较低,对旅游品牌的宣传力度不够。在 2013 福布斯中国大陆旅游业最发达城市排行榜中,福建省没有城市进军前十,仅有厦门进入前二十的榜单之中,位居第十九位。这种结果固然与一个城市的经济发展水平、旅游接待能力有直接的联系,但同样与旅游品牌的宣传力度息息相关。

四、深化闽台旅游发展的对策建议

(一)福建深化发展对台旅游应"软硬兼施"

1. 深度开发旅游产品

福建省应该深度挖掘闽南文化、妈祖文化、客家文化等八闽文化所蕴含的知识,对旅游从业人员进行八闽文化的专项培训,将八闽文化的内涵与旅游产品相结合,优化已有旅游产品,尤其是宗教类旅游产品,改变以往单单的让游客走进宗庙祠堂行朝拜仪式,而要将其渊源深厚的文化底蕴挖掘出来。

2. 综合运用传播媒介

当前各种新型传播媒介如微博、微信等已拥有相当大的用户,福建相关部门可联合旅游业界共推旅游宣传微博或图片,使得新一代的年轻旅游者更容易获得信息,当然广播电视报刊等老牌经典的传播媒介力量依旧不可小觑。比如今年元旦,"清新福建"旅游形象宣传短片登上央视《新闻联播》前的最佳时段。为加大对"清新福建"海峡旅游品牌的支持力度,福建省计划总投资 1.5 亿余元资金,用于在央视全年播放"清新福建"旅游形象宣传。

3. 提高旅游从业人员职业素养

台湾旅游业的发展较福建更为成熟,福建应该将这一软肋转化成加强与台合作的契机,加强与台人才培养合作,不仅可以学习到先进的人才培养机制而且

① 福建旅游之窗政务网,旅游黄页[DB/OL]. http://www.fjta.gov.cn/lyhy/2361/index.html,2013—11—30/2015—04—02.

能提升福建省旅游业的整体质量水平。比如2013年闽台18所院校合作,成立海峡旅游教育联盟,共同培养旅游人才。

4.更新并合理布局旅游配套设施

台湾旅游业发展较快,旅游者对服务的质量有更高的期许和要求,福建省应提高旅游硬环境建设,增加现代化高档旅游酒店的数量,更新老旧接待设备,给人眼前一亮的感觉,同时应提升旅行社接待水准,为台胞提供优质服务,避免因服务漏洞而产生纠纷及安全问题,此外,制定相应方案,使五星级酒店及优质旅行社的布局合理化。

(二)台湾应增强行业认同感,加大旅游政策开放力度

1.统一旅游行业制度

鉴于福建与台湾旅游行业制度存在差异的现状,福建和台湾地区的旅行社在对旅游产品进行宣传时应该对相关旅游制度的内涵尤其是容易产生误解的内容进行详细的解释与说明。在统一旅游行业制度方面可以参考欧盟的做法。在20世纪90年代初,欧洲联盟就对其成员的旅游服务标准做出了统一的规范,推动了欧盟区域旅游的发展。同属区域旅游的性质,台湾应加强与福建相关部门的沟通与协商,迈出这具有前瞻性的一步。

2.精简入台旅游手续材料

日前台湾依然对大陆游客实行配额制,在这一背景下,应增强旅游政策的灵活性,加大旅游政策的开放力度,简化入境审批手续,降低高额押金,如果旅游者被拒签,可以收取一定量的手续费,但应该向其退还订金,应尽量减少繁冗的证明材料,简化申请表、审批表的办理程序,降低《入台证》的办理时间。台湾相关部门可以效仿港澳通行证的办理,小步骤分阶段直至取消《入台证》,如果《入台证》的办理得以简化乃至取消,必将有利于两地旅游业获得更好的发展。

(三)闽台加强沟通,共唱"海峡旅游"品牌

目前,"海峡旅游"品牌业已推出,国家旅游局提出"优先规划及建设海峡西岸旅游区,打造'海峡旅游'品牌"。闽台应在国家利好政策的背景下,在已有发展成果的基础上,进一步加强联合,开发出与"长三角"和"珠三角"相互补充的异质旅游产品,增强自身竞争力,并充分运用两地的同根同源的文化优势,选取两地共有的优质文化旅游资源,申报世界文化遗产,加大宣传力度。两地应主动

加强与世界大型旅游企业的交流与合作,这一点可学习杭州的经验,2008年杭州同中旅途易旅游有限公司达成合作协议,标志着杭州正式牵手国际最大的旅游集团——TUI国际旅游联盟,这无疑有利于杭州作为旅游目的地城市在世界范围内的宣传和推广,闽台应该借鉴这一做法,将"海峡旅游"品牌推向世界。

总之,闽台有着深厚的历史渊源,两地旅游资源丰富,有着巨大的发展空间,闽台旅游的发展也符合国家人力支持海峡西岸经济区建设的需要,两地政府应该抓住机遇,加强沟通,加大合作力度,携手唱响"海峡旅游"品牌,推动闽台旅游的发展迈上新的阶梯。

(文中的一些数据参考了福建师范大学陈健平同志2009年硕士论文《基于两岸"三通"初步实现的闽台旅游合作发展研究》,特加说明并表示感谢)

(秦艳培,洛阳师范学院国土与旅游学院副院长、副教授;朱静:洛阳师范学院2010级旅游管理专业本科生)

论伊洛渊源的南传与台湾朱子学

刘振维

一、前言

"河洛文化"是指发源于河南一地的地域文化,并以黄河与洛水交汇命名之,更是中华文化的源头与核心。① 此如同以"洙泗"指称孔子及儒家是一样的意义。② 中华文明发展到宋代,在哲学领域上兴起以"理学"(或"道学")为名的新儒学,此是以河南洛阳为中心,称为"洛学"或"伊洛之学",自属河洛文化的一部分。"伊洛"指伊水与洛水。"伊洛之学"通过"道南之传"入闽,三传而有朱熹的"闽学",此学脉又称为"程朱理学",是明清时代传统儒家的主流。此学在约四百年前东传台湾,隐约形成"台湾朱子学"。本文即通过"伊洛渊源"的理学流衍与传布,欲明证清代台湾学术主流与河洛文化是一脉相承的。

二、伊洛渊源与道南之传

"伊洛渊源",出于朱熹编订的《伊洛渊源录》,③成书于乾道九年(1173),首开"学案体"的学术史写作,"其后《宋史》道学、儒林诸传,多据此为之",但"宋人谈道学宗派,自此书始;而宋人分道学门户,亦自此书始"④。论者指出:"自

---

① 陈义初《河洛文化的起源、传承和发展》,《孔学与人生》2013 年 6 月,64 期, 第 8—14 页;朱绍侯《河洛文化的性质及研究的意义》,《黄河科技大学学报》2008 年第 6 期, 第 26—27 页。
② 《礼记·檀弓上》:"曾子怒曰:'商,女何无罪也? 吾与女事夫子于洙泗之间。'"郑玄注:"洙、泗,鲁水名。"见《礼记注疏》,卷 7,页八左,收于《十三经注疏》,台北蓝灯文化公司,1993 年影印阮刻十三经注疏本,第 5 册。司马迁亦言:"邹鲁滨洙泗,犹有周公遗风,俗好儒,备于礼,故其民龊龊。"见《史记》,卷 129《货殖列传》,北京中华书局 1997 年出版《二十四史》第 1 册,第 3266 页。
③ 依据朱杰人　严佐之　刘永翔主编《朱子全书》,第 12 册,上海古籍出版社／安徽教育出版社,2002 年。
④ 永瑢《四库全书总目》,中华书局,1965 年,第 519 页。

《伊洛渊源录》出,通过对二程学说承传源流的梳理,在宋代学术史上第一次确立了以周敦颐为宗主,二程为中坚,张载、邵雍为羽翼的道学统绪。"①说明理学成了"一道德以同天下风俗"的依据与标准。② 集理学大成的朱熹,其《伊洛渊源录》一书便是将"北宋五子"及其弟子的碑志铭、行状、遗事等传记数据加以汇编,排成以二程子为中心的理学谱系,③溯源探流,故有"伊洛渊源"之称;此即指开启了宋明理学的先河。

二程,指程颢、程颐两兄弟,他们长期于洛阳一带讲学,创立了理学体系,故有"洛学"(伊洛之学)之称。程颢,字伯淳,学者称明道先生,北宋嘉祐二年(1057)进士,历官鄠及上元主簿、泽州晋城令、太子中允、监察御史、监汝州酒税、镇宁军节度判官、宗宁寺丞等职。程颢"自十五六时,与弟颐闻汝南周敦颐论学,遂厌科举之习,慨然有求道之志。泛滥于诸家,出入于老、释者几十年,返求诸《六经》而后得之。"④程颐,字正叔,学者称伊川先生。学问渊博,屡试不第。游太学,胡瑗以《颜子所好何学论》试诸生,程颐试文颇受赏识,"处以学职"。嘉祐四年(1059)赐进士出身。历官汝州团练推官、西京国子监教授、秘书省校书郎、崇政殿说书等职。"颐于书无所不读,其学本于诚,以《大学》、《语》、《孟》、《中庸》为标指,而达于《六经》。动止语默,一以圣人为师,其不至乎圣人不止也。"⑤二程皆反对王安石新政。理宗淳祐元年(1241)配祀孔庙。⑥ 二程体贴"天理"开创"理学"(或称"义理之学"),强调"涵养须用敬,进学则在致知",⑦

---

① 陈祖武《中国学案史》,台北文津出版公司,1994 年,第 47 页。
② 语出王安石"徐自反念,古者一道德以同天下之俗,士之有为于世也,人无异论。今家异道,人殊德,又以爱憎喜怒怒变事实而传之⋯⋯"见《临川先生文集》卷 72《答王深父书三》,中华书局,1959 年第 768 页。"一道德"、"同风俗"常见于宋代儒者论述与文集中,显见儒学积极入世、趋善风俗的关怀。
③ "北宋五子"指周敦颐(1017—1072)、邵雍(1011—1077)、张载(1020—1077)、程颢(1032—1085)、程颐(1033—1107)五人。周敦颐于曾为少年二程之师;张载是二程表叔辈、且与程颢同为嘉祐二年(1057)进士,曾于洛阳与二程论《易》。张载病逝,程颢撰诗《哭张子厚先》以示哀悼;邵雍于洛阳论《易》,与二程"同里巷居三十年余",墓志铭为程颢所作。
④《宋史》,卷 427《道学一·程颢》,第 12716 页。收于《二十四史》,第 14—16 册。
⑤《宋史》,卷 427《道学一·程颐》,第 12720 页。
⑥《宋史》,卷 105《志第五十八·礼八》,第 2554 页。
⑦ 程颢说:"吾学虽有授受,'天理'二字,却是自家体贴出来。"见《河南程氏外书》卷 12。"涵养须用敬,进学则在致知"为程颐语,见《河南程氏遗书》卷 18。分见《二程集》,第 424、188 页。台北汉京文化公司,1983 年。

与先秦儒学、两汉经学、魏晋玄学、隋唐佛学等相较,是具有全新内容的新儒学。二人以肩负儒家"道统"自恃,思想体系以儒学为宗,兼采释、道,如是的宽容开放使中华文化迈入以儒学为核心但实为三教合一慧命相续的学术发展。

伊洛二程之学,自北宋以降,经众多门人及后学不断推展与发扬,最后成为宋明理学的主要源流——程朱理学;其中最关键的人物即是福建人杨时龟山先生。明何乔新于《道南祠记》中说:

> 矧七闽僻在南服,自薛令之以进士举,士知科目之荣矣。自欧阳詹以文学显,士知文章之重矣。至于道学之说,则概乎未闻。及河南二程夫子得孔孟不传之学于遗经,其学则行于中州,未及南国。先生以绝伦之资,生于此邦,闻程夫子之道,北之河洛而学焉,穷探力索,务及其趣。及辞归,程子送之曰:"吾道南矣。"故一传而得豫章,再传而得延平,三传而得紫阳朱夫子,集诸儒之大成,绍孔孟之绝绪,其道益光,而西山蔡氏,勉斋黄氏,九峰蔡氏,北溪陈氏相继而兴,闽之道学遂与邹鲁同风,其波及四方者,皆本于闽。呜呼盛哉!揆厥所自,先生之功大矣。①

此记载说明了先前福建地处偏僻,文化未开,后因杨时亲向河南二程夫子学习,将中州正学带入福建,得"道南"之誉,彰明圣学,三传而有朱熹,"集诸儒之大成,绍孔孟之绝绪,其道益光",并在朱门弟子的推展与发扬之下,使得"闽之道学遂与邹鲁同风",成为儒学中心,闽学即以儒学正统自居,余波相沿;此中最大关键即是倡道东南第一人的杨时,"东南学者推时为程氏正宗"②、"南渡洛学大宗"③,由之可见"道南之传"的学术意义。理解此便能知晓后世论述理学传承皆自《伊洛渊源录》构建的学术规模而阐发或延续之,如元代的《宋史·道学传》、明代谢铎的《伊洛渊源续录》、宋端仪、薛应旂辑的《考亭渊源录》、朱衡的《道南源委录》、杨应诏的《闽南道学源流》、周海门的《圣学宗传》、孙奇逢的《理

---

① 何乔新,《椒邱文集》,卷13,页二下—三上。收于《景印文渊阁四库全书》,第1249册,台湾商务印书馆,1983年。

② 《宋史》,卷428《道学二·程氏门人·杨时》,第12745、12743页。

③ 全祖望按语,见《宋元学案·龟山学案》。《宋元学案》,依据沈善洪主编《黄宗羲全集》(浙江古籍出版社,2005年),第3—6册。引语见第4册,第195页。

学宗传〉、黄宗羲、全祖望编纂的《宋元学案》、熊赐履的《学统》、万斯同的《儒林宗派》、张伯行的《道统传》、《道南源委》、《伊洛渊源续录》、李清馥的《闽中理学渊源考》等,皆作如是观。①

所谓"渊源"者,依李清馥《闽中理学渊源考序》说:"是书以龟山载道南来,罗、李递传,集成于朱,而上溯周、程,以传千载不传之秘者也。"那么,杨时如何学连洛闽、载道而南?《宋史·道学传》的记载可知一—:

> 杨时,字中立,南剑将乐人。幼颖异,能属文。稍长,潜心经史。熙宁九年中进士第。时河南程颢与弟颐讲孔、孟绝学于熙、丰之际,河洛之士翕然师之。时调官不赴,以师礼见颢于颍昌,相得甚欢。其归也,颢目送之曰:"吾道南矣。"四年而颢死,时闻之,设位哭寝门,而以书赴告同学者。至是,又见程颐于洛,时盖年四十矣。一日见颐,颐偶暝坐,时与游酢侍立不去,颐既觉,则门外雪深一尺矣。关西张载尝着《西铭》,二程深推服之。时疑其近于兼爱,与其师颐辨论往复,闻"理一分殊"之说,始豁然无疑。②

"调官不赴",时为元丰四年(1081),杨时授徐州司法,辞赴弃仕,以师礼见程颢于颍昌,年29。杨时南归,程颢目送说:"吾道南矣。"师生彼此往来通信。元丰八年(1085)程颢过世,杨时获悉,"设位哭于寝门",作哀辞,并"以书讣告同

---

① 其中以《宋元学案》、《闽中理学渊源考》为代表。如《宋元学案·晦翁学案》言:"祖望谨案:杨文靖公四传而得朱子,致广大,尽精微,综罗百代矣!""梓材案……又案诸儒学派,自龟山而豫章为一传,自豫章而延平为再传,自延平而朱子为三传。《序录》谓文靖四传而得朱子,盖统四先生言之。"见《黄宗羲全集》,第4册,页816。《闽中理学渊源考》卷一:"至龟山先生得中州正学之的,上肩周、程统绪,下启罗、李、朱愿代相传之奥,于是圣学彰明较着,而邹、鲁、濂、洛之微言大义萃于闽山海峤矣。夫程伯子以'吾道之南'赠属其行,不再三传而紫阳集诸儒之大成,是天欲开伊洛之道之南,亦即鲁邹之道之南也。昔贤心与道会,妙契天合,遂持符如左券,信乎斯文之兴丧,岂非天哉?自是而后,遂有海滨邹鲁之称。"(页一上—下)收于《景印文渊阁四库全书》,第460册。其余出处:《宋史》,收于《二十四史》,第14—16册。谢铎《伊洛渊源续录》、杨应诏《闽南道学源流》,张伯行《道统传》、《道南源委》、《伊洛渊源续录》,收于《四库全书存目丛书》(台南:庄严文化出版,1997),史部传记类第88、92、124、125册。宋端仪《考亭渊源録》、朱衡《道南源委录》、周海门《圣学宗传》、孙奇逢《理学宗传》、熊赐履《学统》,收于收于《续修四库全书》(上海古籍出版社,1995),史部传记类第517、515、513、514、513—514册。万斯同《儒林宗派》,收于《景印文渊阁四库全书》,第458册。

② 《宋史》,卷428《道学二·程氏门人·杨时》,第12738页。

学"。元祐八年(1093),杨时赴浏阳任知县途中,与游酢绕道洛阳,以师礼见程程颐,年41;并留下了"程门立雪"之尊师重道的佳话。尔后师生间经常书信切磋,讨论学问,"理一分殊"为其宗旨,杜门不仕近十年。程颐受伪学禁,"以罪流窜涪陵,其垂言立训,为世大禁,学者胶口无敢复道",①唯独杨时依然笃信至诚、始终如一。历知浏阳、余杭、萧山三县,多有惠政。高宗时官至工部侍郎,除龙图阁直学士。致仕归,以著书讲学为事。卒谥文靖。学者称为龟山先生。弘治八年(1495)从祀孔庙。② 清人李熙指出:

> 龟山之道,程子之道也。程子之道,尧、舜、禹、汤、文、武、周公、孔子、孟轲氏之所传者。龟山上承伊洛,下倡南闽,一传而得豫章,再传而得延平,逮夫考亭朱子极大尽精,折衷诸家之绪论而集群儒之大成,俾数千载之道晦而复明者,龟山行道之功不可见,而传道之功固不伟哉!③

道南之传,三传而有朱熹,集理学之大成,延续并创发道统,此功首推杨时。

朱熹为闽学之集大成

"闽学",又称朱子学,④由南宋朱熹所创。朱熹,字符晦、仲晦,号晦翁、晦庵,别号紫阳。祖籍徽州婺源,生于福建龙溪,寓居建阳考亭,故世称考亭先生。绍兴十八年(1148)进士,担任过县主簿、枢密院编修、知南康军、秘书郎等职。朱熹晚年遭"庆元党禁"打击,⑤被视为"伪学",被诬是"逆党"之首,于贫病交加中抱憾去世;闽学学者亦受株连,甚被迫害致死。但朱门后学弟子依然坚守闽学

---

① 《杨龟山先生集》(台湾学生书局,1973),卷25,第1032页。此指北宋王安石变法以来的新旧党争,宋徽宗起用蔡京为相,立"元祐佑党人碑"程颐等309人,定为奸党,碑上有名者及其子孙永远不得为官,皇家子女亦不得与名单上诸臣后代通婚。

② 《明史》,卷15《本纪第十五·孝宗》,页189;收于《二十四史》,第19—20册。

③ 《杨龟山先生全集》,第76—77页。

④ 南宋末王应麟崇尚朱子学,朝夕与邻居汤斌议论关、洛、濂、闽、江西之同异。见《宋元学案·深宁学案》,《黄宗羲全集》,第6册,第372页。张伯行编《濂洛关闽书》19卷,首称闽学即是朱子学,见《四库全书存目丛书》,子部儒家类第24册。

⑤ 指宋宁宗庆元三年(1197),当政的韩侂胄斥道学为"伪学",将赵汝愚、朱熹及其同情者定为"逆党",开列"伪学逆党"名单凡59人,理学家著作遭到禁毁,与他们有关系的人不准为官,亦不能参加科考。至嘉泰二年(1202),才开弛党禁。参见《宋史》,卷474《列传第二百三十三·韩侂胄》,第13773页。

的学术主张与文化信念,延续道统于不坠。因朱熹长期讲学于八闽,过世后葬于福建建阳,一生主要的学术活动皆在福建,故后世称其创立的学说为"闽学"。

从杨时的道南渊源三传而有朱熹,一为罗从彦豫章先生,二为李侗延平先生,三即是朱熹,均是福建人。全祖望言:

> 祖望谨案:豫章之在杨门,所学虽醇,而所得实浅,当在善人、有恒之间。一传为延平则邃矣,再传为晦翁则大矣,豫章遂为别子,甚矣,弟子之有光于师也。①

杨时继承二程"中便是含喜怒哀乐在其中矣"的观点,②开创"体验未发"的"观中"说:"学者当于喜怒哀乐未发之际以心体之,则'中'之义自见,执而勿失,无人欲之私焉,发必中节矣。发而中节,'中'固未尝亡也。"③罗从彦在杨时门人中"最无气焰",故得以传道,④不惜变卖田产,肆力于圣贤之学,筑室山中,绝意仕进,终日端坐,"以身体之,以心验之,从容默会于幽闲静一之中,超然自得于书言意象之表",⑤将杨时的"观中"具体化为"静中观理"。⑥ 李侗与豫章"冥心独契",故谢绝世故,怡然自得。李侗认为:"学问之道不在多言,但默坐澄心,体认天理。若见,虽一毫私欲之发,亦自退听矣,久久用力于此,庶几渐明,讲学始有得力耳。"⑦此即是以《中庸》为依据,"默坐澄心,以验夫喜怒哀乐未发之前气象为如何,久之而知天下之大本,真在乎是也"。⑧ 李侗亦以"默坐澄心,体认天

① 《宋元学案·豫章学案》,《黄宗羲全集》,第 4 册,第 559 页。

② 《河南程氏遗书》卷 17,《二程集》,第 181 页。

③ 《杨龟山先生集》,卷 21,第 898 页。

④ 黄宗羲语,见《宋元学案·豫章学案》,《黄宗羲全集》,第 4 册,第 560 页。

⑤ 《杨龟山先生全集》,卷 12,第 625—626 页。

⑥ 朱熹说:"罗先生……如明道亦说静坐可以为学,谢上蔡亦言多着静不妨。此说终是小偏。才偏,便做病。道理自有动时,自有静时。学者只是'敬以直内,义以方外'。见得世间无处不是道理,虽至微至小处,亦有道理,便以道理处之。不可专要去静处求。所以伊川谓'只用敬,不用静',便说得平。也是他经历多,故见得恁地正而不偏。若以世之大段纷扰人观之,若会静得,固好;若讲学,则不可有毫发之偏也。如天雄、附子,冷底人吃得也好;如要通天下吃,便不可。"见《朱子语类》卷 102,第 3409 页,收于《朱子全书》,第 14—18 册。

⑦ 见《与刘平甫书》《延平答问》,见《朱子全书》,第 13 册第 341 页。

⑧ 《宋元学案·豫章学案》,《黄宗羲全集》,第 4 册第 569 页。

理"工夫传授朱熹,因朱熹及理学大成而光耀师门。①

朱熹创立的"闽学"是宋明理学的核心,其哲学是以二程的"理"(天理)作为自身哲学的最高范畴,理是自然万物和人类社会的根本法则,并通过注解传统儒家经典(最主要是"四子书"),重新诠释先秦儒家的论点,分析了理先气后、理气动静、理一分殊等的观点,建立了完备的理一元论与理气论,以理气解释世界的运行;二延续二程心性论,阐发心、性、情、理及间其关系,发扬"性即理"的论点,建立完善的心性学说;三是承续二程对格物致知的解释,对格物致知、格物穷理、知行问题加以阐释,形成认识系统的格物致知论;四昌明二程天理人欲之辨,天理构成人之本质(天地之性),人欲是超出人之生命的欲求(气质之性),肯认居敬、存养、集义、克己复礼的修养方法,体现三纲五常的伦理道德,阐发"存天理,灭人欲"的道心人心之辨的人生修养论。朱熹明确将天道性命与人伦事理综合起来,创发儒家的伦理道德为一天人合一形而上的本体论系统;并以格物穷理与居敬存养并进互发,以居敬存养即是实践工夫,提出心统性情的实践论。朱熹认为通过"格务致知"为学习的路径,真积力久便能达到"众物表里精粗无不到,而吾心之全体大用无不明矣"的豁然贯通之境。相较于传统儒学,理论十足创新。是以后人称为"程朱理学"。

朱熹闽学的创新意义乃在重建"道统",延续文化、传播文化。朱熹与二程一样,以继承道统并以道统自居,极力推崇《四书》,由之确立孔、孟儒学思想的权威。程颐极推崇其兄程颢为道统传人,他说:

> 周公没,圣人之道不行;孟轲死,圣人之学不传。道不行,百世无善治;学不传,千载无真儒。无善治,士犹得以明夫善治之道,以淑诸人,以传诸后;无真儒,天下贸贸焉莫知所之,人欲肆而天理灭矣。先生生千四百年之后,得不传之学于遗经,志将以斯道觉斯民。……先生出,倡圣学以示人,辨异端,辟邪说,开历古之沉迷,圣人之道得先生而后明,为功大矣。②

---

① 但钱穆认为:"盖朱子从禅学入,故于心地工夫特有体会。而朱子于延平默坐澄心、观喜怒哀乐未发前气象之教,则转不深契。……与道南一脉龟山、豫章、延平之所传,则自有出入。此乃研讨朱子心学一绝大应注意之点。"见氏著《朱子新学案》,第 3 册第 28 页,收于《钱宾四先生全集》,第 11—15 册,台北联经出版公司,1995 年。
② 《明道先生墓表》,收于《河南程氏文集》卷 11,见《二程集》,第 640 页。

朱熹亦推崇二程为道统的延续者：

　　天运循环，无往不复。宋德隆胜，治教休明，于是河南程氏两夫子出，而有以接乎孟氏之传……然后古者大学教人之法、圣经贤传之指，灿然复明于世。虽以熹之不敏，亦幸私淑而与有闻焉。①

　　此道更前后圣贤，其说始备。自尧、舜以下，若不生个孔子，后人去何处讨分晓？孔子后若无个孟子，也未有分晓。孟子后数千载，乃始得程先生兄弟发明此理。②

　　故编《伊洛渊源录》追溯道学的渊源与传承，闽学即是延续洛学的正统地位。同样的，朱熹亦延续了二程的方法，藉由书院传播道统正学。二程洛学的创立和传扬，与嵩阳书院、伊皋书院（即伊川书院）接纳生徒、著书讲学、解惑求道等十分密切。朱熹创建、修复、题诗、题词以及读书、讲学过的书院达数十余处，于此读书授业、研精覃思、探赜索隐，祖述伊洛，融贯诸家。朱熹十分心仪二程，"昭明道学于孔孟既没千载不传之后，可谓盛矣"，③故有昌明圣人之道的严肃历史使命与责任，体现张载"为天地立志，为生民立道，为去圣继绝学，为万世开太平"崇高精神，④以及兼容并包、融汇百家异说，成一家之言的自信。

　　朱熹门人黄榦撰《朱子行状》，将朱熹定位于仅次孔子的道统地位，"道之正统待人而后传，自周以来，任传道之责得之正者不过数人，而能使斯道章章较著

---

①《大学章句序》，《四书章句集注》，第 14 页，收于《朱子全书》，第 6 册。

②《朱子语类》，卷 93，第 3096 页。

③ 朱熹一生用力最深的著作是《四书章句集注》，据陈铁凡《四书章句集注考源》研究："朱熹征引五十七家中，汉代八家，魏代两家，梁代一家，唐代四家，宋代多达四十一家。《四书集注》全书共征引九百二十三条，汉代六十条，魏代四条，梁代一条，唐代十条，共七十五条；余八百四十八条为宋儒之说。又二程兄弟得三百零四条，吕大临、杨时、谢良佐、游酢、尹焞得两百五十六条，计五百六十条，超过全书的三分之二。其余亦皆程门有关学者，或二程之再传、三传弟子之说。其他诸家的征引，不过是典缀而已。所以我说，《四书集注》不只集宋学之大成，而且是传伊洛一家之学。这从张子只引三十余条，周子只引一条，就可推知了。"收于《论孟论文集》，引文见第 68 页。台北黎明文化事业公司，1982 年。

④ 见《张载集》语录中，第 320 页，台北汉京文化公司，1983 年。

者一二人而止耳。由孔子而后,周、程、张子继其绝,至先生而始著"。①是以清人高斌有言:"居敬以立其本,穷理以知其知,返躬以践其实。紫阳一脉,所以直接尼山者在是。"②紫阳即指朱熹,尼山即指孔子。故熊赐履说:"正学一线,得闽诸大儒而始倡。"又说:"孔子及列圣之大成,朱子集诸儒之大成,此古今之通论,非一人之私言也。……朱子之道,乃尧、舜、禹、汤、文、武、周、孔、颜、曾、思、孟、周、程之道也。"③说明了闽学是儒学正统,与孔、孟之学是一脉相承的新儒学,朱熹更是其中的集大成者。

四、台湾朱子学

朱熹长期讲学于八闽,学思上承孔、孟先秦儒家,直续二程、杨时,故有"中原文献,十九在闽"之说。④复因科举考试以朱熹学思为荷,朱注《四书章句集注》一书即为科考定本,影响甚多世代。⑤因此,使闽学成为中国传统学术思想的顶峰,影响了七百余年的文化传统。台湾自纳入中原版图,作为"九闽"之一的台湾,不可能没有"闽学"的影子。⑥清初,因康熙帝是一位虔诚的朱学信徒,是以推动朱子学不遗余力。清宗室昭梿言:

> 仁皇凤好程、朱,深谈性理,所著《几暇余编》,其穷理尽性处,虽凤儒耆学,莫能窥测。所任李文贞光地、汤文正斌等皆理学耆儒。尝出《理学真伪论》以试词林,又刊定《性理大全》、《朱子全书》等书,特命朱子配祠十哲之列。故当时宋学昌明,世多醇儒耆学,风俗醇厚,非后所能及也。⑦

---

① 见《勉斋先生黄文肃公文集》,线装书局,2004 年,卷 34,页四十五右一左。

② 《正谊堂文集序》,见张伯行《正谊堂文集》,(上海)台湾商务印书馆,1936 年,《丛书集成初编》。

③ 《学统》,卷 23,页十左;卷 9,页五十四左。

④ 见耿定力《重建朱文公祠记》:"宋自濂溪诸君子,东接其传于邹鲁,而南以及于滨海之闽。而后中原文献,十九在闽。"蔡建贤纂　吴栻修《南平县志》,卷 14。收于《中国方志丛书》台北成文出版社,1974 年,华南地方,第 217 号。

⑤ 元皇庆二年(1313)恢复科举,钦定以朱熹《四书集注》试士子,朱学定为科场程序。见《元史》卷 81《志第三十一·选举一·科目》,第 2017—2018 页。

⑥ 被康熙帝誉为"操守为天下第一"的张伯行(《清史稿·列传六十五》),在《周濂溪集序》中说:"丁亥春,恭膺简命,叨抚九闽,固朱夫子之乡也。"此指其于康熙四十五年(1707)担任福建巡抚。"九闽"即指福建(含台湾)。见《周濂溪集》(上海)台湾商务印书馆,1936 年《丛书集成初编》。

⑦ 见昭梿《啸亭杂录》,中华书局,1980 年,卷 1《崇理学》,第 6 页。

　　康熙重用理学名臣,如汤斌、熊赐履、李光地、张伯行等人,并令李光地、汤斌等编纂于康熙五十二年完成《御纂朱子全书》,①康熙五十一年(1712)二月上谕表彰朱熹,经集议后,将朱熹由从祀孔庙的东庑先贤升至大成殿之列;②将朱子学视为是最正统的儒学,故清初朱子学复兴,九闽尤其盛行。台湾朱子学的形成,除了道南之传以来的闽学传统外,③福建大儒蓝鼎元、蔡世远等的大力宣扬,以及笃信朱子学的福建巡抚张伯行、台厦道陈璸等的提倡密切相关。又台湾是中国新辟之地,人民多来自闽地,由以漳泉为盛;早期在台湾从事教授、训导、教谕等之教育工作者亦多为闽人④;据方志所载,多数地方官亦皆是先在闽地任职后方才调入,是以闽学传入台岛自属自然。

　　理学名臣张伯行,治理闽台,创立鳌峰书院,编辑并出版了大量的闽学著作,刊布为《正谊堂丛书》,宣扬闽学,强化了闽台学术交流。⑤故当朱子学于福建复兴后,迅速传播至台湾,成为有清台湾的主流儒学。

---

①《大清圣祖仁皇帝实录》(台北:华文书局,1964),卷256,第3419页。

② 康熙五十一年"二月丁巳,诏宋儒孔子朱子配享孔庙,在十哲之次。"见赵尔巽等《清史稿》,中华书局,1998年,卷8《圣祖本纪三》,第281页。

③ 如雷鋐于《童先生能灵墓志铭》中说:"吾闽自宋诸大儒后,代有传人,明中业如陈剩夫、蔡虚斋确守朱子,以津梁后学。"见《经笥堂文钞》,卷1《童寒泉墓志铭》第41页;收于《清代诗文集汇编》,上海古籍出版社,2010年,第285册。蓝鼎元《鹿洲初集旧序》:"道南一脉,代有传人……漳浦高东溪、陈剩夫、周翠渠、黄石斋诸先生,皆卓然直立,增光宇宙。"见《鹿洲全集》,厦门大学出版社,1995年第5页。

④ 台湾府学教授,多由福建调补;又乾隆三十九年(1774)规定:"至台湾府学训导,及台湾、凤山、诸罗、彰化等四县各教谕、训导,遇有缺出,先尽漳、泉七学调缺教职内拣调;倘或不敷,或人地未宜,仍于通省教职内一体拣选调补。"见《钦定大清会典事例》,上海古籍出版社,1995年,卷65;收于《续修四库全书》,部政书类第798—814册。"漳、泉七学"指泉州府的晋江、安溪、同安,以及漳州府的龙溪、漳浦、平和、绍安。黄新宪说:"在闽台教育关系史上存在着一个有趣的现象,那就是台湾各府县儒学的教授、教谕、训导等师资大都来自福建的人文繁盛的地区,尤其是来自闽南和闽江流域地区。"另据《台湾县级儒学教谕籍贯表》,计七县259位教谕,确为闽籍达238人,为91.89%,可证。见《闽台教育的交融与发展》,福建人民出版社,2003年,第32、214页。论者统计:"道光《重纂福建通志》卷一一七开列的从清初至道光年间台湾府、台湾县、凤山县、淡水厅、嘉义县、彰化县各级儒学的教授、教谕、训导,共计391人,其中除两人籍贯不详外,其余均是闽籍人士。即使是道光以后,充任台湾各级儒学教授、教谕、训导的也是以闽人为主。以淡水厅为例,从嘉庆二十一年(1816)建厅学至光绪三年(1877)历任31个教谕、训导,均是闽籍之人。光绪四年(1878)淡水、新竹分治,从光绪五年至十九年(1879—1893)的历任新竹县训导9人中,除4人为台湾本地人外,其余5人均为闽人。不仅儒学如此,像书院、义学、私塾等皆然。"王日根　李弘祺主编《闽南书院与教育》福建人民出版社,2007年,第268页。

⑤ 参《清史稿》,卷265《列传五十二·张伯行》,第9937页。

陈瑸"所学以程朱为宗,非圣贤之书不读"①。康熙四十一年(1702)任台湾县知县,"台湾初隶版图,民骁悍不驯。瑸兴学广教,在县五年,民知礼让",②撰《台邑明伦堂碑记》,指明五伦人理之要。四十九年(1710)任台厦道,重修孔庙与《台湾府志》,建朱文公祠,撰《请建朱文公专祠》与《新建朱文公祠记》二碑文,"新学宫建朱子祠于学右,以正学厉俗,镇以廉静,番民帖然"。③ 朱文公祠的兴建意义有三:一是表彰正学,标志闽学正式成为台湾教育的一大方向;二是强调"敬"之修持与严明义利之辨的朱学精神;三是儒者自当以躬行践履为荷,以为典范。正因为陈瑸兴学重教,在此流风余韵的影响之下,朱子学逐渐成为台湾有清一代最重要的教育方向与教化内蕴,并具体落实于明德尊孝、涵化乡里的实践之中。④

有"筹台之宗匠"称誉的蓝鼎元,⑤张伯行称"经世之良材,吾道之羽翼",⑥福建漳浦人,推崇程朱理学为"正学",曾于福州鳌峰书院讲学,与蔡世远共同纂订先儒诸书。蓝鼎元认为,"圣贤之道……备于朱子","学统以鲁邹为唐虞,而濂洛关闽奋乎百世之下,实能继孔孟薪传,开后人之聋瞶。至论说之富,启迪之详,则程朱之功尤为大备,千秋正学,至此如日月中天。学者不崇尚程朱,则鲁邹之戾人也"。⑦ 显见其推崇程朱之学。蓝鼎元参与了平定台湾朱一贵之乱与治理台湾事宜,提倡兴义学、建书院,使闽学对台湾产生了直接的影响。道光四年(1824)鹿港同知邓传安于彰化鹿港创建文开书院,中祀朱熹神位,以次寓贤八

---

① 见《升授偏沅巡抚都察院台厦道陈公去思碑》,钱仪吉纂,《碑集传》,中华书局,1993年,卷68,第1947页。

② 《清史稿》,卷277《列传六十四·陈瑸》,第10091页。

③ 《清史稿》,卷277〈列传六十四·陈瑸〉,第10091页。

④ 参见笔者《由台南朱文公祠二碑记论清代台湾的教育方向》,收于《纪念西安碑林九百二十周年华诞国际学术研讨会论文集》,文物出版社,2008年,第159—178页。

⑤ 嘉庆十年(1806)任嘉义县教谕谢金銮于《蛤仔滩纪略》中言:"自施靖海以后,善筹台事者莫如陈少林、蓝鹿洲二公者,可谓筹台之宗匠矣。"见丁曰健辑《治台必告录》,南投台湾省文献委员会,1993年,卷2第95页。蓝鹿洲即蓝鼎元,陈少林即主纂《诸罗县志》的陈梦林。

⑥ 《清史稿》,卷477《列传二百六十四·蓝鼎元》,第13010页。

⑦ 分见《鹿洲初集》,卷4《杨龟山文集序》,《棉阳学准》,卷1《同人规约》。见《鹿洲全集》,第85、463页。

人，清代唯有蓝鼎元一人。① 邓传安撰《新建鹿港文开书院记》、《文开书院从祀议》等文，延续了闽学的精神及理学的教育情怀。

　　完成于康熙五十六年（1717）的《诸罗县志》，乃知县周钟瑄延聘漳浦陈梦林修纂的，志成，"称善本焉"②。陈梦林向主持福州鳌峰书院的蔡世远索记，蔡撰《诸罗县学记》传世，文中强调，学校教育当告知学子"立诚之方、读书之要、伦理之修、经正理明"，那么科考自盛，善人自多。所论核心皆本于程朱理学，主旨在"诚"之一字，就"诚"之原而论，必从"不欺"开始，引程颐之言说："无妄之谓诚，不欺其次也。"③就"诚"之功效言，由"主敬"切入，引孔子之言说："诚则无不敬。未至于诚，则敬然后诚也。"④此是程朱理学的核心义。如何求诚？"读书"为要，此当以朱熹读书法为荷，要循序渐进，持之以恒，终生不懈。由之，"体验乎操存践履之实"，"非必有出位之谋，尽伦而已矣"，人能力的呈显，皆在实践五伦大道。由之反省视野仅局限于科考功名的学子，当思"返其本、思其终"，勿贻父母羞。蔡世远的论点阐发了朱子学的思想，以尊德性作为道问学的目的，故儒生当以道德践履为其生命之目的。此影响了台岛教育的风尚。

　　由于地方循吏的提倡，以及闽学硕儒的加持，延续伊洛渊源的台湾朱子学在

---

① 寓贤八人，包含南明寓台的沈光文、徐孚远、卢若腾、王忠孝、沈佺期、辜朝荐、郭贞一，以及"其文章上追太仆，兼着功绩于台湾者"的福建朱子学者蓝鼎元。崇祀南明诸遗老的理由，除开创台湾文化之功外，更因其"系恋故君故国，阅尽险阻艰难，百折不回"之孤忠薄义的精神，此正是朱熹不断教诲之理。祀蓝鼎元者，因其协助平定朱一贵之乱，论述治台策略，有功于家国，著作中处处呈显"仁义之言"之故。《新建鹿港文开书院记》，见邓传安《蠡测汇钞》（南投）台湾省文献委员会，1994 年第 41—42 页。

② 薛志亮言："台郡之有邑志，创始于诸罗令周宣子；其时主纂者，则漳浦陈少林也。二公学问经济，冠绝一时；其所作志书，朴实老当。所诸罗为初辟弇陋之地，故每事必示以原本。至其议论，则长才远识，情见乎辞。分十二门，明备之中，仍称高简，本郡志书，必以此为第一也。故是编胚胎出于朝邑，而规模则取诸少林。"谢金銮，《续修台湾县志·凡例》（南投）台湾省文献委员会，1993年。

③ 《河南程氏遗书》卷6《二程集》，第 92 页。

④ 《河南程氏粹言》卷1《二程集》，第 1170 页。孔子语出处待查。

陈璸兴建的"朱文公祠"开始深根,从全台所建的十三处儒学①、至少二十三座书院②,处处建朱子祠或五子祠,由祭祀、学规等客观侧面观之,便足以作一佐证③。吾人曾撰《论清代台湾朱子学的源流与发展》一文,④指出台湾朱子学并无特殊的理论建构,其特色是儒生于书院培育后进,促进台地文风,以及奉献于地方乡里、传布忠孝的行举之中;对之可以"实践儒学"概念称之,此亦是福建朱子学的精神所在。李清馥在《闽中理学渊源考序》便提出闽学后学的特征:

> 吾闽之学,笃师承、谨训诂,终身不敢背其师说。
>
> 自洙泗以来,群哲相承,虽众论纷纭,莫不以至圣为折中之准。濂洛以后,英贤日懋,虽支流各异,莫不以紫阳为论学之宗。尝考紫阳之书,明训诂,溯师传,力行一生,使后人知圣功由下学以上达者,其效于今益光矣。……考其旨归,大都崇奖典型,共趋敦厚,师传友授,饬躬厉行,是闽中习尚,前辈述之屡矣。

闽学"莫不以紫阳为论学之宗",故后人认真研读紫阳之书,严守训诂师训,使风俗共趋敦厚,道德饬躬厉行,故论者标明福建朱子学的特色在于:"程朱后学是实学,实用于道德修养和经世致用。"⑤这也是台湾朱子学的精神。其中传布忠孝的行举,特别呈显于中英鸦片战争及乙未割台的对日抗争之中。

---

① 依邓孔昭据《台湾省通志》等文献考辨,见《台湾通史辨误(增订本)》(台北)自立晚报社文化出版部,1991 年,第 171 页。连横以为恒春、云林、苗栗、淡水四县未建儒学,见《台湾通史》(台北)幼狮文化事业公司,1977 年,卷 11 教育志,第 219—220 页。

② 连横《台湾通史》,卷 11 教育志,第 220—223 页。李汝和主修《台湾省通志》(台北)台湾省文献委员会,1970 年,录 38 座,卷 5 教育志制度沿革篇,页 51 上—55 下。王启宗统计达 62 座,见《台湾的书院》(台)"行政院文化建设委员会",1999 年,第 27—31 页。刘宁颜总纂《重修台湾省通志》(南投)台湾省文献委员会,1993 年,录有 68 座,卷 6 文教志学校教育篇,第 115—39 页。林文龙录 63 座,见《台湾的书院与科举》(台北)常民文化公司,1999 年,第 25—31 页。但严格论之,一些名曰书院,实为义学,并无书院之实。

③ 对此时人探讨甚多,如潘朝阳《明清台湾儒学论》,台湾学生书局,2001 年,龚鹏程　杨树清编《发现紫阳夫子——台北·朱子·儒学传统》台北市文化局,2000 年;陈昭瑛《台湾儒学——起源、发展与转化》正中书局,2000 年。笔者撰《论清代台湾书院学规的精神及其对现代教育的启示》,《哲学与文化月刊》35 卷 9 期(总号 412 期),2008 年 09 期,第 107—127 页。

④ 收于蔡方鹿主编《书院与理学》,四川文艺出版社,2012 年,第 275—290 页。

⑤ 高令印　陈其芳《福建朱子学》,福建人民出版社,1986 年,第 458 页。

五、结论

从二程讲学于伊洛,路经千里道南至福建,一脉相承而有闽学、朱子学,发挥了理一分殊、性即理、存天理,灭人欲、格物致知等论题,通过《四书》重新诠释儒学道统,使闽学成为渊源伊洛的正学。复有东渡台湾的"道东之传",承续以朱学为主的闽学之道东传台湾,传斯文于海外,台湾朱子学方予成形。[1] 台湾朱子学虽无特殊的理论发展,但深受闽学思想影响,躬身践履,力求圣贤之道,奉献乡里、传布忠孝,励使风俗敦厚良善。由之可见,台湾朱子学渊源于闽学,上溯二程伊洛之学,道续洙泗,一脉相承,后辈当予延续发扬。

(作者为台湾朝阳科技大学通识教育中心副教授)

---

[1] 彰化和美于咸丰五年(1855)建道东书院,即是"取朱学东道,乃王道东来之意,故名"。见季啸风主编《中国书院辞典》浙江教育出版社,1996 年,第 356 页。

以台湾皮影戏现况为例

——刍议河洛文化与台湾本土文化融合发展与未来

黄兴武　连德仁

一、绪论

传统是随着时间更迭替移的活体,而戏剧就是文化的缩影。皮影戏和傀儡以及掌中戏合称我国三大偶戏,而其中皮影戏不但是由中国所开创,其发源地之一的陕西、滦洲也都位处黄河流域,是典型的河洛文化,[1]不管在表演模式或戏偶特色以及演出视觉效果上,都有其独到之处。甚至被誉称为最古老的电影。在不同的土地和族群中,传唱着属于自己独特的文化风貌。以台湾皮影戏为例,虽然衍传自广东潮州或福建漳、泉二处,同属于河洛文化的脉络,但历经二百多年的演进和汲取在地文化底蕴中,已独具特色。虽然在极盛期全台湾剧团数高达七十余个以上,[2]但历经一连串的政治变革和新媒体兴起的冲击,在无力与大环境相抗衡,而且后继无人的困窘情况下,大多已经熄灯灭影,目前仅剩下四个表演团体,是一项急待救危图强的传统戏曲。

1. 研究动机

台湾是一个学习力强悍,文化融合性极为宽广的地区,不管是南岛文化或是日本文化、新住民文化以及血本同源的河洛文化……都能在这块土地上彼此包容相互影响,也因而造就一个崭新的文化熔炉,铸印出崭新的文化意象。这样的成果呈现在社会各个角落,其中戏剧本身就是结合语文、美学和音乐的综合体,更是文化的第一表征。皮影戏是一项兼具光影效果的剧种,在各类传统戏剧中

---

[1] 秦振安　洪传田《中国皮影戏》,第3、13页,书泉出版社,2001年。

[2] 邓琪瑛"1818—1894 光是冈山一地即有四十余团,下寮一庄则有三十余团",《海峡两岸潮州影戏研究》,第142页,大象出版社,2010年。

更有"戏祖"的称号,①但如今在台湾却逐渐萧条,因为传统艺师往往需要长时间的养成,加上"以'潮调'演唱的传承体系十分封闭,传子不传女,致使剧团扩张有限,一直没有往中北部发展"。② 然而因为时空背景的变化和市场机制的残酷考验,旧有的传承机制已经无法适用,所以急需就现况与未来趋势做更多的调查、分析与建言,积极寻求新的发展方向。

2. 研究目的

本研究希望透过文献探讨和分析比对,分析归纳出台湾皮影和其他地区皮影在脚本与戏偶设计制作的差异,并冀望能借由校园影戏的成立,并辅导教师对教案和教材设计发想和改良,配合传统艺师的经验和技巧传承,以期盼达到下列目标:

1. 让艺师和学校做结合,传承影戏基本概念和展演技巧,让千古传唱不致成为绝响。

2. 整合教学资源,让各领域专长师资融入教学,活化影戏的展演深度和强度,以利于校外扩展。

3. 脚本创作能以既有文化作为基底,融入在地风情,打造具有台湾特色的影戏。

二、文献探讨

1. 河洛文化与台湾皮影戏的沿传

"台湾是个典型的移民社会"。③ 不管先来后到,先民们冒险勇渡险恶的黑水沟,寻求一个可以安身立命的新乐园,其间他们把信仰的力量和文化的种子,从遥远的彼端带到这一块美丽的福尔摩沙之上,筚路蓝缕,胼手胝足,不仅开创了一个新的家园,也让许多源自河洛文化的传承,吮啜此处丰腴而多样风华,并且在这里绽放出崭新的风貌。

和许多先人所引进的传承和技法一样,因为缺乏史料的记载,加上时来的动荡,以至于在考据和查证上,诸多困难。而皮影戏的起源论述也如是这般,台湾

---

① 同注2,第9页。
② 石光生《台湾皮影戏的演变进程》,《照光弄影》,第10页,台湾历史博物馆,2010年。
③ 《海峡两岸潮州影戏研究》,第134页,大象出版社,2010年。

的皮影到底何时？何人？又从何地传入？其中虽然众说纷纭，各家论述也各有其章本，本研究综合整理后求同去异，大致可以区分如下：

（1）传入时间应为明清时期（最早记录为 1850 年起）。

（2）传入人员一说为民间艺师如张状或闽人许陀、马达、黄索等人由福建传入；其二为郑成功治台时期随军队和移民传入。

（3）至于来源地点各家说法则较为统一，大多以广东潮州、海陆丰、汕头一带，传至福建诏安、漳浦等地，之后再辗转来台。①

至于探讨皮影戏是从何地传入台湾？针对这个议题，根据本研究在 2005 所作的田野调查和文本对照中发现，目前台湾传统影戏戏团的唱腔和曲目都属于广东的潮调，甚至在访查东华和合兴两个戏团时，他们也都坚持自己是传承自潮州，但经过对照现存剧团的年史却发现其中有许多艺师的祖先是来自漳、泉二州，例如复兴阁的张命首先生的祖籍是泉州府东鞍县，合兴、东华二团的张府祖籍是漳州府南靖县小溪乡（现址为福建省和平县小溪镇古楼村）②，如此总总，都验证了台湾皮影源自大陆沿海一带，隶属于河洛语系的文化传承。

2. 台湾皮影戏与大陆皮影戏的造型差异研究

台湾影戏虽然沿传自大陆地区，但是和大多数文化一样，必须承续原有的文化基础，并且适时地吸收转化在地的文化。"皮影戏，这种演出形式的偶戏剧种流播至任何地方，很自然的便会结合当地通行的方言及流行的腔调，以使当地的居民容易接受，因为一个剧种的生存与发展必须取决于广大观众的好恶与否，以决定其兴衰与存亡"，③自影戏引入以来，或许因为台湾历经了多种族的治理和特殊的在地文化差异。例如日本殖民统治时期的高压限制、1956 年麦寮歌仔戏团拱乐社拍摄了台语歌仔戏电影《薛平贵与王宝钏》等新媒体的出现，④加上两岸的对立与隔阂，因此虽然沿传自河洛文化体系，但是台湾影戏在不断演变的结果，使得不管是演出的方式或戏文，已经和对岸的影戏存在相当程度的差异。

---

① 《海峡两岸潮州影戏研究》，第 10 页，大象出版社，2010 年。
② 黄兴武《高雄县皮影戏馆典藏目录2》，第 8 页，高雄县政府出版，2005 年。
③ 《海峡两岸潮州影戏研究》，第 49—54 页，大象出版社，2010 年。
④ 林永昌《合兴皮影戏团发展纪要暨图录研究》，第 13 页，高雄县政府文化局，2007 年。

例如台湾影戏戏偶角色区分虽然概分为生、旦、净、末、丑五大类,[1]大陆滦洲影戏则更细分为生、旦、髯、净、末、大、老旦等八类,[2]显示出其在角色运用和戏分的刻画上已各有所不同。然而若就造型差异分析比较而言,更可以发现台湾影戏文化已经迥异于大陆其他地区的皮影造型。其主要差异分析比较如表列:[3]

地区别 项目	台湾皮影	滦洲皮影	陕西皮影
材质	牛皮	驴皮	驴皮
1.眼部	大小适中,大约介于陕西和滦洲皮影之间。	眼球比例明显偏大,眼神效果明显。	细而长,其眼珠大小比例最小。
2.颈部	以倒三角为主,下角也修幅成小圆弧状态。	长方矩形,下缘处以直角表现。	细而长,最下缘处则有明显修幅呈圆弧倒角。
3.腰身	关节接合,以圆同心方式安置,其中圆轴线条明显,曲腰效果好。	关节接合,以正圆同心方式,曲腰效果好。	上下接合以椭圆状圆轮结合。
4.嘴型	仿真人嘴型,并以内收角表现。	生旦类以倒 V 状显像。	造型细微,甚至不特别勾勒出嘴型。
5.鼻形	最大特色是生旦角在鼻翼处均以(近)正圆形表现,非常容易辨认。	斜尖高耸,在鼻翼处以平躺的水滴形状表现。	仿真人式样,大都以 L 状,半勾勒出鼻翼
6.额型	上缘与发际(帽沿处)作约 45 度角内缩,眼窝陷处不明显,而且约略在眉眼之间。	生旦角色都以斜线和鼻翼水平线作 75 度夹角表现,并没有眼线等凹点设计。	以眼睛为标准点,作凹缺眼线折转出鼻梁。
7.耳型	以问句型号表现,刻工较为粗犷。	大多不明显,也不刻意描绘,并且常以缀饰作遮掩,或以象征式线条表示。	长而垂,以仿真人式样呈现。

① 陈处世《影偶之美》,第31—39 页。
② 秦振安《中国皮影戏之主流—滦州影》,第3 页。
③ 李殿魁　邱一峰《台湾皮影戏与大陆皮影戏传承关系之探讨》,第146 页。

地区别 项目	台湾皮影	滦洲皮影	陕西皮影
材质	牛皮	驴皮	驴皮
8. 鞋型（旦角）	简略和粗犷，尤其在旦角部分通常并不特别刻绘鞋部，极容易辨识。	式样比较多变，雕刻上也比较着重，旦角一律加刻有镂空的莲花小鞋。	类似京剧造型，旦角更会刻意雕出小鞋。
9. 眉型	生角部分属于细长，于眼廓末点再向上微扬，旦角眉型较近于陕西影偶，但折弧相较平缓。	生旦角色在眉型上采用夸张的抛物线条，回曲后和眼后角点交会。	细长，生角向上微扬，旦角在眉型上平弧下坠，眉线末端和眼线接连。
10. 肢节	同常采单手臂设计，若采用双手臂时，则将另一手臂刻成固定曲轴式，旦角手臂常以绢布代替。	双手臂，手轴处都设计为可动关节，旦角也采用与偶身同皮雕刻。	双手臂，手轴处都设计为可动关节，旦角也采用与偶身同皮雕刻。
11. 胡须	都以皮雕的硬须作表现。	都以皮雕的硬须作表现。	有软须(马尾毛)和硬须(皮雕)两种。
12. 颚型	下颚部分转角相对圆融，弧形顺畅。	夸张的内收，尤其生旦角色最明显，是很容易识别的表征。	成九十度折角。
13. 脸型	通常为五分面(侧脸)表现，东华皮影也将部分戏偶绘制成八分面。	生旦净末通常仍以五分面作表现，丑角变化较大，部分也以七分面作表现。	全采用五分面(侧脸)

上述表列分析，系以目前各团队所使用的戏偶以及高雄市皮影馆所典藏的作品加以评述。与此同时，本研究也整理发现，在两岸情势紧张和分治的情况下，集中于南台湾传统皮影戏的演出和戏偶的制作方法，因为是师徒制或家传承袭方式，所以在造型上几乎如出一辙。但在两岸开放之后，随着频繁的交流和观摩学习，并且因为台湾社会的高敏感性和快速的反应机制，以至于台湾皮影戏从业艺师对影偶制作的学习变动相对较为快速，因应演出的观赏视觉需求，加上媒材的多样搭配，戏偶的制作也逐步走向大型化和精致化，是未来值得观察的另一面向。

三、台湾皮影戏的现况分析

1. 命运多舛的台湾皮影兴衰

南台湾尤其是高雄地区，一直都是台湾影戏的大本营，甚至高雄县弥陀乡素有"皮戏窟"的称号，[①]而根据石光生的论述，"台湾历史的演变历经清初的动乱，到了清代中叶才真正稳定发展。政治、经济与社会的稳定提供了皮影戏的发展沃土，于是南台湾平原地区的广大城镇与农村皆是皮影戏的演出舞台"。[②] 而对于台湾皮影戏的演变进程，石光生教授将其区分为 6 个阶段，"分别为：1. 渡海传播期，2. 清代兴盛期，3. 日据压抑期，4. 光复兴盛期，5. 影视挫伤期，6. 政府扶植期"。然而依据本研究自 2005 年开始的实地调查，台湾地区当时仅剩余东华皮影戏团、复兴阁皮影戏团、永兴乐皮影戏团、合兴皮影戏团、福德皮影戏团和宏兴阁皮影戏团等 6 个表演团队，其中除了宏兴阁创立较晚，组织成员也较为多元以外，其余 5 团都是以家族形式组成，彼此间甚至都有相关连性，部分的团队也会相互支持，借将演出。

虽然有政府部门大力的扶持，但传统戏团仍敌不过社会的洪流，其间 2015年本研究再次实施田野调查，发现除了东华皮影戏团和已经更名为高雄皮影戏团的宏兴阁皮影戏团仍能然持续演出以外，永兴乐皮影戏团和复兴阁皮影戏团也还在坚持之中！令人扼腕的是合兴皮影戏团和福德皮影戏团已经悄悄地退出战场，绝妙的唱腔已经成为绝响。但寂然中也有佳音，异军突起的高雄皮影戏团陈政宏团长除了精熟于手刃雕偶，也不断寻求大型的演出技巧，除了在皮影偶的制作改良以外，更在皮影圣地唐山市拿下展演金奖，令人刮目相看。[③] 相对于陈团长，其他艺师就没那么幸运，除了少数被延揽为学校社团指导，其余大都身兼数职或处于半退休状态。

2. 异军突起的校园影戏

相较于传统表演团队的日渐衰微，自 1994 年起，由当时的高雄县政府和文

---

① 《海峡两岸潮州影戏研究》，第 134 页，大象出版社，2010 年。
② 《海峡两岸潮州影戏研究》，第 10 页，大象出版社，2010 年。
③ 2015.04.01 以及 2015.04.09 二度访谈陈政宏团长

建会筹设全台第一座以影戏为收藏和发展主轴的冈山文化中心皮影馆,①开始着手皮影戏的传承和保留工作,同时也在校园间推动皮影传承计划,并积极办理校园影戏的竞赛。根据统计,自 1994 年至 2004 年间参赛队伍不断成长,2004 年参赛队伍已达 54 队之多,②几乎是数倍于传统戏团!只是就参赛队伍的地区作类别,除了南高屏地区以外,往北区域只有台中县的益民国小和嘉义县安靖小学参赛,显见其普及率尚未完全。

　　而从 2005 年起教育主管部门除接手办理全台湾学生创意偶戏比赛之外,更将校园影戏的发展推向高峰,除了参加的队伍遍及各县市,操演脚本多元化以外,不管是影偶的设计和灯光音乐搭配以及视觉效果等等,都有长足的发展。加上各类型语言运用,校园影戏团队正快速的承接起影戏传承的任务。

　　然而影戏和许多传统的技艺一样,也因为各种现实环境和主客观的因素干扰,造成在传承和改革上的困难,例如师资的严重匮乏和皮革材料取得困难等因素。所幸教育主管部门在 2002 年 6 月 26 日颁布了"国民中小学教学支持工作人员聘任办法",使得拥有传统民俗技艺专长的艺师得以进入校园,并且运用了稳定的学生资源做为传承的后盾,终于让许多濒临灭绝的传统艺术得以继续生存,甚至藉此发扬光大。然而因为法规的限制,这些学有专精的艺师在校园当中存在的名义仍只维持在"支持工作人员"一职,是隶属于教学系统的支持和辅助人员,对艺师而言,除了身分地位和职称不被重视以外,其所能掌握的教学进度和主导权限都无法有效发挥。

　　学校原本就是经过系统规划设计和安排的机构,综合性的教材和训练在此相互连结,例如语文教学、美术教学和音乐领域的学习等等,以往受限于师资的专业性和课程安排的时间压缩,以致无法在校园中普及推广。而今日因为教育环境的改变和多元化,除了有传统艺师的加入,另外在摒除商业获利为前提的情况之下,莘莘学子可以好整以暇在专业教师的导引下,领略这一份影戏之美。并且运用新的思维和视角,跳脱传统皮影戏的拘束,配合脚本戏的创作充分展现新

---

① 高雄县文化局皮影馆于 1993 年正式开馆,并开始推动种子师资培训、文物保存、剧团培植以及校园皮影教学活动和制偶及演出竞赛,对影戏文化保存和推动是极为关键的要素。
②《海峡两岸潮州影戏研究》,第 96—112 页,大象出版社,2010 年。

的影戏文化,①进而发挥出令人惊艳的成果。

四、研究成果与建议

1. 研究成果

在研究整理传统台湾皮影戏的现状和校园影戏的相关差异中,本研究发现,其中就戏偶造型和脚本部分已经有了非常大的差异。② 例如台湾传统戏团所擅长演出的戏码大多仍为沿传自先人手抄本和传统色彩浓郁的戏文,例如《罗通扫北》、《西游记》、《二度梅》、《白蛇传》、《狄青平西辽》等文武戏码。

然而以 2003 年全台湾校园皮纸影戏比赛为例,47 支参赛队伍中仅有 5 队采用《西游记》系列章节,其余各队均为童话故事改编或以台湾在地传说的故事加以改编,如高雄县的桥头小学,就以在地的故事写成《中崎的故事》,③就连一直充斥在台湾媒体的谈话性节目也被纳为剧本:如弥陀小学教师组所演出的《2003 全民来开讲》,④更令人莞尔。

另就语言运用层次来论述:当年除了有一队以全英文口白、二队以客语演出以外,其余皆以闽南语作为主要口白,流利的对白和生动的语言表情,配合上巧妙编排的地方俚语和俗谚,彰显校园影戏除了将口语训练和工艺美学作结合以外,也运用剧本的编写和多元的表演形式证明其在台湾皮影传承和融和河洛文化与台湾本土文化和未来发展上,拥有不可或缺的地位。

2. 分析与建议

校园提供了稳定的学生群作为传承目标,使身怀绝技的艺师也得以在此处将其所长传递给下一代,这看似相得益彰的绝妙搭配,的确造就影戏传承的一线生机。然而在这样的氛围下,尚有可以改进之处,本研究谨整理出下列的建言,希望提供相关单位,作为未来制订相关政策时的参酌:

(1)虽然民间还有一些散佚的艺师,但为数甚少,而且大多垂垂老矣,已经不敷使用。因此建议加强师资培训,强化研究与教学的质和量,毕竟教师资源的

---

① 《海峡两岸潮州影戏研究》,第 19 页,大象出版社,2010 年。

② 高雄县皮影馆,台湾中小学师生皮纸影偶制作比赛成果专辑,2000 年。高雄县皮影馆,台湾中小学师生皮纸影偶制作比赛成果专辑,2001 年。

③ 2003 年台湾校园皮纸影戏表演竞赛剧本,第 365—378 页,高雄县政府文化局。

④ 《海峡两岸潮州影戏研究》,第 1—16 页,大象出版社,2010 年。

建立,才是确保传承的关键要素。

（2）台湾皮影戏旧有的相关资料不管是影音或文字载述不足,因此掌握时间,强化现有剧团数据的记录和整理等工作已经刻不容缓。必须做好数据的数字典藏,以为日后相关研究的参考基准。

（3）传统剧团传承非常重视教与学的伦理关系,如今在教学的殿堂却只能委身为"教学支持工作人员",为适应其在学校传承的实际工作,提升艺师在学校的位阶是必须的。

（4）整编和收集更丰富的台湾在地民情风俗与现况,作为新故事剧本的编撰题材,并且扩大与大陆地区影戏的观摩与交流,将对影戏文化的沿续和特色发展有实质帮助。

（黄兴武,台中科技大学商业设计研究所研究生;连德仁,台中科技大学商业设计系教授）

参考文献:

1. 石光生《台湾皮影戏的演变进程》,《弄光照影》,(台北)历史博物馆,2010 年。

2. 李殿魁　邱一峰,《台湾皮影戏与大陆影戏传承关系之探索》,《传统艺术研讨会论文集》,(台北)传统艺术中心筹备处,1998 年。

3. 李美燕《台湾影戏文化的传承、创新与推广——高雄县竹围小学皮(纸)影戏个案研究》,2005 年。

4. 秦振安《中国皮影戏之主流—滦州影》,台湾省立博物馆出版处,1991 年。

5. 秦振安　洪传田《中国皮影戏》(台北)书泉出版社,2001 年。

6. 曹振峰《中国美术全集工艺美术编 12 民间玩具剪纸皮影》,上海人民美术出版社,1988 年。

7. 黄兴武《高雄县皮影戏馆典藏目录 2》,高雄县政府出版,2005 年。

8. 黄淑芬《台湾传统皮影戏影偶角色特征与动作之研究》,2003 年。

9. 陈处世《影偶之美》(高雄)高雄县政府文化局,1996 年。

10. 邓琪瑛《海峡两岸潮州影戏研究》,大象出版社,2010 年。

11. 馆藏资料:高雄市冈山文化中心皮影戏馆,高雄市冈山区冈山南路 42 号。

河洛文化在台湾融合发展

—— 以选举、祭祖、崇姓阐明

黄邦宿

一、荷日侵台　光复失土　重回祖国

以汉族为主干的中华民族,融合七大组群:荆吴、东夷、苗蛮、百越、氐羌、狄、貊。载诸古籍者,三十六族,大陆版地图载:中国少数民族多达五十五个,全国十三亿人口,雄踞亚洲大陆。台湾虽只三万六千方公里,局处海上,自隋开皇时即属中国,居民只有少数高山族(中国古代百越百濮族),经唐、宋两朝,漳泉两州人避乱,迁台渐众,清顺治十八年(1661)郑成功驱逐荷兰,收复台湾,其后清廷败战,《马关条约》再割台于日寇,第二次世界大战,中华民国抗日,八年胜利,1945 年秋,光复失土,1949 年夏,二百万军民,随政府播迁来台。大姓固多,小姓不少,姓量达千五百余。军民号称八百万,今蕃衍达二千三百万余口,中以陈、林、黄、张、李、王、吴、刘、蔡、杨十大姓居多。

二、姓氏光辉,封建门第

中华民族乃重视姓氏荣光之民族,举世罕见,坚持生不改姓,死不改名原则,何以故?

盖中华民族之姓氏肇始周代,公元前 11 世纪即励行分封:宗族与功臣。继而周公摄政,确立宗法制度,采同姓不婚之制,并设宗伯小史,职司"系世辨姓",使贵贱有常,婚姻有据,姓遂成荣耀标志。后至战国,封建崩、姓氏不分,惟汉代行察举用人之法。魏晋复采九品中正制,选用官吏,造成"上品无寒门,下品无士族",形成门第阀阅之风。迨隋唐用人改采科举,禁止族阀内婚,夸耀姓氏风虽稍息,然仍注重出身清廉。其后两宋、元、明、清代,仍行科举,一登金榜,身价

百倍,宗祠盛大接风,贺客盈门,功名富贵,大书谱牒,姓氏荣光仍为世重,举世无匹。纵使在今日,民选县市长、官吏及各种委员,其姓名犹为人称道。

三、赐姓厚德　举世尊崇

除前述封建制度得姓而外,姓之来源据春秋传所言"天子因生以赐姓",故姓从女生、会意。如古大姓:姜、姬、妫、姒、嬴、姞、妘,皆从女,黄帝子二十五宗十二姓,皆因生以为姓,其子孙,复析为众姓。段玉裁释曰:凡言赐姓者,先儒以为有德者则复赐之祖姓,使绍其后,故后稷赐姓曰姬。四岳尧赐姓姜,如此天子赐姓,何等荣耀? 加上有德,双重荣耀。

中华民族姓氏,另一增光因素,乃子孙贤哲,名重当代,居室正堂,所题堂号,世人尊崇,闻堂号而肃然,著名堂号,多有一段故事。例如"四知堂",因汉大儒杨震为东莱(即后之山东黄县)太守,举荐秀才王密为昌邑令,王深夜怀金十斤酬震。震曰:"君不知故人,何也?"密曰:"暮夜无知者",震曰:"天知、地知、你知、我知,何谓无知?"密愧而去。故事传颂古今。著名堂号尚有"三希堂",因晋代名书法家王羲之、王献之、王珣之墨宝法帖而名。又,唐代名将郭子仪,平安史之乱,征服吐蕃,封汾阳郡王,故郭姓有"汾阳世家"之堂。由是,世人闻堂号而尊姓。

四、男生负传宗天命　光耀姓氏门第

前述台之十大姓擅场各界,今其人口已过总量之半。

中华民族乃父系社会,男性生而负传宗接代、光宗耀祖天命,不似母系社会的缅甸,无姓,无荣耀可言。何况,大陆迁台移民,多以村聚族而居,建祠墓而崇祖,终生积极贡献,以增光姓氏。此传统根源河洛,发皇台湾,兹以十大姓为例,述姓源、祠墓、人口、居地、贡献,以见传承。

(一)陈氏　出自妫姓虞舜之后,夏禹封帝舜之子商均于虞城,至三十二世虞阏父,为周陶正,武王克殷,封其子满于陈,都宛丘(河南淮阳),后为姓。堂号"颍川"、"德星"。在台宗祠著名者有五,分别在台北市北投及宁夏路、台南市永福路、彰化永清乡、金门金宁乡。聚居三重镇,板桥、松山区、嘉义市,人口占台湾总人口百分之十点九。哲裔闻于世者:陈世荣大法官,陈正雄基隆市长二任,陈

孟铃台中县长。

（二）林氏　出自子姓，商纣叔父比干，忠谏不听，为纣所害，其子坚，逃难长林之山，遂姓林氏。堂号"西河"、"南安"。宗祠著名者有：台北市有全国林氏宗祠，台中市、草屯镇、竹山镇各有家庙一座，聚居集中地为：三重、板桥、台北松山区、中山区、嘉义市。人口占百分之八点二。哲裔闻于世者：林番王基隆市长二任，林水木基隆市长。

（三）黄氏　据《姓纂》载：陆终之后，受封于黄（河南潢川县西），为楚灭，后以国为氏。堂号著名者有"江夏"、"紫云"。名宗祠五，分别位于台中市南屯永春路、桃园大溪镇福仁里普济路、嘉义朴子镇市东路、台北市广州街种德堂、金门后埔头。居住集中之地：台北市松山区、台北县板桥、三重镇、嘉义市、高雄市三民区。人口占百分之六点一，哲嗣闻于世者：抗日名将、"立法院"长黄国书、省议会议长黄朝琴，台北市长黄启瑞，黄大洲。

（四）张氏　中华姓氏渊源载：黄帝子少昊，青阳氏，第五子名挥，为弓正，始制弓矢，子孙赐姓张氏。堂号著名者有："清河"、"百忍"。名宗祠五，位于台中市西屯区、南投镇员林镇内埔乡、竹田乡均有祠一座。居住集中地为：台北市松山区、大安区、台北县板桥、三重、彰化县员林、台中县、云林县。人口占百分之五点四。哲裔闻于世者："立法院"长张道藩、基隆市长张通荣。

（五）李氏　始自老子。《姓解》载：周之前，未见有李氏，自周有老子，姓李。理、李古字通，为利贞之后，因祖为理官，掌刑法，遂姓李。堂号"陇西"。宗祠分布于台北市、宜兰市、仑背乡、草屯镇，均有宗祠一座。居住分布：台北市松山区、中山区、台北县三重、板桥、台南县、云林县、高雄市。人口占百分之五点二。名裔闻于世者：省粮食局长李建春，宜兰县长李凤鸣，还有李登辉。

（六）王氏　族派繁。《姓氏考略》载：主要出自妫姓，有北海，陈留之系，出帝舜之裔，齐王建之孙济北王田安，时人称王家，后因以为氏。堂号著名者有："太原"、"琅琊"、"三槐"。宗祠：台北市、神冈乡，嘉义市、朴子镇、台南市宗祠各一座。居住集中地为：台北市松山区、大安区、嘉义市、高雄市、彰化县、台南市。人口占有百分之四点二。哲裔闻于世者有："监察院"长王建煊、"立法院"长王金平。

（七）吴氏　出自姬姓。《姓纂》载：周太伯姓封于吴，因以命氏。勾践灭吴，子孙以国为氏。堂号著名者有："延陵"、"渤海"。宗祠有:北市 1956 年所建让德堂,清咸丰时名间乡建种德堂,清同治年间台南市建吴氏祠。可谓古迹。居住集中区为台北市松山区、台北县板桥、三重、新竹市、云林、高雄县、台南县、嘉义市。人口占百分之三点九。哲裔闻于世者有:国民党主席吴伯雄、副总统吴敦义、教育部长吴京。

（八）刘氏　姓源有五,出自姬姓为主。《姓氏考略》及《崇正同人系谱》载:周成王封王季之子于刘邑（河南偃师县西南）,因以为氏。堂号著名者有:"彭城"、"沛国郡"。宗祠:新埔镇、苎林乡、东势镇、万峦乡,均有宗祠。居住集中区为:台北市松山区、大安区、中山区、台北县板桥、桃园县中坜市。人口占百分之三点二。哲裔闻于世者有:"行政院"长刘兆玄。

（九）蔡氏　出自姬姓。周文王第五子叔度,武王灭纣封叔度于蔡（今河南上蔡县西南）,后为楚灭,子孙以国为氏。堂号著名者为"济阳堂"。宗祠:马公镇有一祠,高雄、台南、嘉义各有"柯蔡宗祠"（宋时,因柯女赘蔡郎而联宗）一座。多居于台北三重、嘉义市、民雄乡、台中清水、云林北港、台北三重、台北市、高雄市。人口占百分之二点九。哲裔闻于世者有:民进党主席蔡英文,企业家、旺旺集团创办人蔡衍明。

（十）杨氏　出自姬姓。周宣王子尚父（杼）封为杨侯,或曾孙封于杨,后以为氏。堂号著名者为:"弘农"、"四知"、"天水"。宗祠所在有:1971 年台北市成立的董杨宗亲会,金门湖下,官澳有宗祠五。居住集中地有:台北松山区、台北县板桥、三重、新竹市、彰化县、台南县、台中县。人口占百分之二点六。哲裔闻于世者有:诺贝尔奖获得者杨振宁、前"卫生署"长杨志良、"立法委员"杨琼璎。

以上十大姓占台湾总人口百分之五十二、五。

五、台湾民主百年　河洛文化创新面貌

孙中山先生所创中华民国乃亚洲第一个民主国家,1949 年播迁台湾。台湾人崇尚民主,社会开放,自由竞争,包括中原文化之移民后代,二千三百万居民融和创新。例如姓氏荣耀固为天命,表现却迥异封建。没有科举金榜、礼部候缺、诺贝尔奖、奥运金牌,同样扬名立万。民主世界,选举至上,当选县市长、委员,同样门楣增光。至若慎终追远,祠墓祭拜,孝子贤孙,动辄千数,万里归宗,宗祠俱

荣;室外、体育馆、纳骨塔祭拜,守礼隆情,尤见光彩,至若争取复姓,正姓字,请验血,搜谱证,久年不懈。姓氏荣耀神力,岂是常人能够? 尤非洋人以姓氏为符号,随意取舍者可比。兹述三者概略,以见河洛文化,光照台湾。

六、台湾选举,诸姓菁英争胜

2014 年十一月二十九日,台湾举行了空前之九合一选举。各姓精英无不踊跃参选,竭尽全力,用尽人情,用尽方法。只为争取你"手上一票",能高票当选,即出人头地。

求连任者除广宣传政绩及新政策,还凭老马经验。新人则广发文宣,强调新政,福利加码,揭弊揭短,赠送小礼物:卫生纸、原子笔,指甲刀、防蚊贴,不一而足。夹带姓名卡,争取选票。双方竞在街衢场站,遍插旗帜,家户亲访,喜庆必到,扫街拜票,甲来乙往,应接不暇。

然而选民态度却空前冷静,不似往日为争投蓝投绿,朋友反目、家庭失和。"公民意识"觉醒,民众最关切的是房价、薪资、工时、福利;要抛弃的是政党、财团、族阀。台北市选情:"平民对权贵"一路领先。

选举揭晓,十大姓当选者,二十二县市长中有十二人,其余十县市长为十大姓外者。

1. 陈姓嗣裔:陈菊高雄市长、澎湖县长陈光复、金门县长陈福海三人。

2. 林姓嗣裔:台中市长林佳龙、基隆市长林佑昌、宜兰县长林聪贤、新竹市长林智坚、南投县长林明溱五人。

3. 黄姓嗣裔:台东县长黄健庭。

4. 张姓:嘉义县长张花冠。

5. 李姓:云林县长李进勇。

6. 刘姓:连江县长刘增应。

第六、七、九、十位大姓:王、吴、蔡、杨,无当选人。第二十大姓内有桃园市长郑文灿、新竹市长邱镜淳、台南市长赖清德、苗栗县长徐耀昌等四人。台北市长柯文哲、屏东县长潘孟安、新北市长朱立伦、彰化县长魏昭谷、嘉义市长涂醒哲、花莲县长傅昆萁,则均在二十大姓外。

其次六都与十三县市当选人达九〇八名,难尽列。仅列台北市者以窥豹,计:三十二姓六十四人(前七姓合五都计均达十余,足证大姓势众)。

1. 陈姓:陈重文、陈建铭、陈政忠、陈慈慧、陈义洲、陈永德、陈俪辉、陈炳甫、陈彦伯、陈锦祥(合五都计 44 人)。

2. 林姓:林瑞图、林世宗、林国成、林亭君(合五都计 30 人)。

3. 黄姓:黄珊珊、黄向群(合五都计 18 名)。

4. 张姓:张茂楠(合五都计 24 名)。

5. 李姓:李彦秀、李建昌、李庆锋、李新、李庆元、李芳儒、李傅中武(合五都计 32 名)。

6. 王姓:王孝维、王鸿薇、王世坚、王欣仪、王闵生(合五都计 14 名)。

7. 吴姓:吴碧珠、吴思瑶、吴世正、吴志刚(合五都计 12 名)。

8. 许姓:许家蓓、许淑华。

9. 徐姓:徐世勋、徐弘庭。

10. 周姓:周威佑、周柏雅。

11. 颜姓:颜若芳、颜圣冠。

12. 一姓一人者二十二人:刘耀仁、谢维洲、郭昭岩、洪健益、江志铭、何志伟、高嘉佑、钟小平、潘怀宗、汪志兆、阙枚莎、秦慧珠、戴锡钦、梁文杰、叶林传、童仲彦、应晓薇、厉耿桂芳、欧阳珑、阮昭雄、简舒培。足证大姓人众活力强。当选者身价陡涨,处处逢迎,姓名传扬。

赞曰:尘封金榜百余年,礼部补官不足言。选举而今无敌手,谁能高票即占先。新闻报导扬名远,府会主人权责兼。德政利民可连任,光宗耀祖胜从前。

七、祭祖扫墓、虔诚而热闹

因为民主,社会多元,对姓氏慎终追远而言,祭祖扫墓两者,后者仍多旧有,牲醴香烛、纸钱、坟前跪叩。至若祭祖,祠内举行,衣冠楚楚,钟鼓齐鸣,爆竹震天,诚难一见。转为室外或运动场举行,子孙动辄千百,规模世所罕见,新闻类多报导,谨录七县八姓盛况,以证姓氏荣耀之钟爱。

1. 宜兰县礁溪乡二龙村,林姓家族扫墓后,轮流以公田公积金举办"食公"席,三百多人临场,已有百八十年传统。

2. 桃园县新屋区永兴里大牛栏区,有叶氏可容五万个灵骨罐五层祖塔,

2015年清明祭祖,五大房,海内外子孙近万人。子孙们随客、台语广播,向祖公婆焚香合掌朝拜(叶春日于雍正十三年迁台于此垦殖),叶氏明年将申请金氏世界纪录:同血缘、同时地、万人扫墓纪录云(2009年联合报)。

3. 苗栗县公馆乡刘士朝后裔,祭祖用八音演奏,祭祖颂凸显"客家本色"。唱民谣,发拜祖金,主祭者穿客家传统蓝袍,可谓仅见。席开四十桌。唱"永久不忘祖宗言,千年万年"。可见崇祖尊姓热忱。公馆乡清河墓园傅氏祭祖,牲醴、鲜花、水果,前县长傅学鹏主持,参与宗亲近千人,场面盛大,席开八十五桌,畅叙亲情。(2009年联合报)

4. 新竹县新埔枋寮双堂屋,刘家墓园,二百六十年前先祖瑞阁妈詹氏率子自饶平县来台垦殖。散居世界各地,却不忘赶回来祭祖会亲,当日祭祖到场者有海内外七代子孙,一千八百余众。

5. 彰化县鹿港镇谢氏祭祖,依例举办"揖墓粿",于拜祖后分赠亲友及贫家以祈福,2011年祭改发二百元红包,竟发出六千份,人龙排一公里长。盛哉!(联合报)

6. 台中市南屯江氏祖坟,2011年清明,到有四百余人,宗亲拜祖,自襁褓至九十高龄者,同心跪拜。

7. 台南县楠西乡鹿陶洋江氏,2009年清明五百多名子孙,祭开基祖"阿太公江祺寿"。清康熙六十年(1721),阿太公从绍安来台垦殖,二百八十多年生蕃,达千人聚居,诚不多见。清明祭祖,行三跪九叩礼,祭后发每人红龟粿及百元红包,并在公厅同享润饼。

8. 民国2014年清明,国际六桂堂宗亲,轮流到金门举行祭祖大典。六桂堂一家,本姓翁,始祖溢公乃周昭王庶子,封于翁山得姓,唐末避乱,六子分六姓:洪、江、翁、方、龚、汪。嗣裔散居各地,祭祖有千二百人赶至金门恳亲。向六桂始祖像行三献礼,示尊崇。六桂堂轮流至各地举行,参加等于团体旅游,为百家姓中独有。

9. 汉族崇祖尊姓风习对台湾原住民亦有影响,寻根祭祖活动,且旷时历险而不畏。2007年,中时报导,台东县金峰乡新兴村排湾族"撒布优部落"五位头目由利来财,率领六十二名老幼,登岩攀崖,经两天一夜,抵达"都飞龙"旧部落,回忆最原始生活型态,祭拜其特殊的"室内葬",贵族的"蹲居葬"祖先。死者蹲居陶壶内,有追随祖灵意。认陶壶乃太阳神之子,卵生之所,示回归太阳神处也!

其次,流落大陆的原住民,返回台寻根。2009 年 11 月 30 日《联合报》:台湾阿里山邹族祖先,依那思罗随郑成功军驱荷后,部将黄廷率十万部降清,屯垦河南省南阳上营村,血脉延十三代仍遗传挺鼻突颧面貌,及保留丧葬"跳棺"礼。且因娶岑姓妇,谐音改姓陈,子孙有两百余人。1982 年人口普查,更发现有台湾原民改汉姓之后裔:布农族改周、林,邹族改陈、蔡,卑南族改黄,阿美族改张、许。虽已发展到十三、四代,仍保存旧风习,并陆续找到家谱,证明台湾原民血统,纷回阿里山达邦村,找到祖先祭拜。重视尊崇祖灵精神毫不逊色。

赞曰:

(一)上坟拜祖孝通天,道路车流雨涟涟。新奇牲醴满山冢,默祷祈求重禄贤。

最险攀爬悬崖顶,蹲踞坛葬哭祖先。九泉灵护启后代,处世善良不邪贪。

(二)祠堂祭典久改观,盛况空前天下传。仪礼衣冠百牲醴,同歌颂祖且同筵。

六千后代领钱福,近万儿孙海外还。绕塔持香齐膜拜,中华孝道永绵延。

八、恢复失真姓氏　历数十年不懈

中原士民南渡,除传承衣食语言风习,最直接者莫若宗族姓氏文化。请问姓名,即生亲切荣誉感,姓字却因避讳祸,讹误,产生变异失真,争取恢复,需验血统,证搜谱墓,历数十年而不懈。姓氏文化在台湾,光芒万丈,举世仅见:

1. 2011 年 3 月 26 日联合刊:斗六市谢帝旺在台第四代,因日据时第一代祖先谢详亡故,妻张氏改嫁许勒、子谢青被继父改姓"许青",蕃衍四代,百余人,为求恢复谢姓,七次返福建安溪县乌秋庄,寻根、验 DNA 血缘鉴定,向法院申请鉴证,误姓一二四年,奔走十五年,2011 年清明节,终于祖坟前告慰先灵,结束"生许死谢"痛苦。

2. 姓"官"误成"关",一错错六代,法医勘验 Y 染色体父系基因,鉴定血缘,DNA 证明还他本姓官。2011 年 3 月 18 日《联合报》,宜兰头城镇民关宗俊,因 1946 年曾祖来台不识字,户政人误登录姓氏,错将"官"写成"关"。发现后屡请改正,苦无证据,直至 2011 年申请,据"内政部"要求,找亲族验血证明。于是溯源四亲等验DNA,经宜县警局鉴识科,采集其家族与宜兰官姓亲戚口黏膜,送法医鉴完,证明同一祖先,使头城姓关两大房,六十多人改回姓"官",免除"生关死官"神主牌姓名痛苦的无奈。

3. 争取正姓正字的困扰。大陆1956年年初实行汉字简化,其中"萧"字简为"肖"(编者按:"萧"字之繁体为"蕭"。"肖"并非"蕭"之简化,而与"蕭"并存),完全失去历史意义,原来萧姓源自周朝附庸小国,位在皖省萧县西北,公元前597年为楚灭,子孙以国为姓,简化为"肖",变成:肖不肖,令人难堪,海外萧姓人士及宗亲会,协力向大陆争取改回繁体字。2005年3月,中共教育部以"名从主人"原则,同意恢复正体萧。全球近九百万,台湾为三十大姓,近十九万人,恢复姓氏光彩。许多姓氏同受困扰者,如姓"乾简成干"、"姓於简成于",皆申请恢复正体字形,要求正字正姓。

5. 争传承、争香火,造成生死异姓。在福建六百年前张元子入赘廖府,生独子名廖友来,约定后代子孙,生姓廖死姓张,包括墓碑、牌位都用张氏。此一家族传衍云林、台中等地,故多见"活廖死张"者。少数生死皆张或采张廖双姓。大陆因一胎化,亦产生争香火难题,双姓可稍解困。

5. 基隆阿美族七十七岁张天成,一家三代八口,申请集体回复原民,姓名及罗马拼音。当年户政人员硬给原民冠汉姓,且一家数姓,太离谱,申请更正不果。及至1994年修正姓名条例,开放变更姓名,天民长子天赐毕灵,萨沐焕说,族谱上溯九代,均有罗马拼音记载原名,此次2005年申请,在原民委员会与藤文化协会陪同下,到中正区户政事务所办理集体复名,在新版身份证上,印记罗马拼音原住民姓名,彻底正名。内心激动,激动不已!

6. 因尊祖崇姓光荣,移民在台湾产生历史仇恨,拓垦纠纷,出现不寻常情事,可伤感或歌咏。秦桧冤杀岳飞,已历千余年,施琅收台灭郑,亦逾三百年,四姓子孙却互不通婚联谊。时至今日,政治民主,自由平等,史仇淡远,且不适存,宜早摒弃。多见热恋嗣裔,为求心安,衡以掷筊与改姓以解惑。其次移民垦殖为争抢沃地,械斗结仇或入赘报恩。前者如台南西港乡黄、郭两姓,争曾文溪新地械斗,结仇而不通婚往来。后者如台中市、港尾、西屯、北屯等地廖、张姓,清雍正时张秀才至诏安首富廖三九郎家,任塾师,入赘,只生独子,立誓报恩,将独子活姓廖死姓张,衍嗣均如此,传数百年。现多择一姓或双姓以解困。此外民间尚有关、蔡(关云长斩蔡阳),吕、吴(宋朝吕蒙正为同朝吴姓官员诬陷),江、陈(江媳借陈家礼服结怨),萧、钟、叶(五胡乱华避祸兄弟改三姓)。台湾姓氏所以有此异彩,皆出于崇祖、尊姓、争香火。絶嗣乃中国人莫大耻辱,谁愿承受?

赞曰:中华姓氏三千年,祖德光荣代代传。意外讹书失本色,山河恢旧始安然。

九、河洛衣冠南流闽粤汇流台湾

台湾师范大学教授陈三井在《台湾与大陆的一体关系》一文中指出:公元四世纪五胡乱华,中原士民南渡,其地域路途为:陕甘者多迁湖南、湖北,再转广西,河南者迁皖南、江西,再迁闽粤边境,山东者迁江南,再转浙江、闽北;迨唐末五代之乱,江西及闽粤边境,河南人再入闽南粤东,称客家人。宋室南渡,大批中原人随南迁至福建,闽粤两省移民遂成迁台主流。足证河洛文化,乃台湾文化根源,至今呈现出朝气蓬勃,光辉灿烂新貌,谨以一律赞结:

河洛文明流域长,融和异地辟新疆。岭南闽赣化陬僻,港澳美欧启海洋。

仁恕待人时雨润,谦和睦族春风凉。千秋礼义光中外,世界大同馨万方。

（作者为台湾中华文联协会常务监事）

参考文献:

1. 杨绪贤编《台湾区姓氏堂号考》,台湾新生报刊。

2. 彭桂芳《唐山过台湾的故事》,台湾青年战士报刊。

3. 陆炳文《台湾各姓祠堂巡礼》,台湾省新闻处刊。

4. 雨青《客家人寻根》,台北武陵出版社,2006年。

5. 刘佑平《中华姓氏通书》,海南出版社,1993年。

河洛文化与台湾本土文化之融合发展

——台湾文史与本土音乐导览

盛胜芳

一、三种并存的台湾音乐

在台湾,我们同时拥有三类音乐,这些丰富又复杂的台湾音乐,性质来源虽不同,但它们代表着台湾不同时代层次之音乐,而且在任何时代同时并存,发展至今。[①]

(一)原住民的音乐:台湾原住民族属于南岛语系〈Austronesian〉,因千年来隔绝于该语系北端之台湾山区,不易受到外来文化影响,而得以至今保存本语系相当古老传统之文化风貌。原住民音乐歌谣,其演唱形式从最简单到最复杂,其内容和功能处处与生活各层面息息相关,丰盛复杂之项别程度,令人叹为观止。原住民是无文字民族,原住民音乐完全属于口传文化,故它具有十分古老的传统,可以代表台湾最古层次的音乐文化。

(二)汉族民间传统音乐:它是十七世纪中叶起,汉民族大量从大陆移民到台湾时,所带进来之大陆闽粤地区民间音乐,包括:1)民歌,2)说唱,3)戏剧音乐,4)民间器乐,5)歌舞小戏音乐,6)祭祀音乐等六大乐种,也有在台湾新发展的独特民间音乐。其内容有些如"祭孔圣乐",继承自古代中原礼乐;有些如"南管指曲",其声腔可溯自宋元词曲;有些如"南管音乐",甚至保存了汉唐的乐制。[②] 就戏剧音乐而言,它的渊源又与中国大陆戏剧密不可分,例如"正音"即"京剧";台湾北管戏囊括了清代四大唱腔之大部分,如皮黄腔、梆子腔、昆山腔、

---

① 许常惠《音乐史论述稿二》,第 92 页,台湾全音乐谱出版社,1996 年。
② 许常惠《音乐史论述稿二》,第 47 页。

戈阳腔,花部戏剧等。这些汉族民间音乐可以代表台湾中古层次的音乐。

(三)台湾西式新音乐:西式新音乐在台湾至今只有一百多年历史。它起源于基督教传教时所引进之圣诗。日据时代,所设立之公学校或师范学校开始唱学校歌曲,到光复后设立西式大专院校音乐科系广植音乐人才。环境改变影响人们对音乐嗜好上之改变,让原有之民间音乐慢慢式微,西式新音乐普及发展造成此类音乐后来居上,形成一种新台湾音乐。它是受西方近现代音乐影响下之产品,包括艺术古典和通俗流行音乐,它代表着台湾最新时代的音乐。[①]

二、台湾的地理、人口、住民族群

台湾面积约三万六千平方公里。目前总人口约两千三百万人,住民包括原住民族与汉民族(福佬语系及客家语系),其中汉人约两千多万,以福佬语系人数最多,客家人其次,及其他省份之外省人等。

三、台湾与外来文化之接触

台湾与域外文化接触广泛,就时间而论,可分为如下三个时期。

(一)1624—1661 年,一共 38 年,台湾被荷兰人占据,起初仅为南部到后来全岛。

(二)1626—1642 年,一共 16 年,台湾被西班牙人占据了北部(西班牙于 1642 年被荷兰人驱逐)。

(三)1895—1945 年,前后约 51 年,台湾沦为日本殖民地,历史上称为日据时代。[②]

四、台湾原住民的音乐

在十七世纪汉族大量移民台湾之前,无论在山地或平地,早已有属于马来—印度尼西亚语系(Malayo = Indonesian),或称南岛语系(Austronesian)的原住民居住着。他们移居台湾的确实年代与过程不得而知,一般认为可能在不同时代,分

---

① 许常惠《台湾音乐史初稿》,第2—3页。台湾全音乐谱出版社,2005年。
② 许常惠《台湾音乐史初稿》,第255页。

不同梯次,由华南或南洋诸岛渡海来台。原住民有所谓平埔族及高山族,平埔族原居住于西海岸平原及兰阳平原,经历三百多年来受汉族之涵化过程,几乎已全数被汉族同化;而高山族至十九世纪后期定居于中央山地、东海岸及兰屿等山区,较少受外来文化影响,至今仍保存其传统文化。以台湾原住民之文化圈而言,它同时属于两个不同之文化圈:

(一)黑潮文化圈:指黑潮海域的共同文化,它起于印度尼西亚、马来西业,经菲律宾、台湾、流求,到达日本西南附近。就地理位置而言,台湾正好位于这个黑潮南北的中央,理应保留其古层次文化。

(二)照叶树林文化圈:指照叶树林带的共同文化,它起于尼泊尔,经锡金、不丹、缅甸北部,再进入中国西南少数民族地区(可能再经华南、华东而越过东海至南日本)。①

原住民音乐包括歌谣、舞蹈、器乐及祭祀音乐,以歌谣为主要部分,器乐为次要。丰富而多姿的台湾原住民音乐,就歌谣而言,其内容处处与生活文化层面息息相关,而其演唱形式从最单纯到最复杂,几乎包含了人类歌唱之所有技法,除了单音唱法(朗诵、曲调、对唱、领唱、和腔等形式),复音唱法(平行、卡农、顽固低音等技法),还有和声唱法(自然和弦、协和和弦)及一种奇特的异音唱法。

由于原住民系有语言无文字的民族,他们通常以歌谣代替文字记载来传承文化,歌谣功能化,与他们的生活紧密结合。例如用歌谣来传承谚语、神话传说;或配合宗教信仰、风俗习惯;或激励劳动战斗;或表达感情思想、人生观;或维持家族社会、伦理秩序等。歌谣在原住民族文化传承上发挥了极大的功效,占有极重要的位置。②

台湾原住民高山族有许多很有特色的独奏乐器,以泰雅族的"口簧琴"、布农族的"弓琴"、排湾族和鲁凯族的笛类(鼻笛)为代表。演奏"口簧琴"目的有三:或为通讯信号,或为口簧舞伴奏,或只是消遣而已。"乐杵"是邵族与布农族的乐器,常用于喜庆、迎宾之欢乐场面,属于合奏乐器。

台湾原住民高山族不仅喜爱歌舞,歌舞更是生活的一部分。重要的歌舞如:

---

① 许常惠《音乐史论述稿二》,第33—37页。
② 许常惠《音乐史论述稿二》,第22页。

丰年祭庆典歌舞、雅美族的"头发舞"、卑南族与阿美族之"铃舞"、邹族男性"迎战神舞"等,都是别具特色的歌舞形式。

台湾原住民高山族在祭典时亦必定载歌载舞,重要的祭祀如:各族之"丰年祭歌"、布农族的"祈祷小米丰收歌"、雅美族祭房屋落成和祭大船下水时之"驱除恶灵歌"等,通常都与族人之泛灵信仰有关。[①]

五、汉族民间音乐在台湾

自十七世纪中叶起,大量大陆汉民族开始跨海移民到台湾,其中最早到达的是福建漳州、泉州二地之闽南语系居民,在本省通常称为福佬人。台湾的汉民大半属于福佬系(河洛语系),少数客家语系来自广东惠州与嘉应州,一些外省人(讲方言)来自大陆其他省份。可想而知,小小的台湾有多少复杂的语言!然而瑰丽多姿的汉民俗音乐(河洛音乐),也随着先民来到了台湾。

由于福佬系人数最多,福佬语(闽南话)自然成为最通行之"台语"。仔细观察,福佬人风俗习惯多与中原先民相似,台语带有许多中原古音等;据说福佬人在更古时期原为中原汉人,后经晋永嘉之乱、唐末五代、两宋等各时代的动乱,逐渐迁移至闽南地区落脚,至明末清初始渡海东来。而客家人亦为大汉民族主流,源自中原,称之为"客",因逃避战乱不断南迁,终止于两广、福建、台湾、海南以及海外各地,成为客家。荷兰人占据台湾时(1624～1661年),曾在闽粤地区招募汉人来台参加农耕工作,可算是首批大规模来台之客家族群,加上其后陆续迁居来台之人,在台湾汉族中客家人约占五分之一,台湾的客家人大部分集住在桃园、新竹、苗栗地区,少部份聚居于高雄、屏东乡镇一带。[②]

汉族民间音乐(河洛音乐),无论歌谣或北管、南管或戏曲,曾是先民开辟台湾时之重要精神粮食与支持。数百年来,河洛音乐在台湾受到不同的种族语言、地理环境、风俗习惯、社稷背景等影响,一方面接受到土地的滋养和灌溉,一方面在经历不同的政权统治、时代变迁、族群融合后,已逐渐发展出属于自己的民间音乐艺术,包括台湾民谣、台湾地方戏曲音乐等,是台湾特有的本土文化,更是重

---

① 许常惠《台湾音乐史初稿》,第28—29页。
② 简上仁《台湾民谣》,第5—6页,众文图书公司,2000年。

要文化遗产。台湾音乐是河洛音乐的移植,也是河洛文化的传承与发扬;河洛音乐也在台湾开出了更美丽的花朵。

台湾汉族的传统民间音乐,其内容可分为六大乐种:1)民歌;2)说唱;3)戏剧音乐;4)民间器乐;5)歌舞小戏音乐(或称阵头音乐);6)祭祀音乐。本文仅以"说唱"部分约略探讨之:

台湾说唱音乐是以一种说唱混合的方式,来叙述故事的民间曲艺。它渊源于福建闽南地区,是先民带进台湾的。台湾的说唱一般称之为"念歌仔",多以闽南语为主而客家说唱较少,可能与福佬系人数较多有关。除了"念歌仔",还有另一种曲艺"讲古",只以"说"来交代情节。"念歌仔"从曲调来源的不同,可以分为:歌仔类、南管类、民谣类、乞食调类等数种:

歌仔类说唱音乐的基本曲调,采用"七字仔调"(原属于漳州歌仔系统),其唱词为七言四句体,即一首曲调为四句;但歌词不限长,而且无论歌词如何增多,曲调总是同一个在反复、重迭。这类说唱有时也采用"杂念仔"(即漳州"杂嘴仔")的长短句朗诵体,在"七字仔调"中进行曲调或叙述上的变化或只用"杂念调"做短篇故事叙述。在以往的台湾社会,歌仔类说唱是较普遍的一种,昔日民间以说唱卖艺的"歌仔先"常自己编印歌仔簿(只记歌词)贩卖,歌仔艺人多设"歌仔馆"来驻唱;此类"念歌仔"逐渐发展成歌仔戏,是台湾本土的新剧种。

南管类说唱音乐采用南管音乐中的《曲》摘篇或选曲,唱词内容多表达男女情爱、生离死别,以相思、忧怨的情感居多。

民谣类说唱音乐的基本曲调采用"民歌",有时亦插入"七字仔调"。此类本土生长的说唱艺术是最具台湾特色的。例如恒春说唱艺人陈达,民歌方面采用"恒春调"为主,其中《思想起》是他最拿手的基本曲调,歌词全用台湾福佬话的白话,并是土音发音。他总是带着自制之月琴,一人自弹自唱,走遍南台湾。陈达的说唱曲艺,内容编的不仅是自己亲身经历故事,他的创作更是属于社会性的、写实的。另一位极具创意的是苗栗说唱艺人卓清云,用客家话发音,曲调只采用客家民歌九腔十八调;唱词经常文、白混合;以大广弦伴奏,一人自拉自唱。杨秀卿是台湾现存的"视障"说唱艺人,不但自创"口白歌仔",唱词白话化,又唯妙唯肖的摹拟不同人物之语音形态。①

乞食调类说唱音乐在台湾，演唱者多半是穷困、以乞讨为生的可怜人。通常乞丐边说唱《乞食调》边敲渔鼓。它渊源于道士传教，在大陆称为"道情"。乞食调类说唱如今随着台湾经济好转、乞丐消失而跟着销声匿迹。

值得一提的是"劝世文"说唱，是台湾说唱艺术的一大特色。劝世文说唱曲调上有时采用"七字调"或"杂念仔调"，有时采用"民歌"。其内容总是从仁义道德角度出发，选择相关的故事来劝人为善积德，在昔日社会中，寓教于乐地发挥了教育与伦理功能。②

六、基督教与西乐的传入

西乐之传入东方，归功于天主教传教士们所带来之《格里哥利唱经本》。随着基督教传入，牧师们也带进来许多《圣诗歌本》。受到这些欧洲宗教音乐的影响，不仅让东方人接触到西方的《圣乐》，也认识了西方器乐曲（钢琴、管风琴等）与世俗声乐曲（独唱、合唱）等不同之演奏唱形式。西乐传入中国的时间约在十六世纪末至十七世纪初，公元 1600 年天主教教士利玛窦被教皇任命为大使派往北京时，曾致献给明神宗一架《西琴》。其实早在利玛窦之前，已有传教士带西洋乐器来中国。利玛窦来华之后，不仅让天主教之传教工作顺畅及被许可，传教士们除了可以引进更多的西洋乐器（管风琴、小提琴、大提琴等），也经常在宫廷或教堂演出，举行音乐会活动等。③

基督教在台湾传教，教会音乐的传入，主要分南北两个系统：

台湾南部的基督教会自 1865 年开始，属于英国长老会系统（Calvinist）。南部教会自 1876 年成立台南神学院后，陆续又成立长荣中学、长荣女中、妇女圣经学校、台南女神学院等，这些学校的教育目标都采取宗教与教育合一，而《音乐》更是极受重视的科目。

台湾北部的基督教会由马偕牧师开始传教，属于加拿大长老会系统。马偕在台湾工作（1872—1901 年），除了教导信徒们唱圣歌，也从事教育工作。从在

① 许常惠《音东史论述稿二》，第 69—72 页。
② 许常惠《台湾音乐史初稿》，第 171—177 页。
③ 许常惠《音乐史论述稿（一）》，第 64—65 页，全音乐谱出版社，2000 年。

淡水建立牛津学堂(今台湾神学院前身)、淡水女学堂(今淡江中学前身)、妇女堂,到淡水中学,都是早期属于较为新式的学校,而"音乐"通常是学校教育所重视的科目,并设有音乐课程。马偕在教会开创初期已主张将传教与圣咏并重,积极推动群众唱圣诗。①

台湾新音乐经由基督教传入及传播,在日据时代学校正式传授西式音乐之前,基督教会中早已推动西方圣咏,及积极培育西式新音乐人才。台湾基督教音乐史明确记载在荷兰人占据台湾时代,曾以圣经与圣歌教化土著族,文献中并提到第一首"圣歌"与第一个"唱诗班"所演唱的西洋圣诗是《戴维诗篇第一百篇》,作者系法国喀文教派圣乐作曲家布尔鸠(Louis Bourgeois 1510? 1561),歌词被译为中文,以闽南语歌唱。《天下万邦、万国、万的民》被收录于长老会台语圣诗第34首,是一首极平易近人,又兼具西方传统音乐风格的圣歌。

台湾基督教会音乐中出现之第一首"本土"圣诗,是马偕博士所采谱填词的《拿阿美》。它原本只是一首原住民平埔族民歌,马偕博士采用原调,改填上取材于圣经《路得记》第十一节的歌词,又将故事中女子之名,由 Naomi 改为"拿阿美",由于"阿美"是个很通俗化的名字,听起来较亲切。

七、台湾西式新音乐的发展

西乐被引进台湾开始于19世纪中叶,借由基督教长老会而传入。基督徒在作礼拜时,配合祈祷需要唱圣诗,通常由牧师教导,从简单之齐唱到合唱,渐渐乐曲的选择也逐步广泛,从艺术类到通俗化的歌曲都加入。

台湾在日据时代,日人对音乐教育及西乐之推行,最先设立的学校为"教员讲习所",只收日本学生。这所学校是为因应将来培训台籍教师之"国语传习所"(国语即日语)及各地初等教育师资之需所设立。国语传习所后来改为"国语学校",也是台北师范学校(今国立台北教育大学)的前身。而在这些学校课程中的"音乐"一直都被列为必修的学科。日据时代台湾之初等教育分为小学校与公学校两种。前者是专门为日人的学校,后者"公学校"才是台湾汉人能进的学校。日人在实施一般学校音乐教育上,依照日本本国采用全面西化制度,因

---

① 许常惠《台湾音乐史初稿》,第261—262页。

此当时在台湾的中小学及专门培养中小学师资的师范学校,一律接受了"日本式"的西乐音乐教育。

日据时代之学校音乐教育,分为普通音乐教育与师范音乐教育两种,普通音乐教育的音乐课内容,低年级只以唱歌为主,到高年级才教一些基本的西洋乐理。而师范音乐教育的课程内容,前进深奥多了。在尚未设有培训专业音乐人才学校的当时台湾,进入师范学校就读成为转往专业音乐家的唯一桥梁,表现优异的学生尚可获得学校当局推荐,以公费资助赴日进修。日据时代台湾西式新音乐家中,除了某些直接赴日留学外,多半选择最适合学习新音乐的师范学校来升学,许多国语学校(早期)及台北师范学校(后来)的毕业生,成为台湾第一代西式新音乐家及艺术家。例如张福兴、柯丁丑(音乐)、黄土水(雕刻)等。然而,这些台湾的新音乐家,经过教会或师范的扎根训练后,由于在台湾找不到更专业的学校了,有志深造者只好选择留日。台湾日本往来近,语言较通畅,亦是重要考虑因素。这种留日风潮在1930年间达到最高峰,其中不乏学成归国者,重要之留日归国音乐家如江文也、吕泉生、郭芝苑等。由于他们的贡献及影响力,让台湾新音乐蓬勃发展,第二代、第三代台湾新音乐家得以成长。

台湾从肇基以来,一直拥有自己的传统歌曲,例如福佬系民歌小调、客家山歌、采茶歌等。但自日据时代实施日式的西化音乐教育后,随着环境改变,外来文化的影响,让人的口味更换,求新求变之下,新通俗歌曲(流行歌曲)应时代需要而产生,昔日农业社会之民歌(通俗歌曲)逐渐被新通俗歌曲所取代。① 这些新通俗歌曲从语言(台语)及旋律(五声音阶)来观察,仍保存着浓郁的台湾乡土风格,只是大多曲调忧郁哀怨,透着无限悲情,在日本殖民地政府统治下,台湾人不快乐的心声全都表露无遗。而《雨夜花》、《望春风》、《心酸酸》等知名创作歌谣之作者邓雨贤、姚赞福等都是出身师范或教会而后留学日本的音乐家。②

八、河洛音乐与台湾新音乐之融合发展

台湾西式新音乐属于台湾近现代音乐,19世纪末基督教音乐首先传入西式

---

① 许常惠《台湾音乐史初稿》,第271页。
② 许常惠《台湾音乐史初稿》,第257—285页。

新音乐种子,日据时期对西式学校音乐教育之推行又让新音乐萌芽,而留日音乐家之学成回乡,加上台湾第二、第三代新音乐家所作诸多贡献,让新音乐日益茁壮,终于像大树一样茂盛。许常惠教授说:新音乐应该以传统音乐为泉源,创新现代台湾的音乐,如此才能开花结果。[①] 至今台湾的新音乐蓬勃发展,无论在艺术音乐(现代音乐)或通俗音乐(流行歌曲、歌仔戏、电视秀)等创作表现上,不忘与台湾本土音乐,即原有之"原民音乐"或"汉民间音乐"(河洛音乐)作适度之相结合。"亚太民族音乐学会"创始人之一许常惠教授说:我认为要创造新中国音乐的传统,首先需要了解中国音乐的传统;需要走出新的一步,甚至要了解前人所走下来的一步又一步的道路。许教授的创作理念是:现代音乐与传统音乐结合,以传统音乐做为创作现代音乐的泉源。[②]

(作者为台东大学音乐学系副教授)

---

① 许常惠《音东史论述稿二》,第 102 页。
② 许常惠《音东史论述稿二》,第 163 页。

趣味的台湾闽南语宜兰腔

郭耀清

提要：宜兰位于台湾东北角，居民多为福建漳州府、泉州府移民之后裔，因而多讲闽南话。由于宜兰地处兰阳平原，山脉阻隔，交通不便，较为封闭，受外界冲击很小，民众语言也就较好地保留了"漳州腔"与"内浦腔"，台湾人称之为"宜兰腔"。

一、前言

（一）宜兰在哪里

宜兰在台湾东北角一隅，平畴三百里，天气良好时，旭日自太平洋冉冉东升，好一片向阳之地，"兰阳"一名遂诞生焉。状如三角形的兰阳平原，山脉阻隔与外地的来往，地理的封闭性质，使宜兰长期独立发展，外界的冲击鲜能影响，美好的文化得以保存，语言也保留了独特的"宜兰腔"也就是"漳州腔"、"内埔腔"。

（二）清代宜兰的河洛人

1. 漳州府——漳浦、龙溪、长泰、海澄，以漳浦占绝大多数。

2. 泉州府——安溪、永春。

（参见陈进传《宜兰传统汉人家族之研究》）

漳浦、龙溪、诏安、南靖、平和、均属漳州府，合计比例高达百分之八十八，与文献记载相符，足证漳州是宜兰人的故乡，其中又以漳浦为最，竟有百分之四四之多。翻阅台湾史，全县移民原乡如此集中于唐山的某一县境，如宜兰县之于漳浦，该是罕见殊例。

（三）宜兰腔（内埔腔旧名漳州腔，又称内山腔）

1. 宜兰腔主要是"uinn」"音，有别于通行腔的"ng"音

	钣	卵（蛋）	酸	软	吮	捲	转
通行腔	png 7	nng 7	sng 1	nng 2	cng 7	kng 2	tng 2
宜兰腔 Puinn 7	nuinn 7	suinn 1	nuinn 2	cuinn 7	Kuinn 2	tuinn 2	

受泉州人的影响，内埔腔混入海口腔，成另类宜兰腔的头城腔，也称偏海腔，头城、礁溪、壮围、五结、苏澳，靠海的乡亲在讲，主要是用"ing"的音。

	龙、量、冗	凉、喨	畅	中、重	伤、诵
内陆宜兰腔	liong 5	liang 5	Thiong 2	Tiong 1	Siong 1
沿海头城腔	ling 5	ling 5	Thing 2	Ting 1	Sing 1

二、词语例示

（一）月娘光光（kuinn7 kuinn7），照着咱两个人个尻川（kha1 cuinn7）①。

（二）天色光—光光，我佮（kah4）朋友凑（tau 3）阵②抛抛（pha 1 pha 1）走③，

---

① 尻川（kha1 cuinn7），屁股、臀部也。

　　(1)尻：A.《说文》段玉裁注："尻，今俗云沟子是也"。B.《新方言·释形体》："今山西平阳、蒲绛之间，谓臀曰尻子"。C.《楚辞天问》："尻，脊骨尽处"。

　　(2)川：A.《说文》："贯穿通流水也"。B.《考工记》匠人："两山之间必有川焉"。

　　凑阵，大家一起来也，非"门阵"或"逗阵"。凑 tau 3，凑合、帮忙、凑在一起、偕同、结伴也。如"凑阵"、"凑脚手"、"凑帮忙"、"凑一担"。(1)不正常的结合，如"互相凑空仔来害人"。(2)装上去也，如"窗仔门凑予密"。(3)性交、交媾也，如"两只狗佇相凑"。(4)客兄、伙计称凑头，男为客兄，女为伙计。(5)互相帮助，如"凑相共"，相 sann 1，相互也。共 kang 7，共同也。相共，相互与共、共襄盛举也。(6)互相帮助，如"凑脚手"，一般用在丧事。

② 尻川（kha1 cuinn7），屁股、臀部也。

　　(1)尻：A.《说文》段玉裁注："尻，今俗云沟子是也"。B.《新方言·释形体》："今山西平阳、蒲绛之间，谓臀曰尻子"。C.《楚辞天问》："尻，脊骨尽处"。

　　(2)川：A.《说文》："贯穿通流水也"。B.《考工记》匠人："两山之间必有川焉"。

　　凑阵，大家一起来也，非"门阵"或"逗阵"。凑 tau 3，凑合、帮忙、凑在一起、偕同、结伴也。如"凑阵"、"凑脚手"、"凑帮忙"、"凑一担"。(1)不正常的结合，如"互相凑空仔来害人"。(2)装上去也，如"窗仔门凑予密"。(3)性交、交媾也，如"两只狗佇相凑"。(4)客兄、伙计称凑头，男为客兄，女为伙计。(5)互相帮助，如"凑相共"，相 sann 1，相互也。共 kang 7，共同也。相共，相互与共、共襄盛举也。(6)互相帮助，如"凑脚手"，一般用在丧事。

③ 抛抛走，无拘无束随地走来走去也。抛 pha 1，掷、弃也。如"抛头露面"，非"趴趴走"，趴 phak 2，面朝下，肢体平贴地上，如何走？

　　枵 iau 1，肚子饿也，如"枵腹从公"。非"饫 ui 3"，"饫"乃吃太饱，吃腻了也。

倚（khia7）悬（kuan5）山，看龟山远——远远（huinn7 huinn7 huinn7））。

（三）阮（guan2）来去转（tuinn7），街仔路乌白趖（she 8），腹肚枵（iau 1）①，看着面店仔着入去食饭（ciah8 puinn7）②配卤卵（luinn7），顺绁（sua3）叫一碗搣（she 8）仔面来食，嘛有叫一挂菜，有芫荽（ian5 s　ui1）、菜卷（kuinn2）。

四、桌顶卵壳白皙皙（siak4 siak4）、卵仁黄披披（uinn7 phi1 phi1）、豆油乌漉漉（lok8 lok8）、番姜仔酱红绛绛（kong3 kong3）、青菜青乓乓（ piang3 piang3）。

五、豆菜劊疟疟（ciann2 phi2 phi2）、咸菜酸扭扭（suinn1 giuh4 giuh4）、竿泥甜物物（but4 but4）、苦瓜炒咸卵，苦瓜苦砈砈（teh8 teh8）、咸卵咸笃笃（tok4 tok4）、猪血汤糁上济（sam2 sionn7 ce7，撒很多）胡椒，有够馦（hiam1）。

六、排骨肉有（"冂"内加）硞硞（ting7 khok4 khok4）、麻粢软莜莜（mua5 ci5 luinn2 sio5 sio5）。这款菜实在无丰沛（phong 1 phai 3），嘛无青臊（chenn 1 chau 1）

七、真夭寿，有几若（na2）只狗，伫（ti7）桌跤（kha1）钻（cuinn3、l uinn3）来钻去，我问（mui7）头家，若会安尔（na2 e7 an1 ne 1，怎会这样）③？头家赶紧共（ka7）狗赶出去。

八、食饱出来，伫（ti7）店口看着一跤（kha1）潘（phun1）桶，臭口毛口毛（moo1 moo1）害我胃懂懂（co1 co1）。

九、行（kiann5）转来到阮（guan2）厝，毋知按怎（m7 cai1 an3 cuann2）脚手绁（sua3）来呸呸掣（phih 8 phih 8 chuah 4）④，会晓开门（buinn5）绁无法度闩（chua-nn3）门，去屎礐仔（sai2 hak8 a2）放尿搁（koh4）会交懔损（kai lun2 sun2）。阿母骂我，册（cheh4）毋读去兜位（tau1 ui7）赖赖趖（lua7 lua7 so5）？搁佮（ka7）一挂头壳顶双个漩 cuinn 恶（ka7）无人问个屑仔（sut 4 a2）⑤去外口浪流连（long7 liu5 lian5）骂无够，揭扫梳笒仔摔我个尻川（giah8 siu3 se1 gim2 a2 sut4 gua2 a2 kha1

---

① 食饭，吃饭也，非呷饭，呷 sia 2，鸭的叫声也。
② 食饭，吃饭也，非呷饭，呷 sia 2，鸭的叫声也。
③ 安尔 an1 ne 1，就是这样。《孟子》梁惠王曰："寡人之于国也，尽心焉耳"。焉耳、焉尔，就是安尔。《广韵》：焉，安也。
④ 呸呸掣 phih 8 phih 8 chuah 4，因恐惧而不停的发抖也，非"皮皮剉"。呸 phih 8，《集韵》哀鸣，发抖的样子也。掣 chuah 4，以瞬间的力量去拔除、拉扯也，如"掣毛"。
⑤ 屑仔 sut 4 a2，小人也，非"俗仔"。屑 sut 4，碎末也，如"锯屑"。

chuinn1），有够衰。

　　十、赶紧走出去，走夜市。头家招我买一领花仔衫，讲这款当烘 tng 1 hang 1①。我看真媠(sui4)，穿起来真四配(su3 phue3)②，着佮买一领。头家欲 beh4 找钱时，发现钱袋仔个钱较少③，变面大骂："死囡仔囝④，搁偷掖(iap 4)钱⑤。我个家伙(ke1 hue2)紧慢会予伊开了了，无法度做好额郎(ho2 giah 8 lang1)"。⑥这个囡仔实在有够戆(gong 7)⑦，害老爸烦恼。真暗(am3)啊，转来去困。

　　（作者为台湾佛光大学文化资产与创意系硕士班硕士，罗东社区地方文史、文化资产、台湾闽南语汉字课程讲师）

---

① 当烘 tng 1 hang 1，炙手可热，烧烫烫也。非"当夯"。"夯"用力以肩举物也。

② 四 su 3，四四方方、端正、依东南西北四方位，井然有序也，如"四序"、"四配"。"四配"，相称也，非"速配"。家里整理得干干净净、物品排放井然有序，称"四序"。称长辈为"序大"。"各位乡亲序大"，序大，排第一个也。

③ 较 khah 4，比较也，非"卡"。"加"之上古音为 khah 4，日语片假名"カ"kha 是取自"加"。"加"就是较、比较；加好、较好，比较好也。《孟子》梁惠王篇，梁惠王曰："邻国之民不加少，寡人之民不加多，何也？"。若以北京话来翻，"加"是增加，那"加少"、"不加多"是什么？但以河洛话来翻就解决，"邻国之民无较少，寡人之民无较多，何也？"河洛语之ㄅ音，北京话就是ㄐ音。

④ 囡 gin 2，小孩子、年轻人也，如"少年囡仔"、"宜兰囡仔"。囝 kiann 2，子女也，如"生囝"（生孩子）、"囝婿"（女婿）。《集韵》："闽人呼儿曰囝"。

⑤ 掖 iap 4，偷挟于腋下也，非 A。《说文》："掖，以手持人臂也"又"一曰臂下也"，如"掩掩掖掖"、"手掖后"。《左传·僖二五年》："二礼从国子巡城，掖以赴外杀之"。掖钱，即偷偷将钱挟于腋下，或藏起来。

⑥ 有钱人称"好额郎 ho2 giah 8 lang1"，即有金额的人，不是"好野人"。

⑦ 戆 gong 7，笨也，如"戆人"。憨 kham 2，呆呆傻傻也，如"倥憨"。儑 gam 7，不懂事，如"儑头儑面"。

从孙中山首次来台参拜妈祖庙
看河洛俗信文化传播

——申论梁启超赞孙中山拜妈祖廿字联

陆炳文

一、前言：台湾与大陆一体关系的最早论述

这一篇名为《从孙中山首次来台参拜妈祖庙看河洛俗信文化传播》的文章，严格来讲，它不能算作论文，因为可供参考的数据极少，它也不用手来写，而是我以实际行动、一步一脚印来见证。那一段近代中国历史上，没有任何史料文字记载，党史国史迄未见片纸只字，却只借重台湾民间一首竹枝词的流传、及大陆多处出现另一副赞颂对联的传世，长久以来竟则铭刻在人们心版上，正有待更多的有心人去挖掘，有志一同来再从其他多个层面，找到中原河洛文化于台湾发皇的无远弗届，同时亦找出河洛俗信妈祖文化传播的无限魅力。

广受瞩目与好评的河洛文化学术研讨会，不论是冠以国际抑或海峡两岸，总归自 2007 年第七届在河南洛阳、2009 年第九届在河南平顶山、2010 年第十届在广东广州、2011 年第十届在台湾台北、2012 年第十一届在江西赣州、2014 年第十二届在福建厦门，连续成功举办以来，这六次笔者都从未缺席，并曾先后提出过六篇论文，皆被安排上台当众发表心得，其中涵盖面不可谓不广，内容专业性亦不可谓不足。回想历来写作与发表过程，均可谓是轻松过关，唯独这次完全轻松不起来，因为孙中山拜妈祖这一件事，已然事关大局诚非同小可，势必大胆假设来小心求证。

特别是笔者早在 30 多年前，就率先在有关部门召开的台湾地方史志学术研讨会上，作专题演讲时提出全新观点，讲题为《台湾与大陆的一体关系》，此乃相关议题在台的最初论述与公开辩证,揭橥了主张台湾应对大陆的承担和承诺。这种担当的直接诉诸学理及史实探讨,早早为反台独找到充分且必要的证据,由于洞察到在一定意义上,台独就是要切割与大陆的一体关系,不再承认对大陆有所承担和承诺。

对此先见之明与洞烛机先,笔者当初竟敢迭次为文喊出"台独渐成慢性'台毒'"的示警呼吁。相对于近年还再三宣称,中国国民党把台湾光复了,重新又回归到祖国怀抱,岂能自失立场与原则,公然愿将台独纳为选项之一!已有120载历史的革命民主政党,及今沦落至此地步,犹不自知自省自觉,考察其败象渐露,根本的原因在此。本文不厌其详考据,真正理由亦复如此。

二、孙中山首次来台拜妈祖史实的考据特性

1. 孙中山主义信仰　领导革命实践性

中国国民党总理孙中山先生,迄今在台湾仍尊他为国父,大陆习惯称为中国民主革命的伟大先行者,我粥会前身世界社则奉他为扶道人。在1907年所立《世界社缘起及简章》中,开宗明义点出"读人类进化史,而察其归依鹄的之趋势,殆不外乎欲合人类全体为一团"。这里所谓"合人类全体为一团"一语,时代用语正是"人类命运共同体",拿政治现实来说为"两岸命运共同体",换句话说,与当年我用词遣字同义,实即"台湾与大陆的一体关系"。

这种一团一体关系,在115年以前又是何等的微妙而不可言喻。1900年9月间,孙中山首次来到清廷割让掉的台湾,寻求当时尚在日治时期的台湾人大力支持祖国大陆的国民革命运动。在这次赴台湾策划惠州起义期间,他首以基督教徒身份,破例向佛道不分的俗信妈祖上香膜拜,祈求和平女神助以神力,祈求袛庇护革命成功。

孙中山领导革命,既有主义思想,又有民间信仰,继而努力去实践革命理想,再以香港为基地,就先后策划了6次起义,最终第10次辛亥革命爆发,推翻了2000年封建帝制,1912年改元中华民国,把中国带进了新的世代,才会有亚洲第一个民主共和国的诞生,也才会有1949年新中国的建政。回溯我孙公以粥会前身、世界社的扶道人,首赴台湾参拜妈祖庙,前后间隔恰好半个世纪。

今岁2015年,适逢孙中山逝世90周年暨150岁诞辰双纪念,我台湾文化艺

术界联合会、台湾妈祖俗信文化研究中心、全球中华粥会世界总会、海峡两岸和谐文化研究中心等两岸社会团体,为赓续世界社扶道人遗志,以天下为公的博爱主义,完成和平、奋斗、兴中华志业,再鉴于中山思想与妈祖精神长相契合,乃结合和平女神妈祖大爱精神,及时推出"海峡两岸妈祖信众祈福行"、与"天下为公:两岸同行中山路、万众同拜妈祖庙、一心同圆中国梦"系列活动,来号召两岸同胞一致奋起,共同实践中华民族的伟大复兴。

今年3月12日孙中山逝世纪念日当天,我们齐赴台北国父纪念馆,在三军仪队司礼下,恭向孙公铜像,举行了活动的正式启动仪式。由各社团推派代表20余人,在我领头主祭下,先行敬献花圈,敬谨宣读了一篇祭告文:

> 维公元二零一五年三月十二日,适逢国父孙中山先生逝世九十周年,三民主义忠实信徒陆炳文,谨肃颂文,致祭于台北国父纪念馆孙公铜像前曰:
> 　溯我　孙公以中华粥会前身、世界社的扶道人,首赴台湾参拜妈祖庙,于今一百一十五年矣。其间　公所揭橥建国大纲,以天下为公、促进世界大同之博爱思想,与天上圣母、和平女神妈祖,拯溺救危之大爱精神,长相契合,指引国人与大陆同胞,以和平、奋斗、兴中华之共同目标,携手勇往迈进。不才炳文竞竞业业,谨与海内外世界社同志会、暨全球粥会同仁代表20余人,相互共勉,爰以诗联唱和,都50余首,共抒心声,予以弘扬中华文化,同播大汉天声,响应　孙公复兴中华之遗训,伏维　鉴詧。谨颂。

以上这篇拙作《孙中山先生逝世90周年暨首赴台湾祭拜妈祖115周年纪念祭告扶道人文》,我自己尚觉得满意,全篇充满了浓厚的感情,那是对中国近代民主革命的伟大先行者无限钦佩之情,亦为对海峡两岸关系和平发展前途抱持无限乐观之情。祭告时所捧着的天上圣母金身像,这一尊由福建霞浦县松山天后圣母行宫、即妈祖娘家王氏故里赠送给我的圣像,誓言势必伴同两岸妈祖信众,计划在今年内秋祭天后大典、或孙中山诞辰纪念日之前,成功巡安海内外各指标型宫庙115座的心愿。

宣告活动拉开了序幕的同时,我还当众向现场采访记者表示:"中山先生之博爱、天下为公、和世界大同的建国理想,恰与和平女神妈祖的大爱精神,两者名实相副,而且完全契合,因此弘扬中华文化光大振兴之先声夺人,并共赴我中华民族伟大复兴之顺天应人,敢为我先扶道人　孙公,忠诚告白兼以赞颂者也"。

我又深切体认到,举凡一种思想的宣扬、精神的弘扬,如同妈祖俗信文化的传播一样,均需要人多势众来推广,始有达成实践的可能性;因此妈祖崇奉在台湾流传很普及,数以千计的妈祖庙遍布全岛,岛内近1500万的台湾人信奉妈祖,每年的两组妈祖绕境活动,袛皆会吸引上百万人次参加,在台湾的知名度和影响力,正好提供了极佳的优势地位,共促两岸命运共同体的美好实践。

2. 梁启超传世赞颂诗联得证真实性

孙中山首赴台湾祭拜妈祖的史事,有饮冰室主人梁启超联作为证:"向四海显神通,千秋不朽;历数朝受封典,万古留芳"。另有《饮冰室全集》书中,收录"台湾竹枝词"诗作,其言及和平女神句云:"郎捶大鼓妾打锣,稽首天西妈祖婆。今生够受相思苦,乞取他生无折磨"。

后者,关于梁任公赞颂诗,我在初中求学时代,必读《饮冰室全集》,当然早留深刻印象。而前者,原先完全没有听说过,直至近年从事于两岸妈祖文化交流工作,稍后并成立中华妈祖俗信文化研究中心全心投入,才得以了解到此一赞颂联句的原委。

我最初得知此事,是在2000年4月26日的《湄洲日报》(海外版)上,登载署名柳滨的鸿文《湄洲妈祖庙的楹联》,文中直指:"在湄洲祖庙,还移刻梁启超先生1900年为台湾妈祖庙题撰的一副楹联:向四海显神通,千秋不朽。历数朝受封典,万古留芳。清光绪二十六年(1900年),孙中山先生在台湾策划"惠州起义",有一天,他与梁启超去拜谒天后宫妈祖,梁先生当场撰写了这副名联。此联气魄宏大,自然流畅,不愧为大手笔"。

同年5月13日的《湄洲日报》上,我又拜读了吴春永写的一篇文章,题目叫做《灵溯湄洲妈祖在台湾》,内容略以:"清光绪二十六年(1900),义和团起事,正值八国联军攻破北京之后,孙中山在台湾策划"惠州起义",与梁启超相遇,同拜天后宫。此时,这两位广东老乡,一个为"国民革命"而奔走,一个为"戊戌变法"而逃遁,立场不同,处境亦不同,但爱国爱乡之心则一。尤其在香火鼎盛、妈祖信仰热潮冲击之下,异地相逢,倍感亲切。梁氏欣然挥毫,为大慈大悲、救苦救难的"护海之神"——妈祖,题一联语云:'向四海显神通,千秋不朽;历数朝受封典,万古留芳'。写得恰到好处,不歌而歌,对妈祖信仰在台湾传播的史迹,又添一佳话"。

直觉观察柳、吴二文中所列举的事证俱在,惟对孙、梁二氏"相遇,同拜"一语存疑,旋经设法多方查证,果然发觉时地与事实颇有出入,其中至少有 3 点必须加以澄清。

其一,孙中山确曾来过台湾,前后 25 年间共 4 次:首次莅台是 1900 年,来策划惠州起义,可惜功败垂成;第二次是 1913 年,讨袁之役失利后;第三次则是 1918 年,广东革命失败。以上这 3 次停留的天数都不等,只有那 1924 年,最后一次赴台,船是进到了基隆港,人却因故未能上岸。当然 4 次中以首次最为重要,当年 9 月 25 日,中山先生化名"吴仲"乘"台南丸",独自从日本前来台湾,在日本友人山田良政建议下,争取到驻台总督儿玉源太郎的协助,抵台时在 10 月 8 日,即驱车赴台北住处,坐镇指挥惠州起义。

这次义举虽然不幸失败,却也取得了活捉清将杜凤梧、缴获洋枪七百多支、子弹五万多发的胜利,冲击了腐败的清朝封建统治。但正当此时,日本政局发生关键性变化,继任首相的伊藤博文立场迥异,不再准台湾总督与中国革命党人继续保持联系,致使孙中山在台扩展革命的计划落空;10 月 8 日指挥郑士良领导的义举失利,孙氏始怅然于 11 月 10 日,化名"高野长雄"离开革命基地,径赴日本另图组织发展。首次紧凑的台湾行,前后一共待了 44 天。

其二,梁启超一生仅来过台湾 1 次,事情发生在 1911 年 3 月,跟孙中山失之交臂。梁氏初登日据下的台岛时,听到本地闽南人"相从而歌"《竹枝》,心里再度有所感悟,于是将歌词翻译出来,加工改编成为竹枝调诗歌,就是著名的那 10 首《台湾竹枝词》,中间第 5 首特别提到"妈祖婆"。诗末且有附注:"台人最迷信所谓天上圣母者,亦称为'妈祖婆',谓其神来自福建,每岁三月迎赛若狂"。这一首史诗诚属饮冰室主人有感而发之作,旨在感叹当时台湾同胞,虽然身陷异国殖民统治下,犹思念中土闽粤亲人殷切之情,和信奉天上圣母妈祖虔诚之心。

其三,由此追本溯源,从时间上来说,孙中山与梁启超在台从未谋面,更不要说有什么形式的接触了;从诗联上来讲,孙、梁二氏却因妈祖缘而有交集,一位首赴台湾便朝拜了台北的妈祖庙,另一位率先写下赞颂妈祖事功的诗联,以至间接证实了此事不假。至于两人来台"同行"、或者"一道同拜"之说,谅系凭空推断,臆测之词,断无可能,当不足以采信,至此印证史事的真实性,倒有愈追愈明的情事。我客观查证认为,真正可信的说法,应为"孙中山在台湾,拜天后宫"妈祖,仅此而已。至于时间确在 1900 年 9 月,当时所拜的是那一座妈祖庙? 地点又可能是在那里? 答案则有待我走完宫庙再说明白。

我在屡次巡礼海内外指标型宫庙时,便发现证据确实存在在大陆上六处宫庙,此即:1. 福建莆田市的湄洲妈祖祖庙的廊柱上。2. 中华妈祖文化研究院莆田院区懿明楼妈祖殿的柱子上。3. 宁德霞浦松山天后行宫的会议室背景版中。4. 漳州乌石天后宫的宫前路口大牌楼门柱联,上款落捐建者台湾彰化人林瑞国,还书记此一近代史故事的出处。5. 福建连江县城关天后宫的新建宫门楹联木刻上。6. 惠安县螺城镇新霞天后宫(旧名惠安霞莲铺天后宫)的宫志有载:"公元 1900 年,梁启超陪同孙中山先生,朝拜台湾天后宫时所题的一副对联:'向四海显神通,千秋不朽;历数朝受封典,万古流芳'。可谓精辟地概括了妈祖在海上救难的神奇力量,及其得到历代朝廷的高度赞赏"。上面这段文字记载,除了"陪同"二字不够精准,似乎应是"认同"之误而外,其余均为根据当年事实的陈述。

据了解,别有至少两处宫庙留下此痕,其一就是山东烟台市的天后行宫(又称福建会馆),自称楹联内容系移刻自台湾妈祖庙。其二当为河北秦皇岛市的山海关天后宫,宫庙更表明最近一次修缮完成于上个世纪末,相传联句移刻梁启超为台湾妈祖庙所题楹联。我实在很想去当地实地调研,进一步考察其移刻来龙去脉。

3. 无所不在　妈祖信众具广泛影响性

全球华人社会,各式各样的庙会众多,若说参与人数之众,举办祭典宫庙之多,祭祀活动频率之高,广泛性影响性之大,恐怕均非妈祖庙莫属;倘以场面之大,动辄以万人计,参加者包括最高领导人,袖巡安绕境之久,经常持续数十天,上百座接力迎驾及回銮,单就这两方面而言,又属台湾地区为最。这不是我空口说白话,屡有海内外主流媒体,指证历历而令人深信不疑。

例如 2015 年 5 月 11 日《中国台湾网》,有记者现场采访、及汕头市台办联合报道:

4日,广东汕头市第三届妈祖文化节在汕头市潮阳区后溪天后宫隆重举行,本次妈祖文化节为当地历届规格最高、规模最大的一次。共吸引了来自新加坡、港澳台等地的各界人士,以及信众共2000多人参加。台湾妈祖俗信文化研究中心名誉主任陆炳文应邀到会,致词并参加了相关活动。

妈祖信仰在台湾传播非常广泛,2000多座妈祖庙遍布全岛,三分之二的台湾民众信仰妈祖,每年的台中大甲妈祖绕境活动,都吸引百万人次参与。"我们在台湾,70%以上的人来自福建、广东,所以我们在广东、福建、台湾,祭拜妈祖都是同一个妈祖,是同文同种、同语同信,在这样的情况下,妈祖文化是现在两岸和平发展里面,不是很多的共同的纽带,我们希望明年我们能带更多的、台湾高端文化人士和信众到汕头来"。

陆炳文表示,两岸妈祖文化扩大交流,一定能促进两岸关系的和平发展。台湾中华妈祖文化俗信研究中心将与海内外妈祖文化机构一道,搭建一个更加广泛的人文载体,集中更多元的信仰凝聚力量,吸纳更多中华固有的传统文化,不停歇地将妈祖信俗文化传承和发展下去。据了解,台湾中华妈祖文化俗信研究中心成立4年以来,积极组织参与"天津妈祖文化旅游节信俗交流活动"、"首届两岸四地名家妈祖书画摄影作品联展"、"妈祖缘、两岸情"书画作品展等两岸交流活动。

上述情形,并非特例,无所不在,所在多有。"2015海峡两岸妈祖信众祈福行",自行脚开始以来,至9月2日已150多天,我们走访过的宫庙计有92座,依序为:1.台北天后宫,2.台北启天宫,3.台北艋舺龙山寺天上圣母殿,4.台北慈佑宫,5.北京东岳庙海神殿,6.天津天后宫,7.桃园中坜仁海宫,8.桃园大溪福安宫,9.台北关渡宫,10.新北八里开台天后宫,11.新加坡天福宫,12.新加坡琼州天后宫,13.新加坡兴安天后宫,14.基隆庆安宫,15.基隆和平岛天后宫,16.彰化南瑶宫,17.新北新店灵山妈祖庙,18.新北新店湄洲台北北后宫,19.新北新店玉敕后谷宫,20.福州天后宫,21.泉州天后宫,22.厦门闽南朝天宫,23.花莲吉安圣南宫,24.花莲慈天宫,25.花莲美仑福慈宫,26.花莲港天宫,27.宜兰南方澳南天宫,28.宜兰南方澳进安宫,29.宜兰北方澳进安宫,30.金门金城西海路天后宫,31.金门南门天后宫,32.金门金湖料罗顺济宫,33.金门金湖温陵妈祖庙,34.湄洲上英宫,35.湄洲莲池宫,36.湄洲文兴宫,37.湄洲天利宫,38.湄洲麟开宫,39.湄洲麟山宫,40.湄洲青林府,41.湄洲白石宫,42.湄洲上林宫,43.湄洲妈祖祖庙,44.莆田贤良港天后祖祠,45.莆田文峰宫,46.莆田东山湄洲妈祖行宫,47.中华妈祖文化研究院莆田院区懿明楼妈祖殿,48.长乐市显应宫天后殿,49.长乐壶井乡云母礁妈祖庙,50.福州马尾区福建船政天后宫,51.福建连江县城关天后宫,52.罗源凤山天后宫,53.宁德蕉城天后宫,54.宁德漳湾天后宫,55.宁德霞浦松山天后行宫,56.汕头潮阳后溪天后宫,57.广州番禺区化龙栢堂路天后宫,58.广州番禺区小谷围岛练溪天后宫,59.广州增城区仙村一路天后宫,60.广州番禺南沙天后宫,61.台湾连江马祖境天后宫,62.嘉义县新港奉天宫,63.台南中西区全台祀典大天后宫,64.台南妈祖楼天后宫,65.台南安平区开台天后宫,66.云林北港朝天宫,67.长乐潭头文石天妃庙,68.长乐平潭霞屿天后宫,69.长乐平潭内湖天后宫,70.长乐平潭娘宫妈祖庙,71.福清天后宫,72.福清妈祖行宫,73.厦门湖里南山路妈祖宫,74.漳州漳浦旧镇乌石天后宫,75.泉州惠安新霞天后宫,76.泉州惠安霞西天后宫,77.深圳赤湾天后宫,78.南京天妃宫,79.台北士林慈誠宫,80.彰化田中乾德宫,81.彰化鹿港天后宫,82.苍南马站坑尾妈祖庙,83.苍南沿浦下埤头天后宫,84.苍南东门蒲城天后宫(天妃宫),85.苍南钱库天后宫,86.苍南龙港鉴后村东源宫(妈祖庙),87.台北东门圣母宫,88.新北三芝福成宫,89.上海松江天妃宫,90.上海三山会馆(天后宫),91.澳门妈阁庙,92.高雄旗津天后宫。这些宫庙缤纷分陈,各有地方特色,各具信俗所长,招徕信众俱见影响。

4.无所遁形　参拜那座宫庙存可靠性

当年中山先生在台主持革命军事,入出均属秘密之基地所在,此即台北新起町,旧时称为新起街;台湾在割让给日本以前,街道附近那一带,原是艋舺(即今万华区)后起的主要市集,地处今日之长沙街,邻接现在西门町闹区。因而我在稍早曾大胆假设,孙中山首谒妈祖的宫庙,相当有可能就是这里的台北天后宫;保皇党健将梁启超虽题联作证革命领袖孙中山在台拜谒妈祖庙确有其事,不过单从该联句记述文字来看,仍不知该宫庙究竟名称为何?

若说正是台北天后宫,仅知原名艋舺新兴宫,俗称西门町妈祖庙、西门町天后宫,位置在台北市万华区成都路51号。庙址更早为日本佛教真言宗之弘法寺,始建于清乾隆十一年(1746),最初由艋舺地区士绅所共同捐资,首于直兴街建造的妈祖庙;嘉庆十八年(1813 年)宫庙遭到祝融,道光五年(1825)重修,1943年再遭日本人拆除,庙内供奉的妈祖圣像及神器被迫迁移,暂奉于隔着一条街的艋舺龙山寺后殿。

　　第二次世界大战结束后,新兴宫的妈祖信士发心,在西门町成都路西门市场旁,找到新庙址作为弘法寺,1948 年才将寄放于龙山寺后殿的妈祖像请回迁入,同时更名为新兴宫,后来又改名为台湾省天后宫,表示该宫庙继承旧时省城大天后宫之余绪;1967 年复因台北市升格为直辖市,庙号是故正名为台北天后宫至今。

　　然而几经寻找旁证,最终发现另有所指,中山先生在台拜谒的妈祖庙,无所遁形地出现了曙光,孙氏参拜最具可靠性的宫庙,直指同在一公里方圆内、另一座早已拆迁的老庙,旧址位于今台北二二八纪念公园内,距离孙中山在台北旅邸梅屋敷、即今国父史迹纪念馆不远处,如果沿着中山北路走向中山南路右拐,在公园内水池畔,曾经供奉着台北府城金面妈祖圣像,此处才真正见证了台湾妈祖文化史上最光辉的一个篇章。

　　我在 8 月 8 日前夕,走访到新北市"三芝福成宫",这已是自"祈福行"启动后,参访的第 88 座妈祖间。此行有一项意外发现,颠覆了我过去的臆测,即孙公首拜的妈祖庙,极有可能正是这座庙宇的前身"台北府城大天后宫",而不是先前推测的"台北西门町天后宫";"祈福行"一路走来,唯独"三芝福成宫",不但与孙中山早就有缘,而且和文化人士雅集粥会名贤脱不了关系。

　　因为自恭迎圣母神像莅乡安奉如愿以来,天助神助人助自助的结果,后殿神龛翻建庆成,又迎来湄洲祖庙惠赠白玉妈祖入座,原圣母金面神像仍镇座宫中,正殿两侧楹联就是粥贤杰作:其一,张鹤撰写"圣泽溯渊源、神通督府,母灵崇显赫、福荫芝乡";其二,彭鸿书法"圣德溥芝乡、黎庶共戴,母灵分莆邑、香火长绵"。当中,尚有于右任题匾"大慈大悲"四字,益见其来有自,可以上溯清光绪帝敕建台北府城大天后宫。

　　依照地缘关系、历史沿革考据,及"三芝福成宫"耆老最新转述得知:在日治时代大正元年(1912),位于台北市北门与东门之间的"台北府城天后宫",由于台风受损严重,庙貌萎颓而遭拆除,日本人遂利用原地,改建为台北新公园,即今二二八纪念公园,庙址则起造了总督府博物馆,台湾光复后改称省立博物馆,即今台湾博物馆;日人并在台北士绅强烈要求下,将早先供奉的金面妈祖神像保留住,暂置于官厅仓库内妥善保管。嗣由三芝士绅把此尊妈祖重见天日,迎回平埔族人小鸡笼庄的居地奉祀,继而经地方人士集资建庙,终在大正八年(1919)建庙庆成安奉,复因小鸡笼又称小基隆,都是三芝区原三芝乡的旧地名,庙址位在埔头老街,故先后得新庙名为"小基隆福成宫"、"三芝福成宫"、"三芝妈祖庙",及俗称"埔头妈"至今。是为当地民间信仰中心,宠赖母仪作圣,黎庶咸安,四时香火从未间断。

"小基隆福成宫"主任委员叶腾吉向我介绍,据《三芝乡(小基隆)福成宫沿革》载:"据考,'台北府城天后宫'乃前清巡抚刘铭传,于光绪十四年(1888)所建,而妈祖神像又蒙皇帝勅封之金面妈祖,为专属达官显贵崇奉之神,并非一般庶民所膜拜之非金面神像可比,故其尊贵迥异寻常也"。

由此证实,斯时被日本总督尊为中国友人的孙中山,才有可能于主持遥控惠州起义革命军事之便中,抽空秘密在周遭一公里内的台北府城中心,唯一的官庙天后宫迎入参拜妈祖,这里与总督官邸,即今台北宾馆毗邻,跟总督府也近在咫尺,民主革命的伟大先行者入内,祈求和平女神护国佑民、神助革命终必成功的心情,应该是可以理解的。

谅系孙中山在台所敬奉礼拜过,且为全台唯一的这一尊金面妈祖圣像,自从移驾原台北县三芝茝乡安奉,近年配合北台湾六县市盛大的妈祖文化节,都会依例请出尊驾到"台北府城天后宫"遗址巡安,再回銮"小基隆福成宫"举行隆重安座仪式,期间最大规模的一次,为前殿圣母重返清代旧庙址台北府城建成130周年祀典,可说盛况空前,意义尤其重大。

5. 唱和中山拜妈祖诗力无边感染性

梁启超尝用诗联作品赞颂孙中山拜妈祖事,一首诗句只有那27字,一幅对联更少到20字,却感动了多少人群起效法,至少已感动了我追根究底,来为我国近代史上,两位伟大的民国人物赞叹、歌颂。职是之故,我联想到,未尝不可发挥这种无边的诗歌感染性,藉重唱和妈祖颂诗兴大发,号召海内外广为奉和,拙作赞中山颂妈祖诗,俾便收辑成为汇编,用以祭告两大伟人。

我旋即配合"祈福行"脚程,特贡七言诗篇试作两首,广向海内外中山信徒、妈祖信众、粥友诗人索和。意想不到,很快就获得各地同道普遍的回响,得以于今年孙中山逝世 90 周年纪念日当天,抱持唱和赞中山颂妈祖诗联,在台北国父纪念馆孙公铜像前,代表有志一同的 20 余诗家,总汇 50 余首征诗,来抒写广大人民群众代表的心迹。

以下谨依照来稿先后为序,披露这些位爱国诗人新作。

(1)陆炳文原作两首,数易未是草如此,其一:天佑中山拜妈祖,推翻帝制共和行。人间正道山河美,两岸同心享太平。其二:天佑中山拜妈祖,推翻帝制共和图。津门鲲岛相磨励,两岸一心德不孤。

(2)盐城粥会董峰,率先唱和《纪念孙中山先生逝世 90 周年暨首次赴台祭拜妈祖 115 周年有吟》:佑民护国目标明,沧海桑田大道行。牵动人间忧乐事,情倾两岸共和平。别出《孙中山先生逝世 90 周年祭》为和:闭关积弱成封建,风雨飘遥碎版图。代有英雄华夏梦,共和兴起道何孤!《缅怀中山先生步韵》二首,其一:共和开启大光明,犹记当年曲折行。两岸三通新气象,换来今日共升平。其二:帝制推翻社稷苏,共和伟业展宏图。宣扬博爱弘民主,倡导文明路不孤。

(3)香港世界汉诗协会周拥军,亦就原玉②和诗得句:最忆中山纵五湖,自由民主共和图。屠龙革命虽成事,却恨东都悬海孤。

(4)台北粥会黄友佳,《敬步全球粥会陆炳文总会长瑶韵》:中山救国祈妈祖,革命神前表壮图。救溺拯民同一志,伟人天后道非孤。

(5)高雄黄昭丰,爱步陆作原韵如下:逸仙妈祖光华夏,救溺兴邦壮令图。两岸同根欣共命,伫看一统道未孤。再奉和句两截,以颂国父、妈祖如次,《国父颂》:千秋一士启宏谟,创立共和展霸图。崛起亚洲开国运,巍巍荡荡白云孤。《妈祖颂》:北宋湄州林氏女,代传救溺驭风图。千秋立庙尊天后,两岸一家信未孤。继而发现陆作索和,还有一截用八庚韵,再奉答二首如下,其一:三民主义播天声,天下为公大道行。携手同耕华夏梦,安和乐利庆升平。另一:拯溺救危凭慧眼,安澜镇海护航行。民安物阜咸沾泽,后德同钦乐永平。

(6)常德粥会邓声斌,《奉和陆会长赞国父诗》:天佑逸仙妈祖魂,推翻帝制惠民生。励精图治山河美,两岸和谐乐太平。

(7)古典诗社邓璧,"和诗两首,以纪念孙中山林默娘,敬和陆炳文元玉":济时济世济苍生,千百年来道并行。除却中山更妈祖,庇教两岸共升平。其二、计自显名寰宇俱,亦神亦圣仰良图。而今陆海齐崇拜,志一心同两不孤。

(8)古典诗社杨君潜,次韵奉和如下:国父台湾谒天后,神恩浩荡励雄图。鲁戈返日乾坤转,华夏重光党不孤。

(9)台北粥会李宏健,"孙中山逝世九十周年、暨首次赴台祭拜妈祖一一五周年,敬步陆会长原玉",其一:圣母佑民功显赫,三民主义亦当行。同心同德创时势,海晏河清颂太平。其二:圣母敷仁安社稷,逸仙建国创良图。应从一统开新运,莫让台湾成独孤。

(10)古典诗社宁佑民,《敬步陆总会长炳文春祭妈祖大典元玉》:孙公妈祖道相符,济世安民展壮图。两岸同心携手进,弘扬德业孰云孤。

(11)台北粥会柏蔚鹏,唱和贡句:天佑中山祈妈祖,推翻帝制济民生。人间正道山河美,两岸同心享太平。另得:天佑中山崇妈祖,推翻帝制展宏图。津门鲲岛同根脉,两岸齐心德不孤。

(12)旧金山粥会陈萱,"非常钦佩陆总会长,您的爱国胸怀,以及中华情结,两首诗已充分体现,谨和一首如下",依韵奉和:中山伟业开新纪,妈祖飞升佑众生。四地一家伤史迹,一中两岸弟兄情。

(13)北社朱锋,《步韵谒中山陵》:华夏春来天渐明,中山陵里且徐行。请君侧耳听民意,两岸同胞盼太平。

(14)北社张兆伟,《步韵纪念孙中山先生逝世90周年》:博爱中山拜妈祖,海航天佑护民行。同盟正道凌云志,一统共和迎太平。

(15)北社李衍茂,纪念孙中山先生逝世90周年,步韵二首:百年风雨洗眸明,试剑孙公问道行。帝制推翻民作主,华人垂裕享升平。另一:华夏春秋历乱途,黎民挺骨护疆图。大同博爱孙公志,两岸丕承影不孤。

(16)北社甘宝恩,纪念孙中山先生逝世90周年,步韵二首:妈祖典常追远泽,中华革命忆先行。春临台海神州满,风正帆轻寄太平。另一:天佑炎黄龙脉在,百年同绘共和图。襟怀妈祖悬长愿,莫让神州一岛孤。

(17)贵州余廷林,《和诗纪念孙中山》,其一:偶像精英燃烈火,敢于绝地作豪行。满清推倒奇功建,可叹人间路不平。其二:革命未成须努力,民生民主盼宏图。音容宛在民心里,应是先生德不孤。

(18)新加坡全球汉诗总会陈延任,《路难行》——和陆炳文词长:革命成功犹在望,纷纷扰扰路难行。五权分治人真懂,历代风邪眼下平。

(19)台北粥会鄞强,《敬和陆总会长原玉》:中山博爱壮怀明,立德培功大道行。正气坚持参妈祖,心同两岸缔和平。其二:和平奋斗纵江湖,碧血黄花展壮图。天下为公清室解,兆民欢庆德无孤。

(20)台北粥会李能学,响应则作楹联两付,其一颂妈祖联:身是东方无量佛;福照南海众人星。其二颂国父联:创建共和新国运;中华富裕世称雄。

(21)陆炳文主导纪念孙中山先生逝世90周年、暨首次赴台祭拜妈祖115周年,展开"2015海峡两岸妈祖信众祈福行"活动,稍早行脚曾到大陆第一站,此即北京东岳庙海神殿,举行启动仪式后,还应景试作对联,当场并书写下来,有句:中山传国祚;妈祖佑和平。陆联之区区十字以为记,此行之庄严神圣尽在其中。

(22)彰化粥会刘政党,其一:天佑台湾拜妈祖,中山主义共施行。情系两岸同宗戚,树德树人策和平。其二:天佑台湾朝圣母,共巡毓秀一鸿图。中山思想伝千古,两岸同宗道不孤。

(23)彰化粥会张铁男,其一:天佑台湾拜妈祖,自由民主共励行。中山大业千秋戚,两岸讴歌颂太平。其二:天佑台湾拜妈祖,同宗两岸策雄图。中山恩想人心植,鼓吹中兴志不孤。

三、妈祖俗信在河洛文化中特有的优势地位

1. 两岸民间独特的信仰大爱无疆

我总以为,信仰自由,一如人身自由、迁徙自由、新闻自由、言论自由等,都属普世价值范畴,不容置喙,也不容置疑。但是信仰自由,却显然有例外,令人不免生疑。我怀疑的无他,只是任何宗教,人民一旦信仰了某一宗教,可不能同时去信其他教派,单独仅有信奉妈祖的人,绝不排斥另行去加入其他宗教;或者说,几乎所有的妈祖宫庙,皆欢迎其他教派信徒来朝拜。所以我倾向于认同一个说法,那就是奉祀妈祖并不是宗教信仰,而纯粹属于民间信仰、或称民俗信仰的问题,这在大陆被叫做信俗,若在台湾则习称信俗,基本上祂是一而二、二而一的民族宗教特例。

揆度此一民宗的特例,依我之直觉观察得知,任何正信宗教,所信仰的对象,不管称号神、上帝、真主、圣者、至尊——,十之八九都是传说,唯独马祖林默娘最真实,有名有姓,有父有母,真有其人其事,真有生平生卒,真有故里故事,真有历史文化。"现在的很多神,就是过去的人"。这么一句言简意赅的话,习近平同志关心重视妈祖文化,道出党和国家领导人的真知灼见。这应该也是上亿人崇拜妈祖的原因之一。

另外的一个理由,还在于袖的事功,和平女神舍己为人、大爱无私的精神,才令人感动而深信不疑。这种无疆的大爱精神,当然最容易取信于人,又因与孙中山的博爱思想,不谋而合且深入人心久矣,是故革命家号召群众奋起,来台倥偬革命军事之暇,也不忘向和平女神求助。

《莆田网》在6月6日有一则新闻,就一并提到大爱博爱的交集:

> 由台湾中华妈祖俗信文化研究中心名誉主任、福建霞浦松山天后行宫名誉董事长陆炳文带领的"2015海峡两岸妈祖信众祈福行"一行,到达台湾云林县北港朝天宫参拜天上圣母,并在现场进行了"书祭"妈祖。
>
> 陆炳文撰写的文句是,"中山博爱,广布世道;妈祖大爱,深植人心"。在祭拜仪式结束后,陆炳文说,"书祭"就是指妈祖信士,以书法来致祭祀的意思。朝天宫在台湾地区保留传统礼仪历史悠久,"书祭"妈祖,是中国古代特色参拜方式,也是信奉妈祖的文人雅士用"我字写我句"的书法作品进献,把俗信文化提升。在这里举行"书祭"显得别出心裁而与众不同,也令在场祭拜信众有别开生面的感觉。"书祭"句中的"中山"为双关语,既代表孙中山,也表示朝天宫地址座落北港中山路的意思。
>
> "祈福行"一行在6月1日还走访了嘉义县新港奉天宫、台南市中西区全台祀典大天后宫、妈祖楼天后宫及安平区开台天后宫等4座宫庙,"2015海峡两岸妈祖信众祈福行"60多天以来已经走访了66座标志性妈祖宫庙。

其实,在推动"祈福行"之前两年,中华妈祖网特约通讯员李卫国,曾就中华妈祖信俗文化研究中心成立三周年,采访我时便透露了天大玄机,大爱无如何首回送进了北京。2013年5月2日微博讯:"第三届妈祖(北京)庆生会之际,台湾妈祖中心陆炳文名誉主任,谨代表国民党荣誉党主席吴伯雄,向妈祖文化(北京)活动组委会赠送了墨宝《大爱济世》,众志以纪念妈祖诞辰 1053 周年为契机,率先将妈祖文化精髓传播到京畿地区,让首都人民喜乐接受一次妈祖精神的洗礼,从而对妈祖信俗文化有更深刻的认识,再借重以妈祖大爱为主题之民俗活动常态化,成为北京、福建和台湾三地文化交流的全新桥梁和纽带"。

同一微博指出:"翌年(2014)4 月 22 日,'北京第一届两岸妈祖巡安庆典/纪念妈祖诞辰 1054 周年文化活动',首在东岳庙海神殿重新登场,又以'妈祖大爱·两岸同源'为主题。在 24 日东岳庙海神殿董事会筹备会成立之际,陆炳文被公推为该会名誉董事长。9 月 26 日,本中心组织了 15 人的妈祖信众书画家代表团,应邀出席'第七届中国·天津妈祖文化旅游节信俗交流活动',参拜天津天后宫之余,在'首届两岸四地名家书画摄影作品联展'中也大放异采。在津期间,他荣获来自家乡宁德的霞浦松山天后圣母行宫董事会,敦聘为名誉董事长,这是迄今为止所获得专门服事妈祖的第 4 个机构荣誉职。10 月 1 日,陆炳文等重回北京东岳庙海神殿祭拜,在浓厚的文化氛围中共谒妈祖,纪念和平女神羽化升天 1027 周年"。

凡此独特的信仰大爱无疆推广工作,我们借重妈祖的爱心和信众心力,借力使力在两岸民间默默地进行有年,咸信逐渐产生初步成效,将有助收揽两岸民心,也有益于收复国人自信心,更有利于收起人民爱国心。

2. 大陆特定妈祖媒体群无远弗届

在大陆,有海内外华人地区所没有的,强而有力的特定妈祖媒体群,其实时新闻在线,第一手就 po 上网,或网络,或微博,或微信;发稿容有先后,或创稿,或跟进,或引用,都无伤大雅;乡民可以通过桌面计算机,或平版计算机,或手机,辗转传遍各地,简直无远弗届。

在时间上言,人们可立刻取得完整新闻报导;在空间上言,所有相关信息可谓鞭长皆可及。因此之故,点击率高,点阅人众,影响层面广,收到宏效大。加上两岸有关宫庙的友情链接的全面支持,全国及地方性各有关媒体的全力配合,特别是获得下列网站的全员支持,而得以很容易收到事半功倍的全效。

我再次谢谢下列各友好网络:中华妈祖网,天下妈祖网,华夏经纬网,莆田新闻网,道教之音网,海洋财富网,中国侨网,中新网,你好台湾网　丹东道协网,中国海洋食品网,潮汕妈祖网,道教资讯网,莆田网,妈祖社区网　莆田日报,莆田晚报,全球粥会网等,近半年来累计超过百条,妈祖新闻的适时发布。

试以 9 月 4 日《中华妈祖网》为例,消息指出"9 月 2 日,由台湾中华妈祖俗信文化研究中心名誉主任陆炳文,偕同主任史瑛、副主任陈碧玲等一行人,祈福行至有着 300 年历史的旗津天后宫参拜妈祖,并向天后宫管委会礼赠妈祖俗信文化研究中心高雄令旗,此为'2015 海峡两岸妈祖信众祈福行',自 2 月 4 日启动以来,巡礼完成的第 92 座宫庙。

"旗津天后宫是高雄市第一座妈祖庙,始建于清康熙十二年(1673),当地民众又称为妈祖庙或妈祖宫。1997 年湄洲祖庙'镇殿金尊',千年来首次莅台,并驻跸于天后宫,安座三天,供妈祖信众顶礼膜拜。旗津天后宫由福建渔户徐阿华遇飓而开基旗后,有洪、王、蔡、李、白、潘等六姓同行,迎奉湄洲妈祖分灵抵台,草建妈祖宫奉祀天上圣母。至同治六年(1867),台湾海防南路理番分府会同安平水师协镇,颁立'汛口私抽勒银示禁碑于妈祖庙前渡口',庙名已见诸官文书上;到了光绪十三年(1887),商人张怡记重修妈祖庙,称用天后宫,更见庙貌初具规模之一般。

"1814 年,太平洋战争爆发,位于旗后山腰的临水夫人庙及吕仙祠遭到日军拆毁,两庙神像寄奉于天后宫,嗣后宫庙座落的旗津一带,迭次受到盟军飞机空袭,唯独天后宫幸免而完好如初,谅系妈祖婆显灵庇护保佑所致。1948 年,善信多人筹款重修天后宫庙貌,才有今天两殿两护室之巍峨堂皇。1983 年,顺天圣母神像及"敕封顺天圣母"古匾改奉行宫,当年移出天后宫,此后另在旗津三路 100 号重建临水宫,罕见之一宫同奉两圣母特殊因缘终告结束。

""祈福行"信众拜谒过旗津天后宫之后,陆炳文等一行还按照计划,即为孙中山首赴台湾参拜妈祖庙 115 周年纪念,举行"天下为公:两岸同行中山路、万众同拜妈祖庙、一心同圆中国梦"活动,前往中山大学,拜见了台湾文联名誉主席、中山大学原文学院长、特聘讲座教授、著名诗人余光中大师。

"余光中代表作之一的《断奶》诗前引喻说:'我的慈母生我育我,牵引我三十年才撒手,之后便由我的贤妻来接手了。没有这两位坚强的女性,怎会有今日的我? 在隐喻的层次上,海峡两岸的大陆与海岛更是如此。所以在感恩的心情下我写过《断奶》一诗,而以这么三句结束:断奶的母亲依旧是母亲断奶的孩子,我庆幸断了嫘祖,还有妈祖'"

上面这则新闻发布后数小时,点击率就破表高达8188,乡民仍可望持续增加中,经验告诉我上看数将以万计。再如这则《天下妈祖网》特约通讯,看的人多到也不遑多让,标题是《"妈祖信众祈福行"到访广州南沙天后宫》,责任编辑文字:"5月11日,农历三月廿三,适逢天上圣母诞辰1055周年,由台湾地区妈祖俗信文化研究中心、福建霞浦松山天后行宫董事会等单位,合办的'2015海峡两岸妈祖信众祈福行',走访了广州番禺区南沙天后宫、番禺区化龙柏堂路天后宫、番禺区小谷围岛练溪天后宫、和增城区仙村一路天后宫。目前,'祈福行'累计巡礼海内外标志型妈祖庙间数,已达60座之多。

"台湾地区妈祖俗信文化研究中心名誉主任陆炳文,在番禺南沙天后宫发表题为《孙中山拜妈祖是今日两岸关系之基石》的祭文,用流畅短文纪录他个人走访60座妈祖宫庙,一路走来感悟最深刻的几点:其一、孙中山和妈祖,是台闽粤三地民众最崇拜的历史人物;其二、孙中山理念和妈祖精神、核心价值分别为博爱和大爱,二者理念相契合。

"陆炳文表示,在广州市周边地区走访特色天后宫过程中,见到不少人去拜妈祖。尤其是妈祖圣诞当天,广州妈祖文化交流协会在南沙天后宫,举行团拜场面如此的盛大,更加彰显了台闽粤人民信奉和平女神的范围之广,两岸关系和平发展必经大道,愈益会变得平坦无碍,两岸和平统一民族大业,也愈益会受到台湾同胞广泛支持。

"应广州南沙天后文化学会的请求,陆炳文现场挥毫题词,墨宝内容很有历史与时代意义,取材自115年前梁启超所撰名联,赞颂孙中山在台湾拜过妈祖的对子,上下联共20字有云:'向四海显神通,千秋不朽;历数朝受封典,万古流芳。'并为珠三角地区规模最大妈祖庙南沙天后宫,撰作并书写了七绝有句:'天佑逸仙祈妈祖,推翻帝制共和行;南沙大角山河美,两岸同心享太平。'"

3. 台湾河洛郎特色人文无与伦比

在台湾,闽南语发音的"福佬人",其实就是指"河洛人",俗称"河洛郎"的,亦即从河洛文化发源地,东渡来台的中原人士,历经千山万水的一再洗礼,再受一衣带水的黑水沟考验,先民能够存活下来很不容易,后人能够在此生息更不简单,因而沿袭中华文化传统的精萃,累积创建了新的移民文化,实即具有台湾人文特色的,河洛郎本土化的在地文化,有人视之为混血文化;台湾河洛郎特色人文思想,正因为经过混化,所以特具优胜劣败的特质。

由此思想所衍生出的,不论是人民个别行为,抑或为群众集体行动,其间包容、融合、和谐成为核心价值,发展出来以台湾优先为主调,和平、和睦、太平为诉求的渴望,就明显看出有两大症候:行为表现特别强烈,行动力量尤其强大。这样产生的台湾人性格,才能久经荷兰、明郑、前清、日本统治而愈益锤炼,光复之后国民政府回来治理,赋予自由、民主、开放的政策,愈益造就出生生不息的多元文化。

近代台湾特殊的多元文化,呈现在中华文化的传承上,文学有如百花齐放,艺术形同百家争鸣,民间信仰正像百鸟来朝,风俗习惯恰似百川汇集。就以妈祖俗信文化而言,容或别的地方,朝拜天上圣母,只会墨守成规,上香、下跪、抽签、笑杯、许愿、还愿,多半周而复始,一再重现而已,老套重演罢了,信俗逐渐式微,以致乏人问津。

唯独宝岛台湾敬拜妈祖婆,早已跳脱千年老旧窠臼,改以活泼生动祀典取代,而注入各种形式的文化艺术表现。我妈祖中心继3年前,把书画笔会交流活动,率先引进福建湄洲妈祖祖庙以来,又先后推广到天津天后宫、北京东岳庙海神殿、浙江苍南一带妈祖宫庙,吸引到更多信众,当中尤多年轻人,显见收效良好,几乎有口皆碑。

年来启动的“祈福行”,我中心再进一步推出多元祀典示范活动,广泛使用了“诗祭”、“书祭”、及“画祭”等,多样貌祭祀的新生型态,业已为各界所一致推崇,特别引起两岸媒体高度关注。6月29日的《天下妈祖网》消息说:“祈福一行参拜台北市士林慈诚宫,参拜时由唐健风沐手恭绘妈祖圣像,首次在神龛前‘画祭’天上圣母,这是继传统的金身圣像奉祭,别开生面的‘诗祭’、‘书祭’之后,对神明另一型态的祭拜仪式,令在场善男信女们大开眼界。

“当天代表妈祖宫庙的陪祭者、士林慈诚宫主任委员吴旻哲表示,这是该宫创建200多年以来,第一次采用‘画祭’天上圣母,感谢‘祈福行’一行的到来,更感谢唐副主任赠予宫庙的妈祖圣像,在今年妈祖羽化升天的九月初九,可望达成祈福行满九十九间宫庙时,答应配合该宫后殿新建筑竣事,绘像回銮留置长悬士林妈祖地,祝愿如题画名‘庇国佑民护中华’。

"陆炳文还说明,今年为纪念孙中山首赴台湾拜谒妈祖庙115周年,启动式后一路巡礼两岸指标型宫庙迄今,到了士林慈諴宫已达79间,其中,在天津天后宫朝拜妈祖时,首先以霞浦松山圣母行宫提供的金身奉祭,行至东台湾花莲则已采'诗祭',进入中台彰化又用'书祭'方式,今后'祈福行'将沿用'画祭'妈祖,一直到两岸祈福活动圆满结束"。

由此可见,无与伦比的妈祖文化,乃台湾河洛郎人文特色,而特定媒体独钟的河洛优秀文化,又数台湾的俗信妈祖文化最丰富多元。如此一来,我们祭出妈祖婆才会更灵验,我们打出妈祖牌也才会更有效;固虽如此,我妈祖中心多年来付出的努力,特别是别开生面的整体文化营销、与别出心裁的整合传播手法,祈福行动思路既新颖又清晰,皆有其不可磨灭的一定程度之贡献。

四、今后河洛俗信特殊文化传播的全新思路

1. 陪侍妈祖的千里眼和顺风耳有以待之

无可否认,台湾妈祖俗信乃河洛文化的重要组成分子;无庸掩饰,妈祖俗信文化传播又系极其特殊的成功实例。它的重要表现在妈祖和平进京,它的成功则出现在大爱泽被中华。

可见,我们做文化传播,我们搞文明宣传,耳聪目明要千里眼及顺风耳,与时俱进要学台湾妈祖中心,注重创新发微,不必墨守成规,文宣方向的设定,活动主题的订定,在在需要托千里眼和顺风耳的福,每每必须天上圣母的庇护和保佑。

回顾2013年10月24日,我们按照计划把距今20年前,原先不知名台湾妈祖信士,暂时安奉在湄洲岛妈祖庙的和平女神金身,启动"恭迎湄洲妈祖移驾北京东岳庙民俗活动方案",三度登偕同大陆中华妈祖文化交流协会常务副会长林国良,北京民俗博物馆曹彦生,北京朝阳区政府原副区长关三多等出席湄洲祖庙妈祖分灵北京东岳庙海神殿典礼。

当我致词时强调:感恩于保佑这又一次妈祖信俗文化的扩大弘扬,也感谢祖庙妈祖董事会董事长林金榜的玉成美事。26日清晨妈祖圣驾低调抵京,顺利安座于东岳庙海神殿内,上午吉时在殿前圆满办理"妈祖大爱? 美丽中华"、恭迎湄洲妈祖北京东岳庙海神殿分灵安座仪式,我又代表前长官萧万长,向组委会颁发题词"保民安境"宝墨,还提笔写下一句"海神俗信千秋绪,国泰民安两岸和"

以志其盛。

一般咸信：此次妈祖进京，分灵至东岳庙，与紧接着迎来随侍天后的千里眼和顺风耳，诚为恢复传统行业习俗信仰的第一步，对于加强职业道德，树立行业文化，推动各业协会组织的发展，均已起到了积极的作用，更是在北京民俗信仰发展史、两岸妈祖文化交流进程、及京都建设世界文化之城市发展历程中的一个新突破。特别是整个过程的空前顺畅和平安，有以待之未来办埕活动义宣参考。

2. 搭上"海峡论坛"同名村交流活动的便车

文化传播仰赖的是平台和媒介，如果有现成且完备的尤需仰仗，每年逾万人投入厦门的海峡论坛，就很值得借鉴学习，该论坛中的分论坛，亦即同名村交流活动，三年来异军突起，正是河洛文化传播的便车，第十二届河洛文化研讨会，一度纳编为分论坛之一，倘若能接续前缘，搭上论坛的便车，相信足收事半而功倍之效。

何况是近两年来，我所擅长的议题宣传，在论坛中屡获充分发挥，再多一项传播河洛文化，轻而易取的举手之劳而已，大家皆大欢喜而何乐不为呢?! 如下附论坛组委会数据库档案，和厦门市集美区委统战部内部文件，突显便中倡导之功，十足证明此言不虚。

经查 5 月 28 日的行文中指出："去年（2014）第六届海峡论坛期间，集美板桥联谊会秘书长张文总与台湾新北板桥宗亲会创会会长张进锋，曾在厦门国际会展中心入口长廊，同名村文化交流展示图版前，通过台湾同名同宗村交流中心主任陆炳文的推介，受到中央政治局常委、全国政协主席俞正声的接见"。

实际上我有搭便车的想法，始自第十二届河洛文化研讨会，提交论文题目已见端倪，《台闽两地同名村　连通两岸河洛情》文中首段言明："中国人跟外国人最大的不同，在于有种根深蒂固的'阿同'观念，就是同宗同乡族人间，同样会尊前敬祖、怀乡寻根、重土报本，不管人走到那里，都不会忘记根本；我们这种传统观念，最容易表现在'同名村'上；从前中国大陆移民渡海赴台，早在'唐山过台湾'之初，同姓同籍的人，就习惯聚居在一起，互相照应，相互扶持，时间一久，自成聚落，并自取地名，且相沿把该地冠上故乡名称、或本族姓氏，于是成为极具乡土味的什么厝、什么村、什么里，同名村由此产生'。

末段结语，更直接宣扬，如此"结合闽客族人，一同祖地寻根，两岸香火共传,熔铸亲缘纽带,延绵河洛情怀,扎根草根乡野,连动地方情愫,成功拉近了两地各族群,在感情上的距离,势必连带缩短了,两岸和平统一上的时程,不仅是民间研究河洛文化取得成果的一桩好事,而且系河洛情谊助成国族和谐的头等大事"。实际上,这种"阿同"观念,不仅仅在同名、同宗、同乡、同学、同僚中生成,同信仰、同文同种、同根同源等条件,乃不可或缺之形成共同体的凝聚元素,亦为议题主导宣传之搭便车的必备要件。

有如今年6月14日,中央电视台、厦门广播电视集团及中国网络电视台,不约而同均有视频,播出旁白说:"在去年的海峡论坛上,台湾代表陆炳文给中共中央政治局常委、全国政协主席俞正声送来了一袋台湾大米,寓意两岸同胞的亲情像煮成一锅粥的米一样不能分离。今年的海峡论坛,陆炳文又来了,还带来了他花了一个多月时间精心准备的礼物。这份礼物跟去年有什么不一样? 又有什么更加深远的意义呢?

"昨天(13日)下午,在海沧区青礁村院前社举办的两岸同名村心连心交流活动上,这份礼物揭开了神秘的面纱。——陆炳文谨以这个你侬我侬的泥巴,代表两岸同名同宗村的情谊。你泥中有我,我泥中有你,这让俞正声很感慨。他说,同名村也是同根村、同心村,它饱含着同胞们的爱乡爱土之情,也是在告诉后人,两岸同胞是一家人。——最后陆炳文补上一句:正好这九个地方的泥代表性很足,本来就是大家不分彼此,合成一个像习总书记讲的命运共同体、和谐共同体,两岸一家亲慢慢走向两岸一家人。"

3. 配合"一带一路"海丝战略行动的同船渡

俗话说:"百世修来同船渡"。这句话的真实意思,是要让人懂得知福、惜福及造福,把握难能可贵的机会,求得福泽及福报;"一路一带"正是今生修来的战略构想,打开"筑梦空间"而大有可为。中国古代的丝绸之路,在世界版图上延伸,诉说着沿途各国人民友好往来、互利互惠的动人故事。目前,全世界各地有妈祖庙近5000座,信奉者已近2亿人且多华人。今后势必有新的故事传出,留待我们去重写盛世辉煌。

最近的7月17日《海洋财富网》也针对这一点,指出传播河洛俗信特殊文化,难得的机遇就在于,配合"一带一路"海丝战略行动,改写大时代的伟业史诗。该网以《陆炳文为两岸祈福到达浙江苍南拜妈祖》为题,PO文说:

陆炳文带领"2015 海峡两岸妈祖信众祈福行"信众，参拜了浙江温州市苍南县的 3 座特色妈祖宫庙，其中有一座即将竣工的苍南妈祖庙天后圣殿，预计在今年 8 月 25 日举行第四届浙台妈祖文化节时，可以初见庙貌宏规。该殿周边并已规划为坑尾妈祖文化园，纳入浙江温州苍南台湾农民创业园，未来不但将成为独一无二的浙台妈祖文化交流的基地，更可以配合我国"一带一路"世界大战略的崛起。

众所皆知，"一带一路"的海上丝绸之路，与郑和当年下西洋很有关连性，跟郑和船队在南京造船也大有关系。因此《湄洲日报》6 月 27 日便不约而同据以报导："陆炳文带领两岸妈祖信众祈福一行，来到阅江楼风景区南京天妃宫，参拜海上和平女神妈祖；南京天妃宫，又名南京市鼓楼区天妃宫，始建于明永乐五年(1407)，史称龙江天妃宫，乃郑和第一次下西洋回国后，以海上平安为天妃神灵感应所致，奏请朝廷赐建，自此以后的郑和六次下西洋，举凡出航前和归航后，均曾专程来此祭祀妈祖"。

笔者同月 23 日亲历南京天妃宫拜谒时，听阅江楼风景区管理委员会书记程宗清介绍说，此一皇家敕建妈祖宫庙，清咸丰三年至十一年太平天国运动，直至抗日战争期间，史上屡遭多次毁坏；10 年前经地方政府重建开放，恢复明代官式建筑的型制和风格旧观，还是为了纪念郑和下西洋 600 周年。近代中国百年兴衰史中，民国初年孙中山亦到此登上过阅江楼，南京天妃宫也见证了南京条约的签订。

翌日 24 号，《中华妈祖网》引用了我的回应，为文证称："陆炳文说，在对的地点、对的时间点，做对的事情，更具历史与时代的双重意义。今年是明朝三保太监郑和从南京出航下西洋 610 周年；郑和奏请朝廷赐建南京天妃宫 608 周年；孙中山首次赴台湾，策动惠州起义期间，参拜妈祖庙 115 周年；孙中山在南京总统府(现中国近代史遗址博物馆)就任中国民国临时大总统 104 周年，对日抗战胜利在南京正式受降 70 周年；中国国民党荣誉主席连战破冰之旅，首谒南京中山陵后来此拜谒妈祖 10 周年等多重纪念的一年。"

同网另段申论同船渡概念，"陆炳文表示，中共总书记习近平先生提出的世界性大战略思想体系,也就是以'一带一路'建设大行动,完成人类命运共同体的大计方针,真知卓见,实在令人敬佩,立杆见影,值得两岸同胞、沿线友好国家地区、乃至世界各地人民,秉持同舟共济、同舟一命的观念,一起来响应而能剑及履及,共促实现天下太平愿景"。在此我必须再作补充,千载一时,一时千载,我们真的需要大加珍惜、并且抓住这个大好机缘,沿着新的海丝"一带一路",同船渡向民族复兴之路。

五、结语:体现两岸命运共同体的最佳途径

命运共同体,或者生命共同体,乃至共同市场的理想观念中,最重要的核心价值,就在于同中存异、异中求同,合而为之即存异求同。近来习近平总书记又提出"聚同化异",我以为都很有道理。总而言之,都看得出来其中有"异","共同体"本身共同的问题就在,同体之内的每一个体和平共存,仍然包容许多个体彼此的不同,这种"同"的可贵之处在"异"字,否则,完全的"同"、复制的"同",根本办不到,亦绝对做不成。

再者,既然叫做同体,就有同体大悲、同舟共济、同舟一命的基本概念在内;既有共同观点,就有生死与共、荣辱与共、休戚与共的共同想法存在;既存与共的期待,就有制度、价值、理念等方面,诸个体仍各有其差异的现实,此乃不争的现存事实。

换言之,既已提出尊异促同,就是指望正视诸多差异性,尊重彼此之间的存"异",缩小相互之间的差距,其间尤需拉近心理认知距离,促成人类命运共同体才有可能性。两岸命运共同体同样要如此,两岸关系和平发展方能行稳致远,共促实现终极一统的和谐中国梦,进而再异床同梦,把妈祖文化输出,打造成海上丝绸之路的重要文化枢纽,协进完成人类命运共同体的美梦成真。

今年6月6日,我主持世界和平联合总会妈祖俗信文化工作委员会执委会议讲话时,就以《大爱、国粹皆一根,和谐、命运共同体》为题,与在座同道相互勉励,共期化成为21世纪海丝之路,搭架中外经济、文化交流的使者自许,重申"预定在今岁乙未年九月初九、阳历10月21日妈祖羽化升天日,完成走遍99间宫庙祈福的愿望,为长长久久的两岸关系和平一统发展前途,亦即'大爱、国粹皆一根,和谐、命运共同体'远景,业已打下坚实的良好路基"。

末了,我诚恳呼吁有识之士明白体认:经过了一个甲子的分治,两岸之间存在若干差异,在所难免,也无可厚非;但均属同文同种、同根同源的两岸,终归是要走向一统,别无他法,更无从选择。作为中山忠实信徒、妈祖忠诚信士的我,始终深信不疑:和平、奋斗、兴中华的中山路,乃"存异求同"走向"聚同化异"的唯一大道;和平女神大爱、行善的妈祖俗信,又是聚合两岸命运共同体的唯一血脉。尤其是妈祖俗信,诚系华夏文明、河洛文化当中,一个强烈的一统义化符号;对俗信妈祖的深化研究,我們更是须臾都离不开,这个唯一的一根文化命脉。

（作者中国河洛文化研究会常务理事、台湾文化艺术界联合会理事主席、台湾妈祖俗信文化研究中心名誉主任、全球中华粥会世界总会长、世界社扶道人孫中山文化研究中心執行主任）

河洛文化与台湾民间习俗

妈祖精神之探析

刘　清　侯　立

　　妈祖信仰传承至今,在中国沿海地区流传极广,从东南沿海到台湾地区,北至东北口岸,往南直至华南港湾,甚至随着华人的脚步,从南洋传播到二十多个国家和地区。据说妈祖宫庙达五千多座,信众则有两亿之多,其主要原因就在于妈祖精神的力量,这种精神力量得到了民众及历代官方的认可,凝聚着人们的情怀及理想。

一、妈祖精神源头及妈祖精神之形成

　　妈祖生前善举是妈祖精神形成的一个重要因素。妈祖一词原为闽地对年长女性的尊称。"灵妃一女子,瓣香起湄洲"。妈祖,原名林默娘,生于宋建隆元年(960年),殁于宋雍熙四年(987年),系莆田湄洲人士,自幼聪颖灵悟,后年稍长便能识天文,懂医理,平素乐善好施,助人为乐,深得乡亲们的爱戴与尊敬,她去世后,大家感其恩,念其情,就在湄洲岛建庙供奉。有一位学者讲:"早期人们信仰妈祖,主要是为了祈求海上平安。"一千多年前,航海技术尚不发达,福建沿海一带靠海为生的人们,只能靠祈求神灵的保佑来应付自然灾害,就把妈祖这位善良的民间女子尊奉为海之神,因而妈祖的信仰传播极快,随着海上交通贸易及沿海港口的开发,妈祖庙也随之建立,"先有娘娘庙,后有天津卫"。这句话是对天津港口起源的形象化说明。澳门葡萄牙语为MACAU,就是粤语"妈阁"的音译。当大陆民众迁徙台湾时,波涛汹涌的台湾海峡是他们遇到的首要障碍,许多移民随身奉持妈祖的神像或牌位祈求平安,在新的家园,人们虔诚地建祠供奉着妈

祖,这充分说明妈祖渡台是和宝岛开发有着直接关联的。妈祖的信奉区域不断扩大,从中国南北沿海地带到台湾以及南洋、琉球等海外地域也有妈祖的香火。可见对妈祖的崇敬是沿海民众对海上平安的祈盼,也是对妈祖生前善举的褒扬。此为妈祖精神形成的重要源头。

学者、思想家、政治家及官方的推崇是妈祖精神形成的另一个重要因素。妈祖是一个普通的民间女子,其短暂的一生并没有留下什么文集著作,也没有什么惊天动地的伟业,但她却从一个凡人而成为神并传承到今天,除了妈祖本人的美德和善行,以及民众对其寄望和祈求之外,还有一个很重要的方面即士大夫及官方的推崇、引导。妈祖的事迹得到不少士大夫甚至帝王传扬和赞许,如"传闻利泽至今在,已死犹能效国功"(宋黄公度)、"但见舳舻来复去,密俾造化不言功"(宋陈宓)、"普天均雨露,大海静波涛"(元张涛)、"扶危济弱俾屯亨,呼之即应即聆"(明永乐帝)。这些诗句既是对妈祖精神的高度概括,又说明历代的士大夫、文人甚至君主都很重视发挥妈祖的教化功能,希望使这一民间信仰成为促进国家昌盛、民族团结、民生富饶的推动力。宋以来妈祖曾经被历代朝廷多次赐封,其封号为为夫人、天妃、天后、天上圣母等达三十多种,成为一位至高无上的海上保护神,以致今天被人们誉为"和平女神"。

二、妈祖精神体现与妈祖精神实质所在

妈祖生活在一千多年前,那是一个封闭、忽视女性的时代,但她以传统的美德约束自己来适应时代,努力遵守那个社会的规范,讲究娴静端庄,但又不囿于旧礼教,开朗大方、勤劳淳朴、乐善好施。妈祖精神及其人格魅力主要体现在以下几个方面:

其一,立德仁爱。德的本义是道德、品行。在上古时期形成的礼乐文明中德是核心,它涵盖了诚信、仁义等一切美好品行的道德范畴。作为社会成员的人,要处理好个人与他人、个人与社会、人与自然的关系,其纽带就是德。德是做人的根本和基础。自古以来人们总是把德放在首位,敬重那些品德高尚的人。妈祖精神之弘扬就是源于妈祖的完美道德和情操。德则涵盖着"仁"。几千年来"仁"是一个永恒的命题,也就是儒家思想的核心,即"仁者爱人"。德行与仁爱往往联系在一起,即仁爱之德。关于妈祖的记载及传说,都是伏波救险、赈灾安民、行医送药等仁善仁爱之举。妈祖的"德"与"仁"就其源头而言,其根就在于中原河洛的中华伦理、中华美德。

其二,行善慈悲。古人曰"积善之家,必有余庆"行善的最低原则是不做损人之事,成就别人,即"勿以善小而不为,勿以恶小而为之"。行善要有一颗善心,即仁爱之心。行善是一种无私的行为,也是德与仁的具体化。善行能够帮助他人,能够感动他人,也能够化解恩怨和融合社会。妈祖的故事里,都称她对父兄对他人的热情、善良,为乡亲们治病送药,排难解纷,济险拯溺。据说她二十八岁那年因救海难不幸身亡,后人以"人行善行,死后为神"。视她因行善而升天为神护国庇民,福佑群生,建祠敬奉。而且妈祖对亲人也是孝悌当头,不顾个人安危寻找遇难的父兄,其孝亲之举也感动着身边的人。

其三,勤劳奉献。东南沿海一带在很早的时候男子就有出海谋生的习惯,那时因航海技术的局限,还有官方的海禁闭关政策,出外的人往往大多滞留异乡,留守在家中的女子除了承担传统家庭角色之外,还得承担大部分社会劳作,浔莆女、惠安女、潮汕女,就是其代表。她们敬公婆,教子女,刺绣、缝纫、烹饪等家务一肩挑起,还织网下海,耕田种地,甚至伐木开山、修路挖渠等重体力活也有她们的身影,里里外外一把手,把一个家支撑起来。在这个环境下长大的妈祖也是一个勤劳能干的渔家女子,而且她还是一个仁爱无私、奉献他人、尚义秉公的忠厚、豪爽的女性。她把善行给予自己的亲属乡邻,还把仁爱献给许多不相识的人。特别是面对海难,她挺身而出,义无反顾,舍己救人。这种勤劳、奉献精神奠定了她成为海上女神的道德基础。

其四,宽容平和。中华民族自古以来就讲一个"和"字。道家,儒家,甚至阴阳家还包括佛家都把"和"放在很重要的地位。儒家之和在治国,道家之和在修身,阴阳家之和在协调,佛家之和在养心。在中国传统文化思想中"和"之含义至少有四层:即人与人之间的和,人与社会的和,人与自然的和,人内心的和。故尔,在妈祖的传记中,妈祖常常以宽容平和之态为人处事,对兴风作浪的魔怪,不是打下十八层地狱,使之永不得翻身,更不是在肉体上的消灭,而是以德服之,以法治之,这种有容乃大的精神体现,使妈祖具有更多的亲和力。人们对妈祖的介绍中有这样的话:"其他所谓神者,以死生祸福惊动人,唯妃生人、福人,未尝以死与祸恐人"。妈祖生前在乡亲们中常常为之主持公道,调解纠纷,和睦邻里,态度友善和睦,心胸豁达宽容。在台湾由于对妈祖的共同信仰,使原先狭隘的祖籍地缘观念逐步削弱和淡化,"独天妃庙,无市肆无之,几台闽粤为一家焉"的记载就是明证。这对开发台湾,巩固海疆起到了非常积极的作用。特别是1895—1945 的日据时代,台湾民众一直维系妈祖等信仰,以河洛华—夏民族气节,顽强地抵抗着日本殖民主义的奴化政策。

妈祖精神实质与中华文化一脉相传。妈祖精神深深根植中华传统文化的土壤之中,是中华民族文化百花园中的一枝奇葩。有人认为妈祖精神融合了中华传统文化中的多元成分,既有浓厚的儒家色彩,也有道、佛以及巫文化中的某些成分。妈祖精神实质体现在仁爱、友善、和谐、宽容等层面上。仁是儒家思想体系的核心,孔子的思想即为仁学,总体是强调"仁者爱人",它包括孝、悌、忠、勇、礼、恭、宽、敏、信、惠等。后来孟子将"义"也归纳在其中,即"仁义"。孟子说:"仁。人之安宅也,义,人之正路也。"在妈祖传说中所表现出来的关于妈祖的仁爱、仁慈、仁德、仁义等等,令人信服,感到可亲。再如"友善"一词可以分开看,"友"即友好,是行为要求,是表面现象。"善"即善良,是心理要求,是内心态度,一般为"出于善意的友好",这才是真正的友善。所以要心从善念,首存善心。儒家代表人物多强调性善、良知,而道、佛也多谈"善哉"。按《说文解字》所释,善的本义是吉祥、美好,后来引申为和善、友好。妈祖的一生也是充满着友善的。这是妈祖一切德行的出发点,也是她屡处艰难,拯危扶弱的动因。和谐也是妈祖的精神之内涵,也有人认为是妈祖精神的终极目标。在《说文解字》中,和谐一词之"和":"和,相应也。"《尔雅》中,"谐,和也。"可以这样说,"和谐"二字简洁生动而又朴实无华地反映了中国人心灵深处对人、对社会与自然最深刻的理解。"和谐"一词在中国哲学中有着极重要的地位,道家讲和,认为"和"是宇宙之法则,天地万物"和"最为可贵,"万物负阴以抱阳,冲气以为和"。儒家讲"致中和"、"和为贵"。佛家的"和"即为六和:身和同任,口和无净,意和同悦,戒和同修,利和同均,见和同解。阴阳家的和则强调阴阳平衡、有序。可见和谐始终是中华优秀传统文化的核心价值。追求和谐,追求和谐社会,是我们的共识。宽容之原意为宽大有气量,不计较或不追究,能容忍别人。《尚书·君陈》:"有忍,其乃有济;有容,德乃大。"妈祖在日常生活中时常帮助化解乡邻、婆媳、姑嫂等之间多类矛盾,营造着宽厚、谦让、安宁的气氛,她以清正、端庄、善良的形象,赢得人们的敬重,具有极其重要的亲和力。

三、妈祖精神给当今社会的启示

妈祖生前是一个仁爱善良正直的热心人,并形成具有独特性的妈祖精神。短暂不俗的二十八个春秋,铸造了其高尚的人格,体现了一位奇女子的高素质、大境界。人们对其怀念弥深,感之弥神,仰之弥高。她去世后,人们把她的事迹神化,加以传颂,赋予了更多的道德价值。人们按美好的愿望把她尊奉为一位慈悲博爱、护国安民、坚毅聪慧、奋发有为、可亲可敬的万能女神,成为海峡两岸和海外华人华侨的心灵圣殿。由于妈祖的感人事迹,由于民众的认可传扬,宋以来的朝廷也多对其封赐,从而在官府的推动引导下,形成了以妈祖精神为核心的妈祖文化,这一文化"肇于宋,成于元,兴于明,盛于清,繁荣于近现代"。中国的海神是一位年轻的普通女子,体现了中华文化的多元特色,既具有大陆性又具有海洋性,这种大陆性和海洋性兼备的特点带有包容、慈善、仁爱、和平、发展、奋进的色彩,是河洛中华文化的一种体现。

妈祖精神是中华民族优良传统文化的体现。有人认为妈祖的文化精神价值在于人文关怀,一种向善的倡导。人们虽因地域、种族、文化的差异,所派生的价值取向、风俗习惯、审美观念等等或许有所不同,但由于人之本性对善美丑恶的认识则有相通之处,妈祖精神在诸多方面适应了人类对真善美的认同,如行医治病、扶危济难、佑人平安等等,这既是一种文化的传播,更是一种观念的教化。妈祖精神中包含有慈悲、善良、孝悌、礼谦、勤俭、和谐等内容,是中华优秀文化在现实生活中的体现。在中国历来就有仁者爱人、义薄云天、舍身求法、见义勇为、重义轻利、乐善好施、浩然正气等价值观的倡导,也出现不少仁人志士,故妈祖精神应该是中华精神家园中的有机组成部分。

弘扬妈祖精神是当代人之职责。近些年随着社会经济的发展,人们在追求物质享受的时候,忽略对精神家园的维护,一些不和谐的现象也时时在我们身边出现与蔓延,如道德滑坡、一切向钱看、贪婪等不正之风,对人们的思想侵蚀相当严重,危害甚大。从这个意义上说,妈祖精神在今天当是一剂提升我们心性、净化我们心灵的良药。从人文层面看,其精神信仰及价值的当代功能也是显而易见的。

其一,仁德友善之爱心。妈祖短暂的一生并没有留下惊天动地的伟业,但依据她的善行,人们按照自己的理想和愿望把她塑造成一个可敬可亲的女神,反映了人们对传统文化价值观的肯定。在今天提倡立德树人就是强调提升道德水准,以仁爱为基础,对人友好存善念,与人为善是君子最高的德性,"善中有外,方为友善"。以爱心对待他人,社会也就有着友好友爱的氛围。

其二,和谐共生之良知。和谐同样也是中华民族所倡导的观念,古人讲"和为贵"、"家和万事兴"、"道法自然"、"大人合一"等等。我们应从中华民族和谐文化价值观中吸取灵感,为社会、民族注入新的力量。宋元以来,由于战乱、天灾,人们祭祀妈祖福佑群生,把祛灾辟邪之希望祈求于神灵。妈祖能平息海啸狂风,能抵挡瘟疫疾病,还能降甘露伏旱魔,保证了社会和谐。它启迪了人的良知,使之树立珍惜自然、保护自然的观念,即万物有灵,众生平等,人是大自然的一员,人与大自然应该和谐共生,才能可持续发展。

其三,宽容和平之途径。妈祖以博大之爱排忧解纷,行善济世,其精神在两岸四地得到认同和传承。大陆台湾共祖同根,文化亲缘一脉相传,对妈祖的信仰也是两岸民间思想的共鸣。爱和平是人类的共同心声和目标。今天,妈祖已成为两岸往来的和平女神;在对外交往上,妈祖精神也促进我们走出国门,"有海水的地方就有华人,有华人的地方就有妈祖"。

妈祖精神从形成之日起至今,在总体上体现了中华民族的优良传统文化,虽然也存在一些保守与迷信色彩,但由于其人格魅力和道德品质的崇高性,影响极深,我们应该以积极、理性的态度来对待,吸收精华,摒弃糟粕,并且发展创新,赋予其新时代的气息,使之跨越种族、跨越地域、跨越文化,跨越宗教,充分发挥正能量之作用,为两岸四地和谐发展,共同繁荣作出贡献。

(刘清,湖北黄冈师范学院政法学院教授;侯立,高雄中山大学亚太研究中心在读博士)

参考文献:

1.《统一论坛》,2004 年第 1 期。

2.《统一论坛》,2001 年第 3 期。

台湾关公文化的三维分析

曾　谦

　　关公,民间俗称"关帝爷"、"关老爷",其庙宇遍布世界各地。据学者统计,台湾关公信众达800多万,约占2300万总人口的33.33%,关公信仰已成为台湾最广泛的民间信仰。

　　台湾关公文化研究从20世纪60年代以来,共有论文40余篇,各类著作十余种。从总体上看,目前台湾的关公文化研究,大致可以分为两种类型:一是对台湾关公文化进行评价、介绍的研究。如阮昌锐的《台湾的关公崇拜》(《海外学人》1982年第122期)、台湾历史风物丛考辑录小组的《关公之功德》(《台南文化》1977年第3期)、周燕谋的《关公典型神化的演变》(《现代国家》1967年第27期)。二是对关公生平和台湾的关公传说进行考辨、考察的研究。如赵正楷的《关公称帝称神的由来》(《山西文献》1980年第15期)、王见川的《台湾"关帝当玉皇"传说的由来》(《台北文献》1996年第118期)。

　　大陆地区对台湾关公文化的研究,主要集中在山西、河南、福建这3个省份。这3个省份关公庙宇规模巨大、关公文化氛围浓厚。随着近年台湾和大陆文化交流日趋频繁,这几个地区学者对台湾关公文化的研究也日益重视。特别是福建地区基于台海前沿的地域优势,对台湾的关公文化有更加深入的研究。福建广播电视大学何绵山教授撰写的《台湾关公文化探讨》(《荆州师范学院学报》2003年第6期)、《丰富多彩的台湾关帝庙文化》(《福建省社会主义学院学报》2008年第1期),是目前大陆对台湾关公文化研究比较深入的文章。

　　台湾的关公文化研究虽然取得了比较多的进展,但还应该看到,作为受众范围最广的文化现象,台湾的关公文化研究尚处在一个比较浅显的层次上,尤其是在关公文化理论研究、关公文化和台湾的社会关系等方面,仍存在着比较大的扩展空间。

三维分析法是对目标事物进行结构分解进行分析的方法,相比于其他研究方法,三维分析法可以对目标事物进行更加立体的观察。台湾的关公文化传统深厚、内容丰富,用三维分析法进行研究,可以获得更加全面深入的认识。关公文化作为一种文化现象,是适应台湾社会生活的道德规范和价值体系。它不但包括关公文化庙宇、塑像等实体性文化,还包括文化组织、义化活动、公共规则为主体的规范性文化,还包括价值信仰、宗教信仰为主体的信仰性文化。

一、实体性关公文化:兴盛蓬勃

具体关公文化信仰最早是什么时间传播到台湾的,没有明确的文献记载。目前收集到资料显示,台湾很多地方的关帝庙都是由大陆关帝庙分灵建成的。如宜兰县礁溪的关帝庙为福建铜山关帝庙分灵建造;宜兰县头城镇的协天宫是由福建漳浦佛昙镇分灵建造,等等。在台湾诸多从大陆分灵建造的关帝庙中,以从福建东山关帝庙分灵建造的最多,除了台湾北部最早的关帝庙——礁溪乡关帝庙之外,台南市赤坎楼附近的宁靖王庙的关帝像、台南市平安区的山西宫、高雄文衡殿、嘉义关帝庙等都是由福建东山关帝庙分灵所请关帝金身回台供奉的。正因为如此,所以台湾的关帝信徒,一般都认福建东山县的"铜陵关帝庙"为祖庙。近年来,随着台湾寻根问祖风气的兴起,台湾的关帝庙信众又开始赴河南、山西的关帝庙进香祭祖。

台湾的关帝庙建设在清朝中叶进入高潮时期。这时期的关帝庙建设高潮是由民间和官方共同推动造成的。民间推动的原因,是因为这时开发台湾困难重重,有许多旱涝疾疫等自然灾害人们无法面对,于是希望借助关公的威灵化险为夷。官方推动建造关帝庙的原因,是因为台湾被清廷收入版图后,台湾人民仍然打着"反清复明"的旗帜,不断聚众反抗清廷。所以当时的台湾清廷官吏,便大肆建造关帝庙,宣扬关帝圣君效忠刘备的"赤胆忠心",使台湾民众忠于清廷。在官民双方的共同推动下,台湾的关公文化传播很快,很短时间内就成为台湾最广泛的民间信仰。

据台湾的文献委员会、台湾省民政厅、台湾省各县市及有关人士的调查统计,到2007年为止,台湾总有关帝庙375座;在台湾23个县市中,有关公庙的县市有 19 个。其中创建于光复前的关帝庙有 154 座,创建于光复后的关帝庙有 86 座。这说明 1945 年以来,台湾关帝信仰不仅普遍,而且仍然保持着良好的发展的势头。

就台湾关帝庙的分布情况来看,基本上都位于阿里山以西,靠近台湾海峡的岛西地区。台湾关帝庙较多的台北县、苗栗县、南投县、云林县、高雄县,基本上都位于这一地区。作为大陆文化传承台湾的结果,越是靠近大陆地区关公文化信仰就越浓厚。在台湾,澎湖县有 9 万多人口,15 座关帝庙,平均每 6000 人就有 1 座关帝庙,是关公信徒人口密度最大的县份,就位于靠近大陆的台湾岛西部海域。

台湾的关帝庙大部分建在基层乡镇。台湾关帝庙数量最多的云林县为例,该县约有 70 万人口,有 40 座关帝庙。仅斗南镇就有天福堂、赞天堂等 6 座关帝庙。台湾的关帝庙扎根在台湾的基层乡镇,所以台湾的关帝文化才经久不息,成为最有生命力的民间信仰。

由于关公文化信仰兴盛,所以台湾地区的关公庆典也相对较多。除了农历正月初一、十五例行的祭祀,关帝的诞辰日也有大庆典。同时由于对关公诞辰南北西东说法各不同,所以,关公的庆典活动也由此显得"此起彼伏"。台湾的关公庆典不仅次数多,而且还非常热闹。关公庆典时,民众有时要深更半夜排队挂号,才能得到进殿资格。因为信徒多,相关祭祀活动多,所以关帝庙的员工工作比较忙碌。在台北的行天宫里,有 40 多位唤做"执事"的服务人员,据说每天要替一两千名信众解签。平均每位"执事"每天要处理两三百人的签。

二、规范性关公文化:多元有序

由于台湾的关公信仰是由迁入台湾的闽粤移民传承形成的,而迁入的闽粤移民不像中原等地的移民那样具有明显的宗族性,所以台湾的关公信仰基本上都是以各自的府县祖籍为单元,在固定的区域内形成相应的信仰群体。如宜兰县礁溪乡协天庙的关公信仰圈,基本就以礁溪乡大忠村、大义村等八个大村为基础形成的。信仰圈不同,信众对关公的称号也不同。在台南、鹿港等地,信众多称关公为"文衡帝君"、"伏魔大帝",称其庙为关帝庙。而宜兰、基隆等地的信众则多称关公为"协天大帝",称其庙为"协天庙"。

在祭祀方面,台湾的关公祭祀活动主要正月十三日、五月十三日、六月二十四日。台湾南部祭祀,较重五月十三日,北部地区则重正月十三日及六月二十四日。各关帝庙进香时间和规模也不同。台北行天宫系统的关帝庙进香规模较大,祭期较为热闹,但进香的时间却并不是很长;宜兰县礁溪乡协天庙、花莲县玉里乡协天宫系统的关帝庙进香时间则却相对较长,并形成了真正意义上香期。

在祭祀时,各关帝庙也各有特色。宜兰县礁溪乡的祭祀,以跳八佾舞最有特色。这种舞是一种方阵行列整齐的祭祀舞蹈,四行四列十六个舞者扮演成"关家军",拿着"关"字盾牌,配合三献礼的乐章跳舞。祭祀结束后,还要举行"杀龟"活动,将切下的"龟肉"交由各方信徒求取以消灾解难。而台南盐水在祭祀关公神像出巡时,则有放"蜂炮"的传统。放"蜂炮"的活动从农历正月十三日开始,一直到十五日元宵节宣告才结束。

从整体情况来看,虽然台湾全岛关帝庙众多,且各个关帝庙各有特点,但这些关帝庙却都遵循基本的仪礼。如在祭祀基本都要安排以下活动:一、举办素桌宴客;二、延聘戏剧演出酬神;三、备好牺牲祭拜;四、进行平安绕境活动等。台湾各关帝庙仪礼的稳定性较强,很多仪礼都有很长的历史。以台南盐水镇在祭祀关公放"蜂炮"的传统为例。盐水镇放"蜂炮"的传统最早开始于清光绪十一年(1885),一直沿袭不改,迄今已有200多年的历史。

台湾的关帝庙普遍重视收藏各类历史文物。南投县埔里镇的醒灵寺,专门建有文献室,收藏各类实物。宜兰礁溪乡协天庙,收藏一方刻于清光绪十三年(1887年)的《重修协天庙石碑》。重视收藏各类历史文物,是台湾关帝庙尊重传统风尚的具体表现。实际上,正是这种尊重传统风尚,才使台湾各个关帝庙传承有序,很少出现大的转折和波动,

台湾各关帝庙都有属于自己的信众和信仰圈。各信仰圈之间都有相对稳定的信众和规范,信仰圈内的信众也都以自己信仰自豪。台北的行天宫是台湾规模最大的关帝庙,但它的分香庙却并不是很多。宜兰县礁溪乡的协天庙虽然地处偏僻的乡镇,但却拥有范围广大的分香庙宇系统。各个关帝庙之间虽然在规模和位置上存在差异,但大都和谐共处,很少因为争夺信众及势力范围出现矛盾及其他不和现象。

三、信仰性关公文化:通俗乡土

台湾的关帝庙普遍存在多神共祀的现象。一些关帝庙在主祭关圣帝君外,还同时祭祀其他神灵。如彰化县田中镇的赞天宫主祭孔子,屏东县内埔乡的关帝庙主祭孚佑帝君、文昌帝君,嘉义县水上乡的关帝圣君庙主祭护国尊王。在与关公共祀的诸多神灵中,孔子是比较常见的一个偶像。在历史上,孔子被称为"文圣"、关公被称为"武圣"。历史上,地方官员在祭祀"文圣"和"武圣"时,往往把二者合并起来一起公祭。这种传统流传下来,便形成了当今台湾孔子和关公一起共祀的现象。和关帝庙多神共祀相对应的是,台湾的一些关帝庙有多种名称,如云林县斗南镇的文武庙也称感修堂。

和大陆地区关公信仰不同的是,大陆地区主要是将其作"武圣"和"财神"进行崇拜的,而台湾地区的关公除了具备这些威灵之外,还具有司命禄、佑科举、治病除灾、驱邪避恶、诛罚叛逆等诸多神力。如新竹市的武圣庙据说有能保佑学子步步高升,考试顺心的作用。所以当地要参加考试的学子经常在考试前到庙中祝祷,住宿一晚,以期高中。

因为关公具有多种威灵和神力,所以关公在台湾不同庙宇里有不同的称号。如在台北行天宫中,关公被称为"恩主公",意为关公能解救芸芸众生。在新竹市的武圣庙,关公有"文衡圣帝"的称号,这一称号来自于中国古代"山东一人作春秋,山西一人读春秋"的说法。意为关公能保佑学子学业有成。实际上,在台湾地区关公信仰已渗透到各行各业,成为能解各种厄难的万能之神。

关公信仰在台湾流传过程中,加入了很多大陆地区没有灵迹和传说。如台中县沙鹿镇流传的南斗宫关帝圣君下药帖的传说,云林县斗六市流传的南圣宫关公挑选木材的传说,宜兰县礁溪乡流传的协天庙关公定虎皮的传说,都是大陆地区没有的。这些传说融入当地特色,进一步丰富了台湾地区的关公文化。

台湾地区的关帝庙非常注意和当地信众之间的互动融通,积极投身于当地社会的服务之中。台北的行天宫立下四大志业:一、不设功德箱、不烧纸钱,梳理清新、独特的形象,鼓励信徒忠孝节义的社会生活。二、医疗方面,创办恩主公医院,为民众提供家庭医学服务。三、教育方面,设立大学和教育基金,支持青年学子接受教育。四、文化方面,建立图书馆,赠阅杂志,并免费开办各种课程供学员学习。台南县盐水镇的关帝庙建立平剧馆,为戏剧爱好者提供活动场所,并为大家提供练习太极拳的场所。屏东县万峦乡的广善堂为贫穷人家发放赈米,并捐钱资助当地学子,等等。由于乐善好施,深入当地群众的欢迎,所以在很多地方关帝庙成为当地社区的活动中心,举凡日常生活中的各种活动基本上都在关帝庙举行。

四、结论

通过对纷繁复杂的台湾关公文化进行三维解读,从实体性文化、规范性文化、信仰性文化三个层面对其进行分析。我们大致可以得出以下结论:

一、台湾地区的关公文化和大陆的河洛文化一脉相连,息息相通。河洛文化孕育、发展于以洛阳为中心的中原地区。历史上,随着河洛文化的外向传播,河洛地区的典章人物、民俗信仰等,也随之传播到中原移民较多的闽粤地区。闽粤地区和台湾一衣带水,隔海相望,在河洛文化传播至闽粤之后,就又渡过海峡传播至台湾。作为河洛文化在台湾地区传播的一种文化现象,台湾地区的关公文化虽然又融入了一些新元素,但无论是从最表面的关公塑像,还是最核心的"忠义"精神,两地之间都是一致的、相同的。这种文化的相同、相通的性质,使大陆和台湾两地虽然海峡相隔,但仍然形神合一、血脉相连。

二、台湾地区的关公文化保存了较多的中国传统文化的特征。台湾的关帝庙普遍存在多神共祀的现象,这实际上是中国传统信仰中多神崇拜的一个反映。闽粤地区中原移民后裔移居台湾之后,把大陆地区的关公文化随之带到台湾。这些移民以来源地域为单位结成比较稳定的居住区域。在近代历史发展,台湾社会虽然也经历了"日占"等一系列的社会变动,但乡村社会一直相对比较稳定,于是这就使从大陆地区移植过来的关公文化得到比较好的保存与发展。现在台湾关公信仰表现出来的神祇体系复杂、世俗色彩浓厚的特征,基本上和中国传统民间宗教信仰的诸多特征一脉相承。

三、关公文化信仰在台湾现代社会中具有重要影响。关公信仰在台湾地区具有深厚的社会基础。台湾地区的关公信众不仅人数量大,而且相互之间还具有非常紧密的联系。台湾的关帝文化扎根基础乡村,关帝庙把服务社区作为自己的重要职能,和基层信众之间建立起紧密的血肉联系。在台湾不同地区,虽然每一个关帝庙都有属于自己的信仰圈,但关公的"忠义"精神,却深深渗入到每一个信仰圈的信徒心中。正因为如此,所以每当大陆的关帝神像"巡台"时,便全岛轰动,数十万信众争相观瞻。所以台湾关公文化信仰,不仅是大陆两岸进行文化对话和交流的一个重要平台,也是台湾全岛凝聚民气人心的重要根本。

（作者为洛阳师范学院河洛文化研究中心副教授）

参考文献：

1. 赖宗贤《台湾道教源流》,中华道统出版社,1999 年。

2. 蔡相辉《敕建礁溪协天庙志》,台湾礁溪协天庙管理委员会,1997 年。

3. 魏淑贞《台湾庙宇文化大系(三)》《关圣帝君卷》,台湾自立晚报社文化出版部,1994 年。

4. 姜义镇《台湾的乡土神明》,台原出版社,1995 年。

5. 刘还月《台湾民间信仰小百科》,台原出版社,1994 年。

6. 游秀娴《行天宫之信仰研究》,《文化台湾》1996 年。

7. 何绵山《丰富多彩的台湾关帝庙文化》,《福建省社会主义学院学报》2008 年第 1 期。

8. 何绵山《台湾关公文化探讨》,《荆州师范学院学报(社会科学版)》2003 年第 6 期。

台湾大陆的关系与郑成功收复台湾考略

黄有汉　李　豫

　　远古时期台湾和大陆由"东山陆桥"相通,是连在一起的。近年来台东长滨乡考古发现的长滨文化以及台北圆山文化、台湾西南海岸的牛骂头文化、营埔文化、大邱园文化、牛稠子文化、大湖文化等,都可以在大陆东南一带的遗址中找到明显的联系,这充分表明台湾自古就是中华民族不可分割的部分。明万历三十年(1602 年),明将沈有容到台湾追剿倭寇。明朝学者陈第随沈有容到台湾,著《东番记》,是我国第一部较为系统的有关台湾的风土人情的人类学调查材料。以后林道乾、颜思齐、郑芝龙、以及倭寇、荷兰人皆相继占领台湾,直至郑成功从荷兰人手中收复台湾,立下了不朽的功勋,台湾终于回到祖国的怀抱。

一、台湾土著与大陆的关系

　　大约在 5 万年前的冰河期,气候变冷、海平面下降,当时台湾和大陆是连在一起的,被人们称为"东山陆桥"。这个时期,成群的掩齿象、犀牛、古鹿、野牛因气候的寒冷,从大陆华南地区向南方的台湾地区移动。生活于华南地区的"晚期智人"一群群追逐着赖以生存的猎物,辗转跋涉越过陆桥,来到台湾。有的来到台湾北部,有的在台湾中部,有的在台湾南部,还有的一直到台湾东部,在浩浩大海之前才止步。这些在今天称为"左镇人"的先人,成群居住在天然的洞穴之中,冬暖夏凉,又可防御猛兽。[①] 当然以后随着气候变暖,海平而复又回升,台湾海峡再度形成。

　　1968 年,台湾大学地质系与考古人类学系的师生在杨朝繁和宋文薰教授的

_____

① 陈耕《台湾文化概述》,海峡文艺出版社,1993 年,16 页。

带领下,发掘了台东长滨乡八仙洞遗址,并将其命名为"长滨文化"。经鉴定,是旧石器时代的器物,与我国南部许多旧石器时代遗址出土的石器在基本的类型和制作的技术上,没有很大的差别,尤其与湖北大冶石龙头和广西百色上宋村两处出土的砾石砍砸器相似。经测定,年代最晚的也在 5000 年至 6000 年之间,早的则在 15000 年之前。据宋文薰教授的推测,"可能早到距今 5 万年前后"。①如今台湾留下了许多的旧石器时代遗存是与大陆相同的文化,就是"东山陆桥"形成时期留下的古文化遗存。

1980 年,台湾宋文薰教授提出:"以目前的资料而言,长滨文化在台湾东海岸一直持续到距今 5000 年前,忽然消失,而且与以后普遍发现于台湾全岛的各史前文化层之间,找不到可以联系的关系。也就是说,本岛的新石器时代,乃至金属器时代的文化,并不是从长滨文化逐步演变发展出来的,而是冰期结束,台湾成为海岛后,经由海上传进来的新阶段的文化。笔者认为,这些新石器时代及其以后诸文化,是从许多方向,在不同时代传入的。"②宋文薰教授认为,"长滨文化当是由华南传进,则当然是先到达台湾的西部,然后传到台湾东部。"③这个问题在长滨文化研究中,是极为值得重视的。

台北八里乡大坌坑文化、圆山文化出土有绳纹粗陶、石刀等,圆山文化出土石器中最具代表性的有段石锛与有肩石斧等;这些遗物的分布不限于台湾岛内,而广见于我国东南沿海。它们同长滨文化一样,表现出同大陆东南沿海一带有着密切的关系,有力地证实了台湾最早的文化源自大陆。④

在圆山贝丘遗址还曾发现有墓葬,出土的青铜器中还有一个两翼式的青铜簇,这是殷商和西周式的。但遗址中并无铸铜的痕迹,所以这些青铜器当是与华南的殷商文化接触而来的。最须注意的是圆山文化的主人有拔牙的习惯。而同样的习惯亦见于泰雅、赛夏、布农及若干平埔族。如果随着科学研究的发展,有一天能够确证他们是一脉相承的血缘,那将可以破泽台湾新石器时代文化多少令人遐思的谜。⑤

---

① 宋文薰《由考古学看台湾》,台湾中央文物供应社《中国的台湾》第 109 页。
② 宋文薰《由考古学看台湾》,台湾中央文物供应社《中国的台湾》第 113 页。
③ 宋文薰《由考古学看台湾》,台湾中央文物供应社《中国的台湾》第 110 页。
④ 陈耕《台湾文化概述》,海峡文艺出版社,1993 年,第 19 页。
⑤ 陈耕《台湾文化概述》,海峡文艺出版社,1993 年,第 22 页。

台湾西海岸中部的牛骂头文化、营埔文化、大邱园文化,西海岸南部的牛稠子文化、大湖文化等,而所有这些文化都可以在大陆东南一带的遗址中找到明显的联系,如福建闽江口县石山、杭县良倍、福清东张等。

清人陈第《东番记》记载:"男子穿耳,女子断齿,以为饰也(女子年十五六,断去唇旁二齿)。"①

山东地区大汶口文化曾盛行凿齿的习俗。整个大汶口文化,从早期到晚期,从苏北鲁南到胶东沿海,墓葬中的人骨经鉴定,多有成年拔除上侧门齿及枕骨和下颌骨人工变形的现象。

拔牙风俗流传很广,黄河下游、长江下游和珠江下游的大汶口、青莲岗、闾家岭、马家滨等文化地区都曾有过这种拔上侧门齿的风俗。大汶口文化居民拔牙的年龄不早于青年时代。在大汶口墓地所见的许多拔牙的人骨标本中,年龄最小的男性是19—21岁(M77),女性是18～19岁(M120);西夏侯最小的男性是16—20岁(M8),女性是21～22岁(M10);大墩子墓地拔牙的男女都在15—20岁之间。古代人比现代人成熟稍早,因此,有学者认为大汶口文化居民实行拔牙,是一种进入青春期的表现。②

我国古代文献中把有拔牙风俗的民族称为"凿齿民"或"凿齿"。清人田雯在《黔书》中记载我国贵州仡佬族的风俗说:"女子将嫁,必折其二齿,恐妨害其夫家也。"又陆次之的《峒溪纤志》载:"有打牙仡佬者,父母既死,子妇各折二齿投棺中。"张华的《博物志·异俗》有:"荆州极西南至蜀界诸民曰僚子……既长,皆拔去上齿牙各一,以为身饰。"从以上记载可知,拔牙,大都是死者生前所拔,个别是生者为死者所拔。

凿齿的习俗当与大陆文化有密切的关联。

二、明朝人保卫驻扎台湾考略

明朝之前,大陆已经与台湾有很多联系,中央王朝政府已经对台湾有所管辖,但是大陆仍未在台湾驻扎军队。自明朝之后,大陆政府开始保卫台湾、并在

---

① 陈耕《台湾文化概述》转引《东番记》,海峡文艺出版社,1993年,第33页。
② 韩康信　潘其风《我国拔牙风俗的源流及其意义》,《考古》1981年第1期。

台湾驻扎军队。

明朝时期,中国政府因剿倭寇匪或因海盗聚集等各种原因开始在台湾驻扎军队。明初郑和在下西洋时曾三次驻扎在台湾,明万历三十年(1602),由于倭寇经常到我国沿海骚扰,明将沈有容(山东总兵驻登州)被派往台湾追剿倭寇。陈第,连江(今福建连江)人随沈有容赴台剿倭,深入考察台湾高山族风土人情,写下《东番记》,是我国第一部较为系统的有关台湾的风土人情的人类学调查材料,是研究台湾的首篇珍贵历史文献。(清)杜臻《粤闽巡视纪略》卷六《附纪彭湖台湾》云:"台湾,旧名东番。"

《明史》卷二百七十《沈有容传》记载:"有容守浯屿铜山。二十九年,倭掠诸塞。有容击败之,踰月与铜山把总张万纪败倭彭山洋。倭据东番,有容守石湖,谋尽歼之;以二十一舟出海,遇风,存十四舟;过彭湖,与倭遇格杀,数人纵火。沈其六舟,斩首十五级,夺还男妇三百七十余人。倭遂去东番,海上息肩者十年。捷闻,文武将吏悉叙功,有容赍白金而已。三十二年七月,西洋红毛番长韦麻郎驾三大艘至彭湖,求互市,税使高寀召之也。有容白当事,自请往谕见麻郎,指陈利害。麻郎悟呼寀使者,索还所赂寀金,扬帆去,改金书。浙江都司由浙江游击调天津迁温处参将罢归。四十四年,倭犯。福建巡抚黄承元请特设水师,起有容统之,禽倭东沙,寻招降巨寇袁进、李忠,散遣其众。"

沈有容不仅打跑了侵占东番(今台湾)的倭寇,使得"倭遂去东番,海上息肩者十年",而且赶走了"西洋红毛番长韦麻郎"。万历四十四年(1616),倭寇又犯我福建沿海一带,沈有容擒获了倭贼东沙,又招降海盗巨寇袁进、李忠。沈有容在保卫我国东南沿海一带立下了巨功。

以后海盗林道乾、颜思齐、郑芝龙相继在台湾驻扎。

《福建通志》卷二《建置沿革·台湾府》记载:"明永乐间,中官郑和舟下西洋,三泊此地。嘉靖四十二年,流寇林道乾扰乱滨海,都督俞大猷征之,追及澎湖;道乾遁入台湾。大猷知港道纡回,水浅舟胶不敢进逼,留偏师驻澎岛。时哨鹿耳门下寻道乾以台非久居所,遂恣杀土番,取膏血造舟,自安平镇二鲲身(屿名)隙间遁去占城。道乾既遁,澎之驻师亦罢。天启元年,汉人颜思齐为东洋日本国甲螺,引倭屯聚于此,郑芝龙附之。"甲螺,即头目之类。

林道乾,福建潮州人,率众为海盗。嘉靖四十二年(1563),都督俞大猷征讨,林道乾逃避进入台湾。相拒数日,林道乾逃遁到占城(今越南境内),以后林道乾又吕宋(今菲律宾)。这个记载说明,明清时期,也是中国人首先进入台湾。

天启元年,海盗颜思齐勾结倭寇驻扎在台湾,这是明代中国人最早居住在台湾者。(清)黄叔璥《台海使槎录》卷一:"明万历间,海寇颜思齐踞有其地,始称台湾。思齐剽掠海上倚为巢窟,台湾有中国民,自思齐始。思齐死,红夷乘其敝而取之,芟草为田,民知树艺。"

颜思齐之后,郑芝龙驻扎在台湾。

郑芝龙,万历三十一年(1603)出生于福建南安石井村。根据《台湾外记》记载,郑芝龙出生时,"其母黄氏梦三妇人引虹霞一片堆于怀,徐而彩抹地下,取名一官"。[①] 一官"长躯伟貌,倜傥,善权变"。

天启元年(1621),郑芝龙18岁时离开家乡,到广东澳门寻找母舅黄程。是时,葡萄牙人正占领澳门,其母舅黄程正在澳门经商,就留下郑芝龙在澳门帮忙做生意。郑芝龙很快就学会了一些葡萄牙语,也有了经商的经验。

天启三年(1623),黄程有一批货物白糖、奇楠、麝香、鹿皮,以船运到日本贸易,就派一官押船。一官到日本后,由于其相貌奇伟,被日本长崎王族的女儿翁氏看上;于是一官聘娶了翁氏。

郑芝龙为黄程贩货至日本,结识并加入了以福建海澄人颜思齐为首的海盗集团,与之结为兄弟。次年,天启四年(1624)七月十四(或作十五)日,翁氏生下一个男孩,就是郑成功。据记载,郑成功出生时,翁氏梦见与众人在岸上看,忽然"大鱼跳跃,对怀直冲,惊倒;醒来即分娩一男"。而其邻居看见"光亮达天",以为失火,前来救火。

同年八月,颜思齐为首的海盗集团,欲袭击日本一个冈埠,抢夺其财务,如果得手便夺其政权,以为永久之计。结果消息走漏,日本方面有备。郑芝龙的岳父闻信,赶快通知郑芝龙,让其逃跑。郑芝龙又迅速将消息传给其兄弟,赶快上船逃跑。在船上大家议论,认为到台湾最好。"十五日天明,思齐船中号炮三响,各鱼贯随行。计八昼夜,方到台湾。即安设寨寨,抚恤土番。然后整船出掠,悉得胜焉,故闽、浙沿海,咸知思齐等踞台横行。以后颜思齐病死,一官为首,改名

---

① 温睿临《南疆逸史》卷五十四《郑芝龙传》,清傅氏长恩阁刻本,第322页。

曰郑芝龙。郑芝龙父绍祖已死,季弟蟒二((后名芝虎)同其四弟芝豹、从兄芝莞附搭鱼船往寻,是以声势愈大。"①

从以上记载可知,郑芝龙等人是在明朝天启四年(1624)八月二十三日到达台湾,并在台湾"安设寮寨,抚恤土番",招揽福建的许多贫苦人民到台湾耕种,从而对台湾开始了第一次大开发。

林道乾、颜思齐、郑芝龙等入台,郑芝龙等以后又被明朝招安,是为明朝最早入台居民。

三、郑成功收复台湾考略

明末,吴三桂引清军入关,明朝崇祯皇帝吊死在北京景山。清军一路南下,福建官员原本立福王朱佑楹为南明帝,结果很快失败。这时在福建有强大实力的郑芝龙又立明太祖朱元璋第二十三子唐定王朱桱的八世孙,系太祖九世孙朱聿健为南明第二任君主,改元隆武。

郑芝龙与日本女人翁氏所生之子名森,即后来的郑成功。森在七岁时被其父郑芝龙接回中国,在泉州府南安学习,接受系统的儒学教育。

郑芝龙引其子森入见隆武帝。"隆武奇其状,问之,对答如流。隆武抚森背曰:'恨朕无女妻卿!'遂赐姓,兼赐名'成功',欲令其父顾名思义也。初封忠孝伯,又封为御营中军都督,仪同驸马、宗人府宗正,佩招讨大将军印。自此中外咸称国姓。十月,日本国王惧芝龙威权,认翁氏为女,妆奁甚盛,遣使送到安平,即成功生母也。"②

之后,郑成功晋封延平王,妻黄氏;生十子,长经(乳名锦),其次为聪、明、睿、智、宽、裕、温、柔、发。

清军一路南下,直逼福建。此时,海盗兼商人出身的郑芝龙却是以利为主,当接到清人的劝降书之后,马上动心,北上投降了清朝。(清)江日升《台湾外记》记载:"芝龙接承畴.熙胤书,许以三省王爵,决意投诚。不通其弟鸿逵、子成功,即驰札泉州,召熙胤子志美,谋复书。有'遇官兵撤官兵,通水师撤水师,倾

---

① 江日升《台湾外记》,福建人民出版社,1983 年,第 11 页。

② 江日升《台湾外记》,福建人民出版社,1983 年,第 61 页。

心贵朝者,非一日也'之句,交志美。美密遗老苍头送出浙江承畴、熙胤。"

当郑芝龙准备北上投降清廷时,郑成功牵其衣,跪哭谏其父曰:"夫虎不可离山,鱼不可脱渊;离山则失其威,脱渊则登时困杀。吾父当三思而行!"郑芝龙"见成功语繁,厌听,拂袖而起。成功出,适遇鸿逵于途,告以始末,逵壮之。功遂密带一旅,遁金门"。①

郑芝龙降清决心已下,派人到金门岛劝郑成功一道投降。郑成功上书有"从来父教子以忠,未闻教子以贰,今吾父不听儿言,后倘有不测,儿只有缟素而已"②之句。郑芝龙见书,认为此子太狂悖,即唤季子渡同行,投降了清王朝。

郑成功坚决不降清朝,继续抗清复明。当隆武皇帝死后,郑成功令全军缟素,以祭奠隆武皇帝。永历帝朱由榔在广州即位,郑成功受永历皇帝的诏令,1659年,郑成功从福建北伐直至南京、瓜州(今镇江)。郑成功有《出师讨满夷自瓜州至金陵》诗曰:

> 缟素临江誓灭胡,雄师十万气吞吴。
>
> 试看天堑投鞭断,不信中原不姓朱。

但是郑成功北伐失败,于是退居台湾,再图回复。

而此时的台湾竟然被一批外来的海盗即荷兰人侵入。

《福建通志》卷二《建置沿革·台湾府》记载:"荷兰人舟遭风飘此欲借片地,暂为栖止;后遂久假不归。"

清顺治十八年、明永历十五年(1661)元月七日,郑成功下令曰"本藩矢志恢复,念切中兴。前者出师北讨,恨尺土之未得,既而舳舻南还,恐孤岛之难居。故冒波涛,欲辟不服之区,暂寄军旅,养晦待时,非为贪恋海外,苟延安乐。自当竭诚祷告皇天并达列祖,假我潮水,行我舟师。尔从征诸据镇营将勿以红毛火炮为疑畏,当遥观本藩鹢首所向,衔尾而进。"③又祈祷曰:"成功受先帝眷顾重恩,委以征伐。奈寸土未得,孤岛危居,今而移师东征假此块地,暂借安身,得重整甲

---

① 江日升《台湾外记》,福建人民出版社,1983年,第76页。
② 江日升《台湾外记》,福建人民出版社,1983年,第76页。
③ 江日升《台湾外记》,福建人民出版社,1983年,第158页。

兵,恢复中兴。若果天命有在……望皇天垂怜,列祖默佑,助我湖水,俾鹢首所向,可直入无碍,庶三军从容登岸。"祝毕,令人于斗头将竹篙试水深浅。徐回报曰:"是藩主弘福,水比往日加涨。"成功复问曰:"加涨有多少?"曰:"加涨有丈余。"①

台湾周围的水在平时是很浅的,不能使大的船舶登岸,而郑成功收复台湾之时,刚好天助之,海水比往日涨了一丈多,郑成功顺利地在台湾登陆。

郑成功将自己的军队列为三队:一队正面进攻荷兰,第二队绕到鬼子埔后夹攻,再一队率领 20 只战船作补给攻城之状,扰乱敌人军心。

郑成功军大胜,荷兰人形势窘迫。郑成功遣人说荷兰人头目揆一王曰:"此地非尔所有,乃前太师练兵之所。今藩主前来,是复其故土。此处离尔国遥远,安能久乎?藩主动柔远之念,不忍加害,开尔一面,凡仓库不许擅用;其余尔等珍宝珠银私积,悉听或归。如若执迷不悟,明日环山海,悉用油薪磺柴积垒齐攻,船毁城破,悔之莫及。"②荷兰人闻之悚然,皆愿投降。郑成功许其归国,并带走其全部财产。

从此台湾回归祖国。郑成功收复台湾,立下了不朽的盖世功勋。

（黄有汉,河南大学教授;李豫,河南大学历史文化学院副教授、博士）

---

① 江日升《台湾外记》,福建人民出版社,1983 年,第 159 页。
② 江日升《台湾外记》,福建人民出版社,1983 年,第 167 页。

从《父后七日》看河洛丧葬习俗
在台湾的传承

许智银

    台湾作家刘梓洁的散文《父后七日》,是 2006 年第二届"林荣三文学奖"的首奖作品,后经作者改编为电影,2010 年获第 47 届金马奖最佳改编剧本奖,备受关注。原作散文和电影都以反映台湾民间丧葬习俗文化而著称,其中的许多丧仪和内容,与河洛地区的传统丧葬礼俗有着千丝万缕的关联。

    民俗是传统文化的根基,中国传统文化慎终追远,重生敬死,葬礼属于古代"五礼"之"凶礼",是哀悯吊唁忧患之礼,人们以丧礼哀悼死亡,表达思念之情。以洛阳为中心的河洛风俗民情素来影响远播,苏轼曾云"洛阳古多士,风俗犹尔雅"[①],道出了河洛民俗深厚的文化底蕴。民谚云"生在苏杭,葬在北邙",洛阳北邙山的丧葬风尚得天独厚。自古以来"生有所养,死有所葬"、"隆丧厚葬"、"孝子文化"、"入土为安"等思想观念,至今在河洛地区依然风行,故兹以《父后七日》为参照,对河洛地区丧葬文化在台湾的流传做一考察。

一、初终

    梳理《父后七日》作品中作者奔丧七日的整个葬礼程序,可以概括为传统理念与现代形式兼收并蓄,巧妙融合,展现了千百年来传统丧葬文化的持久生命力。古代丧礼,"稽诸古史,尧时已知行考批之丧,舜时有瓦棺之制。古圣帝家,迄今可考,然未可确信也。迄于成周,丧礼始备,由亲疏贵贱,而有种种差别"[②]。

---

① 苏轼撰　孔凡礼点校《苏轼文集》卷 15《司马君实独乐园》,中华书局,1999 年,第 733 页。
② 陈其泰　郭伟川　周少川编《二十世纪中国礼学研究论集》,学苑出版社,1998 年,第 331 页。

成周即洛邑。河洛地区的丧葬礼仪见诸文献记载较早,相对完备,周人的宗法制度等级森严,丧葬礼制各阶层遵循不一,但流传下来的已普及大众。丧葬典礼起始于将死之时的初终,《礼记·丧大记》起首云:"疾病,外内皆埽。君、大夫彻县,士去琴瑟。寝东首于北牖下,废床,彻亵衣,加新衣,体一人。男女改服。属纩以俟绝气。男子不死于妇人之手,妇人不死于男子之手。君、夫人卒于路寝。大夫、世妇卒于适寝。内子未命则死于下室,迁尸于寝。士之妻皆死于寝。"①从死者病情加重即进入始丧,主人要清洁室内卫生,以便亲友探望,还要撤去各种乐器。病人离开床头朝东躺于室中北墙下,脱下旧衣,换上新衣。家中男女也要换上新衣,将新丝绵絮放在病人口鼻处,以观察何时断气。男子不死于妇人之手,妇人不死于男子之手,强调男女有别,虽死不变。无论国君、大夫、士及其夫人,都要死在正室。《仪礼·士丧礼》云:"士丧礼。死于适室,幠用敛衾。"②按照士丧之礼,死者必须死于正寝之室,用一条被子覆盖尸体。《父后七日》第一日将父亲从病院接回家时,作者描述道:"我们到的时候,那些插到你身体的管子和仪器已经都拔掉了。仅留你左边鼻孔拉出的一条管子,与一只虚妄的两公升保特瓶连结,名义上说,留着一口气,回到家里了。""男护士正规律地一张一缩压着宝特瓶,你的伪呼吸。""这叫做,最后一口气。""到家。荒谬之旅的导游旗子交棒给葬仪社,土公仔,道士,以及左邻右舍。(有人斥责,怎不赶快说,爸我们到家了。我们说,爸我们到家了。)男护士取出工具,抬手看表,来! 大家对一下时喔,十七点三十五分好不好?"③病院之所以要配合把死者的最后一口气延续到返家后,正是传统寿终正寝礼仪的继承,也是对孝子的起码要求,不能在病人弥留之际陪伴相送是不孝的。《孟子·离娄下》云:"养生者不足以当人事,惟送死可以当大事。"④可见初终的重要,甚至于超过养生,初终是生者与死者最后的诀别机会,故古人尤其看重。

二、沐浴

《父后七日》的第二日作者写道:"我的第一件工作,校稿。葬仪社部队送来

---

① 杨天宇《礼记译注》,上海古籍出版社,1997 年,第744—745 页。
② 姚际恒著　陈祖武点校《仪礼通论》,中国社会科学出版社,1998 年,第428 页。
③ 刘梓洁《父后七日》,人民文学出版社,2011 年,第4—5 页。
④ 朱熹集《四书章句集注》,中华书局,2006 年,第292 页。

快速雷射复印的讣闻。我校对你的生卒年月日,校对你的护丧妻孝男孝女胞弟胞妹孝侄孝甥的名字,你的族繁不及备载。……第二件工作,指板、迎棺、乞水。"①这里的"乞水",也叫"请水"、"买水",即由家人前往住宅附近的溪边或井里取水,请全福之人为死者做仪式性的净身、理发、穿寿衣等,其实是古代沐浴礼仪的沿袭。《仪礼·士丧礼》记载:"管人汲,不说繘,屈之。祝淅米于堂,南面,用盆。管人尽阶不升堂,受潘,煮于垼,用重鬲。士有冰,用夷槃可也。外御受沐入,主人皆出,户外北面。乃沐、栉,挋用巾,浴用巾,挋用浴衣。渜濯弃于坎。蚤揃如他日,鬠用组,乃笄。设明衣裳。主人入,即位。"②整个沐浴的过程是:管人从井里打水,不解除井绳,屈曲握在手中。夏祝在堂上用盆向南淘米。管人登上台阶,但不上堂,接过夏祝的淘米水,用鬲在炉灶上煮开。倘若国君赏赐士可以用冰寒尸,就用承尸盘盛放冰块。死者生前的侍从进入室内,用管人所煮淘米水给死者洗头。丧主和众人都到户外,面北而立等候。侍从给死者洗头、梳头,用巾擦干,接着洗尸身,用浴衣擦干,最后将洗过的水及梳子、布巾、浴衣等,一并扔到堂下坑中,然后和往日一样为其修剪指甲、头发、胡须,束发,插笄,穿上贴身内衣,结束后主人入室就位。古汉语中沐是洗头,浴是洗身,沐浴泛指给死者清洁,如果适逢暑天,就要用冰块放在床下,以免尸体腐烂。《父后七日》中作者说:"半夜,葬仪社部队送来冰库,压缩机隆隆作响,跳电好几次。每跳一次我心脏就紧一次。"③可见用冰如一。为死人沐浴可谓是一次梳妆整容,既有"用水洗去死者生前的罪恶,消除死者在生前所犯下的罪孽"④的象征意义,也是为了让死者干净体面地离开人世。

作者的第一件工作校对讣闻,可谓是古代报丧仪式的变相延续,《礼记·杂记上》云:"凡讣于其君,曰:君之臣某死。父、母、妻、长子,曰:君之臣某之某死。君讣于他国之君,曰:寡君不禄,敢告于执事。夫人,曰:寡小君不禄。大子之丧,曰:寡君之适子某死。""大夫讣于同国适者,曰:某不禄。讣于士亦曰:某不禄;讣于他国之君,曰:君之外臣、寡大夫某死。讣于适者,曰:吾子之外私、寡大夫某

---

① 刘梓洁《父后七日》,人民文学出版社,2011 年,第 7 页。
② 姚际恒著　陈祖武点校《仪礼通论》,中国社会科学出版社,1998 年,第 435 页。
③ 刘梓洁《父后七日》,人民文学出版社,2011 年,第 6 页。
④ 刘宁波《人生礼仪中水的再生功能试析》,《民间文学论坛》1989 年第 4 期。

不禄,使某实。讣于士亦曰:吾子之外私、寡大夫某不禄,使某实。""士讣于同国大夫,曰:某死。讣于士亦曰:某死。讣于他国之君,曰:君之外臣某死。讣于大夫,曰:吾子之外私某死。讣于士亦曰:吾子之外私某死。"①国君、大夫、士及其亲属,死后都要报丧,向本国国君、大夫、士报丧与向他国的国君、大夫、士报丧,使用的语词略有不同,或言死了,或言不禄,均有详细的模式。《父后七日》中将死者去世的消息写成讣闻,通知亲友,其实就是报丧,讣闻的写法通常都有一定的格式规范,所以要认真核校,不能出现差错。

三、入殓

《父后七日》的第三日,作者记道:"清晨五点半,入殓。葬仪社部队带来好几摞卫生纸,打开,以不计成本之姿一叠一叠厚厚地铺在棺材里面。土公仔说,快说,爸,给你铺得软软你卡好困哦。我们说,爸,给你铺得软软你卡好困哦。(吸尸水的吧?我们都想到了这个常识但是没有人敢说出来。)子孙富贵大发财哦,有哦;子孙代代出状元哦,有哦;子孙代代做大官哦,有哦。念过了这些,终于来到,最后一面。"②第三日入殓是乡绅耆老组成的择日小组选定的,也是丧礼重要的环节。殓,古文又写作敛。《释名·释丧制》云:"殓者敛也,殓藏不复见也。"③《周礼·春官·宗伯》言小宗伯之职云:"及执事莅大敛,小敛。"④入殓分小殓和大殓,小殓是给尸体裹上衣衾,大殓是将死者遗体放入棺木内。《礼记·丧大记》云:"小敛于户内,大敛于阼。君以簟席,大夫以蒲席,士以苇席。"⑤阼即正屋居中的东边,依古代宾礼,此为主位。一般是死后三日入殓,《礼记·问丧》云:"三日而敛。""或问曰:死三日而后敛者,何也?曰:孝子亲死,悲哀志懑,故匍匐而哭之,若将复生然,安可得夺而敛之也?故曰三日而后敛者,以俟其生也。三日而不生,亦不生矣,孝子之心亦益衰矣。家室之计,衣服之具亦可以成矣,亲戚之远者亦可以至矣,是故圣人为之断决,以三日为之礼制也。"⑥三日后进行入

---

① 杨天宇《礼记译注》,上海古籍出版社,1997年,第679页。
② 刘梓洁《父后七日》,人民文学出版社,2011年,第8页。
③ 刘熙撰《释名》,中华书局,1985年,第132页。
④ 崔高维校点《周礼》,辽宁教育出版社,1997年,第36页。
⑤ 杨天宇《礼记译注》,上海古籍出版社,1997年,第763页。
⑥ 杨天宇《礼记译注》,上海古籍出版社,1997年,第978—980页。

殓,体现了孝子希望死者复活的孝心,如不复生,再移尸入棺,不复见面。

小敛、大敛各有讲究,《礼记·丧大记》云:"小敛布绞,缩者一,横者三。君锦衾,大夫缟衾,士缁衾皆一。衣十有九称。君陈衣于序东,大夫、士陈衣于房中,皆西领,北上。绞、衿不在列。大敛布绞,缩者三,横者五,布衿,二衾,君、大夫、士一也。君陈衣于庭,百称,北领,西上。大夫陈衣于序东,五十称,西领,南上。士陈衣于序东,三十称,西领,南上。绞、衿如朝服。绞一幅为三,不辟。衿五幅,无紞。"①依照古礼,小敛时束殓衣使用布带,纵一条,横三条。国君、大夫、士用的被子,分别是织锦被面、素帛被面和黑帛被面,都只用一条。用衣一共十九套,国君用的殓衣预先陈放在堂上东序的东边,大夫、士的敛衣预先陈放在东房中,都是衣领朝西,以北边为上位。束殓衣的布带和覆盖尸体的襌被,不在陈列之数。大敛时束殓衣用的布带,纵三条,横五条。一条布襌被,两条夹被,国君、大夫、士都一样。国君的敛衣预先陈放在堂下庭中,总共一百套,衣领朝北,以西边为上位。大夫的敛衣陈放在东序的东边,总共五十套,衣领朝西,以南边为上位。士的敛衣也陈放在东序的东边,总共三十套,也是衣领朝西,以南边为上位。束殓衣的布带和襌被所用的布如同朝服一样,布带是把一幅宽的布撕成三条,带的末端不撕裂开来,襌被是用五幅布合成,被端不缝缀丝带做标志。《父后七日》中乡绅耆老组成的择日小组选择第三日入殓,是有传统依据的,属于大殓,葬仪社的人往棺材中铺垫厚厚的卫生纸等工作,都是为迁尸入棺做准备,后世的这一程序仍很繁复,显示了民众对文化习俗的依赖。

四、居丧

《父后七日》的第四日到第六日,作者主要写的是诵经,"诵经如上课,每五十分钟,休息十分钟,早上七点到晚上六点"。"三班制轮班的最后一夜。我妹当班。我哥与我躺在躺了好多天的草席上。(孝男孝女不能睡床。)"②此处说到孝子居丧期间一直睡在草席上,委实令人动容,更加显现出了台湾丧葬礼俗对传统保留得完好。依据礼制,居丧期间的饮食起居有许多约束,《礼记·丧大记》

---

① 杨天宇《礼记译注》,上海古籍出版社,1997 年,第 763—764 页。
② 刘梓洁《父后七日》,人民文学出版社,2011 年,第 9—10 页。

云:"父母之丧居倚庐,不涂,寝苫枕块,非丧事不言。"①孝子在居父母之丧时,要住在临时搭建的简陋倚庐里,倚庐不用涂抹,要睡在草苫上,用土块当枕头,不说与丧事无关的话。因为志在悲哀,所以不能讲究太多,若非丧事,口不言说。《仪礼·既夕礼》云:"居倚庐,寝苫枕块。不说绖带。哭昼夜无时,非丧事不言。歠粥,朝一溢米,夕一溢米。不食菜果。"②孝子住倚庐,睡草苫,枕土块,不能脱掉丧带,还要昼夜不定时地哀至即哭,不许谈与丧事无关的事,早晚只能喝粥,量也有限制,不准吃蔬菜和果品。通过这种外在形式的居陋饮粗等,将孝子的哀痛情志可以明显表现出来,正是丧葬文化形式的意义所在。

《父后七日》多次提到哭丧,如:"土公仔交代,迎棺去时不能哭,回来要哭。这些照剧本上演的片场指令,未来几日不断出现,我知道好多事不是我能决定的了,就连哭与不哭。总有人在旁边说,今嘛毋驶哭,或者,今嘛卡紧哭。我和我妹常面面相觑,满脸疑惑,今嘛,是欲哭还是不哭?(咳个两声哭个意思就好啦,旁边又有人这么说。)有时候我才刷牙洗脸完,或者放下饭碗,听到击鼓奏乐,道士的麦克风发出尖锐的咿呀一声,查某团来哭!如导演喊 action!我这临时演员便手忙脚乱披上白麻布甘头,直奔向前,连爬带跪。神奇的是,果然每一次我都哭得出来。"③作者因为不熟悉仪式程序的要求,经常会手忙脚乱,不知所措,实际上古人哭丧是有规可循的。《礼记·问丧》云:"亲始死,鸡,斯,徒跣,扱上衽,交手哭。恻怛之心,痛疾之意,伤肾,干肝,焦肺,水浆不入口,三日不举火,故邻里为之糜粥以饮食之。夫悲哀在中,故形变于外也;痛疾在心,故口不甘味,身不安美也。"④这是在父母亲刚刚断气时对孝子哭丧的要求,孝子必须脱冠光脚,捶胸顿足,表现出悲伤万分,痛不欲生,五内如焚,不思饮食,面色憔悴,形容枯槁的样子,可以尽情流露和发泄真实情感和情绪。如果有人来吊唁,不同的时段有不同的规矩,如小殓后有人来吊,《礼记·丧大记》记云:"乃奠,吊者袭裘,加武带绖,与主人拾踊。"⑤凡是来吊丧的人,要掩好里面的皮裘,在冠圈上加首绖,并系上腰绖,与主人交替哭踊。踊是哭丧中最哀痛的举动,即跳跃顿足,主客交替哭

① 杨天宇《礼记译注》,上海古籍出版社,1997 年,第 771 页。
② 姚际恒著　陈祖武点校《仪礼通论》,中国社会科学出版社,1998 年,第 488 页。
③ 刘梓洁《父后七日》,人民文学出版社,2011 年,第 7—8 页。
④ 杨天宇《礼记译注》,上海古籍出版社,1997 年,第 977 页。
⑤ 杨天宇《礼记译注》,上海古籍出版社,1997 年,第 751 页。

踊,是要求孝子陪哭。其他诸如此类的哭丧极其繁多,主人有时就会吃不消,身体受不了,所以会出现礼节性的干哭假哭。居丧期间的睡草席和哭丧等,反映了人们反哺亲人的报恩愿望。

五、朝祖

《父后七日》第七日,是火化的日子,作者写道:"送葬队伍启动。我只知道,你这一天会回来。不管三拜九叩、立委致词、家祭公祭、扶棺护柩(棺木抬出来,葬仪社部队发给你爸一根棍子,要敲打棺木,斥你不孝。我看见你的老爸爸往天空比划一下,丢掉棍子,大恸)。"①这是葬礼出殡的系列仪式,其中不乏古礼的影响,如说到家祭,应该是迁柩朝祖的演变。死者在床为尸,在棺为柩,迁柩朝祖其实是死者向宗室告别。《仪礼·既夕礼》云:"迁于祖,用轴。重先,奠从,烛从,柩从,烛从,主人从。升自西阶。奠俟于下,东面北上。主人从升。妇人升,东面,众人东即位。正棺于两楹间,用夷床。主人柩东,西面,置重如初。席升,设于柩西,奠设如初。巾之。升降自西阶。主人踊无算,降,拜宾,即位,踊,袭。主妇及亲者,由足西面。"②迁柩朝祖时,运送灵柩到祖庙使用轴车,最前面的是插有铭的重,接着是奠,奠之后是火烛,然后是灵柩,灵柩后又是火烛,丧主及其亲属紧跟随后,到达祖庙的灵柩从西阶抬上堂,在两楹柱间摆正,再抬放到夷床上,设奠以祭,丧主放情哭踊。死者生前所乘的车以及驾车的马,也要进入祖庙,"荐车,直东荣,北辀。质明,灭烛。彻者升自阼阶,降自西阶。乃奠如初,升降自西阶。主人要节而踊。荐马,缨三就,入门,北面,交辔,圉人夹牵之。御者执策,立于马后"③。可以看出,车和马进入的时候,也有一定的路径,以便供死者使用。在迁柩入祖庙的过程中,还要进行护送,《礼记·杂记下》记云:"升、正柩,诸侯执绋五百人,四绋,皆衔枚。司马执铎,左八人,右八人。匠人执羽葆,御柩。大夫之丧,其升、正柩也,执引者三百人,执铎者左右各四人,御柩以茅。"④在落葬前,要将棺柩迁运到祖庙,搬上朝堂并放正位置,若死者是诸侯,柩车上系

---

① 刘梓洁《父后七日》,人民文学出版社,2011年,第10—11页。
② 姚际恒著　陈祖武点校《仪礼通论》,中国社会科学出版社,1998年,第467页。
③ 姚际恒著　陈祖武点校《仪礼通论》,中国社会科学出版社,1998年,第467—468页。
④ 杨天宇《礼记译注》,上海古籍出版社,1997年,第731页。

四条大绳,由五百人来拉,拉绳的人皆口中衔枚,禁止喧哗。司马手执金铎,棺柩左右各八人,匠人手执羽葆,指挥柩车前进。若死者是大夫,拉柩绳的降为三百人,棺柩左右各四人,指挥柩车前进用白茅。这是为避免棺柩在朝祖的路上倾覆而做的保护措施。之所以要举行朝祖之礼,《礼记·檀弓下》云:"丧之朝也,顺死者之孝心也。其哀离其室也,故至于祖考之庙而后行。"①孔颖达疏曰:"将葬前,以柩朝庙者,夫为人子之礼,出必告,反必面,以尽孝子之情。今此所以车载柩而朝,是顺死者之孝心也。"②可见让死者在土葬或火葬前,到祖庙中做一告别,也是从死者方面考虑,表达最后一次孝心,体现了传统丧葬文化祝死如生的理念。

《父后七日》中的"第七日",无疑有着多重象征意义,既是作者父亲的火化日,也是传统"做七"的开始。"做七"亦称祭七、烧七、斋七、理七、七七等,是民间常见的习俗,从死者亡故之日算起,每七天为一个祭奠日,逢"七"之日,亲属要举行祭奠活动,"单七"一般被认为是大祭日,如"头七"、"三七"、"五七"等。第七个七日为"尽七"或"满七"、"断七",追荐活动告一段落。七日以后,作者办完了父亲的丧事,一切复原,回到了自己打拼的城市。"第八日。我们非常努力地把屋子恢复原状,甚至风习中说要移位的床,我们都只是抽掉凉席换上床包","父后某月某日,我坐在香港飞往东京的班机上,看着空服员推着免税烟酒走过,下意识提醒自己,回到台湾入境前记得给你买一条黄长寿。这个半秒钟的念头,让我足足哭了一个半小时。直到系紧安全带的灯亮起,直到机长室广播响起,传出的声音,仿佛是你。你说:请收拾好您的情绪,我们即将降落。"③作者用这种时差的恍惚感觉,诉说了对父亲深深的热爱和怀念,回顾奔丧送悼的七日之旅,我们明白了丧葬礼仪繁琐程序背后的人文关怀,为的是使活着的人得到最大的安抚。

奔丧是决绝地送行,葬礼是最后的告别仪式,"向来相送人,各自还其家。亲戚或余悲,他人亦已歌。死去何所道,托体同山阿"④,民间相信生死轮回,认

---

① 杨天宇《礼记译注》,上海古籍出版社,1997年,第151页。
②《礼记正义》,《十三经注疏》,上海古籍出版社,1997年,第1303页。
③ 刘梓洁《父后七日》,人民文学出版社,2011年,第11页。
④《拟挽歌辞三首》之三。袁行霈《陶渊明集笺注》,中华书局,2011年,第289页。

为死去原只是回归,文化的传播也是如此,河洛民俗文化几经时间考验的传承,由一代代"河洛郎"播撒在了宇宙山水林木之间,永远生生不息,苍翠茂盛。

（作者为河南科技大学人文学院教授）

河洛视野下的台湾原乡信俗

——以开漳圣王信仰为例

汤毓贤

中原河洛文化是华夏民族之根和母体文化,也是中华民族文化的源头。历史上河洛郎不断迁徙闽粤赣台,衍生了闽南文化、客家文化、岭南文化、台湾文化和华侨文化。开漳文化是河洛文化南传闽粤边陲,经多元民俗和融发展形成的地域性族群文化,体现了中华民族大一统政治文化体制下多元民俗的特性。它所固有的深厚民族精神、人伦道德理念、习俗信仰规范等,无不与河洛文化一脉相承,有着鲜明的中华文化烙印。开漳文化是以开漳圣王文化的神缘纽带为载体,具有血缘祖根民俗特性和海洋特质,不仅成为闽南文化的核心与衍支,而且对形成和发展台湾文化产生了直接的影响。

一、开漳圣王信俗缘起衍播

唐总章二年(669),归德将军陈政奉诏率中原府兵及家眷,从河南固始南征戍边落籍闽粤,在泉潮间开启了闽南开发史。两批河洛儿郎共计 87 姓、8000 多人。仪凤二年(677),陈政病逝,其子陈元光 21 岁袭职。垂拱二年(686),诏准设立漳州,成为首任刺史。陈元光是一位造福乡梓、有德民众、启土建漳的功臣,他将河洛文化传播到东南边陲,维护闽南长治久安和大唐皇图一统,直至以身殉国。他打造的开漳治州文化,奠定了漳州文化乃至闽南文化的基础。官方褒封和民众崇尚,使陈元光逐渐被神化为民间神祇,铸就了千秋祠庙的兴盛与传承,形成"开漳圣王"民间信仰文化。随着漳籍唐山人渡台开拓的脚步,这一信仰被输入宝岛,渗入民间基层社会,成为移民团结和信仰中心,也成为团结奋斗的精神寄托、安邦护土的庇护神灵和地缘关系的组织力量,呈现独特的本土风格。目前漳州境内庙宇 2314 座,供奉着众多主神,惟有陈元光是开漳诸姓共认的先祖。这位神灵跨越海峡后,将福建与台湾血缘亲情和文化传统聚会于一体,是台湾四大民间信仰中惟一具有血缘祖根信仰的主神,寄托着漳籍移民后裔以神缘为纽带、血缘为载体的原乡文化情结。

古往今来,中华民族就尊奉"英雄成神论"。圣贤豪杰的祀礼不但盛行于民间,就连历朝帝制政权也纳入祀典加以鼓励。《礼记·祭法》载:"大圣王之制,祭祀也。法(功)施于民则祀之,以死勤事则祀之,以劳定国则祀之,能御大灾则祀之,能捍大患则祀之。"①这五项规范,一直延续到清代仍遵循不替。清《嘉庆会典》云:"社稷神祇则以祀,崇功报德则以祀,护国佑民则以祀,忠义节孝则以祀,名宦乡贤则以祀。"太极元年(712 年)正月,唐睿宗李旦颁发封谥陈元光的诏文云:"国家制爵禄以待臣僚。生有华宠之命,死有褒崇之典。死生之义尽矣,报施之恩终矣。"陈元光开漳立州、捐躯成神,具有立德、爱民、护国的大爱精神,堪此殊荣。经唐宋明清历朝 22 次褒封,陈元光以开漳圣王和威惠庙号登上神坛,成就千秋祠庙的兴盛与传承,助推了民间信仰文化历久弥新的承传。从全国层面上看,以一个家族为代表率中原诸姓前后经历 150 年,开发建设一个州郡的事例极为罕见。陈元光及其将士后裔多留居漳土安家落籍,成为漳泉潮汕地区主要人口,并呈扇形状源源不断地向江西、浙江、广西、海南、台港澳和东南亚迁徙,传播开漳圣王香火,鲜明地体现海内外漳籍同胞血缘民族亲情;其庙祀在台岛落地生根,更融入漳籍同胞对家国的无尽思念。开漳圣王信仰根植于闽南丰厚文化沃土,与两岸血缘密切相关,兼具祖灵与英雄崇拜双重属性。海内外陈氏族人将其视为先祖圣贤,中原诸姓开漳将士后裔将其视为共祖。陈元光作为一位历史人物,他从功臣到神祇的文化嬗变,得益于"为捍患而死事"的开漳建漳勋绩,得益于历朝正统对忠臣良将仁政惠民的推崇,更得益于民众慎终追远、知恩报恩的集体意愿。

陈元光神系祭祀礼仪相当隆重。每岁州县地方官员按照祭礼,以牛、猪、羊三牲及果肴之属,在威惠庙或将军庙春秋二祭,并颂祭文称:"惟公开创漳邦,功在有唐,州民允赖,庙食无疆!"而民间对开漳圣王祭祀日期各有不同,二月十五

---

① 《展禽论祀爰居》,《古文观止》卷 3《鲁语上·国语》,上海天宝书局,1918 年。

祭生辰,十一月初五祭忌辰,四月初十祭封王,但以正月十五祭上元最为隆重。闽南民间对开漳圣王的崇拜,不但给漳属各县,而且给台港澳、东南亚和世界各地留下不少相关民俗祠庙、祭典礼仪、诗词戏曲、文献典籍和灵异神话,对当地民间信仰、生活习俗、生产活动及社会风尚都产生深远影响。目前,漳州地区已登记在册的开漳圣王宫庙有 251 座,台湾地区则达 380 余座,南洋诸岛也有 30 余座,信众近 8000 万人,约占全世界闽南人一半,其中台湾信众超千万人。

二、台湾开漳圣王宫庙分布

漳州人移居台湾可追溯到两宋,大规模开发还属明代中叶以后。随着福建人口增长、耕地粮食短缺和海丝航线开拓,不少闽南居民不惜冒险片帆渡海拓展生存空间。他们行将阔别家园,不忘捧上故乡泥土,带上家乡神明,到海峡彼岸寻找新的落脚点。这位曾带领中原移民奋斗繁衍、已被神格化的乡土守护神,很自然成为移垦者的精神信仰,感召他们为发展而拼搏创业。泛海者将开漳圣王信俗融入移民社会,或立会瞻仰纪念,或建庙供奉祭祀,或移植祖地习俗。移民移神为台湾垦拓出繁荣发展新天地,搭设了中华河洛文化向海外延伸的桥梁。当他们成为台海住民祖先后,闽南文化就成了移民社会的主流,呈现独特的本土风格。

《台湾省通志》载述"河洛人"移垦入台时说:"本省人系行政上之一种名词,其实均为明清以来大陆闽粤移民,亦即河洛与客家之苗裔。可见绝大多数的台湾居民,其祖先是从河洛南迁闽粤,然后渡海来台,因此早年的台湾人习惯自称河洛人(郎),其中来自福建的又叫做福佬人,相对于来自广东的多为客家人。"[①]在海外住在国或侨居地,操河洛古音即闽南话的人群,冠漳州原乡地名的村镇,沿漳州郡望堂号的宗祠,供漳州乡土神明的寺庙,以及仿漳州艺术风格的建筑举目可视,无不记录移垦者对祖地和先贤的深切怀念。他们还成立血缘宗亲会和地缘同乡会,续修族谱,共融亲情,架起炎黄子孙根系相连的民族纽带,并以自称河洛人、福佬人和"根在河洛"为豪。

漳籍侨民在海外垦殖地在侨居地辛勤劳作,延续着原乡文化情结,并经本土

---

① 《台湾省通志》卷 2 第 3 章,第 2 节《河洛与客家》,台湾省文献委员会编,1971 年。

化后形成闽南文化族群,展示出闽南文化的恒久魅力,扩大了河洛文化的影响。
开漳文化虽属于地域性、族群性文化,却是中华河洛文化衍生支系闽南文化的核
心、台湾本土文化的根基和同胞亲情乡谊的精神纽带。台湾开漳圣王信仰分庙
祭、墓祭和家祭 3 大类:家祭与墓祭指陈姓后裔在家庙或祖坟祭祀先祖,属于祖
先崇拜系统;庙祭则属于公众民间信仰范畴。在台岛祠堂或家中,供奉开漳圣王
者相当普遍,村社宫庙遍布街坊巷道,庙口小吃远近驰名。

　　有关漳籍民众携神移垦台湾,散见于地方志和谱牒。据漳州南靖县《双峰
丘氏谱》载:明成化二年(1466 年),有蒋国旺、国时、国平 3 兄弟携带分香火定居
淡水[①];天启元年,颜思齐、郑芝龙招徕漳泉民众渡台;崇祯初年,福建巡抚熊文
灿派船送漳泉居民赴台垦殖;尔后陈泽等大批漳人随郑成功复台入岛,有铜钵乡
亲从净山院奉陈元光之女、"柔懿夫人"陈怀玉神像保驾护航,这尊"玉二妈"香
火遂传衍台湾。清初迁界,浙闽粤沿海民众被逼弃土内迁,部分居民冒死东渡谋
求生存;助施琅征台的蓝理,亦从东园马公庙请来香火。开漳圣王信仰伴随移民
潮传入,至乾隆、嘉庆时达到高潮。闽南连年灾荒,官府苛捐杂税,倭寇频频侵
扰,加深了满汉尖锐矛盾,使反清会党暴动风起云涌,大批漳州移民再度泛海渡
台。当渡台漳人平安地度过灾难并顺利地拓垦定居,开漳圣王神祇也就安身台
湾。如乾隆十三年,漳州人许阿九奉开漳圣王香火入垦淡水厅金包里,即今台北
县金山乡;清李廷璧《彰化县志·威惠庙》云:"漳人祀之,渡台悉奉香火。乾隆
二十六年(1761 年),建庙于县城西。"[②]

　　宜兰县是漳州移民移垦开发的聚居地,头城作为嘉庆元年(1796 年)吴沙大
规模入垦宜兰建立的头围,面对原住民和瘴疠侵扰,移垦者除了建城筑围自卫,
更需精神寄托和神明庇护,于是有了嘉庆三年头城镇威惠庙的创建。台湾开漳
圣王庙团发展协会李竹村理事长《浅谈开漳将士后裔对台湾宜兰的开发》云:
"漳州先民飘洋过海到台湾从事开垦,总是把随身携带来台的家乡守护神开漳
圣王的分身或分香觅地安顿供奉,由小祠而建庙宇。一方面酬谢神明庇佑,一路
顺风到达目的地;另一方面期望神明继续庇护身家的平安、事业的发达,能够安

---

① 邓孔昭《台湾漳籍移民与开漳圣王崇拜》,《台湾研究集刊》。1992 年第 2 期,第 74 页。
② 李廷璧《彰化县志》卷 5《寺观·威惠庙》,道光 14 年刊本。

居乐业。同时也成为漳州先民团结中心,凝结成强大的团体、加强自卫的力量。因而台湾全省供奉漳州地方乡土守护神开漳圣王庙特别多,充分表现了漳州先民对开漳圣王的崇祀和景仰。"①随着开垦有成的移民回报神恩,宫庙不断增加,宜兰现有开漳圣王庙25座,是各定居点信仰中心。

台湾省文献委员会《台湾省通志·氏族篇》称,1926年台湾居民的祖籍百分之八十三为福建省,百分之十五六为广东省,其中漳州府占百分之三十五。移民们带入台湾的闽粤风俗信仰,至今仍为台湾最主要信仰②。蔡相煇《复兴基地台湾之宗教信仰》就台湾开漳圣王信仰源流指出:"闽人移垦台湾时,便奉开漳圣王香火俱往。因此开漳圣王之崇祀,可视为台人心怀唐山之象征。"③在先民开台过程中,以地缘关系为纽带形成台湾共生的聚落,其所处历史地理环境,以及自身经济利益和生命安全,使宗教信仰与祭祀成了艰苦环境中支撑精神、凝聚聚落的基础,并获得与移民同步发展的机会。面对险恶难测的生存环境和开荒垦殖的艰难险阻,移民们自然迫切需要从神灵庇佑中找到心理慰藉,从开漳圣王信仰获取克服困难与凝聚力量的精神支柱。因此在开垦之初,有开漳圣王香火伴随创业,开垦有成后再拓展宫庙规模。而在聚落区宫庙前埕,还兴起小吃文化,以基隆奠济宫庙口小吃最负盛名。

台湾开漳圣王庙可考者,最早创建于清康熙年间。北台湾大溪仁和宫初建于康熙十二年(1673),宜兰永镇庙建于乾隆九年(1744),台北芝山岩惠济宫建于乾隆十七年(1752),凤邑开漳圣王庙建于嘉庆六年(1801),新店太平宫始建于嘉庆十二年,桃园市景福宫始建于嘉庆十五年等。查阅连横《台湾通史》,有雍正十年(1732)漳籍多人合建彰化南门威惠宫,乾隆五十三年吴庆三等人建台北惠济宫,咸丰元年(1851)漳绅建台南大南山内建开漳圣王庙,光绪十九年(1893)陈一尊倡修云林西南广福宫等记载。而全台最大的开漳圣王庙,属康熙末年肇启、乾隆十六年始建,位于台北内湖的碧山岩;最豪华的开漳圣王庙,属嘉庆十五年始建的漳州移民信仰中心桃园景福宫。这些宫庙的香火,悉数为来自

① 李竹村《浅谈开漳将士后裔对台湾宜兰的开发》,《首届中国云霄(国际)开漳圣王文化节论文汇编》,云霄县开漳历史文化研究会编印,漳新出(2007)内书第017号,第46页。
② 《台湾省通志》氏族篇,台湾省文献委员会编,台北众文,1980年。
③ 蔡相煇《复兴基地台湾之宗教信仰》,台北正中书局,1989年。

闽南漳州祖庙的分灵。

　　数百年来，台湾地区公设圣王庙宇数以百计，私人奉祀难以确数。据 1918 年日本"台湾总督府"统计，全台主祀开漳圣王宫庙有 53 座。其中台北 11 座，宜兰 15 座，桃园 9 座，台中 7 座，嘉义 5 座，台南 4 座，屏东、澎湖各 1 座。后又统计称，1930 年 57 座；1960 年 53 座；1971 年《台湾省通志》载 55 座；1975 年 54 座；1981 年 56 座；2002 年 77 座；近年发展更趋强势。台湾开漳圣王庙团发展协会的前身为 1985 年由游礼焰创建的宜兰总会。经 2006 年 11 月改制，确立"弘扬开漳圣王教义，提倡正当宗教信仰，从事济贫扶困，推动心灵改革，改善社会风气"的宗旨。2010 年 9 月，第二届第一次联谊大会推举宜兰县礁溪永护庙管理人李竹村任会长，发展宫庙 90 处，会员分 6 区，即台北区、桃竹区、中区、南区、花东区和宜兰花区。台湾省姓氏研究学会理事长林瑶琪在光州固始与闽台历史渊源国际研讨会发表论文称："在台湾主祀开漳圣王的庙宇有 380 多座，其他有副祀开漳圣王的庙宇更不计其数。在这 300 多座主祀开漳圣王庙宇，他们又组成联谊会，这种联谊会除了互相交流联络感情之外，他们亦共同研究开漳圣王文化，使更多的台湾人能够进一步的认识开漳圣王开拓漳州的丰功伟绩，因而从饮水思源的内心中产生更虔诚的信仰，好让开漳圣王的香火更为旺盛。"[1]这一调查数字实际上包含私人奉祀庙堂或其他庙宇的配祀神，已被学界广泛采用。

三、两岸开漳圣王信俗互动

　　在开漳圣王文化肇启地闽南云霄境内，留存着大量开漳文物史迹与古老民俗文化风情。早期楚越古风乃至岭南文化的积淀，随着岁月推移和政权更迭，逐渐与唐初开漳文化层层交会衍变，荟萃形成漳南一带悠久多元的地域民俗文化现象，并融会了世俗化的道教、释教和儒家文化体系，使民间信仰诸神的纪念活动颇具特色、深富内涵而奕世相沿。纪念开漳先贤活动在漳水云山丰富多彩，民国《云霄县志·风俗》载："本邑为唐将军陈元光开屯旧区，民人崇祀惟谨。每年正月十五日高抬神像游行各社，奔驰如飞，谓之走王。"[2]每年农历元宵节期间，

① 林瑶琪《从开漳圣王探索固始原乡》，《光州固始与闽台历史渊源国际研讨会论文集》，固始县委宣传部，2008 年。
② 郑丰稔《云霄县志》卷 4《地理下·风土》，云霄县修志馆，1947 年。

凡立有开漳圣王庙的城镇或村社，民众必入庙焚香礼拜，举办祭神赛会，并约请戏班演戏娱神，抬举神像巡城竞跑，以释放乡土激情，形象地还原昔日先贤巡境守土、关爱民生、备受拥戴的生动场景。而祭祀仪式的巡城、鉴王、走王三环节，既渗透着古代儒家思想，又融入道释世俗化迹象，是研究中华文化传播、衍变和发展状况的鲜活资料，发挥着两岸乃至海内外民俗互动的文化纽带作用。漳州先民把开漳圣王香火带到台湾奉祀，也将原乡民俗活动传入台湾。台岛各地开漳圣王庙宇祀奉典礼活动程序与仪式，多与漳州尤其是开漳祖地云霄极为相似，兼具祖先与神明崇拜特质，融入民俗文化源流相承的心态特征。这是移垦台湾的漳籍同胞敬神若祖、怀恩报德、敬宗报本、慎终追远的真情流露，表达了台胞追求美好生活的愿景。

台湾地区神明信仰多元而复杂，尽管每一尊被官方或民间崇奉的神明都有不平凡的由来，但仍需遵循一条合乎神祀的规则。如明郑时期台湾出台的《礼记·祭法》，也对法施于民、以死勤事、以劳定国、能御大灾和能捍大患作了明确规定。陈元光之所以被崇祀，基于他捐躯得道、英雄成神的德业事功，以及忠义节孝、护国佑民的事迹深入人心的原则。台湾信众对身为忠臣良将开漳先贤的崇拜规格，已远超对一位故人的祭拜，而是视为济世救困、冀吉祛灾的普世关怀，用求神拜佛的方式长久地供奉着。陈元光将军为漳州民众守护神，既符合"开漳圣王"的神格称谓，也符合闽南移民的传统信仰。这一唐山乡土开拓神信仰伴随移民潮传入宝岛后，发挥了灵异佑福的民间信仰功能，被尊为"漳台圣宗"。祭祀庙宇随处可见，几有漳人聚居就有开漳圣王庙。

每年正月十五，新北市万里乡野柳保安宫都盛大举办"神明净港过海过火"祭典来欢度元宵，借开漳圣王为民祈福，表达了靠海维生、敬畏大海的野柳人对护航神祈、海财大进的崇尚。通过净海巡洋、神明净港和过火仪式，每位民众都得到乡土守护神的保佑，可视为海上开漳圣王巡安活动。每逢二月十五日神诞日，台湾开漳圣王宫庙恭抬神像巡游于辖境村镇社区，民众毕恭毕敬，竟相涌向神像銮轿周围顶礼膜拜，盛况不亚于过年。恭抬神像的信众，都乐于将銮轿连续高举，或以臂力左右晃动，众口同呼"开漳圣王、保境安民"等祈愿祝语。宜兰县壮围永镇庙，平时依照闽南祖地旧例举行春秋二祭，是漳州古老信俗的延传；新店市太平宫，每年于开漳圣王诞辰期间举办圣王会；台北碧山岩点灯祈福习俗回传大陆威惠祖庙,兴起点平安灯和开漳圣王诵经会,演绎起源于宋朝、在台湾民间流传的《开漳圣王武德真经》;云林县斗南镇泰安宫供奉陈元光部将武德侯沈世纪、灵佑侯李伯瑶,每年要按闽南祖地古例隆重举行春秋民俗祀典;奉祀曾率部沿九龙江上溯疏浚河道,直至龙岩雁石以通舟楫的陈元光部将刘珠华、刘珠成、刘珠福三兄弟的台湾"三公庙",也在神诞日举行迎神祀典和巡境活动。此外,台湾民间"姚尪"或"姚神"活动,翻版旧时漳州乡间偶像戏"傩戏",显现闽南原乡的民俗民风。

　　总之,海内外陈元光及其部属后裔们共祭开漳圣王,是中华民族民俗文化奇观,凝聚着华夏民族祖先开疆拓土、扎根边陲的创业精神。由于自然环境、生存环境与人文环境的差异性,这一信俗以血缘与神缘为纽带,既不同程度地固守着闽南边陲原始民俗生活形态,又坚守着中华文化主流特征和核心价值,赋予了台湾基层民众乃至全球漳籍同胞闽南原乡文化感召力,成为留给后人一座永不磨灭的心灵殿堂,具有民族凝聚力和恒久生命力。台湾庙团信众回祖籍地谒祖会香,加深了民间宫庙互往与联谊互信。他们所从事的公益活动或回报桑梓义举,既拓展了两岸经贸文化往来,也增进同胞间共同呵护河洛文化祖根血缘的亲情。诚如台湾高雄凤邑开漳圣王庙碑刻所载:"元光之光,非陈姓一姓之所私有,当以漳民之所有;非漳民之所有,当以台民之所有;非台民之所有,当宜国人之所共有。"①这段话就深刻印证广大台胞崇敬开漳圣王,认同祖根文化的情怀;也表明弘扬开漳圣王文化必须跨越漳台范畴,为全体国人所认同。守望原乡,认同祖根,这是中华民族道德文化和祖根文化的升华。我们相信,海峡两岸开漳圣王文化于和平发展两岸关系、增进民众福祉中的民俗纽带作用必将得到更大的发挥!

（作者为福建省云霄县博物馆研究员）

---

① 汤毓贤《两岸共仰漳台圣宗:台湾的开漳圣王信仰》,福建教育出版社,2012年,第4页。

闽台古厝及其文化意象

刘继刚

"厝"的闽南语读音为 tshu5,普通话为 cuo4,本意是家,在闽南语通行的地区,凡是聚族而居以姓名村的,都在姓氏之后连上个"厝"字。比如袁厝、吕厝、黄厝、曾厝埯等。街巷名也有用"厝"的,比如苏厝街、吴厝巷等。厝在闽台地区还是一种独特的建筑,通常用红砖搭建而成,又被称为红砖大厝,因年代久远,又被称作红砖古厝。目前,在闽台地区这样的古建近万座,是闽台人民文化风俗的真实记录。在两岸联合申请世界遗产活动的背景下,本文拟对闽台古厝的文化来源及其文化意象做一考察,以期对古厝申遗有所裨益。

一、厝作为建筑的来源

首先,厝本身表示坚固之意。《说文解字》云:"厝,厉石也。从厂昔声。"《诗经·小雅·鹤鸣》云:"它山之石,可以为错。"错,《说文》作"厝",云:"厉石也。"错,石也,可以琢玉。段玉裁《说文解字注》曰:"厉石也。各本作厉石。"看来,厝最初的含义是为厉石,即用来磨砺的石头。又《诗经·小雅·鹤鸣》曰:它山之石,可以攻玉。《传》曰:攻,错也。错,古作厝。厝石,谓石之可以攻玉者。《尔雅》云:玉曰琢之。玉本身是非常坚固的,厝石能琢得动玉,一定是比玉还要坚固的石头。类似于现在的金刚石之类的东西。看来,厝的本义中包含有坚固是毋庸置疑的。

其次,厝表示安置、措置之意。《列子·汤问》载:"帝感其诚,命夸娥氏二子负二山,一厝朔东,一厝雍南。"二座山,一座安置在朔州东部,一座安置在雍州南部。《汉书·贾谊传》载:"夫抱火厝之积薪之下而寝其上。"颜师古注曰:"厝,置也。"①文献中有"自厝"的词,也都表示自我安置的意思。《三国志·魏书·管宁传》载:"夙宵战怖,无地自厝。"②《三国志·魏书·毌丘俭传》记:"退惟不能扶翼本朝,抱愧俛仰,靡所自厝。"③《晋书·王濬传》载:"陛下弘恩,财加切让,惶怖怔营,无地自厝,愿陛下明臣赤心而已。"④"无地自厝",即无法找到容身之处,此时的"厝"已经具有了空间的意义。

第三,厝表示安葬之意。通常指皇族和大臣死后尸体的下葬,在文献中常与安字连用,写作"安厝"。《三国志·魏书·文德郭皇后传》载:"背三光以潜翳,就黄垆而安厝。"⑤《三国志·蜀书·先主甘后传》:"园陵将成,安厝有期。"⑥《三国志·蜀书·蒋琬传附子斌传》:"亡考昔遭疾疢,亡于涪县,卜云其吉,遂安厝之。"⑦从文献来看,或是皇家之人下葬,或是有权力和名望的家族人员下葬。从埋葬情况来看,首先要选定日期,《晋书·礼志中》记,有司奏曰:"大行皇太后当以四月二十五日安厝。"⑧其次要选择安葬之地,即占卜风水。《旧唐书·吕才传》引《孝经》之语:"卜其宅兆而安厝之。"皇家通常有自己的陵园,皇后死后一般都与丈夫合葬或埋在与儿子陵墓不远的地方。《清史稿·太宗孝庄文皇后传》载:太后疾大渐,命上曰:"太宗奉安久,不可为我轻动。况我心恋汝父子,当于孝陵近地安厝,我心始无憾。"⑨《宋史·凶礼二·园陵》:帝令祔元德皇太后陵侧,但可安厝,不必宽广,其棺椁等事,无得镂刻花样,务令坚固。⑩ 当然,对于那些贫无所依之人,死后无人问津的,政府会一切从简,草草掩埋。《宋史·食货志上六·振恤》载:神宗诏:"开封府界僧寺旅寄棺柩,贫不能葬,令畿县各度官不毛地三五顷,听人安厝,命僧主之。不毛之地,即可下葬。"⑪文献中记载安厝之事最为隆重的莫过于东汉安帝葬孝德皇后的礼仪。《汉书·地理志卷第八

---

① 《汉书》,中华书局,1962 年,第 2230 页。
② 《三国志》,中华书局,1982 年,第 357 页。
③ 《三国志》,中华书局,1982 年,第 768 页。
④ 《晋书》,中华书局,1974 年,第 1212 页。
⑤ 《三国志》,中华书局,1982 年,第 167 页。
⑥ 《三国志》,中华书局,1982 年,第 905 页。
⑦ 《三国志》,中华书局,1982 年,第 1059 页。
⑧ 《晋书》,中华书局,1974 年,第 616 页。
⑨ 《清史稿》,中华书局,1977 年,第 8903 页。
⑩ 《宋史》,中华书局,1977 年,第 2870 页。
⑪ 《宋史》,中华书局,1977 年,第 4339 页。

下》载："厝,莽曰厝治。"应劭注曰："安帝以孝德皇后葬于厝,改曰甘陵也。"①据《中国历史地名辞典》,"厝县,西汉置,属清河郡。治所在今山东临清县东北。②《汉魏洛阳故城南郊东汉刑徒墓地》T2M56：1 铭文记载："右部无任清河厝髡钳宋文永初元年五月十四日物故死在此下。"③可见,厝县在东汉时期是属于清河国管辖的。安帝将生母孝德皇后葬于此处,是因其父刘庆曾为清河王。从安厝到厝县再到甘陵,厝已经具备了居所的性质。

第四,闽南语中指大屋。厝在闽南语中通指大屋。史籍中没有明确记录厝最早何时成为房屋,有不少学者推测可能与魏晋时期河洛人的南迁有关。这是有一定道理的。厝在汉代的中原已经具有了居所的性质,虽然还只是停留在地下陵墓的形制上。但中国的墓葬形制到秦汉之时,"由于大规模采用洞室墓,必然会走向全面仿第宅化的道路。不仅仅是平面布局的简单模仿,在空间构造上也采用了宫殿房屋的建筑技巧和技术"④。而闽台古厝最主要的样式就是以宫殿式为主。至于两者之间有没有必然的联系还有待于进一步的考证,但是建筑造型上的确存在一些相似之处。我们以陕西咸阳杨家湾四号汉墓⑤为例作一剖析。杨家湾 M4 在东西长 150 米,南北长 100 米的夯筑面上开凿矿坑,平面呈曲尺形,在矿坑外的东西南北四面均设相互对称的大梁梁槽,梁槽的一端与矿坑壁的柱槽衔接,另一端呈"十"字搭头,搭头下端均伸入夯筑面下约 1 米左右,从而构成飞燕展翅等状。闽台地区大厝的主要构型为宫殿式民居建筑,斜屋面、红筒瓦、屋顶上两边对称上翘的燕尾脊。有学者认为"很容易从中看出中原宫廷王室建筑文化的影子。"⑥另外,就目前厝的分布来看,主要在我国的福建、台湾地区和广东潮汕一带,这些都是客家人聚居的地区。这极有可能是将河洛地区的建筑技术和房屋特点带到了所移居的地区。明清时期古厝在福建地区广泛存在,并出现大量的买卖和租赁情况。请看《明清福建经济契约文书选辑》⑦中的

① 《汉书》,中华书局,1962 年,第 1577 页。
② 史为乐主编《中国历史地名大辞典》,中国社会科学出版社,2005 年,第 2102 页。
③ 中国社会科学院考古研究所《汉魏洛阳故城南郊东汉刑徒墓地》,文物出版社,2007 年,第 119 页。
④ 韩国河《秦汉魏晋丧葬制度研究》,陕西人民出版社,1999 年,第 266 页。
⑤ 《咸阳杨家湾汉墓发掘简报》,《文物》1977 年第 10 期。
⑥ 卫军《略论泉州古厝建筑外观装饰与传承启示》,《泉州师范学院学报(社会科学版)》2009 年第 3 期。
⑦ 福建师范大学历史系编《明清福建经济契约文书选辑》,人民出版社,1997 年。

一二条：

乾隆六十年侯官县具叔典厝贴契

立贴契人叔具叔，今承祖阄分应分物业有其□厝乙座，应得乙间，坐本都卿，土名美头桥。今因欠钱别用，托中将厝乙间从就与侄尧孙边，贴出康钱陆仟文，钱即日收讫，将厝乙间听侄居住，不敢阻挡。与叔侄无干。厝再限至伍年满，听叔备契面钱取赎，不得刁难。日后并无赎贴生端等情。恐口无凭，如有不明，叔自抵挡，不干侄事。今欲有凭，立贴契为照。

内住赎字一字再照。

代书中人阺叔（花押）

乾隆六十年六月　日　　立贴契人叔具叔（花押）

（藏契号 00012B）

乾隆五十八年侯官县陈孝金租厝契

立承厝佃陈孝金，今因要厝住居，亲向堂兄孝道处承出屋宇五间，坐址本厝中楼右边官房楼下透所下，共贰间，及过沟楼仔乙间，及又下正厝右边栋里官房贰间透墙，系是楼下，共成五间，承来住居。递年约厝租钱乙千六百文正。年至冬成送还交收，不敢欠少。俟至厝主或是要用，且金不敢霸阻。今欲有凭，立承厝佃乙纸为照。

乾隆伍拾捌年正月　日　　立承厝佃陈孝金（花押）

中见黄允琼（花押）

代字黄邦兰（花押）

（藏契号 00101）

可以看出，明清时期，作为房屋的厝是家中财产的重要组成部分，并且可以进行租赁和买卖。

第五，聚居的同姓家族组成的村落。厝在闽台地区还具有村落的含义。《清史稿·林文察传》载：三年，破樵溪口贼庄，斩其酋林传，毁张厝庄、四块厝贼巢，戴万生、林戆晟并伏诛。[①]《常青传》：旋奏同江宁将军永庆等在竹篙厝等处歼贼甚众。[②]《蓝元枚传》：复进攻西螺，焚条圳塘、中浦厝诸地贼庄。[③]《蓝廷珍

① 《清史稿》，中华书局，1977 年，第 12291 页。
② 《清史稿》，中华书局，1977 年，第 10895 页。
③ 《清史稿》，中华书局，1977 年，第 10896 页。

传》:"贼在苏厝甲,与亮等决战,廷珍分兵驰赴之。"①闽南大厝的空间布局特点是以单层建筑围合成院落,再向纵横方向平铺扩展。通常它的空间形制有三间张和五间张,也就是顶落为三开间和五开间。一般的住宅布局为:第一进是下落,即门厅所在之处;第二进为顶落,也称之为上落,是大厅及主要居住用房的所在;两厢称为"榉头"。下落、顶落和榉头围合而成天井。很像老北京的四合院。厝里的房屋非常之多,往往是一个家族栖息繁衍的地方。房屋以九十九间而称,面积之大,可想而知。如福全古村落南部的陈明安住宅,建于清末民初,建筑面积为388平方米,其院落形制为典型的五间张两落双护厝传统大厝。这样一个家族经历了较长时间的发展之后,会成为一个村落的主体,通常取其中人数较多的作为村落的名称,如苏厝合、曾厝垵等,几乎都是以村落中同一姓氏较多的人来命名。《清史稿》中的张厝庄、苏厝甲也是这种命名方式。

二、闽台古厝的文化意象

20世纪60年代,美国著名城市规划学家凯文·林奇出版了《城市的印象》一书,提出了"可识别性"和"可印象性"的概念,认为一个城市对其市民来说,应该有其独特的感觉形象,通常称之为"意象"。闽台古厝以红砖构筑而成,已然成为一道独特的建筑风貌,也是闽台人民识别家乡的重要标识。古厝不仅是闽台人民智慧的结晶,也是中国传统思想和文化的集中体现。闽台古厝一般具有居住、祭祀和教育三种功能。其中蕴含着丰富的传统文化内涵。

第一,注重与自然环境的有机结合。

首先是选址的布局,注重与周围环境的协调与适应。中国古代阳宅建筑理论与实践之大成的代表性著作《阳宅十书》的开篇就对住宅选址的环境条件作了概括:"人之居处,宜以大地山河为主"②,表明人为追求自然的情愫,所居之地应该与大自然保持紧密联系,与自然环境相适应。闽台古厝选址时都会考虑到这样的因素。一般选择依山傍水之处,大厝的基址之处没有河流经过,以免受到河流的侵蚀,大厝前方一般为水井和水田,部分大厝会建造人工风水池。在建筑

---

① 《清史稿》,中华书局,1977年,第10191—10192页。
② 《古今图书集成》堪舆部汇考二十五。

的朝向上,尽量利用合理朝向争取有利的自然采光与通风,同时避免不利朝向的过度日照,闽台古厝大多坐北朝南。在空间布局上,利用内部的庭院丰富空间层次的同时,增加了自然采光与通风,营造舒适的环境。

其次是房屋的构造。闽台古厝的坡屋顶是中国传统民居建筑的一个重要特征,除了建筑美学的考虑之外,也是建筑遮阳方式的一种体现。外挑的檐口在一定程度上可以减少室内的直接受光面而避免接受过多的太阳辐射,与此同时在热压、风压通风原理的作用下增加自然通风量。① 如漳州大径村古厝,南北向屋面的深长檐口,除了令建筑屋面更加轻巧美观和有利于屋顶的排水外,还能够遮挡南向的阳光,降低南墙的受光面。

最后是建材的选择。闽台地区的古厝所用的材料基本都是当地生产的。以闽南大厝而言,其外墙主要建筑材料是红砖,所以远远看去红艳艳一片,也滋养了闽南地区独特的红砖文化。红砖是取自闽南当地稻田中的泥土焙烧而成。古厝的外墙上还有一些石材,这些石料都是出自闽南沿海地带,这些花岗岩石材具有耐酸性强、耐冲刷、不易返潮等特点,多应用于民居的外墙、基础、门窗和雕刻装饰等。石材和红砖的巧妙结合构成了闽南地区独特的"出砖入石"的表皮特征。除此之外,大厝的外墙中还使用了牡蛎的外壳。牡蛎是闽南地区的重要海产,其外壳被闽南人用作建筑装饰材料,常常用于外墙。不仅能起到保护墙体的作用,从建筑艺术和文化性上看,还具有未经雕琢的朴素美感和深厚地域文化美感。②

第二,古厝体现的儒家文化与思想。

大厝建立之时通常满足三种需要,即居住、祭祀和教育。居住,闽南民间家族最基本的结构体系是聚族而居,即一个家族几代都聚居在一起,这是因为先民多从中原南迁而来,为了在一个陌生而荒芜的地方生存下去,必须团结合作,共同抵御外界的侵袭,维护自身的安全。家族就成为合作的基础,家族的稳固性和自律性也得到了强化。明清时期闽南社会基本上是农业社会,生产力水平的低

---

① 黄源成　袁炯炯等《闽南传统民居建筑中的节能技术探析》,《厦门理工学院学院学报》2011 年第 3 期。
② 黄源成　袁炯炯等《闽南传统民居建筑中的节能技术探析》,《厦门理工学院学院学报》2011 年第 3 期。

下决定这些移民必须依靠家族来互相扶持,互相帮助,这就加强了家庭的凝聚力和亲和力,使其构成一个紧密的团体。由于这些原因,他们居住的地方具有稳定性的特点,很少迁徙,即使是新分裂出来的小家庭,仍然居住在老地方,或在老房屋中划出一、二间来给新的小家庭居住,这样一代代的繁衍、分裂,同一祖先的子孙聚族而居的现象就产生了。因此所造的民居建筑都非常宏大。祭祀是大厝的又一项重要功用。一般说来,大厝的中轴线处于主厅堂、主天井、正大门中间,卧室和厢房对称均衡地分布在中轴线两侧。中厅放置祖先神龛和供桌,祖先神龛供奉先人牌位,逢年过节,都备有供品,到这里祭祀祖先,以显"敬祖法礼"。陈支平先生认为:"福建民居宅院之所以刻意突出厅堂的地位,显然是为适应家族制度的需要。"①厅堂不仅是家族及家庭祭祖、接待宾客的场所,同时也是家族议事的地方,婚丧嫁娶等重要活动也都在这里举行,以增加家庭凝聚力。体现出儒家文化所提倡的"家齐"②思想。中厅两边则为长辈居住的大房,门厅两边为辈份稍次者居住,辈份再次者则居住在两边厢房,两边又以左为尊,妇女居住的房间门外一般设屏或挂上竹帘,护厝一般由辈份较低者和佣人居住,这象征并强调了儒家尊卑之理、长幼之序、男女之别和内外之分的等级秩序。教育也是要在大厝中完成的任务之一。厝的外墙和内部的勒脚之上的墙壁通常会绘制一些壁画,内容取材于古代的历史典故和英贤雅士,如三顾茅庐、孟母课儿、望云思亲等。大厝的中厅一般悬挂御赐或者官宦授予的匾额,如"忠孝"、"丸荻流徽"等;门楣、门匾一般配有固定文字,如"明经进士"、"八代乡贤";门窗两侧配有对联,如"书可读田可耕这里不穷生意,入则孝出则悌个中无量春风"、"昭德启孙谟,经文纬武;格言承祖训,移孝作忠"③,这些文字都反映了大厝居民耕读传家、仁义忠孝的家国情怀,折射出浓厚的儒家文化内涵。

（作者为河南科技大学人文学院副院长、副教授）

---

① 陈支平《近500年来福建的家族社会与文化》,上海三联书店,1991年,第241页。
②《礼记·大学》。
③ 陈德铸《仙作古建筑景观文化寻踪》,中国国际文化出版社,2013年,第1—25页。

太古镜像:豫台桃花相映红

——论河南与台湾在中华桃信仰发生学意义上的血脉关联

吕书宝

在华夏观念中,"太古"属于最古老的时代。战国时荀卿说:"太古薄葬,故不扣也。"(《荀子·正论》)扣(hú)是掘地及泉深葬的意思,这里的太古是春秋之前——因为在春秋时代已经流布深葬习俗了。比如郑伯见母亲就是用"掘地及泉"来虚拟"黄泉"相见环境的。唐代韩愈批评的复古言论中有"曷不为太古之无事",这所谓的无事是相对于韩愈所描绘的这些情况而言的:"古之时,人之害多矣。有圣人者立,……驱其虫蛇禽兽,而处之中土。寒然后为之衣,饥然后为之食。木处而颠,土处而病也,然后为之宫室。"(《原道》)确切说,所谓太古应该是紧临"浑沌自太古,潆洑开吴天"(明王宠《旦发胥口经湖中瞻眺》诗句)的开天辟地时代,也就是华夏历史的神话传说时代。然后才是远古(郭沫若说是40—50万年前,即《易·系辞下》所谓"结绳而治"、葛洪《抱朴子·诘鲍》所谓"民尚童蒙,机心不动"时代)、上古(尧舜夏商周时代)。在桃信仰方面,河南和台湾的血脉联系应当生发于太古也就是神话时代。

这种生发是一种世代相传的虚拟环境,所以我们将之称之为"镜像"。因此,本文的镜像既不是文件存储形式中"冗余的一种类型(Mirroring)",也不是检测动物(包括人类)是否拥有自我识别能力的镜像测试(The mirror test)。而是近似于被定义为:"其各部分的排列与另一个作为模型的基本相似的东西的排列正相反;相对一根与之交错的轴或一个与之交错的平面为颠倒的东西"的、所谓"mirror image"。用传统汉语翻译马克思恩格斯的说法,也就是"现实(自然与社会)的倒影和折射"——这当然是典型的神话学概念的名词置换。因为这种镜像出现在神话时代,所以我们称之为"太古镜像"。

一、夸父逐日与桃信仰

在汉语文化圈的主流神话故事中,当然必须具有"夸父逐日"的一席之地。这个神话文本(据《山海经·海外北经》)的最后一句话,成为历代学者关注的焦点:"弃其杖,化为邓林":

> 夸父与日逐走,入日。渴,欲得饮。饮于河渭,河渭不足,北饮大泽。未至,道渴而死。弃其杖,化为邓林。

按照清代毕沅的说法,是"邓林即桃林也,邓、桃音相近。"这之后毕说多为注家所采纳。所以夸父的拐杖就被通行翻译,"化为邓林"便成了"化作一片桃林"。其实这种语言圈内形成的集体共意识的支撑,是弥漫汉语文化圈的一种俗信:桃木信仰。

关于汉语文化圈的桃信仰,一般都喜欢引用南北朝之后的典籍来印证。比如南朝梁宗懔《荆楚岁时记》:"(正月一日)帖画鸡户上,悬苇索于其上,插桃符其旁,百鬼畏之。"之后是唐代韦璜《赠嫂》诗:"案牍可申生节目,桃符虽圣欲何为。"把案牍和桃符对称,只不过是小姑子和嫂子之间的心迹剖白,那桃符是影射嫂子心理设防,抱怨其不肯和自己交心,其实没有什么信俗价值;①到了宋代,著名的民俗类典籍《东京梦华录》中的"十二月"条有这样的记载:"近岁节,市井皆印卖门神、钟馗、桃板、桃符,及财门钝驴,回头鹿马,天行帖子。"可以明显看出钟馗、桃符、桃板和门神无关,并且那门上还有钝驴、鹿马、天行帖之类。不似后代断章取义说的那样,在宋代桃符或者钟馗已经充当门神。桃符担任门神明确记载于文本,是在纯文学作品的元杂剧《城南柳·第一折》(谷子敬)中:"把桃树锯做桃符,钉在门上,着他两个替我管门户。"

至于把桃符当作对联,也不是宋代,而是清代。比如王安石《元日》"爆竹声中一岁除,春风送暖入屠苏。千门万户瞳瞳日,总把新桃换旧符。"桃符是门神

---

① 该诗的序说:"阿嫂相疑留诗";唐载孚在其所著《广异记》中记载:"潞城县令周混妻者,姓韦名璜,容色妍丽,性多黠惠。"和嫂、姊有神异的生前身后之约。

还是春联没有明说,我们不能说放在门口就是春联或门神。比如孟元老就说宋代过春节,东京市民家门上的物什就很复杂。

元代桃符"钉在门上"充当门神,明清两代这桃符意象迁移逐渐变成春联,就见于典籍记载了,比如清人俞正燮《癸巳存稿·门对》:"桃符板,即今门对,古当有之,其事始於五代见记载耳。"还没有明确指出"门对"的质料因而不能与今天的春联同日而语;到了晚清富察敦崇《燕京岁时记·春联》就言之凿凿了:"春联者,即桃符也。自入腊以后,即有文人墨客,在市肆簷下,书写春联,以图润笔。"

和宋元不同,明清以来春节大门上的张贴物什已经简化为日常保留春节置换或者刷新的门神和只有春节才贴上的纸质春联了,那么桃符所承担的信仰意绪到底转移到哪里了呢?

现在回头看前引宗懔《荆楚岁时记》的这句话:"(正月一日)帖画鸡户上,悬苇索於其上,插桃符其旁,百鬼畏之。"在这句话之后,还有作者的如下按语:

> 按:魏议郎董勋云:"今正、腊旦,门前作烟火、桃人,绞索松柏,杀鸡著门户逐疫,礼也。"《括地图》曰:"桃都山有大桃树,盘屈三千里,上有金鸡,日照则鸣。下有二神,一名郁,一名垒,并执苇索,以伺不祥之鬼,得则杀之。"应劭《风俗通》曰:"黄帝书称,上古之时,兄弟二人曰荼与郁,住度朔山上桃树下,简百鬼。鬼妄搰〔hú,扰乱〕人,援以苇索,执以食虎。"
>
> 于是县官以腊除夕饰桃人,垂苇索,虎画于门,效前事也。

从引文可以看出,后世人们只是注意了《荆楚岁时记》中的桃符,而忽略了另外两个物象(其实是意象):鸡和苇索,并且桃符和苇索一样,是插在鸡旁边的装饰品,顶多算附属品。在引文中,董勋是魏晋间人,他关于正月腊月元旦"礼"的记述,是在《括地图》、《风俗通》之后的。这种围绕桃树的物象信仰,是汉代的社会共意识。比如张衡《东京赋》展现的是中原洛阳的社会生活画卷,其中就有:"度朔作梗,守以郁垒,神荼副焉,对操索苇。"的记载。度朔是山名,怎么制作"梗"?《战国策·齐策三》"今子东国之桃梗也"高诱注说桃梗是"荼与郁雷"。应当算是答案,并且和应劭《风俗通·祀典·桃梗》的"荼与郁垒"(上引文中为"兄弟二人曰荼与郁"，夺"垒"字)构成呼应。

对这个信俗表述比较完整的，还是王充《论衡·订鬼》引《山海经》的说法："沧海之中，有度朔之山，上有大桃木，其屈蟠三千里，其枝间东北曰鬼门，万鬼所出入也。上有二神人，一曰神荼〔shēn shū〕，一曰郁垒〔yù lǜ〕，主阅领万鬼。善害之鬼，执以苇索而以食虎。于是黄帝乃作礼以时驱之，立大桃人，门户画神荼、郁垒与虎，悬苇索以御凶魅。"王充引用的这段话，在今本《山海经》中没有。王充虽然属于自学成才的学者，但是毕竟最终成为大学者班彪(班固之父，当时的太学教授)入门弟子，并且有在太学课堂作旁听生的学历，不会乱说。因此可以认定：王充看到的东汉流行的《山海经》本子中，已经有完整的桃信仰记载了。

关于鸡信仰和虎信仰，笔者已经有另文讨论。现在看看夸父丢弃拐杖化成的"邓林"(桃林)和桃信仰的关系。当然这里首先要实证邓林本义。

二、南阳邓林实证

如上节所述，毕沅根据"邓、桃音相近"，说《山海经》中夸父丢弃的拐杖所化的邓林就是桃林。因为毕说多为注家所采纳，所以通行的说法就把"邓林"翻译作桃林。但是在《山海经》时代桃树的称谓已经有了，就像王充看到的《山海经》文本那样，何必在说到夸父拐杖时非要把"桃林"写成"邓林"，让后人疑猜呢？要回答这个问题，还要梳理典籍。高诱注《淮南子》说：

> "邓，犹木。"是也。《列子》云："邓林弥广数千里。"盖即《中山经》所云"夸父之山，北有桃林"矣。其地则楚之北境也。

高诱在这里透露了两个信息：第一，邓林的"邓"是"树木"的意思，那么"邓林"就是现在常用的"树林"。这样，桃、李、杨、柳等均可成林，不必非要解说为"桃林"；第二，夸父之山北面确实有一处"弥广数千里"的桃林，在楚国的北部边境，也就是今天的鸡公山以北的河南省南部。

这两个信息恰恰是今人读书不精忽略的内容，所以解说"邓"字时往往被毕沅引入歧路。比如在毕沅之前，常见的引用《山海经》、《列子》等夸父逐日故事的典籍起码有 30 种之多,①除了少数几则记录了"弥广数千里"的信息但未涉及具体地望之外,几乎都没有提及这两条信息。值得提及的是传为钟惺作的《夏商野史·第五回》中也改编了这个故事,从文本看,近于白活的小说体记载,竟然也没有把生涩难懂的"邓林"编译为妇孺皆知的"桃林",说明该书作者也没有毕沅的学究癖好。更何况,翻检钟惺时代之前的文学作品,往往也不肯把邓林转换为桃林以取悦读者。比如唐代皎然《效古》诗就是神话"夸父逐日"的诗歌版:"日出天地正,煌煌辟晨曦。六龙驱群动,古今无尽时。夸父亦何愚,竟走先自疲。饮干咸池水,折尽扶桑枝。渴死化爝火,嗟嗟徒尔为!空留邓林在,折尽令人嗤。"其中用的是邓林而不是桃林;元末明初刘基《次韵和石末公无题之作》:"轩辕未必迷襄野,夸父终当死邓林。"虽然对黄帝出行"至于襄城之野,七圣(黄帝随从)皆迷,无所问塗"大不以为然,但是对夸父死于邓林深信不疑。这里也没有把夸父的葬身之地明确为桃林。

问题出在"邓"字上。

在记载夸父逐日故事的文献即《山海经·海外北经》中,紧随其后有这样一段文字:

> 博父国在聂耳东,其为人大,右手操青蛇,左手操黄蛇。邓林在其东,二树木。一曰博父。

根据袁珂《山海经校注》的说法(珂案):

> 博父国当即夸父国,此处博父亦当作夸父,《淮南子·墬形篇》云:"夸父耽耳在其北。"即谓是也。下文既有"一曰博父",则此处不当复作博父亦已明矣;否则下文当作"一曰夸父",二者必居其一也。

袁珂先生是说,在上面《山海经·海外北经》的引文中,开头的"博父"和结

---

① 引用《山海经》说事的如:东汉·高诱《淮南子·地形训》"夸父弃其策,是为邓林"句注;南北朝刘宋·裴骃《史记集解》卷二十三《礼书第一·"阻之以邓林"条》;隋·虞世南《北堂书钞》卷第一百三十三《服饰部二·杖二十二·"为邓林"条》等。

尾的"博父"必有一个是"夸父",否则讲不通。珂老对典籍的质疑是对的。我们要说的是:"邓林在其东",也就是说"夸父国"的东边有"邓林"。如果我们把这个邓林解说成桃林的话,那么《中国植物志·38卷》的说法:"(桃树)原产我国,各省区广泛栽培。世界各地均有栽植"就无法理解了。夸父(博父)国周围都可以有桃树林桃花坞,怎么东边的桃林就要单独拿来说事并且更名改姓叫做"邓林"呢?

从小篆邓(鄧)字看,地名应是其本义。《春秋·桓公七年》:"邓侯吾离来朝",《国语·郑语》:"申吕应邓"、《史记·屈原贾生列传》:"袭楚至邓"等,指的是今河南省邓县;《春秋·桓公二年》:"蔡侯郑伯会于邓",指的是今河南省郾城县。这是春秋时代邓的地望情况。到了战国,邓是一个邑都,后来叫做邓县,从秦到汉都属于南阳郡。到隋朝置南阳县,改邓州,这是后话。因此,东汉许慎《说文解字》才这样解说邓字:"曼姓之国。今属南阳。从邑登声。"《说文段注》:"曼姓之国。左传。楚武王夫人曰邓曼。则知邓国曼姓也。前志曰。邓县故国。今属南阳。……今河南南阳府邓州是其地。"

据学者田野调查,夸父死后所变的夸父山,就在今天的灵宝县西三十五里阳平公社东南的灵湖峪和池峪之间。更为有趣的是,在夸父山下的涧沟大队,还有夸父族后代子孙集居和繁衍生息的"夸父营"村。另外,发现当地之所以在隋代以前把灵宝叫"桃林",就因为夸父族以桃树为图腾。[①]

至此我们可以得出这样的结论:邓林,即邓地的森林,也就是如今的秦巴山区国家公园中的河南部分,伏牛山下南阳邓州一带的森林。

前代文化精英心知肚明的邓林,到了清代因为毕沅的一句话,后代精英心甘情愿跟着跑把邓林变成桃林,其主要原因如前述,是桃信仰民俗氛围笼罩产生的弥漫效应。这种弥漫应当从隋唐开始,并且和东海仙山逐渐熔融一体,从河南伏牛山的桃花岭(洛宁)、桃花峪(荥阳)等桃林,一直弥漫到疑似台湾的度朔山,形成神话流传过程中的合流现象。

三、东海度朔山猜想

如前述,夸父逐日和度朔山桃树两则神话,被记入典籍的时间是一致的并且

---

① 张振犁《中原古典神话流变初议》,《民间文学论坛》1983年第4期。

在同一个文本中。说明在东汉之前的漫长历史时期内,夸父山和度朔山都蕴含后代桃信仰的因子。两座山正是在这个交点上形成共振,显现了其血脉关系的基因同构。这种同构关联起码在唐代已经泛化为社会共意识。像唐代韩愈的《海水》诗那样,诗句中海水和邓林交错闪现,让人觉得邓林好像在海中似的。这说明:在唐人传承的汉魏六朝以来泛化的社会观念中,除了夸父山邓林之外,东海之中还有一个盛产桃子的地方,叫做桃都山(见本义第一节引文)或者度朔山。夸父山在河南,度朔山在海中(前引王充:"沧海之中,有度朔之山"),都有来历不凡的神奇桃树作桃信仰的物质依托。

度朔山或桃都山在哪?在东海中的一个海岛上。哪个海岛具备生长"盘屈三千里"、"弥广数千里"大树冠桃树的条件呢?位置在海滨以桃花岛命名的岛屿如山东日照桃花岛、辽宁省兴城桃花岛都不合格;至于内陆的所谓"桃花岛"更不会是《山海经》记载的桃都、度朔所在地。就是名气很大的浙江舟山桃花岛,从来也没有像金庸先生所描绘的桃花漫野:植物没有桃树、花卉没有桃花、特产没有桃子。而在虚拟的岛屿如著名的蓬莱、瀛洲、方丈等神,山,从来都与桃子无关,所以谈不上衍生桃文化桃信仰。就是遍布东南西北海的"十洲",也没有桃子的记载(传为东方朔《海内十洲记》)。

目光只能聚焦现实世界的台湾岛。

依据地质学界考证,台湾属于第四纪冰川(第四纪大冰期大约始于距今200—300万年前,结束于1—2万年前)形成的岛屿,台湾中央山脉等海拔3500米以上的高山存在第四纪冰川遗迹就是明证。这当然符合《山海经》所记载太古东海仙山存在的基本条件。从2005年8月1日起祖国大陆对原产于台湾地区的15种鲜水果实施零关税,这15种水果中不但有桃子,还有杨桃。说明台湾的水果中桃子是供大于求,有打开大陆市场的需求。其中桃园县(复兴乡)和南投县的水蜜桃名气最大。但是翻检大陆乃至台湾学者撰写的河洛文化、桃信仰、桃文化的文章，①与台湾有关的文章屈指可数。就是这凤毛麟角的几篇文章，对台湾俗信的追溯也都止于唐代开漳、宋室南渡、明代郑成功父子据台而已，并且往往只强调河图洛书、闽台俗信传承，不提桃信仰（其实河图的"五"就与桃有联系，是比肩与五行的"五果之一"）的泛化。

　　有学者在 20 世纪 80 年代初就指出："台闽豫一千三百年前是一家，根在光州固始。"②光州、汝宁、南阳都是邓地。如果说唐代固始人开漳建闽，那么推而广之就应该有河南人勾连豫、台。试举一例：洛阳风俗，家家门中，须树夹竹桃一棵，以为能驱一切邪祟；台湾民俗，削木为狮头，挂在门首，即通称的"咬剑狮王"，视为驱邪厌煞之物。③ 台湾的镇宅避邪狮头就是桃木的，民间直接称之为"桃木狮咬剑"，生产商一定要标榜"正宗桃木制作，纹理细腻"之类。所以说："……台湾……民间以桃木剑悬置于家中吉方或镇煞方用於镇压百邪除各方凶煞。所以桃木是不可乱放的。"④据台湾《联合报》2007 年 9 月报道，彰化县仑雅村民和秀水乡民找法师互相往对方地盘"驱鬼"，使用的"法器"中都有"桃枝"。结果造成冲突，警察介入多次调节才息事宁人。⑤

　　在台湾，初生儿和夜晚哭闹的孩子用桃花（枝）水洗澡；人死后入殓时将桃枝放在亡者手上驱赶黄泉路上的饿狗……可见桃文化如影随形贯穿在台湾人的一生中。所以生于台湾云林，祖籍河北邯郸大名（和河南紧邻）的邓丽君的英文名字叫做"桃丽莎"（TERESA）就不奇怪了——也应当是大陆中原祖籍和台湾出生地桃文化交融熏陶的结果。⑥

---

① 比较著名的如徐正英《论河洛文化的根源性特征》，《河南社会科学》2010 年 11 月第 18 卷第 6 期第 138—143 页；尹全海《固始移民与两岸三地寻根资源之整合》，《信阳师范学院学报（哲学社会科学版）》2009 年 1 月第 29 卷第 1 期第 41—45 页；台湾曾永义《河洛文化对闽台文化的影响》，在 2005 海峡两岸河洛文化暨豫剧发展论坛上的讲话，台湾杨祥麟《台湾文化与河洛文化》，《中州学刊》2007 年 5 月第 3 期（总第 159 期）第 153—156 页等。
　　迈可·桑德尔《正义：一场思辨之旅》，第 126 页，雅言文化出版社，2011 年 3 月。
② 欧谭生《台闽豫祖根渊源初探》，《中州今古》1983 年第 40—41 页。
③ 胡朴安《中华全国风俗志》，河北人民出版社，1986 年 12 月。
④ 高占全《桃木文化研究及风水运用》，2009—11 转引自 http://home.51.com/tjj520zzl/diary/item/10051866.html。
⑤ 参看 http://society.chinaiiss.com/html/20079/25/a1d52.html.
⑥ 参看台湾严新富《台湾祈福避邪植物》，http://9512.net/read/289d02020159220cc3222c45.html.

和台湾形成于同一地质时代而稍晚的日本列岛,被华夏精英称为"扶桑",也不过是该岛生长桑树(椹树)而已(《海内十洲记》),跟桃子没有关系。

因此,我们只能把"度朔山"或者"桃都山"的依托岛屿定位在宝岛台湾。如果这种猜想获得更为具体的典籍支撑,那么河南的夸父山漫山桃花和台湾的世外桃园在微茫的太古时期,成为交相辉映的镜像,就不只是和"台闽豫一千三百年前是一家"形成认知共振了,因为这血脉关系还可以上溯十倍时间,达到一万三千年!

大胆猜想的实证,需要假以时日的研究,更需要方家学者的认可与参与。笔者会在埋头钻研的痴醉湛沔中等待学界同仁石破天惊的成果出现。

（作者为宁波非物质文化遗产与文化产业研究所教授、博士）

源于河洛的闽台祠堂

何绵山

祠堂又称宗庙、家庙、祠庙或宗祠,是中国人供奉祖先神位、祭祀祖先神灵、举办宗族事务的公共场所。其作用:一是追源报本,表明家世;二是敦宗睦族,增强族内亲和力、凝聚力和团结力;三是序明昭穆,分别尊卑长幼;四是申明家训族规,表彰功德而责罚悖逆。自古以来,国有太庙,家有家庙,族有宗祠,由此形成中华民族特有的血缘宗庙文化。祠堂文化是我们赖以生存和发展的文化之根,是我们炎黄子孙心中永远解不开的情结。

一、闽台祠堂相通

至今,中国许多家庭都在厅堂设置公妈龛以安置祖先灵位。在福建,由沿海到山区,祠堂几乎遍及各地,具体数量难以统计,仅泉州就不下万座。[①] 如山区的永泰县,各姓聚居的血缘乡村,都有祠庙。陈、林、张、郑、黄、汪、鄢、檀、候、江等姓,都各自有祠堂。樟城一镇,就有陈、林、郑、黄等姓祠堂。再如沿海的东山县,各乡村都有祠堂。

在台、澎、金、马,也有许多各姓的祠堂。在金门岛上,至少有 172 座以上的各姓祠堂,如果加上大嶝、小嶝两个岛屿上的祠堂,则金门地区祠堂总数,可多达189 座以上。扣除 14 处已毁、1 处半毁外,尚为完整的共计 157 座祠堂,还不包括正在筹建中的祠堂,平均 1 个村庄就超过一座。有的一个姓有多个祠堂,如全岛仅陈姓就共有 26 座祠堂;再如金湖镇琼林,蔡氏家族也拥有多座祠堂,故有有"七庙八祠"之称。金门地区的祠堂,不仅数量多,而且相当密集,体现了对中华

---

① 许在全　吴幼雄　蔡湘江主编《泉州名祠》,福建人民出版社,2003 年,第 2 页。

民族宗族文化的传承。在祠堂的命名上,也传承了福建对祠堂命名的传统:一是以姓氏加在"祠堂"、"家庙"、"家祠"、"宗祠"前面为名,如斗门东甲"陈氏家庙"、沙美"张氏宗祠"等。二是以郡望堂号为名,如溪边郭姓祠堂题名"汾阳堂",贤厝颜氏祠堂题名"鲁国堂"。三是以传承祖德或企望昌隆之堂号为名,如东林林氏祠堂题额为"忠孝堂",阳翟陈姓祠堂题名"永昌堂"。近30年来,金门大约每年有两座祠堂重修完竣,并举行奠安大典,其中有陈、杨、王、薛、欧阳等姓的祠堂。

在台湾本岛,清代初期,特别是乾隆、嘉庆年间,福建移民大量涌入台湾,在开垦中逐步形成了以姓氏聚居的血缘村落,为追源报本、敦宗睦族,他们纷纷建起了祠堂。随着开垦事业的发展,繁多的各姓氏祠堂如雨后春笋般地出现,现仅以陈、林、黄、张、李、王、吴、刘、蔡、杨这十大姓为例,可知其分布之广泛。陈姓祠堂:如台北市"德星堂"、"时英堂",南投县"西水祠",台南市"德聚堂",彰化县田中镇"聚星堂"、永靖乡"绳武堂",云林县北港镇"昭烈堂",桃园县"景福宫"、芦竹乡"德馨堂"、宜兰县"鉴湖堂"等。林姓祠堂:如台北市全台林姓宗庙,南投县"敦本堂",台中市林氏宗庙,南投县草屯镇林氏家庙、竹山镇"崇本堂",新竹县竹北市"太夫第"、"问礼堂"、林氏祠堂等。黄氏祠堂:如台北市"种德堂",内乡、土城、深坑乡、金山乡黄氏宗祠,台南市"崇荣堂",嘉义县竹崎乡黄氏宗祠等。张氏祠堂:如台中市西屯、员林镇、白河镇、神冈的张氏宗祠,嘉义市张氏宗祠,内埔乡、竹乡的张氏宗祠等。李氏祠堂:如台北市李氏宗祠,桃园市李氏宗祠,宜兰市、芦洲乡、花坛乡的李氏宗祠,宜兰市草屯镇"太清宫"等。王氏祠堂:如台北市、新北市、台中市神冈乡、嘉义县太保市、台南市等地的王氏宗祠。吴氏祠堂:如台南市吴氏大宗祠,台北市"让德堂",南投县名间乡"种德堂",嘉义大林镇"孝思堂"等。刘氏祠堂:如新竹县新埔镇、芎林乡的刘氏宗祠,台中县东势乡王氏宗祠,屏东县万峦乡刘氏宗祠等。蔡氏祠堂:如澎湖马公蔡氏宗祠,高雄、台南、嘉义的柯蔡宗祠。杨姓祠堂:如屏东县佳冬乡杨氏宗祠、金门湖美乡杨氏家庙。一些在台湾并未进入十大姓的家族,所建的祠堂之多毫不逊色,如廖姓人口在台湾排序为第18位,但仅台中市西屯区就有廖姓祠堂7座:承祐堂(又称元与公祠)、福安堂(又称湖洋公厅)、垂裕堂(又称朝孔公祠)、体源堂、烈美堂(又称大鱼池公厅)、达显公祠(又称下庄公厅)、懿德堂。一些在台湾并非大姓的家族,也建有多座祠堂,如游姓人口在台湾排序仅为第36位,但仅彰化县员林镇就有游姓祠堂5座:广平堂游氏大宗祠、广平堂游捷居公公祠、广平堂游宗赐公分祠、原平堂游维将公公祠、原平堂游维将公分祠等。不过一个地方,同一姓氏的祠堂就如此之多,可见台湾慎终追远风气之盛。

台湾许多姓氏祠堂还组织宗亲会,以联络和团结本姓宗亲,追远寻根报本,以振兴家乡和中华民族为目的,例如世界陈氏宗锸总会、世界林氏宗亲总会、世界黄氏宗亲总会、张廖简宗亲会台湾总会、世界李氏宗亲会台湾总会、世界王氏宗亲总会、世界吴氏宗亲总会、世界龙冈亲议总会(该会为刘、关、张、赵四大姓宗亲会)、世界蔡氏宗亲总会、全球董杨童宗亲总会等。

二、闽台祠堂郡望堂号相连

所谓"郡望",是"郡"与"望"的合称。"郡"是秦、汉时期的行政区划名称,秦时改封建制为郡县制,全国划分为36郡。汉时增加为105郡,郡直属中央,县辖属于郡。"望"是名门望族,指有声望的姓氏大族,显贵的为世人所仰望的姓氏。故"郡望"之意是某郡的名门望族。魏晋南北朝至隋唐,社会特别重视门阀世袭,各氏族纷纷以自家的"郡望",标榜家族的显贵以炫耀世人。唐时,著名的陇西李氏、赵郡李氏、清河崔氏、博陵崔氏、范阳卢氏、荥阳郑氏和太原王氏,并称"五姓七族"。这"五姓七族"都以"郡望"相标榜,作为本姓的光荣标志。后来各姓取用郡望,是用以纪念和表明其本姓先祖最初的发祥地,如福建陈姓三大派系(南朝派、将军派、太傅派),都以"颍川"为郡望,"颍川"为古代郡名,在今河南省许昌市。福建陈姓三大派系开基祖的发祥地都在"颍川"。郡望除了表明发祥地外,还含有纪念发祥地先祖陈寔之意。陈寔是东汉时名士,曾任太丘长,故称为陈太丘。他为人公正,乡里有争讼,就求他判正,因而许多人说,宁可受刑罚,不要受到他批评。84岁逝世,前往吊唁的有3万多人,可见他的名望之高。故陈后代取"颍川"为郡望,也有以陈寔为荣的意思。

郡望盛行之后,兴起了"堂号"。堂号就是祠堂的名称、称号。历来每个姓氏、每个宗族、每个家族,都有自己的堂号。"堂号"与郡望,既有联系又有更丰富的含意。既表明本姓先祖的发祥地,又含有褒扬本姓祖先的功业和品德,还含有承先启后或光前裕后等意思。

郡望往往可以作为堂号,但堂号却大都不能用作郡望。一个姓的堂号要比郡望多得多,一姓的郡望只有数个多至数 10 个,但堂号往往有数百甚至上千个之多。堂号的类型有多种,或以地名作堂号,或以宗族典故作堂号,或以道德伦理作堂号,或以祖先名号作为堂号。如"源远"、"思敬"、"孝思"、"继述"、"光裕"等堂号,则含有追源报本、修身立德、光前裕后等深意。

福建与台湾各姓的郡望是一脉相承的,大都与河洛有关,或以河洛为发源地,或由河洛迁徙到中转地再入闽台。例如福建陈姓最著名的郡望是颍川、汝南。颍川在今河南省许昌市一带,汝南即今河南省汝南县。闽台杨姓郡望都以弘农为著名,弘农为古之郡名,辖今河南、陕西交界十数县,治所在今河南灵宝市之豫灵镇。闽台郑姓郡望为荥阳(今属河南省),谢姓郡望为陈留(今属河南省杞县),邱姓郡望为河南(今河南洛阳),廖姓郡望为汝南(今河南省汝南县),赖姓郡望为颍川(今河南省许昌市一带),周姓郡望为汝南,叶姓得姓于叶邑,古属南阳郡(治所在今河南南阳市),江姓郡望为淮阳(今河南省淮阳县)。

由此可见,闽台人大多数远祖在中原地区,由于历史上各种原因,后代辗转迁徙,由发祥地迁徙到福建而到台湾。台湾远承中原发祥之祖,近承福建开基之祖。郡望成了闽台祖地源于河洛、两地人民同根共祖的凭据,成为福建与台湾人民血缘关系的源头。条条血脉发展到福建,再延续到台湾,福建则成为台湾根连中国大陆最靠近而直接的支根,因而闽台两岸自古以来就结成了非同一般的血脉相连的亲缘关系。

三、闽台祠堂的认宗楹联

在福建和台湾的许多家庭,其门户、厅堂,以及姓氏祠庙,多有显示其郡望堂号之楹联,表明其姓氏和其祖先的发祥地,也表明其要继承祖泽,长远地绵延下去,或是怀念祖先的功德事业,期望发扬光大。通常见到的家门户上的楹联,上句冠以郡望堂,下句冠以现住地名称。例如在福建陈姓家门常见的楹联:"颍水家声远,藤山世泽长","颍水"(源于颍川故地)指陈姓的郡望。"闽山"指福建,"藤山"指福州藤山(今福州仓山),"家声"谓其家族的声名,"世泽"言其世代祖泽。又如:"颍水家声大,五侯世泽长",此联上句表明其郡望,下句则说明其属于福建陈氏三大系中的"将军派"陈元光的后代,陈元光一门五代为漳州最高的军政长官。潘姓家门楹联:"荥阳望出绵世泽,重孙系承播惠长","荥阳"是称其郡望在河南荥阳,"季孙"系潘氏始祖,史称季孙是毕公高之子,受封于陕西北部的潘地,子孙即以国名为姓。这些楹联高悬在正门两旁,路人一见,不需问姓,即知道这个家族的姓氏,故称为姓联,又称为认宗联。

台湾也有类似的情况,这是传承了祖国的宗族文化的传统。例如:台湾板桥市谢姓家厅堂的楹联:"陈留世泽播恩长,东晋名家绵远泽"。上句指出其郡望在河南陈留,下句表明其与东晋时谢姓名族有血缘关系。但台湾有些楹联有其特点:既表明郡望堂号,又说明与福建同根同脉的血缘关系。这种楹联多高挂于祠庙的正大门两旁,或祠庙厅堂之中。以台湾第一大姓陈氏祠堂为例。台北陈氏大宗祠德星堂楹联都追溯到到福建祖地开漳圣王陈元光的功绩:"补闻喜,迁太丘,惠露光风周两地;辟漳州,建南寺,负扆仗钺壮千秋","文范古儒宗,当涂瀛林,三长齐誉;神尧老柱国,开漳筑寺,二杰同桃"。这两副下联中"辟漳州"、"开漳筑寺",都清楚标明先人陈元光对漳州的开发。"箕裘金子,袍笏文孙,颍川郡凤毛世胄;南国旌旄,东宫衣钵,李唐时虎拜王庭",上句中"箕裘"出自《礼记》,比喻承继祖先事业,陈姓后裔多仕官,其祖先发祥地在河南颍川;下句说台湾陈姓三大派都来自福建,"南国旌旄",指"南朝派"之祖陈霸先在南朝时建立陈朝,"东宫衣钵"指"太傅派"之祖陈邕曾为太子太傅,"李唐时虎拜王庭"指"将军派"之祖陈元光为唐朝大将。说明台湾陈姓祖先,在历史上都是赫赫有名的。"奎府聚五星,地符人瑞;漳州开二阁,名冠皇唐",上联"奎府"指天上二十八宿之一的奎宿,"聚五星"指金、木、水、火、土五大行星同时出现,因这种现象极为罕见,故被认为是祥瑞之兆。下联指陈元光在福建泉州、漳州开创疆土,受到唐代朝廷嘉许。台南陈氏宗祠德聚堂门厅上悬挂"颍川陈氏家庙"竖牌,表明与河南的渊缘,其楹联如:"宝岛传宗,经三百载;颍川衍派,历四千年",上联表明陈氏先人来到台湾已有三百多年的历史,下联表明传衍于河南颍川。彰化永靖陈氏家庙绳武堂,楹联如:"绳趋矩步太邱长,元季联翩,克恢令绪;武略文韬漳州军,箕裘经治,门第常新",上下联第一字嵌入堂号"绳武",上联指颍川陈氏始祖陈寔任汉代太丘县长时政绩不凡,下联指陈元光治漳州后,陈氏名人辈出。

再以台湾其他姓氏祠堂楹联为例。台北市郭氏大宗祠楹联:"祖汾阳、派富阳、旅螺阳、居台阳,一阳光照天下;原晋水、分法水、开奇水、聚淡水,万水潆洄吾宗"。郭氏出自姬姓,郭氏始祖出自太原,郭氏第六十代孙郭子仪因平安史之乱功居第一,被唐肃宗封为汾阳王,世称郭汾阳,所以"汾阳"也是郭氏堂号。郭子仪之后曾于唐末随王审知入闽,又于明清之际迁往台湾。此联主要说明郭姓家族从发祥地汾阳迁移到台湾的历史过程。台北市周氏大宗祠楹联:"武赠王公,裔固始公支淡水;功追傅保,终卓源溯派芦山",整副楹联说明台湾周姓是由河南固始,派衍到芦山,又分支到台湾台北。淡水是台北附近的一条河,称淡水河。云林县沈氏家庙泰安宫楹联:"唐代晋候封,卓著勋猷垂奕世;漳江崇庙记,永留惠泽耿千秋"。此联上句指沈氏先贤沈彪随陈元光入闽开漳有功,追赠武德侯;下句说明台湾云林沈姓与漳州的香火关系。台湾台南吴氏大宗祠楹联:"八闽孝子裔,三让帝王家",此联上句表明台湾台南吴姓是从福建迁来的,下句"三让"是堂号,表明吴姓祖先是周时三让帝王的秦王的秦伯。新竹县苏氏宗祠武功堂楹联:"武著千秋源苦竹,功传万代念芦山"。上下句第一字嵌入堂号"武功","武功"指苏姓郡望,西汉时苏建因抗击匈奴有功,封为平陵侯,封地为武功。苏建后裔苏益随王潮、王审知于唐末入闽,居芦山,被尊为苏姓入福建始祖。至清乾隆、嘉庆年间,从汀州府永定县苦竹入台湾,居新竹。[①] 此楹联祖先从陕西武功迁徙福建,再到台湾的历程。

苦心撰写并高悬于门户和庙宇的认宗联,是宗族文化的传承,其作用是:标志姓氏、表明祖先的发祥地、说明血脉的传承、显示家族的光荣历史传承。认宗联宣示了闽台两地人的同宗共祖,一脉相承,不会因时间的流转和空间的转移而改变这种血浓于水的亲缘关系。

四、闽台祠堂的互动

长期以来,闽台祠堂成为两岸族亲间联系的桥梁和纽带,只要一有机会,总要设法互相联络走动,其深情令人感动。台湾宗亲积极参与闽地祖祠堂的活动,使慎终追远的传统得以代代相承。

一是参与祠堂建成庆典。如福建石狮蚶江林氏是开拓台湾的先驱者之一,赴台者繁衍生息,蔚为望族,台湾与祖地晋江均有"后安"、"下井"等村落。1999

---

① 林春德编撰《姓氏渊源与楹联》,华文出版社,2009,第 111 页。

年 11 月 23 日,石狮蚶江(锦江)林氏宗祠重建落成暨祔祧庆典隆重举行,台湾云林麦寮乡后安村谒祖团一行 37 人,代表在台 4000 多个后裔,捧着渡台先祖锦江林氏十二世裔林良海(1762—1819)的神主牌来林氏宗祠参与庆典,两地宗亲互赠匾额"寻根思源"、"同气连枝"。①

二是前往祠堂拜祖归宗。如石狮铺锦黄氏与台湾鹿港黄氏同出一脉,两地祠堂长期互动频繁。清康熙年间,铺锦黄氏族人陆续迁入台湾彰化鹿港民,在鹿港泉州街建立铺锦巷,并把祖家集英堂佛祖、清晖堂薛大巡迎到鹿港供奉。1946 年,台湾宗亲 30 多人组团到石狮铺锦黄氏祠堂谒祖进香,抄录族谱。1997、1999 年,台湾鹿港泉州街铺锦巷宗亲分别两次组团,来到石狮铺锦黄氏祠堂拜祖归宗,并重塑清晖堂薛大巡神像回鹿港供奉。历经多年风雨,"铺锦黄氏祠堂成为联系闽、台两地手足亲情的一座桥梁。"②石狮钞坑蔡氏三公家庙,始建于明初。明末清初,蔡氏族人随郑成功入台,从此在台繁衍生息,《钞坑蔡氏三公家谱》对此有详细记载。改革开放以来,台湾蔡氏宗亲多次来到家庙寻根谒祖。2000 年正月十五日,台湾鹿港宗亲组织了回乡祭祖团到家庙祭祖,受到钞坑宗亲热烈欢迎。③ 安溪尚卿荣美黄氏宗祠,始建于明初,其后裔迁居台湾,常返回祖庙祭祖,关心宗祠修建,如今雕刻在大门石槛上的对联"荣登科场第扬祖德,美焕洋山映宗功",即为现任台湾台北市安溪同乡会总干事、台湾"陆军少将"黄英杰回乡谒祖时所撰。

三是捐资修建祠堂。如石狮霞泽陈氏祠堂的宗亲迁往台湾者甚多,清嘉庆十七年(1812),移居台湾府城的族人陈文芳,以贡生、布政司经身份返乡谒祖,捐银重修了石狮霞泽陈氏祠堂。道光元年(1821),陈文芳之子仕文受祖母黄氏之命,携带移居台湾族裔资料,来到霞泽陈氏祠堂认祖归宗,纂修族谱。④ 再如石狮石湖周氏家庙,始建于明代隆庆年间(1567—1572),历史上周氏族人多次迁居台湾,今天台湾朴子脚还有一条周厝街,为石湖周氏在台宗亲聚居处,经几百年传衍,至今比石狮石湖周氏人还多。台湾周氏宗亲曾多次组团回到故乡祖

---

① 许在全　吴幼雄　蔡湘江主编《泉州名祠》,福建人民出版社,2003 年,第 115 页。
② 许在全　吴幼雄　蔡湘江主编《泉州名祠》,福建人民出版社,2003 年,第 107 页。
③ 许在全　吴幼雄　蔡湘江主编《泉州名祠》,福建人民出版社,2003 年,第 105 页。
④ 许在全　吴幼雄　蔡湘江主编《泉州名祠》,福建人民出版社,2003 年,第 103 页。

庙谒祖。1999 年,台湾周氏朴子支系十九世周清阳回到石湖谒祖,捐资人民币 10 万元重修祖庙。石狮蚶江欧阳氏宗祠,始建于康熙年间(1662—1722)。改革开放以来,台湾欧阳宗亲多次返回祖地祭祖,并带来 1923 年修纂的《锦江欧阳氏三房宗谱》。闽台两地宗亲共襄集资 40 多万元,多次修葺宗祠。① 又如晋江闽台粘氏大宗祠,始建于清代,是福建现存唯一的满族粘氏宗祠。历史上由泉州迁台的粘氏族人,现已发展到 1 万多人,并于 1982 年在台湾彰化建成双层楼祠堂,上层"衍庆宫",供奉渡台前 1 世至 21 世祖宗;下层"桓忠堂",供奉渡台历代祖宗。每年祠堂都要举行春秋两次祭祖典礼。1988 年以来,台湾粘氏宗亲多次到晋江祖祠谒祖,年届古稀的台湾粘氏宗亲会会长粘火营倡议两岸粘氏族人"有钱出钱,有力出力,量力而行,共修宗祠",得到海峡两岸粘氏族人热烈响应。在大家共同努力下,闽台粘氏大宗祠于 1993 年 6 月动工翻建,次年竣工,成为海峡两岸骨肉情深的标志。落成之日,台湾粘氏宗亲 200 多人组团前来参加庆典活动。②

（作者为福建广播电视大学闽台文化研究所教授）

---

① 许在全　吴幼雄　蔡湘江主编《泉州名祠》,福建人民出版社,2003 年,第 117 页。

② 许在全　吴幼雄　蔡湘江主编《泉州名祠》,福建人民出版社,2003 年,第 89 页。

客家民俗体育文化的渊源与发展

黄何平

何为客家？是指客居他乡的家族,相对于土著居民来说,这些家族是从外地迁徙而来。客家先民为中原汉人,大部分客家先民是在西晋永嘉之乱以后迁徙到南方定居的。客家研究先行者罗香林基于永嘉之乱、安史之乱、黄巢起义、宋室南渡等提出了五波迁移说。他说：早期客家先民迁徙主流首先集聚在长江以北的豫皖鄂交界地带,然后渡江,顺赣江向南迁徙并分流到周边地区定居。赣南地处赣江源头,因其"南抚百越,北望中州"、"据五岭之要会,扼赣、闽、粤、湘之咽喉"的地理位置,成为接纳北来客家先民的第一站,吸引了大量的人口[1]。

客家民俗体育文化与北方汉民有渊源关系,在其历史的演进中,经历了各具特色的发展阶段,表现出顽强的生命力。

一、客家民俗体育的渊源

1.远古时期人类的身体活动

客家先民根系中原,源自河洛。近代的考古研究发现,河洛地区在距今约40万—50万年前就有人类活动,在三门峡市会兴镇会兴沟和水沟发现了砍砸器、大尖状器、石球、石梳及石片等旧石器。20世界50年代后,在新郑县新村乡的裴李岗村一带,陆续出土了石斧、石铲和石磨盘等。这些生产工具,也是中原人民娱乐和锻炼的器具。

2.上古时期中原先民的生产劳动

民俗体育文化是源于生产劳动,并为生产劳动服务。从河南新郑县裴李岗遗址出土的文物内涵分析,从出土文物来看,当地人已经懂得畜牧和耕种。他们会在田里种植谷物,又会在家里养猪。而当地文明是现时中国已知的最早期陶器文明。考古学家认为中国的农业革命最早在这里发生。大约8000年前左右,裴李岗居民已经进入了锄耕农业阶段。客家先民的起源地河洛地区地处黄河中下游,水土资源优越,日照时间长,为农业创造了良好的自然条件,创造了先进的农耕文明。人们便取法日月星辰的运行规律,按照节气时令变化劳动生产。经过夏、商、西周等历代填充,完成历法及农事节令。中原先民为了生存必须参加以跑、跳、投掷、攀登、游泳等身体活动,包括刀耕火种、狩猎等多项内容。因此,生产劳动是民俗体育运动的基础和基本内容。

3. 夏王朝祭拜神明的活动仪式

河洛地区有十分浓厚的祭祀祖先的风气,夏王朝建立后,最先把黄帝作为国家祭祀。炎黄是整个中原地区共同信奉的神明,成为后人祭祀的对象:"黄帝能成命百物,以明民共财……故有虞氏禘黄帝而祖祖颛顼,郊尧而宗舜。"为了祭祀炎黄等神明,每年节庆都要举办一些民俗活动。据记载:"东都洛阳会节坊、立德坊皆有祆祠。"每年都按拜火教仪轨举行祈福仪式。他们杀猪宰羊,设置酒席,演奏琵琶鼓笛,祭奠神灵,然后进行舞蹈和身体表演仪式。河图与洛书是中国古代流传下来的两幅神秘图案,历来被认为是河洛文化的滥觞。河图洛书被称为中原地区文化之源和原始文化发展的基础[2],时至今日,河图洛书仍然是个千古之谜。有的说是祭祀的典礼;有的说太极图是洛河与黄河交汇形成的漩涡,通过这个自然现象灵感触发,伏羲创造出了太极和八卦。河洛地区与阴阳五行思想的产生和发展有密切的关系。在科技发达的今天,阴阳五行思想依然对人们的生产劳动、日常生活和精神心理都有重要的影响。

4. 春秋战国后期的舞蹈

传说中的三皇五帝时代,就有了一些礼乐的雏形。乐,包括音乐、舞蹈等,它和礼紧密相关。《吕氏春秋·古乐》中说,周公创《大武》之乐,以歌盛世,壮军威。乐作为感化人心的艺术手段,或激励斗志,或抒发情感。礼乐配合,是当时中华文明的完美仪式。但是,在长期的军事操练中,形成了一种"武舞"。文献记载和考古资料证明,先秦时期,射箭、驾车术、拳击和搏斗、器械技击、跑和跳等体育活动,是当时军事训练的主要内容。据史料记载,明代名将戚继光曾以盾牌舞训练士兵。舞者左手拿盾牌,右手持短刀。表演时,真是刀光剑影,使人眼花缭乱,甚为壮观[3]。而这就是赣南宁都等客家地区很流行、具有特色的"马灯舞"和"盾牌舞"的早期雏形,并在民间世代传承。

二、客家民俗体育文化的历史变迁

1. 客家民俗体育文化的独立性和移民性

客家族群是在一定时期内、特殊环境下形成的,客家人也是最具特色和文化个性。客家人长期居住在相对闭塞的群居生活环境,因此,客家民俗体育文化具有相对的独立性。所谓"逢山必有客,无客不住山"。长期封闭聚居的生活环境,使得他们的语言、习俗等能够世代传承下去,保持固有的传统。客家先民既是客家民俗体育文化的传承者,也是客家民俗体育文化的传播者。从历史来看,主要是通过移民来实现的。中原汉人迁徙到赣南山区,推动客家山区社会经济的发展的同时,客家文化也就打上了具有浓厚河洛文化的烙印,民俗体育文化也不例外[4]。因此,客家地区的很多体育活动都带有浓厚的移民性。

2. 客家民俗体育文化与地域文化融为一体

任何一种文化生态的产生,都与所处的环境密切相关。客家民俗体育文化具有浓厚的地域性。地域性是指客家民俗体育文化具有本乡本土的特点,但存在一定的地域差异。在强势主流体育文化的影响下,对不同区域的客家民俗体育文化也会产生一定影响,呈现出一定的地域差异。白晋湘认为,民族传统体育文化适应存在四种主要模式:整合、同化、分离、边缘化[5]。中华民族传统体育文化将经历一个从排他性冲突到认同性选择再到包容性并存的历史过程,即文化认同与文化适应的过程。客家先民从北向南迁移,带着汉民族的先进的生产技术和先进的文化,开发和建设赣南,并与当地的畲族、瑶族等少数民族交往、融合,逐渐形成具有赣南地域特色的客家民俗体育文化形态。

3. 客家民俗体育文化的开放性和包容性

客家先民在迁徙的过程中,具有主动适应环境的性格特征和对各种文化兼收并蓄的包容心态,集中反映了客家先民生命意识和生活智慧[6]。客家先民经过多次迁徙而来,经过数百年漫长历史的潜移默化和兼容并蓄,既延续了中原汉民俗文化的精华,又在新的环境里得到创新,从而形成了今天独具特色的客家民俗体育文化。客家节庆民俗体育活动也融入了当地土族文化内容或多元混融而独具特色。九狮拜象是客家人在引入的龙灯、狮灯的基础上,结合当地节庆风俗发展起来的大型灯彩活动,由 1 龙、9 狮、1 象、1 麒麟组成,在每年的正月初二至元宵节期间进行表演。

4. 客家民俗体育活动的娱乐性与竞技性

客家民俗体育文化具有祖先和神明崇拜的色彩。随着时代的变迁,客家民俗体育活动逐渐转向娱乐性和竞技性的功能。例如,"走古事"是一种"文化表演"的仪式,仪式的表演者就是扮演神话中的角色,反映客家人对龙图腾的崇拜和歌颂。龙变成了理想化的瑞兽,视"龙"为驱灾除害、吉祥太平的象征[7]。但是,现在"走古事"被誉为大众狂欢的民俗体育娱乐项目,用来强身健体娱乐身心的重要手段。现代"走古事"这项民俗体育运动,较其他的民俗活动来说,娱神性逐渐减弱,而娱人性逐渐增强,具有强身健体的功能。

三、客家民俗体育文化的形成与发展

1. 客家民俗体育文化的形成

客家传统文化其实就是客家先民的思想、文化、习俗和理念与迁居地社会及自然环境相结合的产物。从秦汉开始,已经有北方汉涉足赣南。伴随着中原战乱,中原汉民大量迁居赣南,在这里繁衍生息若干代,并与当地土著和平共处。来到这偏蛮荒之地开垦种植,辛勤播种、耕耘先进的华夏文明[8]。客家先民以平和的方式进入赣南,他们在与土著(畲族、瑶族等少数民族)接触和交往中,互相学习,互相适应,民俗活动也会发生文化接近性的传播与相袭,当地土著居民的风俗习惯发生了初步的融合,此时,一些重要的客家文化民俗活动也初步形成[9]。由此可见,客家民俗体育文化的主流是来自中原,与北方汉民有渊源关系,客家民俗体育文化是多元的结合。

客家先民具有崇文重教尚武的传统。崇文尚武,文武双全是客家人一贯倡导的民风,也培养和造就了许多历史名将,例如岳飞、文天祥、洪秀全等。客家地区的习武之风,自古以来就十分盛行。据徐旭曾所撰《和平·徐氏宗谱》总谱卷二载:"客人多精技击,传自少林真派。"每至冬月农暇,相率联系拳脚、刀剑、矛挺之术。究其原因:1. 中原汉人由于战乱、灾荒等原因辗转南迁,常以习武求自保。因此,在客家乡村社会,建武馆、练武术蔚然成风,以至有了"书要读、打要练、老婆唔讨也随便"的民谚[10]。而在节庆中舞狮、舞龙等活动,实际上就是武术的演变。2. 客家先民居住在自然环境比较恶劣的山区,经常会受山林野兽的威胁;还面临着与当地土著居民竞争生存资源的压力;同时客家不同姓氏之间为了争夺生存空间,如山林、水源等,也经常发生械斗,这就要求客家先民通过习武以保全家族及其成员。在这种背景下,涌现了一些以家族姓氏命名的拳种。例如黄家拳、石家棍等。"字门拳"是客家传统武术拳种,基本拳法有:残、推、援、夺、牵、捺、逼、吸。每字一个套路,共八路拳法。该拳法的传承主要依靠师徒之间手把手地授受(身传)和师徒之间的讲解和点拨(口授),没有或者很少有系统的、严密的、完整的文字资料。

作者在对江西省龙南县关西客家围屋考察时发现,关西围屋的整体结构像一个巨大的"回"字,围屋的核心建筑在中间的"口"字部位。外围的墙体厚达 1 米,具有很强的防御功能,围屋中间的"口"有赛马场和习武场。可见,客家先民尚武之风浓厚。

2. 客家民俗体育文化的发展

客家民俗体育是指在客家地区广泛流传并与客家民俗文化紧密联系在一起的群众性体育活动。客家民俗体育文化主体是源于中原文化,是多元文化的结合产物。反映客家族群的生存智慧、审美情趣与价值观念,体现客家人社会文化追求与文化生活方式。特别是改革开放以后,客家民俗体育活动正逐渐恢复,并得到了政府的扶持和保护。

客家民俗体育可分为节庆民俗、游戏娱乐以及竞技健身三类[11]:

(1)节庆民俗类。客家节庆民俗体育是客家人在节庆、岁时、民间信仰等祭祀礼仪活动中,依据客家民间的风俗习惯世代传承和延续的具有集体性、传承性和模式性特点的一种民间体育文化活动。例如,竹篙火龙、桥帮灯、九狮拜象、担灯等客家民俗体育活动。

(2)游戏娱乐类。是一种以闲暇消遣、健身娱乐为主要目的,而又有一定模式的客家传统体育活动。例如,踢毽子、打陀螺、滚铁环、打石子、踩高跷、打水漂、打沙包等。

(3)竞技健身类。是以竞赛体力、技巧、技能为主要内容的客家民俗体育活动。例如,扳手腕、耍腰跤、斗鸡、举石担、打条子(打棍)、武术等。

在现代强势体育的影响下,开发和利用客家民俗体育当中的文化资源,就必须积极地挖掘、整理、创新民俗体育文化;加强客家民俗体育理论的创新与研究、使客家民俗体育真正融入到全民健身中去,实现民俗体育的大众健身开发;开发与利用客家民俗体育类课程资源,把带有民族民俗特色的体育活动纳入到体育课程内容之中,不仅为学校体育注入新的活力,促进学校体育内容的多元化发展,也是传统文化在新形势下得以传承的重要平台。

四、结论

客家民俗体育文化历史悠久,从渊源、形成与发展到现今的变迁,历经了几千年。客家先民居住在林菁深密、蛇蟒横行的山区,为了生存必须训练以跑、跳、投掷、攀登、游泳等身体活动。进入人类文明时代后,由于战争及自然灾害不断发展,形成了祭祀信奉的神明和军事训练的民俗体育文化。客家民俗体育文化的主流是来自中原,是多元文化相结合并具有客家特色的民俗体育文化。这是中华民族体育文化中的珍宝,应予以高度重视、传承与弘扬。

(作者为赣南师范学院体育学院副教授)

参考文献:

1. 罗勇 邹春生《河洛文化与客家文化述论》,河南人民出版社,2014 年。

2. 安国楼等《河洛文化与客家文化》,河南人民出版社,2010 年。

3. 吴玉华《客家体育》,中国经济出版社,2008 年。

4. 许晓容《客家民俗体育活动的成因与功能》,《体育人类学的视野——以舞火龙为例》,《体育与科学》2012 年第 9 期。

5. 白晋湘《山寨经济发展研究—以武陵山为例》,民族出版社,2006 年。

6. 岳艳丽《梅州客家传统体育分析》,《体育文化导刊》,2009 年第 6 期。

7. 黄何平《体育与仪式———福建省连成县罗坊乡走古事的文化人类学解读》,《第五届客家文化高级论坛论文集》,2014 年。

8. 房学嘉 宋德剑等《客家文化导论》,花城出版社,2002 年。

9. 王俊奇《江西客家民俗体育历史源流及其文化特征》,《西安体育学院学报》2010 年第 1 期。

10. 宋德剑《历史人类学视野下的客家武术文化》,《中南民族大学学报(人文社会科学版)》2005 年第 3 期。

11. 吴玉华《客家节庆民俗体育及其文化特征》,《赣南师范学院学报》2011 年第 6 期。

恐慌与抚平—台湾民俗产生的探究

徐贵荣

一、前言

民俗的广泛存在,并对社会和民众的行为发生巨大的规范作用,早已成为一个学术界的共识。至于民俗起于何时? 叶涛、吴存浩认为:"如果以我国《诗经》中的'风'来作为人民对民俗的巨大作用已经达成一个共识的话,那么,屈指算来至今有两千多年的漫长岁月了。"[1]

这"风",其实就是"俗",所以"风俗"、"民俗"其实是指同一件事。民俗所具有的社会功能如此的巨大,历史又如此之悠久,已成为人类终生的伴侣。民俗事项是一种长期的文化积淀结果,也是民族共同创造的结晶,是鲜活的,丰富的,有价值、有内涵的实体。但民俗由何而来,如何形成的? 可能是一个值得探讨的课题。民俗学学科的创始人,德国的格林(Jacod and Wilhelm Grimm)兄弟发现:"最能代表一个民族及其文化传统的就是民俗,或者更确切一些,就是民间故事、神话、传说等。"[2]因为它们是从古代一辈一辈地口传下来。叶涛、吴存浩提出:"民俗的本源"有"物质生产、自身生产、地理环境、社会环境与群体认同"等四项。王娟则综合学术界的意见,认为民俗事项的产生理论有"共同创造理论、残余论、文化沈降论、个人创造和集体在创造"等四项。

台湾民俗如何产生呢? 台湾人除了原住民族之外,绝大多数的人口都是清代初期从闽、粤而来的汉人移民。这些先民渡海来台,必须经过台湾海峡的黑水沟,风浪险恶,当时航海船只简陋,常搭所谓的"篷船",稍有不测即葬身海底。

---

① 叶涛　吴存浩《民俗学导论》,第 7 页,山东教育出版社,2002 年。
② 王娟《民俗学概论》,第 5 页,北京大学出版社,2002 年。

尤其海盗出没,夺杀渡海之人,尚未到达台湾,即尸骨无存。到了台湾上岸,马上面临生存的威胁,当时台湾全地都是住着凶悍的原住民族,它们对汉人的移民入侵,进行顽强的抵抗,所以这些移民必须经常对付原住民族的袭击,以免遭致丧命的可能。另外因为生活环境的不适,卫生条件的不佳,经常瘟疫流行,毒蛇猛兽的侵袭,生活的恐慌,自是难免。再加上清初不准携家带眷来台,或女眷同行,以致在台终身未娶,身后沦落成为无主孤魂,情何以堪?

台湾先民移垦台湾,客家民间流传着一首长 2415 字的七言民间叙事长诗《渡台悲歌》,开头即这样写:"劝君切莫过台湾,台湾恰似鬼门关,千个人去无人转,知生知死都是难。"①所以台湾民间早期流传着先民来台湾"六死一存三回头"的俗谚,表明先民来台的苦难与惊恐。所以先民为了消除恐慌,抚平心灵,解除苦难,希望能转祸为福,趋吉避凶,身体健康,平安顺利,于是除了在家乡带来"守护神",如妈祖、开漳圣王、三山国王、关帝、神农、观音……神像或其"香火袋"、"令旗"之外,在台湾本地也产生了新的信仰与民俗。这些信仰来源与民俗又有哪些? 是本文所要讨论与探究之处。

二、民俗与信仰关系

"民俗是一种独特的生活方式,它在不断的循环往复中得到群体的认同而被保存下来,并成为代表群体文化的一种标志。"②所以它是文化大背景下的小文化。民俗的形成与信仰的形成有密不可分的关系,因此人类由于敬畏天地,崇拜自然,人死之后,灵魂的去处,种种都在人类心灵深处,产生疑惧与恐慌,需要心灵的抚平,于是产生了原始宗教。民俗即在这社会空间有次序的存续,成为这一群体遵循的生活方式。

(一)原始宗教的形成

"原始人相信,不仅人有灵,动物也有灵,推而广之,植物萌芽生长开花结果;日月东升西落,交替作息;云雨骤息万变,……有时山崩地震,这种种看起来毫不奇怪的现象,原始人却无法理解,认为冥冥之中支配而起作用。从而,万物

---

① 黄荣洛《渡台悲歌》,第 24 页,(台北)台原出版社,1997 年,六刷。
② 陈华文《文化学概论》,第 83 页,上海文艺出版社,2001 年。

有灵的观念就从此产生了,随着神灵观念的产生,出现原始的巫术和宗教。"此即产生原始的民间信仰,主要是寻求心里的抚平,信仰的形成,成为民间的重要节庆;长期的生活模式又形成民俗。

(二)心灵

由于宇宙自然的不可测,日月星辰、山川湖海的变化,瘟疫疾病的发生,突来天灾人祸的惧怕;加上生老病死为人生不可避免的过程,尤其人生在世之时,对瘟疫疾病的来临,痛苦的折磨;突如其来的天灾人祸,造成生活艰困,甚或家破人亡,都感到恐惧害怕。来台先民为防止这些瘟疫疾病、天灾人祸的来临,除了对上苍地祇、家乡守护神等祈求赐福安康、消灾解厄外,亦敬畏一些在台湾的亡命之冤魂,期望勿骚扰、影响我们,转而祈求他们庇佑,如十八王公、万善爷、有应公、大墓公、好兄弟、地基祖等,产生了祭祀习俗。

(三)民间习俗与社会空间

"民间信仰与习俗不易被少数人垄断,一方面具有复杂多样的表现形式和文化意义;另一方面,民间的信仰和仪式常常相当稳定地保存着在其演变过程中所积淀的社会文化内容,更深刻地反应乡村社会的内在次序。"

民间信仰和祭祀习俗、是普通老百姓日常生活的一部分,和很多事物一样,都被视为传统文化的产物。其习俗得以传承不坠,本质的根源来自普通老百姓的日常生活,来自相对"非制度化"的家庭与小区内部的"耳闻目染",代代相传。

三、历史的厄难与抚慰

先民来到台湾,披荆斩棘,胼手胝足,初期除要与自然宇宙搏斗之外,还要与原住民族争地争斗。但开发到某一阶段时,却产生汉人与汉人因朝野的抗争、与族群的不同而出现对立与械斗行动,从而造成了汉人移民惨重的死伤。朝野的抗争行动最显著的台湾清治时期三大民变。首次是康熙六十年(1721)的朱一贵事件,再次则是于乾隆五十一至五十三年(1786—1788)的林爽文事变以及同治一至四年(1862～1865)的戴潮春事件,造成人民流离失所。最为惨重的则是道光到咸丰年间的闽粤械斗、漳泉械斗,死难的的人数无以估计,影响了台湾客、闽势力的消长,使得台湾客闽族群发展出各自不同的信仰与习俗。

（一）义勇与牺牲的抚慰：忠勇公"食清明会"民俗

一般认为"六堆客家忠勇公"是朱一贵事件死难者，据后人考据，其实不止于此，还有后续死难者的骨骸。当朱一贵事件发生时，在下淡水溪以东、东港溪沿岸开垦出今日之竹田、万峦、内埔、长治、麟洛、佳冬、新埤等地区客家人成立六队民兵，约一万两千人，参与闽籍首领杜君英的集团，保乡卫土，进击清军。等到朱一贵乱事平定后，客家人改六队为六堆，死难者受封为"忠勇公"，立祠奉祀。

但根据后人研究，忠勇公并非全是当时死难的牺牲者，高树老庄村民为祭祀这些保乡卫土而牺牲的忠勇义士英灵，发起捐资成立"义冢会"，建义冢立碑，并为永久祭祀出钱购置土地，作为祭祀公业之田产，并规定每年于清明节时举行公祭，祭拜后聚餐。甚至因为每年在清明节祭祀，故民间俗称为"清明会"，祭拜后有聚餐，故又称为"食清明会"的民俗，这些民俗并没有扩展到北部客家庄。

（二）忠义与卫乡的崇敬：义民祭典联庄轮值拜拜

台湾客家民间祭拜，规模最大的要算每年一度的农历七月二十日新竹新埔的义民庙十五联庄和桃园平镇义民庙、中坜仁海宫十三联庄大拜拜，主要是崇敬忠义卫乡的牺牲者。至是日，竖灯篙、猪公竞赛、放水灯、祭典、演戏，大拜拜宴客，热闹非凡，是桃竹客家庄的最大盛事。

义民庙里供奉的这些死难者，大多无姓名可考，主要是死于林爽文乱事之死亡幽魂，当时事变平定后，乾隆皇帝认为这些死难人士有功于朝廷，赐封平乱有功义士，泉州人为"旌义"，粤东人为"褒忠"，漳州人为"思义"，平埔族人为"效顺"，嗣后纷纷立祠建庙奉祀。较属客家义民系统的庙宇，大都称"褒忠或粤东义民庙"，这当中，客家人特别崇敬这些保乡为民的烈士，认为要不是这些死难者出征，以当时林爽文征北大元帅王作的残暴，到处烧掠淫掠，极尽残忍，新竹以北客家村庄可能无一幸免。

征北大元帅王作攻陷竹堑（今新竹）后，六张犁（今六家）垦首林先坤，合陈资云、刘朝珍等人率乡人抗敌，以手臂绑黑布为号。于战乱后次年，遍拾可辨认之义民军尸体二百多具，欲运回大窝口（大湖口、今湖口）安葬，岂料运达新埔枋寮时，牛只不肯再进发，于是评筊（掷筊）之后就地安葬，地理师确认该处坡地为"雄牛困地穴"，是为"义冢"。并于平乱后（1788年）集资建祠于墓前，并合祀三山国王等神，以慰亡灵。随后奏请清高宗御题"褒忠"，因而名之为"褒忠祠"。

附冢为同治元年彰化戴潮春之乱，义军二度出征时献身的一百多壮士的骸骨归葬墓。

本来由林、刘等几个仕绅家族祭祀、奉饭，把义民爷当成自己亲人亡魂看待。大约到了道光十五年(1835)，开始轮值祭典，道光二十七年，首先是四周的新埔街、大湖口、石冈仔、九芎林四庄参与轮值，后来自愿的范围扩大，有了十三庄的名号。同治十年(1871)确立十三庄轮值，光绪三年(1877)后大隘地区加入轮值，成为十四庄，百年后的 1976 年，原西北大庄分割为观音、新屋，于是成为十五大庄(含西北台地的观音、新屋、新丰、湖口，中心市镇的杨梅、新埔、竹东，两河流域的竹北、芎林，东部山区的关西、横山，大隘地区的北埔、峨眉、宝山)轮值。

乾隆五十六(1791)，大新竹地区以凤山溪为界，有"凤南"和"溪北"之分。溪北客家人虔诚祭祀，桃园宋屋广兴庄总理宋廷龙，感佩义民军的壮烈牺牲，倡议由新埔义民庙分灵奉祀，而于平镇创建"义民亭"，供桃园一带信士参拜，以彰显义民的忠烈，桃园义民亭与中坜仁海宫共同参与"涧仔坜"(今称中坜)十三庄轮值，每年热闹程度不亚于新埔义民庙。

纯就信仰观之，义民爷早已非单纯的鬼与信徒之间的关系，而是贴切、亲近、亦祖亦神的角色(如奉饭)。家庭中也有于每月十五日早上在家门口摆起香案，奉祀牲仪，遥祭义民爷，称为"犒军"。义民庙周围的信众，虽然没有在该年轮值，每年仍会在农历七月二十日，在义民庙"吊钱"，俗约"增普"或"赠普"(cen3 pu1)。如今全台褒忠义民庙已扩展到 34 座，台北市、新北市每年都固定举办义民祭，义民爷已逐渐取代三山国王，成为全台客家人的信仰代表，轮值大拜拜的习俗也一直传递地下去，只是少了流水席的宴客。

(三)同情与怜悯的胸怀：敬奉万善爷

台湾的"万善爷"，又称"大众爷"，或称"有应公"、"百姓公"；祭拜的庙宇称为"万善庙"、"万善祠"、"大众庙"或"有应公庙"，因为很多骨骸葬在一起，所以是"万善同归"了。后来听说万善爷相当灵显，庙里常写着"有求必应"四个大字，所以又称为"有应公"。若是女性则称为"姑娘庙"。

这万善庙的来源，都与移民有关。初期移民来台，需防原住民之伤害，又需防蛊毒瘴厉等自然灾害与民众械斗，加上医药不发达，且又不准携带女眷，所以开垦之初，台湾居民容易死伤，很多成为无主孤魂，无人祭祀，于是有善心人士将其骨骸收于一处,集体葬之,或立小庙祭拜,以免其魂不安而危害居民生活,所以台湾到处都有万善爷、有应公、大众爷、大墓公等无祀鬼神,受人供奉祭拜。对于无祀先民,台民富有同情怜悯的胸怀。

万善爷类属阴神(鬼、无主孤魂),人们期望这些无主孤魂,能够安居其所,不要捉弄人间,所以予与安顿,逢固定之日普度、祭祀,使之有了归宿,自然就不再为厉鬼。很多的村庄,在农历七月固定的日子,联庄轮值普度。例如杨梅富冈的集义祠,每年七月十一日;苗栗县三义双湖村的万善庙在七月十五日。盛大祭祀、演戏,庄民宴客,成为每年固定习俗。

(四)博爱与善意的依归:中坜大墓公、卓兰军民庙奉祀异乡人之冢

中坜忠义祠里的大墓公和卓兰军民庙的骨骸,都是异乡魂,将之收埋建祠定期祭祀,并以为俗,是地方人士的博爱与善意,使得落难异乡的孤魂,有所依归。

1. 中坜大墓公

中坜大墓公现称"忠义祠",位于中坜火车站西南方五百公尺处,正当龙冈路与中北路交叉口边》据民俗耆老黄荣洛先生的考据,该祠奉祀清军粤籍"河南营"兵异乡魂。[①]

《马关条约》签定,日本入台,巡抚唐景崧弃台匆忙内渡,台北城乱,淡水又被日军占领,没有随之内渡的"河南兵",欲寻找内渡之处,怀着巨饷银两循着纵贯铁路步行南下,途经中坜因惊吓牛群,被人发现,遭人劫杀,尸骸遍地,血流成河,后经中坜街庄仕绅等检集遗骸,由庄民汤阿秀先生献地兴建墓地,安葬大墓公骨骸,称为"大墓公"。原只有墓碑,1950年改建为祠,并附葬附近万善爷骸骨,同祀后土,故墓碑大字中刻"义冢诸君之墓,左右低小字分刻"万善诸君神位"、"大墓公之神位",农历七月十六日举行祭典,并定每年本庄分五区轮流祭祀。

河南兵不只在中坜遭受劫杀,当时携带大批银两的消息不胫而走,在桃园新竹地区广为传布,遭受劫杀的消息处处传闻,如杨梅万善墓(骸骨现已因道路拓宽迁于富冈万善墓)、新埔的"二十七公墓"、竹东三重埔的"河南兵墓"也都属于同样的"大墓公",地方人士觉其可怜冤屈,纷纷立墓安葬,以为安慰。

---

① 黄荣洛《渡台悲歌》,第137页,(台北)台原出版社,1997年。

2. 卓兰军民庙

军民庙位于卓兰市区东面湖南山麓,是一处与当年抚番拓垦有关的古迹,主要是为了纪念湘军因保卫乡里而牺牲者。清光绪十年(1884),泰雅族与湘军正值抢夺卓兰地之战,直到清光绪十三(1887)才平定此地,而在1957年整地时意外发现当时此战所遗留下来的湘军骨骸及墓碑,才在两年后建军民庙。其庙宇后方立了35块石碑,并主祀刘少斌将军神像,以供后人凭吊,怀念当时战况之惨烈。

四、往生者的安心与放心

(一)还老愿

在台湾,客家有一个特有的习俗,即是"还老愿",要"拜天公"。其意义在父母往生后,帮父母做一个还愿的仪式。主要担心先人尚有夙愿未还,可能在另外一个空间世界,受到责罚与痛苦,因而替自己的先人办理酬还老愿。同时对子女而言,其内在深层涵意还包含替自己及家族消灾解厄。因此,还老愿这种由子女代行之特点,不同于寻常通过仪式,不仅亡者得以圆满,更解决了子女的心理压力。

不知往生者生前祈愿是否已还,由子弟代还,有似负债子还,但使往生者了无牵挂,逍遥自在与世俗脱离而成仙转世,也表现孝道之弘扬,无债一身轻、不愿负债的特性。

1. 时间

至少在往生后三年,或合炉后,有人在捡骨二次葬进行,时间不能在一年之始末,因为正月新年刚过完,一年工作开始,十二月繁忙繁忙,且将要回家过年,全家不容易到齐。

2. 场面

非常隆重,家人必须全数参加,按祭拜天公的方式,从天公以下,请众神,摆上中下三桌,请道士诵经。祭拜仪式前一天晚上需要斋戒沐浴、吃素净身。

3. 祭品

杀猪以外,用五牲,五燥五湿(桃园新竹为六燥六湿),金香纸烛。

4. 自己还老愿

自己还老愿者非常少。笔者家四弟一妹,除了老四未婚之外,其余各已成家立业,父亲担心的到处求神问卜,祈愿。老四终于要完成婚事,虽然新娘远来自印度尼西亚。笔者父亲在完成老四的婚礼之前,即交代我们婚礼当天清早要拜天公,还老愿,把这一生所祈求的心愿,做一次全然清还。命令所有家族成员必须全部回家。那时他身体尚健,方七十余岁,他说:"我现在心愿完了,以后不需烦劳你们,自己的心愿自己还。"多年后,父亲去世,我们没有再替父亲办一次还老愿,只担心父亲是否后来有无再求心愿,只到父亲最常去的庙宇,请求神明来还而已。

(二)打血盆

相传妇女一生历经每月经血,生产的血褥,不知有多少。而一般人相信妇女的这些血褥是肮脏而见不得人的,就是穿过的内裤,不小心曝在太阳之下都会亵渎神明,等同于女性就是污秽的心理。所以在女性去世时,丧礼法事中必须要有"打血盆"的仪式。所以母亲去时,父亲特别指示要为亡母打血盆。

"打血盆仪式,历经游狱宣经、目连请佛、土地公引路、开鬼门关、破狱门、拜血盆、饮血盆酒、团圆酒与赎灯碗八个阶段。在这个历程中,女性亡灵经由仪式专家带领孝眷共同展演之仪式戏剧《目连救母》,至仪式最高峰之饮血盆酒、团圆酒结束后,得以解除血湖之罪,终获拔渡。"

因此,女性一生因血褥所产生的污秽,这个污秽必须透过孝眷子嗣去除,是表现在孝道方面的仪式,使得母亲往生之后,得以洁净地走入冥界,这个仪式,已逐渐被"纯诵经"的佛教仪式打破。

五、信仰的转化与祈佑

台湾民间普遍存在着"地基主"的崇拜。他并没有一座庙,中南部有少数家庭在客厅一角地面有"拜壶"的习俗,据传这是地基主最原始的崇拜。大部分的家庭都是在一年中重要的民俗节日,或新居落成时,于傍晚在厨房后门处,用矮桌摆上简单祭品,祈求能保佑合家平安、一切顺利。

依照民俗的祭拜方式及祭品来看,其神格介于祖先与好兄弟之间,请神之后烧祛衣(巾衣),送神烧金帛,不用备盥洗用具,针粉镜妆,但祭品不插香,也可不用三牲,三盘碗即可,简单许多。

"地基祖"有时书写为"地居主"或"地祇主",这一崇拜的民俗,一般书籍或研究者都以为是原属土地崇拜或灵魂崇拜。1986 年出版的《客家旧礼俗》並没有记录。1934 年日本人铃木清一郎所著《台湾旧惯冠婚葬祭的年中行事》一书说:"每一家住户都有一个最早开拓的开基祖,台湾特别称之为'地基主'。但是开基祖在开拓建设住宅之后,有的不幸被其他移民侵略霸占,有的由于某种因素而转让给他人,因此人们就认为地基主的怨灵必然阴魂不散,如果不加以祭祀就会作怪。而且不管开基祖是早期的原住民,或从大陆来台的汉人,或从其他国家来台的外国人,一般人认为地基主的孤魂仍然未走,所以各户在每月初一和十五,都要准备酒菜、香烛、纸钱祭祀,特称之为'犒军'。"将"地基主"定义为灵魂崇拜说。1939 年曾景来所著《台湾宗教的迷信陋习》一书亦认为是亡灵:"一方栗原校長はチブスで入院し,其の長男は遂に死亡した。これは鬼の仕業である,家屋を建てゝ地居主(先住者の灵)を祭らなかつたからごある"①

学者阮昌锐在《庄严的世界》一书中认为,"地基主"原本是土地信仰的一种,是属于自然崇拜,就是在祭拜房屋的"地基",属于自然神,与土地神一样。李丰楙亦持类似的看法,简炯仁在则认为"地基主"是源自于平埔族"阿立祖"、"Aritus"信仰文化的影响,是台湾移民垦殖所发展出的独特信仰文化,并不是由大陆原乡传承而来的。在该书的结语:"显然台湾人祭祀的'地基祖',不是为了祭祀开拓自己房宅的'开基祖',而是由心虚,才将平埔族'阿立祖'、'Aritus'的信仰转化而来。"

笔者经常存疑,台湾原住平埔族留存的祖先何处去? 平埔族的祖先骸骨埋于何处? 由于至今有些家庭仍存有与平埔族拜壶的相同信仰,"阿立祖"平埔族西拉雅族的祖灵信仰,拜地基祖的时间与平埔夜祭"阿立祖"相似,台湾拜地基祖即是拜平埔族的祖灵"阿立祖"信仰。可见台湾开发之初,平埔族人实行"母系主义",其婚姻为"牵手婚"。适婚女子得牵喜爱人的手而成配偶;生子之后,娘家产业则全归已婚女儿。汉人在在与平埔的互动过程中,赘婚平埔妇女,巧夺田产,因已有祖先崇拜,对平埔祖先之敬与谢罪,祈求获得平安。祭拜地基祖即是祭拜平埔祖灵的转化,原本平埔族祭祀的"阿立祖",却以"地基主"的形式保留下来。由于本文的研究,打开祭拜地基祖的神秘面纱。

---

① 曾景来《台湾宗教的迷信陋习》,第 32 页,(台北)南天书局,1995 年。

六、结语

民俗与生活同在,本文所述几种去恐与祈安的民俗信仰,都是先民来到台湾之后所产生的。这些民俗信仰,透过各种普度、建醮、定期祭祀等方式延续下来,求得心灵的平静。综合其内涵则有(1)去除恐慌、心灵慰藉,(2)往者安心、祈求平安,(3)善心表达、怜悯关怀,(4)民俗保存、群体实施。

民俗之所以成为对民众和社会都极为重要的文化事项,其根本原因就在于本身所具有的独特功能,独特的内涵,在其传递和延续的过程中,或多或少也会产生变异,如何传播与继承,也是研究民俗的一项重要课题。

(作者为台湾中央大学客家语文与社会科学系兼任助理教授)

参考文献:

1. 罗竹凤主编《宗教学概论》,华东师范大学出版,2001 年第三次印刷。

2. 詹鄞鑫《神灵与祭祀—中国传统宗教综论》,江苏古籍出版社,2000 年。

3. 张淑玲总编《台客家小区大学民族节庆类》,台北市客家事务委员会发行,2014 年。

4. 郑振满　陈春声《民间信仰与社会空间》,福建人民出版社,2005 年。

5. 黄国平《闽台信仰源流》,福建人民出版社,2003 年。

6. 钟华操《台湾地区神明之由来》,(台中)台湾省文献委员会,1988 年。

7. 仇德哉《台湾之寺庙与神明(一)～(四)》,(台中)台湾省文献委员会,1983 年。

8. 江义镇《台湾的民间信仰》,(台北)武陵出版公司,2001 年。

9. 江义镇《台湾的乡土神明》,(台北)台原出版社,1998 年。

10. 刘还月《台湾的客家族群与信仰》,(台北)常民文化事业公司,1999 年。

11. 铃木清一郎著　冯作民译《台湾旧惯习俗信仰》,(台北)众文图书公司,2004 年。

12. 钟壬寿《忠勇公墓》,见《六堆客家乡土志》,(屏东)六堆客家文化学会出版,1973 年。

13. 谢赐龙《新竹地区还老愿之研究》,台湾中央大学客家学院客家研究硕士专班硕士论文,2009 年。

14. 刘美玲《丧礼打血盆仪式的流变与传承:以台湾新竹县释教组织与文本为例》,台湾交通大学客家研究院客家在职专班硕士论文,2012 年。

15. 李丰楙《聚落与社会》,(台北)田园出版社,1998 年。

16. 阮昌锐《庄严的世界》,(台北)文开出版社,1982 年。

17. 简炯仁《台湾开发与族群》(台北)前卫出版社,1995 年。

18. 赖泽涵　傅宝玉主编《义民信仰与客家社会》,(台北)南天出局,2006 年。

19. 钟仁娴主编《义民心乡土情》,新竹县文化局出版,2001 年。

20. 钟壬寿《六堆客家乡土志》,(屏东)六堆客家文化学会出版,1973 年。

21. 张祖基《客家旧礼俗》,(台北)众文图书公司,1986 年。

海峡两岸客家迎故事民俗仪式及其
"音声"空间的人类学分析

——以赣南寻乌县南桥村的迎故事民俗为切入点

郑紫苑

　　迎故事是一种融造型、色彩、表演等为一体的民俗。具体来说它是通过乔装打扮手段,将小孩扮成故事中的人物形象,抬着出游的一种民俗仪式。笔者根据《中国地方志民俗资料汇编》、《中国民族民间舞蹈集成》、《舞蹈志》、"客家传统与社会"丛书以及其他一些风土民俗典籍的记载,并参照蔡欣欣教授的研究成果可知:迎故事类民俗在全国很多地方都有分布,而且具有不同的名称。这些名称主要包括台阁、胎阁、飘色、扮故事、走古事、辨古士、扮景、扮古士、妆古史、古事以及故事队等。其中"台阁"是它比较常见的名称,而"迎故事"则是客家地区的特殊称谓。所谓"迎"为客家话的音译,是"抬"、"举"的意思,因此"迎故事"也即"抬故事"。

　　本文即是在田野调查的基础上,以赣南寻乌县南桥村的迎故事民俗为切入点,以人类学为视角,对海峡两岸迎故事类民俗的仪式及其所建构的"音声"空间进行探讨,以期对现代社会如何正确认识和定位传统民俗能有一定的参考价值。

一、流动的舞台:迎故事类民俗及其艺术特色

　　迎故事是一种在我国分布较广且历史悠久的民俗。从目前可以查到的关于该类民俗的记载可知:其最早出现在南宋时期。当时其被称为"台阁",主要用于迎神赛社或者节庆演出。描写南宋风土民情的《梦梁录》、《西湖老人繁胜录》以及《武林旧事》中都可以看到。如:

《梦梁录》卷一载："初八日,钱塘门外霍山路有神曰祠山正佑圣烈昭德昌福崇仁真君,庆十一日圣诞之辰。……其日都城内外,诣庙献送甚繁……台阁巍峨,神鬼威勇,并呈于露台之上。"①

《西湖老人繁胜录》载："开煮迎酒候所,……或用台阁故事一段,或用群仙,随时装变大公。"②

《武林旧事》卷三载："户部点检十三酒库,例于四月初开煮,九月初开清。……每库各用匹布书库名高品,以长竿悬之,谓之'布牌'。以木床铁擎为仙佛鬼神之类,架空飞动,谓之'台阁'。"③

这是关于迎故事类民俗的早期记载。之后迎故事类民俗逐步发展。虽然元代尚未发现对其的记载。但是入明之后,迎故事类民俗又开始的当时一些典籍中出现。例如:

明代刘侗和于奕正的《帝京景物略》在描述弘仁桥元君庙的盛况时就也涉及到了当时的迎故事类民俗——台阁。当时的弘仁桥位于左安门外大约东四十里处。桥东有座元君庙。该庙主要用来祭祀泰山天仙圣母。每年的四月十八日元君诞辰时,附近的民众都会成群结队地赶来上香。当时真是彩旗飘摇、伞盖铺天、金鼓齐鸣,一时间热闹非凡。在该庙会中:"又夸儇者,为台阁,铁杆数丈,曲折成势,饰楼阁、崖木、云烟形,层置四五婴,扮如剧演。其法,环铁约儿腰,平承儿尻,衣彩掩其外,杆暗从衣物错乱中传下。所见云梢烟缕处,空座一儿,或儿跨像马,蹬空飘飘,道旁动色危叹,而儿坐实无少苦。人复长竿掇饼饵,频频唉之。路远,日风暄拂,儿则熟眠。"④

到了清代,随着经济、文化的发展以及社会的稳定,尤其是从康熙年间开始,各地的迎神赛会赛社和演剧制度也逐步得以恢复。这种趋势甚至一直延续至抗日战争前夕。而迎故事类民俗作为迎神赛社或节日庆典的重要表演项目,在声

---

① 吴自牧《梦梁录》,文化艺术出版社,1998 年,第 128 页。
② 《西湖老人繁胜录》中国商业出版社,1982 年,第 144 页。
③ 周密《武林旧事》,中华书局,2007 年,第 278—379 页。
④ 孙小力校注《帝京景物略》卷三"城南内外"上海古籍出版社,2001 年,第 193 页。

势规模、表演技艺以及造型结构等方面都较前代有了更大的发展。这在当时文人的笔下也多有反映。

例如，欧阳兆熊的《水窗春呓》就记载："都天会最盛者为镇江，次则清江浦，每年有抬阁一二十架，皆扮演故事，分上中下四层，最上一层高至四丈，可过市房楼檐，皆用童男女为之，远观亭亭然如彩山之移动也。此外旗伞族幢，绵亘数里，香亭数十座无一同者。……每年例于四月二十八日举行。其最不可解者，抬阁一二十座非一人所能办，必一年前预为之；而出会之前一日，尚不知今年之抬阁是何戏剧也，其慎密如此。使上下公事皆能如之，独不妙乎。"①

后来，随着抗日战争的爆发，一直到后来的"文化大革命"，由于政治的波动、社会的不稳定以及经济的破坏，迎故事类民俗也遭到破坏，甚至一度停止。直到20世纪80年代以来，伴随着改革开放政策的实施和思想解放思潮的兴起，曾经被视为封建迷信活动而遭到禁止的那些迎神赛会和民间节庆活动也开始得到部分恢复。于是迎故事这类历史悠久的妆扮游艺民俗也开始重现于我国的众多地区。之后，在不断地发展完善中，其不但在表演技艺、人物造型、故事内容等方面开始融入一些现代因素，而且在举行时间和目的上也有了更大的突破。其表演不再仅仅局限于在迎神赛会或节日庆典，甚至成为了一门艺术参与比赛。而且广东省的吴川飘色不仅仅在1992和1997年先后二次赴京去参加中央电视台春节联欢晚会的艺术表演，而且2008年还被列为国家级非物质文化遗产，并于2009年作为广东省"非遗"项目的代表被选派到成都去参加"第三届成都国际非物质文化遗产节"。

由此可见，迎故事类民俗是我国一种集扮演、装饰、杂技于一体、色彩绚丽、设计精巧且极具观赏性的妆扮型游艺民俗。其产生于南宋时期，在明代得到发展完善，至清代以后逐渐繁荣。流传到近现代，其已经成为一种遍布于全国的民俗艺术。从功能上看，其早期主要用于迎神赛社或节庆演出，在崇拜地方神灵的旗帜下，在祈福禳灾利益的驱使下，不仅给广大民众提供了一个狂欢的机会，而且在社区整合方面也产生了极大的功能。在现代社会，尤其是伴随着现代文化元素的融入，迎故事类民俗逐步突破了传统的界限，以文化艺术的新身份展现在

① 欧阳兆熊《水窗春呓》卷下，中华书局，1984年，第75页。

社会历史的舞台上,甚至在某些地区还促进了该地经济和文化发展。

二、村落语境中的仪式展演:寻乌县南桥村的迎故事民俗活动

（一）南桥村:迎故事民俗仪式展演的物质和文化空间

寻乌县位于江西省东南端,居赣、闽、粤三省接壤处。南桥镇位于寻乌县的东南端,南桥村则是南桥镇的核心区域。其位于原牛斗光圩南约1公里处,古称南水乡,又称为六派村,后因村中古石桥“南桥”而改名为“南桥”。

从生存环境上来看,赣南由于处于闽、粤、赣、湘四省的边界,地形以山地为主,其生存环境恶劣,历来是统治者头痛的盗贼多发区。北宋年间王安石在论及虔州(赣州)风气时就说:“虔州江南地最旷,大山长谷,荒翳险阻,交广闽越,铜盐之贩道所出入,椎埋盗夺鼓铸之奸,视天下为多。”①这样的生存环境,对于迁入南桥的客家先民来说,无疑是一种严峻的挑战。要在这样的环境中生存和发展,除了需要吃苦耐劳和勇于开拓的精神外,团结互助和求助于神灵也成了他们的精神诉求。因此,该地也像临近的其他客家地区一样,民间信仰之风浓郁。目前还有汉帝庙、五显大帝庙和观音庙三座庙宇,共供奉着汉帝、五显大帝、许真君、财神、观音、土地等六位神灵。

这样的地理位置和社会状况无疑为南桥的迎故事民俗提供了展演的空间。迎故事民俗在寻乌南桥村具有悠久的历史。“相传明朝末年,陈、谢、程、刘、曹、曾六姓客家人士,先后从中原辗转迁移到南桥(当时称为牛斗光)落居。由于当时地广人稀,常常受到外人的欺负。后来六姓的先人们逐渐认识到:如果大家不齐心协力团结起来的话,那么便难以在该地生存下去。于是六姓先人们歃血为盟,并建庙两座。一座为汉帝庙,每年的立秋日为其祭祀日。一座为五显大帝庙,每年的农历九月二十八日(五显大帝生日)时为其祭祀日。而且在农历九月二十八五日(显大帝生日)时,六姓人氏先后进庙上香,并共同组织迎故事民俗活动。活动举行时,由从六姓中挑选出来的大约7、8岁男女孩童扮演传说故事中的人物形象,然后由人们抬着故事台从各姓的祠堂门口巡游。这时全村的男女老少都争相观看,并放鞭炮迎送。这让村民们在高兴的同时,还祈求神灵的护

① 王安石《临川文集》,文渊阁四库全书本,吉林出版集团,2005 年,第 705 页。

佑,增强六姓之间的团结。"①

这种活动一直流传到解放前,后来因受"文化大革命"的冲击而停止。1982年开放改革后,随着农民的生活水平提高和对传统文化的需求,村民们决定每隔3年左右组织一次迎故事民俗展演。在不断的展演中,逐渐形成了自己成熟的传承谱系,成为了该村的一种"标志性文化"。

南桥村迎故事民俗传承人谱系表②

姓名	性别	年龄	民族	职业	健康状况	工作单位或联系点
刘德海	男					
陈圣希	男	\multicolumn{5}{民国时期已故传承人}				
刘福荣	男					
谢文冠	男					
谢梦春	男		70年代至80年代已故传承人			
谢国冠	男					
曾晓霞	女					
谢小洪	男	50	汉	农民	良	南桥镇南桥村
陈治略	男	58	汉	农民	良	南桥镇南桥村
曹人才	男	67	汉	农民	良	南桥镇南桥村
陈兆贤	男	80	汉	农民	良	南桥镇南桥村
谢运春	男	62	汉	农民	良	南桥镇南桥村
陈治奇	男	55	汉	农民	良	南桥镇南桥村
陈星炎	男	50	汉	农民	良	南桥镇南桥村
陈松林	男	50	汉	农民	良	南桥镇南桥村
谢瑞奇	男	40	汉	农民	良	南桥镇南桥村
陈人贱	男	50	汉	农民	良	南桥镇南桥村
谢运周	男	54	汉	农民	良	南桥镇南桥村
陈庆红	男	32	汉	农民	良	南桥镇南桥村
陈先荣	男	57	汉	农民	良	南桥镇南桥村
陈树功	男	58	汉	农民	良	南桥镇南桥村

---

① 资料提供者:南桥村迎故事活动负责人陈治略,男,65岁。时间:2010年9月17日,地点:陈治略家中。

② 资料提供者:寻乌县文化馆刘新忠,男,44岁。时间:2009年9月7日,地点:寻乌县文化局。

(二)迎故事民俗仪式的具体展演

　　每当活动举行的年份,提前半年左右,南桥村迎故事筹备委员会就开始进入活动准备的阶段。所谓筹备委员会,文革前由陈、曹、谢、刘、程、曾六姓村民组成。后来随着该村姓氏的不断增加和陈、谢二姓的强大,筹备委员会也成为了以陈、谢为主力,多个姓氏所共同参与的民间组织。其具体如下:

江西省寻乌县南桥村迎故事民俗活动筹备委员会成员表

总指挥	谢小洪					
总理事	陈治略					
副理事	曹人才	陈兆贤	谢运春	陈治奇	陈星炎	谢运周	陈人贱
	谢运春	陈松林	谢瑞奇	陈庆红	陈先荣	陈树功	
理事成员	谢荣镜	谢应豪	陈治群	陈兆年	陈来传	陈人露	陈新海
	陈治其	陈安玉	钟己招	刘二妹	刘凤娣	汤沃莲	曾德开
	陈招淑	钟同英	戴丽华	钟三妹	陈穴群	谢运安	
总策划	陈治略					

　　筹备委员会是南桥迎故事活动的主要负责者。他们负责活动的筹划、资金的管理、时间的安排、路线的设计、故事内容的选择以及扮故事小孩的挑选、培训等。当时共组织了六台"故事",并有"打腰鼓""划船灯"、唱"采茶戏"、"龙狮"等具有地方传统色彩的文艺表演。整个活动历时一天。当时大约有三百多人参加活动,并有本镇及邻省、乡的大约二万余人前来参与观看。

　　例如,从1982起到现在所举行的活动中,南桥村的迎故事民俗活动2007年的迎故事民俗活动是目前规模较大,准备也比较完善的一次活动。当时为庆祝党的"十七"大的胜利召开和迎接2008年我国举办"奥运会",也为配合县局申报"迎故事"省级非物质文化遗产的规划,南桥"迎故事"筹备会,经请示南桥镇党委和政府的同意,决定于2007年的农历九月二十八日举行"迎故事"庆祝活动。具体安排如下:

寻乌县南桥村 2007 年迎故事民俗活动具体安排表

时间	具体活动内容
第一阶段： 九月二十八日上午 （7:00—11:30）	7:00 参加表演的队伍兵分两路,一路负责去请五显大帝和观音菩萨。一路则准备上街游行需要的物品。 　7:30 活动的主持人带领请神的队伍到达五显大帝庙,然后开始举行"合杯"仪式。 　9:00 两路人马在南桥中学门口汇合,上街游行正式开始。 　10:00 左右在寻留公路稍微休息 15 分钟左右。 　11:00 队伍到达家家乐超市门口,上午的游行活动结束,送神回庙宇。 　11:30 上午的仪式全部结束。
第二阶段： 九月二十八日下午 （14:00—18:00）	第一部分:村采茶健身操队节目:1. 单扇　2. 双扇　3. 摘茶　4. 打鞋底　5. 第三套秧歌 　第二部分:小天使幼儿园和爱心中心幼儿园节目:1. 我爱老师们的目光　2. 你们好　3. 草原晨曲　4. 不怕不怕 　第三部分:村采茶健身操队节目:1. 众手浇开幸福花　2. 云南花灯　3. 单扇花秧歌　4. 第二套秧歌 　第四部分:启蒙幼儿园节目:1. 雀儿飞　2. 嘻刷刷 　第五部分:村采茶健身操队节目:1. 大地飞歌　2. 竹榄秧歌 　第六部分:篮球和拔河比赛
第三阶段： 九月二十八日晚上 （19:00—23:00）	由南桥镇镇政府、南桥村委组织电影演出。
本次活动的主要场所	上午"迎故事"游行:南桥圩新老街道 下午及晚上:南桥开发区"家加乐"门口

在故事内容的选择上,南桥村的迎故事民俗不但部分沿袭传统内容,而且还遵照洋为中用和古为中用的原则,根据当时的国内外形式,编入新的内容进去。如 2007 年的故事内容也是按照这种原则,不但采用了部分包含传统文化的故事,而且根据当时的国内形势,编入了新的故事内容。其具体表述如下:

2007 年南桥村迎故事民俗活动故事内容

故事名称	具体表达内容
欢歌十七大	十七大会如明灯,指明两岸同胞情。中国社会是特色,建好新村奔小康。
客家迎奥运	奥运圣火照神州,世界健儿集中华。各族人民同协力,盛会之花壮国威。
观音赐福	救苦排难观世音,莲台高座佑黎民。世人心肠似菩萨,天下何愁不太平。
嫦娥奔月	嫦娥奔月今成真,万里遥遥一夕临。吴子心弦怀旧切,南桥相约闹新春。
宝莲灯	华山救母宝莲灯,九死一生骨肉亲。但愿人间多孝子,和谐社会乐升平。
真君降魔	魔王戏法沉三省,一代真君胆气雄。喜得观音同敌忾,千寻铁链锁蛟龙。

农历九月二十日这天,从大约上午九点,迎故事队伍就开始在南桥街上正式游行,展示风采。整个队伍,除故事台外还有五显大帝和观音菩萨的神像、龙队、舞队、花队、锣鼓队、鼓号队以及洋鼓队等。其队伍顺序一般是:龙队(花队(故事台(五显大帝神像(观音菩萨神像。舞队和鼓号队一般处在两个故事台的中间位置。具体位置没有固定的要求,都是根据本次活动的具体内容而定。传统的锣鼓队则一般处在游行队伍的最后面。扮演成故事人物孩童,则站在四周描绘着该板故事内容的故事架上,表演各种姿态,以吸引观众。

由上可知,南桥迎故事民俗历史悠久。它是该村的开基祖们为抵抗恶劣的生态环境而创造一种民俗仪式。在具体的仪式展演过程中其仪式的组织和参与人员超越了血缘的界限,都积极地参与到其中。这无疑推动了该民俗仪式成为该村民间社会的一个缩影。因此,对其展开研究,不仅对于在现代社会语境下如何更好地保护和传承这类非物质文化遗产有一定的意义,而且对于认识赣南地区的客家传统民俗和地域社会也有一定的参考价值。

三、别样的世界:对海峡两岸迎故事仪式"音声"空间的文化解析

不独在南桥村,迎故事类民俗在全国很多地方都有分布。尤其是在闽粤赣等客家人比较集中的地区,其不但是一种常见的民俗活动,而且多与当地客家人的民间信仰相关,一般也在庙会期间或者岁时节日期间举行。虽然由于其所处政治、经济、历史等多方面的社会环境不同,造成了其造型、仪式、故事内容地域文化特色鲜明的特征,但是其文化功能还是相差不大的。这在罗勇和劳格文的《赣南地区的庙会宗族》、杨彦杰的《汀州府的宗族庙会与经济》以及房学嘉《客家民俗》的等一些描述客家地区风土民情的典籍中都可以见到。

即使在寻乌县内部,迎故事也是一种喜闻乐见、历史悠久的民俗,除南桥村外,汶口村、周田、王屋以及黄岗等村也都有。而且早在清乾隆十四年刊本的《长宁县志》中讲到"上元十一至十七夜,家门张灯,剪罗彩纸,札为之,仍扮龙狮故事诸剧,笙笛锣鼓喧天震地,看灯者填溢街巷。所谓预祝丰年与他邑无异。谚云:雨打残灯碗,早禾得把稏"①。到了光绪年间的《长宁县志》卷一中又记:"五

---

① 沈涛修　沈大中等纂《长宁县志(清乾隆十四年刊本)》,台北成文出版社,1986年,卷7第118页。

月五日包箬粽,捶蒲艾,酌雄黄酒,浴百草汤,以彩缯系小儿颈臂。十一日,散会关帝庙。二十七日城隍庙先后扛舁装,设台阁人物数十座谓之故事。"①这些迎故事民俗多与当地的五显大帝、江东神以及城隍等民间信仰或者岁时节日相连,起到了娱神娱人的双重效果。

而与上述地域的迎故事民俗不同的事,南桥村的迎故事民俗不仅与当地的民间信仰有关,而且与本村的村落历史有着一定的联系。尤为重要的是:经过不断地展演,其已经成为南桥村的一种独具特色的民俗,并通过仪式展演和建构的"音声"空间并对当地客家人的社会生活和文化心理产生了深刻的影响。

首先从表层来看,迎故事民俗活动是一种由多种"音声"效果所构成的狂欢式的仪式空间。所谓"音声",曹本冶认为:它指的是仪式行为中听得到或者听不到的音声,虽然由于理论方法的局限所至,目前学界对信仰体系中"音声"的研究范围,暂时只主要集中于可以听得到的"器声"和"人声"两大类。但是"作为仪式行为的一部分,音声对仪式的参与者来说,是增强和延续仪式行为及气氛的一个主要媒体及手段,通过它带出了仪式的灵验性。"②[9]P13

具体到南桥迎故事来看:第一,南桥的迎故事民俗活动不仅仅是种简单的仪式活动,其涉及的其他娱乐活动也种类繁多。在活动举行期间,除了迎故事展演之外,那些能够吸引大量观众的还有敲锣打鼓、歌舞表演以及舞龙舞狮等娱乐节目。尤其是唱采茶戏是该活动中必不可少的一项内容。那些从外地请来的戏班、歌舞团和本村的采茶健身操队多表演一些如《补皮鞋》、《卖杂货》、《卖纸花》、《单扇花秧歌》、《大地飞歌》以及《花灯舞》等取材于客家民众的生活的节目。再加上锣鼓声、唢呐声、笛子声的相伴,对于熟悉戏曲的客家民众来说,他们心情也会随着戏曲中的故事而发生波动,遇喜则喜,遇戚则悲。第二,迎故事由于是一项大型的民俗活动,参与其中人数非常多。它不仅包括迎故事筹备委员会的成员、演故事的孩童、抬故事和神像的人员、腰鼓队、洋号鼓乐队、舞蹈队、老年腰鼓队等参与仪式的人群,而且包括那些来自本地和附近的黄畬、上标、石贝、新村、飞龙等地的前来观看的男女老少以及流动的商贩等。以上所述的这些人

---

① 沈涛修　沈大中等纂《长宁县志(清乾隆十四年刊本)》,台北成文出版社,1986年,卷8第161页。
② 金福保修　钟材权纂《长宁县志》(清光绪二十五年刊本),台北成文出版社,1989年,卷9第13页。

员无疑会带来说话、诵经、叫卖等各种各样的声音。第三,还有那些神铳、烟花以及鞭炮等发出的声音,也作为活动中的一项重要组成部分而受到民众的关注。

如果说迎故事本身是种"神圣"的仪式的话,那么由以上"器声"和"人声"所建构的"音声"空间无疑是这种"神圣"仪式的补充。在这样的"音声"空间中,迎故事仪式的参与者和观赏者不仅可以体验狂欢,同时也可以以此沟通人神,通过寄托希望,从而期望实现心中的梦想。

其次,透过这种表层的、狂欢式的"音声"空间来看,由于南桥村迎故事最初是该村的开基祖歃血为盟后,约定在五显大帝生日时举行的,因此,从深层来说,其又是一种与当地的民间信仰和村落的创建史都有关的一项民俗。车文明论述迎故事类民俗时说:"数十人捆绑式的表演,充分配合,高度协调,最能代表迎神赛社这种全民性狂欢活动的参与意识与群体理念。这种在共同信仰(地方保护神灵的崇拜)的旗帜下,在祈福禳灾的共同利益趋驱使下的捆绑式表演艺术形式,具有极大的社区整合功能。"①产生于特定文化生态环境中的南桥迎故事正是通过这种捆绑式的仪式展演,在构建的不同于日常生活的"音声"仪式空间中凸显了村落宗族史和村落史,唤起和强化了该村人对祖先们团结起来艰苦创业的一种集体记忆。也正是凭借着迎故事这种不断展演的记忆载体,南桥村的村民表达了其崇神敬宗的情怀,进而形成文化认同,维系了他们全村一体的观念。

四、结论与思考

综上所述,以妆扮故事为主体的迎故事民俗是一种历史悠久、分布广泛、地域色彩鲜明的艺术。其继承了百戏游艺和宗教傩仪的部分文化元素。一方面作为一种集体狂欢式的活动,将平时疏离的民众,基于血缘、地缘或者业缘等多种关系而聚集起来。另一方面,其作为一种仪式,是一种"赋予感情神圣统一的表现形式,从而修正、补充和加强了社会稳固所依赖的情感体系。"②[11]P184,真实地映照出其所处时代的社会样貌和当地客家民众崇神敬宗的文化心理。

今天,随着现代社会的变迁,传统上高度整合的客家村落已出现了解体的趋

---

① 车文明《台阁:一种古老而广泛的广场表演艺术》,《文化遗产》2008 年第 2 期,第 16 页。
② 拉德克利夫·布朗著　潘蛟等译《原始社会的结构与功能》,中央民族大学出版社,1999 年,第 184 页。

势:在居住上,村落空心化现象已经出现。在经济上,外出打工取代了传统的农耕生产,传统的生产互助关系已不存在;在文化上,集体式活动逐渐减少,人生仪礼和祖先信仰更是呈现出家庭化的趋势。人们多祭拜自己的近祖,远祖与合族、合村的祖先已很少人祭拜。因此,那些类似于迎故事的传统集体性民俗更应该受到重视和重新发掘。一方面,可以将其作为一种当地的非物质文化遗产进来保护和传承,使其不仅延续村落的传统,而且为维系村民们的集体记忆提供一种社会环境,唤起他们对民俗文化、祖先业绩、村落历史等方面的集体认同。另一方面,还可以借鉴台湾苗栗"客家桐花祭"的成功做法,通过将有地方特色的民俗办成特色文化节庆,在无形中构建起联接经济发展、休闲娱乐以及地方情感的社会之路。

（作者为赣南师范学院客家研究院讲师、博士）。

河洛文化与海外华人文化

河洛文化凭借岭南民系文化在海外传播

许桂香　司徒尚纪

一、河洛文化与岭南文化的关系

河洛文化与岭南文化均为地域文化。河洛文化有广义、狭义之分。广义的河洛文化,其地域向北可达黄河北岸、太行山以南,包括今济源、焦作,乃至新乡西部,即古代河内地区的一部分,南岸则含今洛阳、郑州;狭义的河洛文化是以河洛交汇地带洛阳盆地的文化为代表。在讨论河洛文化的地域范围时,南方,尤其是闽台的学者多将河洛文化等同于中原文化。

岭南地域以广东、广西为主,也包含了云南、贵州、湖南、江西的极少部分,从历史的角度分析,甚至包括了越南北部地区,也包含了海南岛以及南中国海。因此,岭南文化是一个较大的区域性文化。岭南文化,就地域而言,包括大陆、海岛、海洋三大部分,人员更多地从事海洋经济,即海上捕捞与海上贸易,因此其文化所涉及的地域,也就不仅是局限在陆地之上,也包括部分海洋,这虽然与本来意义的河洛文化有一定的区别,但就文化渊源、基因和特性而言,仍然有很多传承、派生和发展共性,成为两者密切关系的基础,而那些连接两种文化的纽带,从未断绝,并形成一种亲缘演化的关系。狭义的岭南文化,可与狭义的中原文化等同①。

① 张新斌《河洛文化与岭南文化关系初探》,《东北史地》2011 年第 6 期第 79—83 页

二、岭南民系(广府、潮汕、客家、雷州)南迁与族群文化的形成

人是文化最重要的一个载体。河洛文化与岭南文化的交流,依托的是族群交流,表现形式主要是战争等原因所造成的人口迁徙;从文化角度而言,使以河洛文化为核心的中原文化,在岭南地区得以传播。

岭南文化与河洛文化交流有三次高峰,第一次交流是在秦汉时期,出现了中原汉人迁入岭南地区的第一个浪潮。秦汉岭南先后归入中央王朝版图,成为封建集权制国家行政区一部分,这同时也是岭南历史发展的一个划时代事件。这一时期,秦始皇向岭南地区进行了三次大规模移民,"使与百粤杂处"①。第一次是秦始皇三十三年(公元前214年),"发诸尝逋亡人、赘婿、贾人,略取陆梁地,为桂林、象郡、南海,以谪遣戍"②。第二次是秦始皇三十四年(公元前213年),"谪治狱吏不直者,筑长城及南越地"③。第三次是时任龙川县令赵佗以戍守士卒贫苦无依,"使人上书,求女无夫家者三万人,以为士卒衣补","秦皇帝可其万五千人"④。汉代,进入岭南的中原汉人数量更多。汉武帝于元鼎五年(公元前112年)调遣罪人及江淮以南楼船将士10万人兵分五路进攻南越。汉武帝平南越后,亦仿效秦始皇将罪犯迁至岭南。

第二次交流为西晋末年中原士民南迁。西晋末年,中原人为逃避战祸,纷纷携家出走,出现了秦汉以后人民南渡的又一高潮。在广州和韶关出土的晋代砖文云:"永嘉世,九州荒(凶),余广州,平且康(丰)"⑤。砖文反映了晋怀帝永嘉年间(307—313年)的社会现实,说明今广东省境为中原流人提供了一个较为安定的社会环境,岭南成了中原各阶层人士避难和落籍之地。南迁的势头到南朝仍未停歇,"东晋南朝,衣冠望族向南而迁,占籍各郡"。这些人中,有朝廷派来的朝廷命官、谪迁流放来的官吏以及驻防戍兵,还有大量游民。

第三次交流是两宋之交和宋元之交,又有大批汉族进入岭南。金兵和元兵南下都触发大规模的移民浪潮,史载"中原士大夫避难者多在岭南"。不仅士大

---

① 《汉书·高帝本纪》,中华书局,1962年。
② 《史记·秦始皇本纪》,中华书局,1959年。
③ 《史记·秦始皇本纪》,中华书局,1959年。
④ 《史记·淮南衡山王列传》,中华书局,1959年。
⑤ 阮元《广东通志》卷200《金石略》,道光二年刊本。

夫如此,一般汉族群众亦如是。大量汉人移民南下的结果,是汉人在岭南的人口比重显著增高。据王存《元丰九域志》统计,北宋后期在今广东境内户口数中,主户占61%,客户占39%,而北宋初广东客户仅占总户数13%。汉人南迁,使岭南"衣冠习气,熏陶渐染,故习渐变,而俗庶几同中州"[1],粤北《始兴县志》亦云:"服饰居处,衣冠文物,蔚然可观,与中州无异焉。"[2]中州,指历史上地处九州之中的中原腹心地带,今河南省及其周围地区。这里说岭南风习、衣冠文物与中州无异,说明河洛文化大规模传入岭南,河洛文化几乎与岭南文化同义。

此后历经元初、清初前后多次大移民,不但岭南人口民族成分发生巨变,中原汉人成为当地居民主体。南迁岭南的中原汉人,由于他们的源地、入居时间早晚和分布地区环境的不同,大约在唐宋时期,渐渐分化、发展为广府、潮汕、客家、雷州四大民系和文化。但它们的来源都离不开河洛文化,是河洛文化与当地的自然和人文环境相互作用的产物[3]。

三、岭南华侨华人迁居海外的历史梗概和分布

近年编纂的《广东省志·华侨志》载,据20世纪80年代的估算,海外华侨、华人遍布世界各国。祖籍岭南的华侨、华人约占我国华侨、华人总人数的三分之二。岭南人移居海外由来已久,见于史料记载的,始于晚唐。移居原因是多种多样的,其中一个主要原因是岭南地濒南海,海上交往便捷,利于岭南人移居海外。岭南人移居国外最初规模较小,主要移居邻近的东南亚国家。19世纪中叶,西方资本主义国家用武力打破中国闭关自守的局面以后,岭南向海外移民逐渐形成高潮,不仅移往东南亚各地,而且涌向世界各大洲。第二次世界大战后,出现世界性的华侨、华人再迁移,一部分原居于东南亚地区和非洲地区的岭南华侨、华人迁移到北美洲、欧洲和大洋洲。据《广东省志·华侨志》载,到1945年前后,世界华侨总数近1100万人,其中粤籍华侨约700万人,他们主要分布在东南亚、美国、加拿大、澳大利亚、新西兰、秘鲁、巴西、毛里求斯、马达加斯加等国家和

---

① 阮元《广东通志》卷92,道光二年刊本。
② 胡朴安《中华全国风俗志》(上编),河北人民出版社,1986年。
③ 许桂香《岭南服饰历史文化地理》,民族出版社,2010年,第40—84页。

地区。其人数多分布广,可以说,世界上有海水之处,几乎都有广东华侨足迹①。不管这些华侨出自哪个民系,他们都是河洛人的子孙,他们的民系文化多多少少有些差异,但都有河洛文化的成份。从这个意义上说,岭南华侨华人在海外,也是河洛人的支脉在海外扎根繁衍。

四、岭南各民系文化中河洛文化要素在海外扎根传承

任何文化都是民族的文化。它的发生和发展,离不开文化载体,即民族和人口迁移,造成文化传播。文化传播又称文化扩散,指人类文化由文化源地向外辐射传播,或由一个社会群体向另一群体的散布过程。岭南民系迁居海外,也将岭南各民系文化中河洛文化要素在海外扎根传承。

1. 各民系方言在海外传承

语言是文化交流与渗透的基础,在华侨文化的海外传播中起到了潜移默化的作用,汉语特别是广东话在侨居地表现出的张力,对当地的语言词汇产生了一定的影响。

在泰国,潮州话不仅是群众语言,也是商业语言。现代泰语中有二三百个外来语是直接用潮州话来发音的,如新正如意、头家(老板)、标会、字号、交椅、桌、菊花、浙醋、飞龙(菠菜)、芹菜、芥兰、豆腐、白果、厚力(板栗)等②。泰语中的"kai"(鸡)、"ngun"(银)、"kham"(金)等也与广东方言即广州话或称白话相同。越南语汇中也大都是潮语之转音③。柬埔寨语中有大量潮州方言词汇,如称店主为"taogo"(即头家),粉条为"gaoteo"(即果条),靠背椅为"gaoya"(即交椅),裤子为"kao"④。

在美国、澳大利亚、加拿大和英国伦敦的唐人街,至今仍有不少人讲广东话或客家话;翻开华人的招聘广告,总写着须讲粤语,或懂粤语者优先等⑤。台山话(即四邑话)在美国华人社会中十分通行,有"小世界语"之誉,连一些美国黑人或白人也以会讲几句台山话为趣。在美国电影《鬼马神仙车》中,就有一位美

---

① 广东省地方史志编纂委员会编《广东省志·华侨志》,广东人民出版社,,1996 年,第 38—59 页。
② 陈伟明　陈丽《泰国潮人的乡土文化情节》,《东南亚纵横》2004 年第 12 期第 55—59 页。
③ 周一良《中外文化交流史》,河南人民出版社,1987 年,第 686 页。
④ 刘权《广东华侨华人史》,广东人民出版社,2002 年,第 192—199 页。
⑤ 张奥列《唐人街的张力》,《华文文学》1996 第 2 期第 14—16 页。

国汽车工人用四邑话与华侨交谈的情节①。美国洛杉矶之所以被很多广府人叫罗省,是因为洛杉矶 LOSACELES 由台山口音念起来很像"罗省",久而久之,连美国人也习惯并接受了②。早期移民美国的中国人以广东四邑(今称五邑)人为主,现今唐人街仍有四邑华侨前辈的语言痕迹。如工人工作超时叫"过头钟",称二角五分的美元辅币为"钱八",称盐为"上味"等③。早期在澳大利亚新州淘金的广东华工将西人淘洗金矿流人河流的金粉捞起来,熔铸成金锭,称为"din gum",将纯金锭称为"Fair din gum"(Din 是广东话"锭"的发音,衡量单位,相当于一两;gum 是广东话"金"的发音,指金子),此后,Din gum 逐渐成为合法的货币交易,Fair din gum 也演变为澳洲俚语,收人辞典,即为百分之百纯正之意④,由此也可看出粤语的张力,可视为中州话变种。

2. 风俗文化在海外传承

民间信仰风俗文化是华侨文化的重要表现形式之一,海外华人在侨居地谋生,也将其民间信仰风俗文化移植到了海外。

在东南亚客家人的聚居地流传着对三山国王的信仰。三山是指百越时期就受粤东土著居民祭拜、位于广东省揭西县河婆镇北面的独山和西南面的明山、中山。在马来西亚、吉隆坡南郊蕉赖、柔佛士乃埠、古晋七哩、增江霖田、怡保、金宝、雪兰莪、双溪古月等很多地方都有三山国王庙⑤。虽然中原无此神明信仰,在山区环境中形成的这种信仰是一种新的风俗,但作为土地神,与客家人的故土中原农耕文化不无关系。对土地的依赖使客家文化与河洛文化又结合在一起。

在长期的生活与生产实践中,广东华侨创造了不少本土的海外神明。在马来西亚吉隆坡,有专门祭祀华侨来此地的开山祖师广东省客家人叶亚来的仙四师爷庙⑥;泰国华侨将曾经挽救泰国于沦亡、建立吞武里王朝的广东澄海人郑信尊为神;泰国华侨建造的林姑娘庙(又称灵慈宫),则是供奉以死劝说其兄长林

① 梅伟强　张国雄《五邑华侨华人史》,广东高等教育出版社,2001 年。

② 华侨文化与广东建设文化大省的理论探索. http://www. chinareviewnews. corn 2016—3—8。

③ 《百年前的广东四邑文化仍在美国华埠流传》,《华声报》2005 年 5 月 23 日。

④ 张澳利《悉尼唐人街的历史拼图》,香港《大公报》2005 年 9 月 19 日。

⑤ 李天锡《三山国王信仰及其在马来西亚的传播》,《八桂侨刊》2004 年第 3 期第 27—29 页。

⑥ 刘权《广东华侨华人史》,广东人民出版社,2002 年第 133 页。

道乾(早期海上武装强人,祖籍广东澄海)返乡的忠贞女杰林姑娘①;在中国国内未被民众广泛奉祀的郑和,也是海外华侨华人所创造的海外本土神明之一。中国本土并没有"大伯公"这种信仰,但在东南亚华侨华人社会他却获得了前所未有的待遇和地位,成为华侨创造海外本土神明的典型代表②。大伯公的社会原型是清乾隆年间前往马来西亚槟榔屿的广东大埔华侨张理、丘兆祥及福建永定华侨马福春,新加坡有恒山亭大伯公庙、双狮大伯公庙等,印尼的万雅佬还有一条以大伯公庙为名的大伯公街"③。这些新创造的神明,不管出自哪个民系,都有其现实根源,即是以某个实际存在的人物神话出来的。他们都有民系文化的烙印,故也注入了河洛文化的元素。

广东华侨在海外华人社会所供奉的神灵具有浓厚的地域色彩,如客家华侨供奉"大伯公"、"汉王爷",潮汕华侨供奉"本头公"、"玄天上帝"、"安济圣王",广府人供奉"关圣帝君"、"三神侯王",海南人供奉"水尾圣娘"④。

3. 地方戏文化在海外传承

海外华文戏剧与我国的戏剧文化有密切的历史渊源关系。人们常说:"南洋是粤剧的第二故乡。"清末官员李钟钰在其所著《新加坡风土记》中载:"戏园有男班、女班。大坡共四、五处,小坡有一、二处,皆演粤剧。间有演潮剧。"⑤第二次世界大战后,粤剧在东南亚地区流行,仅新加坡便有三个粤剧团,马来西亚有七个,还有不少业余剧团⑥。

潮剧在泰国潮人聚居较多的地方同样很普遍⑦。20世纪90年代后,泰国剧坛还出现一种新的趋向,开始作泰语潮剧的尝试,即有了用泰语唱潮剧的泰化潮剧团,泰国潮剧的本土化现象,无疑促进了潮剧的创新与传播⑧。在印尼,由于

① 李天锡《华侨华人民间信仰的特点及其前景》,《世界宗教研究》1999年第1期第110—117页。
② 张禹东《华侨华人传统宗教及其现代转化》,《华侨大学学报(人文社科版)》2001年第4期第66—71页。
③ 张清江《城隍庙里话城隍》,摘于林孝胜等著《石叻古迹》,新加坡南洋学会1975年第130页。
④ 张禹东《东南亚华人传统宗教的构成、特性与发展趋势》,《世界宗教研究》2005年第1期第98—108页。
⑤ 赖伯疆《东南亚华文戏剧的历史和现状》,《戏剧艺术》1995年第3期第45—56页。
⑥ 罗晃潮《华侨华人文化概述》,广州市社科院编《华侨华人文化研讨论文集》,1998年,第157—173页。
⑦ 陈伟明　陈丽《泰国潮人的乡土文化情节》,《东南亚纵横》2004年第12期第55—59页。
⑧ 曾祖武《潮剧在泰国沧桑史》,泰国潮州会馆编《泰国潮州会馆三十年》1968年第180—185页。

在华侨华人中,原籍广东兴梅地区讲客家话的人较多,所以当地的广东汉剧,汉乐团为数较多,如万隆、茂物、苏甲亚眉、打横、干冬抒等地,都有业余汉乐组织开展活动①。

在美洲,粤剧也较早出现,1850 年,旧金山就有了广东大戏——粤剧的演出,当年在萨克拉门托还出现了第一家粤剧院。粤剧日益成为唐人街华人文化的象征之一。

19 世纪中叶以后,粤剧名伶周瑜利、金山和、金山炳、蛇王苏、陈非侬、马师曾、李雪芳、牡丹苏、白驹荣、新珠、靓少佳等在美国的相继演出,对"唐人街"粤剧文化传播起到了承先启后的作用。据不完全统计,目前美国各埠唐人街平时能够维持正常活动的粤剧粤曲社团,约有七十至八十个②。早期到加拿大的广东人,他们唯一的文娱活动是演唱粤剧,淘金时期,维多利亚就有常驻的粤剧班演出,唐人街戏院的建立,大大提高了华侨的文娱生活水平。

华侨华人艺术对海外的影响还体现在音乐和歌舞方面。祖籍广东海丰的马思聪 1967 年移居美国费城后,根据中国古老的《聊斋》故事创作了舞剧音乐《晚霞》,根据新疆民间故事创作了歌剧《热碧亚》,影响颇大。客家山歌以其独特的艺术风格、鲜明的地方特色、丰富的生活内容,在海外客家人联谊活动中显示了其特殊作用③。舞狮是海外华侨欢庆活动中的传统技艺,五邑籍侨团组织的醒狮团在海外声望颇高,特别是鹤山狮艺以其柔和细致,融武术于舞狮技艺之中,在唐人街狮舞中别具风格,独树一帜,祖籍鹤山的冯庚长被尊称为"广东狮王"、"狮王之王"。这些地方戏剧都有其民系归属,反映各个民系文化的特色和风格。而这些民系艺术的特色,很多是脱胎于中原音韵和演艺的。如潮剧中保留不少唐代方言,如吃饭叫吃糜等。所以要复原唐代中原语言,就要到潮州寻找这些语言的残迹。粤剧、客家汉剧也如此,故它们被称作中州语言的活化石。

4. 饮食文化在海外传承

广东饮食文化在东南亚的传播由来已久。潮州工夫茶、潮州菜不但在曼谷

---

① 朱永镇《中越音乐文化之今者观》,郭廷以《中越文化论集》(二)中华文化出版事业委员会,1956年,第 278—285 页。

② 黄镜明《粤剧与美国华人社会》,《广东艺术》2004 年第 6 期第 68—70 页。

③ 罗英祥《论客家山歌在海外联谊中的特殊作用》,《华侨与华人》1990 年第 2 期第 72 页。

的华人聚居区盛行,也为泰国各族人民所接受,成为当地饮食文化中的主要部分,尤其是潮州人称为"转炉"的火锅,几乎随处可见。

粤菜在美国传播历史久远,早于1849年,即加州只有300多名华侨的时候,旧金山的积臣街就出现了一间"广州酒家"。19世纪60—70年代,两位访美的中国官员在日记中记录了他们在旧金山品尝到的粤菜:"食于远芳楼,山珍海味,烹调悉如内地","茶点八色,果一盘,俱广产。"①1960年的一次民意调查表明,粤菜已成为仅次于意大利菜的全美第二大主要菜系。

当人们走在世界各地的唐人街,远处便望见挂着中国式招牌、大多是红底黑字或红底金字、以繁体字为主、周边还伴有如意吉祥图案的中餐馆和酒楼。早期美国华埠餐馆的招牌,没有店名,写的全是广东菜"杂碎"(ChopSuey)及炒面(Noodles)的英文字。据威廉·肖1851年著的《金色的梦和醒来的现实》记载:"当时的粤菜馆大抵以一面黄绸三角旗挂在门前作标志,前来就餐的广府籍华侨最多。"②海外中餐馆的命名更包含着广东特色,如广州酒楼、东江饭店、四邑餐馆、潮州城等,也有的挂着"正宗粤菜"、"东莞腊味"、"客家风味"等招牌。

广式早茶、晚茶服务已成为华侨社会的特色之一,美国、加拿大、秘鲁、巴拿马、新加坡、马来西亚、澳洲等地的华侨聚居地,皆有不少茶楼,其早茶服务、点心样式酷似广州、香港的样式。在加拿大唐人街,广式茶楼比比皆是,不仅广东华侨,连外省华侨、乃至土著都有所接受③。这些不同菜色,不管是广州菜、潮州菜、客家菜还是雷州菜,都能够自成体系,在海外占有一定的市场份额,皆源于民系文化的特色。如广府菜花色品种多、讲究意头,潮州菜突出海鲜、清淡,客家菜味重等,都与民系生活环境有很大关系,不无他们原居地的基因。如客家人原来以面食为主,腌、晒、干菜多、味重,进入岭南,仍然保留不少这类风味,故客家丸子、豆制品、咸菜多,追其源头,实有中原或河洛文化的成分。

五、在建设新海上丝路背景下,河洛文化的作用

文化是维系一个民族的精神纽带,作为区域文化的河洛文化,不仅是中华文

---

① 钟叔河《走向世界丛书》(第2册),岳麓书社,1985年第227页。
② 龚伯洪《华侨饮食文化与珠江三角洲饮食文化》,《广东史志》1999年第2期第9—13页。
③ 李国平《广东华侨文化景观研究》,中国华侨出版社,2013第135—166页。

化的一部分,也是中华传统文化的主干。从历史渊源上看,河洛文化是海外华侨文化的主流文化。华侨移居海外的同时,也带去中国的传统文化和思想意识,传播中华文化,推动与侨居国的文化交流,产生良好的影响,东南亚地区尤为明显。弘扬河洛文化,对于促进我国海内外同胞相互了解,增进共识,增强海外华侨对祖国大陆的认同感和同根同祖的感情意识,作用匪浅。华侨在开发当地资源、生产建设过程中,发扬了中华民族克勤克俭、艰苦奋斗的创业精神,为促进当地经济、文化的发展和繁荣,作出了积极的贡献。在建设 21 世纪海上丝绸之路背景下,河洛文化对推动加快建设新海上丝路有重要的现实意义,在这方面仍有很多工作可做。

（许桂香,贵州民族大学民族科学研究院副研究员;司徒尚纪,中山大学地理科学与规划学院教授）

以客家文化为纽带的
河洛文化在海外的传播

许桂灵　许桂香

　　客家人作为一个族群约形成于宋元,为中原河洛文化主要与岭南汉、畲、瑶等民族文化融合的产物。明清时期,由于客家地区人口、资源、环境压力日益增大,迫使大批客家人迁居外地。鸦片战争以后,则大量迁往海外,河洛文化随之在海外传播。这经历了一个较长的历史时期,传播方式也多种多样,最终使河洛文化在侨居地扎根生长,成为中华文化在海外的延伸。作为珍贵的历史文化资源,在当今建设新海上丝路的背景下,应对之加以充分利用,为我国和平崛起服务。

一、客家文化与河洛文化的关系

　　岭南客家人作为我国客家人主体,其民系形成应在宋元,但其先人从中原南下过岭,可追溯到很早,且与河洛文化有很深渊源。黄遵宪曾在《梅水诗传》序中说:"此客人者,来自河洛。……而守其语言不少变。余尝以为,客人者,中原之旧族,三代之遗民,盖考之于语言、文字,益自信其不诬了。"[①]实际上,岭南各民系,在唐以前未分化时,中原移民都是他们共同先祖,唯客家人更重族源而已。按岭南移民高潮常分五次,第一次在"东晋南朝,衣冠望族,向南而迁,占籍各郡。……其流风遗韵,衣冠气习,熏陶渐染,故习渐变,而俗庶几中州。"[②]即入岭以后,这些移民文化已朝着异于河洛文化方向发展,但仍保存大量河洛文化基

---

① 黄火兴等《试论客家民系形成的时间与地域》,《客家大观园》1998 年第 1 期。
② 道光《广东通志》卷 29。

因,客家人就是一个典型。唐末,岭南相对安定,"自汉末至五代。中原避乱之人,多家于此"①。在政治割据背景下,岭南文化走上独立发展道路。两宋两次移民高潮,一部分是北人,另一部分是江淮、两湖和江西人,进入五岭南北山区,以客家话成为一种独立方言为主要标志,说明客家民系已经形成。这一过程,伴随河洛文化在岭南传播,客家人是一个最重要的载体。

客家先人在汉魏南北朝时中原宗族是聚族而居的,并采取坞堡式大屋②。这种聚居方式和大屋建筑形式随着他们的南迁而带到新居地,大屋式在山区演变成堂屋或围龙屋。华南师范大学曾昭璇教授在研究了客家屋式以后,指出:"客家家屋之基本形式,乃中原型式。……今日屋式之特殊,正因其移动急速,与土著间不能立即讲和,是以屋式呈堡垒形态,此与历史或风俗学研究所得结论相同。"③此外,客家民居都以堂号、堂联彰显其本根文化意识。据侯月祥先生对广东姓堂号、堂联摘辑,经粗略疏理,这些姓氏来源于华北、西北、江南等地,但来自河南的相对集中,表示河洛文化作为中原文化之根或者代表是有根据的。例如邓姓"南阳堂",堂联为"南阳世泽,东汉家声";钟姓"颍川堂",堂联为"高山流水,金陵世德";郑姓"敦睦堂",堂联为"荥阳世泽,诗礼家声";丘姓"河南堂",堂联为"鸿胪世泽,枢密家声";谢姓"陈留堂",堂联为"乌衣世泽,宝树家声";利姓"河南堂",堂联为"忠臣世泽,贤相家声"④等,都充满儒家礼教,传承祖居地人文精神。客家人俗重读书,追求功名,即与河洛文化一脉相承。

河洛文化最大的一个亮点是笃信周易,其中风水理论在客家民居堂屋和围龙屋中得到充分运用,也是河洛文化在岭南一个长生点。按客家屋和围龙屋形制和布局,一个是中轴对称,主次有序,以厅堂为中心组织院落,体现了皇权至尊思想;二是屋前必有半月形池塘,屋后也有半月形化胎(隆起土堆),两个半圆相结合,形同阴阳两仪的太极图式。两个半圆围绕方正的堂屋,寄寓于中国古人

① 《苏东坡全集·后集》卷15。
② 罗建忠《大埔县客家民居之我见》,《客家研究辑刊》2007年第1期第84页。
③ 曾昭璇《客家围屋屋式研究》,《岭南史地与民俗》,广东人民出版社,1994年,第314页。
④ 侯月祥《客家族谱中的堂号、堂联对客家人文化意识的诠释——以客家139姓为例》,《赵佗与客家文化学术研讨会论文集》,中共河源市委宣传部印,2010年,第64—80页。

"天圆地方"理念,将整座屋宇比喻为小宇宙,又反映了"天人合一"的哲学观①,也是河洛文化的一个核心所在。

二、明清客家人迁移国内

明清时期,兴梅地区人口、资源和环境矛盾日益尖锐。据光绪《嘉应州志·食货》统计,明洪武二十四年(1391)梅县凡1686户,6989人,平均每人占有田地塘29.6亩,到嘉靖十一年(1532)已达3097户,38366人.人口增长了4.4倍,而人均田地山塘只有8.8亩,仅及明初30%左右。到清中叶,这种人地矛盾又升到一个更尖锐激烈程度。土地不足以养活过多人口,缺粮成为严重社会问题,故光绪《嘉应州志·丛谈》指出:"嘉应、镇平不下三十万户,一岁所收,仅备三月,必仰给于潮州(按指洋米)……,潮州弗时至,则远籴于佛山。"为了改变这种状况,过剩人口只好寻求第二条出路,向外地迁移,包括迁往粤中沿海地区、海南岛、广西、湖南、四川、贵州、云南,以及台湾等地,也有一部分迁往海外,主要是东南亚。客家文化随而传向四面八方,兴梅地区就是一个主要传播中心。②

三、鸦片战争以后,客家人大量迁往东南亚

鸦片战争后,粤东北人口继续上升,更多的人转徙于山区,毁林开荒救灾,从事掠夺式经营,生态危机有增无已。民国《潮州志·实业志》林业条说:"大埔、丰顺……居民大多依林业为生。……其余各县类多童山濯濯,……每有狩猎防盗,即纵火焚烧。"生态危机与其时致政治、经济和社会危机相互激荡,使客家社会陷入更大痛苦深渊。这时香港,东南亚、以及广州和沿海一些通商口岸开发,需要大批劳动力,兴梅客家人大批出洋,足迹遍及南洋诸岛。光绪《嘉应州志·礼俗》说:"自海禁大开,民之趋南洋者如鹜。"清末,仅梅县松口一堡在"南洋各埠谋生者不下数万人"③。第一次世界大战期间,梅县在乡人口约40万,而在东南亚华侨约有20万之多,是在乡人口一半左右。据此不难推算当时客籍旅外侨

---

① 司徒尚纪　许桂灵《河洛文化与岭南文化的历史交流和传播初探》,《河洛文化与岭南文化》,河南人民出版社,2010年,第250—252页。
② 司徒尚纪《岭南史地论集》,广东省地图出版社,1994年,第288—289页。
③ 温仲和《求在我斋集》。

胞之①,梅州由此成为著名的华侨之乡。

四、客家人在海外分布

客家人走出国门,分布世界五大洲,成为客家河洛文化的传播者,据统计,旅居亚洲的客籍华侨、华人,分布在 21 个国家和地区,有 350 多万人,占华侨、华人总数的 85.3%,是客籍人侨居最多的一洲。在居住国人口达百万以上的有印度尼西亚和马来西亚;50 万以上至 100 万以下的有泰国、新加坡;50 万以下的有沙巴、沙捞越、越南、缅甸、印度、日本;1 万以下的有菲律宾、柬埔寨、老挝、文莱、东帝汶、韩国、巴基斯坦、尼泊尔、孟加拉、朝鲜、土耳其等国。

非洲是世界五大洲华侨、华人较少的一个洲,分布在 23 个国家和地区,现有华人(含华侨)不足 8 万。其中客家人 5.4 万人,占华侨华人总数的 67.5%。较多居住在毛里求斯、留尼旺、南非,都在万人以上;不足万人的有塞舌尔、马达加斯加、尼日利亚等。

侨居欧洲的华侨华人约 118 万,其中客家人约 5 万,分布在 18 个国家和地区。侨居美洲的华侨华人有 220 万余人,其中北美洲 200 万,其余在中南美洲,大部分集中在居住国的首都或大城市,60% 以上已加入当地国籍。在华族中,客家人约 46 万人,分布在 21 个国家和地区。在居住国 10 万人以上的有美国、秘鲁、牙买加;1—10 万人的有加拿大、檀香山、三藩市;万人以下的有巴西、圭亚那、古巴、苏里南等。

大洋洲的华侨华人约有 30 万人,其中客籍 3.5 万,分布在 11 个国家和地区,是客籍华侨华人最少的一个洲。侨居在万人以上的国家有澳大利亚;万人以下的有大溪地、斐济等。

客家人旅居香港、澳门、台湾大概有 670 万人。其中香港 200 万,占全港总人口的 33.3%,澳门 10 万人,占全岛总人口的 10%;台湾 600 万,约占全岛总人口的 25% 左右。②

---

① 司徒尚纪《岭南史地论集》,广东省地图出版社,1994 年,第 291—292 页。
② 客家人在海外及港澳台的人数分布,参见罗英祥《飘洋过海的客家人》,河南大学出版社,1994 年,第 14、19、21—23 页。

五、河洛文化在海外传播

客家人流布全球,他们将客家文化传播到所到之处。因客家文化实质为河洛文化,故客家人也是河洛文化在海外的传播。这种传播,形式多种多样,大致可归结为以下几种。

(一)兴办实业

实业包括作物种植、矿产开采、加工,开辟交通线和各种制造业,都凝聚了近现代科学技术成果,反映了中华文明在海外的传播。客家人才济济,不乏这方面的精英,加上客家人的资金和各种经营技巧、经验,逐渐在海外取得成功的人士颇多。这包括了:

1. 热作植物发展种植园附设的大型出口作物加工工业。如橡胶、烟草、制糖、榨油等,许多是华侨兴办的。客籍华侨在创办这些加工工业中,独辟蹊径,设备先进,科学管理,产品上乘,远销世界各国。19世纪后期,祖籍粤东梅州旅居印尼棉兰的华侨张榕轩、张耀轩兄弟,发展橡胶加工业,投资一千多万元,建起大型橡胶园,兴办出口橡胶加工业,拥有工人数千,产品销往世界各国,为所在国发展橡胶加工业,名扬四海。此外,其他各国烟草、制糖、榨油等,客籍华侨企业家都脱颖而出,为侨居国的加工业繁荣和发展贡献了才智。

2. 矿产开采兴办采矿业。包括石油、煤、锡、金和银矿等。侨居马来西亚的祖籍梅州华侨李铭兴,开办锡矿,拥有数百名工人。办锡矿初期,手工操作,工效低,产量少。后来,他投资大笔资金,逐步实现半机械化或机械化,产量突飞猛增,提高工效几十倍,不到十年时间,他已成为"锡矿大王",首开锡矿成为占领国际市场的佼佼者。与此同时,李铭兴相继办起了一系列为锡矿服务的附属设备,以及制造业、修理业等,他已跻身马来西亚"七大财团"的行列,为马来西亚锡矿业发展奉献出他的聪明才智。除此以外,在印尼、泰国、新加坡等国从事采矿业的华侨企业家都相继涌现,为侨居国的采矿业腾飞,开创了新局面。

3. 开辟交通和公共事业。兴办铁路、公路运输、煤气、电力、自来水等公共企业。19世纪80年代,许多客籍"契约华工"到美国、加拿大修建铁路。当时,加拿大政府为了开采金矿,批准一个建筑公司到广东省雇用廉价劳力,先后招募2.5万人,横渡太平洋,投入建设铁路的艰苦劳动。这条铁路从东部到西部的温哥华,全长 4000 公里,横贯加拿大全境。其中有一段长 400 公里,涵洞 100 多个,桥梁数十座,隧道几十公里。筑路期间,约有 600 多名华工死亡,其中许多是客家人。这条铁路从 1880 年开始,到 1885 年建成,对加拿大的繁荣和经济发展起着积极作用。百年以后,加拿大官方坦率承认:"加拿大太平洋铁路,如果不是广东华工惊人的努力,毫无疑义,是不可能于 1885 年完成的。"此外,客家人在东南亚各国兴建铁路和公路,都付出了极大代价。

4. 医药业发达。客籍华侨在东南亚一带兴办制药行业的实业家不乏其人。饮誉亚洲的制药企业家胡文虎,其祖籍福建省永定县,他的父亲早年南渡缅甸,办起以中药为主的制药厂,开始发迹。其父去世后,胡文虎继承父业,进一步发展制药业,将原来的中草药研制成丹、膏、丸、散良方成药百余种,精制 5 种便于旅游携带,顿时占领东南亚市场。接着,他把缅甸的制药厂交由其弟胡文豹经营,他迁移新加坡开办新的制药业;研制新的成药品种——虎头牌万金油系列产品,一举成为亚洲的"万金油大王"。其产品在国际市场上享有崇高的声誉,在同行业中独占鳌头,胡文虎也实至名归,全球上下,家喻户晓。

(二)发展文化教育事业

有不少客籍华侨华人在东南亚各国从事新闻宣传事业,其工作主要在主编华文报纸,宣传爱国主义,推动华侨社会的团结进步,促进社会福利发展,在华侨社会中颇有影响。旅居泰国的客籍华侨华人张综灵、吴继岳主办的《新中原报》,名扬侨居国。张综灵把毕生精力贡献给新闻事业,并著有《实用新闻学》、《报学概论》、《泰国华侨大辞典》等 160 多万字巨著,对泰华文化作出了巨大贡献。吴继岳从事新闻工作 60 年,把他在东南亚各国的所见所闻,撰成《海外五十年》(《即一位新闻记者的回忆录》)和《六十年海外见闻录》两本书,共 70 万字,畅销东南亚各国,受到高度的评价。又上文提到的胡文虎先生,除开药店外,还办有 16 种星系报纸,发行全世界,影响巨大。

从 20 世纪初到 40 年代中叶,华文教育遍及侨居国的城乡。在东南亚各国,华文学校少则几十所,多则几百所。胡文虎先生一人曾创建、赞助各类学校 400 所。好些学校不仅学习文化知识,而且成为宣传活动的场所。客籍华侨胡一声、钟秀英夫妇,1934 年在马来西亚创办加影华侨中学,初期有学生 1000 多人,后来扩展到 4000 多人,成为当地有影响的华文学校。

（三）保持客家方言和风俗活动

客家人有强烈的本根意识、文化认同意识和地方认同意识，即使到了海外，仍秉承祖宗遗训，在侨居地异质文化包围下，保持自己的方言和一些风俗活动，实际上也是传播了客家文化，亦即河洛文化。客家人有言"宁卖祖宗田，不忘祖宗言"就是一个有力的证明。这反映在客家山歌上。客家作家罗英祥先生对此作了总结，他写道：

> 老一辈华侨对客家山歌爱不释手，把它当作乡音，一听山歌就会思念乡情，好些华侨当初是带着山歌走的，尽管他们走到天涯海角，山歌也带到那里，客家山歌已深深扎根在华侨的心坎上，成为一种意识的存在而经久不衰。特别是有些华侨告别亲人时是被山歌送着走的。《十送郎》就是侨乡妇女送丈夫出南洋时唱的一组山歌。如"妹送阿哥到汕头，一看大海就愁。大海茫茫无止境，妹想阿哥无尽头。""妹送亲哥到码头，脚踏火船浮对浮。火掬妍走容易转，哥一去难回头。"

侨乡有许多传统山歌、情歌，后人将它编印成册。如《嘉应风光》、《宁水风光》、《蕉风》等，都传到了南洋各地。他们在南洋各埠都组织有"同乡会"、"宗亲会"、"华侨总会"，如"嘉应会馆"、"客属总会"等组织，每逢开会，都要唱一两首客家山歌，继而对客家山歌进行研究、创作、演出活动。如泰国客属总会的"山歌活动社"就是一例。他们从 20 世纪 80 年代初，成立"山歌研究班"，后改为"山歌活动社"。他们把梅州市作家黄火兴编著的，由广东花城出版社出版的《客家情歌 1900 首》和《谈谈客家山歌》两本书，当作主要研究资料，复印传颂，定期组织山歌演唱活动。不仅如此，每逢中秋节，都组织歌手回故土，跟新老歌手同台演唱"。① 这些山歌随客家人迁徙，传播到广西、湖南、四川、台湾及至南洋等地，人们的日常生活内容，如食粥、食饭、抽烟、喝茶都入歌了。此外，客家地区还有踏歌、采茶歌、月歌等，同样多彩多姿，流行于里巷、山野、田地之间。每逢中秋或元宵佳节，梅县还举办山歌擂台，让歌手们显露才华，成千上万的城乡群

---

① 参见罗英祥《漂洋过海的客家人》，河南大学出版社，1994 年，第 48—50、313 页。

众为之轰动。

相对于当地的异质文化元素,唐人街的中华文化色彩是当地最显著的特色之一。从文化景观来看,海外唐人街一般具有几个特点:一是经营以饮食服务业、杂货业、中药业和手工业为主的中国的传统行业;售卖中国的传统货物,尤以中餐馆最为普遍和集中。二是华语特别是广东话盛行,满街听到的都是乡音,有些方言还成为当地的通用语言。三是以红檐绿瓦、雕梁画柱、石狮牌楼、商店装潢、酒肆茶铺、庙宇、古典庭院等为代表,建筑色彩和风格中充满了中国南方沿海城镇的表现元素。四是一般都有供奉关帝、观音、妈祖等神灵的庙宇,供侨团、族群活动的会馆,担负华人子女教育重任的中文学校等独特的华人社区标识性文化场所。五是在节令、饮食、婚嫁、服饰、丧葬、信仰等方面,都保持了中国侨乡的传统文化习俗,特别是在除夕、春节、元宵、清明、端午、中秋期间,踩高跷、舞龙狮、扭秧歌、贴对联、放鞭炮、拜年、吃团圆饭和饺子、压岁钱、宴请、祭祖、赛舟、赏月等习俗,到处可以感觉到浓郁的中国传统节庆氛围。六是作为当地多元文化的一部分、不同文化的交汇点,很多唐人街已成为各国游客喜欢光顾、领略中华文化风情的著名旅游景点。①

客家人在海外风俗,以新加坡最为典型,(1)多讲华语,少说方言。如他们在公开场合都注意用华语。在商店墙上都贴有"请讲华语"的标语。(2)居住环境,整齐清洁。新加坡客属人士衣食住行,注重清洁卫生。许多人是"黎明即起,洒扫庭除"。他们衣着不一定艳丽豪华,但都整齐清洁。星洲客属人士每逢宴会,必互相敬酒。敬酒的时候,大家先行起立举杯,共呼"饮胜",三句而毕。这"饮胜"二字,必须呼成"饮——胜",即前一字发音须响亮且拖长,后一字须短促而有力;而且必须充满激情,尽力而呼,方为情真意切。

星洲客属人士,也同华族其他方言社会群体一样,每逢喜庆大典或春节元宵,都要表演龙狮之舞。这龙与狮,除了象征勇武精神外,还含有"吉祥"、"瑞气"之意。1983 年 5 月,新加坡三和会馆成立一百周年时,有"赖英广西会馆青年醒狮团"和"新加坡广西醒狮团",分别表演了《瑞狮起舞采莲花》和《双狮夺

① 袁行霈　陈进玉主编《中国地域文化通览·广东卷》,中华书局,2014 年,第 374、484 页。

珠》等节目,演员技艺娴熟,表演生动逼真,给人留下深刻印象。[1] 客家人的信仰,以三山国王至为普遍,在东南亚客家人的聚居地流传着对三山国王的信仰,三山是指百越时期就受粤东土著居民祭拜、位于广东省揭西县河婆镇北面的独山和西南面的明山、中山,在马来西亚,吉隆坡南郊蕉赖、柔佛士乃埠、古晋七哩、增江霖田、怡保、金宝、雪兰莪、双溪古月等很多地方都有三山国王庙[2]。展观客家人信仰牢固有力,与祖国大陆有不可分割的联系,也是河洛文化在海外长盛不衰的一个根源。

(许桂灵,广东行政学院研究员、博士;许桂香,贵州民族大学民族科学研究院副研究员、博士)

---

[1] 张卫东　王洪友主编《客家研究》第一集,同济大学出版社,1989 年,第148—150 页。
[2] 李天锡《三山国王信仰及其在马来西亚的传播》,《八桂侨刊》2004 年第 3 期第 27—29 页,转见李国平《广东华侨文化景观研究》,中国华侨出版社,2013 年,第 167 页。

河洛文化之大用·海外华人
谦礼和行创未来

潘树仁

一、谦礼的现代创新

《周易》被誉为十三经之首,绝非偶然,经中所蕴藏的智慧,历久常新,只要细心研习必定增益。

(一)古为今用的智慧

在《中国哲学书电子计划》的统计里,谦字有 31 个,履字有 35 个。《周易·系辞下》对行为和礼义的阐述:"《履》以和行,《谦》以制礼",这两句话意在揭示卦的用途。《履》用以和谐一切行为,《谦》是用礼仪来制约定立。《谦》卦在《周易》中排第十五卦,"地山谦,《象》曰:谦,亨。天道下济而光明,地道卑而上行。天道亏盈而益谦,人道恶盈而好谦。谦,尊而光,卑而不可逾,君子之终也"。君子做事,能够谦虚,而且把事做到彻底,亨是通达,最终完成,必然有好结果和好归宿。天道虽在高位,却谦卑地向下普济光明,照耀万物群生,地道虽然卑微在下,却努力不懈,所以万物生长欣欣向荣,谦用在高处,要放下身段,谦用在下位,就自强不息。"满招损,谦受益",天地的大道都是补充增益谦虚的人和事,亏损恶劣的人事。谦谦君子,做事虽然很小,但不断累积,最后受民众尊敬而光辉远大。王引之《经义述闻》:"尊而光者,小而大。"①

《周易·系辞上》:"劳谦君子,有终吉。"子曰:"劳而不伐,有功而不德,厚之至也,语以其功下人者也。德言盛,礼言恭,谦也者,致恭以存其位者也。""有功

---

① 陈湛铨《周易讲疏》,第 268 页,商务印书馆(香港),2014 年 12 月。

劳而谦和的君子。"①必定获得好结果。孔子讲勤劳而不自夸,有功德而不炫耀自己的道德,就是厚德的极致,是说有功劳的人却谦恭居于人下,谦逊的人,达到恭敬的言行,可以好好保存他的优良声誉和地位。《谦》卦的智慧,是在任何时空(爻位),都是安稳妥善,不会有危险。

(二)谦礼的各种讨论

《孔子家语·三恕第九》里孔子说:"聪明叡智,守之以愚;功被天下,守之以让;勇力振世,守之以怯;富有四海,守之以谦。此所谓损之又损之之道也。"(3)当人富有了以后,必须安守谦卑恭敬,愈富有应该愈谦卑,这就是本文要提出的海外华人,在当地努力以赴之后,有了财富后,谦卑才能真正立足异地,子孙世代得享幸福。《孔子家语·曲礼·子贡问》中孔子提到国家领导人:"故虽国君之尊,犹百世不废其亲,所以崇爱也。虽于族人之亲,而不敢戚君,所以谦也。"人在不同社会环节里,都有不同身份地位,贵为国君的崇高位置,面对宗亲亦要以伦理为序,在长辈面前有礼谦称,不以国君自大自居。一个人纵然赚取了巨大的财富,得到高高的政治地位或官职,必须懂得谦让,才可以与人相处融洽,更可以长保富贵禄位。

《鹖冠子·道端》:"君道知人,臣术知事。故临货分财使仁,犯患应难使勇,受言结辞使辩,虑事定计使智,理民处平使谦,宾奏赞见使礼,用民获众使贤。"管治人民的领袖,要知道人性和人民的各种需求,作出最合宜的决策,大臣或高级官员,就必须做好事情的细节,处理民众的事情,必定要用谦虚恭敬的态度,这种工作指标,完全符合现代民主社会的要求,公务员是人民的公仆,谦恭地为市民和国家服务。分配资源的时候,会有公义持平的定位,运用资源的时候,以仁爱的心去平衡各方面的利益,甚至想到天地的生态保育。遇到困难英勇地解决,受到问难的时刻,便义正词严地辩论,获得民众接纳的人,都是贤德谦礼的君子。

(三)现代人群的基本礼貌

"世界公民"的思维,包括人人都是地球村的人,信息开放,每个人都与其他民族和文化交往,同样负起责任,维护世界环境及和平,消弭战争,改善全人类的幸福。要突破文化差异的屏障和开拓交往的深度,必须以礼相待,平等互敬,自

① 马恒君注释《周易》,第47页,华夏出版社,2007年2月。

然无往而不利。

"入乡随俗"这谚语出自《庄子·山木》:"入其俗,从其俗。"用他人的礼仪标准,制约自己不能越礼,就是谦让和尊重他人。华人到了其他地方,只有谦卑地跟随该地的习俗,才是一位谦厚君子,也是传承了中华文化"《谦》以制礼"的智慧。

自己谦卑不去碰触别人,融化入礼义当中,成为一体,没有善恶的两极裁判,确实不易,傅佩荣解释"克己复礼为仁"。"克己复礼"不是分两半说的,而是合而观之,一气呵成。"克"作"能够"讲,"克己"是能够自己做主,"复礼"是实践礼的要求。一个人能够自己做主去实践礼的要求,就是"仁",也就是人生正途。如此一来,就不必担心"欲望是善是恶"的问题,却把焦点转向人的主体自觉,转向人的主动性与负责性。[①] 人的主体是道德自由自主的执行,对自己的人性负责,对家庭及父母负责,对社会负责,就是在实践礼。约翰·米勒博士(John P. Miller)在《生命教育—全人课程理论与实务》形容礼的体验:"当我们专注在走路,我们觉察到自己的身体动作,呼吸的空气和我们周遭的环境。因为专注,我们和身体发生了一个连结。透过实践,觉察变得很自然且容易。专注使一个人几乎很快察觉到身体的紧张,个人可以放松受影响的部位,使身体不受紧张的影响。"[②]

二、实践大同的基础

(一)和行的实践

履,《说文解字》的解释:"足所依也。"是指鞋履,动词作用则可指足部的行动。在《周易》中,《履》卦是第十卦,"履虎尾,不咥人,亨。"动作中踏到老虎的尾巴,因为轻轻而柔和,所以老虎没有咬人,最后是亨通而顺利达到目的地。《大壮》第三十四卦:"君子以非礼弗履。"君子的行为必须朝厉夕惕,不能道德堕落,否则陷入险境,难以翻身,所以用最简单的礼规,作为自己的做人道德底线,不可超越,而礼的规范也是由个人订立。一个人时刻都柔和而规行举步,就算遇

① 潘树仁导读及译注《孔子家语》,第85页,中华书局(香港),2013年7月
② 傅佩荣《国学的天空》,第46页,陕西师范大学出版社,2010年5月。

到老虎,或者碰上困难,都不会立刻成为祸害,和也可理解为和洽相处。因为踏入社会,在群体中的所有行动,都会与人相关交往,和睦地与人为友,必然到处都受欢迎。

要实践"和"的理想,可参考《淮南鸿烈·卷一原道》:"夫精神气志者,静而日充者以壮,躁而日耗者以老。是故圣人将养其神,和弱其气,平夷其形,而与道沈浮俯仰。"(6)精神、气血及意志,如果平静而且每天补充,身体便强壮,如果心烦气躁,便会日渐消耗能量而加速老化。故此圣人调养自己的精神,调和冲动的脾气怒火,平稳移动形躯,与大自然和环境同步升降浮沈。和气就是个人内在的修养,儒家讲求道德学问的修身,而道家更深入到精气的层次,要修炼个人的精神调和,达到身心内外一致的融和,使身躯行为受平静的心意掌握,不致损害他人及破坏社会秩序。中华文化的精粹,就是在人文科学里有精细的梳理,解析人性各种想法,配合修炼,达至身心合一的和谐,而且道德的价值必须由自己去践履笃实,才是体证真理。

(二)海外华人的传承

2014年全中国人口1,367,820,000人,2015年台湾人口23,456,545人,海外华侨约五千余万,中国人口占全球人口19.5%,加上海外华人,则占21%。华人的活动性和流动性也非常大,向世界每一个地方移居,为了营商和做工谋生计,或者逃避战火的杀戮,故形成了唐人街(Chinatown)。从名字来看,可能出自盛唐,那时日本和朝鲜等国,都派遣唐使来中国,学习中华文化,当然华人移民或许更早。清朝人纳兰性德在1673年《渌水亭杂识》中记述:"日本,唐时始有人往彼,而居留者谓之'大唐街',今且长十里矣。"另一个传说,是唐朝开元年间(713—756),在印度尼西亚的北加里曼丹出现了福建贸易商人和水手定居当地。这些说法都离不开唐代时期的发展,唐人街是传统节日的庆典中心,又称为:大唐街、中华街、中国城、华人区或华埠等。唐人街内有会馆、宗亲会、商会、私塾和妈祖庙、土地宫等故乡来的庙宇,华人到了一个陌生的地方,聚居和互相照顾是第一步,能够相互关心,有问题便公开让大家决定,团结是安全及保护大家的基础。

华人都保留着传统文化,因为家庭伦理是人们活动的核心,会在节日共同欢庆,在年晚一起吃团年饭。象形文字中的行字,是一个十字路口,一个人在外为了生活,会有很多挑战和抉择,在十字街头里,大多数华人都选择在家中讲传统语言,保存生活习惯,第二代、三代以后,才会渐渐淡忘;但在新加坡,华人比例达77%,而且以华人为主掌握政治,所以能够达到中西文化融和,并且在立国的初期,已经用儒家思想为治国蓝本。新加坡的例子,正好表现了中华文化有传承的韧力,也能够和合不同文化,为人类共融创造新机缘。

(三)大同的创建

面对全球一体化,华人在海外所遇到的西方价值观,对中华文化的道德伦理有所冲击,但中华文化的《礼运·大同》篇,早已把和谐大同的观念种入文化之内,"以和为贵"就成为出门的锦囊金句。若以大同为目标,则大同之内有中西文化的结合,这是人类共融的和平大道。

西方文明的民主与科学,利用船坚炮利的霸道力量,在明、清两代挤进了中国,传统文化必须响应,就是以平等尊重的心态,学习西方的优点,不能单靠模仿制造器物,必须寻求大同的思想,不再因想法差异而发生战争,为全人类打开和平新纪元。近人萧昌明(1895—1944)大宗师以简驭繁,贯汇中西古今哲理的精粹,开敞济世利人的慈悲心怀,创立大同学说,提出廿字哲学作为总原则:"忠恕廉明德正义信忍公博孝仁慈觉节俭真礼和。"[①]内含儒家的忠孝礼义,道家的真德俭和,释家的慈觉正忍,耶教的博爱公恕,伊斯兰教的清真明信。因为道德的实践不能用科学去衡量,也不能用理论去分析,行慈悲和实践博爱,是不能分割的。萧昌明大宗师又解释科学器物和道学的关系:"道学、科学乃一也,二者并行,天下有补,二者分离,天下即苦,道者本于心,心遗物也。"[②]这种"心物一体二元论"观点,与管子思想共通,《管子·宙合》:"五音不同声而能调,……五味不同物而能和。"五音不同而回归听觉,可以调和成天籁妙韵,五味回归舌头味觉,可以调和成佳肴。哲学细腻之逻辑思维,作为指导思想,有其功用,但践履笃行,道德是一种圆融的品格,难以细分谦虚及礼让的差异,人格有所成就,自然散发一种感人的魅力,受人尊重,成为立德的楷模。

---

① 龚鹏程《中国传统文化十五讲》,第 396 页,五南图书出版股份有限公司,2009 年 7 月。
② 潘树仁《历海笙歌·萧大宗师昌明传奇一生》,第 155 页,博学出版社,2007 年 12 月。

三、礼和创造新人类

（一）重建礼乐教育

既然礼非常重要，重建礼的教育必须启动。"礼"就是秩序，令过分的动态给予界线规律，作为大多数人所接受的无形律法，便是社会文化的礼仪，音乐反过来是引发静态变得活泼起来，虽然肢体成为美妙的舞蹈，但心灵的舞动，却可平衡孤独或负面的情绪，调解消融负面的创伤，平伏忐忑不安的心扉，现代有音乐治疗，使人明白"乐"的功能性意义。

学者对礼之诠释是"礼者宜也"，采用当时社会环境人群之风俗，条理化秩序行为，成为应用的礼。现代人的理想是人有普通的"礼貌"和"礼让"，社会不致于混乱，礼乐可作为教化的原动力，例如推行现代化"成人加冠礼"（中学生和青年人）及"尊师孝亲礼"（小学生）时，提倡"拱手礼"，简便而有方向性，更有规模性和严谨的肢体语言。"成人加冠礼"加入"志字礼"，学生效发古人，明心表志，以字表志，深深地反思生命的成长，人生的责任与承担，自己因应父母给予的名，加以延伸当中的意义，或者自己表述志向和趣味，自取"志字"，成为人生正面的座右铭，产生抵抗负面道德思维行动的强大力量，谨慎有礼地告诉父母长辈，表明心志，做一个顶天立地的真君子。礼用于现代社会，不能照搬古法，鸣几声钟，击数次鼓，只是营造了表面的庄严气氛，必要调整其细节，但其主要精粹，结合人文生命意义，则更切合现今找不着生命意义的青少年，或者传统文化就是一剂良方，令年轻人反思礼的实践，对身边的朋友及父母，做一些有礼貌的行为。可见谦礼就是海外华人最重要的传承，也能够藉此宣扬优秀文化。

（二）不同种族文化的交往

中国有五十六个民族，反而和谐的情况很宽松，但欧洲的国家往往以民族为国界，所以面积较小。1992年欧盟条约订立，因为欧洲明白团结和谐的大区域非常重要，1999年欧盟统一货币推出，使经济力量汇聚，人们渐渐明白大团结的好处，但真正和谐还是不易得来，各种族之间必须互相学习及尊重。中国人以往很难了解外国的历史文化，华侨到了外地都是从零开始，吃苦拼力地工作。北京大学历史系到了 1954 年左右,才由周一良教授"创建亚洲史教研室及课程"。[①]

　　虽然传统文化没有排斥科学,而且提出"道器相和合"的理论,但近二百年中,西方的科技确是有了突破,超过中国,中国人的谦恭可以渐渐学习科技知识,但最重要是深层次的文化学习,了解西方文化思想的优点,加以融入中华文化当中。可幸西方人也做了主动,慢慢学习中华文化的优异要点,这样反过来又使全人类有和合共融的前景。意大利传教士利玛窦来华,潜心研究汉学,能够利用象形文字和图像记忆法,教导其他传教士,1594 年(明万历二十二年)利玛窦把《四书》译成拉丁文。1626 年,利玛窦的后继者、法国传教士金尼阁将《五经》译成拉丁文,并在杭州金尼阁自创的印刷厂出版。1662 年由多位不同国籍的传教士出版拉丁文的《西文四书直解》,其中附有《周易》六十四卦的简单意义。现意大利梵蒂冈图书馆藏有 14 种西方人用中文写成的易学著作:《易考》、《易稿》、《易引原稿》、《易经一》、《总论布列类洛书等方图法》、《释先天末度》等。[②]

　　(三)人类的未来

　　人类的未来,有一种没法阻挡的交往能力,包括信息科技的进步,网络的连系增加,交通的发展蓬勃。虽然部分人士认为西方文化会借着科技覆盖全世界,但在"9·11"事件后,人们开始醒觉,如果以单一西方作为国际化的标准,必须对其他文化造成极大的压力,因而产生强大的反抗弹力,成为对抗战争之根源。大国不能自大自傲,自以为是世界警察,到处陈兵列将,摆出新式武器在全世界,浪费资源,不去改善民生。

　　目下基督教与伊斯兰教文化成为冲突的两大阵营,中华文化反而可以作为中间的润滑剂。人类要面对共同的问题,除了环保和国际犯罪之外,普世公义的标准非常重要,美国哈佛大学,在 1980 年开始"正义"课堂,学生只有十五人,近年则每每破千,比第二热门课多出四五百人。思辨正义这个主题,就是要每个人都做正确的事,出发点一定要善良,而不是别有用心。康德讲得非常清楚:"善意之善并不在于其可造成善结果和善影响……就算此一善意完全没有实现之能力,就算使尽力气依旧一事无成……这时善意依然暖暖内含光,因为全部价值皆

　　① 罗永生主编《二十一世纪华人地区的历史教育》,王红生《北京大学历史系"亚非拉近现代史"课程教学学年之回顾 >,第 213 页,香港树仁大学历史教学支持及研究中心出版,2011 年 4 月。
　　② 张立文主编《和境—易学与中国文化》,第 323 页,人民出版社,2005 年 3 月。

在其内。"[1]如果人类的未来都以大公义为相同目标,这种善意便是善在其本身,不管可否开花结果,这些道德的善意,是高尚而没有动机的行为,能够为大众采纳,大部分的负面争执和战斗都会减少。

四、结语

华人在世界人口比例中虽然下降,但全球海外华人散居每一个角落,对全世界的未来都会带来较大的影响力,华裔人士体内流淌着文化承传基因 DNA,借着中华文化复兴的大时代到来,海外华人用谦礼行走天下,可以大用中西文化融和的契机,《履》以和行,《谦》以制礼,实际地推行人类和平大同的共通目标。可行的理念有以下数点:

(一)谦虚多学

一谦四益,是谦虚可对天恭敬,对地环保,对人多学习,对自己谦卑自牧,勤加修养。海外华人便可保护自己在外地的成就,不会招致妒忌和怨怼,避免种族冲突。

(二)礼义多让

以礼待人,因为尊重他人和不同文化,自然也会受到别人的敬重,在协调国际公义上,便容易互相贴近对方的思维,将隔阂减至最少,争夺纷乱则会降低。华侨更可以成为国际的调解人,令正义得到彰显,也受到不同国家所接纳。

(三)和睦多友

和睦来往,商业上和文化上多交流,友谊之花便能够开遍全世界,对中华文化的深厚和辉煌,也会被欣赏和赞叹。

(四)行善多德

海外华侨除了赚取当地人的钱财,也要多行善举,与异国人民和谐相聚,救济贫苦大众,功德善行自会受人欢迎,融入本土,必能久居幸福。

(作者为香港树仁大学历史系荣誉顾问、教授)

---

① 迈可·桑德尔《正义:一场思辨之旅》,第126页,雅言文化出版社,2011年3月。

刍论广东梅州华侨与海上丝绸之路

梁德新　林作尧

2014 年 10 月,国家主席习近平在访问印尼期间发表演讲称,东南亚地区自古以来就是"海上丝绸之路"的重要枢纽,中国愿同东盟国家加强海上合作,共同建设 21 世纪"海上丝绸之路"。地处中国南大门的广东,提出要在重建 21 世纪海上丝绸之路中扮演无可替代的角色。被喻为"世界客都"和"华侨之乡"的梅州市,审时度势提出要发挥优势,主动融入国家"一路一带"战略。那么,梅州在"海上丝绸之路"上究竟处于怎样的地位?

客家人与海上丝绸之路

"海上丝绸之路"是古代中国与外国交通贸易和文化交往的海上通道,是已知的最为古老的海上贸易航线,由广东、福建沿海港口出发,经中国南海、波斯湾、红海,将中国生产的丝绸、陶瓷、香料、茶叶等物产运往欧洲和亚非其他国家,而欧洲商人则通过此路将毛织品、象牙等带到中国。"海上丝绸之路"在西汉时始发于广东徐闻,迄今已有 2000 多年历史,是我省和我国走向世界、对接世界的海上通道

客家人的迁徙借助了海上丝绸之路。

海上丝绸之路的形成、发展与客家民系形成及"世界客都梅州"形成的时间非常接近。海上丝绸之路的发展阶段,西晋时梅州属广州义安郡,客家人开始第一次南迁;海上丝绸之路的繁荣阶段,正是客家人第二次南迁时期,唐宋后中国经济重心已开始转到南方,东南地区经济快速发展。唐朝,潮汕出现了有史记载的最早的港口——古凤岭港口(位于汕头澄海区莲下乡的程洋冈,古名大梁冈,又名凤鸣冈),古凤岭港口直通海外。

潮梅山水相连,正因为有了港口,梅州人的海外迁徙,产品外销以及外来产

品进口都是通过潮梅港口的。广东梅州虽然地处山区,算不上沿海城市,但相关研究中发现了许多梅州参与海上丝绸之路的重要物证。

海上丝绸之路的发展需要物产的支撑。梅州虽然远离大海,地处山区,但是物产丰富,早期发达的木材生产加工业支撑了船舶制造业,名闻遐迩的茶叶、陶瓷,更成为出口海外的主要产品。

梅州茶叶生产历史悠久。公元960—1208年间的《惠州府志》中就有长乐(今五华县)生产土茶的记载。建于唐朝的梅县阴那山灵光寺,历代和尚都在寺庙前栽种茶树,加工茶叶。明朝时期,梅州的茶叶生产已遍布全市,清朝时各县相继出现名茶产区,1860年汕头辟为商埠后,茶叶成为外销商品,远销海外。

梅州紫砂陶土、瓷土、钾长石、稀土等自然资源丰富。梅县水车地处梅江河畔,陶土资源优质丰富,取材方便,出产了以青瓷为主的水车窑(又称梅县窑)。据考古资料记载,其窑址约有七处,主要分布在今梅县水车镇的瓦坑口、罗屋坑以及南口镇崇芳山等地,中心窑场在瓦坑口一带。大量史料证明,水车窑在南北朝后期至唐代初期创烧,中晚唐盛产,南迁客家先民能工巧匠众多,带来了先进的技术,吸收外地陶瓷的先进技术和经验,大胆借鉴国外金银器的造型,创造出别具一格的外域风情的瓷品。梅县水车窑所制陶瓷产品物美价廉,不仅满足当地市场所需,还借水路直达潮汕港口,远销海外,渐次发展成为广东外销瓷生产之重要基地。从民间收藏家郑桓江等人收集的实物来看,水车窑烧制的产品有碗、碟、杯(盏)、壶、鼎、盂、罐、炉、瓶、灯、灶、砚等。梅县水车窑在已发现的广东地区唐代瓷窑中以质量精、造型丰富而名列首位,产口唐代曾远销海外,泰国南部出土有唐代青瓷碎片,除越窑、长沙窑外,还有广东梅县窑和高明窑碗片,这是目前所知广东通过"海上丝绸之路"贸易最早销往海外瓷器的实物例证。

2013年10月,经国家文物局批准,广东省文物考古研究所联合中国家博物馆、大埔县博物馆等单位对大埔县三河镇余里古窑址进行了考古发掘。余里村发掘出4座明代清瓷窑址,并出土大量青釉瓷器残件,种类有碗、盘、杯、碟、瓶、炉、砚台、盖罐、灯盏、烛台、印模等十余种日常用瓷,这些均系仿龙泉青瓷瓷器。2014年年初,在余里村,考古学家发现了广东省境内已知最早的仿龙泉青瓷窑业遗存。在被埋藏数百年的古窑群遗址中,无数被废弃的瓷器碎片再现了元代中晚期到明代晚期昼夜烧瓷的热闹景象。五六百年前,三河交汇处繁华的三河坝码头,大埔本地生产的瓷器在这里被源源不断地装上船只,经高陂、留隍等码头顺韩江前往潮汕,再经过两地的港口出口东南亚和欧美。广东省文物考古研究所副所长、古陶瓷研究鉴定专家刘成基认为:余里古窑址群是见证广东青釉瓷发展的实证,它的发掘,可以揭开龙泉窑在广东生产发展的历史。余里古窑群遗址的发掘,改写了明中期广东没有青瓷器出口的历史,证明了在海外出土的青瓷中,有部分是通过海上丝绸之路来自广东大埔。

有关水车窑瓷器产品外销的史实,杨少祥在《广东唐至宋代陶瓷对外贸易略述》论及:"广东唐代生产外销瓷的窑场,目前所知有潮州北郊、新会官冲、梅县水车……"上海博物馆馆长汪庆正编著的《简明陶瓷词典》释述:"至迟从九世纪下半期开始,我国瓷器已输出国外。今朝鲜、日本、埃及、巴基斯坦、伊拉克,泰国等地,都出土唐代邢窑白瓷,越窑青瓷,长沙窑、广东梅县窑及唐三彩标本。"这是目前所知广东通过"海上丝绸之路"贸易最早销往海外瓷器的实物例证。

广东梅州华侨与海上丝绸之路

广东是华侨华人移居海外最早、最多的省份之一,是国内第一华侨大省。

唐宋时期,广东已经有人移居东南亚国家,称为"住蕃",主要以经商、谋生的经济性移民为主。宋人朱彧说:"北人过海外,是岁不还者,谓之'住蕃';诸国人至广州,是岁不归者,谓之'住唐'。"

明清时期,由于人口增加压力,对外交往频繁,民众下海通商日益增加,掀起前所未有的向东南亚迁移的浪潮,东南亚重要的贸易城市如安南庸宪、广南会安、暹罗大城、北大年、马六甲、巴达维亚、望加锡等地,都出现华人聚居的社区。

晚清以后,广东再次掀起新一轮向海外移民浪潮,除了东南亚地区,还走向美洲、澳洲新大陆以及欧洲、非洲,遍及世界。他们吃苦耐劳,精明能干,与其他地区的华侨一起,为南洋与新大陆开发做出巨大贡献,因而有西方人认为广东人与苏格兰人一样富于创业精神,是"中国的加泰隆尼亚人"。

目前,广东籍华侨华人有2000多万,约占华侨总数的2/3,遍布世界五大洲160多个国家和地区,是中国最重要的侨乡,而东盟各国是主要聚居地。

广东梅州是中国著名侨乡,更是广东省重点侨乡,素有"五洲客家半梅州"之称。梅州旅外华侨人口占国内人口的69%,其中不少客家人在印度洋沿线亚洲、非洲国家创业、谋生。据统计,在环印度洋的所有国家中,都有梅州客家人居住,总人数近千万,其中,现居于印度尼西亚的梅州籍华人华侨达 400 万,马来西亚约 200 万,新加坡约 30 万。

历史上,梅州市梅县松口港是广东内河第二大港,"潮州同乡会"、"永定同乡会"、"五华同乡会"、"武平同乡会"等驻松口的机构应运而生。海外华人寄回梅州的信件,只要在信封上写"中国汕头松口转某村某人"便可寄达,足见松口为岭南四大古镇在海内外的影响力。

广东省拟将广州的十三行、潮州的古港、阳江的南海 1 号、湛江的徐闻古港,打包申报海上丝绸之路世界文化遗产。这显然忽略了潮州所在韩江区域上游的梅州。梅县千年古镇松口及火船码头,见证了唐宋以来客家人下南洋的历史,完全有资格进入海上丝绸之路世界文化遗产的序列。

从有史料记载的南宋时期松口人卓谋等一批青年,便落户在今印尼加里曼丹岛。近千年间有相当数量的梅州人取道梅江、韩江直达潮汕海港外迁,沿着海上丝绸之路出洋的。明清时期,梅州又成为客家人海上丝绸之路的中转站,例如客家人随郑和船队、郑成功船队经过海上丝绸之路向海外迁徙。从清朝乾隆年间开始,众多梅州客家人来到印度洋之处的泰国、印度尼西亚、印度、孟加拉等国拓垦、创业。

梅州客家人对东南亚经济社会文化发展贡献巨大。梅州客家人在移民南洋过程中,与当地居民和睦相处,合作开发,为当地经济和社会发展作出了巨大贡献。梅县人罗芳伯于乾隆四十二年(1777 年)在曼多(今印尼加里曼丹东万律)创建"兰芳公司"时,辖区有华侨 2 万余人,农耕、采矿、交通和文教事业等都得到发展。大埔人张弼士(1841—1916)在印尼垦殖橡胶园,开采锡矿,开设银行,创办国际航运公司等,形成了横贯亚欧的商业帝国。平远人姚德胜(1859—1915)在马来西亚的怡保投资锡矿,支持市政建设,新建店铺 500 余间,被怡保市议会命名为"姚德胜街"和"姚德胜市场"。梅县人吴佐南(1879—1939)由木行拓展至碾米、锯木、轮船、保险、汽车等行业,其子柏林创立的泰华农民银行,已成为泰国第二大银行。不仅如此,梅州客家人在与当地居民合作发展经济的同时,还主动参与社会文化建设,大量兴建医院、路桥、寺庙等公益事业,促进了当地社会文化发展。如大埔人戴春荣(1849—1919)在新加坡、槟城捐建学校,资助槟城南华医院,玻璃池滑疗养院;梅县人张榕轩兄弟在印度尼西亚捐建济安医院,架造棉兰日里河大桥,资助清真寺、印度教寺庙建设;梅县人伍淼源在泰国倡办曼谷天华医院等。

梅州与东南亚各国互动密切。在梅州人大量移民南洋地区过程中,家母与南洋之间的联系相当紧密,每年往来于家乡与南洋之间的人数以万计,甚至由此催生了一个新行业——水客,不断往来于家乡与南洋之间,专门承担家乡亲人与南洋华侨之间的联络,负责带人、带钱、带物、带信。他们所带的信是一种类似于汇票一样的信件,俗称为"侨批",承担着家乡亲人养家糊口的责任。据统计,自1949 年以来,往来于梅州与南洋之间的水客达数千人,其中梅县有 500 多人,大埔有 300 多人。他们沿着梅江到松口,坐船经韩江到汕头,再坐海船出洋,常年奔走于梅州与南洋各国之间,为家乡亲人与海外华侨之间架起了一座"彩虹"。水客如此一往一返,对梅州人投奔海外,出国远行,增强华侨与故土的联系,对中外交流的确起了积极作用。梅县乡贤梁伯聪先生在《梅县风土二百咏》中,曾热情称赞:"一年大小两三帮,水客往返走海忙。利便侨民兼益己,运输财币返家乡。"而今梅州收藏家魏金华收藏旧时华侨通过水客携带好回国家乡亲人的信件、证件(即侨批文物)辑编成《梅州侨批世界记忆——魏金华收藏侨批档案汇编》。侨批是梅州水客行走"海上丝绸之路"场景的见证。"世界记忆文化遗产"梅州侨批是梅州华侨移民史、创业史及广大侨胞对所在国和祖国经济社会发展所作贡献的历史真实见证,同时也是梅州水客活跃于"海上丝绸之路"的重要物证。

作为韩江的源头,梅州与汕头一衣带水,有着千丝万缕的联系,1860 年汕头开埠至 1949 年,汕头作为梅州客家人的出海口,海外客家华侨大量投资汕头市政建设,其市区的街道、商铺和房地产开发等,一半以上是客家人投资的。汕头最早的两条铁路潮汕铁路和樟汕轻便铁路,都是梅州人投资修建的。历史上,梅州是汕头的"后花园"和主要腹地,当代的梅州也应该如此。

梅州是著名的侨乡,城乡随处可见"中西合璧"或"西洋式"的华侨建筑。这些风格迥异、尽显异域风情的建筑不仅是客家华侨在印度洋异域他乡艰苦奋斗的成果,和一种光宗耀祖的表达方式,更为重要的是华侨将外国建筑文化传到了远离海岸的山区,是山区文化与海洋文化、中国传统文化与西洋文化的交流、融会结果的见证。华侨建筑见证梅州与海上丝绸之路国家的文化交流。

梅州应主动融入21世纪海上丝绸之路经济带

梅州是叶剑英元帅的故乡、国家历史文化名城、中国优秀旅游城市、中国最美生态休闲旅游城市、国际慢城、世界长寿乡、广东省唯一的原中央苏区地级市。梅州还有人脉优势。梅州有达400万华侨和180万台胞,是著名的"华侨之乡"和"台胞祖居地",梅州与东南亚、香港、台湾等地客家人血缘相亲、文化相连,人员往来频繁、经贸交流密切。尤其近几年客商大会、客家山歌节、央视中秋晚会等大型活动,更加密切了与海外侨领和广大乡亲的联系。要用好用活这些优势,主动融入21世纪海上丝绸之路经济带。

海峡西岸经济区,简称"海西经济区",是指台湾海峡西岸,以福建为主体包括周边地区,南北与珠三角、长三角两个经济区衔接,东与台湾岛、西与江西的广大内陆腹地贯通,具有对台工作、统一祖国,并进一步带动全国经济走向世界的特点和独特优。梅州是"海西"成员,要在用好用活"海西"政策的同时,将"海西"与"海丝"有机结合起来。

要多方面、多层次关心关注广大海内外客家人以及他们的事业发展,为他们的交流合作提供更好的服务和平台,吸引更多的侨商、客商到梅州投资,开发适应海上丝绸之路周边城市和国家市场需求的新产品。与泰国、印尼、马来西亚、新加坡等地梅州客家人的财力、企业建立联系,合办经济实体。梅州籍客家人在泰国、印尼、马来西亚、新加坡等地拥有雄厚的经济实力,掌控了很多有影响的财团、大企业。相对于中国社会经济发展,东南亚国家正处于工业化、现代化初期阶段。梅州市企业在实现产业升级换代之际,可以实施"走出去"发展战略,在东南亚国家沿海港口"自贸区"等区域,联合当地梅州籍客家人财团、大企业,合作开办企业;利用当地梅州籍客家人的商贸企业合作,把梅州产品销往各地,发挥海外客家人家乡情感浓厚的优势,引进海外资本回梅办企业,助推梅州产业升级换代,振兴梅州经济。梅州早有与印度洋周边国家开展城市交流合作的基础。2005年,梅县与毛里求斯鸠比市缔结为友好城市,更进一步促进和加强了两地的交往和交流。利用蕉岭华侨农场等资源和条件,效仿汕头做法,申请设立"华侨经济文化合作试验区",争取政策,争取项目,扩大招商引资,吸引广大梅州籍客家华人华侨回原乡投资兴业,助推梅州振兴发展。

要以文化为纽带,以经贸为重点,发挥海外侨胞的作用,以社团为依托,努力推动梅州与"海丝"周边国家的文化交流与合作。在东南亚地区，华人华侨有近3000万，客家人占1/3左右。近60年来，由于所在国地区实行居住国落籍制度，尤其是有些国家推行"排华"政策，使海外华人第三代、第四代不会说华语，不识汉字。在当代东南亚国家实行多元文化政策下，梅州市政府应加强与东南亚各国的客家侨团、侨社、会馆合作，合办华文学校，加强华文教育，尤其是在印尼，在中断华文教育30多年后，两三代华人不会讲华语，而当地客家华侨最多，人数达600万以上，华文教师缺额近万人。梅州市政府可以与国务院侨办、省侨办相关部门合作，选派志愿者到当地从事华文、客家话教育。同时，可创立相关学术机构和组织，加强对当地客家历史和文化研究，宣传客家文化，把第四代、第五代客家华侨华人的"心"拉回来。

梅州应努力争取国家和省的支持加快推进铁路、高速公路、机场等基础设施互联互通建设。这些基础设施的建设本身，就能拉动经济增长和就业，提升梅州的经济发展和民生水平。统筹布局海上丝绸之路的航空运输节点，重点推进梅县新机场建设，构建梅县与印度洋沿线国家客家华侨的便捷通道，打通一条方便客商常回家看看的空中走廊。完善陆上通道，重点建设大埔至潮州港高速（含大漳支线）、梅州至平远高速、梅州东环高速、大丰华高速、平蕉大高速5条高速公路，以及广梅汕铁路电气化改造项目等铁路建设，积极拓展梅州与沿海港口便捷通道，打造服务梅州山区对外开放的重要出海陆上通道。

要充分用好联合国教科文组织给予的"两块牌"（梅县松口的中国移民纪念广场和梅州侨批入选《世界记忆遗产名录》），谋划将"南洋古道"到印度洋之路与海上丝绸之路进行融合，利用好梅州侨批，整合相关学术机构，设立国际客侨文化交流展示中心，推动客家文化、华侨文化的专题学术研究，传承、保护、诠释和开发文化遗产，凝聚各方力量，提高合作向心力，打造客侨文化交流品牌，振兴梅州的文化活力和魅力，推动梅州振兴发展。

加强与21世纪海上丝绸之路沿路政府的沟通联系，设立经济合作产业园，开展经济、贸易、文化等领域合作，优势互补，促进繁荣。同时，有重点、有步骤地组织有实力的民营企业家到"海丝"沿线国家发展，实现产业转移升级。具体实践中，要加强部门合作，互通信息，以"侨"为"桥"，以"乡情"为"桥"，"引资"和"引智"相结合，构筑全方位、专业化的引进外资和留住外资的系统网络。

梅州与东南亚各国有着悠久的交往历史,移居当地的华人华侨众多。这些留居海外的客家人就是梅州实施"海上丝绸之路"战略的坚实后盾。在异域他乡,除了耳熟的乡音之外,"梅县"、"客家"已成为一张响亮的名片,是梅州进行"海上丝绸之路"文化交流与贸易的巨大无形资产。梅州参与"21世纪海上丝绸之路"建设是承接历史,着眼现实,顺应时代潮流,尤其是在人文交流方面可以作出特殊的贡献。

（梁德新,嘉应学院客家研究院特约研究员;林作尧,梅州市岭东中等职业学学校原校长）

参考文献:

1.《海上丝绸之路与梅州》专题调研,梅州《社会科学》,2014年12月出版。

2.《梅州市华侨志》,2001年。

3.《梅县华侨志》,1991年。

4. 邓锐《梅州华侨华人史》,中国华侨出版社,2010年。

5. 广东省档案局(馆)编《梅州侨批世界记忆——魏金华收藏侨批档案汇编》,2014年。

6.《梅县松口镇志》,1990年,

河洛话在美国的使用现况概述

史先澍

一、前言

河洛语族原是国人中最具海洋性格的一个群体,早在17世纪地理大发现时期,郑芝龙、郑成功父子为首的海商集团,便能以民间的力量和西方列强分庭抗礼,郑氏政权为清消灭之后,河洛人发展受限,在最富想象力的新世界中,分享不到任何份额。北美洲的资源,目前则是以另一种方式与世人共享,20世纪70年代贡献脑力的台湾留学生,冒着生命危险漂流海上而来,以劳力技术谋生的中南半岛难民,经过多年努力,已经行有余力,形成各个以河洛话为主要沟通工具的大小社团。

二、西式信仰遮荫下的古早话

基督教长老教会在台湾的各个宗教信仰中,是最为坚持以本土语言证道崇拜的派别;反而佛道两教,法师说法开示,不拘泥于使用的语言媒介。1970年后,随着台湾留学生及其家属在美国定居就业的人数增多,台湾的各个宗教团体纷纷出现,长老教会也不例外,并且延续岛内作风,教堂堂内的沟通以河洛语为主。下表一列出参加北美台湾教会协会各个教堂的台语礼拜人数。每堂河洛语信众以88人计,总数当超过2500人,各教会多半向旧有各教派的教堂租用场地。如大波士顿台湾基督长老教会就租用福音教会教堂来做礼拜。

表一　美国台湾教会协会成员一览表

教会名称	州别	成立年分	台语会众	英语会众
休斯敦台湾长老教会	得克萨斯	1976	120	40
奥斯汀台湾基督长老教会	得克萨斯	1986	61	21
休斯敦第一台湾基督教会	得克萨斯			
达拉斯台湾基督长老教会	得克萨斯			
达拉斯台湾基督教会	得克萨斯			
北维州长老教会	维吉尼亚	1988	170	80
华府基督长老教会	华府			
克城台湾基督教会	俄亥俄			
纽约长岛归正教会	纽约	1978	53	6
纽约台湾归正教会	纽约	1970		
纽约恩惠归正教会	纽约			
纽约锡安教会	纽约			
纽泽西台语归正教会	纽泽西	1984		
佳坛台语基督长老教会	纽泽西			
台美团契长老教会	纽泽西	1980	110	50
纽泽西第一长老教会	纽泽西			
大波士顿台湾基督长老教会	马萨诸塞	1991		
波士顿台湾基督教会	马萨诸塞	1969	70	
芝城台湾基督长老教会	伊利诺			
圣路易台湾基督长老教会	密苏里			
柑县台湾基督长老教会	加利福尼亚	1976	80	20
洛杉矶南湾台湾基督长老教会	加利福尼亚			
洛杉矶台湾基督长老教会	加利福尼亚			
台加恩典教会	加利福尼亚			
西雅图台湾基督教会	华盛顿	1989	40	
柑县基督信友教会	加利福尼亚			
东湾台湾基督教会	加利福尼亚			
亚特兰大台语长老教会	乔治亚	1983		
安雅堡台湾教会	密西根	1976		

　　除了教会活动,台湾人往年完全以河洛话沟通的社团还有分布于全美各地的台湾同乡会。目前的 21 个台湾同乡会,由于台湾岛内局势变迁,来美国的年

轻一代掌握河洛话的能力有限,同乡会的活动已经无法完全以台湾话沟通了。

三、颠沛流离的潮州话

美国的潮州人大都由东南亚辗转而来。原本在越南、柬埔寨、寮国等地有了相当基业的华人,在当地政府对他们极为不利的政策施行之后,丧失了生存的依凭,不得不选择漂流海上,沦为所谓的船民(boat people),等待其他国家接济的下策,以此另寻发展天地。1975 至 1997 年获救的 70 万船民中,美国接纳了约 40 万人。依据原居地人口比例,潮州人大约占有其中的三分之一。这支河洛语族大多数人的父辈是由潮汕地区出走南洋,不过一代,又要再次迁徙。越高寮三国船民出现的高峰期在 1978 至 1979 年,由下表二美国地区潮州会馆及同乡会成立的日期所见,他们在移居国的生活稍稍安定之后,随即成立乡亲团体,以互通声气,敬老扶幼。潮籍社团的动员能力具有潮人作风,低调扎实,人数也相当稳定,表二除去南加州潮州会馆一栏后,各同乡会平均人数若以 400 人计,总数可达 4000 余人,加上南加州潮州会馆的 3500 人,是美国华埠社团中的新兴势力。

表二　美国潮州同乡会及会馆概况

会馆名称	成员数	成立时间
圣地亚哥潮州同乡会	500	1999
南加州潮州会馆	3500	1982
纽约潮州同乡会		1953
芝加哥潮州同乡会	400	1987
奥斯汀市潮州同乡会	300	1995
美国乔州潮州同乡会		
美京潮州同乡会	300	1996
费城潮州同乡会	700	2003
圣荷西潮州会馆		1992
纽英仑潮州同乡会	400	1994
华盛顿州潮州同乡会	300	1987
夏威夷潮州同乡会		1987

四、土生华裔与河洛语

美国的汉语教学,无论各级的正规学校,或是华人自发组织的周末中文学校,皆是以普通话为主,其他还有用广东话为媒介的中文教学机构,但只存在于粤籍移民集中的各地华埠。华裔子弟接触系统化河洛语教学的机会更少,目前仅于休斯敦、纽泽西、华盛顿、洛杉矶等处存有针对学龄青少年开设的台语学校,少数对河洛母语有兴趣的大学生,在哈佛大学、宾州大学、史丹佛等校可以找到老师开课,比如哈佛大学的台语独立学习(Independent study)课程,是由东亚系中文教学部的教员兼任。对潮州话有感情的第二代华裔,则在加州大学系统的柏克莱、洛杉矶、尔湾、河滨、圣地亚哥等分校,奥勒冈州立大学、西雅图华盛顿大学、德州大学奥斯汀分校成立有学生社团潮州会社(Teochew Association),课余以潮州话联系感情,学校毕业之后,他们还借着网站"自己人"www. gaginang. org及每年一次的"自己人感恩节大会"交流。

五、结论

土生华裔接受了学术殿堂的洗礼后,仍能对河洛文化语言保有孺慕之情,代表河洛语言文化有其可以珍惜之处。目前美国地区的台湾话或潮州话各有数千语众,能够定期以河洛母语聚会。但各社团成员逐渐老去,新一轮的河洛语程度偏低,则是共同隐忧。

(作者为美国麻塞诸塞州注册专业工程师)

参考文献：

1.李勤岸《北美地区台语文之研究》。

2.《美国纽英仑潮州同乡会成立纪念特刊》。

3.北美洲台湾人基督教协会:http://www. tcccna. org

4.自己人:http://www. gaginang. org

5.谷歌:google. com

6.百度:baidu. com

7.维基:wikipedia. org

河洛文化与海外华人文化

汤恩佳

　　河洛地区是中华民族的发祥地,河洛文化在中国五千年的文明史上起着重要作用。现有 300 中华大姓中有 171 个起源于河南,98 个姓氏的郡望地在河南。河南有以黄帝、伏羲为代表的人文始祖文化,以汉魏洛阳故城为代表的客家河洛文化,以固始为代表的闽台移民文化,以及以名人故里墓葬为代表的中原名人文化。随着黄帝故里拜祖大典、淮阳太昊伏羲祭典、中原寻根文化节等大型节会的举办,随着黄帝故里景区、中华黄国故城文化园等一批寻根文化园区的成功建设,打造了凝聚全球华人的文化平台。海外侨胞、海外姓氏宗亲会纷纷到河南各地寻根问祖,中原大地形成了华人华侨的寻根热潮。

　　自秦汉以后汉人逐渐南迁,其中比较集中的就是中原河洛人。《三明市志》上说:"客家先民祖居中原河洛,从晋朝开始辗转南迁。"客家人已遍布于亚洲、美洲、澳洲,以及欧、非等五大洲之内。海外的客家文化,由客家人移居世界各地之后,又汲取了当地的民族文化精华和西方文明,创造了具有国际性特点的海外客家文化。华侨华人信仰儒家思想,信仰佛教、道教,对妈祖、财神、关公等十分崇拜。华族人群的习俗,其生活习惯、婚丧节庆,无不再现着华族传统文化的浓烈色彩。在美国,纽约曼哈顿唐人街有孔子公园;加州圣荷西市中国公园内,立有 30 余尺高的孔子铜像;三藩市华人经常举行祭孔活动。仁、义、礼、智、信、忠、孝等思想,深深扎根于一代又一代华侨华人的精神中。

　　河洛文化是源,闽台文化是流。由闽南到台湾的中原移民有一千二百多万,还有通过其他通道入台的客家人六百余万,其比例占了台湾总人口的 80% 以上。迁台的闽南人和客家人自称为"河洛人"、"河洛郎"等。台湾的姓氏大多源于中原河洛地区;台湾人的衣食住行、语言文字、家族制度、节庆活动均与大陆一脉相承。台湾供奉的神明如妈祖、观世音菩萨、圣关帝君、福德正神等都来自于中原的儒释道三教。研究和弘扬河洛文化,可以不断增强台湾同胞的民族认同感。

中华民族有两个圣地,一是产生炎黄二帝及华夏远古文明的河洛地区,另一处则是诞生先师圣人孔子的曲阜。每当来到这两个地方,我都怀有一种朝圣的心情。中华民族的生存和发展,离不开自己的血缘之根和文化之根。我们弘扬河洛文化,意在"反本开新",以华夏传统文明为基础,建设当代文化。

仅仅靠血缘关系和地缘关系,无法形成地域广大、人口众多的中华民族。中华民族的重要标志,就是以河洛文化为根的儒家文化。雍正皇帝在《大义觉迷录》中说道:"本朝之为满洲,犹中国之有籍贯,舜为东夷之人,文王为西夷之人,曾何损于圣德乎?"原先不具有华夏血统的周边部落,不断涌入河洛地区,在接受河洛文化之后,就成了华夏民族的一员。上古时期,黄帝族、炎帝族与蚩尤族的融合;春秋战国时期,东夷、西戎、南蛮、北狄与华夏民族的融合;魏晋南北朝时期,有匈奴、鲜卑、羯、氐、羌,同华夏民族的融合;五代十国宋辽金元时期,有沙陀、契丹、女真和蒙古人同华夏民族的融合。龙作为中华民族的图腾,实际上就是七八千年前北方许多部族的图腾拼凑而成的,龙的"角似鹿,头似驼,眼似龟,项似蛇,腹似蜃,鳞似鱼,爪似鹰,掌似虎,耳似牛"。河洛地区的人民大量南迁,向南部带去了先进的河洛文化;接受了河洛文化的地区,也自然就融入了中华民族大家庭。

河洛文化即是产生在河洛地区的区域性文化,是历史上生活在这一区域的人民所创造的文化。由于河洛地区特殊的自然条件,在中华文明历史上具有独特的地位,河洛文化成为中国历史上得到广泛传播、产生深远影响的一种古老文化。河洛地区是古代中国的交通中枢,居"天下之中"(《史记·周本记》),被称为"中国"(西周何尊铭文)。该地区土质疏松,气候温和,雨量适中,适宜于农业生产,适宜于人类的生存与发展。李先登先生的《河洛文化与中国古代文明》,说明了河洛地区的文明形成,经历了几十万年的漫长岁月。在旧石器时代,河洛地区已有人类居住。在三门峡市会兴镇会兴沟及水沟(水磨沟)发现了砍砑器、大尖状器、石球、砾石石核及石片等旧石器,属于旧石器时代初期,距今约四、五十万年。到了新石器时代,距今约八千年前,河洛已分布有裴李岗文化。这时农业已经产生,出现石斧、石铲、锯齿刃石镰、下有四个矮足的石磨盘及石磨棒等农业生产工具,陶器已成为主要的日用器皿。到了新石器时代晚期,河洛地区出现仰韶文化及庙底沟二期文化。

《易·系辞上》说:"河出图,洛出书,圣人则之",所指的是:上古伏羲氏时,洛阳东北孟津县境内的黄河中浮出龙马,背负"河图",献给伏羲。伏羲依此而演成八卦;大禹时,洛阳境内洛河中浮出神龟,背驮"洛书",献给大禹。河图与洛书是中国古代流传下来的两幅神秘图案,凝结着中国古代人民超凡的智慧,被认为是河洛文化的滥觞,是儒家经典《周易》来源,也是儒家气学理论的根本依据。《易》为中华民族传统文化之总根、总源;因此,以"告诸往而知来者"(《论语·学而》),为己任的孔子,必然十分重视这个中华民族传统文化之根,并加以发扬光大。司马迁说:"孔子晚而喜《易》","序《彖》、《系辞》、《象》、《说卦》、《文言》。读《易》,韦编三绝。曰:'假我数年,若是,我于《易》则彬彬矣。'"(《史记·孔子世家》),又说:"孔子传《易》于瞿,瞿传楚人馯臂子弘,弘传江东人矫子庸疵,疵传燕人周子家竖,竖传谅于人光子乘羽,羽传齐人田子庄何,何传东武人王子中同,同传菑川人杨何,何元朔中以治《易》为汉中大夫。"(《史记·仲尼弟子列传》),照这两处记载,孔子不但学过《易》,而且还作过《易传》;不但向弟子传授过《易》,而且弟子以后的师承关系也是历历可数。1973 年,湖南长沙马王堆汉墓出土的帛书中有一部《周易》,卷后附有佚书《要》等两篇,记录着孔子与其弟子研讨《易》理的问答。

中华民族的先祖,受到崇拜和称颂的首推炎帝和黄帝,故中华民族自称为"炎黄子孙"。河洛地区孕育了伟大的华夏文明,是炎黄二帝的主要活动区域。《史记·五帝本纪》说"黄帝者,少典之子",《国语·晋语》中记载:"昔少典娶于有蛴氏,生黄帝、炎帝。"黄帝、炎帝两个氏族都是少典氏族的后裔,而少典是有熊(今河南郑州市的新郑县)的国君,故《帝王世纪》有"黄帝受国于有熊。"之说。据《世本》记载:黄帝、炎帝、颛顼、帝喾、尧、舜、禹、契等族的后代,占据 152 个属地,组成 152 个方国,包括 875 个氏。现在社会上存在的姓,90% 以上包括在这 800 多个氏以内。因此,可以说,所有的中国人包括台湾同胞和海外华人也都是炎黄子孙,都根植于河洛大地。先秦时代,河洛地区在政治、军事、经济、文化诸多领域中诞生了一大批精英,如夏禹、伊尹、傅说、姜尚、周公、老子、庄子、墨子、商鞅、子产、申不害、吴起、鬼谷子、苏秦、邓析、公孙衍等,形成了儒、道、法、兵、墨、名、纵横等诸多文化流派,并产生了一大批典籍。

周公姬旦,是周文王之子、武王之弟,协助武王伐纣,建立周王朝。周王朝建立后,周公在洛阳依据华夏文明的成果,制礼作乐,礼的主要内容有宗法制、封诸侯、五服制、爵位、谥法、官制、刑法以及吉、凶、军、宾、嘉五礼等,并且,为配合上述典礼仪式,周公制定了相应的乐舞。周公礼乐的价值是:"礼所以经国家、定社稷、利人民;乐所以移风易俗,荡人之邪,存人之正性。"(汉高诱注《淮南子》语)

孔子曾说"郁郁乎文哉,吾从周",他不远千里来到洛阳,考察、学习周公制定的礼乐,把"克己复礼"作为终生奋斗目标。周公庙位于今洛阳市老城西关外定鼎南路东侧。"孔子入周问礼碑"立于洛阳市老城东大街北侧的古文庙前,刻着"孔子入周问礼至此"几个大字。后世将"周孔"并称,周公、孔子、孟子一脉相承,周公为"元圣"、孔子为"文圣"、孟子为"亚圣"。孔子正是依据周公制定的礼乐,适应时代的变化,有所损益,建立了规范中国人行为、建立社会道德秩序的礼教。孔子通过问礼河洛,大量吸收周文化的智慧。孔子率弟子游学于河洛各地,为河洛文化的发展提供了新的文化因数,提升了河洛文化的品质。

在北宋时代,身居洛阳的程颢、程颐兄弟建立了洛学,也是河洛文化的一个重要组成部分。洛学以儒学为核心,吸取了佛家与道家的部分思想,论证"天理"与"人欲"之间的关系,规范人的行为,维护社会秩序,洛学奠定了宋明理学的基础,在中国哲学史上有重要地位。洛学有以下几个重要理论:一是其入世精神与社会的关怀。儒家的重要特点是积极入世,努力治世,以天下为己任。二程不论从政或未从政,都关心社会"视民为伤",多次提出解救社会矛盾的方案。二是主张对百姓施仁与教化。二程本着孔子"仁者爱人"的思想,希望帝王作尧舜之君,当政者对百姓施行仁政德治,保证人民最起码的生存条件,然后对人民进行教育,提高素质,达到一个高层次。三是二程强调每个人的学习与人格修养。孔子尊敬人,希望人人做个"君子",孟子要人发扬善性,荀子要人克服恶性,二程更主张"为己之学",学习不仅为增长知识,也为提高自己的素质。

司马迁《史记·货殖列传》说:"昔唐人都河东,殷人都河内,周人都河南。夫三河在天下之中。若鼎足,王者所更居也,建国各数百千岁。"洛阳具有优越的地理位置和高度的战略价值,是最早建立国都的地方,也是历代政权在此建都时间最长的地方,总计有 1100 年以上,曾为 13 个王朝的国都。夏王朝有太康、孔甲、帝皋和夏桀四个帝王在洛阳建都;商汤灭夏后,又在洛阳建都;西周初年,周公继承武王遗志,营建洛邑并让周成王迁都洛阳。东周、东汉、曹魏、西晋、北魏、隋、唐(含武周)、后梁、后唐、后晋诸朝定都洛阳。

　　由于河洛地区长期以来是政治中心,在政治力量的推动下,河洛地区又成为文化中心。为了巩固政权、维护统一,政府将河洛文化作为官方文化,以政治力量向全国推行,要求朝野奉行。周公在洛阳的"制礼作乐",把传统的河洛文化规范化、法制化,从而奠定了河洛文化作为官方文化的基础。周朝建立之后,不断把大批在河洛地区成长并深谙周礼的人分封到全国各地,这些人带去了先进的河洛文化。周公东征获胜后,其子伯禽被周封为鲁公,伯禽就国鲁地后很快就着手"变其俗,革其礼"。孔子在河洛文化的基础上创立儒家文化,在汉代以后获得了至高无上的地位。河洛文化在中华文明发展史上长期处于核心地位。早期的河洛文化具有正统性,成了中华大地上其他地区文化的重要源头。在河洛文化的辐射和影响下,"东夷""西戎""苗蛮"接受了河洛文化。河洛文化东进而产生齐鲁文化,河洛文化南移而产生楚湘文化。

　　河洛成为经学的中心。气势宏伟的《熹平石经》,是东汉时期尊崇儒学的象征。《熹平石经》作为我国历史上最早的儒家经典石刻本,对校对版本、规范文字起到了重要的作用。汉灵帝熹平四年(西元 175 年),经皇帝批准,蔡邕、张训等选定《周易》、《尚书》、《诗经》、《礼记》、《春秋》、《公羊传》、《论语》七种经典正本,订正文字,刻于 46 座石碑上,全部碑文约 20 万字,立于当时都城洛阳城南太学门外,这是我国第一部官定石刻经本。几经战乱和人为破坏,现在我们只能在博物馆看到为数不多的珍贵的残石拓片。

　　洛阳也是儒家文化教育中心。洛阳的东汉太学,拥有太学生 3 万人,东汉明帝亲到太学讲经。东观殿为我国古代最大的国家图书馆,藏书达 7000 余车。王充游学于洛阳,博览群书,完成了《论衡》;阮籍、嵇康、向秀等人云集洛阳,创立魏晋玄学;唐代河洛人韩愈首倡古文运动,提出"道统"之说。北宋邵雍,居洛 30 载,推演八卦象数义理,创"先天象数"之学。北宋洛阳程颢、程颐援佛、道入儒,形成洛学一派。

苏联瓦解的历史教训,值得我们反思。苏联的瓦解,有多种原因,其中比较重要的因素是,仅仅以政治观念作为维护国家统一的精神力量,而不是以传统宗教信仰为维护国家统一的力量,一旦政治观念上发生冲突和动摇,国家就会走向四分五裂。现在的俄罗斯已充分吸取了历史的经验教训,普京总统极力倡导恢复东正教的信仰,把列宁格勒复名为圣彼得堡,国家正走向复兴之路。非常庆幸,中国有孔夫子可以作为我们国家民族的精神轴心,所以我们不会被分裂。其实,在世界上没有一个国家主动打倒自己民族文化信仰的,相反,面对外来文化信仰的入侵,我们应该用自己民族文化信仰去抗衡才是。

近年,本院喜获香港特区政府支持,现正在香港兴建首间孔庙(三十二万平方英尺),预计耗资十多亿元,本人已答允捐助二亿元,冀望香港孔庙的落成,在香港建造弘扬孔教儒家文化的平台,辐射至全世界,造福全人类。多年以来,孔教学院致力于推动将孔子圣诞之日作为香港的教师节及公众假期。2013 年 10 月香港特区政府认许自 2014 年起每年 9 月第 3 个周日为香港孔圣诞日,

2014 年 9 月 21 日"香港孔圣诞日暨孔历 2565 年环球祭孔大典"在香港维多利亚公园已隆重举行,香港特首梁振英、香港中联办杨健副主任和国家宗教局张乐斌副局长等主礼见证历史时刻,盛况空前!同日,大成宴在香港如心海景酒店筵开 100 席,宾主尽欢。同时,我在祖国各地演讲并拜访各级领导人时,也多申明中国的教师节应定在 9 月 28 日(孔子诞辰日)。2013 年,中国教育部报请国务院审议《教育法律一揽子修订建议草案(送审稿)》,由国务院法制办于 9 月 5 日在中国政府法制资讯网上公布,公开征求意见。征求意见稿拟将教师节日期由 9 月 10 日改为 9 月 28 日孔子诞辰日。这是弘扬儒家文化、凝聚人心、教化民众的重大举措,社会各界对此非常欢迎。希望中央政府顺应民心,从民族大义出发,正式确认将孔子诞辰日定为中国教师节。如达成此愿,则香港作为中华人民共和国之一部分,则香港的教师节亦定在孔子诞辰日。我们期待着这个伟大时刻的到来!

本人坚信孔子儒家思想有六大主要功能:

一,能促进世界和平;

二,能提升全人类道德素质;

三,能与世界多元文化共存共荣;

四、是中国 56 个民族，13 亿人民的精神轴心；

五、能促进中国和平统一；

六、能达致与世界各宗教文化平起平坐。

（作者为香港孔教学院院长、博士）